本成果同时受河北省高等学校人文社会科学重点研究基地河北大学中国曲学研究中心资助

河北大学燕赵文化高等研究院
INSTITUTE FOR ADVANCED STUDY OF YANZHAO CULTURE,HEBEI UNIVERSITY
——成果文库——

元曲家传记资料汇辑校笺

都刘平 辑注

社会科学文献出版社
SOCIAL SCIENCES ACADEMIC PRESS (CHINA)

序 言

　　这是都刘平博士第一本元曲研究的专书。他曾从我读硕，同好研曲，我或有幸成为第一位读者，故嘱我说几句观感。

　　回想十年前刘平从安徽桐城来河北，沉默笃实，试其性向，适合做实证考辨之学。当时我正研究探讨南戏晚于北剧，应为元曲部分之课题，就把元人南北同名剧的考辨交他去做。最后他写成十馀万字的学位论文，提交答辩并获评优秀。刘平性长考证，看他论文初稿，尚不出意外，而令我惊奇不已的是其文笔之老练、表达之到位，极为少见。我记得只帮他推敲增改了一些章节题目之类，本论语词基本没做什么修改。这是我做导师数十年所留极深的一个印象——近代文人无不知姚鼐"义理、考据、辞章"之教，莫非此生先天遗传了故乡文脉之基因乎？毕业后他接着跟从山东大学终身教授袁世硕先生攻读博士，在袁师指导下专门考证元曲家，其性长趣向更得高明教练与集中发挥。除协助袁师完成《录鬼簿》笺注的巨大工程，他并以《元曲十九家行状考辨》的学位论文获得博士学位。

　　考据学家教学生不可少的一步，一定是围绕专题穷尽式搜罗编集材料，要求一网打尽，乃至竭泽而渔，不仅要穷尽学界已知的旧材料，还要增加一批新材料——研究古典者以发现新材料最为宝贵。除了任中敏（号二北、半塘）、袁先生等个别学术大师能够这样教，现在已很少闻见。试想研究生仅以三五年为期，泽未竭、渔未尽而毕业大限已到。此中奥秘甚多，非一言可说。惟可说者，此《元曲家传记资料汇辑校笺》一书即刘平撰写博士论文的前期资料准备的结晶，即考证专家所谓的"竭泽而渔"之作。

　　本书将有元一代曲家的传记资料搜罗完备，并对常见文献作不同版本的校对、笺释，揭出文献背后隐含的历史信息，力求提供一部完备、准确的元曲家传记资料，为进一步的研究探讨提供文献参考。其中既包含老专家终生的深学厚积，又有新学劲锐利用大数据网络检索等超强技术手段所获新材料，足令业界同行兴奋刮目。如我最关注的作为河北故乡文献的真定元曲作家群，就提供了三个作家的未知材料。如《录鬼簿》记载有"史中丞"，旧以为即真定帅史天泽，然他非"中丞"。近年新发现的材料证实，"史中丞"实为史天泽第八子史彬，与杂剧家史樟为同胞兄弟。又如作有《张生煮海》名剧的李好古，《录鬼簿》作保定人，或作"东平""西平"人。孙楷第先生《元曲家考略》曾揭出元人余阙、许有壬集子中有李好古，以为即杂剧家。本书依据新发现材料，论证李好古至正十年前后还先后任陕西行台监察御史、中书省左司郎中，年代较晚，非杂剧作家。而考古发现的欧阳玄《真定路乐户记》中之乐户李好古，从时间和职业身份判断，更具备为曲家的可能。此说可信从。还有"元曲四大家"的白朴，《录鬼簿》作"真定人"，已知祖籍山西，生在开封，八岁起移居真定，晚年定居南京。近年在安徽发现《白氏宗谱》，中有白朴死后扶棺葬于真定府祖茔"朱骆村"（今在灵寿县）。这就把白朴的里籍纷争盖棺论定，真定无疑。其他如高克礼、李仲章、范居中、班惟志、赵世安、阿鲁威等，也都有吉光片羽的新收获，足资珍惜。

  刘平博士毕业后又回河北，任教于河北大学古典文献学专业，可谓学用两得。该校鼓励支持学术，资助其专著出版问世，足令青年学者奋发向上。未来学术专家大师可期，刘平勉之。

杨　栋

二〇二二年四月

目　录

前　言 ··· 001

上编　散曲家

第一期 ··· 003
　　商　衟 ··· 003
　　杜仁杰 ··· 004

第二期 ··· 017
　　阎仲章 ··· 017
　　张子益 ··· 019
　　王和卿 ··· 022
　　卢　挚 ··· 024
　　徐　琰 ··· 063
　　史中丞 ··· 093
　　荆幹臣 ··· 098
　　陈　英 ··· 099
　　陈国宝 ··· 102
　　马天骥 ··· 104
　　撒　举 ··· 106
　　白　贲 ··· 108

滕　宾 …… 112
邓　锜 …… 120
冯子振 …… 122
曹光辅 …… 128
奥敦希鲁 …… 129
王修甫 …… 135
王嘉甫 …… 136
鲜于枢 …… 140

第三期

苏彦文 …… 147
李齐贤 …… 147

第四期

刘时中 …… 149
萨都剌 …… 163
薛超吾 …… 176
班惟志 …… 187
王士熙 …… 195
赵世安 …… 221
王元鼎 …… 230
黄公望 …… 231
张可久 …… 237
钱　霖 …… 244
徐再思 …… 252
顾德润 …… 253
曹　德 …… 255
高克礼 …… 256
杨朝英 …… 259
阿鲁威 …… 260
阿里西瑛 …… 267

李　屺 …… 269

　　卫德辰 …… 272

　　李爱山 …… 274

　　王爱山 …… 275

　　邓　熙 …… 276

　　鲜于去矜 …… 277

元明之际 …… 281

　　夏庭芝 …… 281

　　周德清 …… 283

　　兰楚芳 …… 285

　　全子仁 …… 285

　　金元素 …… 296

　　金文石 …… 300

　　庄　麟 …… 301

　　陈敬斋 …… 303

　　赛景初 …… 306

　　沐仲易 …… 308

　　王　庸 …… 308

　　沈　廉 …… 309

　　俞　用 …… 310

　　贾　固 …… 312

　　倪　瓒 …… 313

　　孙行简 …… 322

　　徐孟曾 …… 323

　　杨　贲 …… 328

　　郗启文 …… 331

　　冯彦恭 …… 332

　　刘时中 …… 332

　　陈　枸 …… 334

　　孟　昉 …… 335

中编 杂剧家

第一期 ·· 347
 关汉卿 ·· 347
 高文秀 ·· 351
 白　朴 ·· 353
 庾天锡 ·· 373
 马致远 ·· 374
 李文蔚 ·· 388
 李直夫 ·· 389
 吴昌龄 ·· 390
 王实甫 ·· 391
 王仲文 ·· 393
 李寿卿 ·· 394
 尚仲贤 ·· 398
 石君宝 ·· 400
 杨显之 ·· 403
 张时起 ·· 410
 赵子祥 ·· 411
 姚守中 ·· 413
 李好古 ·· 418
 赵文益 ·· 423
 赵天锡 ·· 424
 梁进之 ·· 426
 王伯成 ·· 427
 李仲璋 ·· 429
 赵明道 ·· 434
 石子章 ·· 435
 侯克中 ·· 438
 史　樟 ·· 442

李潜夫 ……………………………………… 444
　　孔文卿 ……………………………………… 445
　　彭伯成 ……………………………………… 446
　　李时中 ……………………………………… 448
　　李致远 ……………………………………… 451
　　杨　梓 ……………………………………… 451

第二期 …………………………………………… 460
　　宫天挺 ……………………………………… 460
　　曾　瑞 ……………………………………… 460
　　陈以仁 ……………………………………… 462
　　范居中 ……………………………………… 465
　　赵良弼 ……………………………………… 466
　　乔　吉 ……………………………………… 467
　　周文质 ……………………………………… 468

第三期 …………………………………………… 470
　　吴弘道 ……………………………………… 470
　　屈恭之 ……………………………………… 472
　　王　晔 ……………………………………… 473
　　王仲元 ……………………………………… 475
　　孙子羽 ……………………………………… 477
　　张　择 ……………………………………… 477

元明之际 ………………………………………… 482
　　罗贯中 ……………………………………… 482
　　谷子敬 ……………………………………… 483
　　丁野夫 ……………………………………… 484
　　郏　经 ……………………………………… 485
　　陆进之 ……………………………………… 495
　　汤　式 ……………………………………… 497
　　杨　讷 ……………………………………… 498

李唐宾	500
陈　肃	500
高茂卿	503
刘君锡	504
唐　复	505
詹时雨	505

下编　南戏家

萧天瑞	509
高　明	511

参考文献 524

后　记 534

前 言

  元曲素来与唐诗、宋词并称,元人罗宗信即说:"世之共称唐诗、宋词、大元乐府。"然与后两者相较,元曲作家除少数偶作散曲的"名公"外,绝大多数是身份弗贵的"才人",关于他们的生平资料留存下来的极少,以至如关汉卿这样的元曲大家,其本名(汉卿是字)也不为人知。孙楷第先生曾以一己之力从元人别集、史传、笔记和明清方志中首次检出大量新材料,撰成《元曲家考略》一书,实为元曲家生平考证的第一功臣。

  2015年笔者在山东大学师从袁世硕先生攻读博士学位期间,袁先生正拟做钟嗣成《录鬼簿》的整理笺注工作,为在作家生平研究方面较前人能更进一步,袁师令我依托《元人传记资料索引》编一部《元曲家传记资料汇编》(有史传、墓志铭者不收录)。为做好这项工作,除按图索骥将《元人传记资料索引》中列出的元曲家文献名目辑出汇编外,我还利用目录文献翻检了元人史传、别集和明清时编撰的有关元代石刻文献、书画题跋、道藏文献,同时关注考古新材料,较孙先生《元曲家考略》有不少新的发现。在此基础上,与同门师姐张倩倩一道协助袁师完成《录鬼簿及续编校订笺释》一书,其间还择取材料较完备、有所新获的十九位元曲家行状完成博士学位论文。可以说,《元曲家传记资料汇辑校笺》与我的学位论文《元曲十九家行状考辨》及袁师的《录鬼簿及续编校订笺释》是一体三面,各有分工和特色。

  此次结集付梓,一方面在原基础上新增了篇幅,同时还做了另两项工作:一是对常见的高频率引用文献做版本校对,二是对部分文献中隐含的历史信息略作考证。对于与元曲家同名的人物资料原则上也收录,有些可以考辨是否为曲家,有些一时难以做出断然肯定或否定的结论,这些材料置于传主之后另辟的"考辨"中，以供学界研讨使用。此外，还有一些是与曲家有密切关联的人物的材料，他们对于考证曲家生平也很重要，而这些人也都没有正史传记或行状存世，如王博文之于白朴、罗宗信之于周德清、王绎之于王晔，这些人的材料以"附录"形式放在传主之后。总之，力求提供一部完备、准确、实用的元曲家生平资料集，为元曲家史实研究夯实文献基础。

依据学界对元曲文体的最新认知，书稿分上编"散曲家"、中编"杂剧家"和下编"南戏家"。上编收录70人，中编59人，下编2人，共计131人。《录鬼簿》以编者自身所处的年代为时间坐标，分元杂剧作家为"前辈已死"、"方今已亡"和"方今"三个阶段，也即王国维《宋元戏曲史》对元杂剧历史发展阶段的三分法。本书对杂剧家的分期也依从此法，分为三个时期。元散曲的第一代作家元好问、杜仁杰等，正好是杂剧第一代作家白朴的父辈，这样的话，以杂剧家的分期类推，散曲作家比杂剧作家整整早了一代，分为四期。《录鬼簿续编》中记载的散曲家、杂剧家列入"元明之际"。下编之萧天瑞、高明，是南戏作家，其所作为元代南戏，理应被涵盖在"元曲"的范围内。作家排列的先后次序，以增订本《录鬼簿》及《续编》为据，二书未著录的曲家，依其年代缀于二书所著曲家之后。

为便于学界核检使用，这里将本书引用的主要元人别集版本信息介绍如下：

《遗山先生文集》，以《四部丛刊》影印明弘治十一年戊午李瀚刊本为底本，校以《文渊阁四库全书》本、清光绪方戊昌本。

《牧庵集》，以《四部丛刊》影印《武英殿聚珍版丛书》本为底本，校以清抄本、《文渊阁四库全书》本、《文津阁四库全书》本、《元文类》。

《秋涧集》，以明刊本递补元至治初刊本（简称"元刊明补本"）为底本，校以明弘治十一年本（简称"弘治本"）、清宋宾王钞校本（简称"宋钞本"）、《摛藻堂四库全书荟要》本（简称"荟要本"）、《文渊阁四库全书》本。

《紫山大全集》，以《文渊阁四库全书》本为底本，校以国图藏翰林院抄本、永乐大典残卷本、《文津阁四库全书》本。

《西岩集》，以《文渊阁四库全书》本为底本，校以国图藏翰林院抄本。

《雪楼集》，以清宣统影刻明洪武本为底本，校以《文渊阁四库全书》本。

《中庵集》，以《北京图书馆古籍珍本丛刊》影印元元统二年《中庵先生刘文简公文集》为底本，校以《文渊阁四库全书》本及清抄本。

《张养浩集》，以元刻本《张文忠公文集》为底本，校以《文渊阁四库全书》本《归田类稿》、毛堃校刻《归田类稿》（简称"毛刻本"）。

《吴师道集》，以明抄本《吴正传先生文集》为底本，校以国图藏清初抄本《吴礼部文集》（简称"清抄本"）、《文渊阁四库全书》本《礼部集》、《续金华丛书》本《吴礼部文集》（简称"金华本"）。

《清容居士集》，以《四部丛刊》影印元刊本为底本，校以《文渊阁四库全书》本、上海郁氏宜稼堂丛书本。

《侨吴集》，以明弘治九年张习刻本为底本，校以《文渊阁四库全书》本、清嘉庆姚鋗过录知不足斋本。

《贞居集》，以《武林往哲遗著》本《贞居集》九卷本为底本，校以《四部丛刊》影印元刊本《句曲外史贞居先生诗集》、《文渊阁四库全书》本、毛晋刊《元人十种诗》本。

《石田先生文集》，以《中华再造善本》影印元刻本为底本，校以《文渊阁四库全书》本、《元四家集》本。

《滋溪文稿》，以《元代珍本文集汇刊》所收抄本为底本，校以北大图书馆藏李盛铎藏抄本、张均衡《适园丛书》本、徐世昌退耕堂刻本、元刊残本。

《梧溪集》，以《知不足斋丛书》本为底本，校以《中华再造善本》影印明景泰重修本、《文渊阁四库全书》本、《丛书集成初编》本、《元诗选》本。

《石初集》，以乾隆三十七年活字印本《存存稿》所收《石初集》为底本，校以《文渊阁四库全书》本、民国八年南昌退庐刊《豫章丛书》本、《元诗选》本。

以上所列为常用元人文集的版本情况，还主要借鉴了现代学人关于这些别集的整理校对成果，书中引文及书末参考文献中均注明，这里不再重复罗列。另需要说明的是，对于引用频率极高的《文渊阁四库全书》本，则简称"四库本"。

笔者在以博士论文为基础结撰的另一部书稿《元曲家考实》附录部分编有《元曲家研究论著论文索引》，为避重复，本书参考文献中仅列古籍文献，学界研究成果在正文中有引用者加括号注出。

上编

散曲家

第一期

商 衟

元好问《遗山先生文集》卷三十九《曹南商氏千秋录》：

  曹南商氏，族姓所起，见于远孙正奉大夫、赠昌武军节度使衡所著《千秋录》备矣。……冈，字元寿，建炎二年从刘锡太尉解危沧州，奏补拱辅从事[1]。入金朝，换忠勇校尉，享年七十二。即节度君之曾祖也。……祖驹，字士龙，两赴庭试。天资和雅，博学强记，教授乡里。泰和元年五月十五日，以寿终，享年七十一。祖母郝氏，封宜人。三子：长永锡，字难老；次敷锡，字福老；次康锡，字吉老。难老用公贵，及封朝请大夫，致仕。妣王氏，濮阳郡太夫人。三子：仲曰衟，字正叔，滑稽豪侠，有古人风。季曰衎，字信叔，颖悟早世。公，朝请君之长子也，字平叔。……子男二人：长曰挺，字孟卿，业进士；次曰援，字仲经。……正叔以通家之故，请为《千秋录》作后记，因得件右之。……今孟卿馆严侯之门者十馀年，侯温然执拥篲之敬，海内名胜率以清庙之器许之。诸郎玉立秀发，生长见闻，宜有不资于人而自媺者。正叔年甫六十，安闲乐易，福禄方来。他日羔雁成群，极人门盛事[2]，当信仆言之不妄云。癸丑二月吉日，河东元好问裕之谨书。①

[校]　[1]"辅"，清光绪方戊昌本作"转"。[2]"门"，光绪方本作"间"。

[笺]　《遗山集》卷二十一《平叔墓铭》记商衟"年二十五，登崇庆二年词赋进士第"。崇庆二年为1213年，可逆推生于1189年。冯沅君据此推定商衟（字正叔）的生年至早不得过1190年。（《古剧说汇·说赚词》）元好问《曹南商氏千秋录》作于癸丑年（1253），时正叔"年甫六十"，生年约在1194年。

《遗山先生文集》卷十三《商正叔陇山行役图二首》：

  陇坂经行十过春，也随风土变真淳。吴山汧水不必画，留在秦音已可人。梦中陈迹画中诗，前日行人鬓已丝。我亦寒亭往来客，因君还寄出关诗[1]。②

[校]　[1]"诗"，四库本作"词"。

---

① 《四部丛刊》影印明弘治戊午刊本。另参《景印文渊阁四库全书》（下文简称《四库全书》）第1191册，台湾商务印书馆，1986，第454页。
② 《四部丛刊》影印明弘治戊午刊本。另参《四库全书》第1191册，第156页。

张鹏《长清庙学碑阴记》：

庙之旧制：三门、戟门、正殿，丁酉岁故尉李将军之重修也。严武惠公称藩于东平，以长清为汤沐邑，往来其中，能折节下士。将军李公及崔县丞、张县丞诸家举好，士夫杜止轩徵君而又世为邑人，故河洛名士翕然向风。如曹南商正叔先生商公、参政江孝卿、崔君佐、隆安张仲经、太原杨震亨、冀州李仲敬、徐州赵仲祥、汴梁赵季夫辈，乐聚此邦，文风于是在此。……居无几，武惠公薨，诸君还乡入仕者有之，文风寻亦零落。①

夏庭芝《青楼集·张怡云》：

能诗词，善谈笑，艺绝流辈，名重京师。赵松雪、商正叔、高房山，皆写《怡云图》以赠，诸名公题诗殆遍。②

杜仁杰

康晔《金故承事郎京兆府录事判官杜公墓志铭》：

前进士齐西康晔撰，云中刘郁书。晔之友济南杜仁杰将大葬其父母，征铭于晔，泣而言曰："□□吾亲卒于泗上，而权窆之，历十有六年而迁于襄邑，姑就近地也。复十有六年而归于清亭，永陪先茔也。两经变故，发家剖棺，暴弃其骨者，天下皆是也。吾亲独免其祸，俾不肖孤得终其襄事，则天之祐于我家者亦厚矣！铭其可以无也乎？当今之世，识吾亲最旧且深者，舍子其谁哉？其为铭也固宜。"晔辞之不克，乃诺而铭诸。公讳忱，字信卿。幼聪敏，读书甚精力，不纵为凡儿挑挞嬉游事。逮冠，学益深，业益进，名益高，愈自谦抑，不以□□。乃游太学，以验其所蓄。凡一赋出，宗匠与之，学者宗之。及归，较艺青社，果为解首，士论以为当。故相贾守谦彦亨待公以殊礼，深以致远期之。案察李仲略简之暨李炳彦明延，（下阙）公大人顾遇如此。贞祐初，始登进士第，士论以为（下阙）升□□镇，改授京兆录事判官，未赴，以疾卒。（下阙）官止于承事郎，闻者莫不哀之。初公居乡（下阙）童马走皆知其名。及经丧乱，（下阙）之，其王子、明孔、马山诸寨

---

① 《道光济南府志》卷六十八，《全元文》第 17 册，江苏古籍出版社，2000，第 32 页。
② 孙崇涛、徐宏图笺注《青楼集笺注》，中国戏剧出版社，1990，第 64 页。

（下阙）尺书以喻之，渠帅皆曰："先生在彼，安可（下阙）活者无万数。使天假公之年，得大用于朝，其活人（下阙）。"公之曾大父文，大父寔，皆潜德不仕；父渊，字深□，□以儒为业，不乐进取，□□教导为事，乡里称为善□人，□公之配博陵崔氏，甚得事舅姑道，宗族以为法。□公卒。子三人：长曰椿，次曰之□，皆早世。又其次曰之元，字善夫，后以仁杰改名，而仲梁之字不行，天下惟以旧字称。孙二人：女孙昙英，始六岁；男孙四喜，始四岁。呜呼！公亡殁于丙子之仲夏，安措于丁未之仲春，前后历三十有二年。所迁者凡三焉，而今始定，得列于先世之兆欠（次）。虽曰公之德之所致，□其子仁杰能尽其孝道哉！①

元好问《遗山先生文集》卷三十七《张仲经诗集序》：

仲经出龙山贵族。少日随宦济南，从名士刘少宣问学。客居永宁，永宁有赵宜之、辛敬之、刘景玄，其人皆天下之选，而仲经师友之，故蚤以诗文见称。及予官西南，仲经偕杜仲梁、麻信之、高信卿、康仲宁挈家就予内乡。②

《遗山先生文集》卷三十九《麻杜张诸人诗评》：

麻信之、杜仲梁、张仲经正大中同隐内乡山中，以作诗为业。人谓东南之美，尽在是矣。予尝窃评之：仲梁诗如偏将军将突骑，利在速战，屈于迟久，故不大胜则大败。③

［笺］元好问官内乡（治今河南西峡县）在金正大中，狄宝心《元好问文编年校注》系于正大四年至八年间（1227~1231）。

《遗山先生文集》卷八《送杜子》：

洛阳尘土化缁衣，又见孤云着处飞。北渚晓晴山入座，东原春好妓成围。来鸿去燕三年别，深谷高陵万事非。轰醉春风有成约，可能容易话东归。④

《遗山先生文集》卷五《去岁君远游送仲梁出山》：

去岁君远游，今年客它州。青天万古一明月，只与行人生暮愁。问君游

---

① 转引自周郢《新发现的元曲家杜仁杰史料》，《中国典籍与文化》2004年第4期。
② 《四部丛刊》影印明弘治戊午刊本。另参《四库全书》第1191册，第427页。
③ 《四部丛刊》影印明弘治戊午刊本。另参《四库全书》第1191册，第452页。
④ 《四部丛刊》影印明弘治戊午刊本。另参《四库全书》第1191册，第92页。

何许？情多地遐兮遍处处。金鞭断折骐骥死，万里长鸿思一举。忆初识子梁王台，清风入座无纤埃。华岳峰尖见秋隼，金眸玉爪不凡材。西园日晴花满烟，五云楼阁三山巅。玉树瑶林照春色，青钱白璧买芳年。三年一梦南阳道，汴水迢迢入秋草。拏云心事人不知，千首新诗怨枯槁。破屋仰见星，疏衾风露清。匣中有长剑，为君鸣不平。泥途久辱思一濯，去去举足皆清冷。邓州大帅材望雄[1]，爱客不减奇章公。军中宴酣笳鼓竞，银烛吐焰如长虹。幕中多士君又往，谈笑已觉南夷空。东州春回十月后，梅华分香入春酒。平生得意钦与京，青眼高歌望君久。浙江南下青沄沄[2]，石门细路苍烟屯。五松平头白日静，千山万山如乱云。菊源不逐时事改，芝岭自与商颜邻。他日相思一回首[3]，渔舟时问武陵人。（末注：钦谓钦叔，京即京父也。乐天书以微之为微。）①

[校][1]"帅"，《四部丛刊》本作"师"，从四库本改。[2]"浙"，《四部丛刊》本作"渐"，从四库本改。[3]"相"，《四部丛刊》本作"想"，从四库本改。

《遗山先生文集》卷三《半山亭招仲梁饮》：

孤城郁郁山四周，外人乍到如累囚。半山亭前浙江水，只可与君消百忧。江山百年有此客，云树六月生凉秋。世上红尘争白日，一丘一壑去来休。②

《遗山先生文集》卷七《和仲梁》：

林影兼秋薄，云阴带晚凉。石潭鱼近藻，沙渚雁留霜。笑语无长路，登临岂异乡。一尊堪共醉，惜不是重阳。（末注：雁留霜作含霜。）③

《遗山先生文集》卷八《与张、杜饮》（施国祁注：即仲经、仲梁）：

故人寥落晓天星，异县相逢觉眼明。世事且休论向日，酒尊聊喜似承平。山公倒载群儿笑，焦遂高谈四座惊。轰醉春风一千日，愁城从此不能兵。④

《遗山先生文集》卷五《水帘记异》（自注：癸卯九月四日同杜仲梁赋）：

黄华绝境探未穷，道人曾约山樱红。镜台悬流不易得，世俗名取香炉峰。七年长路今一到，刺鲤欲满平生胸。岂知旱久泉脉绝，快意一濯无由供。神

---

① 《四部丛刊》影印明弘治戊午刊本。另参《四库全书》第1191册，第52页。
② 《四部丛刊》影印明弘治戊午刊本。另参《四库全书》第1191册，第37页。
③ 《四部丛刊》影印明弘治戊午刊本。另参《四库全书》第1191册，第78页。
④ 《四部丛刊》影印明弘治戊午刊本。另参《四库全书》第1191册，第90页。

明自足还旧观,涌浪争敢徼灵通。何因狡狯出变化,胜概转盼增清雄。天孙机丝拂夜月,佛界珠网摇秋风。称奇叫绝喜欲舞,恨不百绕青芙蓉。银桥清凉巅,玉镜崧丘东。世外果无物?邂逅乃一逢。书生眼孔塞易破,勺水已复夸神功。东坡拊掌应大笑,不见蛰窟鞭鱼龙。①

《遗山先生文集》卷三十四《济南行记》:

岁乙未秋七月,予来河朔者三年矣,始以故人李君辅之之故而得一至焉。因次第二十日间所游历为《行记》一篇,传之好事者。初至齐河,约杜仲梁俱东。并道诸山南与太山接,是日以阴晦不克见。至济南,辅之与同官权国器置酒历下亭故基。……至济南又留二日。泛大明,待杜子,不至。明日,行齐河道中。②

《遗山先生文集》卷三十六《逃空丝竹集引》:

南渡后,李长源七言律诗,清壮顿挫,能动摇人心,高处往往不减唐人。麻知几七言长韵,天随子所谓陵轹波涛、穿穴俭固[1]、囚锁怪异、破碎陈敌者,皆略有之。然长源失在无穰苴,知几病在少持择。诗家亦以此为恨。仲梁材地有馀,而持择功夫胜,其馀或亦有不迨二子者。绝长补短,大概一流人也。今二子亡矣。仲梁气锐而笔健,业专而心精,极他日所至,当于古人中求之,不特如退之于李元宾耶[2]。河东人元某书。③

[校][1]"俭",四库本作"险"。[2]"耶",清光绪方戊昌本作"也"。

麻革《送杜仲梁东游》(下注:仲梁先称善夫):

野马何决骤,飞云何悠扬。商岩不足稽此士,又欲东略宋与梁。青山不知老,白日乃许忙。菊潭之水清泠渊,野人饮之得长年。芳酝不买寿,淡泊差可久。北山峨峨苍翠巅,丹崖石老生紫烟。灵芝秋杞老霜骨,黄精茯苓饱新厮。望君崭崭病以癯,酌之食之可以还肤腴。况有刘荆州元丹丘,子宁舍之汗漫游。凉秋佳月酒一杯,送子东下心徘徊。半山亭前一茅屋,岁寒霜劲君当来。④

---

① 《四部丛刊》影印明弘治戊午刊本。另参《四库全书》第1191册,第61页。
② 《四部丛刊》影印明弘治戊午刊本。另参《四部丛刊》影印明弘治戊午刊本。
③ 《四部丛刊》影印明弘治戊午刊本。另参《四库全书》第1191册,第426页。
④ (元)房祺编《河汾诸老诗集》卷一,《四库全书》第1365册,第615页。

麻革《寄杜仲梁》：

塞上愁多云易阴，故人虽在雁无音。交情念子黄金重，世故稽人白发深。芳草春风千里梦，青灯夜雨两乡心。岱宗入眼东南秀，怅望云山泪满襟。①

程钜夫《雪楼集》卷二十一《故平阳路提举学校官陈先生墓碑》：

公讳庚，字子京。其先眉之青神人。……公官平阳，又家焉，遂为河东人。……公少与赵定、刘绘[1]、张澄同学，号为四秀。又与兄河东两路宣慰司参议赓、弟东平劝农使賡齐名，号为三凤。随亲宦青州。崇庆壬申，四方兵起，携家还猗顿。河东破，乃西涉河，客华阴二载。河东平，出关居洛西十馀岁。贞祐丙子，兵大入，转徙无常。兴定庚辰，隐卢氏山中。……中统初，以宣抚张德辉荐，授平阳路提举学校官。进德义，树教化，勉学戒惰，风俗为之一变。明年，年六十八，卒。……其与人交，必尽其道。陵川刘昂霄、太原元好问、河中李献卿、洛阳李微、奉天杨奂、虞卿麻革、济南杜仁杰、曹南商挺诸贤咸相友善。而仁杰豪宕，滑稽善骂，独与公莫逆。每谒，升堂拜母，或揖丘嫂，索酒与客饮，终始无违言[2]。②

[校] [1]"绘"，清宣统影刻明洪武本作"缯"。按程钜夫《薛庸斋先生墓碑》有"洛西刘绘"，当为同一人，从四库本改。[2]"违"，四库本作"戏"。

元好问《中州集》卷七《侯册》：

册字君泽，以门资仕，与杜仲梁、张仲经、刘京叔游，用是得名。③

《中州集》卷十《溪南诗老辛愿》：

愿字敬之，福昌人，其大父自凤翔来居县西南女几山下，以力田为业。敬之自号女几野人，年二十五始知读书。取《白氏讽谏集》自试，一日便能背诵。……敬之业专而心通，敢以是非白黑自任，每读刘、赵、雷、李、张、杜、王、麻诸人之诗，必为之探源委，发凡例，解络脉，审音节，辨清浊，权轻重，片善不掩，微纇必指，如老吏断狱，文峻网密，丝毫不相贷，如衲僧得正法眼，征诘开示，几于截断众流。……刘景玄、赵宜之、雷希颜、李钦叔、张仲经、杜仲梁、王仲泽、麻知几。④

---

① （元）房祺编《河汾诸老诗集》卷一，《四库全书》第1365册，第619页。
② 《四库全书》第1202册，第303页。
③ 《四库全书》第1365册，第253页。
④ 《四库全书》第1365册，第323页。

刘勋《杜善甫乞炭》：

笔口酸嘶解说穷，寒炉随手变春红。因君大笑涪翁拙，费尽奇香得马通。①

郝经《陵川集》卷二十五《万竹堂记》：

长清杜氏世蓺竹，子孙因材而笃焉，踏者植，栽者培，槁者沃，远以益茂。初，金盛时，有堂曰万竹，蔽冒庭庑，冠于汶篁。当世硕士咏歌之富，殆与竹等。城复于隍，俱用芜灭。善甫先生，其仍孙也。河南亡，走于故居，泪堂而悲焉，曰："时不与道，命不与志，此君又可无嗣乎？"……则先生中兴此君，复万竹之竟土，而益拓大之者在焉。乐哉！先生诗秋酒春，太古一天也。偃息其下，静以观化，万古一朝也。不溺于世，不滓于涅，夷清惠和，千古一符也。……岁甲寅春，经客于杞，而先生至自汴，为《沧浪之歌》，歌万竹以见示，故引而伸之为之记。②

王昶《金石萃编》卷一五七《重修文宣王庙碑·碑阴》：

东平王玉汝、燕山毕英、范阳卢武贤、清亭杜仁杰从行台公拜奠祠林，岁舍己酉立秋日。上谷刘诩谨识。③

杜仁杰《故总帅高侯新茔之碑》署：

宣差前东平路行军万户府经历杜仁杰撰文

宣差归德、泗州等处总管府经历兼知睢宁县事侯玘书丹并篆额

至元四年丁卯岁癸卯月甲申日东平路管民总管、达鲁花赤揆立石④

孙星衍《泰山石刻记》：

东平参议王玉汝、经历汶上张昉、知事柯亭李滋、济南杜仁杰、须昌孟谦从大行台严公，以己酉七月中浣礼岳祠竟，是日遂登绝顶。陈人徐世隆题。⑤

王恽《秋涧先生大全集》卷三十《紫溪岭》诗后序：

昔杜止轩告予云[1]："杨西庵，谈谐俳黠之雄者也"[2]，世人不知其然。

---

① （金）元好问编《中州集》卷七，《四库全书》第1365册，第235页。
② 《四库全书》第1192册，第277页。
③ 《辽金元石刻文献全编》第2册，北京图书馆出版社，2003，第553页。
④ 转引自任小行《〈金乡高氏族谱〉中元代墓碑资料杂考》，《海岱学刊》2016年第1期。
⑤ 《石刻史料新编》第3辑第26册，新文丰出版公司，1986，第12页。

不肖何有，竟负天下滑稽之名，杨何深而仆何浅也！"①
［校］［1］"予"，荟要本、四库本作"余"。［2］"谈谐佚黠"，荟要本、四库本作"佚黠谈谐"。

《秋涧先生大全集》卷十六《挽杜止轩徵君》[1]：
　　泰岱东蟠未了青，文章公独萃精英。赋方庾信才华壮，诗到樊川气格清。平日酒杯追散圣，一生高节见陈情。风流想在齐梁席，未让邹枚独擅名。②
［校］［1］诗题，荟要本、四库本作《挽杜徵君止轩》。

《秋涧先生大全集》卷十七《挽杜止轩》：
　　贫乐能安贵不淫，百年宦海寄浮沉[1]。闲中今古资谈具，物外江山助醉吟。风义见来先急难[2]，文章拈出更雄深。追攀逸驾嗟何及，时向逃空得苦心。
　　一代人文杜止轩，海翻鲸掣见诗仙。细吟风雅三千首，独擅才名四十年。剑在不沉冲斗气，神游多了住山缘。老天未觉斯文丧，齐鲁诸生有正传。③
［校］［1］"宦"，元刊明补本、弘治本、荟要本作"瘿"，据四库本改。"沉"，荟要本作"尘"，音近致误。［2］"风"，荟要本、四库本作"气"，误。

胡祗遹《紫山大全集》卷六《赠杜止轩》：
　　胸中泾渭自清浑，舌颊春风笑语温。看破大方无畔岸，耻居小节作篱藩。百年放适诗千首，四海交游酒一尊。醉眼天风吹不醒，倒骑箕尾阅乾坤。④

《紫山大全集》卷六《挽杜止轩》：
　　人生良苦百年身，万古双眉不放颦。巨眼仰天非正色，欢惊无日不阳春。神奇腐臭何多幸，蝼蚁公侯共一尘。八十康强谈笑了，一襟收我泪沾巾。⑤

刘敏中《中庵先生刘文简公文集》卷十九《和王详议赠杜处士诗》[1]：
　　古人白骨秋草枯，藐然节义犹遽庐。龙渊化作蛇虺窟，乳稚童牙皆丈夫。姓名闻说处士老，口不敢诘心掖虚。新诗老笔喜入眼，轻财御寇缓急趋。乃

---

① 《四部丛刊》初编影印明弘治翻元本；《四库全书》第1200册，第382页。
② 《四库全书》第1200册，第201页。
③ 《四库全书》第1200册，第207页。
④ 《四库全书》第1196册，第94页。
⑤ 《四库全书》第1196册，第103页。

知元气本无间,季末何尝殊厥初。我期斯人如凤雏,百鸟先避竹与梧。我期斯人似初月,光焰已射群星疏。①

[校] [1] 诗题,四库本作《和王详议处士诗韵》。

魏初《青崖集》卷二《杜止轩词翰》:

方朔才名语意新,牧之风调笔如神。庞眉苦节秋风客,未必如公出处真。②

《中庵先生刘文简公文集》卷十九《书杜止轩处士行卷》[1]:

男儿结发事邹閟[2],没世无闻羞阘茸[3]。处心常在众人先,凡马焉知渥洼种[4]。威州闻有豪杰士[5],不待文王策高踵。财空钜万敦骨肉,身起穷冤解纷冗。冯煖甘辞火券名[6],窦郎顿失投绳勇[7]。一身都是仁义气[8],我始闻之惊且竦。衰俗靡靡颓波远,著手谁能为障壅[9]。岂期今日有斯人,便合岩廊佐垂拱。更看尽展济时具,风采一新天下耸。不应犹作处士诗,大笔勋名有南董[10]。③

[校] [1] 诗题,四库本作《赵文甫持洺水儒者李诚甫思忠行卷求诗,其事则轻财赴难之类,姑撮其大概而赋之》。[2] "邹閟",四库本作"姬孔"。[3] "没世无闻羞阘茸",四库本作"岂甘没世无闻终阘茸"。[4] "凡马焉知渥洼种",四库本作"凡马千与万,焉知渥洼别有汗血种"。[5] "威州闻有豪杰士",四库本作"今也威州乃有豪杰士"。[6] "煖",原作"缓",从四库本改。[7] "投",原作"捉",从四库本改。[8] "义",原作"与",从四库本改。[9] "著",原作"有",从四库本改。[10] "勋",四库本作"勒"。

同恕《榘庵集》卷四《跋止轩先生辞翰》:

恕年十六七时,先生来关中,寓几杖元都观。恕往拜之,先生以故人子,谕诲勤恳,至再至三。授以《清晖亭赋草》《长安怀乐府》,书于方丈壁间,仍命读之,为说字音变例,恍然如对祥云丽日也。俯仰之间,六十年矣。今观此卷,赋及乐府,皆在墨妙中。先生东归,道出罩怀时所书也。……胡君之子叔亨固求跋语,小子愚鄙,何足以知?感念畴昔,岂胜慨叹。敢拜手稽首,为识诸别纸云。至顺改元冬至日同恕书。④

---

① 《北京图书馆古籍珍本丛刊》第92册,书目文献出版社,1998,第448页。
② 《四库全书》第1198册,第709页。
③ 《北京图书馆古籍珍本丛刊》第92册,第447页。
④ 《四库全书》第1206册,第694页。

张之翰《西岩集》卷十八《跋张从之止轩诗卷后》：

至元癸未，余来山阴府，从事张从之以《止轩诗》轴相示，盖渠乡中时所得也。余谓中州诸名辈如此老，天假之年，得见混一，使之登会稽，探禹穴，其所作岂止此耶？①

［笺］至元癸未为至元二十年（1283）。按《全元文》据《正统藏》收录的杜仁杰《清虚小有第一洞天三言铭》，末署"至元二十六年五月日"。知至元二十六年杜仁杰尚在世。仁杰至元初返里家居，与外界少交往，故张之翰作《跋张从之止轩诗卷后》时，以为其已逝世，这才有"天假之年，得见混一"语。

王旭《兰轩集》卷四《杜止轩先生亲书诗卷》：

千古南丰一瓣香，此心元不限存亡。春归浮世空花尽，恨入遗阡宿草长。纸上龙蛇亲翰墨，卷中星斗旧文章。挑灯细读人何在，庭竹吹风月照廊。②

《兰轩集》卷十《贺正启上杜止轩》：

大哉乾元，万物资始。展矣君子，百禄是宜。当天道之大亨，在人情以为庆。风霜引残腊，避东阁千年之觞；造化回阳春，入先生五色之笔。恭惟先生，高名掩日，绝学际天。卓为四海之精英，浑是一团之和气。优游文市，持昌黎之权衡；啸咏词场，专少陵之旗鼓。诗酒自乐，神仙谁如。履兹朋来之辰，宜亨汇征之福。某抠衣在列，提耳知恩。数仞门墙，欲探阳春之消息；三年节物，自惊礼意之萧条。愧无惠连春草之工，聊代南华灵椿之祝。③

《兰轩集》卷十四《祭止轩先生文》：

呜呼，造化钟秀，江山孕奇，贤运五百，非公而谁。学际天人，声名四驰。雄章俊语，星日争辉。高文典册，元气淋漓。豁达飘逸，灵襟坦夷，鼓舞群才，妙无端倪。动风雷于唇吻，溢阳春于须眉。斯文不坠，学者知归。惟登夫岱宗之巉岩，而后知丘陵之为低；惟游夫沧海之汪洋，而后知坎井之为卑；惟观夫神龙之变化，而后知蛭蚓之玄微。大鹏不可笼，天马不可羁。伟先生之浩荡兮，信馀子之难为。佩青霞而服明月兮，陋蝉冠与锦衣。悠悠

---

① 《四库全书》第1204册，第504页。
② 《四库全书》第1202册，第775页。
③ 《四库全书》第1202册，第829页。

东山，白云紫芝。挹浮丘以劝酒，抚洪崖而诵诗。徒有勤于丹诏，终无梦于皇扉。意哲人之寿考，必神明之扶持。岂期微痾，缠绵岁时。膏肓成兮，恨医和之去早；招魂远兮，怨巫阳之来迟。亭孤芳而室则迩兮，竟一朝去此而何之。忆先生之超忽兮，游汗漫以奚疑。骑苍龙而谒帝兮，纷群圣之相随。饭玉屑而餙琼液兮，奏钧天与咸池。俯五岳于毫峰，视沧溟于一杯。死之乐，盖有甚于生也，顾尘世之何知。嗟予小子，久从吾师。开发成就，馀力不遗。恩深海岳，报未毫厘，忽讣音之南来，痛贯彻于肝脾。腰绖执绋，于礼则宜。恨山川之莫往，徒北向而歔欷。瞻落月于屋梁，恍音容其在兹。馨馀哀于一奠，魂归来其庶几。①

刘敏中《中庵先生刘文简公文集》卷十九《送魏鹏举再之奉高三十韵》：

西溪唱其端（自注：谓奉高教授王严夫也），止轩折其衷（自注：杜仲梁）。②

王旭《兰轩集》卷十四《素轩赞并序》：

医流王庭训乞轩名于杜止轩，名之曰素，复因曹子求赞于余。③

任士林《松乡集》卷二《东平杜氏种德堂记》：

往时杜先生善甫，以道游齐鲁，客武惠公之门。时中原甫定，公方握重权为外屏，先生从容其间，切磋磨琢之德，善谑不虐之道。卫人所以美武公者，武惠公有焉。则先生善甫之行其道也。故东平称杜氏，凡谱杜曲而系东平者，皆名其胤寿康老人，则先生之胤而武惠公之老也。作堂于平阴之原，名曰善善，既而改曰种德。其孙桢，以其伯氏朴之言来。桢与余游久，稔其祖父、伯氏之贤。④

胡祗遹《紫山大全集》卷十八《奉直大夫佥江西湖东道肃政廉访司事杜公墓志铭》：

公讳伯元，字亨甫，姓杜氏，世为覃怀人。……父讳杲，字明之。避兵，北至彰德，遂占籍焉。府主承制释褐判彰德录事司，俄升军民都镇抚、权彰

---

① 《四库全书》第1202册，第872页。
② 《北京图书馆古籍珍本丛刊》第92册，第449页。
③ 《四库全书》第1202册，第871页。
④ 《四库全书》第1196册，第527页。

德府事。好贤乐善，一时名公大老如元遗山、杜止轩主于家，动为数月留。岁辛亥，以寿终。①

王梓材、冯云濠《宋元学案补遗》卷九十《鲁斋学案补遗·庸斋讲友》：

杜仁杰字仲梁，一字善夫，济南人。与元遗山善。元时累征不起。②

《宋元学案补遗》别附卷三《元儒博考》：

杜善甫，东平人。以道游齐、鲁，客武惠公之门。时中原甫定，武惠方握重权，为外屏，先生从容其间。切磋磨琢之德，善谑不虐之道，诗人所以美武公者，武惠有焉，则先生之行其道也。③

《元书》卷九十一《隐逸列传上·曹之谦传》：

其时长清杜仁杰仲梁，尝与麻革诗名相埒。至元间，屡征不起。仁杰性善谑，才宏学博，平生复与李献能、冀禹锡相友善，元好问亦亟称之。④

《道光长清县志》卷十一《人物志》：

杜仁杰字仲梁，才宏学博，累征不起。其子元素，任福建闽海道廉访使。以子贵，赠翰林承旨、资善大夫。谥文穆。⑤

《元史》卷一七八《刘敏中传》：

刘敏中，字端甫，济南章丘人。幼卓异不凡……乡先生杜仁杰爱其文，亟称之。⑥

袁桷《清容居士集》卷三十二《翰林承旨王公请谥事状》：

公讳构，字肯堂。世居潍州。家谱云与中书令同系。八世祖某，宋世为司农卿，守郓，因家焉，故今为东平人。……公幼岁肄业郡学，试词赋入等，杜先生仁杰深器之。⑦

---

① 《四库全书》第1196册，第310页。
② （清）王梓材、冯云濠辑《宋元学案补遗》，杨世文等点校，人民出版社，2012，第3445页。
③ （清）王梓材、冯云濠辑《宋元学案补遗》，杨世文等点校，第4102页。
④ 《四库未收书辑刊》第4辑第15册，北京出版社，2000，第633页。
⑤ 清道光十五年刊本。
⑥ （明）宋濂等：《元史》，中华书局，1976，第4136页。
⑦ 《中华再造善本》影印元刻本。

程钜夫《雪楼集》卷九《薛庸斋先生墓碑》：

　　国初，河南薛玄微之制行立言颖然当世，缙绅尊之曰庸斋先生。……杨奂，秦中名士也，廉访河南，慕欲与游，辟居幕府。先生从之，始定居洛西。甫阅岁，谓寮寀曰："进不能行其道，徒羁尘网，无为也。"即弃去。……中统初，召为平阳、太原宣抚，不起。授提举河南学校，亦不起。日与女几辛愿、柳城姚枢、稷山张德直、太原元好问、南阳吴杰、洛西刘绘、淄川李国维、济南杜仁杰、解梁刘好谦讲贯古学，且以淑人，伊洛之间复蔚然矣。①

邾经《青楼集序》：

　　我皇元初并海宇，而金之遗民若杜散人、白兰谷、关已斋辈，皆不屑仕进，乃嘲风弄月，留连光景。②

蒋正子《山房随笔》：

　　杜善甫，山东名士，工诗文，不屑仕进，游严相之门。严乃济南望族，善甫为所敬重。一日谗者间之，情分浸乖。杜谢以诗云："高卧东窗兴已成，帘钩无复挂冠声。十年恩爱沦肌髓，只说严家好弟兄。"严悟非其过，款密如初。时有掌兵官远戍于外，其妻宴客，笙歌终夕。善甫诗曰："高烧银烛照云鬟，沸耳笙歌彻夜阑。不念征西人万里，玉关霜重铁衣寒。"闻者快之。有荐之于朝，遂召之，表谢不赴，中二联云："俾献言于乞言之际，敢尽其忠；若求仕于致仕之年，恐无此理。不能为白居易，漫法香山居士之名；惟愿学陆龟蒙，拜赐江湖散人之号。"③

鲜于枢《困学斋杂录》：

　　刘祭酒云震……访杜仲梁不遇，云："壮节文章合老成，而今何况白头生。牧之赋垒今勍敌，甫也诗坛旧主盟。舌在尽从陵谷变，气高常压海山平。东湖花草西湖月，不管文园旧长卿。"④

王旭《兰轩集》卷十五《瘿海说》：

　　今夫挺直端竦、条达茂畅，干云霄、傲霜雪，可以梁千寻之观，可以航

---

① 《四库全书》第1202册，第102页。
② 孙崇涛、徐宏图笺注《青楼集笺注》，第20页。
③ 《四库全书》第1040册，第337页。
④ 《四库全书》第866册，第2页。

万顷之波者，非木之良而得所生之正者哉？然而明堂不构，匠工不求，未免仆死于荒山之侧与寒涧之阿，其支离轮囷、盘郁拥肿不中绳墨者无异焉。出而偶见奇人，则被器用，登华堂、友瑚琏、侣笾豆，取重于世而不难。呜呼，物亦有幸不幸耶！吾止轩先生有瘿樽，状甚奇巧，容酒二斗许，以其大，目曰"海先生"，甚爱之。岂非所谓轮囷拥肿，不中绳墨，奇于人而重于世者欤！噫，圣贤逆志兮，方正倒置，沉沦尊显兮，谗谀得志，吾不能无感于斯矣。①

朱德润《存复斋文集》卷九《万户张侯德昭有经济之材，政事之暇，留情图史，尝出其〈岩居仙人图〉，乃金时李东原所画，杜止轩为作〈蓬山行〉，曹南江绂大书之，仆因次韵其后云》：

岩居仙人寿莫测，乌纱绿鬓蓬莱客。太乙青藜昼不燃，云和玉琴徽转白。手探月窟骊龙珠，涶作六经留石渠。方今盛世宜出治，山泽千年生器车。岩花摇风折不得，我欲从之云水隔。道妙真犹老子龙，情闲不梦庄周蝶。人生会遇皆天然，披图玩史非凡缘。张公素有经济术，致君尧舜承平年。②

---

① 《四库全书》第 1202 册，第 878 页。
② 《四库全书存目丛书》集部第 22 册，齐鲁书社，1997，第 638 页。

第二期

阎仲章

编者按：王国维《新编录鬼簿校注》"阎仲章"名下，依白朴《天籁集》词注，注为法讳志琏、号山泉道人之名僧阎仲璋。僧人阎仲璋又见于真定人罗天益《卫生宝鉴》卷一《无病服药辨》，作"僧闫仲章"，盖亦真定籍。郑骞《景午丛编·白仁甫年谱》以为《录鬼簿》注阎仲章为"学士"，非僧人，二人非同一人，由此疑曲家为官翰林学士甚久之阎复。据《元史》卷一六〇本传、袁桷《阎公神道碑铭》，阎复在元世祖、成宗两朝近四十年，几乎全在翰林院，从初级应奉到从二品承旨，最宜称"学士"。他出身东平府学，东平多作时兴词曲者。《录鬼簿》著录"前辈已死名公有乐府行于世者"，杜仁杰为阎复前辈，徐琰、张孔孙与阎复同学；"前辈已死名公才人有所编传奇行于世者"，高文秀、张时起等亦出身东平府学。《青楼集》记阎复与姚燧过访大都著名女艺人张怡云，"每于其家小酌"。一日遇史中丞（史彬），邀同往，怡云为歌【水调歌头】一阕。"又尝佐贵人樽俎"，姚燧、阎复在焉，张席上作【小妇孩儿】（又名【殿前欢】）小令。姚燧、史彬同列《录鬼簿》"前辈已死名公有乐府行于世者"栏，而列名于杜仁杰之后的阎仲章，殆即为袁桷所称"操笔缀词赋，音节和畅"之阎复。（参袁世硕等《录鬼簿及续编校订笺释》，齐鲁书社，2021。）

钟嗣成《录鬼簿》：

　　阎仲章学士

袁桷《清容居士集》卷二十七《翰林学士承旨荣禄大夫遥授平章政事赠光禄大夫大司徒上柱国永国公谥文康阎公神道碑铭》：

　　世祖皇帝应期握图，肇函诸夏，文经武纬，各当厥职。粤惟东平，地接邹鲁，时则有严忠武公披荆剪芜，扶植儒学，作成逢掖，卒能敷文帝庭，风动八表。郓之得人，号称至盛，而阎、徐、李、孟，世名以四杰焉。自至元至于大德，更进迭用，诰令典册，则皆阎公所独擅。公讳复，字子静。幼入东平府学，萤声炳著。操笔缀词赋，音节和畅。融液事理，率占为举首。幼从赠翰林学士康公，康大器之。太常徐公道隆，年长有闻誉，不敢以后进待。公在翰林最久，赞书积几，高下轻重，拟议精切，传诵以为楷则。其待寮寀，择敏秀者自近，不满意者不复强以文墨。任满不调，虽请托亦不得以叙迁。故事：表笺自待制而下分撰。公命各为一通，辑其精良，融为一家，而别拟以示其属。始仕东平行台书记、御史台掾。至元八年，入翰林为应奉文字，进修撰。十六年，升翰林直学士。十九年，侍讲。明年，兼集贤侍讲学士。于时，两院皆领会同馆，由是自应奉至侍讲，皆兼会同。二十三年，升翰林学士，改集贤学士。大德元年，复除翰林学士。四年，拜翰林学士承旨，而知制诰、修国史皆视其职以进。其补外职，则金河北河南道提刑按察司事，浙西道肃政廉访使。世祖陟方，召公草诏于上都。成宗继崩，复召公上都。武宗即位，首上疏曰：惜名器，明赏罚，择人材。朝论韪之，赐金锦、白金以彰其直。顾公老矣，愿致事以归，乃进阶荣禄大夫，遥授平章政事，给半俸以佚其老，且命婿李嗣宗特授承直郎、同知高唐州以侍养。仁宗在东宫时，知公归，特遣使赐币，命公卿设祖帐于都门外。桷尝以院属侍公入议事堂，鹄峙山立，中外各改容以奉。语简意足，不屑屑持辨争，丞相而下皆倾动。一日草诏书，其语意难以入国语，大臣疑之。有集贤学士，亦出微语。公召掾史，具纸笔，请学士改撰。学士大愧，却立。会食毕，公改为之，而前诏一字不复用，一坐大惊。公以文墨自任，不肯为紧要官。罢尚书省时，世祖召入便殿，谕以"卿为执政官何如？"公谢不能。世祖曰："知让诚美事，宜勿强。"成宗择相，召公密问曰："左丞相缺，孰可任？"以江浙行省左丞相某对，益称上意。其陈于上者，大较若是。……仁宗初政，首命召公，以疾辞。皇庆元年三月某日，年七十有七，薨。其年五月，葬于先茔之侧。……其所为文，号《静轩集》《内外制集》若干卷，将传于世。①

《元史》卷一六〇《阎复传》：

阎复字子靖，其先平阳和州人。祖衍，仕金，殁王事。父忠，避兵山东之高唐，遂家焉。复始生，有奇光照室。性简重，美丰仪。七岁读书，颖悟绝人，弱冠入东平学，师事名儒康晔。时严实领东平行台，招诸生肄进士业，迎元好问校试其文，预选者四人，复为首，徐琰、李谦、孟祺次之。岁己未，始掌书记于行台，擢御史掾。至元八年，用王磐荐，为翰林应奉，以才选充

---

① 《中华再造善本》影印元刻本。

会同馆副使,兼接伴使。扈驾上京,赋应制诗二篇,寓规讽意,世祖顾和礼霍孙曰:"有才如此,何可不用!"十二年,升翰林修撰。十四年,出佥河北河南道提刑按察司事,阶奉训大夫。十六年,入为翰林直学士,以州郡校官多不职,建议定铨选之法。十九年,升侍讲学士,明年,改集贤侍讲学士,同领会同馆事。二十三年,升翰林学士,帝屡召至榻前,面谕诏旨,具草以进,帝称善。二十八年,尚书省罢,复立中书省,帝励精图治,急于择相,一日,召入便殿,谕之曰:"朕欲命卿执政,何如?"复屡谢不足胜任,帝谓侍臣曰:"书生识义理,存谦让,是也,勿强。"御史台改提刑按察司为肃政廉访司,首命复为浙西道肃政廉访使。先是,奸臣桑哥当国,尝有旨命翰林撰《桑哥辅政碑》,桑哥既败,诏有司踣其碑,复等亦坐是免官。三十一年,成宗即位,以旧臣召入朝,赐重锦、玉环、白金,除集贤学士,阶正议大夫。元贞元年,上疏言:"京师宜首建宣圣庙学,定用释奠雅乐。"从之。又言:"曲阜守冢户,昨有司并入民籍,宜复之。"其后诏赐孔林洒扫二十八户、祀田五千亩,皆复之请也。三年,因星变,又上疏言"定律令,颁封赠,增俸给,通调内外官"。且曰:"古者,刑不上大夫,今郡守以征租受杖,非所以厉廉隅。江南公田租重,宜减,以贷贫民。"后多采用。大德元年,仍迁翰林学士。二年,诏赐楮币万贯。四年,帝召至榻前,密谕之曰:"中书庶务繁重,左相难其人,卿为朕举所知。"复以哈剌哈孙对,帝大喜,即遣使召入,相之;复亦拜翰林学士承旨,阶正奉大夫。十一年春,武宗践祚,复首陈三事,曰"惜名器,明赏罚,择人材",言皆剀切。未几,进阶荣禄大夫,遥授平章政事,馀如故,复力辞,不许。上疏乞骸骨,诏从其请,给半俸终养。时仁宗居东宫,赐以重锦,俾公卿祖道都门外。及即位,遣使召复,复以病辞。皇庆元年三月卒,年七十七,谥文康。有《靖(静)轩集》五十卷。①

张子益

编者按:叶德均《元代曲家同姓名考》(载《戏曲小说丛考》,中华书局,1979)曾检出元好问《送张书记子益从严相北上》诗,未作考证,只谓张子益"乃元初人"。按诸元好问《答大用万户书二》等文及其行迹,可知"严相"

---

① (明)宋濂等:《元史》,第3772页。

为嗣东平万户严忠济,元好问送张子益诗作于蒙古宪宗五年(1255)。"张书记"为前朝"故家人物",此时为东平万户府掾。复按《遗山集》卷二十一《御史张君墓表》,墓主张汝明为金大安元年(1209)进士,正大六年(1229)为治书侍御史,迁礼部员外郎,篡修"起居注"。金亡不仕,隐居十五年病卒。他与元好问曾同朝为官,同遭蒙古军破汴京的"壬辰之难",二人当相识,亦为入元不仕之同路人。《墓表》是应其子东平万户府经历官张昉之请而作,时在作《送张书记子益从严相北上》前两年,则张子益即为张昉。《元史》卷一七〇有《张昉传》,他在元世祖至元年间先后任中书省左右司郎中、兵刑部尚书等职,卒后获赠参知政事,被追封东平郡公。半个多世纪后,钟嗣成作《录鬼簿》著录为东平曲家,宜称"张子益平章"。

至于刘敏中《中庵先生刘文简公文集》卷二十三《张子益医隐斋》、张仲深《子渊诗集》卷三《怀兄子益》及迺贤《金台集》卷一《巢湖述怀寄四明张子益》等诗中之张子益,系与曲家同名之异人。

《录鬼簿》:

  张子益平章

元好问《遗山先生文集》卷四《送张书记子益从严相北上并序》:

  子益省郎,观国之光,从公于迈。杨雄词赋,良借力于吹嘘;邓禹功名,本无心于禄仕。诗以送别,亦以趣其归云。

  故家人物饶奇俊,耸壑昂霄今已信。康侯昼接拜宠光,百里自应沾海润。六月貂裘风雪深,天河天驷日駸駸。莫把声华动台阁,东方书檄要陈琳。①

《遗山先生文集》卷二十一《御史张君墓表》:

  东平幕府从事张昉持文士李周卿所撰先御史君行事之状请于仆言:"先御史在兴定、元光间,于州县为良民,吏于台阁为材大夫,朝誉蔼然,吾子所知。丧乱之后,挈家还乡社,春秋虽高,而神明未衰,乃一意与世绝,泰然以闭户读书为业者馀十五年,凡向之所以为良民、吏材大夫者,未尝一语及之,沉默退让,齐鲁大夫士翕然称道之,亦吾子所知者。弃养以来,三见霜露,而不肖孤以斗食之役,汩没簿领间,不得洒扫坟墓,列树碑表,使先子名德懿范闇焉而不彰,诚惧一旦先狗马填沟壑,其何以瞑目乎?今属笔于

---

① 《四部丛刊》影印明弘治戊午刊本。另参《四库全书》第1191册,第50页。

子,幸为论次之,以俟百世之下。"……谨按:中奉大夫、故治书侍御史、守申州刺史张君,讳汝明,字子玉,世家汶上,曾大父靖,大父彦,皆潜德弗耀,父恕,用君贵,赠中议大夫,母程氏,清河郡太君。君三岁丧父,母程,故衣冠家,而有贤行,力课君学,君亦能自树立如成人。弱冠擢大安元年经义进士第,释褐将仕郎,调颍州泰和县主簿。崇庆元年换怀州武陟簿,丁内艰,服除,贞祐四年,由鹿邑簿入为尚书省掾,正大元年终,更擢同知嵩州军州事。……三年八月,辟许州长葛令,未几政成,农司以称职闻,及罢,县父老上赆礼,一无所受,乃相率立祠,以致去思之心焉。六年二月,召为太常博士,权监察御史,不半岁,迁户部员外郎。七年八月,授治书侍御史。八年七月,迁礼部员外郎兼修起居注,俄升归德治中,兼提举河防学校常平漕司事,不赴。天兴元年,遥领嵩州刺史,二年二月,改授申州,以庚戌七月二十有二日遘疾,春秋七十有六,终于东平遵化坊私第之正寝。娶魏氏,封清河县君。子男三人,长即昉也,今为东平万户府经历官,遥领同知单州防御使事;次晔,次煦,皆早卒。①

《元史》卷一七〇《张昉传》:

张昉字显卿,东平汶上人。父汝明,金大安元年经义进士,官至治书侍御史。昉性缜密,遇事敢言,确然有守,以任子试补吏部令史。金亡,还乡里。严实行台东平,辟为掾。……时兵后,吏曹杂进,不习文法,东平辖郡邑五十四,民众事繁,簿书填委,漫无统纪。昉坐曹,躬阅案牍,左酬右答,咸得其当,事无留滞。……乙卯,权知东平府事,以疾辞,家居养母。中统四年,参知中书省事。商挺镇巴蜀,表为四川等处行枢密院参议。至元元年,入为中书省左右司郎中,甄别能否,公其黜陟,人无怨言。三年,迁制国用使司郎中。制司专职财赋,时宰领之,倚任集事,尤号烦重,昉竭诚赞画,出纳惟谨,赋不加敛,而国用以饶。四年,丁内忧,哀毁逾制,寻诏起复,录囚东平,多所平反。七年,转尚书省左右司郎中。九年,改中书省左右司郎中。昉有识虑,损益古今,裁定典宪,时皆宜之,名为称职。十一年,拜兵刑部尚书,上疏乞骸骨,致其事,卒。赠中奉大夫、参知政事,追封东平郡公,谥庄宪。②

---

① 《四部丛刊》影印明弘治戊午刊本。另参《四库全书》第1191册,第238页。
② (明)宋濂等:《元史》,第3999页。

王和卿

编者按：孙楷第作《关汉卿行年考》，谓危素文集所载王和卿"即《辍耕录》与汉卿为友之王和卿"。后著《元曲家考略》，从元代文献中揭出有关王和卿的两种文献：一为王恽《中堂事记上》，载中统初燕京行中书省"架阁库官二人"，其一为"王和卿，太原人"；二是危素《故承事郎汴梁路通许县尹王公墓碣铭》，然以所记王鼎和卿卒年晚于关汉卿，与《南村辍耕录》所记关死于王之后不合，断定其与曲家王和卿非一人。其实，进一步细读体味危素《墓碣铭》，所叙王鼎身世行状与王和卿存曲中隐含的作者身影基本吻合。王鼎"生于壬寅岁"，即蒙古乃马真后称制元年（1242），先后做过中书令史、高唐尉、深泽主簿、曹州知事。至元十七年（1280），其父因精《易》数，获荐入司天台。王鼎"以亲年高，弃官归养，训诸子以学，隐居廿馀年"。这二十馀年，他闲居大都，接触新兴时曲，一时热衷于散曲创作，应该说是性情使然。《墓碣铭》载王鼎"家占军籍，公以褒衣峨冠出入队伍，主将异视之，使之赋诗，操笔辄就"。穿着宽大不整的衣服混在军伍中，自然显得可笑滑稽，"操笔辄就"之应命赋诗，可能不是纯正的古近体诗，而类似于其子前往他所任官之地省亲时，他"为长短句训之"之"长短句"。这都与性格"滑稽挑达"，喜作《咏大蝴蝶》《咏秃》《胖妻夫》《偷情为获》等滑稽幽默甚至粗俗，更带有游戏性质之散曲的王和卿契合。

《录鬼簿》：

王和卿散人

陶宗仪《南村辍耕录》卷二十三《嗓》：

大名王和卿，滑稽挑达，传播四方。中统初，燕市有一蝴蝶，其大异常，王赋《醉中天》小令云："挣破庄周梦，两翅驾东风。三百处名园，一采一个空。难道风流种，吓杀寻芳蜜蜂。轻轻的飞动，卖花人搧过桥东。"由是其名益著。时有关汉卿者，亦高才风流人也。王常以讥谑加之，关虽极意还答，终不能胜。王忽坐逝，而鼻垂双涕尺馀，人皆叹骇。关来吊唁，询其由，或对云："此释家所谓坐化也。"复问鼻悬何物，又对云："此玉箸也。"关云："我道你不识，不是玉箸，是嗓。"咸发一笑。或戏关云："你被王和卿轻侮半世，死后方才还得一筹。"凡六畜劳伤，则鼻中常流脓水，谓之嗓病。又爱讦人之短者，亦谓之嗓，故云尔。①

危素《危太朴文续集》卷四《故承事郎汴梁路通许县尹王公墓碣铭》：

公讳鼎，字和卿，姓王氏。其先自唐时居汴，曾大父显，金正大八年北度至蔚州，家焉。大父大有。父行简，以秘书监荐入司天台。母罗氏、段氏。公，段出也，生于壬寅岁九月。家占军籍，公以褒衣峨冠出入队伍，主将异视之，使之赋诗，操笔辄就。请于朝，得归农。于是益修其业，清勤谨饬，而善誉日章。有司举以充岁贡，给事中辟为令史，操守端悫。考满，调高唐尉，莅事有治效。再调乐寿，迁将仕郎、深泽主簿、曹州知事。以亲年高，弃官归养，训诸子以学。隐居廿馀年，当道选为汴梁路通许县尹，兼管诸军奥鲁劝农事，公遂告老矣。延祐七年九月□□朔卒，得年七十有八。娶于氏、张氏。子男四人：宏道，司辰郎、司天监教授；宏伟，采石批据所大使；宏钧，钦象大夫、提点司天监事；宏达，汝宁府平准行用库副使。孙男三人：瑞，司辰郎、司天监管勾；璿，蚤卒；理，天文生。女五人。元统元年十月癸酉，葬于大都宛平县西午邨之西原。葬后廿有一年，宏钧属素为文，刻诸墓碣。公素树志节，尚友古人，所居澹然简静，不乐纷丽，燕闲独处，事无忘（妄）动。凡世之所争趋者，公则恬然自安。平居多引先哲格言，开谕学者。里巷之是非有弗能自直者，辄求辨于公，折以片言，莫不畏服，以是称为长者。素始至京师，即识提点。闻其守官谨饬，而奏对切直，又以知公之善教也。②

《危太朴文续集》卷八《王宏钧传》：

王宏钧，字彦举。其先汴人，尝仕宋为修内待诏。高大父辟乱，徙蔚州。大父行简，秘书监荐入司天台。父鼎，终通许县尹。宏钧蚤好学，由天文生转司辰官，升司辰郎、司天监漏刻科管勾，平秩郎、司天少监，进司元大夫、司天监，加颁朔大夫，今为钦象大夫、提点司天监事。③

《危太朴文续集》卷三《大元钦象大夫提点司天监事王公寿藏碑》：

至正十二年二月，上出内帑钱二千五百缗，以赐钦象大夫、提点司天监

---

① （元）陶宗仪：《南村辍耕录》，中华书局，1959，第279页。
② 《元人文集珍本丛刊》第7册，新文丰出版公司，1985，第533页。
③ 《元人文集珍本丛刊》第7册，第579页。

事王公弘钧修治先茔。……公字彦举,其先大梁人,由唐及宋,有登仕版者。高大父显,徙家洧川。曾大父大有,金正大八年北度至蔚州,定居焉。大父行简,童子时从亲转徙,崎岖兵间,不懈于学,尤精《易》数,国朝至元十七年秘书监荐入司天台。父鼎,弃官养亲廿年,有善人长者之誉,仅止承事郎、汴梁路通许县尹。……初,公省通许府君于官所,府君为长短句训之。①

卢　挚

袁桷《清容居士集》卷二十七《朝列大夫同佥太常礼仪院事白公神道碑铭》:

君讳恪,字敬甫。……生丙午岁十有二月,至大二年己酉四月卒于官,年六十有三。……娶卢氏,中书架阁管勾顺之女,翰林承旨挚之女弟。②

《清容居士集》卷二十二《白季清母夫人受新封诗序》:

卢、白皆中原望族。卢以文词鸣翰林,白氏再世持雄辨,清言冰雪缲藉,闻者莫不兴起。若是者,尤足以振耀也。③

吴澄《吴文正公集》卷十一《张仲美乐府序》:

国初,太原元裕之以此擅名,近时涿郡卢处道亦有可取。河南张仲美,年与卢相若,而尝同游,韵度酷似之。盖能文能诗,而乐府为尤长。④

[笺]《吴文正公集》卷十一《张氏自适集序》:"河南张仲美名道济,修洁士也。……昔年邂逅清、沧间,一见相好,偕至京师,聚处数月,尝序其诗。越十有五年,仲美由绍兴知事、黄冈县尹迁宁州判官,以年逾七十,告致仕而去。共余校文江西,获睹全集。每篇三复而嘉叹焉。再为之序,而还其稿。"吴澄与张氏校文江西,即于贡院主持乡试,《贡院中和张仲美》诗可证。他主考两次,一次为延祐元年(1314),一次为延祐四年(1317),由此上溯十五年,一为在家居丧(大德三年),一则在京师(大德六年)。(危素《吴澄年谱》)故与张主考江西在延祐四年,时张年逾七十,则其生年不得迟于1248

---

① 《元人文集珍本丛刊》第7册,第520页。
② 《中华再造善本》影印元刻本。
③ 《中华再造善本》影印元刻本。
④ 《元人文集珍本丛刊》第3册,第227页;《四库全书》第1197册,第203页。

年。卢挚与其年相若，若依李修生先生意见，挚生于1242年，则延祐四年时，张已七十六岁，与"以年逾七十，告致仕而去"语不甚合。综合以下两条材料，即卢挚大德四年（1300）"未及六十"，延祐四年"年逾七十"，笔者推定卢挚生年约在1245年。

《元诗选》谓卢挚"至元五年进士"，而卢挚曾自谓"由诸生，承乏侍从"（《为潭学聘姚江村书》），"年及弱冠，玷贱姓名，已登仕版"（《移岭北湖南道肃政廉访司乞致仕牒》）。周清澍认为，顾氏所谓"进士"，或指卢挚登仕途，而其时卢挚"年及弱冠"，逆推挚生年约在1248年（《卢挚生平及诗文系年再检讨》，《中华文史论丛》2014年第4期）。这与笔者的推定亦相去不远。

卢挚《为潭学聘姚江村书》：

　　大德四年，岁舍庚子，冬十一月七日，后学涿郡挚顿首载拜奉书江村先生执事：挚由诸生，承乏侍从，遂叨持宪节，膺一道之寄，始来湘中。①

［笺］吴澄《送卢廉使还朝为翰林学士序》："公事先皇帝，为亲臣三十年。"彭万隆认为所谓"侍从""亲臣"，当即怯薛执事。《元史·兵制》："［中统］四年二月，诏：统军司及管军万户、千户等，可遵太祖之制，令各官以子弟入朝充秃鲁花。"据萧启庆考证，"秃鲁花"乃怯薛宿卫士的代名词（《蒙元史新探》）。从中统四年（1263）至至元三十一年（1294）正月忽必烈卒，计三十一年，与吴澄谓卢挚"事先皇帝，为亲臣三十年"相合。故卢挚由"诸生"入朝为侍从当在中统四年。又据上引袁桷《白恪神道碑铭》，卢挚之父在中统初创立的中书省架阁库任管勾之职，故推定卢挚"由诸生，承乏侍从"应与其父有关。（《元代文学家卢挚生平新考》，《浙江工业大学学报》2013年第1期）

《元诗选》三集乙卢挚传：

　　至元五年进士，博洽有文思。累迁少中大夫、河南路总管。真人吴全节代祀岳渎，过洛阳，嘉其治行，力荐之。大德初，授集贤学士、大中大夫。出持宪湖南，迁江东道廉访使。复入为翰林学士，迁承旨，卒。②

危素《危太朴文续集》卷二《故翰林学士承旨资善大夫知制诰兼修国史赠推忠辅义守正功臣集贤学士上护军追封涞水郡公谥忠嘉耶律公（希亮）神道碑》：

　　［至元］十三年，太府监令史卢挚言于监官："各路所贡布长三丈，惟平阳加六之二，诸怯薛丹争欲取平阳布。苟截其长者，与它郡等，则无所争。每岁髹漆宫殿、器皿及拭尘垢杂用，用布千馀匹犹不给。今所截馀布，可充

---

① 《全元文》第11册，第7页。
② （清）顾嗣立编《元诗选》三集，中华书局，1987，第104页。

其用。"监官从之。适古欲赤伯颜以闻,上以诘监官,监官仓皇莫知所对,归罪于挚。上命斩之。公遇诸涂,挚以怨告。公命少缓,具以实入奏。上令董文用谳之,竟释挚。寻召御史大夫塔察儿等让之曰:"此事言官当言而不言,向非秃忽思,几误诛一人。"①

[笺]《元史》卷一八〇《耶律希亮传》:"[至元] 十三年,太府监令史卢赟言于监官……有旨令董文用谳之。竟释赟。"四库本该传附《考证》:"有旨命董文忠谳之。原刻误作董文用。按《董文忠传》及《姚燧集》云:太府监属卢甲盗剪官布,帝命杀之惩众。文忠请付有司阅实回,即遣文忠及近臣图门覆之,得诬状,释之。卢甲,即卢挚也。"

姚燧《牧庵集》卷十五《董文忠神道碑》[1]:

或告汉人殴国人伤,又或告太府监属卢某盗断监布[2],上命杀以惩众。公言:"今刑曹于囚罪入死者,已有服辞,犹必详谳。是事未可因人一言,遽置重典。宜付有司,簿责阅实,以俟后命。"乃遣近臣图们核殴伤,公核监布。告殴得诬,杖遣之。监布盖太府始受,端外皆有羡尺,适尚方工官有需[3],其人惜毁成端,断羡以给,非身利而为也。降旨原之。责侍臣曰:"方朕怒际,卿曹皆结喙,非董八启沃朕心[4],则杀是非辜,必窃窃取议中外矣。"赐金尊,曰:"用旌卿直。"储皇亦晓宫臣曰:"方压以雷霆,而容止话言,暇不失次,卒矫以正,实人臣难能者。"太府属挚而泣谢曰:"鄙人腰领,赖公以全。"公曰:"吾雅非知子,其必拯诸阽危者,盖与国平刑,非期子见德也。其返而挚。"②

[校] [1] 题目,《元文类》卷六十一、《中州名贤文表》卷十二及清抄本作《金书枢密院事董公神道碑》。[2]"告""属",《四部丛刊》本缺,据《元文类》《中州名贤文表》补。[3]"尚方",《四部丛刊》本作"上方",从《元文类》《中州名贤文表》改。[4]"非",《四部丛刊》本作"惟",从《元文类》《中州名贤文表》及清抄本改。

卢挚《大中大夫潭州路总管张公墓志铭》:

以[至元]二十七年四月丙戌,卒于成都别业,春秋五十有七。以二十八年三月辛酉,葬于安西府咸宁县洪同乡少陵原,先公都运之兆。其孤衰绖累然,扶柩自蜀之秦。前事一月,兄子岳以公官寿行世之书,请于其部使者卢挚,曰:"君昔太史属,宜有述也。"③

---

① 《元人文集珍本丛刊》第7册,第507页。
② 《丛书集成初编》第3册,中华书局,1985,第186页。
③ 《全元文》第11册,第19页。

[笺] 文中"太史",非指《元史·百官志》记载之太史院,而是翰林国史院的异称,用司马迁"太史公"典故。卢挚任翰林院属官当在至元十三年(1276)"太府监令史"案平反之后。

王炎午《吾汶稿》卷一《上参政姚牧庵》：

至元初年,翰林学士疏斋卢公巡行江南,谕有司求野史。此时南国初归,讳言节义,而翰林公归往匆匆,势必遗逸。①

姚燧《牧庵集》卷三《读史管见序》：

宋社既墟,诏令湖南宪使卢挚,以内翰籍江南诸郡在官四库精善书板,舟致京师,付兴文署。②

白朴【贺新郎】：

喜气轩眉宇,看卢郎、风流年少,玉堂平步。车骑雍容光华远,不似黄粱逆旅。抖擞尽、貂裘尘土。便就莫愁双桨去,待经过、苏小钱塘渡。画图里,看烟雨。 一樽邂逅歌金缕,望晴川,炉峰瀑布,浪花溢浦。老我三年江湖客,几度登临吊古。怅日暮、家山何处。别后江头虹贯日,想君还东观图书府。天咫尺,听新语。③

卢挚《重修灵祐王庙记》：

至元丙子,庙毁于兵,邑人陈振衷众力而新之。殿宇邃严,门径森蠹。摽以楼观,环以庑序,视旧有加。既成,学子罗琰、刘介,邑人前建德路总管阮麟翁,请文诸石。④

王恽《秋涧先生大全集》卷三十四《卢处道处觅书》：

米家书画满江船[1],月贯长虹夜色鲜。欲识广收多蓄意,北归分赐到诸贤。⑤

[校][1] "书",荟要本、四库本作"诗"。

苏天爵《滋溪文稿》卷十九《元故尚医窦君墓碣铭》：

真定窦氏以医术名著百馀年矣,至君而名益显。君讳行冲,和卿其字

---

① 《四部丛刊》三编影印明抄本。
② 《丛书集成初编》第1册,第29页。
③ 杨镰编《全元词》上册,中华书局,2019,第253页。
④ 《嘉靖池州府志》卷九《杂著篇下》,明嘉靖刻本。
⑤ 《四库全书》第1200册,第436页。

也。……会皇孙梁王开国云南，诏选尚医从行，近臣以君应诏。……久之，君以亲老求还其乡，王不忍违，厚其礼而归之。……君年既高，遂厌世事，买地郡城之东，辟为小圃，筑亭于中，周植嘉树，偕其好友婆娑嬉游，怡然忘其年之老也。集贤学士卢公挚时方贰宪燕南，表其亭曰静深，中朝硕士咸咏歌焉。①

刘因《静修先生文集》卷二十《友松轩铭并序》：

总帅史侯子明种松私第，因以友松名其堂之轩。友人涿郡卢处道为请铭。②

《静修先生文集》卷二十《王孝女旌门铭并序》：

女家容城西，以母丧感念，遂不嫁终身。州上其行，御史按实，礼部令旌表之。内翰卢公署其门曰孝女王氏。县人刘某铭。

［笺］据《元史》卷一四七《史枢传》，枢以万户从丞相伯颜伐宋，署安吉州安抚使。至元十四年（1277），因病返回真定，直到二十三年（1286）出任山东东西道宣慰使，次年病故。十四年至二十三年史枢居家真定，卢挚只能在真定为官时与其结识，卢任燕南河北道提刑按察副使应在此时。又卢挚曾致书不忽木，自称与他"辱在知旧"（《寄康军国书》）。据《元史》卷一三〇《不忽木传》，至元十五年，不忽木除燕南河北道提刑按察副使，十九年（1282），升提刑按察使。可能即在至元十九年不忽木升燕南按察使，卢挚任按察副使。

苏天爵《滋溪文稿》卷十八《元故承德郎真定路总管府判官赵公墓碑铭》：

蔚州飞狐赵氏由太保、仪同三司、上柱国、定国襄穆公显。……第五子承直郎、知辉州事秉让因襄穆尝监真定，家焉。公讳宽，字子栗，襄穆公之孙、辉州君之子也。初以父泽擢饶阳尉，再尉真定。……复号至元之四年四月十有七日，以疾卒。……配涿郡卢氏，翰林学士承旨挚之女，封恭人。……公早丧亲，卓然克自树立，虽生大家，而无纨绮之习。卢公一代名流，奇公之为，以女归焉。真定居燕南孔道，使者旁午，公迎劳护送，不失其节。治盗有方，而不窃发。③

刘因《静修先生文集》卷七《卢学士按察江东》：

不废蒭荛贱，狂言试一听。品题停月旦，言动律东铭。饮少得真乐，吟

---

① （元）苏天爵：《滋溪文稿》，陈高华等点校，中华书局，1997，第310页。
② 《中华再造善本》影印元至顺元年宗文堂刻本。
③ （元）苏天爵：《滋溪文稿》，陈高华等点校，第301页。

多损性灵。青灯四书外，澹泊养遐龄。①

姚燧《牧庵集》卷三十四《大都寄卢处道》：

家弟去冬温室见，玉音问汝死耶非。因知洛下思常切，虽乐江南告已违。一旦去妻邻舍枣，三年游子溧阳衣。无尊君父无亲母，有底牵留未即归。②

[笺] 据《姚燧年谱》，该诗作于至元二十四年（1287），时燧为翰林直学士。诗有"三年游子溧阳衣"句，则卢挚任江东提刑按察副使在至元二十二年。李修生《卢挚年谱》定挚任此职在至元十五年，依据是白朴至元十三年至九江，其【贺新郎】词有"看卢郎、风流年少"及"老我三年江湖客"句。李氏认定"卢郎"即卢挚，自至元十三年始，三年后为至元十五年。误。元淮有《上江东宪使疏斋卢副使》诗，淮至元二十四年出任溧阳总管。（其《戊子中秋》诗注："丁亥岁，此日问戍溧阳。"）又白朴有【水龙吟】《送张大经御史就用公九日韵兼简卢处道副使使宁国署按察司时》词。据汪泽民《江东宪司题名记》："国朝置诸道提刑按察司，建康为江东治所。至元丙戌，南台置维扬，移镇建康，江东道遂迁治宣城。"宣城隶属宁国路。可知至元二十三丙戌卢挚任江东提刑按察副使，时治所在宣城。

白朴【水龙吟】《送张大经御史，就用公九日韵，兼简卢处道副使，使宁国署按察司时》：

绣衣揽辔西行，慨然有志人知否？江山好处，留连光景，一杯别酒。世事无端，恼人方寸，十常八九。对霜松露菊，荒寒三径，等闲又登高后。问讯宣城太守，几裁诗、画堂清昼。山长水阔，思君不见，踟蹰搔首。却羡行云，暂留还去，无心出岫。笑穷途岁晚，江头送客，唱青青柳。③

卢挚《游茅山五首并序》：

闻句曲山旧矣。乃至元戊子春，由宣部行郡溧阳。省俗，其墟距山麓一舍而近，凡隆阜胜川，曰洞天福地，登诸祀秩者，部使者至焉，礼也，予于是有三茅之行。至所谓崇禧观，崇禧主人邹姓，以心远自命。④

卢挚《茅山作并序》：

戊子岁除，复如茅山。己丑春正月朔，举祝釐之典。晓登天市坛，遂偕

---

① 《中华再造善本》影印元至顺元年宗文堂刻本。
② 《丛书集成初编》第 7 册，第 425 页。
③ 杨镰编《全元词》上册，第 233 页。
④ （元）刘大彬：《茅山志》卷十五，《全元诗》第 10 册，中华书局，2013，第 33 页。

崇禧主人过积金中峰，留饮松溪方丈，复归远师玉气凝润之室。①

王奕《玉斗山人集》卷一《和卢疏斋多景楼韵》：

一合乾坤气脉连，蜜甜本不拣中边。几千万劫本同此，百八十年何间然。北固英雄前去古，中原文献后来贤。老怀登此成欣感，日落苍梧生紫烟。②

黄溍《金华黄先生文集》卷四十一《天童坦禅师塔铭》：

师讳妙坦，族金氏，婺之浦江人。……已而西游吴中，从觉庵真公于承天。暨领无锡之保宁，瓣香酬恩，归之于舟，示有所本也。寻迁慧山，迁华藏，退处承天。久之，乃赴灵岩，居数月，复遁于虎丘祖塔下。……师初号竹溪，故内翰涿郡卢公数从师游于慧山，为扁其室曰竺西，人因以为称云。③

元淮《上江东道宪使疏斋卢副使》：

清如冰玉重如山，问俗观风化梗顽。贪吏风闻应丧胆，书生日见尽开颜。吟来蓟北文章贵，治得江东讼谍闲。若福苍生布霖雨，他年休道不相关。④

元淮《次卢疏斋赠溧阳道录徐松隐韵》：

眠云隐市廛，对月能自乐。钟鼎不关心，松风动幽壑。⑤

张之翰《西岩集》卷十一【江城子】《寄卢副使处道》：

去年雪里送君时。马迟迟。思依依。及至金陵，还却值君归。独抱此情谁与语，空三复，草堂诗。　年来双鬓欲成丝。惜睽离。喜追随。四海而今，浑有几相知。上到庐山高绝处，曾为我，一支颐。⑥

《青楼集·杜妙隆》：

金陵佳丽人也。卢疏斋欲见之，行李匆匆，不果所愿，因题【踏莎行】于壁云："雪暗山明，溪深花早，行人马上诗成了。归来闻说妙隆歌，金陵

---

① （元）刘大彬：《茅山志》卷十五，《全元诗》第 10 册，第 34 页。
② 《四库全书》第 1195 册，第 637 页。
③ 《中华再造善本》影印元刻本；（元）黄溍：《黄溍集》第 4 册，王颋点校，浙江古籍出版社，2013，第 1027 页。
④ 《全元诗》第 10 册，第 130 页。
⑤ 《全元诗》第 10 册，第 140 页。
⑥ 《四库全书》第 1204 册，第 450 页。

却比蓬莱渺。宝镜慵窥,玉容空好,梁尘不动歌声悄。无人知我此时情,春风一枕松窗晓。"①

陆心源《皕宋楼藏书志》卷九十五《野趣有声画二卷》引卢挚题诗:

野趣杨卿,以善画山水、能诗有名于徽,为赋绝句:造物怜渠有画痴,溪山无负墨成池。杨卿技进今如此,不博金钱却爱诗。至元丁亥三月二十六日疏斋卢挚处道甫书于歙郡驿邸。②

杨公远《野趣有声画》卷下《上疏斋卢按察》:

歙境争先睹使星,玉川风致是前生。壮怀学富五千卷,明月光分十一城。吏立寒冰惊号令,民沾和气乐耘耕。政声久彻宸旒听,行看金瓯覆姓名。

《又自述》:

自怜双鬓已星星,书剑无成老此生。愿识荆州轻万户,要令和璧重连城。敲推风月诗随兴,模写江山笔代耕。闻道珠玑囊拍塞,愿分颗粒振声名。③

《野趣有声画》卷下《诗谒按察疏斋,赐贱号二大字,赋诗以谢》:

幸披云雾睹青天,尽道山人有宿缘。得坐春风才半日,胜居尘世已千年。槎枯许到银河畔,葭老容依玉树边。两字光芒关不住,私心犹敢觅新篇。④

《野趣有声画》卷下《饯卢按察》:

轺车至日岁将更,又趁薰风理去程。历遍山城留好句,苏回民瘼快舆情。人言但有官如此,世道应无事不平。只恐江东难久驻,行看诏趣秉钧衡。⑤

俞德邻《佩韦斋集》卷五《送程道大归新安兼简宪使卢处道学士四首》:

倦客思归整旆鞍,班荆祖道驻江干。浮云流水别离易,明月清风会晤难。移妓东山须载酒,上书北阙莫求官。诸公衮衮君休羡,得马还将失马看。

十年故国黍离离,一日翩然赋《式微》。儒服政怜山鸟怪,机心何独海鸥

---

① 孙崇涛、徐宏图笺注《青楼集笺注》,第114页。
② 《续修四库全书》第929册,上海古籍出版社,2002,第395页。
③ 《四库全书》第1193册,第771页。
④ 《四库全书》第1193册,第771页。
⑤ 《四库全书》第1193册,第772页。

飞。山中朝露闲观槿，岭曲春风自采薇。苍狗白衣从变化，是今非昔昔谁非。

我生惭愧贾胡留，暮鼓晨钟复报秋。万里桥南存旧宅，十年客舍尚并州。青山是处堪埋骨，白发新来渐满头。此日送君何限意，长江万折有东流。

戈戈束帛贲丘阿，有几英雄入网罗。少室山人征不起，贞元朝士已无多。声光赫奕埋轮使，音调凄清扣角歌。倾盖相欢应恨晚，乔松千尺有丝萝。（自注：道大有集名《扣角吟》）①

舒正大《赠江东宪使卢疏斋》：

猎猎旌旗马快哉，眉山春色为谁开。鹄袍纷雪弹冠立，虎节观风揽辔来。琢句清新春梦草，调羹消息雨肥梅。翠烟佳处鹃声急，疑是天边有诏催。

舒正大《次卢疏斋原韵寄赵南庵》：

玉轴金钩灿陆离，南庵德业可无诗。功名道义人俱重，筋力精神老不疲。淇澳风流今在此，邺台人物古无之。鲰生僻处东南壤，独恨闻知未见知。②

《弘治徽州府志》卷八《人物二·宦业》：

舒頔，字道原，号贞素道人。绩溪人。祖正大，字直方，号梅埜。至元二十四年授饶州路长芗书院山长，转授广德路学正。与卢疏斋友善。③

方回《饶州路治中汪公元圭墓志铭》：

徽婺源回岭汪氏，世大族。公字功甫，晚号月山老人。……至元十三年丙子正月十九日，杭旧大臣纳国土于大元，二十五日徽城归附。公兄弟全民弭盗，力保乡井，会有二李之变，富珠哩敬军至，嘉公兄弟功多，呈省换授公江东军马总管，而以松坡知徽州事，以公代知县事。……十九年，敕牒授承务郎、婺源县尹，惠爱日益加，名誉日益隆，事为日益著。为馆驿，为丞厅，为尹廨，更鼓楼，过者咸曰："壮哉县。"……至如书院一事，关风教甚大，更郡守二十馀人，非无贤守，而郡之有紫阳书院自韩守始，更县尹三四十人，非无贤尹，而县之有晦庵书院自汪尹始。本道提刑按察副使疏斋卢公挚深嘉之，呈省，起里人吴觉、江雷为山长，皆名进士。公为山长屋百楹，田六顷，书万卷。④

---

① 《四库全书》第 1189 册，第 40 页。
② 《全元诗》第 15 册，第 324 页。
③ 明弘治刻本。
④ （明）程敏政编《新安文献志》卷八十五，《四库全书》第 1376 册，第 395 页。

洪焱祖《汪常簿复传》：

汪常簿复，字晞颜，婺源人。登景定三年第。……至元甲申，行台访求耆德，江东得九人，以复为首，复潜使辞焉。后部使者卢公挚至邑，强请见，因劝以仕。复愀然曰："亡国之大夫，犹踽踽为世用，公何取焉？"①

柳贯《柳待制文集》卷十五《婺源州重建晦庵书院记》：

至元二十六年江东按察副使卢公挚行部次县，恧焉愧之，方议经始书院。②

贡师泰《玩斋集》卷八《题新安张吴先世碑后》：

宋新安张珏，尝代异母弟逮狱以慰母心，天下闻而义之。……至其曾孙桂，有隐德，事继母复以孝称。江东按察使卢公挚、江浙参政燕公楠咸论荐之，卒不就。③

邓文原《巴西邓先生文集·故处州青田县税务大使陈君墓志铭》：

延祐二年夏四月二十九日[1]，溧阳陈君奎甫卒于京师。……按陈氏占籍溧阳，始宋建炎南渡，纪于世牒。君讳斗辉，字奎甫。……行省署君处州青田县税务大使，移疾不赴。每课诸子从师问学，益广蓄构。得赵相国北园，幽迥窈深，敞为宫室，以适燕处。直轩种竹万个，江东宪使卢公为榜其额。疏池于门外，南有地数百弓，佳花美卉，娱心绚目，日与亲友觞咏其间。④

[校] [1] "二年"，明抄本、四库本作"六年"。按下文"君生于宋咸淳丁卯十二月一日，年四十有九"，知卒年在延祐二年（1315）。

邓文原《巴西邓先生文集·丹阳书院田记》：

书院旧有记，建康道肃政廉访使卢公之所作也。⑤

方回《桐江续集》卷十六《题吴山长文英野舟五首梦炎并序》：

江东祥刑使者卢处道，取韦苏州七字、寇巴东十字，为紫阳书院山长吴

---

① （明）程敏政编《新安文献志》卷八十七，《四库全书》第 1376 册，第 436 页。
② 《中华再造善本》影印元至正十年余阙浦江刻明永乐四年柳贵补修本；《四库全书》第 1210 册，第 439 页。
③ 《四库全书》第 1215 册，第 658 页。
④ 《四库全书》第 1195 册，第 519 页。
⑤ 《四库全书》第 1195 册，第 556 页。

文英作野舟扁，将为亭于其所居之溪上。郡人方回万里咀二老诗，下一转语，仍以已意续之，成诗五首。①

赵孟頫《松雪斋文集》卷六《夷斋说》：

孟頫往年仕京师，识田君润之，及来佐济南，田君长山东廉访幕府，从游既久，出一卷示孟頫，则疏斋卢公所书、潘君记夷斋之文也。夷斋者，田君所居室之名也。②

陈思济《送卢处道提刑陕西》：

绣衣直指上长安，白简风生吏胆寒。三辅舆情应日望，九秋一鹗上霄抟。吟边嵩华云间供，画里周秦马上看。到后相逢李夫子，谓余白发已阑干。③

许有壬《至正集》卷四十九《大元故翰林学士资善大夫知制诰同修国史赠推忠守正亮节功臣资政大夫河南江北等处行中书省左丞上护军追封魏郡公谥文肃畅公神道碑铭》：

公讳师文，字纯甫。上世居汴，公生洛阳。……俄金陕西道按察司事。时按察改廉访司，精汰旧官，独副使卢公处道暨公仍旧。④

陆友仁《研北杂志》卷上：

畅师文，字纯父，洛阳人，好奇尚怪。卢处道挚任陕西廉访副使日，纯父金司事，同按部巩昌。一日总帅汪公言于卢公曰："吾意欲邀两公至家小饮，而金司性颇不常，不敢造次，公试觇之。"按事之暇，卢从容语之曰："总帅公连姻帝室，家世勋伐如此，吾察其意，似欲屈我辈一至其家者，或可报谒否？"是时宪纲犹得相往复也，纯父欣然曰："何不可之？"⑤

[笺] 据《元史》卷一七〇《畅师文传》，师文至元二十八年（1291）金陕西汉中道提刑按察司事，三十一年徙山南道。又《元史·世祖本纪》，至元二十八年改提刑按察司为肃政廉访司。则师文任陕西廉访金事在至元二十八年至三十年间。卢挚至元三十一年为河南路总管（卢挚《皇帝遣使代祀中岳记》），其任陕西道廉访副使当亦在至元二十八年至三十年间。此与上引卢挚《大中大夫潭州路总管张公墓志铭》记载相合。

---

① 《四库全书》第1193册，第423页。
② 《四部丛刊》初编影印元沈伯玉刊本；《四库全书》第1196册，第667页。
③ （元）蒋易辑《皇元风雅》卷十九，《中华再造善本》影印元建阳张氏梅溪书院刻本。
④ 《四库全书》第1211册，第354页。
⑤ 《四库全书》第866册，第565页。

姚燧《牧庵集》卷二十四《武略将军知弘州程公神道碑》：

程氏世为太原祁县人。……考达，以太祖建龙旗九斿即位之年丙寅，至戊寅兵金之年，为十三年，年二十馀，与兄通、弟进，倡豪杰来归，完保其乡。为提控，为监军、镇抚军民都弹压、管民总管、银符。甲午金亡之明年，还乡民五百，亦占屯籍。诏易金符，位总管上。发平阳、河中、京兆民二千，屯田凤翔，实侨客其地。……为之七年，当岁壬寅以终。其贤其能，其勤其劳，有卢昭文挚墓碑言。公讳介福，字伯祥。①

卢挚《河南府路进贺皇帝陛下登宝位表》②，作于至元三十一年四月十四日成宗登基时。时卢挚已拜河南路总管。

卢挚《皇帝遣使代祀中岳记》：

于是近侍臣仆兰蹊、臣亚韩，奉白金、锦旛、礼器、香币，以至元三十一年夏五月十九日，传遽自京师至祝。涓吉致嘏，得翌日己巳，奠于中岳中天大宁崇圣帝。喻旨少中大夫河南府路总管臣挚等，上咸秩山川，昭事神祇之意，甚敕其思，所以副称。③

卢挚《华阴清华观碑》：

乡予自秦移洛，惧闇劣不任郡寄，宿留于华，客渭南墉隐者郝氏，凡在月。时道介主舍生，徜徉云台，览略天宁，款白云紫微之扃，过华岳观，酌醴泉，醊玉女，以造真常之宇。……元贞丙申，予满河南，即移家登封。嵩亦多隐人羽客之所栖托，间仍其徒，经立缘崖，周章跌宕，抵掌言论，极海内名山水之区。④

卢挚《寄康军国书》：

十一月十有一日，山中人卢挚顿首再拜上记辩章军国相公阁下：自阁下高揖端右，挚即欲专介奏尺牍为贺。顾以职在列郡属吏，限域辽绝，惧获僭逾之罪，作而复辍者数矣。受代后，侨寓僻左，徒悃款郁积，竟未能彻左右疏慢之责。谅阁下有以恕之。伏惟吾相钟乾坤之奇气，负天人之粹学，年未

---
① 《丛书集成初编》第 5 册，第 299 页。
② 《全元文》第 11 册，第 1 页。
③ 《全元文》第 11 册，第 11 页。
④ 《全元文》第 11 册，第 26 页。

四十，位极人臣，得时行道，众所属望。……矧如挚者，辱在知旧，其向慕为何如？挚满河南，遂来登封。登封者，邑嵩高之麓。……地素多释老，所庐占幽胜而极清深。挚时时从以学者五六人，精舍闲馆，随所之适，无非乐境。诸生横经就列，至于羽流、禅客辈亦于于然而来，环立拱听，跂跂然有趋步名教意。……挚既放闲山水间，得日从事文墨，淫绎宿习。涉秋至今，近稿诗文，索之几格，间得二十馀篇。……适有燕便其人，行匆匆不能少待，又山城卒无好纸可缮写，今往古文一、古诗五，特以见敬仰大君子之素心尔。①

《元史》卷二〇二《吴全节传》：

全节尝代祀岳渎还，成宗问曰："卿所过郡县，有善治民者乎？"对曰："臣过洛阳，太守卢挚平易无为，而民以安靖。"成宗曰："吾忆其人。"即日召拜集贤学士。②

[笺] 卢挚《皇帝遣使代祀中岳记》："[元贞] 二年十三日辛亥，中奉大夫给事中兼修起居注臣买奴、冲素崇道法师臣吴全节至，如元年礼。"卢挚由河南路总管拜集贤学士在元贞二年（1296）。

王璋《闻疏斋卢公拜集贤之命以诗寄贺》：

洛下秋来传近作，日边使至报除书。乍闻北阙多新贵，重直西垣识旧庐。陶谢风流连白社，应刘文字盛黄初。深知有意沉冥者，自是无心赋《子虚》。③

《元史》卷十九《成宗本纪》：

[大德二年春正月]，以翰林王恽、阎复……集贤王颙、宋渤、卢挚、耶律有尚、李泰、郝采、杨麟，皆耆德旧臣，清贫守职，特赐钞二千一百馀锭。④

方回《桐江续集》卷二十四《送邱子正以能书入都并呈徐容斋、阎靖轩、卢处道集贤翰林三学士》：

公等翰墨今第一，谁云识字不得力。借径文艺以致身，勋名政要无心得。九万里迅扶摇风，今日朝廷贞观同。联翩房杜肩王魏，试代常何草封事。⑤

---

① 《全元文》第 11 册，第 6 页。
② （明）宋濂等：《元史》，第 4528 页。
③ （元）汪泽民、张师愚编《宛陵群英集》卷七，《四库全书》第 1366 册，第 1029 页。
④ （明）宋濂等：《元史》，第 417 页。
⑤ 《四库全书》第 1193 册，第 522 页。

《桐江续集》卷二十四《送周汉东入都（自注：鲔），并呈徐学士子方、阎学士子静、卢学士处道》：

　　同是黄山采药人，相逢十载客中身。赘疣天地吾无用，萍梗江湖子亦贫。曳组定趋金马署，扬鞭初闯玉京尘。徐阎卢老如相问，向道犹馀漉酒巾。①

《桐江续集》卷十五《和陶〈咏二疏〉，为郝梦卿画图、卢处道题跋作》：

　　渊明咏二疏，寄意匪自誉。丧元辱先体，贪位综世务。未若见几微，政尔养高素。展画读瑰染，公等各超悟。风霜敛劲气，泉石入幽虑。足可休馀年，何用箧朝著。②

程钜夫《雪楼集》卷二十三《赵克敬二子字说》：

　　集贤赵君克敬既名其二子曰通祖、述祖，涿郡卢处道字之曰承宗、绍宗。已而避宗庙之嫌也，东平王肯堂易之曰承忠、次忠。③

《雪楼集》卷五《魏国赵氏先德之碑》：

　　谨按：赵氏，魏人。曾大父藻，元城令。大父琛，潜德沉辉，七十二乃终。娶于李，生汴而卒。再娶于袁，生楫，即草中弃者也。……楫虽出居，然不忘其亲，事之极孝，趋义尚交，俶傥自喜。中统初，宣抚张公某材而辟之，辞，不许。则愿下就工官，以便定省，张公益贤之。后迁承事郎、织染司提举，善于其职。尝输币于宫府，独以精良受美锦之赏。以老，上印绶去。陈书乐宾，不复与世事。张梦符书其堂曰馀庆，李受益为之记，卢处道为之铭，名士数十人皆歌诗以属之。大德癸卯正月十三日卒，得七十有四年。④

姚燧《牧庵集》卷二十《少中大夫叙州等处诸部蛮夷宣抚使张公神道碑》：

　　公讳庭瑞，字天表，姓张氏。……凡居三年，忽曰："吾乐吾成都竹溪。"秦父老遮不能止。时已疾矣。后是二年[1]，当至元二十七年四月十四日卒。夫人刘氏，淑质懿行，公所敬友。及是，偕其三子巘、岑、岷，扶柩还葬安西之咸宁少陵原都漕公之阙，且为书托山南江北道肃政畅师文，

---

① 《四库全书》第 1193 册，第 533 页。
② 《四库全书》第 1193 册，第 402 页。
③ 《四库全书》第 1202 册，第 339 页。
④ 《四库全书》第 1202 册，第 59 页。

以今集贤卢挚志铭，求铭墓碑。挚之言曰："公与仲氏俱名良二千石，为时所器，期以公辅。年位未究者，岂以公年仅过其兄一年，止五十七耶，惜哉！"①

[校] [1] "二"，四库本作"三"。

刘致《姚燧年谱》"大德二年戊戌"：

是年，挈家游长沙，麓堂宣慰和尚馆公于爱裔堂。堂名，公所命也。未几，疏斋卢公处道由集贤学士出祝海岳，过长沙，同馆斯堂。卢以堂名未尽厥美，因共更为世臣。先生大书之。……又有《赠疏斋》三绝句。②

卢挚《代祀南海神记》：

大德二年二月，诏近侍阿闾赤，集贤院学士、太中大夫卢挚代祀南海。以三月癸丑至，翌日甲寅，奠与南海广利灵孚王。③

卢挚《祭南海神文》：

大德二年二月，岁次戊戌，三月壬子朔越三日甲寅，皇帝敬遣近侍阿闾赤，集贤院学士、太中大夫卢挚……④

吴澄《吴文正公集》卷四十一《故梅野逸士刘君墓志铭》：

往时卢学士挚将旨祀南海，解后一见，特加器重，问其名若字，因曰："傅岩之肖，宜为和羹之梅。"乃锡梅埜二字以号。由是种梅结亭，称梅埜逸士，幅巾鹤氅，游息亭中。……殆不知世间有荣辱事。⑤

《永乐大典》卷二六〇三引《南海志》：

妙高台，在南海县灵洲宝陀寺。去城六十里，有宝陀山，架亭其上，江水环绕，景趣可人。南宦者，必舣舟登览焉。东坡诗云："灵峰山上宝陀寺，白发东坡又到来。前世德云今我是，依稀犹记妙高台。"石刻犹存。涿郡卢挚代祀南海，回舟次灵洲，登妙高台，读东坡诗，遂和其韵："老子扁舟日

---

① 《四部丛刊》影印武英殿聚珍版丛书本。
② （元）姚燧：《牧庵集》附录，《丛书集成初编》第 7 册，第 10 页。
③ 《嘉靖广州志》卷三十五《礼乐》。
④ 《嘉靖广州志》卷三十五《礼乐》。
⑤ 《元人文集珍本丛刊》第 4 册，第 9 页；《四库全书》第 1197 册，第 788 页。

暮回,眼花不甚见如来。凭谁借取罗浮月,挂向胥江玉镜台。"①

卢挚《代祀南岳记》:

大德二年春正月[1],中书举世祖诏,言:禋祀,古巡狩事甚重,遣使代祀,其选诚志多仪,以获景贶甚答。帝曰:俞咨三公,今揆典当秩海岳、河伯,遣使者宜如中书言。二月,诏近侍阿闾赤、集贤学士大中大夫卢挚,乘十乘传,走望中岳、淮、南岳、南海、嵩、桐柏竣事[2]。三月丙申,至衡。翌日丁酉,奠于南岳司天大化昭圣帝,如元年礼,加币焉。②

[校][1]"二年",原作"三年",误。[2]该句《全元文》句读为:"走望中岳、淮、南岳、南海、嵩、桐柏,竣事。"兹从周清澍《卢挚生平及诗文系年再检讨》(《中华文史论丛》2014年第4期)改。

程钜夫《雪楼集》卷三十【蝶恋花】《戏疏斋怡云词后》:

长忆山中云共往。出处无心,只恨云无语。今日能歌还解舞。不堪持寄山中侣。 谁道解愁愁更聚。自有卿卿,惯画双眉妩。问取悭风并涩雨。相逢认得怡云否。③

张埜《古山乐府》卷下【南乡子】《赠歌者怡云和卢处道韵》:

霭霭度春空。长妒花阴月影中。曾为清歌还少驻,匆匆。变作春前喜气浓。 一笑为谁容。只许幽人出处同。却恐等闲为雨后,东风。吹过巫山第几峰。④

[笺] 卢挚有【蝶恋花】《予将南迈,席间赠合曲张氏夫妇》。按《青楼集·张怡云》:"能诗词,善谈笑,艺绝流辈,名重京师。赵松雪、商正叔、高房山,皆写《怡云图》以赠,诸名公题诗殆遍。"周清澍认为卢词作于南行赴任湖南宪使之前。(《卢挚生平及诗文系年再检讨》,《中华文史论丛》2014年第4期。)

刘致《姚燧年谱》"大德三年己亥":

先生六十二岁。寓武昌,居南阳书院之楚梓堂。……平章刘公创甲第武昌,求三堂名并记于先生,先生以"清风""垂绅""益壮"名之。致时为湖南宪府吏,疏斋除湘南宪,致乘传请上,至武昌,与先生会。先生喜,分

---

① 《永乐大典》第2册,中华书局,1986,第1235页。
② 《全元文》第11册,第12页。
③ 《四库全书》第1202册,第462页。
④ 《全元词》中册,第825页。

题赋平章刘公三堂,先生得"清风",疏斋"垂绅",致耷"益壮"焉。①

姚燧【绿头鸭】《又寄疏斋》:
　　笑疏斋,老来犹未情疏。似嫌呼、缑山笙鹤,表彰特号云居。善形容、世间有几?写绰约、天外无馀。我怅离群,阳春寡和,溅鹭来食武昌鱼。对芳酒、一声金缕,丝竹用何如。今逾信、古人一言,名下无虚。　记前回东山胜赏,万株霜叶红初。向岩前缓移玉勒,怕林下相失篮舆。忘赋桃花,清新捷对,坐令辞客掷中书。看明日、片帆东下,江渺正愁予。凭消遣,算除睡乡,能到华胥。(末注:武昌歌姬,小字仙儿,色技皆可观,疏斋字之曰云居,其人姓王氏。)②
[笺] 按刘致《姚燧年谱》,该词作于大德三年(1299)十二月。燧时年六十二,寓武昌。

程钜夫《雪楼集》卷三十【摸鱼儿】《次韵卢疏斋宪使题岁寒亭》:
　　问疏斋、湘中朱凤,何如江上鹦鹉。波寒木落人千里,客里与谁同住。茅屋趣。吾自爱吾亭,更爱参天树。劳君为赋。渺雪雁南飞,云涛东下,岁晏欲何处。　疏斋老,意气经文纬武。平生握手相许。江南江北寻芳路,共看碧云来去。黄鹄举。记我度秦淮,君正临清句(自注:宣城水名)。歌声缓与。怕径竹能醒,庭花起舞,惊散夜来雨。③
[笺]《雪楼集》卷三十附卢挚同调《奉题雪楼先生鄂宪公馆岁寒亭诗卷》,末署:"大德辛丑五月廿又二日,书于长沙肃政公宇之澄清堂。涿郡卢挚顿首再拜。"据《元史·程钜夫传》,钜夫大德四年(1300)迁江南湖北道肃政廉访使,该词或作于是年。

《雪楼集》卷三十附录姚燧【感皇恩】词序:
　　捧读雪楼宪使《岁寒亭记》,击节之馀,攀疏斋例,亦赋乐章。

吴澄《吴文正公集》卷四十《故太常礼仪院判官文君墓志铭》(自注:至治癸亥):
　　初,君生嶔崎,即不喜其俗。甫知学,读孔子书,明修己治人之术,益欲奋起树立,有为于世。湖南道廉访司辟署书吏,时翰林卢公挚实廉访湖南,

---

① 《丛书集成初编》第7册,第11页。
② 《永乐大典》卷一四三八三寄字韵引,(元)姚燧:《姚燧集》,查洪德点校,人民文学出版社,2011,第627页。
③ 《全元词》中册,第657页。

敬其才辨，遇之殊常人，君以卢公为知己，乐从之。①

《吴文正公集》卷八《与萧道士书》：

清江旧友彬溪杨信可，壮岁以能诗见知于卢疏斋学士。②

《吴文正公集》卷四十八《赠清江杨信可》：

往年疏斋老，同看广陵春。起予五君咏，字字春条新。归来西江上，始识诗中人。骚人已千载，此土遗兰孙。吾里吴仲谷，诗格逼盛唐。视子倡酬篇，与之[1]鸿雁行。有文更奇古，腹笥储三仓。清时需髦士，仁子天际翔。③
［校］［1］"之"，四库本作"子"。

杨信可《和卢子仪寄怀卢肃政上巴陵王侯》：

人生有知遇，永怀不可忘。俯视万丈渊，仰睇千仞冈。青山何其高，江水空自长。忽忆石渾叟，别我半载强。昨者从湘中，岁晏归朔方。孤舟渡淮水，遗歌满沧浪。迢迢天际云，青青陌上桑。④
［笺］《乾隆清江县志》卷十六《人物志》："杨钧，字信可，清江人。家于彬溪之上。隐居笃学，与吴澄、揭傒斯友善，足迹遍四方，壮岁以能诗见知于翰林学士卢挚。"

程钜夫《雪楼集》卷三十【浪淘沙】《次疏斋韵题杨生卷》：

城上望宸楼。梦里神游。山无重数水悠悠。惟有江西杨处士，来往扁舟。金凤落何洲。君试回头。呢喃檐燕替谁留。谁道明年如斗大，借问沙鸥。⑤

刘将孙《养吾斋集》卷三十二《茶陵谭见心墓志铭》：

［见心］游云阳，交其豪英，高下各得所愿。北方卢疏斋、完颜东皋，交聘主紫微。南大夫赵平远、邓平斋，遥寄属之；赵青山、王静得、滕玉霄，皆推重如平生欢。⑥

欧阳玄《圭斋文集》卷十《元故承务郎建德路淳安县尹眉阳刘公墓志铭》：

至元二年冬十月十五日，眉阳刘公卒于衡山之私舍，三年春正月，同年

---

① 《元人文集珍本丛刊》第3册，第643页；《四库全书》第1197册，第760页。
② 《元人文集珍本丛刊》第3册，第189页；《四库全书》第1197册，第155页。
③ 《元人文集珍本丛刊》第4册，第92页；《四库全书》第1197册，第896页。
④ （元）孙存吾辑《皇元风雅》后集卷五，《中华再造善本》影印元李氏建安书堂刻本。
⑤ 《四库全书》第1202册，第460页。
⑥ 《四库全书》第1199册，第311页。

友庐陵欧阳玄闻讣,哭诸寝门之外。……公讳彭寿,字寿翁。……弱冠负才俊,辟衡山县教谕,重闱康强。公以薄俸迎养,菽水怡然,父子授徒,从学云委。久之,乐衡山士习之美,遂留居焉。……延祐甲寅初,科以《春秋》,贡湖广。乙卯登第,赐同进士出身,授将仕郎、桂阳路平阳县丞。……逾年卒,年六十有四。……初科举未行,公教学者,必以五经四书为本,为文必先理趣而后词章。及科诏颁,悉如公所为教,故高第冢嗣,以取科名校文乡间,门生多擢高甲。在衡山时,部使者涿郡卢公挚、广平赵公厉,皆时名公,一见辄遇以老成。①

《圭斋文集》卷十《元故中奉大夫江南诸道行御史台侍御史刘公墓碑铭》：

公讳宗说,字传之,世成都华阳人。大父宋末尝为荼阳军使,因家邻境之攸舆。幼侍祖父远宦岭外。既孤,适遭宋亡,克自树立,从乡先生赵公抃学于宜春。年十二三,能属文,有才谞。逾弱冠,以荐补广西宪史,再辟湖南贡南台察院史,岁满,调衡州录事判官。……早从涿郡卢公处道学诗,擅名古体。卢公宪湖南,尝语人曰："刘掾传之,天资高迈,他日纲维风宪,必斯人也。"及公为台端,众咸以为知人。②

危素《危太朴文续集》卷七《大元故翰林学士承旨光禄大夫知制诰兼修国史圭斋先生欧阳公行状》：

公讳玄,字原功,姓欧阳氏。……[曾祖]宣慰公试湖南转运司,爱浏阳山水之胜,遂卜居焉。……[公]弱冠,下帷数年,人莫见其面。经史百家,靡不研究。伊洛诸儒源委,尤所淹贯。间至郡城,宪使涿郡卢公挚见公仪表,及观所为文,大器重之,相与倡和,留连不遣去。荐为宪史,力辞不就。③

姚燧《牧庵集》卷三十二长题诗：

吴君澹轩以大德甲辰冬,自潭移录道教于洪,示内相疏斋前为潭宪日赠别之什。燧赋跋之,误书澹轩为鹤膪,亦道流善诗者。还之,欲余改书。以无暇,并前书失之,而来求数,数不置,为别赋此。④

---

① 《四部丛刊》初编影印明成化刊本；(元)欧阳玄：《欧阳玄集》,陈书良等校点,岳麓书社,2010,第162页。
② 《四库全书》第1210册,第108页。
③ 《元人文集珍本丛刊》第7册,第561页。
④ 《四库全书》第1201册,第743页。

陈义高《秋岩诗集》卷上《望乡歌寄卢疏斋》：

  天漠漠兮夜茫茫，草萧飒兮金风凉。白日淡兮雾惨，沙碛冷兮云黄。有人兮独立而惆怅，悲歌兮南望而思乡。溯孤鸿之影灭兮，书不得而远寄。惊兔走之伏莽兮，那思驰骋而发狂。上驼车于半坡，渺哑轧之馀响。认寒庐之几点兮，浮炊爨之烟苍。天将寒兮感物变，岁欲暮兮单衣裳。三载不浴兮，蠡瘦质之尘垢。鬓根点雪兮，乱飞蓬之秋霜。心一去兮万馀里，望不及兮云飞扬。怀千载之向上兮，人已云远。留万古之遗恨兮，绵绵久长。高台荒兮哀李陵，节旄落兮感苏郎。蔡琰悲愤兮，儿呼母而失声。公主悲歌兮，愿为鹄而骞翔。彼丈夫女子之不同兮，其情况则一耳。今我之念昔兮，谁后我而悲伤。举天宇之开廓兮，去留野鹤之容易。垂我王之悯顾兮，总归吾土而徜徉。如醉梦兮意撩乱，重怅望兮回中肠。怅望兮苦歌思之沉郁，抱琴兮托遗调于宫商。①

《秋岩诗集》卷下《同卢疏斋学士泊舟桃源县》：

  客行河水上，倚棹望桃源。近有人来住，新栽桑满园。沙鸥宜绿水，驿马又黄昏。忽听渔歌响，武陵愁客魂。②

《秋岩诗集》卷下《次卢疏斋韵》：

  不听琵琶久，携琴为写忧。黄钟明月夜，青冢白云秋。悲怨当时语，凄凉此日愁。曲终意不尽，鸣雁过幽州。③

释道惠《庐山外集》卷四《陪卢疏斋廉使秋夜宿饶城郡府》：

  燕罢归公府，衡门不可栖。拂云双雁迥，照水一萤低。斗暗烟生北，何随月转西。夜深金气动，蕲簟冷凄凄。④

王沂《希濂亭记》：

  希濂何以名？武略侯景兖游息之所，前翰林学士涿郡卢公之命名也。⑤

刘辰翁《须溪集》卷七《乞致仕牒代卢挚》：

  当职伏自去岁到任，未几感触风寒，宿疾发动，病态丛集，实虑难胜

---

① 《四库全书》第1202册，第674页。
② 《四库全书》第1202册，第683页。
③ 《四库全书》第1202册，第684页。
④ 《全元诗》第20册，第387页。
⑤ 《全元文》第60册，第120页。

职任。具呈江南诸道行御史台,及移文贵司,备申宪台,以求医归田为请者屡矣。亦已叠奉台檄,不蒙准申。……当职年虽未及六十,其衰瘁癃老之状,虽年逾七十者未必至此。欲望宪台许准致仕,养疴山薮,别选贤能以代。其处公私之间,俱为便益。虽古者大夫七十致政,却缘《礼经》所载,四十始仕。挚在稚幼,特蒙世祖皇帝天地大造,教育作成,年及弱冠,疵贱姓名,已登仕版。今上皇帝嗣登宝位,图任旧人,以挚遭际先朝,服勤帷幄,多历年所,擢置侍从,居无几何,选任方岳。扬历中外,垂四十年,儒者之荣,至是极矣。由是而言,较之古四十始仕、七十致仕者,从政之年已过《礼经》所言者,已数年矣。又近代熙丰间,范蜀公镇,年六十四遂致仕而归,援以为例。彼以论事不合而归,挚以谢病得请而归,酌古准今,何不可者!虽挚于范镇,无能为役,钦惟主上圣神武文,远追勋华,尚何区区宋氏熙丰之君所敢拟伦,而岂可使宋独有六十四致仕之镇,而吾堂堂圣元独无五十馀致仕之挚也。①

[笺] 大德三年(1299),卢挚拜湖南宪使。该文有"当职伏自去岁到任"语,则文作于大德四年。时卢挚"未及六十"。李修生假设其时卢挚五十九岁,进而推定其生年在1242年(《卢疏斋集辑存·卢挚年谱》)。"未及六十",不必是五十九,且卢挚文又谓"五十馀致仕之挚",若五十九,则应云"近六十",而不曰"五十馀"。

卢挚【最高楼】《智郎中席上即事并序》:

  予谢病北归,鄂省郎智仲谦为具见召,席间左辖龙川李公、鄂牧安侯思诚索诗,为赋【最高楼】兼贻仲谦郎中。②

揭傒斯《揭文安公全集》卷四《湖南宪使卢学士移病归颍,舟次武昌,辱问不肖姓名,先奉寄三首》(原注:大德七年):

  昔贤怀出处,到处非一端。冥冥鹿门子,悠悠东陵园。千载有其人,常在羁旅间。跂予欲从之,路危不可干。晨兴命徒旅,驱车出重门。出门何所适,北睇嵩洛原。浮云数千里,怅然回我辕。东风起空郊,草色一何鲜。百鸟纵横游,孤鹄摩高天。援笔不可写,短意谁能传。

  岩岩楚王台,泯泯湘水碧。湘水深复深,远送千里客。客本金闺人,观风戾南国。漠然忽遐举,抗志箕颍迹。荣华众所趋,智者审损益。嶔崟狐兔

---

① 《四库全书》第1186册,第562页。《天下同文集》卷二十三署卢挚撰,题为《移岭北湖南道肃政廉访司乞致仕牒》。

② 《全元词》中册,第687页。

穴,泱漭风雨色。常恐衣上尘,污我林下石。重华仰海宇,夔离易为力。去去君勿迟,憧憧孰云识。

我本耕牧竖,结庐章江涘。微生属休明,世尚犹典礼。惊飚卷飞辙,寥落从此始。三年江汉春,万事随逝水。既昧理生术,复惭游方旨。岂无青山归,亦有桑与梓。何为苦留滞,眷眷存君子。君子谅不然,东皋毕耘耔。①

揭傒斯《揭曼硕诗集》卷一《正月十二日寻卢学士船至汉口,留诗为别》:

晴江澹微澜,曳云在层巘[1]。参差连舫出,散漫群鸥远。始知遵汉广,遥睇高斾卷。怀贤每忘贱,临流亦忘蹇。苍茫景将入,窈眇春犹浅。新知遽相违,馀怅何由展。②

[校][1]"曳",四库本作"洩"。"层",原作"曾",从四库本及蒋易《皇元风雅》改。

危素《吴文正公年谱》:

[大德]七年癸卯春,治归,五月己酉至扬州。……七月至真州。淮东宣慰使珊竹公玠,工部侍郎贾公钧,湖广廉访使卢公挚,淮东佥事赵公瑛,南台御史詹公士龙及元文敏公,诸寓公具疏致币,率子弟至扬州,请公讲学。③

吴澄《吴文正公集》卷四十七《疏斋卢学士和郝奉使立秋感怀,余亦次韵二首》:

斧威直指可能禁,鼓吹从容翰墨林。公馆月帘秋澹澹,谁家雾阁夜沉沉。唤回千古南楼兴,付与两翁东楚吟。休道铁心犹解赋,要人识取爱梅心。

政尔烦歊不可禁,秋声忽忽动鹓林。好怀恰与清风值,浮翳俱随骤雨沉。江上清枫频入梦,淮南幽桂又听吟。闲云淡漠元无系,来去常如见在心。④

《吴文正公集》卷四十七《又次韵谢疏斋和章》:

昏倦群魔政叵禁,忽然惊起立如林。初闻仙乐空中下,细认香材水底沉。有句可陪薇阁老,何人敢效玉川吟。兔丝谩附千寻上,乔木樛垂见古心。⑤

---

① 《全元诗》第 27 册,第 234 页。
② 《中华再造善本》影印元至元六年日新堂刻本;《四库全书》第 1208 册,第 152 页。
③ (元)吴澄:《吴文正公集》附录,《四库全书》第 1197 册,第 930 页。
④ 《元人文集珍本丛刊》第 4 册,第 79 页;《四库全书》第 1197 册,第 878 页。
⑤ 《元人文集珍本丛刊》第 4 册,第 79 页;《四库全书》第 1197 册,第 879 页。

《吴文正公集》卷十四《送卢廉使还朝为翰林学士序》：

往年北行，征中州文献，东人往往称李、徐、阎。众推能文辞、有风致者曰姚［燧］，曰卢［挚］，而澄所识惟阎、卢二公焉。阎踵李、徐为翰林长。卢公由集贤出持宪湖南，由湖南复入为翰林学士。……公之文名，天下莫不闻，岂以宠异之数而为轻重哉！是盖未足为公荣也。然而有可以为天下喜者，何也？国有大政，进儒臣议之，此家法也。公事先皇帝，为亲臣三十年，朝夕近日月之光，朝廷事、宫禁事耳闻目见熟矣。凡宏规远范、深谋密虑，有人不及知，而公独知之者。事或昔然而今不然，昔不然而今然，苟有议，公援故事以对，言信而有证，听者乐而行者不疑，其与疏逖之臣执经泥古、师心创说，而于成宪无所稽者，相去万万也。①

释盘谷《访翰林承旨卢处道》：

銮江荆识过芜城，闻整琴书上玉京。范甲胸吞云泽阔，郢斤手握凤楼轻。日当枫陛全光照，月轻霜台影倍清。将见载赓歌一曲，尽翻垂拱入新声。②

珠帘秀【双调·寿阳曲】《答卢疏斋》：

山无数，烟万缕，憔悴煞玉堂人物。倚蓬窗一身儿活受苦。恨不得随大江东去。③

［笺］卢挚有【双调·蟾宫曲】《醉赠乐府珠帘秀》、【双调·寿阳曲】《别珠帘秀》。从关汉卿【南吕·一枝花】《赠朱帘秀》"十里扬州风物妍，出落着神仙"，及王恽【浣溪沙】《赠朱帘绣》"烟花南部旧知名"等语，知珠帘秀曾至扬州。

张可久【双调·折桂令】《疏斋学士自长沙归》：

望仙华十二芙蓉。夜醉长沙，晓过吴松。税驾星坛，题诗玉井，挂剑琳宫。鹤唳黄云半空。雁来红叶西风。秋兴谁同。绝唱仙童。相伴疏翁。④

程钜夫《雪楼集》卷二十二《故炮手军总管克烈君碑铭》：

君讳勖实带[1]，蒙古人，晚易名士希，字及之。大父昔里吉思[2]，父兀都[3]，世为炮手军千户。……至元中，命君世官将众，从[4]丞相伯颜南

---

① 《元人文集珍本丛刊》第 3 册，第 269 页；《四库全书》第 1197 册，第 260 页。
② 《永乐大典》卷一〇一一五引，《全元诗》第 8 册，第 345 页。
③ 《全元散曲》上册，中华书局，1964，第 354 页。
④ 《全元散曲》上册，第 767 页。

征[5]。以渡江功，赐白金三百两，授武义将军，佩金符[6]。寻迁武德将军，进本军总管。天下既定，兵革偃息，乃即所屯建书院，立社，以教导民。……大德二年，以足疾丐闲。大肆于学，手不释卷，与中书右丞陈君天祥，翰林学士承旨姚君燧、卢君挚，侍御史赵君简诸老游，名声籍甚。①

[校] [1]"勋实带"，四库本作"实实岱"。[2]"昔里吉思"，四库本作"锡喇济苏"。[3]"兀都"，四库本作"云都"。[4]清宣统影刻明洪武本"众从"二字颠倒，从四库本改。[5]"伯颜"，四库本作"巴延"。[6]"符"，宣统影刻洪武本误作"苻"，从四库本改。

苏天爵《滋溪文稿》卷十四《张文季墓碣铭》：

张君讳纲，字文季。家居京师，以清修博雅闻于时。卒不仕，终其身。当至元、大德间，民庶晏然，年谷丰衍，朝野中外，号称治平。公卿大夫，咸安其职。为士者或退藏于家，优游文艺，乐以终日，而世亦高仰之。……一时名公硕儒东平张公孔孙、高唐阎公复、汲郡王公恽、柳城姚公燧、涿郡卢公挚、济南刘公敏中皆倾盖与君友，休旬令节相帅诣君焚香煮茗，鸣琴觞酒，翛然娱乐，京师之人相传以为盛事。②

刘光远《谕祭南海神文》：

惟大德九年岁次乙巳，四月丙子朔，越十有九日甲午，皇帝敬遣近侍臣蔑可度、中顺大夫、中侍少监臣晏理帖睦，翰林学士、通议大夫、知制诰、同修国史臣卢挚，赍持锦幡二、销金幡一、金盒一、楮币二十五万钱、牲牢醴斋、香烛果殽之奠，敢昭告于南海广利灵孚王。③

揭傒斯《揭曼硕诗集》卷一《卢学士奉旨南祀海岳，由钟陵相别，闻尚宿留会稽，有怀奉寄》：

钟陵一分手，几日过钱唐。五日山阴路，千峰海上凉。烟霞含景气，草木识天香。夙昔经行处，风深转不忘。④

沈梦麟《花溪集》卷一《西轩记》：

金庄卢享[1]，字士嘉。以其父彦明氏之命，持前朝李雪庵学士所书西轩

---

① 《四库全书》第1202册，第316页。
② （元）苏天爵：《滋溪文稿》，陈高华等点校，第232页。
③ 《全元文》第35册，第126页。
④ 《中华再造善本》影印元至元六年日新堂刻本；《四库全书》第1208册，第155页。

二大字来征予文为记[2]。……予曰：子之先世，我知其略。子之曾大父县尹公尝莅归安政[3]，官满，以其仲子赘吾族花溪之沈生，汝父彦明氏遂家焉。尹谓予曰："吾从父疏斋公尝为浙西廉访使，家藏有《疏斋集》。"予请读之，当时名士之风流文采犹可想见。意西轩二字，必疏斋公伯仲间斋扁也。①

[校][1]"享"，四库本作"亨"。[2]"雪"，《元人文集珍本丛刊》影印傅增湘校三卷钞本作"雲"，从四库本改。[3]"曾"，《元人文集珍本丛刊》本作"會"，从四库本改。

杨维桢《东维子文集》卷二十六《高节先生墓志铭》：

先生讳侣，字君友，姓严氏，子陵三十五世孙也。……宋相文山氏客谢翱，奇士也。雪夜与之登西台绝顶，祭酒恸哭，以铁如意击石，复作楚客，歌声振林木，人莫能测其意也。暮年建汐社为会，取晚而有信。翱卒，无子，与社中友买地台南，葬之，筑许剑亭。宪使卢公挚高其义，为之书。②

[笺]方凤《谢君皋羽行状》载，谢翱"尝为《许剑录》，慨时降交靡，耆旧凋落，尽吴越殆无挂剑者"。翱卒后，其妻刘氏"以遗骨归殡桐庐，买山营兆所度处"，诸友人"从初志，作许剑亭，伐石表于墓曰'粤谢翱墓'"。

孔齐《至正直记》卷四《先君教谕》：

先君每叹先辈仁人之不可及也。又宪使卢公疏斋雅相推重，一游一燕，未尝不与先君同处。或赋诗词，必先书以见示，其前辈气象如此。③

张可久【双调·折桂令】《湖上怀古次疏斋学士韵》：

柳驼腰系我诗艖。趁夜雪归鸿，暮苑啼鸦。绿树秋千，青山钟鼓，画舫琵琶。铜雀台边破瓦。金鱼池上残花。谁见繁华。采药仙翁，卖酒人家。④

张可久【双调·折桂令】《红梅次疏斋学士韵》：

寿阳妆何似环儿。快传语花神，换却南枝，血点冰梢，丹涂玉脸，酒晕琼姿。拼花下何郎醉死。误庄前崔护题诗。倚树多时。长笛声中，万点胭脂。⑤

---

① 《元人文集珍本丛刊》第8册，第153页；《四库全书》第1221册，第47页。
② 《四部丛刊》初编影印旧抄本；《四库全书》第1221册，第657页。
③ 《四库全书存目丛书》子部第239册，第273页。
④ 《全元散曲》上册，第768页。
⑤ 《全元散曲》上册，第769页。

张可久【越调·小桃红】《忆疏斋学士郊行》：

　　飞梅和雪洒林梢。花落春颠倒。驴背敲诗暮寒峭。路迢迢。相逢不满疏翁笑。寒郊瘦岛。尘衣风帽。诗在灞陵桥。①

张可久【双调·折桂令】《和疏斋学士韵》：

　　爱疏仙不放春闲，坐玉树词林，镜海仙山。花老南枝，雪深西圃，人倚东阑。煨芋火吟翁正懒。出蓝关迁客当寒。绿酒酡颜。银字春葱，彩凤娇鬟。②

程钜夫《雪楼集》卷二十八《次韵卢疏斋就以赠别二首》：

　　百川昼夜流，万折不能止。群山势崩奔，终古乃在此。人生费推挽，三叹中夜起。潇湘有佳人，朗月鉴秋水。思之不可见，旷若隔千祀。相逢在岁晏，使我寝食美。又言当远别，东去数千里。何由小踌躇，招招彼舟子。

　　芥拾琥珀针，不言自相得。留君我无辞，送君我无力。愿君加餐饭，努力崇明德。江空徐深寒，出入慎扶翼。梅花照清颖，梦寐耿玉色。矫首东南云，金门幸回忆。③

［笺］卢挚大德七年（1303）由湖南肃政廉访使入翰林学士，九年四月代祀南海，十年任江东肃政廉访使。按《年谱》，大德八年十一月，程钜夫被召拜翰林学士。九年六月，"加商议中书省事，专使驿召赴阙"，"冬至京师"（《雪楼集》附录）。从钜夫赠别诗"东去数千里"，"矫首东南云，金门幸回忆"等句看，该诗或作于大德九年末，卢挚复拜江东宪使之时，故有"相逢在岁晏"语。吴国富《元曲家卢挚事迹补遗》（《文献》2001年第3期）谓卢挚曾任福建宪使，引吴澄《吴文正公集》卷十一《玄庵铭后序》："宪使卢公处道名其庵曰玄而铭之"，并钜夫该诗为证。按吴序原文为："宗家子居歙，以人生所值干支配《易》卦起数论祸福，宪使卢公处道名其庵曰玄而铭之。"此处明谓"居歙"，是卢挚任江东宪使时事。

卢挚《玩鞭亭》诗序：

　　里人董君敬叔，由史馆从事出宰于［芜］湖。其将行，燕客卢挚因书旧作赠别。大德乙巳正月廿又二日，挚再拜下。

又周子镇跋：

　　右留题《玩鞭亭》佳制，乃前本道宪使翰林疏相卢公笔也。大德乙巳

---

① 《全元散曲》上册，第 792 页。
② 《全元散曲》上册，第 861 页。
③ 《四库全书》第 1202 册，第 410 页。

冬，子镇忝教□来，由庑升堂，仰瞻斋扁，笔势飞耸，已深景慕。一日，旧尹刘公巨川□□以此诗示教。明年春，新尹董公敬叔守礼出□兹邑，复得所书赠行，因获详玩。词严义劲，墨透纸背，虽下邑荒烟野草之地，与有光辉□。取所赠敬叔本，摹刻邑庠，以永其传。□诸生得以□□，则其□□□，其不在兹乎？丙午岁秒立春日，天台后学周子镇记。①

龚璛《存悔斋诗·和王录事次卢疏斋送饶教诗》：

白发冷官来学校，江上秋蘋催雨棹。居然闲寂竟何为，升木之猱那复教。官长毋庸责功效，大府参军同好乐。我尝技痒得渠搔，醉眼却将高下校。贫无才能食家稍，窭寠九关多虎豹。天寒钟鼓不分明，剥啄送诗惊睡觉。传闻汉诏重儒流，雅欲文章存大较。分付王维孟浩然，明主时呼玉堂僚。②

张可久【中吕·红绣鞋】《茅山疏翁索赋》：

小洞闲花何处。矮墙颠草谁书。玉莲香露冷金壶。红云翔彩凤，丹井养文鱼。青山驯白虎。③

萨都剌《雁门集》卷五《和韵赠卢疏斋学士，兼柬句曲唐贰守》[1]：

疏仙落落谪仙才[2]，句曲名山数往来。日读茶经医酒病，春从邻舍觅花栽。昔年奏对含鸡舌，今日登临向凤台[3]。喜有闲居唐别驾[4]，寻诗猿鹤莫惊猜。④

[校][1]题目，四库本作《次学士卢疏斋题赠句容唐别驾》。[2]"疏仙"，四库本作"疏斋"。[3]"向"，四库本作"独"。[4]"喜"，四库本作"赖"。

李孝光《五峰集》卷十《次疏斋公书句曲唐侯韵》：

尽说唐侯济世才，一车还过句容来。池塘水满曾看影，花柳春深定手栽。宾客能言为县日，儿孙曾筑读书台。于公种德天公笑，大马高车只自猜。⑤

黄溍《金华黄先生文集》卷三十四《承直郎潮州路总管府知事孔君墓志铭》：

君讳涛，字世平，姓孔氏。……妇翁徐圣予从事江东宪府，携君以行。

---

① 《北京图书馆藏中国历代石刻拓本汇编》第48册，中州古籍出版社，1989，第188页。
② 《中华再造善本》影印元至正五年俞桢抄本；《四库全书》第1199册，第331页。
③ 《全元散曲》，第895页。
④ 《中华再造善本》影印明成化二十年张习刻本；《四库全书》第1212册，第609页。
⑤ 《四库全书》第1215册，第183页。

涿郡卢公、柳城姚公前后持使者节，君皆为之执弟子礼。由是学益进，声誉益进，用察举，署宁国路儒学录。①

《嘉靖宁国府志》卷八《人文纪》：

卢挚，大德十一年为廉访使。才行兼优，威名籍甚，尤好引接士类，一时慕之。②

［笺］贡师泰《玩斋集》卷八《跋王宪使、朱县尹倡和诗卷》："我国家统一天下，首立台宪以纲纪百辟。……当时御史、部使者，多老成文学之士。予家江东，方七八岁时，见牧庵姚公、疏斋卢公按治之暇，辄率郡士大夫携酒肴歌妓出游敬亭、华阳诸山，或乘小舟直抵湖上，逾旬不返。"贡师泰字泰甫，号玩斋。宁国路宣城县（今属安徽）人。生于1298年。当其七八岁时，在大德八九年（1304~1305）。按《姚燧年谱》，大德七年（1303），燧奉使宣抚巡历江东。八年，自宣城移病居太平之潢池镇，是岁拜江西行省参知政事。冬十月，至龙兴。又卢挚《玩鞭亭》诗自序："里人董君敬叔由史馆从事出宰于湖，其将行，燕客卢挚因书旧作赠别。大德乙巳（九年）正月廿又二日，挚再拜下。"卢序所谓"湖"即芜湖（今属安徽），隶江东道。卢挚任江东廉访使或在大德十年，即接替姚燧。《嘉靖宁国府志》记大德十一年，殆为卢挚赴宣城的时间，下文引卢挚跋《唐拓化度寺邕禅师塔铭》为旁证。

郁逢庆《书画题跋记》卷二卢挚跋《唐拓化度寺邕禅师塔铭》：

大德十一年苍龙丁未秋九月十有七日，嵩翁卢挚与友人太原刘致时中、醴陵李应实仲仁观于宣城寓居之疏斋。③

汪珍《迓卢疏斋肃政使》：

去年幕府雪晴时，诵得虀辛绝妙词。溪树迎人寒欲醒，春阳行处本无私。轮埋当道豺狼避，月到空山魑魅移。白发遗民思旧德，相看绣斧重褰帷。④

汪珍《疏斋先生赋〈湖阴曲〉，书以为赠，予遂赋一首》：

一虎穴中卧，六龙江上飞。蛇矛半折柝声断，昼梦惊怪日绕围。鼓声逢逢天四黑，五骑爬沙行不及。道旁遗矢冷于冰，天上宝鞭人未识。江风夜卷湖阴水，明日腥氛当一洗。荒亭千古寄兴亡，目断苍烟湿衰苇。⑤

---

① 《中华再造善本》影印元刻本；（元）黄溍：《黄溍集》第3册，王颋点校，第839页。
② 明嘉靖刻本。
③ 《四库全书》第816册，第610页。
④ （元）汪泽民、张师愚编《宛陵群英集》卷八，《四库全书》第1366册，第1034页。
⑤ （元）汪泽民、张师愚编《宛陵群英集》卷三，《四库全书》第1366册，第988页。

汪珍《千春节次疏斋韵》：

银烛千条隐绛纱，宫莺啼入上阳花。谁知万里蓬山客，忆赐龙团小饼茶。地上骧谣联万国，天家日月启千春。青旂辇路东风转，贪看柔丝舞曲尘。①

汪珍《上卢疏斋宪使》：

翰林清切地，秉笔代王言。旦入承明庐，暮出西掖垣。端服光照次，壮怀厌卑喧。四骢轸远怀，作屏分雄藩。履豨知人瘦，惊鱼念水浑。于焉穆风咏，庶以臻鱼轩。饥禽逐天风，飘荡无时息。何如辀壕人，独抱此伊郁。遵道谅不移，远游非所适。表表人中仙，秉心冰玉白。度物分寸均，称材铢两密。有啄思一鸣，有翅当一刷。上林多翘枝，欲集安所惜。②

王璋《梅叔章自安庆归，和卢疏斋次陶诗韵，余亦就答》：

昔别趋上都，今归自舒州。方寻岁寒盟，而与静者俦。论诗精神契，话旧岁月流。嗟我独何为，闭门治幽忧。岂无一杯酒，不得同献酬。虚蒙琼琚赠，自愧吾何修。③

王璋《和疏斋韵送丁太初参议》：

官曹清切遴才贤，共喜明时理化弦。燕市骥来媒乐毅，辽东鹤去羡丁仙。胸中载籍经纶地，袖里封章咫尺天。紫禁烟花春渐好，人归况在雁归前。④

[笺] 卢挚有【双调·折桂令】《敬亭赠别丁太初宪使》《太初次韵见寄，复和以答》小令，见《乐府群珠》卷三。

王璋《题丛隐轩》诗序：

吴宽居所居燕坐之处有老桂临窗，最为嘉树。疏斋取《招隐士》首句，名其轩曰丛隐，分韵赋诗得生字。⑤

潘从大《疏斋以旧作〈题渊明归来图〉诗见赠，依韵奉和》：

公归岂为三径松，取节荆轲雠祖龙。平生大义要其终，遁身甘混田舍翁。

---

① 《全元诗》第 20 册，第 323 页。
② 《全元诗》第 20 册，第 326 页。
③ （元）汪泽民、张师愚编《宛陵群英集》卷一，《四库全书》第 1366 册，第 959 页。
④ （元）汪泽民、张师愚编《宛陵群英集》卷七，《四库全书》第 1366 册，第 1029 页。
⑤ （元）汪泽民、张师愚编《宛陵群英集》卷一，《四库全书》第 1366 册，第 959 页。

肯随一世皆尚同，言言易水诗见志，抚卷陟觉辞深雄。谁知笔补造化功，寓怀麹糵匪昏醉，孤忠耿耿蟠心胸。纡辔几许尘埃中，柴桑不与车马通。八表同昏雨濛濛，瞰日行天西复东。当年荣木随时穷，黄花今犹傲秋风。拜公遗像读公传，眼高千载为之空。①

[笺] 朱存理《珊瑚木难》卷七载卢挚原诗并序，题为《渊明醉归图》，序云："王生持叔厚白描渊明小像来求赞，时仆被酒，信笔写四句，而句曲外史即刻而成。词意深远，尚有馀妙。尝记张西岩有一篇甚好议论，遂写其上云。"

潘从大《疏斋用前韵记响山之游，依韵奉答》：

空山在昔森万松，两贤曾此登虬龙。流风馀韵无时终，我来寒栖鬓成翁。人生出处何心同，梦破邯郸几富贵，战退蛮触相长雄，静定要与山争功。绣衣光华照岩壑，豁然纳我云梦胸。群峰飞翠匏樽中，仙源还有渔舟通。须臾烟霏散空濛，楼观隐约孤城东。感慨千古思无穷，啸歌抵掌生英风。黄金易求此乐少，野人何计箪瓢空。②

汪泽雷《疏斋赐示〈和陶移居诗〉，有怀从游之士不鄙荒陋而俎豆之，辄次韵以谢不敏》：

我家南山陬，猿狖之所宅。山中亦何有，图史穷日夕。知己非所任，愿为老聃役。稍从燕游间，庶分渔樵席。大雅久不作，兹焉怅平昔。感遇方为荣，爵圭何待析。③

薛玄曦《次韵卢疏斋廉使见寄》：

西风吹老敬亭秋，回首红云近涿州。记得少年陪剑履，麒麟阁上凤池头。④

徐一夔《始丰稿》卷十三《故元将仕郎杭州路西北录事司录事贡府君新阡表》：

府君讳师刚，字刚父，别号木讷野人。……追宋中叶，有讳祖文者，由大名之蒲城扈从高宗来南，初居秣陵，后居宣城之南湖，故今为宣之宣城人。……大父讳士濬，元赠秘书监卿，追封广陵郡侯。……府君从之学，通

---

① （元）汪泽民、张师愚编《宛陵群英集》卷三，《四库全书》第1366册，第981页。
② （元）汪泽民、张师愚编《宛陵群英集》卷三，《四库全书》第1366册，第982页。
③ （元）汪泽民、张师愚编《宛陵群英集》卷二，《四库全书》第1366册，第974页。
④ 《文翰类选大成》卷八十四，《全元诗》第35册，第265页。

《尚书》《周易》两经，就试有司不利，乃归宣城。时东平王公士熙为江东廉访使，王公有文学重望，府君袖文谒之。王公大喜曰："贡门子弟如邓林之木，一枝一干皆美材也。"荐于中书。府君荷王公知己，遂沿檄北上，久之未调。……初，贡氏以正将起家，不弃其君，扈从而南，肇迹于播迁之地，世笃其祜，至秘书府君而始大作。南湖书院延致大儒先生若眉山牟伯成氏、剡源戴帅初氏为之师，以牖导群子姓比闾族党，敦诗书而悦礼乐。宣，亦东南名藩，持部使者节而至，则柳城姚公燧、大名卢公挚、巴西邓公文原、东平王公士熙。其人也，岁时行部，必枉骑过书院，亲与秘书为客主礼，褒奖再四，以风厉四方。①

吴澄《吴文正公集》卷二十三《致乐堂记》：

　　铜陵胡侯伯恭家于宣，善事母。前宪使卢公处道扁其堂曰致乐，而为之记，所期于侯甚渥也。……侯为善类有素矣，其为循吏，今于崇仁之政见之。他日之为良臣，不卜筮而可知也。侯所致以乐其亲之心，而卢公所谓誉显宦成者，盖以是夫！侯名愿，历仕每著廉能声。②

黄溍《金华黄先生文集》卷三十八《上海县主簿吴君墓志铭》：

　　君讳福孙，字子善，姓吴氏。……父东，又自婺徙家于杭，故今为杭州人。……元贞元年，君犹未冠，用浙西宪使东平徐公察举，补嘉兴路儒学录，迁宁国路儒学正。江东宪司治宁国，涿郡卢公临按之暇，略其势分而与之游，数以诗篇相倡答。③

唐元《筠轩集》卷一《上宪使疏斋卢公》：

　　苕苕椅桐树，茂茂岐山阳。深根托高冈，修干凌穹苍。威凤来何从，栖止有辉光。鲜羽曜朝日，五色成文章。所饮必醴泉，竹实充饥肮。众鸟不敢鸣，况乃相颉颃。览辉下千仞，一来效祯祥。何当命师夔，声此邦家昌。

　　幽兰在中林，靡靡裛朝露。岂不罗众芳，芬菲乃天赋。枝茎蔽荆杞，况当薪蒸路。晚岁益自珍，岂以无人故。佩纫弗见收，好洁元非误。志士感萧晨，念此令人惧。④

---

① 《四库全书》第1229册，第360页。
② 《元人文集珍本丛刊》第3册，第413页；《四库全书》第1197册，第447页。
③ 《中华再造善本》影印元刻本；(元)黄溍：《黄溍集》第4册，王颋点校，第936页。
④ 《四库全书》第1213册，第430页。

《筠轩集》卷三《疏斋卢公题郡学先贤阁，余府推次韵，命元同赋》：

翳翳嘉树阴，穆肃初夏时。高阁一以眺，凝神练川涯。况兹文翰侣，昕夕勤经畬。藩僚率多暇，咏歌在泮诗。祥刑悟公理，内顾无纤私。文彩增焕饰，襟佩相追随。永怀紫阳墟，烨烨垂清规。中流激颓波，涵泳遂所怡。珠贝烂盈把，遗我不复辞。尚聆清言要，岂恨还山迟。①

吴澄《吴文正公集》卷十一《玄庵铭后序》：

宗家子居歙，以人生所值干支配《易》卦起数论祸福，宪使卢公处道铭其庵曰玄而铭之。卢公好为文章，于数则未暇学。予尝与之谈竟日夕，倘及幽微神妙，欣欣焉乐听忘倦。虽不知数，喜数者也。②

《吴文正公集》卷十七《赠绍兴路和靖书院吴季渊序》：

新安吴希颜季渊，生朱子之乡。往年受知宪使卢处道，勉之以进学，继而及吾门。③

徐明善《芳谷集》卷上《赠又玄吴君序》：

新安吴君孔亨以相字名江西四十年，定犹豫，决吉凶成败，蓍龟有不及。……疏斋卢公号君又玄，由今观之，扬子云识奇字，比参阴阳六甲，故玄；孔亨相古今字，究测阴阳五行，故又玄。疏斋真知孔亨者哉！④

危素《危太朴文续集》卷四《吴仲退先生墓表》：

先生讳存，仲退其字也，汉长沙文王之裔。王尝读书鄱阳鄡阳山下，子孙居之，号为学堂里，蕃衍昌大，世多显人。……先生生于宝祐五年二月，少力学，有卓识，以童子试有司，乡先生吴公中行、李公谨思皆折行辈内（纳）交，俊声四驰。国初，部使者姚公燧、卢公挚、奥屯公希鲁行郡至鄱，皆勉之出仕，而先生不答。⑤

凌迪知《万姓统谱》卷十二：

俞师鲁，字唯道，婺源人。卓悟挺秀，三岁能识奇字，知读书，日诵数

---

① 《四库全书》第 1213 册，第 461 页。
② 《四库全书》第 1197 册，第 200 页。《元人文集珍本丛刊》本有阙叶。
③ 《元人文集珍本丛刊》第 3 册，第 314 页；《四库全书》第 1197 册，第 318 页。
④ 《四库全书》第 1202 册，第 571 页。
⑤ 《元人文集珍本丛刊》第 7 册，第 536 页。

百千言。大德间，江浙行省荐其行能，应茂材异等。江东使者涿郡卢挚荐之，辟署史馆编修，以亲老求外，为隆兴路学教授。①

吴澄《吴文正公集》卷二十《丹阳书院养士田记》[1]：

至大戊申，宪使卢公议割天门书院之有馀以补不足，令既出，会公去，不果如令。②

[校][1]"田"，《元人文集珍本丛刊》影印明成化二十年刊本阙，从四库本补。

李谨思《补疏斋题鹅湖》：

客来谁与期，微钟度山椒。松风如起予，间以笙与箫。逸向谅斯存，幽踪莽难招。极目不知还，新诗生沆瀣。③

贡师泰《玩斋集》卷十《故承直郎福建道宣慰使司都元帅府经历高君墓志铭》：

福建都元帅府经历高君，讳本祖，字本祖，世饶州安仁县儒家。……蚤受知于疏斋卢公、澹斋张公，以御史荐，将辟海北宪史。④

何中《知非堂外稿》卷三《万里窗铭并序》：

临川邹众，名书室曰万里窗，涿郡卢处道题榜，广平程钜夫作记，名士作诗赋。庐江何中作铭。⑤

李源道《故宋文节先生谢公神道碑》：

天讫宋命，皇元一四海而统之。至元廿三年，行御史台侍御史程钜夫以宋遗士三十人荐于朝，于是江东谢枋得在举中，被征，丁内艰辞。亡何，连诏江浙行省丞相蒙古台、江西行省左丞管如德召，皆不起。廿六年春正月，福建行省参政魏天佑复被旨，集守令戍将，迫蹙上道，乃行。夏四月至京师，不食死，春秋六十有四。……先生讳枋得，字君直，信州弋阳人。……平日所著《易》《书》《诗》三传，行于世。杂著诗文六十四卷，翰林学士卢公

---

① 《四库全书》第956册，第252页。
② 《元人文集珍本丛刊》第3册，第374页；《四库全书》第1197册，第396页。
③ （元）周南瑞编《天下同文集》卷四十二，《四库全书》第1366册，第686页。
④ 《四库全书》第1215册，第709页。
⑤ 《全元文》第22册，第203页。

挚为之序引，深所推激。①

卢挚《湖南宣慰使赵公墓志铭》：

大德十有一年冬，前湖南宣慰使赵公，薨于潭州居第。明年秋七月，其子弥宁等，室垩服衰，释杖叩首泣血，东向拜，伤介走书江东，报其父执涿郡卢挚："宁不天，先君子捐诸孤，葬有日，乞铭。"②

《元典章·台纲》卷二《典章六》：

至大元年十月，福建道廉访司承奉江南行台剳付：

据江东建康道廉访司申："准廉访司卢正议牒该：'追问照刷之际，往往一概责罚，人多玩视轻犯，甚非惩戒之意。当职所见，如字画差讹、数目谬误，当量情责罚。若违制违例，伤官害政，形迹可疑，侥幸显露，虽赃滥未形，其当该人吏重者罢役，轻者降等，主行掌判官轻者的决，重者勒停。似望官吏修谨，刑政清平。'申乞照详。"③

[笺]"卢正议"即卢挚，因其文散官官阶为正议大夫。洪金富点校本《元代台宪文书汇编》（中研院历史语言研究所，2003）已考订。

卢挚《三皇庙碑》：

潭郡于元，以东晋谯闵王庙祀三皇。始至元二十四，迤至大初元，垂二纪矣。……湘宪使识笃耳公、王公宏相与谋曰："寅于事神，以及保民，以宣上德意，以劭校官，吾职也。"……是役也，始元年秋，讫二年春。……于是宣宪两府书其事，伻以宣属吴椽（掾）思义来宣请记，曩承乏使湘，庙皇之举，职所当然而竟未能，然今数公则然，记其可辞！④

张铉《至正金陵新志》卷九《学校志·路学》：

至大二年，廉访使卢挚撰《重修孔子庙碑》。文云：至[大]二年秋八月，建康孔子庙成。……为书檄士子掾文学江宁贡师仁来宣，有请于退使涿郡卢挚校成矣。⑤

---

① （元）苏天爵辑《国朝文类》卷六十七，《中华再造善本》影印元至元至正间西湖书院刻明修本。
② 《全元文》第 11 册，第 21 页。
③ 《元典章》，陈高华等点校，中华书局、天津古籍出版社，2011，第 184 页。
④ 《全元文》第 11 册，第 29 页。
⑤ 《四库全书》第 492 册，第 385 页。

[笺]《北京图书馆藏中国历代石刻拓本汇编》第49册有拓片,题名《集庆孔子庙碑》,有"前翰林学士通议大夫知制诰同修国史卢挚撰"字,说明此时他已卸任江东廉访使之职,与碑文"退使"相合。又卢挚有【双调·折桂令】二首,其一《肃政黎公庚戌除夜得孙,翌日见招,作此以贺》云:"快传语江东缙绅,剩歌谣天上麒麟。"其二《辛亥正月十日游胡仲勉家园》云:"归路休教,灯月光中,踏破琼瑶。"庚戌、辛亥为至大三年、四年,则至大四年(1311)卢挚仍滞留宣城。

《弘治徽州府志》卷九《人物志》:

张桂,字南荣,婺源东溪人。好读书鼓琴,数应进士举不中,退事重亲。察使卢挚、参政燕[公]楠,皆折节下之,每欲论荐,以母老辞。①

《南村辍耕录》卷九《万柳堂》:

京师城外万柳堂,亦一宴游处也。野云廉公,一日于中置酒,招疏斋卢公、松雪赵公同饮。时歌儿刘氏名解语花者,左手折荷花,右手执杯,歌【小圣乐】云……既而行酒。赵公喜,即席赋诗。②

[笺]《青楼集·解语花》亦载此事。许有壬【木兰花慢】序载,至大元年戊申(1308)八月二十五日,"游城南廉园,园甲京师"。他称廉野云为左丞,已"未老休致"。同游者还有贯云石,为廉野云外甥(《至正集》卷七十八)。又程钜夫《遗音堂记》载,皇庆二年(1313)正月,他见到左司畏兀公书写之"遗音堂"三大字,"以此名左丞野云廉公之堂"(《雪楼集》卷十三)。赵孟頫大德三年(1299)八月调集贤直学士、江浙等处儒学提举,直到至大三年庚戌十月拜翰林侍读学士方返回大都。(见杨载《赵公行状》,《松雪斋集》附录)至大四年正月,卢挚还在宣城,他们同饮于廉野云万柳堂,应在至大四年卢挚返京之后,正是许有壬、程钜夫所记的至大元年和皇庆二年之间,符合廉野云自左丞任上休致的时间。(参周清澍《卢挚生平及诗文系年再检讨》,《中华文史论丛》2014年第4期。)

赵汸《东山存稿》卷六《邵庵先生虞公行状》:

大德六年,以大臣荐,擢大都路儒学教授。十一年,除国子助教。明年,丁内艰。至大二年,再除国子助教。四年,授将仕郎、国子博士。延祐元年,除从仕郎、太常博士。三年,奉诏西祀名山大川。……涿郡卢公处道、清河元公复初素相善,有所述作,辄即公论定。③

---

① 明弘治刻本。
② (元)陶宗仪:《南村辍耕录》,第110页。
③ 《四库全书》第1221册,第323页。

欧阳玄《圭斋文集》卷九《元故奎章阁侍书学士翰林侍讲学士通奉大夫虞雍公神道碑》：

　　生平知己大臣，藁城董宣公、保定张蔡公、陇西赵鲁公，皆国元老。赵之复相尝面请召柳城姚公、涿郡卢公、广平程公、吴兴赵公，每与公论文，辄以方来文柄属之。①

《圭斋文集》卷十《元翰林侍讲学士中奉大夫知制诰同修国史同知经筵事豫章揭公墓志铭》：

　　延祐元年，用荐为翰林国史院编修官。……初游湖南，见前宣慰文惠公赵淇。赵素号知人，谓公曰："君他日翰苑名流"。宪使涿郡卢公挚见辄称许，其归朝，竟以翰属荐之，荐牍今在掌故。②

《元史》卷一八一《揭傒斯传》：

　　程钜夫、卢挚，先后为湖南宪长，咸器重之，钜夫因妻以从妹。延祐初，钜夫、挚列荐于朝，特授翰林国史院编修官。③

　　[笺] 按《元史·仁宗本纪二》，延祐二年（1315）会试进士。卢挚有【沉醉东风】《举子》，以纪此盛事。这是卢挚存世年代最晚的作品，其卒应在该年或此后不久。

虞集《道园学古录》卷六《李仲渊诗稿序》：

　　集贤直学士李君仲渊，自录其五言诗，而题之宗雅。观其制名，则其所以自喻者，可得而知矣。五言之道，近世几绝，数十年来，人称涿郡卢公，故仲渊自序，亦属意卢公。然仲渊来朝廷为学士，而卢公去世已久。④

　　[笺]《道园学古录》卷六《送李仲渊云南廉访使序》："延祐五年六月，翰林直学士李公仲渊，除云南肃政廉访使。"按《元史·百官志》，集贤院与翰林院职官虽同阶，但翰林院名望比集贤院高。李仲渊当是先任集贤直学士，后转翰林直学士，然则他任职集贤院，当在延祐五年（1318）为翰林直学士之前。（参罗忼烈《卢挚的出身、生卒年代及其佚作》，《两小山斋杂著》，中国和平出版社，1994。）其时，"卢公去世已久"。

虞集《道园遗稿》卷二《题疏斋卢公像》：

　　持节江湖外，吟诗魏晋间。长庚垂野迥，病鹤倚秋闲。玉局谋堪奕，金

---

① 《四库全书》第 1210 册，第 92 页。
② 《四库全书》第 1210 册，第 128 页。
③ （明）宋濂等：《元史》，第 4184 页。
④ 《四库全书》第 1207 册，第 91 页。

銮遂不还。春来无宿草，点点涿州山。①

宋褧《燕石集》卷五《卢疏斋、赵平远小像》：

盛德不孤立，钜邦尊二贤。卢翁官察访，赵使职旬宣。契分元偕白，襟期甫暨虔。柏森松竞秀，珪莹璧相联。高谊云霄外，清标几杖边。句枝时络绎，杯算日缠绵。宵候丹砂灶，秋鸣绿绮弦。岳跻同谢屐，湘泛共膺船。酿酒矜方妙，裁衣斗品全。敖嬉驱骤裹，笑咏抚婵娟。密迩通家好，留连对榻眠。闭关常习静，挥麈或谈玄。闲矣山中相，翛然地上仙。仪刑人倏逝，丰度世争怜。肖貌开光霁，垂名著简编。精神栖落月，思致薄凌烟。岂直江潭重，应齐宇宙传。长沙多胜境，并祀待他年。②

贡奎《云林集》卷六《题赵平远、卢疏斋小像》：

乌纱白苎两天人，我昔从游意最亲。江海文章千载会，风流画史为传真。海天云暗涿州山，湘水春寒玉树残。惆怅百年曾几见，神交仿佛图画间。③

李至善《谢疏斋先生》：

铅钝不足藉，折扬奚必歌。三年刻楮叶，所得曾几何。仙人款我语，一息烂斧柯。伟哉变化间，妙理岂在多。

我诗何所似，露草秋虫鸣。至人蓄天机，贵此感物情。似闻石化羊，竟遇黄初平。向非公识察，皓首空平生。④

程钜夫《雪楼集》卷二十八《题卢君用所藏手卷二首》之《卢学士诗卷》：

渺渺蒲江远，年年桂树秋。空馀诗卷在，天地与长留。⑤

张雨《贞居集》卷五《书卢疏斋宣城集后》：

《卢疏斋集》宣城校官本，读之一过，生气凛然，有怀哲人，援笔而赋。[1]

人物西清第一流，曾看绣斧下瀛洲。难求冀北千金骨[2]，空载江南数斛愁。小谢梦无春草句，大苏诗有景疏楼。敬亭依旧峨眉月，付与骑鲸汗漫游[3]。⑥

---

① 《中华再造善本》影印元至正十四年金伯祥刻本；《四库全书》第1207册，第738页。
② 《四库全书》第1212册，第398页。
③ 《四库全书》第1205册，第659页。
④ 《全元诗》第24册，第244页。
⑤ 《四库全书》第1202册，第423页。
⑥ 《四库全书》第1216册，第371页。

[校] [1] 序言,《武林往哲遗著》本、涵芬楼影印元刊本无,据毛晋《元人十种诗》、《元诗选》、四库本补。[2] "冀",底本作"骥",据其他各本改。[3] "骑鲸",毛本、《元诗选》、钞校本、四库本注:"一作'卢遨'"。

苏天爵《滋溪文稿》卷二十九《书吴子高诗稿后》:

我国家平定中国,士踵金、宋馀习,文辞率粗豪衰苶。涿郡卢公始以清新飘逸为之倡。①

《万历顺天府志》卷五《人物志·乡贤》:

卢挚,涿州人。仕至翰林学士,博学有文思。元初称能诗者,必以挚为首。所著《疏斋集》。②

徐明善《芳谷集》卷上《疏斋卢公文后集序》:

涿郡疏斋卢公,天才奇远,评古今文得失,如金合范,矢破的,又绝识也。凡为文,尽弃古今拙陋之意,虽抽英搴藻,穷极缅邈,而与化工侔巧,不失自然。兹为妙矣。……尝一入翰林,复擢外使,缝衣之士咸谓宜在朝廷弘文佐理,必能耸圣代于唐、汉之上,以追焕郁之盛,不但名一家言,贲若于儒林文苑而已也。公文自为序,而明善弟嘉善得公近稿,刊为别集。畴昔公尝谓明善曰:"子知吾文,焉得无一言?"乃识其大概于集端云。③

唐桂芳《白云集》卷五《江东行卷序》:

江东为郡有六,兴安风俗最醇懿。……曩疏斋卢先生使节江东,按临是邦,缙绅之徒日与哦诗饮酒,颇不事事。不知咨诹采访,百年积弊,立变俄顷。至今诗章刻石,不翅堕泪。日者雪林金宪公,以北庭贵胄,南台寓公,而任纲纪耳目之责。……公与疏斋先生俱任风纪,而卢始以谈棋遇知圣主,号为国手。公之黑白较卢高一著。卢之诗,公五七言不相上下。公之草书,类羲、献,卢病黄凌,兢差不及。画与不画弗论也。……兴安莅州县,惟歙赋税倍蓰。始由陶雅妄增以媚杨行密,遗毒至今未改。因读公《行卷》,以疏斋善政为公劝者。寥寥数十年间,仅有两绣衣为兴安山水出色也。④

---

① (元)苏天爵:《滋溪文稿》,陈高华等点校,第495页。
② 明万历刻本。
③ 《四库全书》第1202册,第561页。
④ 《四库全书》第1226册,第849页。

程钜夫《雪楼集》卷十四《卢疏斋江东稿引》：

疏翁意尚清拔，深造绝诣，荦荦不羁，故其匠旨辑辞，往往隔千载与古人相见。向者遗教余以其诗文一编曰《江东稿》，挹其风味，如在疏斋时也。余携以自随，泛舟江汉，相与卧起。噫！孰使余欣然于风波之上者，非此稿也耶[1]？诗不古久矣，自非情其情而味其味，则"东篱南山""众家物色""森戟凝香""寻常富贵"，于陶、韦乎何取？疏翁于此殊不疏，今又弭节骚国，抑尚有起予者乎？稿还，因以讯之。①

[校][1] 清宣统影刻明洪武本"稿"前有"疏"字，从四库本删。

王礼《麟原文集》前集卷五《胡涧翁乐府序》：

国初，太原元裕之以此擅名，其后涿郡卢处道、河南张仲美，韵度俱非寻常可及。②

《新元史》卷二三七《文苑传上》：

卢挚，字处道，一字莘老。大都涿州人。至元中，以能文荐，累迁河南路总管。真人吴全节代祀岳渎，过河南，闻其治行，力荐之。大德初授集贤学士，出为江东道廉访使，复入为学士，迁承旨，卒。元初能文者曰姚、卢，谓姚燧及挚也。古今体诗则以挚与刘因为首。著有《疏斋集》。临川吴澄曰："卢学士所作古诗类魏晋清言，古文出入《盘》《诰》中，字字土盆瓦缶，而有三代虎蜼珊瑚之色，见者莫不改观。"挚尝曰："清庙明堂谓之古，朱门大厦谓之华屋可也，不可谓之古。太羹元酒谓之古，八珍谓之美味可也，不可谓之古。知此可与论古文矣。"其自言得力如此。③

《南村辍耕录》卷五《坐右铭》：

翰林学士卢疏斋先生挚，字处道，涿郡人。坐右铭大书一"天"字，其下细注六字云："有记性，不急性。"可谓知畏天者矣。④

陶宗仪《书史会要》卷七：

卢挚，字处道，号疏斋。涿郡人。官至翰林学士。亦能书。⑤

---

① 《四库全书》第 1202 册，第 180 页。
② 《四库全书》第 1220 册，第 403 页。
③ 吴树平编辑《二十四史外编》第 123 册，天津古籍出版社，1998，第 400 页。
④ （元）陶宗仪：《南村辍耕录》，第 66 页。
⑤ 《四库全书》第 814 册，第 754 页。

王恽《玉堂嘉话》卷四：

卢挚说："尝闻诸先辈：汉去三代最近，高祖有为之主，不能革去秦弊，复井田、封建之制，此萧何之责。"[1]因与论作文，当于易中求难，难中求易。相鉴之作，当以萧何为首。①

[校][1]"萧何之责"，元刊明补本、弘治本、荟要本作"最何之可责"。兹从四库本。

王逢《梧溪集》卷一《简卢起先御史》（原注：名嗣宗，疏斋之后）：

御史承恩出帝庐，弓裘文采照图书。云烟飞动龙香剂，风日雍容豹尾车。青草瘴消炎海外，碧桃春透故园初。悬知袖有征蛮策，不学卢鸿遂隐居。②

《梧溪集》卷五《寄赠卢宜兴希文，名僧孺，祖淇，河南参政，父景，盘阳总管，叔挚，翰林待制》③

[笺] 黄溍《金华黄先生文集》卷二十三《卢景行状》："子男四人：长僧孺，用文昭公遗泽补官，累升奉直大夫、冀宁路崞州知州，以公忧不赴，今以迁调为泉州路总管府判官。"谢应芳《龟巢稿》卷十有《卢知州宜兴秩满，以避乱久寓无锡，视同故乡，今知昆山，必有怀二州风物之美，赠诗言情并致颂祷》诗。王逢《梧溪集》卷四有《观大府除目卢宜兴希文改知昆山奉寄四韵》。

徐　琰

胡祇遹《紫山大全集》卷十一《荣炼师信斋记》：

故至诚不息，可以贯金石，通神明，对越天地，而况于乡党邻里乎？女冠荣炼师，自髫龀而离母，母礼师得道者，服笄岁而为黄冠师，今六十岁矣。清净谨严，犹一日也，可谓见道明而信道笃也。受业者既众，寝息之所，隘窄而不能容，起一斋于本观之隙地。扫地焚香，垂帘扃户，道徒诵读毕，虚心绝学，见素抱朴，亲戚邻里不妄往来。容斋提刑，幼蒙摩抚，长知敬奉，一日同过新斋，曰："古人不云爱及屋上乌，人好乌亦好？斋不可以无名，

---

① （元）王恽：《秋涧先生大全集》卷九十六，《四库全书》第866册，第477页。
② 《中华再造善本》影印元至正明洪武间刻景泰七年陈敏政重修本；《四库全书》第1218册，第587页。
③ 《四库全书》第1218册，第757页。

扁曰信，可乎？"在坐者皆曰："可。请书门楣。"又请为之铭。①

《紫山大全集》卷十一《容斋记》：

大中提刑公以容名斋，其好善克己之情，概可见矣。……容斋主人，天禀聪明疏通，克自抑惧，其接物太察，又欲于日月之间，万事之来前，兼收并蓄，胜己者取以为法，不若己者忠告而善道之，以是处心，其德岂不大哉，其勋业可量也哉！宜乎一飞而亲日月之光，出而典郡，治绩最诸路，三升而总外台之清要，贤于读书半世不自知其所短者远矣。②

《元史》卷一六〇《阎复传》：

弱冠入东平学，师事名儒康晔。时严实领东平行台，招诸生肄进士业，迎元好问校试其文，预选者四人，复为首，徐琰、李谦、孟祺次之。③

［笺］据《元史》卷一六〇阎复、李谦、孟祺本传，复生于1236年，谦约生于1234年，祺约生于1231年。徐琰与此三人同为东平府学员，同时"肄进士业"，年岁当相仿。

《元史》卷一六〇《王磐传》：

东平总管严实兴学养士，迎磐为师，受业者常数百人，后多为名士。中统元年，即拜益都等路宣抚副使，居顷之，以疾免。李璮素重磐，以礼延致之，磐亦乐青州风土，乃买田泗河之上，题其居曰鹿庵，有终焉之意。及璮谋不轨，磐觉之，脱身至济南，得驿马驰去，入京师，因侍臣以闻。……所荐宋衜、雷膺、魏初、徐琰、胡祗遹、孟祺、李谦，后皆为名臣。④

王昶《金石萃编未刻稿》载《大元国京兆府重修宣圣庙记》（作于至元十三年）[1]，署："前陕西四川□□行尚书省左右司郎中徐琰撰"。⑤

［校］[1]《全元文》收录该文，删署款"前陕西四川行尚书省左右司郎中徐琰撰"。

骆天骧《类编长安志》卷十《石刻·大元京兆府重修文宣王庙记》：

中书省左右司郎中徐琰撰，府学教授骆天骧书并篆额

---

① 《四库全书》第1196册，第215页。
② 《四库全书》第1196册，第209页。
③ （明）宋濂等：《元史》，第3772页。
④ （明）宋濂等：《元史》，第3751页。
⑤ 《辽金元石刻文献全编》第2册，第631页。

至元十三年正月建①

虞集《道园学古录》卷三十五《奉元路重修先圣庙学记》：

是以分镇于陕者，平章廉公某，参政商公挺，平章赛公某，佥省严公某，先后作成宣圣庙儒学于郡东南。……时东平徐公琰方为行省左司员外郎，实记而刻诸石，则至元十三年丙子之岁也。②

董立《宣圣庙碑》：

膺分陕之寄者，皆一时名公，前后接武，经营规度，输财发廪，劝相其役。盖历数稔，乃底于成。……斯时斯举，不可无述，奉为之文，以载于石。余窃谓前丙子兴缮，郎中徐琰记之；后丙子增修，翰林虞集记之。立何人哉，敢继二公之后？……至正二十六年丙午三月吉日府学众儒户立石。③

《元书》卷五十八附《阎复传》：

徐炎（琰），字子方，号养斋。东平人。至元中为陕西行省郎中，累拜浙西肃政廉访使。为政清简，礼贤下士，意致高迈，东南人士重之。仕至行省平章政事。卒谥文献。④

李庭《寓庵集》卷二《送徐子方郎中》：

剑外方屯十万师，运筹帷幄要英奇。人材惟有徐孺子，士论共推刘穆之。云栈路危休叱驭，锦江花好剩留诗。庙堂正阙经纶手，旦夕除书下玉墀。⑤

《寓庵集》卷二《送徐郎中之蜀》：

猎猎霜风卷旆旌，一鞭行色指巴川。军中正仰裴丞相，幕下仍登鲁仲连。已办运筹枭逆虏，不妨横槊赋新篇。凯还定在春前后，伫看除书下九天。⑥

《寓庵集》卷五《创建灞石桥记》：

长安以形势雄天下，其来尚矣。……距城东三十里，灞水南来，横绝官

---

① （元）骆天骧：《类编长安志》，黄永年点校，中华书局，1990，第321页。
② 《四部丛刊》初编影印明景泰翻元小字本；《四库全书》第1207册，第490页。
③ 《北京图书馆藏中国历代石刻拓本汇编》第50册，第135页。
④ 《四库未收书辑刊》第4辑第15册，第425页。
⑤ 《续修四库全书》第1322册，第311页。
⑥ 《续修四库全书》第1322册，第311页。

路，西北十五里入于渭，其源出于商颜山中，每岁夏秋之交，霖潦涨溢，川谷合流，砯崖而下，巨浪澎湃，浩无津涯。行旅病于徒涉，漂溺而死者，不可胜数。至元元年秋，山东梓匠刘斌适至此，见之恻然，内誓于心，为构石桥，以拯兹苦。……六年己巳春，陕西大行台平章赛公用左右司郎中徐琰诸君之议，捐白金二十锭，仍俾役夫二百，令京兆同知巨公督之。签省严东平继发驱男四百指，遍谕所属，乘彼农隙，辇山石八百馀载，令京兆府判官寇公董其役。①

李翀《日闻录》：

至元年间，徐子方为陕西省郎中。有属路申解，内漏落头行一"圣"字，吏欲问罪，以为不敬。徐公改检云："照得来解第一行脱漏第三字，今将元文随此发去，仰重别具解申来。"②

苏天爵《元朝名臣事略》卷十二《内翰王文忠公（磐）》：

［至元］十年，再乞致仕，诏不从，仍举宋衟、雷膺、魏初、徐琰、胡祗遹、孟祺、李谦宜居翰苑。③

李谦《莱芜铁冶都提举司纪绩碑》：

莱芜冶户刘顺等造余，言曰："莱芜铁冶尚矣，至元甲戌，翰林学士徐公琰以陕西行中书省部（郎）中来充提举，始立官冶，发户三千，专给冶事。复其户调，仍减其租税之半，立为三监，曰通利，曰宝成，曰锟铻，监设户丁，燃炼铸镕，举无遗策，继至者遵守行之，可以永久无弊。"④

王恽《秋涧先生大全集》卷十八《种玉亭》（自注：徐子方宣慰有诗，因拟作三首）：

昆明云锦厌凡材[1]，玉井移根手自栽。不着诗仙分宝供，谁携仙子下瑶台[2]。留连夜月娟娟净[3]，披拂薰风细细开[4]。不用叶浮沧海去，芙容城阙有蓬莱。

灵沼云深宝气存，素花一夕发芳根。烟中仿佛溪娘语，波面轻盈越女魂。

---

① 《续修四库全书》第1322册，第329页。
② 《四库全书》第866册，第424页。
③ （元）苏天爵辑撰《元朝名臣事略》，中华书局，1996，第244页。
④ 《嘉靖莱芜县志》卷七《文章志》，明嘉靖刻本。

江月借妆增皓彩，露华和屑贮芳温。夜深更待瑶环供，细挹秋香共一樽。

休夸幻术有仙翁，人定端能胜化工。淑女固应歌窈窕，芳根元自雪玲珑。秋香入户摇江羽，罗袜凌波绕汉宫。莫讶西风吹易散[5]，世间声色本来空。①

[校] [1] "厌"，荟要本、四库本作"压"，非。[2] "仙子"，荟要本作"姑射"。[3] "娟娟净"，荟要本作"涓涓净"，四库本作"娟娟静"。[4] "薰"，荟要本、四库本作"清"。[5] "讶"，荟要本、四库本作"向"。

虞集《道园学古录》卷十七《徽政院使张忠献公（九思）神道碑》：

于是上更化，相和礼霍孙，革宿弊而新之。公首荐易州何公玮、东平徐公琰、马公绍、献州范公芳，裕皇次第用之。何参议中书，徐为左司郎中，范为右司郎中，马为刑部尚书。侍从以下，因公言而见用者遍布朝著，一时号为得人。②

《元史》卷一一五《裕宗传》：

[至元十八年正月]，命宋衜择可备顾问者，衜以郭祐、何玮、徐琰、马绍、杨居宽、何荣祖、杨仁风等为言。太子曰："是数人者，尽为我致之，宜自近者始。"遂召玮于易州、琰于东平。……中书启以何玮参议省事，徐琰为左司郎中。玮、琰入见，太子谕之曰："汝等学孔子之道，今始得行，宜尽平生所学，力行之。"③

胡祗遹《紫山大全集》卷十二《寄子方郎中书》：

某顿首再拜子方郎中执事：不肖以衰老不才，荆南得代还家，杜门括囊，四年于兹矣。不意误蒙录用，居官守职，牧养小民之外，非所当言。然以责成实效，多归于府州县司。有不得不言者，敢妄言一二，尘渎清听。④

[笺]《元史》卷一七〇《胡祗遹传》："宋平，为荆湖北道宣慰副使。……[至元]十九年，为济宁路总管，上八事于枢府言军政：曰役重，曰逃户，曰贫难，曰正身入役，曰伪署文牒，曰官吏保结，曰有名无实，曰合并偏颇。枢府是之，以其言著为定法。"该书应作于至元十九年（1282）其在济宁路总管任上。

---

① 《四库全书》第1200册，第219页。
② 《四库全书》第1207册，第240页。
③ （明）宋濂等：《元史》，第2890页。
④ 《四库全书》第1196册，第226页。

《元诗选》癸集乙"徐承旨琰"传：

琰字子方，号容斋，一号养斋，又自号汶叟，东平人。严实领东平行台，招诸生肄古业，迎元好问试校其文，预选者四人，琰其次也。翰林承旨王磐荐其才。至元初，为陕西行省郎中。二十三年，拜岭北湖南道提刑按察使。二十五年，以侍御中丞董文用荐，拜南台中丞，建台扬州。日与苟宗道、程钜夫、胡长孺诸公互相倡和，极一时之盛。二十八年，迁江南浙西肃政廉访使，召拜翰林学士承旨。大德五年卒，谥文献。子方人物魁岸，襟度宽洪，有文学重望，东南人士翕然归之。盛如梓庶斋尝称其《通州狼山僧舍白莲》长篇，最为工致。尝作《茧瓶诗》，有云："一窍鬼工开混沌，八吞神茧望扶桑。"王恽秋涧极赏之。①

姚燧《牧庵集》卷二十九《奉议大夫广州治中阎君墓志铭》：

生君，讳宏，字子济。……至元戊子，辞直翰林，客邓。君方婿南阳医学提举刘君大亨，亦家邓，始以其文为贽，相过甚殷。余既以所得文法告之，及示其所注《遗山集》，余则曰……君亦不以余言为逆，其听而止。归觐浏阳，时故翰林承旨徐公琰持宪长沙，手所为文以先，徐公奇之，答诗以誉。及参江西省政，引以为掾，事资其谋，拔士子有学行者，进为校官。……其达己者，终身不忘。容斋卒东平，讣闻，君以其为江西日，尝新徐孺子祠，故即是地为位，立叙其情以哭之。又图其像，求余为赞，岁时以事。②

［笺］刘致《姚燧年谱》载，姚燧大德八年（1304）拜江西行省参知政事，明年，撰有《徐子方真赞》。佚。

刘将孙《养吾斋集》卷八《与姚牧庵参政书》：

［某］今且五十矣，忧患退堕，志落而才退，一无以自表于世。往岁东平容斋公于浙于湘，闻或者之，称其少日也。会江西有闽选事，不谋而置之校官之列，由是入闽者再。③

刘辰翁《须溪集》卷二《长沙廉访司题名记》：

吾江西人也，昔者得之徐公子方焉，曰："是尝为湖南按察者，是尝为湖南按察而肃者。"是碑之立，锵然与子方前后联裾叠佩，鸣玉相应，不知

---

① （清）顾嗣立、席世臣编《元诗选》癸集，吴申扬点校，中华书局，2001，第159页。
② 《四部丛刊》影印武英殿聚珍版丛书本；《丛书集成初编》第6册，第368页。
③ 《四库全书》第1199册，第75页。

其亦万一有能为江西来者乎？①

袁桷《清容居士集》卷三十四《萧御史家传》：

  公讳泰登，字则平，姓萧氏。远祖由唐末迁长沙，占籍庐陵太和县。……弱冠试吏，调永丰丞。永丰多盗，区迹巢穴，僇之，丞以治称。入京师，授湖南儒学副提举，振直士气，使治靡密者不敢扰。部使者徐琰奇之，言可为御史府属。会徐为中丞，亟力言，遂佥广东道提刑按察司事。②

程钜夫《雪楼集》卷十六《监察御史萧则平墓志铭》：

  大德七年八月十五日，南台监察御史萧君泰登则平以疾卒，年三十八。……顷，余在禁林，吏以诸道提举学事姓名来，中有萧某，年若干。余讶其少，或告曰：“公未识耳，材则老也。”洎来南台，中丞徐子方道则平朝夕不离口。……庐陵刘将孙，须溪翁之长嫡也^[1]，其言信。状其行事视余，亹亹万言，曰：“是宜铭。”且助其子以请曰：“则平之志也。”……则平早颖拔，诸公皆器之。弱冠试吏，丞永丰，莅事敏决^[2]，行中书省以名闻，授将仕郎、湖南道儒学副提举，为部使者赏识，即子方也。子方一代耆硕，言辄见听，遂擢佥广东按察司事。③

[校]　[1]"嫡"，清宣统影刻明洪武本作"适"，从四库本改。[2]"莅事敏决"，宣统影刻洪武本作"已出敏手"，从四库本改。

卢挚《湖南宣慰使赵公墓志铭》：

  大德十有一年冬，前湖南宣慰使赵公薨于潭州居第。……公讳淇，字元德。世族望临淄霍者。五季时刺抚州，后徙家衡山。……公以"平远"自命，太初其别号。平远之名闻天下。朋游间，多穹贵大贤，契予尤深者：故参政徐公子方。④

宋渤《衡阳村院得杖材寄徐容斋》：

  放舟清湘波，系舟湘水曲。落日红露生，蔽映两岸绿。衲衣何处僧，挹客看修竹。攀缘入幽深，松桂荐芬馥。轻飔振裳衣，馀韵久回复。亭亭小梅

---

① 《四库全书》第1186册，第425页。
② 《中华再造善本》影印元刻本。
③ 《四库全书》第1202册，第225页。
④ 《全元文》第11册，第21页。

花，却立野人屋。萧然方出林，碧玉万竿蠹。敢攀箨龙新，请乞老枝蹩。诗翁澹古思，与汝交不渎。往登读书堂，清修配佳菊。①

《元史》卷一四八《董文用传》：

[至元]二十五年，拜御史中丞。文用曰："中丞不当理细务，吾当先举贤才。"乃举胡祗遹、王恽、雷膺、荆幼纪、许楫、孔从道十馀人为按察使，徐琰、魏初为行台中丞，当时以为极选。②

张铉《至正金陵新志》卷六下《官守志二·行御史台·御史中丞》：

徐琰，通议[大夫]。至元二十六年上。
魏初，嘉议[大夫]。至元二十八年上。③

王恽《秋涧先生大全集》卷二十三《谢徐容斋赠梅》：

燕钗宫额蜡妆匀，梦绕罗浮雪里村。持赠一枝遮老眼，淡依疏影度黄昏。风流灯下佳人面，潇洒吟边竹叶樽。我老忘情被花恼，曲屏深锁惜芳温。

容斋清节扬州逊，赠我官梅兴寄深。宫额黄娇浑缀蜡，绮窗香淡不盈襟。春融壶浸催先发，雪压溪桥忆练寻[1]。茅舍玉堂初不间，似将渠表岁寒心。④

[校][1]"练"，四库本作"细"。

《秋涧先生大全集》卷三十三《题徐中丞子方爱兰轩诗卷》（下注：吏部尚书昔刺温索赋[1]）：

幽兰在谷似幽人，相近相亲有使君。独爱逊绵诗律细，宛从平淡发奇芬。
手治兰台种竹围，护香笼日淡炎晖。丝纶阁下文书静，却似当年对紫微。
山行还喜得夷途，路转兰皋更可娱。十里晓烟香不断，春风吹袂过鹅湖。
（末注：予尝往来铅、信间[2]，景物多异。惟鹅湖山气清淑，土脉馨润，所产花卉非兰即蕙[3]，其馀有不敢与之并者。晦庵先生少时爱其地胜，尝读书于此，特表而出之。）⑤

[校][1]"昔刺温"，元刊明补本作"昔刺湿"，荟要本作"实喇衮"，四库本作"实鲁

---

① （清）张豫章等编《御选宋金元明四朝诗·元诗》卷十三，《四库全书》第1440册，第18页。
② （明）宋濂等：《元史》，第3499页。
③ 《四库全书》第492册，第318页。
④ 《四部丛刊》影印明弘治翻元本。另参《四库全书》第1200册，第281页。
⑤ 《四部丛刊》影印明弘治翻元本。另参《四库全书》第1200册，第422页。

衮",据抄本改。[2]"铅",荟要本作"录",四库本作"饶"。[3]"蕙",荟要本、四库本作"翠竹"。

姚燧《牧庵集》卷三十二《寄徐中丞容斋》：

　　李侯安庆来，遭君江间杶。问云归湍水，示声偶及我。自揆衰钝质，旧学日兼堕。百事于大贤，资取无一颇。始疑逢蒙弓，亦有虚发笴。终知匠石斧，材不捐琐琐。增惭失喜馀，背觉芒刺荷。平生声相接，睟面见未可。文字亲友间，屡得观藻火。况闻闲世故，盘走夜光颗。仰止高山思，愿并馀子夥。历推天日行，蚁右风轮左。吾徒不相值，其故正此坐。何时广陵游，倾盖愿终果。①

《牧庵集》卷三十一《跋雪堂雅集后》：

　　释统仁公见示《雪堂雅集》二帙，因最其目：序四、诗十有九、跋一、真赞十七、《送丰州行》诗九，凡五十篇。有一人再三作者，去其繁复，得二十有七人：……翰林承旨则麓庵王公讳磐、董文用、徐琰、李谦、阎复、王构……然此中予未之识有四人[1]：镇、琰、好礼、瑄，然已皆物故。其存者，阎、李两承旨而已，可为人物眇然之叹。至大庚戌秋八月下弦日跋。②
[校] [1]"有"，《四部丛刊》本无，从四库本补。

侯克中《艮斋诗集》卷五《寄徐中丞子方二首》：

　　学海汪洋萃众流，早年名姓冠鳌头。星辉北极三台晓，霜落南台万象秋。天上麒麟符治世，人中骐骥眇齐州。何时卷却经纶手，同向沧浪把钓钩。
　　五载分携忆汴京，慨然诗酒话平生。蠹鱼拟向书中老，威凤俄闻海上鸣。物有短长从尺度，事无轻重任权衡。畏涂九折连云险，见说王尊掉臂行。③

《艮斋诗集》卷五《寄徐中丞子方》：

　　虚室寥寥纸帐深，起来欹枕听幽禽。一杯谩记别时语，千里空嗟病后吟。袅袅炉烟羁旅恨，萧萧鬓影故人心。春风何日梅花底，细嚼幽香酒满斟。④

---

① 《丛书集成初编》第6册，第403页。
② 《四部丛刊》影印武英殿聚珍版丛书本。
③ 《四库全书》第1205册，第472页。
④ 《四库全书》第1205册，第473页。

王奕《玉斗山人集》卷二《和徐中丞容斋旧泰山一百五韵赘见》：

塞予铅椠生，角角鸡鹜食。青衿学校身，白发书传癖。万卷老边笥，一区守雄宅。媚俗懒低眉，慕古展长揖。少年捈抹技，志愿靡终毕。几载拂高驼，苍梧与西极。开云上衡山，景仰昌黎伯。史记在山川，遐踪喜驰轹。望岳企少陵，吟岱拟太白。惜哉阻关河，游齿朽尘屐。悠悠邹鲁心，坐见岁月历。雩坛想风沂，恨不沃焦鬲。文理思楷林，手植槐桧柏。虽难陋巷回，岂不束带赤。髫年诵鲁论，掩卷望天级。神哉六鳌转，一夜混藩国。驱车上金台，卿相去如织。逐日未化邓，心血自撞激。既惭西山夫，尚堪东鲁客。心旌久摇摇，梦寐在屋壁。忽逢緱山仙，扶我王川腋。百拜挹温良，叙此宇宙隔。秋丁杏坛下，展膝陪丈席。三圣长幼间，樽俎见徐疾。翌朝谒林墓，稽首龙门趼（自注：祥符驻跸亭在龙门之上）。大庭与尼山，历历抚遗迹。书肠廓鄙吝，若有鬼物擘。慨思今何时，文轨混南北。春秋一太极，鸿濛再开辟。草木复甦鲜，川原尽疏涤。燕赵与秦陇，可以劲气吸。岂无中原学，共此浩荡臆。扶舆久郁翁，一发定无敌。倘不登岱宗，何由俯鹏翼。遂偕二三子，崎岖历阡陌。搴裳涉五汶，擎爽薄吟锡。扪参上天门，四海同一碧。偃然帝孙尊，不放寸山出。南衡走奴隶，西华失名额。中宵展红轮，万有破元关。玉女毓渊泉，流作圣贤泽。正气吐长林，不与箓俱讫。洛阳帝王所，兴废每不测。尼峰香火期，未可限千百。伛指登封君，令人重惊栗。金丸互巧惜，何异雉卢掷。丑哉骊坑人，终然化犯貉。刻心假碑篆，侥幸脱经扤。岂知觐岳心，正在述方职。登望虽殊时，圣狂不可域。吟人类夸誉，谁复论顺逆。北方豪杰地，罕见吾其惑。游览下山来，低眉恣搜索。或采之道途，或求之方册。或咨新少年，或质古碑刻。挑包到东平，得士仅六七。在昔遗山翁，盛美信难匹。一笑洗簪腻，临风倚孤饰。沉寥大雅馀，古调寄篇什。东南十年间，往往家有集。想今在十牛，安得挹芳苾。西方有许平，金陵不可袭。翼翼望考亭，直欲跬步陟。四书门户正，蹊径扫曲笔。阆侯上界仙，尘溘聊暂谪。中兴圣人居，光焰出晦室。亦有河汾翁，杜门守贞德。深林见孤熊，狐兔尽驱辟。淮阳遗一皓，留以镇东邑。复齐上玉楼，往恨抱万亿。蜂蝶不作双，未暇采织悉。卓有容斋翁，夜光难自匿。弦鸣风雁落，孰御箭锋急。所谓鲁君子，于斯信可必。今古太山吟，谁不媚封续。投崖匹夫勇，亦有夸介石。雄文痛麾扫，与岳竞碻砾。一指回万军，众质出孤戟。古诗三百篇，无邪是真识。馀子月在云，乍明而乍蚀。我来见长篇，楼下卧百尺。夫乃面馀人，又复产今日。文采起具瞻，岩岩师尹赫。北风尽化枳，独此见佳橘。橘中有仙翁，可望不可摘。试把珊瑚钩，轻拂蛟龙眷。冯夷坐幽宫，海若不敢斥。方壶灵山高，借我寸阶立。从今孕仙气，倘可绝尘粒。兹行类南鹏，九万始一息。越人初适齐，语笑遗大国。道无倾盖程，握手论畴昔。畏刖不三献，荆璞徒自戢。举蒉置堂上，更仆数一一。保社多吟鸥，望归心未释。春风吹客衣，臂羽不可絷。愿勿距互乡，引手肃之入。招贤自隗始，敢谓崇台岌。人皆笑麀墙，吾独喜入室。他时报国士，岂必在岌漆。定有双白璧，照我羁穷色。山东出相地，驿召在目即。乾坤愈浩荡，人才宁促迫。愿言眼垂青，及此头尚黑。①

《玉斗山人集》卷二《和中丞徐容斋贯户维扬》：

岳到东原掌样平，南州师友树高名。圣人门户三千教，老子胸怀百万兵。学要绝时须著继，道逢夷处不消争。凤池乌府皆馀事，急拯苍生作九京。②

盛如梓《庶斋老学丛谈》卷中下：

中丞容斋徐公，人物魁岸，襟度宽洪，文学吏才，笔不停思。题莱州海神庙云："龙宫高拱六鳌头，六合乾坤日夜浮。贝殿走珠蛟构室，戟门烘雾蜃喷楼。中原北顾真孤岛，外域东渐更九州。咫尺深航倭秒近，好将风浪戒阳侯。"通之狼山僧舍有墨莲，公肆笔成长篇，尤工致。建台扬州日，确斋荀公、雪楼程公、校官胡石塘唱和无虚日，亦一时之文会也。③

吴澄《吴文正公集》卷三十七《故文林郎东平路儒学教授张君墓碣铭》：

君蜀人也，姓张氏，讳壆，字达善，世居永康之导江。……父讳瀛，特奏名迪功郎[1]、江州彭泽县主簿，母黎氏。蜀有兵难，主簿君从其外舅监丞黎公出蜀，寓浙。……天兵南来，家歼焉，君茕然一身，授徒自给。初以浙西按察金事夹谷公荐授将仕佐郎、建康路教授，迟迟四年始之官，未及一期而代。再以行台御史中丞徐公荐，授登仕佐郎、孔颜孟三氏子孙教授。……年六十七以疾终，大德壬寅六月十七日也。④

[校][1] 自"字达善"至"特奏名迪"，《元人文集珍本丛刊》影印明成化二十年刊本损阙，从四库本补。

---

① 《四库全书》第 1195 册，第 645 页。
② 《四库全书》第 1195 册，第 642 页。
③ 《四库全书》第 866 册，第 544 页。
④ 《元人文集珍本丛刊》第 3 册，第 604 页；《四库全书》第 1197 册，第 707 页。

《元史》卷一七三《燕公楠传》：

[至元] 二十七年，拜江淮行中书省参知政事。桑哥既败，而蠹政未尽去，民不堪命。……会欲易政府大臣，以问公楠，公楠荐伯颜、不灰木、阇里、阇里吉思、史弼、徐琰、赵琪、陈天祥等十人。①

吴澄《吴文正公集》卷四十二《元故荣禄大夫江西等处行中书省平章政事李公（世安）墓志铭》（自注：辛未[1]）：

至元二十一年，[父] 武愍薨于交趾，公护丧归葬大都路宛平县永安山之阳。起复正议大夫、佥江西等处行中书省事，兼本军万户。二十四年，尚书省立，公佥行省事如初。……尚书省罢，旧官尽革，独存公一人，改参行中书省。既而参政徐公琰，公与协心划除宿弊。②

[校][1]"辛未"，四库本无。

[笺]《元史》卷十六《世祖本纪》载，至元二十八年春正月，"尚书省臣桑哥等以罪罢。……[五月] 癸丑，罢尚书省事皆入中书。改尚书省右丞相、右詹事完泽为中书右丞相，平章政事麦术丁、不忽木并中书平章政事"。又卷一六二《史弼传》："[至元] 二十七年，遥授尚书省左丞，行浙东宣慰使，平处州盗。二十九年，拜荣禄大夫、福建等处行中书省平章政事。"又据下引徐琰《范文正公祠记》，其至元二十九年已除浙西肃政廉访使，则拜江西行省参知政事当在至元二十八年（1291）。

刘将孙《养吾斋集》卷二十八《登仕郎赣州路同知宁都州事萧公行状》：

公讳宗大，世为吉州吉水文昌乡虎溪人。……至元己卯，举能治剧，授将仕郎、广州香山盐司副提举。辛卯，闽广选开，诵公才美者如指，改授邵武路邵武县尹，兼劝农事。前举者，为今广西廉访使忍斋温都尔公；后用者，则参政容斋东平徐公也。二公以无私闻海内，其得于二公也，不以私，二公之举而用之也，有以辞于人。而邵武之政之廉，著于闽部，足以不负知己。③

《养吾斋集》卷三十二《前贡士龙溪山长带溪萧君墓志铭》：

吾庐陵，衣冠世家，自唐至宋不绝者，惟吉文九江萧氏。……及擢龙溪山长，甫数月，竟以南谷忧去，免丧，泊然无进取意。鹭洲屡请为堂长，屡摄教事，强起辄谢去。平生词赋负俊声，佳句多传诵，博学强记，为文辩给

---

① （明）宋濂等：《元史》，第4051页。
② 《元人文集珍本丛刊》第4册，第21页；《四库全书》第1197册，第803页。
③ 《四库全书》第1199册，第263页。

丽密，尤精于诗。初宗山谷，后纵意所如，奇捷妥雅。……南之陈中山，北之徐容斋，皆知己。容斋为诗序，方之子长、子美。……君讳炎亨，字可则。……生宝祐癸丑三月九日未，卒延祐丁巳五月十六日午。①

刘岳申《申斋集》卷八《元故太常礼仪院奉礼郎致仕张君墓志铭》：

奉常讳图南，字则复，息堂其自号也。其先世家庐陵安成，自其父徙长沙，遂为长沙。自宋季已知名，见知故相江文忠公。至元辛卯，徐公琰起公为岳麓书院，自是为濂溪、为紫阳。宣慰赵公淮聘公教其子若孙，翰林卢公鸷（挚）荐公可翰院、可提学，又移书时宰，极道其才美。②

虞集《道园学古录》卷十八《熊与可墓志铭》：

先生讳朋来，字与可，姓熊氏，世为豫章望族。祖父炳，父希曾，以宋淳祐丙午生先生。先生以咸淳甲戌登进士第第四人，受从仕郎、宝庆府金书判官厅公事，未上而宋亡。世祖皇帝初得江南，常以名取士，尽欲得故国之贤能而用之。尤重进士，若故相留公梦炎，固以为内相尚书，而王龙泽亦召拜行台监察御史。先生名不在王御史下，然不肯表襮苟进，隐处州里。生徒受学者，常百数十人。……会朝廷使治书侍御史王公构铨外选于江西，于是，行省参政徐公琰、李公世安、郎中马公昫、宪使卢公克柔列荐先生为闽海提学，使者报闻。而福建、庐陵为郡，在东南儒学之士为最多。朝廷大兴文治，加意此两郡，特起先生连为之教授。……至治三年五月，先生卒矣，享年七十有八。③

《元史》卷一九〇《熊朋来传》：

熊朋来字与可，豫章人。宋咸淳甲戌，登士第第四人，授从仕郎、宝庆府金书判官厅公事，未上而宋亡。……会朝廷遣治书侍御史王构铨外选于江西，于是参政徐琰、李世安，列荐朋来为闽海提举儒学官。④

[笺] 按袁桷《清容居士集》卷三十二《翰林承旨王公请谥事状》，王构调选江西在至元二十八年（1291）。

---

① 《四库全书》第1199册，第316页。
② 《四库全书》第1204册，第285页。
③ 《四库全书》第1207册，第268页。
④ （明）宋濂等：《元史》，第4334页。

黄溍《金华黄先生文集》卷三十一《亚中大夫汉阳知府致仕卢公墓志铭》：

公讳克治，字仲敬，姓卢氏。……至元十三年，从军取淮甸，有劳，入淮东都元帅府为令史。厥明年，国家底定南服，论次功赏，授承务郎、汉阳府判官。……换从仕郎、龙兴路总管府经历，用察官及部使者荐，擢江西行尚书、中书两省左右司都事，以材敏见知于参知政事东平徐公，亡何，以事乘传入奏京师，迁江浙行中书省左右司都事。于是，徐公方持部使者节莅浙右，亟剡上，乞署公台职，未报，而公去为两浙都转运盐副使。①

阎复《平江府报恩万岁贤首教寺碑》末署：

通议大夫、翰林学士、江南［浙］西道肃政廉访使阎复撰并书

中奉大夫、江浙等处行中书省参知政事、新除江南浙西道肃政廉访使徐琰题盖

至元二十九年八月望日，住持传华严教观慈应大师处薰建②

阎复《次子方参政〈剑池韵二首〉》：

阖闾千载古坟荒，父老犹传好剑王。埋向古池终涌去，斫开顽石是谁将？一峰鳌冠居平地，千仞龙刓出大洋。只尺苍厓秘雷雨，不愁枯旱救炎方。

晴烟漠漠接邱荒，万里春风属帝王。吴主裂云分峭壁，秦人勒马问干将。树根络石悬欹岸，泉脉穿厓入大洋。可是高明题品后，一泓秋水启迷方。③

［笺］《元诗选》癸集乙选徐琰《剑池二首》。其一："海涌孤峰蠹大荒，鱼肠盘郢殉吴王。蛟龙入地终飞出，霹雳分厓下取将。金气有灵腾上界，碧波无底湛东洋。人间利器于斯尽，辛苦朱云请上方。"其二："千载阖闾邱墓荒，宝坊留得奉空王。石头自点无人使，塔影谁翻有物将。优钵昙花纷烂熳，华严性海极汪洋。一轮明月山堂寂，散作寒花遍十方。"

徐琰《范文正公祠记》：

至元壬辰，予奉命廉访浙西，莅吴中，是为文正范公之乡。……一日，主祀邦瑞踵予门求记。……余固辞勿获，移治钱塘，凡再岁，征贱言益勤。……至元三十一年正月念日记。④

---

① 《中华再造善本》影印元刻本；（元）黄溍：《黄溍集》第 3 册，王颋点校，第 737 页。
② 《吴都文粹续集》卷二十九，《四库全书》第 1386 册，第 4 页。
③ （清）顾嗣立、席世臣编《元诗选》癸集，吴申扬点校，第 158 页。
④ 《全元文》第 10 册，第 623 页。

方回《桐江续集》卷三十五《江南浙西道肃政廉访司题名记》：

　　至元二十八年春更化，夏，诸道提刑按察司更名曰肃政廉访司。……三十年春正月，中奉大夫、大使东平徐公尝任中司参大政，自吴门移治于杭，以总各路分司之政。①

陈泌《西湖书院三贤祠记》：

　　西湖书院，本故宋太学，其初岳武穆王飞之第也。岁丙子，学与社俱废。至元二十八年，以其左为浙西宪司治所，其右先圣庙在焉。三十一年，东平徐公琰为肃政廉访使，乃即殿宇之旧，改建书院，置山长员主之。②

方回《桐江续集》卷二十三《三贤堂移入西湖新书院》：

　　湖边莫怪旧祠荒，士女何曾炷瓣香。赖是人心犹未泯，深衣迎奉入书堂。（自注：徐廉访子方新作西湖书院，祀三贤孔庙后，甚盛德也。）③

陈基《夷白斋稿》卷二十一《西湖书院书目序》：

　　杭西湖书院，宋季太学故址也。宋渡江时，典章文物悉袭汴京之旧，既已裒集经史百氏为库，聚之于学，又设官掌之，今书库板帙是也。德祐内附，学废。今为肃政廉访司治所，至元二十八年，故翰林学士承旨东平徐公持浙西行部使者节，即治所西偏为书院，祀先圣先师及唐白居易、宋苏轼、林逋为三贤。后为讲堂，旁设东西序为斋，以处师弟子员。又后为尊经阁，阁之北为书库，实始收拾宋学旧板，设司书掌之，宋御书石经、孔门七十二子画像石刻咸在焉。书院有田，岁收其入以供二丁廪膳及书库之用。事达中书，畀以今额，且署山长司存，与他学官埒。于是西湖之有书院，书院之有书库，实昉自徐公。④

黄溍《文献集》卷七上《西湖书院田记》：

　　至元二十有八年，故翰林学士承旨徐文贞公持部使者节，莅治于杭，始崇饰其礼殿，而奉西湖上所祠三贤于殿之西偏。行省以其建置沿革之详达于中书，畀书院额，立山长员。异时书库官之所掌，悉隶焉。⑤

---

① 《四库全书》第 1193 册，第 697 页。
② 《全元文》第 53 册，第 635 页。
③ 《四库全书》第 1193 册，第 514 页。
④ 《四部丛刊》三编影印明抄本；《四库全书》第 1222 册，第 292 页。
⑤ （元）黄溍：《黄溍集》第 3 册，王颋点校，第 663 页；《全元文》第 29 册，第 284 页。

陈旅《陈众仲文集》卷十二《陈如心墓志铭》：

　　公讳恕可，字行之，一字如心。……绍兴中，公之高祖忠简公始自台来会稽居焉。……江南内附之后，颇乐闲旷，卜居钱塘西湖之上，与寓公遗老徜徉山水间，若将终身焉。至元廿七年，以故宋太学为西湖书院[1]。行省起公为山长主之，谢不就。宪使徐公琰来见，叹曰："信哉！师表之有在也"[2]。强之而后就。元贞元年，以嘉兴之崇德县为州，公首被命为州之儒学教授。①
　　[校]　[1]"故"，原作"古"，从四库本改。[2]"师表"，四库本作"表师"。

贡师泰《玩斋集》卷七《重修西湖书院记》：

　　西湖书院在杭州西湖之上，故宋岳武穆王飞之第，后更为太学。……[至元]三十一年，容斋徐公琰始即旧殿改建书院，且迁锁阑桥三贤堂附祀焉。三贤者，唐刺史白居易、宋处士林逋、知杭州苏轼也。置山长一员主之，遂易今名。……[后]至元元年，特默格公、胡公祖广重葺大成殿，开志仁、集义、达道、明德四斋，以居来学。扁三贤祠曰尚德，别室以祠徐公，曰尚功。于是书院之盛，遂为浙东西之冠矣。②

程钜夫《雪楼集》卷二十三《适斋说》：

　　豫章胡先生诚叟名其居室便坐之所曰适。……或以先生名闻，始授朝命，又屈为海陵教官。……先生，适者也，当路多知之者。行台治书侍御史李元让工小篆，既为作"适斋"二大字，而中丞徐子方诗以美之，属而和者十数。余少从先生学，知之尤深，故为著其说。至元二十九年夏五，学生程某敬书。③

《雪楼集》卷二十六《次徐廉使赠潘佥事诗韵却寄徐公》：

　　持节南闽远帝庭，每怀东鲁旧仪刑。读书至老眼如月，忧世常多鬓转星。兴到湖边增涨绿，诗来物外见空青。于喁有唱不易和，小知闲闲愧大宁。④

《雪楼集》卷二十六《徐容斋参政、王安野治书更倡迭和〈饮酒〉〈止酒〉，各极其趣，次韵二首》之《止酒为容斋公赋》：

　　浑家醉眠时，孤城黯酸雾。千年江左恨[1]，遗曲传玉树。从公淮海上，

---

①　《中华再造善本》影印元至正刻明修本；《四库全书》第1213册，第155页。
②　《四库全书》第1215册，第614页。
③　《四库全书》第1202册，第334页。
④　《四库全书》第1202册，第390页。

吊古马遥驻。夜归证前史，绕几黄云炷。谒来高士州，止酒诵佳句。方此寻归途，短褐困骐骤。诸公罗俎豆，排日得深趣。觊余乏刚制，肆口弛防虑。三复童羖章，放心有归处。秫田亦何须，渊明故山去。①

[校] [1] "千"，四库本作"十"。

《雪楼集》卷二十四《书王西溪中丞、徐容斋参政赠邵炳炎手墨后》：

天下初一，闽士邵君炳炎诣阙上书，天子下其议。逾年，有命贰会府，兼领一道学事。未期年去官，再诣阙上书。有命参议行省，为上介使海外，不至而复。于是，君倦游矣，自北而南，走诸公间以归，一时多赠言焉。及升，中丞西溪王公书《归去来辞》《归盘谷序》以赠，及参政容斋徐公书简斋《送张仲宗归闽中诗》以赠[1]，乌乎！二公之心，岂特以华君之归而已哉？是诚有羡于君之归也。……余备位南台时，事二公为长，故知二公为深。王官将满告归，未及遂而逝。徐之心犹王之心也，至今縻于浙，欲归而未可。……至元甲午四月晦，广平程某书于闽海宪司之绣彩堂。②

[校] [1] 清宣统影刻明洪武本"及"后有"洪"字，从四库本删。

侯克中《艮斋诗集》卷五《徐廉访寄〈西湖杂诗〉，因答之》：

江淮襟量雪霜姿，曾折蟾宫第一枝。北阙万言金马赋，西湖千首锦囊诗。大奸猖炽从常宪，细务纷纭付有司。暇日朋来还对酒，此时不醉复何时。③

《艮斋诗集》卷六《口占赓徐容斋韵》：

弹指声中得几何，头颅如许惜蹉跎。兼金敢不明辞受，璞玉无劳教琢磨。海内每伤佳士少，天涯岂厌故人多。归来拟向沧浪上，独棹轻舟漾素波。④

《艮斋诗集》卷七《和徐容斋廉访梅花韵》：

万木归根总待春，一枝独与岁寒亲。逋仙只合西湖上，大老何妨北海滨。尘世冰霜难夺志，玉堂风月解传神。知君欲近孤山住，从此幽花得主人。⑤

---

① 《四库全书》第1202册，第384页。
② 《四库全书》第1202册，第347页。
③ 《四库全书》第1205册，第473页。
④ 《四库全书》第1205册，第478页。
⑤ 《四库全书》第1205册，第480页。

《艮斋诗集》卷七《和徐容斋廉访兰花韵》:

买兰多种相堤沙,要看春风碧玉芽。百代几回呈美瑞,一年两度见幽花。周经既许同心臭,楚些何须抵死夸。从此伯儵持入梦,东南复睹谢安家。①

方回《桐江续集》卷二十一《前参政浙西廉访徐子方得代送别三十韵》(自注:琰,容斋):

往时参大政,诸老扈先朝。合执调元柄,犹乘问俗轺。登良爱改纪,肃政各迁乔。明甚奎文揭,坚能泰岳摇。吴山悬夜月,浙水喷秋潮。荐拔皆奇士,夤恭尽选僚。重名三翻鼎,古韵九成韶。混合氛祲定,因循习尚骄。不扶儒学起,焉革庶风浇。周继言堪考,殷因世未遥。西湖旧精舍,南渡昔圜桥。祠植三贤仆,书重万卷雕。武林增炳焕,文庙郁岧峣。不朽垂声价,无穷沸咏谣。学肩游子夏,谟过益皋陶。鹏运三千日,龙飞九五朝。遐方驰币聘,曲艺齿旌招。共拟膺三锡,何烦奉六条。有心思绿野,无意上青霄。壮节甘恬退,高风久寂寥。一闲如我愿,百病应时消。金谓衣当衮,公宜馆有翘。终须坐廊庙,未许老渔樵。世道存元气,天时正斗杓。围腰堪玉带,画像早金貂。庆会逢樛木,恩荣侈蓼萧。自怜耽杜酒,谁肯顾颜瓢。每辱高轩过,无嫌哄市嚣。七旬惭暮景,三载傍清标。再见知何日,临风泪欲飘。②

《桐江续集》卷十八《次韵徐容斋赠丘通甫》:

绝如山谷赠初君,奇绝新诗妙绝文。斥逐三彭精异术,破除二竖奏元勋。千茎白雪难重少,一匕玄霜幸见分。可惜向来缺参请,按摩搬运漫辛勤。③

《桐江续集》卷二十一《追用徐廉使参政子方、申屠侍御致远、张御史鹏飞元日倡酬韵六首》:

名臣汲黯郑当时,笔阵秦王将尉迟。疾电震雷千里起,乖龙老蜃九渊知。诸公犹羡归田乐,老我终无叩角悲。补衮得人卧桑梓,可愁二月卖新丝。(其二)

七十翁非浪走时,夜窗自恨赋归迟。睡稀枕上无春梦,吟苦楼前有月知。茅索愿追田畯喜,瓜薪遥念室人悲。却须天上纶言手,小为农甿缓茧丝。④(其六)

---

① 《四库全书》第 1205 册,第 480 页。
② 《四库全书》第 1193 册,第 490 页。
③ 《四库全书》第 1193 册,第 448 页。
④ 《四库全书》第 1193 册,第 482 页。

方回《桐江集》卷五《柬二》：

廉访徐容斋，东原大老，能诗能文，老于词翰，而许回唱和去年二诗，及回新年二十诗，在大儿存心处，令第三子高孙录讫，转呈诸公。……至元甲午正月初七日回呈。①

方夔《富山遗稿》卷四《拟上徐容斋》：

我忆昔孺子，独以高士称。当时汉道季，诸贤尽奔腾。高士卧不起，玉壶湛清冰。至今拜画像，遗芳暨玄曾。先生奋东鲁，凫山立霜鹰。行台累分府，螬蠡驱蚊蝇。青溪古岩邑，膏油沸如蒸。猾吏溺死灰，饥穷坐相仍。此来独何晚，三载钦风棱。为回浙江水，六合俱清澄。②

任士林《松乡集》卷八《投容斋徐大使》：

湖山出清夜，静摄万井喧。谁持白月行，鬼物肝胆寒。徘徊弄明光，孤照欲堕轩。不眠坐成晓，海阔蜃气昏。幽兰濯天秀，玉立寄岩壑。坐同野草青，老压俗眼白。岂无桃李荣，东风亦轻薄。作书戒荃荪，深根付开落。③

汪鑫《赘徐容斋宪使》：

桃花深处是吾庐，半世豪华等传车。梦断旧蕉曾有鹿，歌残长铗信无鱼。愁吟独感庚寅赋，归去重寻甲子书。圣代喜无封禅事，空山容得病相如。④

马臻《霞外诗集》卷一《奉酬容斋徐廉使》：

鲁国真儒惟一人，鲁国多士徒纷纭。紫微列宿光荧荧，揭来苏彼南州民。夫子之才难比数，复使清时见伊吕。一夜霜风动列城，黠胥缩胆如饥鼠。棠阴欲转公事馀，高堂昼永娱琴书。千村万落鸡犬静，山民野妇安樵渔。昨朝来过幽人屋，亹亹玄谈唾珠玉。他日重期扫石床，为啜山茶荐秋菊。⑤

何梦桂《潜斋集》卷三《和访使徐容斋西湖韵寄县尹赵文玉二首》：

一幅西湖画，谁将淡墨挥。水浮孤屿出，山约五云飞。雨洞猿啼湿，烟林鸟度微。龙舟双翠楫，曾此夜游归。

---

① 《续修四库全书》第1322册，第447页。
② 《四库全书》第1189册，第399页。
③ 《四库全书》第1196册，第580页。
④ （元）汪泽民、张师愚编《宛陵群英集》卷七，《四库全书》第1366册，第1030页。
⑤ 《四库全书》第1204册，第61页。

满目湖山恨，凭栏泪雨挥。泉寒龙已化，云尽鹤犹飞。楼影摇波乱，钟声隐岫微。谁家航十锦，歌舞夜深归。①

张之翰《西岩集》卷七《奉陪容斋诸公西湖雅集二首》：

白石清泉五月寒，每逢佳处辄忘还。细听禽语高低际，绝胜人情喜怒间。万事不如连日醉，千金难买暂时闲。明年拟作比邻住，留我临湖一半山。

炎歊无地散襟怀，远作兹游亦快哉。湖面好风将暑去，山头落日送阴来。半岩松竹新精舍，四座衣冠旧宪台。最喜容斋今有暇，饮樽更约几时开。②

《西岩集》卷七《陪台察诸君养乐园宴集二首》：

再上兹楼感客心，金杯先怯十分深。人情世态有新旧，山色湖光无古今。莲荡风翻红艳艳，柳桥烟锁绿阴阴。百篇佳句题评尽，谁似容斋最赏音。

廉察诸公雅集时，也须逋客共追随。只因柏府交情好[1]，忘却松江职分卑。病久不禁新酒醉，兴来犹记旧题诗。十年踪迹今如此[2]，惭被风标白鹭知。③

[校] [1]"只"，国图藏翰林院抄本作"被"。[2]"今"，翰林院抄本作"命"。

《西岩集》卷六《寄徐容斋参政、马性斋右丞》：

谪居江海望蓬莱，九虎门深不下阶。天上故人重会面，云间薄宦也舒怀。廉车旧倚徐参政，右辖新添马性斋。曾念归舟行有日，麦花风里渡长淮。④

张之翰《奉贺西湖书院三贤堂成寄呈容斋大参》：

长庆风流数乐天，熙宁文采属坡仙。若将南国诗人比，只有西溪处士全。浚井筑堤人老矣，登山临水鹤翩然。容斋办此真奇事，合把三贤作四贤。

苏白知杭相后先，逋仙独以隐齐肩。规模不减四书院，人品谁如三大贤。名塞乾坤无异议，光扬唐宋有遗编。殷勤来奠新祠下，满酌孤山六一泉。⑤

张之翰《西岩集》卷六《奉寄容斋大参为登舟一笑》：

第一三贤创作祠，尽堪书入去思碑。功名富贵有如此，政事文章谁似之。

---

① 《四库全书》第1188册，第410页。
② 《四库全书》第1204册，第415页。
③ 《四库全书》第1204册，第415页。
④ 《四库全书》第1204册，第404页。
⑤ 《永乐大典》卷七二三六引，《全元诗》第11册，中华书局，2013，第191页。

馀刃解牛除恶日，扁舟载鹤治装时。不妨且近西湖住，过了梅花动未迟。①

顾逢《谢徐容斋送米》：

米囊入户甑无尘，一室欢声四壁春。高廪如山堆积者，肯思白发老人诗。②

又《谢徐容斋见访》：

问病来车马，穷檐非所宜。拘挛眠枕席，扶策唤妻儿。鹊信今朝报，灯花昨夜知。从前潘阆巷，无此宠荣时。③

又《史紫微、徐容斋、阎静轩过潘阆巷所居》：

门外喧车马，欢声震四邻。争疑来陋巷，不道访诗人。枉驾屈三老，开樽愧一贫。逍遥祠宇近，容邈亦精神。④

又《送徐、阎二廉访游洞霄》：

洞天三十六，大涤景犹希。楼阁仙人宅，云霞羽士衣。风号松虎啸，雨巷瀑龙飞。捣药灵禽在，时闻出翠微。⑤

又《徐容斋庭下竹》：

碧玉黄金竹，求来此种难。数竿真可爱，几度共相看。月影画半幅，风声雨一般。岁寒心不改，日日报平安。⑥

又《题徐容斋先生爱兰轩》：

入得善人室，尘几一洗空。三间心上事，九畹国香中。坐对清幽地，时来旖旎风。纷纷桃与李，不与此花同。⑦

《成化杭州府志》卷十五《昌化县·公署》：

平清沼在县治阶下，旧有石泉一泓。至元癸巳，宪使东平徐琰按邑，始

---

① 《四库全书》第1204册，第406页。
② 《全元诗》第10册，第63页。
③ 《全元诗》第10册，第78页。
④ 《全元诗》第10册，第97页。
⑤ 《全元诗》第10册，第107页。
⑥ 《全元诗》第10册，第87页。
⑦ 《全元诗》第10册，第94页。

广为沼,仍作铭,取池水观政之意。①

《正德松江府志》卷十二《学校志》载张之翰《贡举堂记》,末署:
  元贞元年正月望日,朝列大夫、松江府知府兼劝农事张之翰记并书
  中奉大夫、江南浙西道肃政廉访使徐琰篆

《正德松江府志》卷十一《官署志》载张之翰《公廨记》,末署:
  元贞元年四月初吉,朝列大夫、松江府知府兼劝农事张之翰记并书
  中奉大夫、江南浙西道肃政廉访使徐琰篆②

黄溍《金华黄先生文集》卷三十三《江浙儒学副提举致仕龚先生墓志铭》:
  先生讳璛,字子敬,姓龚氏。……初,太中府君以避兵自高邮徙镇江,卒,葬城西五州山,子孙因占籍为镇江人。迨先生以宦游久留平江,又家焉。……而与戴公表元、仇公远、故(胡)公长孺、盛公彪为忘年友。声誉籍甚,人称其兄弟曰楚两龚,以比汉之两龚云。东平徐公持浙右宪节,闻龚生名,辟置幕下。寻举教官,历平江之和静、学道两书院山长,以累考合格,赴吏部铨。③

《金华黄先生文集》卷三十八《上海县主簿吴君墓志铭》:
  君讳福孙,字子善,姓吴氏。……父东,又自婺徙家于杭,故今为杭州人。……元贞元年,君犹未冠[1],用浙西宪使东平徐公察举,补嘉兴路儒学录,迁宁国路儒学正。④
[校] [1]"君犹未冠",《中华再造善本》本阙,据四库本补。

牟巘《陵阳集》卷十五《题徐容斋荐稿》:
  东平徐公琰,自号容斋。人有寸长片善,不啻如自口出。廉问浙西,士之贤者,多所论荐。尤留意学校,举学官二人焉以示劝,江西李淦性学、西秦张椟仲实是也。于仲实称道尤至,不但喜其文词言语,直以高迈超卓,通国体、识时务者归之。谓其他日成就,必越伦辈,可号于天下,曰知己矣。此其申牍之章,凡更定增损,于再于三而后定,尤见不轻于许予也。公其有

---
① 明成化十一年刻本。
② 明正德七年刊本。
③ 《中华再造善本》影印元刻本;(元)黄溍:《黄溍集》第3册,王颋点校,第791页。
④ 《中华再造善本》影印元刻本;(元)黄溍:《黄溍集》第4册,王颋点校,第936页。

慕于古灵、温公欤？仲实得之以示予，犹记丙申岁，予偶来杭，容斋首访寄邸，称仲实不置，且贺予得婿，意甚惓惓。揽（览）其遗墨，已成隔世，使人悲怆。仲实感念知己，不能已，因书右方归之云。①

[笺] 李淦事迹见程钜夫《雪楼集》卷二十《故国子助教李性学墓碑》："至元二十三年，余以侍御史行御史台事，被旨求贤江南。过扬州，会故人为提刑按察使，曰：'郡庠有李性学先生，识之乎？'曰：'未也。'极道其问学文章。余固愿见，使三往，不见。连骑诣之，终不遇。……遂历两浙、江东西，得士二十三人，献之天子。天子尽用之，布诸中外。愈恨不得李性学先生。还台，性学适长明道书院，得与论议。穷日夜谈经，博达精粹，超诣独见，《易》《诗》数百家，可坐析立辨也。……一日，忽持一卷书，诣台言：'桑哥必误国。'累数千言，众大惊以闻。未几，桑哥果败。天子立征性学，至则以为国子助教。学者数百人，凡经指授，莫不充充然相庆以为得师。公卿贵人皆折节愿与交，名动京师。已而竟以疾卒，无子弟亲戚以治丧，无赢钱财以给丧。今江浙等处行中书省左丞吴君某与三数知己，以礼葬京城西南三十里卢沟桥之南吴君某园中。……性学名淦，建昌南城人，世为诗书家。"

王沂《伊滨集》卷二十四《张君仲实行述》：

先生讳楧，字仲实，其先秦州三阳川人，五世祖循忠烈王佐宋高宗南迁，因家钱塘。……与剡源戴表元帅初、渔阳鲜于枢伯几、吴兴陈康祖无逸、钱塘戴祖禹、今祭酒巴西邓公文原善之尤厚。……初用举者，起家为杭儒学录，非其好也。翰林学士徐公琰廉察浙右，素闻先生贤，甫至，致礼与相见，器之，即荐宜充本朝文学选。翰林承旨阁公复亦奇其文雅，咏言以赏识。二公望崇一世，不妄与人，数从骑吏入下里舍，论谈薄晏。学士大夫咸多二公之知人，而知先生之微求诸人也。②

牟巘《陵阳集》卷四《和徐容斋正旦》：

想见新年试笔时，风流应不减丘迟。归来燕子元相识，落尽桃花若未知。何事兰亭修禊乐，便怀墨客感秋悲。湖山胜践无由共，禅榻茶烟老鬓丝。③

《陵阳集》卷二十二《俞好问刊诗集疏》：

俞好问甫胸中卓荦，笔下清新。七步即成章，莫逾其敏；一字不堪煮，

---

① 《四库全书》第1188册，第132页。
② 《四库全书》第1208册，第593页。
③ 《四库全书》第1188册，第37页。

乃坐此穷。北则容斋、老山，南则厚斋、虚谷，大相流品，尽可流传。①

孔齐《至正直记》卷四《先君教谕》：

先君每叹先辈仁人之不可及也。又宪使卢公疏斋，雅相推重，一游一燕，未尝不与先君同处，或赋诗词，必先书以见示，其前辈气象如此。日廉使容斋徐公云："书中有女颜如玉"，戏谓先君曰："试为我属一对，以俗语尤好。"先君即应之曰："路上行人口似碑。"容斋大喜。又一日，有歌妓千金奴者，请赠乐府，容斋属之先君，即席赋【折桂令】一阕，容斋大喜，举杯度曲，尽兴而醉。由是得名，亦由是几至被劾，而以容斋人品高且尚文物之时，独免此患。若是今日，亦无此等人物，亦不敢如此倡和风流也。其曲，今书坊中已刊行，见于《阳春白雪》内，题但作《徐容斋赠》云。又尝以律诗呈容斋公，公喜而书于后曰："吾退之天资颖异，笔力过人，擅江淮之英，本邹鲁之气，观此佳作，未能走和，甚觉吾老迈矣。吾退之当勉力为政，以继前修，则吾深有望也。汶叟徐炎（琰）题。"②

王祎《王忠文集》卷二十一《吾丘子行传》：

吾丘子行者，名衍，太末人也。其先为宋太学生，留弗归，因家钱唐，至子行，比三世。子行嗜古学，通经史百家言，工于篆籀，其精妙不在秦唐二李下，而于音律尤精。然性放旷，不事检束。……达官贵人闻子行名，款门候谒，非其意，斥弗与见。或从楼上遥与语，弗为礼，或与为礼矣，送之，弗下楼也。东平徐公子方，海内大老也。持部使者节浙西，所蓄古器物款识多莫能辨，咸以为非子行莫能知者。徐公即命驾访子行，子行为一一鉴定之，徐公未尝不叹服其精敏。于是，人皆谓徐公能下士，而子行非果于傲世者矣。③

倪涛《六艺之一录》卷九十九《李处巽行书范文正公祠记》：

徐琰文章处巽字，百年碑板未莓苔。行人莫道追崇过，谁似当时范秀才。徐琰过杭州，折节吾子行。李处巽重刊《峄山碑》，今在尊经阁下。二公皆胜国时博雅之士，即此文章字画，可以想见仪刑矣。④

---

① 《四库全书》第1188册，第204页。
② 《四库全书存目丛书》子部第239册，第273页。
③ 《四库全书》第1226册，第438页。
④ 《四库全书》第832册，第114页。

《元书》卷九十一《隐逸列传下·吾衍传》：

吾邱衍字子行，或止称吾衍。杭州钱唐人也。……为人意气简傲，亵玩一世，居生花坊一小楼。客至，僮辄止之，通姓名乃始登。苟非所愿见，即从楼上遥语曰："吾出有间矣。"顾弹琴吹洞箫，抚弄铁如意不辍。一日，廉访使徐炎（琰）来见，衍从楼上呼曰："此楼何可当贵人登耶？愿明日谒谢使节。"炎（琰）笑而去。明日俟之，衍竟不往也。①

王祎《王忠文集》卷十七《书徐文贞公诗后》：

至元、大德之间，东平李公谦、孟公祺、阎文康公复、徐文贞公琰，并以文学政事为世典刑，海内尊之，号四大老。而徐公尤长于诗，初未尝雕刻藻绘以为工，而中原浑厚之意隐然可以概见。公持部使者节浙西，吴兴沈成之受知于公，居幕下，为公手书此卷，字画严重而端谨，足以称其诗焉。此盖国家太平极盛之际也。数十年来，士大夫气习益下，词章日堕于纤靡，翰墨日趋于颓媚，遂无复向时馀韵矣。词翰细事耳，于此不亦可观世变乎！②

吴升《大观录》卷十五《南宋诸贤名画·雪溪翁纸本丛菊图卷》：

吴兴钱舜举，世以为画工，非也。当国初时，钱卿与赵松雪、鲜于困学、李息斋、徐容斋诸名公游，不乐仕进，读书赋诗，衡门甑石，晏如也。性喜画，兴到振墨为之，初不择纸卷，皆臻精妙。③

虞集《道园学古录》卷十《题申屠子迈画马图》：

徐容斋先生题子迈十八时所画马，其言忠厚而严正，得前辈之体。吴兴之言微婉，苟用其言，致力于读书而有得焉，则自然不暇于逐末矣。清河之言正而毅，笔墨之间，犹足见其掀髯之气。而皆不可复见矣，俯仰可胜慨然。子迪以其先兄手笔甚宝藏之，蔼然孝弟之意，故可与诸老之言并传子孙也。④

杨瑀《山居新语》卷三：

徐子方琰为浙西宪使，南台劄付为根捉朱九（原注：即朱、张之子），

---

① 《四库未收书辑刊》第 4 辑第 15 册，第 640 页。
② 《四库全书》第 1226 册，第 349 页。
③ 《续修四库全书》第 1066 册，第 683 页。
④ 《四库全书》第 1207 册，第 164 页。

行移海道府，回文言："往广州取藤栀去了。"以此回宪司。再行催发海道府，复云："已在大都。"台复驳前后所申不一，取首领官吏招伏。缴申徐公，乃云："先言远而后言近，远者虚，而近者实，依实而申焉，敢不一所据。取招一节，乞赐矜免。"台官为之愧服。①

《南村辍耕录》卷六《廉使长厚》：

徐文献公为浙西廉使时，治所尚在平江，有旨迁置于杭。岁云暮矣，择日启行。一书吏者，掌照制支郡诸司案牍，官吏合受稽违罪责。已皆取状，至是引决。公谓曰："正旦在迩，此曹乃职官俸吏，礼宜陪位，望阙致贺。受刑而从事，无耻也。否则为不敬。盍别议之？"吏以白于幕官，因进曰："相公长厚之道固如此，然将若之何？"公曰："奚难，立案候明年分司施行可也。"庭下欢声如雷。此亦厚风化之一端，故记之。②

《南村辍耕录》卷十八《廉察》：

徐文献公任浙西廉访使日，遇有诉讼者，必历问其郡邑官吏臧否，分为三等，载诸籍。第一等，纯臧者。第二等，臧否相半者。第三等，极否者。又用覆察相同，候分司按巡时，遂以畀之。曰第一等，褒举之。第二等，勿问。第三等，惩戒之使改过可也，慎勿罢其职役。分司遵奉，一道肃清。③

《南村辍耕录》卷六《私第延宾》：

公既迁司至杭，一日，有本路总管与一万户谒公私第，公以宾礼延之上坐。适书吏从外来，见而趋避。伺其退，入见曰："总管、万户，皆属官耳，得无体貌之过与？"公曰："在公府，则有尊卑之辨，若私宅，须明主客之分。我辈能廉介，则百司自然知惧，何待恃威势以骄凌之然后为尊严乎？"吏报甚。④

《嘉靖浙江通志》卷三十三《官师志》：

徐琰字子方，东平人。时严实领东平行台，招诸生肄古业，迎元好问校

---

① 《四库全书》第1040册，第361页。
② （元）陶宗仪：《南村辍耕录》，第71页。
③ （元）陶宗仪：《南村辍耕录》，第224页。
④ （元）陶宗仪：《南村辍耕录》，第71页。

试其文。预选者四人，阎复为首，琰与孝廉孟祺次之。翰林承旨王磐荐其才，至元三十一年拜浙西肃政廉访使。尝作《戒石铭》曰："天有明鉴，国有公法，尔畏尔谨，以中刑罚。"即宋太学旧址改建西湖书院，置山长主之。琰有文学，东南人士重之。①

张伯淳《养蒙文集》卷九《送徐廉访》：

宇宙声名日月长，四方上下每相望。乞身始遂登龙愿，未面曾闻荐鹗章。完取璧归看晚节，卖将剑去有《甘棠》。午桥暂得清吟暇，梦里西湖潋滟光。②

戴表元《剡源集》卷二十一《容容斋赋》：

东平徐公书燕居之斋曰容容。剡源戴表元尝过之，问曰："是非汉人之所云白璧不可为者耶？"公曰："不然。"因拟其意，作《容容斋赋》。久不即就，而公归东平。怀感旧话，不敢负言，乃为赋。③

徐琰《冯垣神道碑铭》：

大德己亥，予忝翰林承旨，［冯］泾适迁山北宪司，叩门来谒，出公行状请文之，将以揭诸神道。④

张之翰《西岩集》卷三《寄答徐容斋参政》：

霜台一别十载馀，两脚著处多畏途。尝历险阻经崎岖，老天又驱入京都。束薪如桂米如珠，眼前风浪无时无。人方睥睨鬼揶揄，玉堂固好非所居。一麾乃得此郡符，扁舟再过甓社湖。比邻赖有申与储，日夕杖履相招呼。南风吹堕容斋书，书中问仆今何如。便觉光焰生吾庐，高秋拟脍松江鲈。福星几时照姑苏，要令负弩为先驱。⑤

［笺］张诗所谓"霜台一别十载馀"，指容斋至元二十六年（1289）南台御史中丞秩满后，与之相别的时间。容斋自南台御史中丞考满后，先后任江西行省参知政事、浙西肃政廉访使，故张诗有"尝历险阻经崎岖"语。"老天又驱入京都"，指容斋自浙西廉访使入朝拜翰林学士事。据上引《冯垣神道碑铭》，容斋除翰林承旨在大德三年（1299），时距至元二十六年正"十载馀"。

---

① 《中国方志丛书·华中地方·浙江省·第五三二号》，成文出版社，1983，第1643页。
② 《四库全书》第1194册，第513页。
③ 《四部丛刊》初编影印明万历刊本；《四库全书》第1194册，第272页。
④ 《民国寿光县志》卷十三《金石志》，民国二十五年铅印本。
⑤ 《四库全书》第1204册，第379页。

方回《桐江续集》卷二十四《送邱子正以能书入都,并呈徐容斋、阎靖轩、卢处道集贤翰林三学士》:

公等翰墨今第一,谁云识字不得力。借径文艺以致身,勋名政要无心得。九万里迅扶摇风,今日朝廷贞观同。联翩房杜肩王魏,试代常何草封事。①

《桐江续集》卷二十四《送周汉东入都(自注:鲔),并呈徐学士子方、阎学士子静、卢学士处道》:

同是黄山采药人,相逢十载客中身。赘疣天地吾无用,萍梗江湖子亦贫。曳组定趋金马署,扬鞭初闯玉京尘。徐阎卢老如相问,向道犹馀漉酒巾。②

牟巘《陵阳集》卷三《寄阎静斋、徐容斋二学士代人作》:

斯人宗工国司命,容斋有容静斋静。海涵岳峙俱伟人,心同道同不同姓。向来先后持玉节,共仰福星在吴分。一公归领集仙班,一公继登六鳌禁。大名本是宰相职,高搴书帷地步峻。导密亦是翰林长,快埽槐厅消息紧。天教两翁转鸿钧,赤子到头合苏醒。东南秀士颇不乏,当年著意极搜引。而今造化况在手,想见姓名犹见省。石生已起有温生,我爱莫助德恸恸。苦为百草忧春雨,坐待风霜发苕颖。③

程钜夫《雪楼集》卷二十七《送余率翁秩满谒选并寄容斋承旨、肯堂学士》:

江南四月梅子黄,衣袖已试荷风香。出门有客欲万里,使我忆得西山苍。西山何处云半发,夜深斗极回寒芒。磴泉自红涧自碧,楼倚白雪歌沧浪。容斋遂慵两相好,剑气耿耿龙腾骧。我曾握手极千古,逢之满腹生琳琅。晓天一笑江水长,暮鸣岸雨催牙樯[1]。④

[校] [1] "暮",四库本作"燕"。

《雪楼集》卷二十六《家园见梅,有怀畴昔同僚诸君子,因成廿六韵,奉寄徐容斋、王肯堂、俞正父、赵元让、黄文瑞诸公》[1]:

往时姑射仙,夜堕江南村。江南富嘉植,梅花众中尊。九地闳玄凝,先

---

① 《四库全书》第1193册,第522页。
② 《四库全书》第1193册,第533页。
③ 《四库全书》第1188册,第24页。
④ 《四库全书》第1202册,第402页。

天占春暄。的皪冰雪姿，不受风尘昏。孤清惬幽意，剩馥醒吟魂。爱之玩不斁，冥契终无言。罗浮本幻境，前梦觉已谖。寒蹄滞京华，倦翼栖淮垣。后先青云士，表里白玉温。我形自觉秽，交道久逾敦。贞节保松柏，芳心共兰荪。信知岁寒友，何异连枝昆。独贤天所矜，家山问鸡豚。归来适仲冬，平旦窥荒园。依依故人面，竟日对倾樽。清池疏蕊影，淡月新梢痕。泠然绝埃壒，恍若游昆仑。忽忆如花人，高谈霏露繁。眼中不可见，思蠢风翩翻。颇惭标致似，远近殊托根。洪钧转严令，青皇畀新恩。坐看佳实长，适口塞众喧。遍遗实中仁，生意弥乾坤。平生识赏心，皎洁明朝暾。凌寒折一枝，殷勤寄王孙。又恐远莫致，作诗当重论。①

[校] [1] 诗题，四库本作《家园见梅，有怀畴昔同僚诸君子，因成廿六韵，奉寄徐容斋、王肯堂、赵元让暨正父文瑞诸公》。

滕宾《谢翰林徐承旨启》：

　　青云荐牍，深惭国士之知；白首文盟，敬致门生之谢。……恭惟某官，东道主人，南州高士。……扬历两朝，雍容一节。是以首居东阁，蔚昭年德之高；清极北扉，独受丝纶之密。……宾阶庭旧物，尘土馀生。……中逢刮目，曲见盛心。如切如磋，乃师友起予；必躬必亲，而父兄教我。……虽内翰之爱方叔，未收一日之成；然相国之举淮阴，终致累月之达。漫寻仕版，方倚都门。遄乘褒鄂之章，遽得重马之价。秉铨者拘牵于常调，当轴者确信于公言。遂玷儒林，获登吏选。……宾敢不勉修士业，益励身修。下不负所学，上不负所知，或可扶斯文之帜；穷则观其交，达则观其主，期无辱先生之门。②

张伯淳《养蒙文集》卷十【婆罗门引】《送徐容斋》：

　　容斋平日，一身用舍系安危。儿童走卒皆知。谁料鲈鱼江上，忽忆故山薇。任西风别酒，月正圆时。　　性斋有诗。道扫舍、待吾归。二老相招如此，公论畴依。人生行乐，对佳水佳山何必归。公笑曰：归去来兮。③

李之绍《祭徐承旨文》：

　　维大德五年春二月辛卯，中书平章政事赛典赤等谨致祭于故翰林学士承

---

① 《四库全书》第1202册，第385页。
② 《全元文》第31册，第9页。
③ 《四库全书》第1194册，第525页。

旨徐公之灵：呜呼！古人有言，人材实难，抚治论贤，遗世永叹。才与时夸，识局于器，文胜自敷，授事则蹟。伟哉通儒，慨惟容翁，蚤奋其辞，乘时之隆，肆其馀长，见于治功。出入中外，曰亦有岁，素发满帻，归掌帝制。浑浑周诰，我庶见之；谔谔廷议，我庶选之。朝有老成，众与有庆，孰云其去，有不惆怅！君子之心，夙夜本朝，忍失去之，以远为超。划尔归尽，啧啧称邃，身有遗用，永蓄弗著。千里寓哀，匪哭其私，国之遗老，我宁不思！①

戴表元《剡源集》卷二十三《众祭徐子方承旨文》：

呜呼哀哉！人之群居，各以其伦。故生而达之，不相遗也，所以为义；死而埋之，不相污也，所以为仁。属者窃见求之于风气混合之会，岂六合之广，百岁之远，而不知其人。盖亦两不相值，至于贵者各权而忌善，贱者徇势而忘身。惟我徐公，天性清真，闻一言之中于道，一材之适于用，则夸张赞诩，至自引其躬，以为如不可及。虽草茅侧陋，江海阻绝，内不度己之嫌疑，外不顾人之愿欲，而必将使之处屈而能伸。位近三台，仕逾五纪，衣冠之所楷则，中外之所警策，而谦容雅度，言笑恂恂。譬之大川乔岳，有来必容，无门不纳，人益见其浩荡而嶙峋。彼斗筲之夫，撞搪掉挪，岂不欲驱羸攻坚，扬秽涸洁，卒之力不给而先蹶，目既眯而徒瞋。夫惟在宠知让，居高能贫。故其忘怀出处，随时显晦，白首一节，愈久弥纯。四海之士，方期公之大用，假使病瘵已甚，犹当如古法，闭阁予告，即家赐珍，如之何遂弃斯人而长往，若返闾阎而游氛氲。考公之平生，本末终始，至是则适可无憾。惟私情之不释然者，悼行志之未卒，而为善之无邻。凄焉薄奠，于彼河滨，而冀公神游恍惚之一遇也，如畴昔之相亲。尚享！②

滕宾《寄张达善》：

长风吹我发，忽忽天外秋。怀哉徐夫子，仰叹白日流。夫子九皋鹤，皦皦谁其俦。平生坐上客，敬公凛前修。人生如风花，茵砌在所投。我昔及夫子，如遇鸿濛游。堂堂荐鹗书，意欲空南州。呜呼负知己，逝者何可留。③

---

① （元）苏天爵辑《国朝文类》卷四十八，《中华再造善本》影印元至正间西湖书院刻明修本。
② 《四库全书》第1194册，第293页。
③ 《永乐大典》卷一四三八二引，《全元诗》第29册，第414页。

滕宾《哭东园》：

人间八十岁吟翁，一转头来梦幻空。化鹤何心归世外，骑鲸无信到江东。香名合列仙班上，老气犹横诗卷中。如此英灵元不死，梅梢月落响松风。①

王构《东平路公廨记》：

郓自汉唐以来为名郡，曰东平郡，曰天平军，曰京东安抚司，曰山东西路兵马总管府，代有因革，而治则如旧。宋咸平中大水，城坏乃东徙焉。金兴定之季，毁于兵。皇元启运，岁辛巳九月，严武惠公行台卜地经创，规制略举，增缮于壬辰之冬，大小即绪，而雄丽有加于前，距今又七十寒暑。崇者圮，实者腐，华藻者益漫濫，前后数政，俱以牵挈，而力有弗及，幸终秩奉身而去，遑他恤哉？大德壬寅，前翰林承旨容斋徐公之子公达，由东宫卫以便亲易路判官，澡雪淬励，请分任兴功之责，监路允之。人以波词相愒，辄摈不行。②

程钜夫《雪楼集》卷二十六《题刘须溪、徐容斋所赠暗都剌怯林御史名字说后》[1]：

谨严书法须溪笔，说到容斋浑浑哉。名字而今俱典雅，只消功业上云台。③

[校][1]"暗都剌怯林"，四库本作"按达拉吉琳"。

蒲道源《顺斋先生闲居丛稿》卷八《题徐子方以诗并画梅》（自注：寄李晋臣卷后）：

一枝疏影落横披，名画新诗寄所思。二老风流今已矣，卷中犹得见当时。④

史中丞

编者按：《录鬼簿》初稿本、增订本均作"史中丞"，天一阁增续本作"史中书丞相天泽"，实误。按王恽《秋涧先生大全集》卷四十八《开府仪同三司中书左丞相忠武史公家传》，史天泽行伍出身，"年四十，始抑节读书"，

---

① 《全元诗》第29册，第415页。
② 《康熙东平州志》卷五《艺文志》，载郭云策搜集、整理《历代东平州志集校》，中国文史出版社，2008，第82页。
③ 《四库全书》第1202册，第382页。
④ 《中华再造善本》影印元至正十年刻本；《四库全书》第1210册，第642页。

且只是酷嗜《资治通鉴》类的资政书，身居高官要职，无心附庸风雅。考此史中丞，应为史彬。史天泽诸子多习文艺。史杠"读书馀暇，弄笔作人物、山水、花竹、翎毛，咸精到"（夏文彦《图绘宝鉴》卷五）。史樟嗜道术，擅篆书，参与时兴杂剧创作。史彬同样是位"赏音"者，《青楼集》记史彬曾随姚燧、阎复过访大都著名女杂剧艺人张怡云事。毛海明、张帆《史彬事迹钩沉》（《中国史研究》2014年第1期）对史彬事迹曾做过稽考。

王磐《中书右丞相史公神道碑》：

子男八人：曰格，荣禄大夫、湖广行中书省平章政事。曰樟，真定、顺天两路新军万户。曰棣，嘉议大夫、卫辉路总管。曰杠，资德大夫、湖广行中书省右丞。曰杞，嘉议大夫、淮东道肃政廉访使。曰梓，奉议大夫、澧州路同知。曰楷，奉训大夫、南阳府同知。曰彬，资德大夫、中书左丞。①

姚燧《牧庵集》卷七《江汉堂记》：

诏其元子格以平章政事行省湖广，季子彬宅端揆于中，皆相继薨。又诏中子杠为中书左丞，行省湖广。……左丞今至，无第于鄂，完官屋以居，谋名其堂。……公字柔明，以至元壬辰下车。……其岁嘉平庚寅朏姚燧记[1]。②
[校][1]"姚燧"，《四部丛刊》本无，从《文津阁四库全书》本、《元文类》卷二十八补。

王恽《秋涧先生大全集》卷四十八《开府仪同三司中书左丞相忠武史公家传》：

八子：格，中书右丞。樟，前新军万户。棣，中山知府。杠，提刑按察使。杞，前卫辉路总管。梓，澧州路同知。楷，终南阳府同知。彬，御史中丞。③

安熙《安默庵先生文集》卷五《故承事郎同知绵州事安公墓志》：

公讳筠，字庭实，姓安氏。其先太原离石人[1]。考石峰府君滔，妣贾氏。府君壬辰后徙真定，遂为真定人。公生于壬辰年九月庚戌，既冠，从提举真定路学校事，侍君乘之学[2]，受进士业，燕南河北道提刑按察使马公某

---

① （元）苏天爵辑《国朝文类》卷五十八，《中华再造善本》影印元至元至正间西湖书院刻明修本。
② 《四库全书》第1201册，第472页。
③ 《四部丛刊》影印明弘治翻元本。另参《四库全书》第1200册，第645页。

辟为从事。后以御史中丞史公彬荐，除河东山西提刑按察司知事[3]，转山北辽东，迁河西陇北道按察司经历，秩满移陕西汉中。至元二十八年，更按察官名肃政廉访，就充本道经历，改同知绵州事。元贞丙申十一月戊子，以疾终于成都之寓舍，享年六十有五。①

[校] [1] "离"，《丛书集成初编》本作"杂"，从四库本改。[2] "君"，《丛书集成初编》本作"其"，从四库本改。[3] "河东"，四库本误作"河南"。

佚名《大元官制杂记·巡行劝农司》：

[至元] 二十二年六月二十九日，上御万安阁。大司农、御史大夫孛罗，司农卿兼御史中丞张文谦，御史中丞木八刺、史某，御史斡失乃奏："先中书省闻禀过，巡行劝农官数年已见次第，按察司所管地面宽阔，官吏数少，可将劝农官并入按察司，通管勾当。乞降圣旨，遍谕随路。"奉旨："与圣旨者。"……"准禀，将巡行劝农官并入按察司，委大司农、御史大夫孛罗为头，管领大司农司、御史台勾当。"②

[笺] 这则材料记载的时间至元二十二年有误。文中提到的孛罗，任御史大夫在至元十二年（1275）四月至十四年（1277）二月。《元史·世祖本纪五》载，至元十二年四月"丁卯，以大司农、御史中丞孛罗为御史大夫"。又《世祖本纪六》载，至元十四年二月，"以大司农、御史大夫、宣徽使兼领侍仪司事孛罗为枢密副使，兼宣徽使，领侍仪司事"。而张文谦任御史中丞在至元十三年，次年即调任他职。李谦《中书左丞张公神道碑》："[至元] 十三年，拜御史中丞。时阿合马威权日炽，恣为不法，虑台宪发其奸，奏罢诸道提刑按察司以撼内台。……明年，拜昭文馆大学士，领太史院事。"（《国朝文类》卷五十八）再者，《元史·百官志三·大司农司》："[至元] 十四年罢，以按察司兼领劝农事。"盖材料所议以劝农官并入按察司事，定议于至元十三年，实行于十四年。（参毛海明、张帆《史彬事迹钩沉》，《中国史研究》2014年第1期。）

刘敏中《中庵先生刘文简公文集》卷十六《代史中丞路祭故副枢董公文》：

公之纯全，天实畀之；公之事业，人共识之。彬也不才，幸托姻娅。薰炙陶冶，日渐月化。始之未立，忧其弗充；既立而成，勉其所终。终始之德，欲报弗可。岂期一旦，遽而舍我。攀援辁车，长号吁天。天如不闻，庶达九泉。③

---

① 《丛书集成初编》，第32页；《四库全书》第1199册，第732页。
② 《广仓学窘丛书甲类》本。
③ 《北京图书馆古籍珍本丛刊》第92册，第404页。

[笺] 题中"副枢董公"指董文忠，官至金书枢密院事，至元十八年（1281）十月二十五日卒，十二月六日归葬其乡。（姚燧《金书枢密院事董公神道碑》，《元文类》卷六十一）

姚燧《牧庵集》卷十五《董文忠神道碑》：

女三人，长适太尉子中书左丞彬。……女孙六人，长由其姑归史氏，故，又适左丞子某。①

[笺] 《元文类》卷六十一亦载姚燧此文，曰："女孙六人，长适左藏库大使史樊。"欧阳玄《赵国公谥清献董公（士珍）神道之碑》："女三人，长适镇阳王孙正议大夫、兴国路总管史樊。"

王恽《秋涧先生大全集》卷五十四《大元故真定路兵马都总管史公神道碑铭并序》：

公讳楫，字大济。……以至元九年二月遘疾，越廿日，薨于正寝，春秋五十有九。……公薨之十年，嗣子辉、荧介公弟征东经略使枢[1]、御史中丞彬，以神门之表来祷。②

[校] [1] "弟"，元刊明补本、弘治本作"第"，据荟要本、四库本改。"经略使枢"，荟要本、四库本"枢"后衍"密"字。

《秋涧先生大全集》卷七十五【木兰花慢】《寿史中丞》：

相门佳公子，都忘却，贵人骄。有万石忠勤，伯鱼诗礼，才气飘飘。风流谢家玉树，说妙龄、英誉冠东朝。桂殿亲承弓研，豸冠高映金貂。　两台清议耸风标。睿眷见恩饶[1]。要宝瑟朱弦，羹梅伊鼎，试手更调。凤凰池，还浴凤，看羽毛、奕世动云霄。郑重岁寒贞节，青松千尺难凋[2]。③

[校] [1] "睿"，四库本作"几"。[2] "千"，元刊明补本作"二"，据抄本、荟要本、四库本改。

《秋涧先生大全集》卷二十三《赠史中丞并王高二侍郎》：

朔吹惊翻白锦鹰[1]，枪扬还复籍飞腾[2]。严城钟鼓残更月，客舍风霜半夜灯。老境几何心未已，清时有味愧无能。一麾倘便公私去，大是生平幸不胜[3]。④

---

① 《四库全书》第1201册，第558页。
② 《四部丛刊》影印明弘治翻元本。另参《四库全书》第1200册，第717页。
③ 《四部丛刊》影印明弘治翻元本。另参《四库全书》第1201册，第107页。
④ 《四部丛刊》影印明弘治翻元本。另参《四库全书》第1200册，第290页。

[校][1]"朔",荟要本、四库本作"天"。[2]"枪",四库本作"抢"。[3]"是",荟要本、四库本作"事"。

魏初《青崖集》卷一《寿御史中丞》：

丞相勋名纪太常，君侯忠鲠复腾光。青宫意注文贞笏，白简风生肃政堂。守道自当成豹变，击强初不待鹰扬。黑头事业磨崖颂，要共生平日月长。①

《秋涧先生大全集》卷十九《左丞史公哀辞并序》：

左丞史公之薨，客有云云者。余曰："事机之来，虽理有难处，度不违于义，其宠辱有不足惊者，当克明之[1]。无定力以顺受，轻则伊郁而自沮，重则至忧悸而陨越，正以不安而无定力故也。"呜呼！史公不少隐忍以光先正之业而至于斯，其命耶？抑以有未安于所受之正耶？于是作是诗哀之。

两鬓金貂汉九卿[2]，大阶平自柏台清[3]。尽将事业传钟鼓[4]，不特家声藉父兄。自忖行藏无所慊，此生荣辱不须惊[5]。辨奸听彻唐君说，泪洒春风满豸缨[6]。②

[校][1]"当克明之"，四库本作"当仓促之会"。[2]"两"，元刊明补本、弘治本阙，据荟要本、四库本补。[3]"大阶"，荟要本作"泰阶"，四库本作"霜威"。[4]"鼓"，元刊明补本、弘治本阙，据荟要本、四库本补。[5]"生"，荟要本、四库本作"身"。[6]"春"，荟要本、四库本作"西"。

《青楼集·张怡云》：

能诗词，善谈笑，艺绝流辈，名重京师。……姚牧庵、阎静轩每于其家小酌。一日，过钟楼街，遇史中丞（一作"中丞八公子"），中丞下道笑而问曰："二先生所往，可容侍行否？"姚云："中丞上马。"史于是屏驺从，速其归携酒馔，因与造海子上之居。姚与阎呼曰："怡云今日有佳客，此乃中丞史公子也！我辈当为尔作主人。"张便取酒，先寿史，且歌"云间贵公子，玉骨秀横秋"【水调歌】一阕。史甚喜。有顷，酒馔至，史取银二定酬歌。席终，左右欲撤酒器，皆金玉者，史云："休将去，留待二先生来此受用。"其赏音有如此者。③

---

① 《四库全书》第1198册，第699页。
② 《四部丛刊》影印明弘治翻元本。另参《四库全书》第1200册，第236页。
③ 孙崇涛、徐宏图笺注《青楼集笺注》，第64页。

荆幹臣

北京大学图书馆藏《文庙瑞芝记》石刻拓本，署：

中书省前详定官杨威撰，奉训大夫、彰德路转运副使荆幹臣书

至元八年岁在辛未正月乙未朔初五日己亥刻石①

[笺]《民国武安县志》卷十三载《重修文庙瑞芝记》原文，按语谓杨威，字震亨。王恽《秋涧先生大全集》卷四十三《磁州采芹亭后序》："予自壮年宦游河朔间，每过滏阳更遽，必趋拜杨公而去。一日，先生率予谒州之庙学，指其废而未理者曰：'此郡庠也，此頖池也，此頖之采芹故址也。承平时，学校之盛，视数州为冠。吾虽耄，要当修完，庶复旧观，据当时所存者虽一瓦一石，俾保之勿坏。'既而，先生下世。壬辰冬，予复过滏阳，所谓芹亭者巍然如翚飞翼跂，宛浮波面。荷香藻影，晓风凉露。……先生名威，字震亨，承安人。姿刚直，有文章议论，少尝以蕃兵为儒将，有功西夏。建元初年，中书尝召为详定官。已而言事，以星变劾大臣，宜解机务以避贤路，不然，且有大咎。不听，遂拂衣南归，教授乡里，寿八十终于家。逮至元五年，襄阳破，吕文焕出降。五月，北觇过磁，先生赠之诗云：连阴六十日，平地一尺水。今朝与明日，淋沥尚未止。此者天垂戒，其中有至理。降将吕太尉，饭毕行欲起。偶尔得会面，舍馆接汝尔。自言镇襄阳，于此今五纪。为惜万人命，此来非为己。圣主锡深恩，高爵还故里。一饭尚有报，尽忠从此始。余谓我国家，万方同一轨。得之与不得，东南一隅耳。向使君不来，宋历能有几？人生苟富贵，直笔一张纸。见说李陵生，不若张巡死。"

李庭《寓庵集》卷四《送荆幹臣诗序》：

才质本乎天，闻见存乎人。苟闻见之不广，虽负奇才美质，莫能有所成也。昔太史公以命世之才，博极群书而又南游江淮，北涉汶泗，周览名山大川，与燕赵豪杰游。故发而为文章，雄深雅健，卓然为一代之冠，岂无自而然哉！幹臣家世东营，虽生长豪族，能折节读书，自幼年游学于燕。夫燕诚方今人物之渊薮也，变故之后，宿儒名士往往而在。幹臣日夕与之交，得以观其容止，听其议论，切磋渐染，术业愈精。一旦崭然见头角，遂为明天子所知，依乘风云，出入禁闼，积有年矣。制司既立，首蒙选拔，跃马从徒，出使万里之外。圣朝威德之所及，舟车之所至，高山广野，通邑大都，莫不

---

① 转引自孙楷第《元曲家考略》，上海古籍出版社，1981，第57页。

周游而遍览焉。亦既尽天下之大观，故其气益充而心益壮。撼幽发粹以昌其诗，语意天出，清新赡丽，无雕镂艰苦之态，骎骎乎作者之域矣。非才质之美，闻见之广，能至是乎？今年乘传来长安，公务之暇，日与当途诸公把酒论文。不以不肖之老且谬，惠然见过，出示所为诗一巨轴。披玩再三，惟知叹服。今事毕，治装将归，诸公皆有诗以饯其行，不揆亦赋芜鄙一章，奉酬眷眷之意，并为之序。①

王恽《秋涧先生大全集》卷二十三《送荆书记幹臣北还诗并序》：

幹臣参议覆事南来，与余遇于襄国，连日道旧，契阔之怀豁如也。君素能诗，及得日本诸作，清雄奇丽，拂拂然挟海上风涛之气，令人岂胜叹赏。且闻驾海之举，千载盛事，然江海之险，非丘陵可比，若以衣裳鳞介论之，任责者当以万全为言。因赆鄙诗，敢以略及。

迈往凌云见妙年，东征书檄更翩翩。万艘瀛海参戎画[1]，九点齐州漫野烟。卉服终期归禹贡，异闻无复访斋然。舞干不作三苗举，好为清朝论万全。②

[校] [1] "瀛"，元刊明补本作"嬴"，据弘治本、荟要本、四库本改。

陈　英

《录鬼簿》：

陈草庵中丞

文天祥《文山先生全集》卷十七《宋少保右丞相兼枢密使信国公文山先生纪年录》：

欧阳夫人被虏后，即到燕都，与二女皆留东宫，服道冠氅，日诵道经，后随公主下嫁驸马高唐王，居大同路丰州栖真观。……大德二年戊戌冬，以年老不禁寒冻，得请向南去。……大德七年癸卯腊，至宁州。时从子隆子，任宁州判官。宁州党知事以夫人归为不应，赴陈草庵宣抚陈状，委南康李清之推官临问。隆子以夫人所受公主懿旨、高唐王钧旨，所与路引及支给口食

---

① 《续修四库全书》第1322册，第325页。
② 《四部丛刊》影印明弘治翻元本。另参《四库全书》第1200册，第288页。

文凭呈之，李为恻然，事遂消释。明年，归故里。①

《元史》卷二十一《成宗本纪四》：

[大德七年三月]庚寅，诏遣奉使宣抚循行诸道：以郝天挺、塔出往江南、江北，石珪往燕南、山东，耶律希逸、刘赓往河东、陕西，铁里脱欢、戎益往两浙、江东，赵仁荣、岳叔谟往江南、湖广，木八剌、陈英往江西、福建，塔赤海牙、刘敏中往山北、辽东，并给二品银印，仍降诏戒饬之。②

《元史》卷九十三《食货志·经理》：

仁宗延祐元年，平章章闾言："经理大事，世祖已尝行之，但其间欺隐尚多，未能尽实。以熟田为荒地者有之，惧差而析户者有之，富民买贫民田而仍其旧名输税者亦有之。由是岁入不增，小民告病。若行经理之法，俾有田之家，及各位下、寺观、学校、财赋等田，一切从实自首，庶几税入无隐，差徭亦均。"于是遣官经理。以章闾等往江浙，尚书你咱马丁等往江西，左丞陈士英等往河南，仍命行御史台分台镇遏，枢密院以军防护焉。③

《元史》卷二十六《仁宗本纪三》：

[延祐五年秋七月]壬午，罢河南省左丞陈英等所括民田，止如旧例输税。④

张养浩《张文忠公文集》卷十四《甘肃行省创建来远楼记》：

维是甘肃，实汉通西域时曰张掖、酒泉郡地。往年朝廷以密迩边鄙，诏辟行省填之，为省者率狃故习，常选恧弗力于治。大德丙午秋仲，改浙西道肃政廉访使陈公彦卿参兹省政，铲弊浣污，化敷威振，餫无怨序，而军实裕如。政隙又偕辨章某官洎僚佐出公府羡财如干，楼于城东门上，凡五楹，闳壮崇丽，卓冠一方。中悬金革，以节昏昕，以肃列镇瞻听。权舆至大改元之春，僝功其年十月。因上计吏征名翰林学士承旨姚公燧[1]，乃俾昭文馆大学士李溥光笔曰"来远"，且命太子文学张某记其故。……走闻侯自下车，阅

---

① 《四部丛刊》影印乌程许氏藏明刊本。
② （明）宋濂等：《元史》，第449页。
③ （明）宋濂等：《元史》，第2353页。
④ （明）宋濂等：《元史》，第585页。

两寒暑，凡可以裨国若民，如兴学宾士，赞边勋吏，招怀携远者，靡朝以夕，尽瘁亡倦。……侯名英，彦卿其字，尝奉使采访江西，奏课最诸道云。①

[校][1]"名"，底本作"召"，据四库本改。

《张文忠公文集》卷十八《析津陈氏先茔碑铭有序》：

延祐丙辰夏，走以礼部侍郎征舶泉南，回遇资善大夫、云南诸路行中书左丞陈公于京师，间过所寓曰："不佞起寒微，叨仕中外。职风纪者九：内焉监察御史，外焉佥按察司事河东，副廉访使山东、陕西、河北，使则云南、山南、浙西[1]，行台侍御史则江南。职民者六：在沅为判官，在泉为治中，刺雄、孟州二，两尹平阳、潭州。职簿领则入省为都事、右司大都路为知事、兵马都指挥司为都目，奉使宣抚则江右、闽中，参行省政则甘肃、河南。肇释褐，凡廿转而至今职[2]。非其先世有冥行，畴克显历若是？向尝托子铭先茔，以追封旨未下，故缓。今吾大父某由仕金怀远大将军、知河南路□阳县，追封正奉大夫、中书参知政事，谥忠敏。吾父某追封集贤学士、资德大夫，谥孝节[3]。皆侯蓟郡。祖妣时氏，妣石烈氏，从其郡，皆夫人。维是二代百馀年幽潜，今炳焉一旦，而仆也又有旨谕中书拟擢近地。虽生死骨肉，罔克为报。子其具文诸石，以见国渥之殊、先德之懿、臣子千百年不一际之盛。"窃谓厥今词臣林立[4]，奚彼之舍，顾于谫焉末学是征[5]？岂公贰宪山东时，走知为深与？且走初掾仪曹，实用公荐，遂不敢辞。谨按：陈以国氏，厥望不一，惟河东为最著。由兵燹逸其谱，莫克远系。曾祖考矜，字嘉善，葬太原阳曲之李家山，虽言行无所考，观其字，可知为慈祥人。祖考，即正奉公，讳聚，字钟秀，金之南播，徙家析津，春秋九十有三卒，改兆宛平漆园之樊村。考即资善公，讳公济，字济民，志尚恢远，义于施与，视名宦澹然，乡里仰其高，以处士目之。四子：曰泰，曰时中，曰鹏，曰英。举教之儒。……英即公，字彦卿，沉毅有才略。荄受知御史大夫、太师、忠武王月儿鲁那演，尝从见世祖皇帝，仪度若素宦，上属目久。其判沅州，思播洞寇相挺构乱，长吏莫敢敌。公设伏于险要，悉出锐击之，遂溃。其佥宪河东，宪长麻合马以怙冒兼储特，所恣行不若，牟西京征榷之利，凡三路，粮以石计五万，钞以定计二万有奇，声罪于朝，遂论如律。其贰宪山东，曲阜林庙洒扫户为县官奄有，公谓：彼户置自汉唐，何堂堂圣元独不足此？迄上章复

---

① 《中华再造善本》影印元至正十四年刻本；《四库全书》第1192册，第520页。

之。宣慰使乐实恃中有援，横山东，既劾罢，未几复任，辄复劾，会移节陕西乃已。陕西监宪某以事杖西王鹰师，师驰诉于上，命以杖复。公谓：臬司职在视奸，讵可因一啬夫之言自涂耳目？后有奸，其孰肯绳？上乃释然。其行台云南，言獠民鸟兽，利驯病逆，宜颁经书州县，渐入其心。其宣抚江右、闽中，官若吏以墨去者数千，没贿之丽称是。其便民事，傍近揭而例焉。其参政甘肃，豳王术伯总兵西陲[6]，将辍戍卒万人，耀武其地，需责星火。公言边事贵不扰，无衅而动，适生戎心，况时未水草，必致人畜胥乏。廷是其策，止之。大抵公行善果，料事明，待朋游谊以信，莅官忠确，不丝毫利害计。今春秋七旬，神若志益强且壮。……夫人继室部氏、何氏，一子直方，女一人，适故游平章孙儇。①

[校][1]四库本"使"后衍"行中书左丞"五字。[2]"廿"，四库本作"卅"。[3]"孝节"，四库本作"节孝"。[4]"窃"，原作"切"，从四库本改。[5]"谓"，四库本作"缪"。[6]"豳"，四库本作"邠"。

[笺]陈草庵【中吕·山坡羊】云："恰余杭，又敦煌，云南蜀海黄茅瘴"，这与张养浩《析津陈氏先茔碑铭有序》中陈英自述"使则云南、山南、浙西"，"参行省政则甘肃、河南"的仕历相一致。赵义山据此进一步证实孙楷第观点，认定陈英即陈草庵。碑铭作于延祐三年（1316），时草庵"春秋七旬"，生年在1247年。卒年，赵先生推定在1330年后、1345年前。（《元散曲家陈草庵、鲜于必仁考略》，《文学遗产》1993年第3期。）

陈国宝

《录鬼簿》：

　　陈国宝（一作宾）宪使

王恽《秋涧先生大全集》卷十三《题柯山宝岩寺壁》：

　　同游者山长赵文龙、前教授徐梦龙㧑友、教官余性道（自注：二人皆广信人，徐有文笔，甚健）、府推官保定张式仪卿、别驾东平陈珪国宝，子公孺侍行。至元庚寅冬十月望日，秋涧老人题。

　　龟阜西南麓，名山世未双[1]。烂柯仙有局，绝观石为矼。事去空遗史，风恬爱此邦。来游情眷眷，留咏寄僧窗。

---

① 《中华再造善本》影印元至正十四年刻本；《四库全书》第1192册，第576页。

喜得陈张友,来游兴不孤。江山开怪供,风月闵清都。阅世惊棋局,看题倒酒壶。暮归应稇载,只欠画为图。①

[校][1]"未",荟要本、四库本作"少"。

[考辨]

傅若金《傅与砺诗集》卷六《美陈国宝州判新修高风书院》[1]:

圣贤祠宇高峰下,风雨漂摇感慨多。兴学遂烦新柱石,来游不使废弦歌。旆临碧水晴云动,碑映苍山夕照过。遗爱百年何所系,诸生朝夕诵菁莪。②

[校][1]"国宝",四库本作"兰宝"。盖"蘭"与"國"形近致误。

叶颙《樵云独唱》卷二《谢陈国宾见寄》:

陈兄遗我山中诗,随风落空成珠玑。寒光绕壁夜窗紫,清声响涧山泉飞。杜陵去后天无功,飘飘千古遗悲风。老兔入云霄汉黑,大龙上天江海空。知君笔有万牛力,追转风骚气无敌。辞丰意远欲乘虚,天高风冷寒生骨。作诗为谢来意勤,自惭瓦缶无美音。阑干一抚三叹息,天风西来洗予心。③

《樵云独唱》卷五《延祐丁巳,陈国宾出奇石数枚,曰石羊、石兔、石鱼、石雁、石鸡、石鸟、石蟠桃,时彦咸赋诗,予亦为赋七绝》④

李序《云松巢歌赠陈国宾》:

妙公子,碧烟里。薜萝引作鱼鳞衣,衣上清风如流水。云为宇,松为墙。绸缪牖户碧缕香,翠华之幄青瑶珰。乱发郁郁焕紫光,十年不出生文章。手扳苍虬上风雨,蓬莱山中木天下。⑤

程文《云松巢为陈国宾作》:

青松白云里,隐约见巢居。密户布清影,小窗涵太虚。鸣鸠春欲下,栖鹤暮何如。风雨匡庐外,幽人方读书。⑥

---

① 《四部丛刊》影印明弘治翻元本。另参《四库全书》第1200册,第156页。
② 《全元诗》第45册,第123页。
③ 《四库全书》第1219册,第66页。
④ 《全元诗》第42册,第84页。
⑤ 《全元诗》第29册,第269页。
⑥ 《全元诗》第35册,第299页。

赵孟頫《赵子昂诗集》卷四《赠医者陈国宝》（目录作"赠医士陈国宾"）：

陈侯药石妙天下，已疾功在须臾间。股肱之臣苦微恙，十年步履行惟艰。一朝拄杖可弃置，宾客满座喜且欢。宰相安和非细事，要与四海除恫瘝。兹事上闻天为喜，行且趣召开龙颜。功成身退公素志，湖山我欲同跻攀。陈侯迩来数相见，词气温温语无倦。何须更觅秦越人，泚笔更惭史迁转。①

马天骥

《录鬼簿》：

马彦良都事

王恽《秋涧先生大全集》卷八十《中堂事记上》"到省听任人员十二人"有：

马天骥，字彦良，磁州人。

胡祗遹《紫山大全集》卷五《寄彦良都事》：

举刺无恩怨，惟君意最公。豸冠重倚柱，台柏凛生风。白日妖氛静，青云贤路通。更当思报国，洗眼荐才雄。②

王恽《秋涧先生大全集》卷五《和紫山题观音堂山石诗韵》（自注：彦良马君索赋[1]）：

我行滏水阳，思有登临举。佳处得一游，不计寒与暑。盛闻临水间，犹是邺西圃。山滋与水润，不识田家苦。阴壑闶灵景，石林气清楚。又云龙洞水，清可濯缨土[2]。我无适俗韵，乐与泉石伍。此行应旌招，敢觊烟霄侣。闲云本无心，安取济时雨。紫山知几人，梦觉邯郸黍[3]。题诗见归隐，真隐果能否？作配不自量[4]，赓此山石语。③

[校] [1]"彦良马君索赋"，荟要本、四库本无。[2]"土"，元刊明补本作"上"，据弘治本、荟要本、四库本改。[3]"觉"，荟要本、四库本作"与"。[4]"量"，荟要本、四库本作"景"。

---

① 《中华再造善本》影印元至正元年虞氏务本堂刻本。
② 《四库全书》第 1196 册，第 79 页。
③ 《四部丛刊》影印明弘治翻元本。另参《四库全书》第 1200 册，第 50 页。

胡祗遹《紫山大全集》卷十一《遗安堂记》：

　　吾乡提举马公彦举，置居第以传子孙，名其堂曰遗安，其亦二疏、庞德公、李文靖公之心乎？弃世二十馀年于兹矣。于今表表卓卓，内处台阁，外列郡县，有良吏之称；晦德不仕者，乡里称善人。……至元十七年，燕南河北道按察司从事名曙，字德昭，公之长子也，再新门扁，求书于武安胡祗遹。①

　　[笺] 胡文之马彦举即下引虞集《马公墓碑》之马公和，天骥之兄，曙、煦之父。胡文作于至元十七年（1280），谓彦举"弃世二十馀年"，则彦举卒年约在中统元年（1260）。

虞集《道园学古录》卷十五《户部尚书马公墓碑》：

　　公讳煦，字得昌，姓马氏。大父信，赠太中大夫、轻车都尉、扶风郡伯。夫人两薛氏，并赠扶风郡太君。父公和，磁州提领劝农官，赠正议大夫、轻车都尉、扶风郡侯。妣刘氏，赠扶风郡夫人。初，马氏居磁之滏阳，不知世次。至劝农公，以能官见推于时，而弟天骥方治书御史府。一门之盛，已著州里。……其后，公与其兄河南提学曙、国子助教昉，从乡先生大儒杨震亨学，并为闻人。……公以延祐三年卒，年七十三。②

　　[笺] 据虞文，马煦生于1244年。又据上引胡祗遹《遗安堂记》，马煦乃彦举次子。设彦举二十岁生煦，生年约在1224年。彦良为彦举之弟，生年在1225年后，殆与王恽、胡祗遹年岁相仿。

《光绪广平府志》卷三十六《金石略下·重修采芹亭记》：

　　亭在磁州旧学宫前，州人大中大夫胡祗遹撰记。

　　案《通志》，此碑年月不可考。文叙达鲁花赤、知州等重修亭始末。宪台侍御史马公出家资立石以纪其美。马公即马天骥，州人。官至治书侍御史。

《光绪广平府志》卷四十八《列传三》：

　　马天骥，字彦良，磁州人。博通经史，以荐擢风宪，弹劾无所避。尝曰："为天子耳目司，而可傅会权要杀人乎？"仕至治书侍御史。③

《成化河南总志》卷十《彰德府·陵墓》：

　　马御史墓，在磁州西南岳城里。元州人马天骥，仕至治书侍御史，卒葬此。

---

　　① 《四库全书》第1196册，第207页。
　　② 《四库全书》第1207册，第224页。
　　③ 清光绪二十年刻本。

撒 举

《录鬼簿》：
  阚（撒）彦举学士

《元遗山诗集笺注》卷十四《为撒子醵金二首》（施国祁注：撒子即撒彦举）：
  明珠评价敌连城，弃掷泥涂意未平。十万人家管弦里，独怜金石隐商声。秋来闻说酒杯疏，却为穷愁解著书。知是还山亭上客，无衣无褐欲何如？①

郝经《陵川集》卷十五《同阚彦举〈南湖晚步四首〉》：
  月出东南隅，湖涌黄金波。清风飒然至，奈此良夜何。
  太白吐金气，水楼清霁寒。悠悠半沧海，月出浮云端。
  荷花临水殿，绮月转帘腰。晚吹动银管，暮凉生翠绡。
  清风凌八极，虎豹天门开。长虹忽中断，海窟明月来。②

《陵川集》卷十五《送阚彦举》：
  长风吹短褐，浪起鱼龙腥。万里一樽酒，送客东湖亭。③

《陵川集》卷二十四《与撒彦举论诗书》：
  经白：昨得足下诗一卷，瑰丽奇伟，固非时辈所及。然工于句字而乏风格，故有可论者。诗文之至精者也，所以歌咏性情，以为风雅。故摅写襟素，托物寓怀，有言外之意，意外之味，味外之韵。……于是近世又尽为辞胜之诗，莫不惜李贺之奇，喜卢仝之怪，赏杜牧之警，趋元稹之艳。又下焉则为温庭筠、李义山、许浑、王建，谓之晚唐。轰轰隐隐，啴噪喧聒，八句一绝，竞自为奇。推一字之妙，擅一联之工，呕哑嘲哳于齿牙之间者。……不复知有李杜苏黄矣，又焉知三代苏李性情风雅之作哉！足下之作，不为不工，不为不奇，殆亦未免近世辞人之诗。愿熟读三百篇及汉魏诸人，唐宋以来只读李杜苏黄，尽去近世

---

① （金）元好问撰，（清）施国祁笺注《元遗山诗集笺注》，人民文学出版社，1958，第 670 页。
② 《四库全书》第 1192 册，第 158 页。
③ 《四库全书》第 1192 册，第 158 页。

辞章，数年之后，高咏吟台之上，则必非复吴下阿蒙矣。经再拜。①

王恽《秋涧先生大全集》卷四十九《员先生传》：

　　复有撒举[1]，字彦举，亦陕人，面黯惨，目光迷离[2]，殆鬼物凭者[3]。少为里啬夫，初不解文字，一日忽能作诗，吐奇怪语，皆古人所未经道，虽苦无义意，其豪侈诡异[4]，时辈属和终不能及[5]。中元冬，见予于燕市酒楼，殊口口[6]，浮大白数行，径出步垆间，嘤嘤然忽作露蚓声[7]，竟前来扼余腕[8]，忻甚，曰："吾有以赠子。"其诗有"气凌太华五千仞，诗绕国风三百篇"之句，醺酣中惜不全忆也。尝谒得楮币若干，醉过里井，即投其中，曰："为尔俾予区区若此，奚用为？"其狂易如是。后客死保塞，殡西南门外路北若干步，揭曰："诗人撒某墓"。诗三卷，号《函谷道人集》[9]，好事者刊行于世。②

[校] [1]"举"，元刊明补本、弘治本作"夅"，据荟要本、四库本改。[2]"迷离"，弘治本、四库本阙，荟要本作"暍眵"。[3]"殆鬼物"，弘治本阙"殆"字，荟要本作"若有物"，四库本脱此三字。[4]"诡异"，弘治本阙，荟要本、四库本作"之况"。[5]"时"，弘治本阙，荟要本、四库本作"侪"。[6]"殊口口"，弘治本、荟要本、四库本脱。[7]"忽"，元刊明补本、弘治本作"吻"，据荟要本、四库本改。"声"，元刊明补本、弘治本、四库本阙，据荟要本补。[8]"竟前"，元刊明补本、弘治本、四库本阙，据荟要本补。[9]"函"，荟要本脱，四库本作"极"。

侯克中《艮斋诗集》卷六《悼阙彦举》：

　　锦绣肝肠铁石姿，九州行遍复何之？鳌吞鲸吸千杯酒，凤起蛟腾七字诗。竹杖打门求友日，纸衣裹骨到家时。生前死后俱漂泊，想像临风酹一卮。③

虞集《道园学古录》卷五《田氏先友翰墨序》：

　　大德七年夏，兵部员外郎彰德田君师孟缉其先友手翰为一卷，使余为之序。余读其辞而悲之，盖其愤郁哀壮，称余所谓豪杰者多在是。杨弘道，字淑能，淄莱人。王盘（磐），字文炳，东平人。姚枢，字公茂，中书左丞，谥文献。徒单公履，字云甫，女真人。高鸣，字雄飞，太原人。张豸，字义夫，彰德人。赵复，字仁卿，楚人。杨云鹏，字飞卿。橄（撒）举，字彦举，关东人，不羁，诗有律。刘百熙，字善甫，燕人。平玄，字浩然，真定

---

① 《四库全书》第1192册，第259页。
② 《四部丛刊》影印明弘治翻元本。另参《四库全书》第1200册，第655页。
③ 《四库全书》第1205册，第478页。

人。郭可畀,字仲通,浑源人。杨果,字正卿,中山人。薛玄,字微之,洛阳人。曹居一,字通甫,燕人。杜仁杰,字善甫,济南人,善谑。①

鲜于枢《困学斋杂录》：

诗人撤举[1],字彦举,陕人,性嗜酒,工于诗,客京师十馀年,竟流落而死,有诗集行于世。今得逸诗数篇,信手录之。《无题》云:"谁家金鸭暖梅魂,绣户春风半掩门。桃叶等闲留暮雨,梨花寂寞过黄昏。盘盘鸾髻堆云影,澹澹蛾眉扫月痕。常似谢家银烛底,凤凰钗影落瑶尊。"《记梦》云:"千里崤函楚客行,关河西上铁牛城。申湖亭下月初上,召伯堂前草自生。十里杏园红雨暗,一条春水碧罗平。觉来半壁寒灯底,吹落风檐暮雪声。"《过沙井》云:"沙沉石马废城秋,剑铗寒生古戍楼。平日只疑无蜀道,此行何处问荆州。山连海塞从西断,水界龙荒尽北流。一曲商歌才夜半,朔风吹雪满牛头。"《游香山》云:"石栈天梯落日红,谁开青壁削芙蓉。扪参历井来何暮,佩玉鸣銮更不逢。僧去古潭云渡水,鹤阴清露月平松。世间骨相谁潘阆,误打金陵半夜钟。(自注:潘阆诗云:顽童趁暖贪春睡,忘却登楼打晓钟。)"《送郭祐之》云:"南口青山北口云,天涯何地又逢君。陌头杨柳西行马,画角三声不忍闻。"②

[校] [1] "撒举",四库本作"索吉",《丛书集成初编》本作"撒举"。下同。

《困学斋杂录》：

撒举,字彦举,陕人。性嗜酒,工于诗,客京师十馀年,竟流落以死。同时有郑云表者,慕彦举之为人,作诗挽之云:"形如槁木因诗苦,眉锁苍山得酒开。"人以为写真云。③

白 贲

宋濂《宋学士文集》卷三十五《翰苑别集》卷五《元故湛渊先生白公墓铭》：

呜呼!是惟湛渊先生白公之墓。先生讳珽,字廷玉,白其姓也。出于宋

---

① 《四库全书》第1207册,第71页。
② 《四库全书》第866册,第4页。
③ 《四库全书》第866册,第12页。

丞相时中之裔，世居文水。时中之从子翼，扈跸南渡，官至防御使，生武略大夫良辅，食邑槜李，因家焉。武略之后，又至武功大夫显，始占籍于钱唐，生修武郎必腾。修武生通武郎嵘，先生父也，妣方氏。先生本四明名儒舒少度遗腹子，通武育以为嗣。……所居西湖有泉自天竺来，及门而汇，榜之曰"湛渊"，因以自号。晚归老栖霞，又号栖霞山人。以天历元年九月十五日卒，年八十一。……子二：贲，文林郎、南安路总管府经历；采，温州路永嘉县镇海东寨巡检。……孙女一，适平阳宋允恒。允恒由绍庆路儒学正升授新州新兴县福缘寨巡检[1]。贲以子夭，命允恒仲子范为后。范有学而文，能继其家者也。……濂也晚出，虽不能识先生，幸从乡先生黄文献公游，听谈杭都旧事，有如淮阴龚公开、严陵何公梦桂、眉山家山之巽、莆田刘公濩、西秦张公楳、虎林仇公远、齐东周公密，凡十馀人，相与倡明雅道，而先生齿为最少，乃与群公相颉颃。南北两山间，其遗迹班班故在。仅逾五十春秋，而先辈流风遗韵弗可复见，不亦悲夫！①

[校][1]"升"，《四部丛刊》本作"借"，从四库本改。

《民国当涂县志》引录《县尹王公修圩纪实》：

元壬辰（至元二十九年），金陵王公宗义来尹兹邑。秋霖决堤，民且流散。尹持府命，命从府判梁公栋运粟振给，计□出丁，益以山夫，修俌□□。越癸巳夏，水荐至愈亟，堤垂坏者再。于是，尹□□董役刊木，畚土编竹。……甲午春，圩成。众以堤为王公所筑，因命之为王公堤□。是役也，首尾三□，官无所费，民不知其处有□。……是岁四月既望，儒学教谕□□□[撰]，建康路上元县儒学教谕白贲书，繁昌县[儒]学教谕罗□年[篆][额]。□□提□县必先。②

[笺]《元史》卷八十一《选举志一·学校》："[至元]二十八年，令江南诸路学及各县学内，设立小学，选老成之士教之，或自愿招师，或自受家学于父兄者，亦从其便。……路设教授、学正、学录各一员，散府上中州设教授一员，下州设学正一员，县设教谕一员，书院设山长一员。"

郭畀《云山日记》卷上：

[至大元年戊申九月]十七日，午前抵吕城坝下，倒换小舟，至奔牛，

---

① 罗月霞编《宋濂全集》，浙江古籍出版社，1999，第1042页。
② 《中国地方志集成·安徽府县志辑》第40册，江苏古籍出版社，1998，第200页。

复换小舟。晡时至常州，入城。元丰桥见白湛渊提举，值出江阴，未回，乃子无咎、次子无华留歇。同白无咎到天平寺，观壁上画，水中作一笔，绕之不断，立视久之，若汹涌生动之意，奇笔也。寺僧具茶，茶已乃出。门外建新塔方成。晚，二白兄具酒晚饭，宿于无华书院。

十八日，晴。早，寻蔡德甫来说话，无咎待早饭。蔡兄同无咎借马同出，访马习斋教授于郡学，会龟山王山长、刘练江、马教，仍约午集。同无咎回，蔡德甫礼留小酌，煮蟹蒸芋。次访李仲谦，出门解后包古、江山长，赴马习斋之约，坐客罗汉臣、余及白无咎，食五品酒，散，作别。次别无咎昆仲，登夜航之姑苏。①

[十月] 二十四日，阴，客杭。早到省中。次到儒司，见金君玉，问白无咎礼任月日。②

苏伯衡《苏平仲文集》卷十三《宋君墓志铭》：

后三十九年为洪武癸亥，余来平阳，会其子简，乃始知子成为巡检后四年，年四十五竟卒矣。……子成姓宋氏，讳允恒，子成其字也，别号昆岩山人。上世由闽长溪之赤岸来居平阳，始自五代时。……钱唐白公无咎之教授平阳州学也，见子成岿然秀出诸生中，选以为婿，而宋遗老湛渊先生[1]，则其父也，得子成所作文辞，啧啧曰佳婿哉！子成婿白氏十五年而妻没，时子成年甫三十有四。……[子成] 以前在新兴中瘴毒，疾暴作，卒于崇报佛舍，惟以母丧未举为恨，恳恳焉属简图之。至正戊子十二月九日也，无不痛惜之。……夫人白氏，有贤行，生于大德壬寅二月六日，卒于至顺丁丑七月十九日。③

[校] [1] "老"，《四部丛刊》本作"左"，从四库本改。

[笺] 据《宋君墓志铭》，允恒卒于至正八年（1348），年四十五，则生于大德八年（1304）。其妻白氏殁时，允恒"年甫三十有四"，即1337年。而此时距初娶白氏已过去十五年，故可推知白无咎任温州平阳州学教授在至治三年（1323）。

范梈《范德机诗集》卷七《送白无咎太守之郡》：

潇洒中书旧省郎，排云曾揽舜衣裳。一麾况复守名郡，万事不如归故乡。

---

① 《续修四库全书》第558册，第239页；顾宏义等整理标校《金元日记丛编》，上海书店出版社，2013，第178页。

② 《续修四库全书》第558册，第245页；顾宏义等整理标校《金元日记丛编》，第188页。

③ 《四部丛刊》初编影印明正统壬戌刊本；《四库全书》第1228册，第775页。

马首渐违燕阙雨，雁声欲度晋城霜。汉廷择相皆良吏，蚤奉潘舆谒建章。①

《范德机诗集》卷二《赠别白忻州》：

　　昔年上都门，送君作太守。今年太守来，失喜狂欲走。问知郡中治，称冤不容口。强欲对酒歌[1]，愁引杯去手。古来选郡监，本为奸慝纠。岂宜肆其私，锻炼易妍丑。幸逢贤执法，白日云雾剖。快马归并汾，且以慰慈母。失身落州县，兹事无不有。君子善奉持，凡百淑尔后。排难与解纷，吾愧鲁连友。明年江之南，得寄消息否。②

[校][1]"歌"，原作"哥"，从四库本改。

释善住《谷响集》卷一《送白无咎归钱唐》：

　　苏杭三百里，强半水为程。野岸东风急，春山落照明。依微村树远，出没浦鸥轻。别后空相忆，迢迢隔凤城。③

《谷响集》卷一《送白无咎入兰陵幕府》：

　　独贤勤典教，中岁始临民。幕佐红莲旧，袍分绿草新。琴高终绝俗，画妙定通神。公退应多暇，甘柔好奉亲。④

程钜夫《雪楼集》卷二十八《白无咎素轩》：

　　下基厚地上高天，饥即加餐困即眠。几度诗成还阁笔，恐将文字浼天全。⑤

吴澄《吴文正公集》卷四《素轩说》：

　　丝未染色曰素，《羔羊》《干旄》之诗，并托素丝以美其大。夫之德素也者，不苟悦乎新以改乎其旧，不外假乎文以增乎其质，素位而行，唯君子能之。夫不安其素而悦乎新、假乎文，斯须之荣，不足以偿其终身之羞者有之矣。……清江范亨（桴）自京师来，称太原白贲无咎之贤，皮湋亹亹为余道，且言其以素名所居之轩。余闻之而惊异，噫！是殆庶乎能安其素者，因为说素之义。皮、范如京，闻余说而喜[1]，请书以遗。虽然白已仕，皮将仕，范未仕，见贤而思与之齐一，当以白君为师，而于白丝行之。诗之意，讽诸口，识

---

① 《中华再造善本》影印元后至元六年益友书堂刻本；《四库全书》第1208册，第137页。
② 《中华再造善本》影印元后至元六年益友书堂刻本；《四库全书》第1208册，第81页。
③ 《四库全书》第1195册，第669页。
④ 《四库全书》第1195册，第682页。
⑤ 《四库全书》第1202册，第416页。

诸心，其勿忘，不然可黄可黑，固墨氏之所悲也，而况不为墨氏者乎！[1]

[校][1]"说"，《元人文集珍本丛刊》影印明成化二十年刊本作"讫"，从四库本改。

袁桷《清容居士集》卷一《素轩赋》：

太原白无咎征名字于《易》，复以素名轩，实维其祥，乞赋陈郡袁桷。[2]

白珽《湛渊遗稿》卷中《题子贲〈碧桃折枝〉》：

玄都千树欲无枝，全得春风烂熳吹。晓露未晞红郁郁，仙源长在日迟迟。[3]

张雨《贞居集》卷六《白无咎黄蜀葵》：

金铜仙人雨中立，铅泪恰如辞汉时。倾心脉脉何所待，愿见白日光陆离。[4]

李存《俟庵集》卷十一《白贲二马》：

良材未试相蹄啮，况复沙场首蓿秋。数笔写来千里意，只今惟有白忻州。[5]

缪荃孙《江苏通志稿·金石志二十二》载至顺三年《句曲浮山天王寺重建山门记》，前署："将仕郎、常州路总管府知事白贲篆额"。[6]

滕 宾

《录鬼簿》：

滕玉霄应奉

滕宾《山堂书院记》：

余幼从父师授书时，以累棋蜡凤为戏，安知有学之乐也。年稍长而从事于言语文字，亦不知有学之乐也。中年行四方，燕、赵、齐、鲁、吴、越、交、广、江、淮、汶、济、漯间，于学虽知乐之，而驰骛不暇。盖想象山中

---

[1]《元人文集珍本丛刊》第3册，第116页；《四库全书》第1197册，第62页。
[2]《中华再造善本》影印元刻本；《四库全书》第1203册，第11页。
[3]《丛书集成初编》，第18页；《全元诗》第14册，第165页。
[4]《四库全书》第1216册，第363页。
[5]《四库全书》第1213册，第657页。
[6]《辽金元石刻文献全编》第2册，第97页。

世外，欲求一席，老于诗书，不可得矣。①

滕宾【最高楼】《呈管竹楼左丞》：

梅花月，吹老角声寒。剑气拂云端。台星才入朝天阙，将星旋出破烟蛮。半年来，勋业事，笑谈间。　谁更说元龙楼下卧，谁更说元规楼上坐，终不似竹楼宽。有时呼酒摘星斗，有时提笔撼江山。问何如，容此客，倚栏干。②

[笺] 管竹楼左丞，即管如德（1246~1289），黄州黄陂人，至元十二年（1275）与其父景模先后以蕲州、江州降元，授湖北招讨使。《元史》卷一六五本传："[至元]二十四年，迁江西行省参知政事……二十六年，迁江西行尚书省左丞，时钟明亮以循州叛，杀掠州县，千里丘墟，帝命如德统四省兵讨之。诸将欲直捣其巢穴，如德曰：'嘻！今田野之氓，疲于转输，介胄之士，病于暴露，重困斯民，而自为功，吾不为也。'于是遣使喻以祸福，贼感如德诚信，即拥十馀骑，诣赣州石城县降。"滕宾词"将星旋出破烟蛮。半年来，勋业事，笑谈间"云云，即指管如德降钟明亮事。时滕宾应在管如德幕下，故有"问何如，容此客，倚栏干"语。

滕宾《呈孙郎中》（自注：时芒丞相薨）：

独立梅花恨最多，江西夜雨涨恩波。仙翁已矣客犹在，天意不然人奈何。抚剑有时撑老眼，衔杯无路发悲歌。先生闭户何为者，我亦从今理钓蓑。③

[笺] 芒丞相，即忙兀台，《元史》卷一三一本传："[至元]二十七年，以江西平章奥鲁赤不称职，特命为丞相，兼枢密院事，出镇江西。谨约束，锄强暴，尊卑殊服，军民安业，威德并著，在官四十日卒。"滕宾先是在管如德幕中，殆如德至元二十六年（1289）逝世后，又投奔忙兀台，岂期忙氏在官四十日即卒。故滕宾有"天意不然""衔杯无路"之叹。

张鉴《春秋集传跋》：

皇元大德庚子，雪崖黄先生慨是书之不传，而愿见者众，欲锓梓而未集。辛丑岁，文台二提举张思敬、滕斌亦求助好事者，仅成三卷。瑞教虞汲留洪上其事于文台，转申宪司。④

---

① 清康熙五十九年刻本《西江志》卷一六一，《全元文》第31册，第12页。
② 《全元词》中册，第838页。
③ 《全元诗》第29册，第416页。
④ 转引自王重民《中国善本书提要》，上海古籍出版社，1983，第26页。

滕宾《谢翰林徐承旨启》：

宾阶庭旧物，尘土馀生。贾谊方肆于文才，诸老或忌其少；阮生稍宽于礼法，众人已谓之狂。念艰难险阻之备尝，乃崎岖历落之可笑。中逢刮目，曲见盛心。如切如磋，乃师友起予；必躬必亲，而父兄教我。……漫寻仕版，方倚都门。遄乘褒鹗之章，遽得重马之价。秉铨者拘牵于常调，当轴者确信于公言。遂玷儒林，获登吏选。……宾敢不勉修士业，益励身修。下不负所学，上不负所知，或可扶斯文之帜。穷则观其交，达则观其主，期无辱先生之门。①

[笺] 据王恽《蒙溪先生墓碑》，张思敬为平阳路儒学教授张著之子，"以家学授承事郎、江西等处儒学提举"。思敬大德六年在潮州所撰《修文庙新田记》云："思敬自江西巡历至潮"，则思敬江西儒学提举秩满在大德五年（1301）。又大德五年，江西儒学副提举已是许善胜（《中州启劄序》）。如此，滕宾任江西儒学副提举应在大德三年至五年间。滕宾谢徐琰启有"遂玷儒林，获登吏选"语，即指宾因徐琰引荐，获江西儒学副提举之职。徐琰约至元二十八年（1291）任江西行省参知政事，其识滕宾即在此时。大德三年入朝拜翰林学士承旨，故而荐滕宾任江西儒学副提举，此与张鉴《春秋集传跋》记载相合。

刘将孙《养吾斋集》卷三十二《萧泰湖墓志铭》：

[希说] 盛年逢科讫之运，以举业雄乡校。提举蔡涧松雪龙，《诗经》前辈，每得其艺，叹赏之。詹天游、黄有山交推挽，檄教谕赣兴国学。时滕玉霄摄赣教，厚倚属焉，增学租，新礼殿，奖后进，文物彬彬然日盛。……希说号泰湖，朋友以其宽平有类之者也。生前宝祐癸丑正月六日，没延祐丁巳二月十有九日。②

刘辰翁《须溪集》卷七《赠滕玉霄入京启》：

有一男子，长歌楚泽之中；乘万里风，自致燕台之上。塞十年不调，逾三月聚粮。何众口诵佳句喧，而万言不一杯直。阮籍驾车穷途，哭而返，岂达者哉？王郎拔剑斫地，歌莫哀，有知我者。方今官无买价，贤有聘书。行而过东、马、严、徐之间，亦不在秦、黄、晁、张之下。骑将军马，已看当路之同升；爱文人乌，更在诸贤之乐与。③

---

① 《全元文》第 31 册，第 9 页。
② 《四库全书》第 1199 册，第 314 页。
③ 《四库全书》第 1186 册，第 565 页。

方回《桐江续集》卷二十四《送滕玉霄、张元朴管押地理书入都》：

滕侯酒酣宇宙窄，长啸诗成鬼神泣。谪仙后身今李白，一锦宫袍犹未得。张侯乃翁官鼎轴，芸香家藏百万牍。朝窗夜檠吟不足，政须天下书遍读。四海万国天一家，东尽蟠木西流沙。贡珍未贵贵图籍，卉服飓风穷岛涯。玉堂众隽修国史，搜书北方遣名士。若欲讲知南地理，亦合南州起才子。所以滕侯暨张侯，联翩同作中原游。夜静长虹贯明月，春风稳送江天舟。张侯富贵素所有，相门会见鲁拜后。滕侯遭遇夫岂偶，飘然掉臂奋空手。金匮石室紬瑶编，大书特书笔如椽。成就《尧典》《禹贡》篇，不数班固司马迁。①

陈天锡《次滕玉霄韵》：

自是男儿志四方，明时上国快观光。儒冠误我青绫被，人品还君白玉堂。取友平生半区宇，论诗今日得濠梁。岁寒只有梅与竹，风雪相看味更长。②

叶子奇《草木子》卷四上《谈薮篇》：

白云平章求仙于燕京西山顶，一日适出，滕玉霄访之不值，因戏题于壁曰："西风裋褐吹黄埃，何不从我游蓬莱。振衣长啸下山去，后夜月明骑鹤来。"竟不留名。白云公疑吕仙过之，朝野辐凑，宠赉山积。后知其玉霄题，白云公戒以勿泄，厚赂之。③

[笺] 许有壬《至正集》卷七《池州驿有王君阳所画老木，滕玉霄跋语，二君皆故人，为作数语》云："当时京国俱从游，满幅持来浑不惜。天涯一见眼为明，相逢况复曾相识。"许有壬大德十年至至大二年间（1306～1309）旅食京师。（参苏鹏宇《许有壬研究》附录《许有壬年谱长编》，中央民族大学博士论文，2013。）滕宾有【夺锦标】《送李景山西使》词，乃送李京出使安南而作。按《元史·武宗本纪》，至大元年（1308）七月，遣礼部尚书阿里灰、吏部侍郎李京、兵部侍郎高复礼使安南。词云："先驰殊域，看吟鞭、笑指关河，历历当年曾识。……到明年归对西山，细说安边妙策。"《草木子》所记之"白云平章"即察罕，皇庆元年（1312）进荣禄大夫、平章政事（《元史》卷一三七本传）。滕宾《重修狄梁公祠记》："皇庆初元，翰林学士买住简齐公通议大夫，长江州。郡侯按邑，见祠宇倾圮，亟捐俸度工，撤而新之，翚飞改观。士民忻悦，请记其事。"则皇庆元年滕宾已在江西，这是他任职翰林的时间下限。如此，滕宾拜翰林应奉在大德末、至大初。《万历湖广总志》卷五

---

① 《四库全书》第1193册，第524页。
② （元）孙存吾辑《皇元风雅》前集卷六，《全元诗》第25册，第374页。
③ （明）叶子奇：《草木子》，中华书局，1959，第77页。

十一《献征五》记其任翰林学士在至治、泰定间,不可信。(参彭万隆《元代文学家滕宾生平稽考》,《浙江工业大学学报》2015 年第 4 期。)

《同治兴国县志》卷二十六《寓贤》:

滕宾字玉霄,睢阳人。仁宗、英宗间官翰林,尝客游兴国。至治辛酉为监邑忽都必撰《拯粥碑记》,又有《题令公岩十景》诗,皆见于袁天骐《旧志》。又为邑人钟氏族谱撰序,在延祐二年乙卯,中有"客游潋江"之语。陈谟《海桑集·居南记》云玉霄翁为姚可发所题。翁由翰林提文印出江西,风流笃厚,其笔墨至今传诵,宝爱不替。赣平川亦其游衍啸歌遗化处,故老往往能道翁狂嬉狎酒韵致云。①

《天启赣州府志》卷十八《纪事志》:

至治元年辛酉,潦蝗相继。明年,民饥甚,兴国达鲁花赤忽都必煮糜于邑之大乘寺饲饿者。始四月朔,讫五月中。邻封皆接踵至,所活二十馀万人。学士滕宾记之。②

陈谟《海桑集》卷七《居南记》:

往年玉霄翁由翰林提文印出江西,风流笃厚,见者心醉。其谈笑笔墨,人至今传诵,宝爱不替。赣平川亦其游衍啸歌遗化处,故老往往能道翁狂嬉狎酒韵致。姚君可发侍翁时年甚少,翁颇嘉之,为扁其室曰居南。③

宋远【意难忘】(鸡犬云中)词序:

同滕玉霄、周秋阳、刘尚友、萧高风邂逅古洪,流连数月。北鸿南雁,感意气之相期,转羽移宫,写情词以为别。托光华之日月,纵挥洒之云烟,岂无知言,为我回首。以重与细论文为韵,题樟镇华光阁志别。④

石光霁《石门先生行状》载梁寅:

岁癸亥,先生厌居馆,思遨游遐迩,谒诸魁士。闻前翰林应奉玉霄滕公以词章翰墨著名江湖间,遂具书长往,见于豫章。公甚爱重之,留馆下检校群书,获尽观其古今书史。适草庐吴先生被征北上,道豫章访玉霄,因进见,

---

① 清同治十一年刻本。
② 清顺治十七年刻本。
③ 《四库全书》第 1232 册,第 643 页。
④ 《全元词》上册,第 377 页。

勉之甚至。泰定甲子岁,继闻前国子博士、儒学提举损斋刘公有庆博赡老成,乃提所作文字凡十篇偕书以见。①

至治三年豫章黄冠黄元吉编《净明忠孝全书》,存书有七序,其四为滕宾作,署:

  文林郎、江西等处儒学提举、前应奉翰林文字、同知制诰兼国史院编修滕宾题辞。②

[笺] 许善胜《正德书院记》末署:"元延祐二年冬十一月,承事郎、江西等处儒学提举许善胜记。"(《同治上高县志》卷十《艺文志》) 又李黼《故集贤直学士奉训大夫贡公行状》记贡奎"延祐初元宣授承事郎、江西等处儒学提举。适科目肇行,江浙行省奉币封传,请公掌文衡,二年始至江西。……五年,迁翰林待制"。(《贡文靖云林集》附录) 则许善胜、贡奎为江西儒学提举之前后任。而泰定元年任此职者为刘有庆(刘有庆《四书笺义叙》),泰定三年为柳贯(宋濂《柳先生行状》)。再者,《录鬼簿》撰成于至顺元年(1330),已列滕宾于"前辈已死名公"栏。如此,滕宾拜江西儒学提举只能在延祐六年至至治三年间(1319~1323)。(参彭万隆《元代文学家滕宾生平稽考》,《浙江工业大学学报》2015年第4期。)

刘诜《桂隐文集》卷三《与滕玉霄》:

  自明公之归洪也,不及一书奉问起居,自以为心之所向,千里如对,固不计乎书问之疏数也。颇闻辞荣投老,以诗书宾客自娱,四方所共高,而朝廷之倚注。方切安车召还,盛之白玉,行且见之。仆穷经山中,日向皓首,去秋亦尝来洪,非为科举,亦欲因以见明公,乃闻有临川之行。科举悬于一夫之去取,所不足惜。所惜者,到洪而不一见明公耳。明公名满天下,齿牙馀论所到,谅不靳也。亲友李兄迪吉,肯堂殿讲之诸孙,谈命奇中,自号心天,欲挂一帘于浦云山雨间。非借明公大手以表章之不可,故介仆纳拜于庭下。倘辱回盼,则其长价,岂特右军八角扇哉?干冒崇严,临楮愧悚,尚期厚加珍爱,以膺显擢,不具。③

释道惠《庐山外集》卷一《送滕玉霄提举决政湘蜀》:

  百世师模一代贤,新年驰驿入湘川。人心何地无三害,公意于民有二天。

---

① (元)梁寅:《石门集》卷首,《元人文集珍本丛刊》第7册,第614页。
② 《正统道藏》第41册,艺文印书馆,1977,第32882页。
③ 《元人文集珍本丛刊》第5册,第50页;《四库全书》第1195册,第184页。

横槊赋诗巫峡驿,鸣琴酹酒洞庭船。一春公事笑谈了,兰省依然陆地仙。①

张叔旸《送滕玉霄》:
　　我恨江上水,不能洗离愁。又恨江上水,不能为我留。日黯黯,云悠悠,胡不推出黄金球。照我一笑送沙鸥,俎豆万古相赓酬。风流此老黑貂裘,饮干海水蛟龙忧。人间双鬓秋,笔底巫峡流。傲睨几何同一沤,识我不识吾何求。安得从此长嬉游,昔日阆风今瀛洲。江水洗得离愁不,为我留住江上头。三百尺酒楼,五百斛酒舟。②

刘辰翁《须溪集》卷七《滕玉霄赞》:
　　似不似,在阿堵;同不同,在里许。其落笔也如箕,其出神也如杵。其得于酒狂也为剑侠,而得于独醒也为处女。固不得与二陆三,岂不可与四夔五?嗟乎!使吾得而客之,亦何至嘲子云而责子羽也!③

[校]该文一作卢挚撰。按滕宾有《寄刘须溪诗》,而未见与卢挚有文字往来,《滕玉霄赞》当为刘作。

吴澄《吴文正公集》卷四十八《题玉霄赠西山胡氏笔工》:
　　醉滕用笔睎颠张,醉馀得意非风狂。固知笔贵锋中藏,胡家洪笔耐似杭。工书者闻吾未试,因是是之谁敢訾。一望茶坊酒肆中,壁上家家玉霄字。④

《吴文正公集》卷四十八《玉霄诗赠王成教谕》[1]:
　　玉霄山人通身酒,淋漓醉墨龙蛇走。偶然山边行一匝,揽取云烟十之九。如何止分山半截,不谓此山可全有。归来小立象山巅,俯视群山俱培塿。⑤

[校][1]"王成",四库本作"玉成"。

《吴文正公集》卷四十五《建康西江避暑用滕玉霄韵赠章如山》[1]:
　　偶然出郭暂偷闲,政为炎歊倦往还。满目真山相客主,忽添一客号如山。石头城下看淮山,羡杀白云终日闲。寄语醉中彭泽令,如何飞倦始知还。⑥

---

① 《全元诗》第20册,第348页。
② (元)孙存吾辑《皇元风雅》前集卷五,《全元诗》第23册,第13页。
③ 《四库全书》第1186册,第564页。
④ 《元人文集珍本丛刊》第4册,第101页;《四库全书》第1197册,第908页。
⑤ 《元人文集珍本丛刊》第4册,第101页;《四库全书》第1197册,第908页。
⑥ 《元人文集珍本丛刊》第4册,第63页;《四库全书》第1197册,第859页。

[校][1] 诗题，《元人文集珍本丛刊》影印明成化二十年刊本阙"赠章如山"四字，卷首目录作"赠张如山"，从四库本补。

许有壬《至正集》卷七《池州驿有王君阳所画老木，滕玉霄跋语，二君皆故人，为作数语》：

玉霄狂老亦可人，蛟虬缭乱云烟湿。芳醪万斛醉不死，愈觉吐辞清可挹。当时京国俱从游，满幅持来浑不惜。天涯一见眼为明，相逢况复曾相识。我今妄受车服维，所至规规专一室。跫然不徒足音来，二妙真堪慰岑寂。①

《至正集》卷二十八《题对镜写真图用滕玉霄韵》：

镜中纸上共三人[1]，为问先生孰是真。自古圣贤皆不死，楮生何足托吾身。②

[校][1] "纸"，四库本作"几"。

吴澄《吴文正公集》卷十六《赠黄生序》：

富城黄志以前知祸福、谈人命，玉霄滕君书"至诚"二字赠之。至诚之道可以前知，此上智通神之事，非常人所易能也。或谓滕善谑而轻，几若侮圣言。然，噫，未必然也。夫至诚虽未易能，亦在夫人致之。③

刘将孙《养吾斋集》卷二十二《风月吟所记》：

万安祐圣观道士萧独清，以诗行四方，为名公先进所称。尝提玄学西山，滕玉霄大书"独清懒拙人"予之。④

杨谭《至正昆山郡志》卷五《人物》载朱清之子完者都自娱：

孜孜为善，日延文士举觞赓酬，议论义理，老不知倦，人以是贤之。又构二亭于府城别墅，曰寒碧、香晚，赵文敏公子昂书扁，翰林滕玉霄、提举白湛渊，当代名贤，俱有记述题咏。⑤

刘将孙《养吾斋集》卷三十二《茶陵谭见心墓志铭》：

[见心]游云阳，交其豪英，高下各得所愿。北方卢疏斋、完颜东皋，

---

① 《元人文集珍本丛刊》第 7 册，第 58 页；《四库全书》第 1211 册，第 56 页。
② 《元人文集珍本丛刊》第 7 册，第 152 页；《四库全书》第 1211 册，第 202 页。
③ 《元人文集珍本丛刊》第 3 册，第 302 页；《四库全书》第 1197 册，第 301 页。
④ 《四库全书》第 1199 册，第 215 页。
⑤ 清宣统元年刻本。

交聘主紫微。南大夫赵平远、邓平斋，遥寄属之；赵青山、王静得、滕玉霄，皆推重如平生欢。①

《元诗选》三集丙：

斌，一名宾，字玉霄，黄冈人。或云睢阳人。风流笃厚，见者心醉。往往狂嬉狎酒，韵致可人。其谈笑笔墨，为人传诵，宝爱不替。……至大间，任翰林学士，出为江西儒学提举。后弃家入天台为道士。②

邓 锜

《录鬼簿》：

邓玉宾同知

邓锜《道德真经三解序》末署：

大德二年戊戌秋日，玉宾子邓锜序。③

邓锜《平宋录序》：

大德七年，杭州路司狱官平庆安建白："大丞相太傅巴延（伯颜）公加封淮安王，谥忠武，创祠立石，列于武成王庙左。"又次第《平宋录》讫，大路推官王国宝请序其首。……大德甲辰秋七月朔，玉宾子邓锜序。④

[笺]《平宋录》卷首共有四篇序，邓序居第一。其二为方回序："求为此序者，前杭州司狱燕山平庆安。大德八年甲辰九月十五日，通议大夫、前建德路总管兼府尹方回撰。"其三为杜道坚序："司狱平庆安上言于朝，立太傅巴延公之祠于钱塘武成、忠烈二庙之间，未获先世之令典，以宜其施，惟著艾是求，次及于仆。夫为世功业，吾山林之士所不言也，谢不能已，复以所闻。……仆凤婴孤寒，寄迹黄老，飘举世外，何取何遗，以其谬于仆也，聊诵所闻酬其请。当涂杜道坚敬书。"其四为周明序，末署："大德八年岁在甲辰秋九月，前松江府正钱塘周明序。"（四库本《平宋录》卷首）

四序之作者，除邓锜外，周明事迹未知，方回生平见洪焱祖《方总管回传》："方总

---

① 《四库全书》第 1199 册，第 311 页。
② （清）顾嗣立编《元诗选》三集，中华书局，1987，第 118 页。
③ 明正统《道藏》本《道德真经三解》卷首，《全元文》第 36 册，第 236 页。
④ 《四库全书》第 408 册，第 1036 页。

管回,字万里,歙县人。……景定三年,以别院省元登第……出知建德府……至元[十三年]丙子春,奉宋太后及嗣君诏书,举城内附,改授嘉议大夫、建德路总管兼府尹。[十六年]己卯,入觐,迁通议大夫,依旧任。在郡七年,无丝发为利意,至卖寓屋,犹不足以偿逋。代归,不复仕。徜徉钱塘湖山间二十餘年。"(《新安文献志》卷九十五上)杜道坚生平,见赵孟頫《松雪斋集》卷九《隆道冲真崇正真人杜公碑》:"真人讳道坚,字处逸,杜姓,当涂采石人。自号南谷子。……真人生而神异,幼而超迈,年十四,得异书于异人,决意为方外游。乃辞母去俗,著道士服,师石山耿先生。继入茅山,披阅《道藏》,依中峰岩木葺巢以居。……属天兵南渡,所在震动。……真人冒矢石,叩军门见太傅淮安忠武王于故都,披胆陈辞,为民请命。王与语,大悦,恨见之晚。军麾为之敛兵,民社因之安堵,遂俾驰驿入觐帝阙。……皇明嘉其古直,屡赐恩光,真人感激圣知,莫知云报。……钦奉玺书,提点道教,住持杭州宗阳宫。大德七年,复被旨授杭州路道录。……延祐五年岁在戊午,真人在宗阳,时年八十有二,正月十一日微疾,取平生所有物,手自标题,散之亲旧,既而出偈遗诸弟子。十一日旦,顶中爆然有声而逝。"

由上引诸材料,知四人序《平宋录》时间均在大德八年(1304),地点皆在杭州。又知方回歙县(今属安徽)人,杜道坚当涂采石(今属安徽)人,周明钱塘人。平庆安作为燕山人刊行《平宋录》,不求序于北方名士,而付之南人,其中或有政治寓意在。《平宋录》作为歌颂新兴大元王朝的政治文本,其撰写与刊刻,都必然要获得官方许可。所以由南方人士来作序,盖有朝廷旨意。其寓意正在于彰显宋亡元兴乃"天意",弃宋投元实"人心所向"。然而这样的序言,南宋遗老们是绝不肯作的,那么只得由"内附"之臣来作,于是方回、杜道坚等人成为理想人选。杜道坚谓:"仆凤嬰孤寒,寄迹黄老,飘举世外,何取何遗,以其諏于仆也。"只有从这个角度出发,我们方能解答杜氏的疑惑。故有理由认为邓锜也应是南人,或在宋朝曾任官职。

此外,杜道坚序云:"司狱平庆安上言于朝……惟耆艾是求,次及于仆。"可知当时作序的人乃耆艾之辈。所以如此,盖惟耆艾辈曾见证大元王朝灭残宋这一"盛举",由此辈作证言,对当下民众更具一种说服力。这四篇序文的顺序并非随意安排,杜道坚谓"惟耆艾是求,次及于仆",可能是按撰者年齿长幼排序。方回生于宋理宗宝庆三年(1227),作序时年七十八,杜道坚生于宋理宗嘉熙元年(1237),作序时年六十八。故方序在杜序之前。又邓锜序作于大德八年(1304)七月,方回序在同年九月十五日,杜道坚序未署时间,周明序在同年九月,各自撰写的时间也有先后之别。四人中当以邓锜年岁最长。

胡聘之《山右石刻丛编》卷三十一《皇元加封大成至圣文宣王碑阴颂》:

> 奉议大夫、同知将作院事邓锜撰颂
> 延祐二年四月□日立石①

---

① 《续修四库全书》第907册,第730页。

[笺] 按《元史·武宗本纪一》，大德十一年（1307）秋七月，"加封至圣文宣王为大成至圣文宣王"。邓锜除奉议大夫、同知将作院事当即在大德十一年，是年撰《皇元加封大成至圣文宣王碑阴颂》。

《光绪广平府志》卷五《职官表·元》：
　　邓锜，皇庆二年广平路同知。加封鸡泽文庙碑。①

张伯淳《养蒙文集》卷八《送峄山邓同知》：
　　邓君名谱系，邂逅软红间。解组离京阙，题舆向峄山。秋清行色好，地僻宦情闲。已熟云霄路，何时报政还。②

周权《此山诗集》卷八《懒庵讲主得九江饼茶，邓同知分饷其半，汲泉试之，因次韵》：
　　解组归来万事轻，日长门巷淡无营。团香小饼分僧供，折足寒铛对客烹。色卷空云春雪涌，影沉江月夜潮生。一瓯洗却红尘梦，坐爱风前晚笛横。③

冯子振

《元史》卷一九〇《儒学传》：
　　攸州冯子振，其豪俊与[陈]孚略同，孚极敬畏之，自以为不可及。子振于天下之书，无所不记。当其为文也，酒酣耳热，命侍史二三人，润笔以俟，子振据案疾书，随纸数多寡，顷刻辄尽。虽事料酝郁，美如簇锦，律之法度，未免乖剌，人亦以此少之。④

《元史》卷十七《世祖本纪十四》：
　　[至元二十九年二月]，御史台月儿鲁、崔彧等言："冯子振、刘道元指陈桑哥同列罪恶，诏令省台臣及董文用、留梦炎等议。其一言：翰林诸臣撰《桑哥辅政碑》者，廉访使阎复近已免官，馀请圣裁。"……[五月]

---

① 清光绪二十年刻本。
② 《四库全书》第 1194 册，第 500 页。
③ 《四库全书》第 1204 册，第 47 页。
④ （明）宋濂等：《元史》，第 4340 页。

丁未，中书省臣言："妄人冯子振尝为诗誉桑哥，且涉大言，及桑哥败，即告词臣撰碑引谕失当，国史院编修官陈孚发其奸状，乞免所坐遣还家。"帝曰："词臣何罪！使以誉桑哥为罪，则在廷诸臣，谁不誉之！朕亦尝誉之矣。"①

《元书》卷五十《陈孚传》：

孚天才过人，善湘乡冯子振海粟，俱以任侠闻，而诗文亦俱名于时，著述在《艺文志》。子振官终集贤学士。②

陈衍《元诗纪事》卷九：

冯子振字海粟，攸州人，自号怪怪道人。仕为承事郎、集贤待制。③
[笺] 冯子振籍贯，有攸州、湘乡两说。"攸州说"以《元史》为代表，"湘乡说"除上引《元书》外，还有明人吴瑛《乡贤祠记》："弘治庚戌秋，予奉命来典是邑（指湘乡——引者）。时有复于予曰：邑有三贤。三国时有曰蒋琬者……宋淳熙中有曰王容者……元大德中有曰冯子振者，号海粟，博洽经史，工于诗文，有《梅花百咏》行于世，授翰林学士。之三贤者，成化初前令尝作堂于县南祠之，塑像其中，扁曰'三贤'。"（《嘉靖湖广通志》卷十五）应以《元史》"攸州说"为是，《元史》编纂者距元代时间较近，所记当更可信。

朱德润《存复斋文集》卷八《送冯海粟待制入京》：

人生百年间，会面能几何？昔年送公去，冰雪满长河。今年送公去，堤柳青婆娑。春塘漾轻舸，晓日生微波。柔橹数声动，游子行不歌。梦随征帆去，思逐春流多。落花粘空樽，错落金叵罗。聚散未足道，且使朱颜驼。

大鹏举千里，四海为盘涡。六翮振天表，天门高嵯峨。安得上天去，为公驻羲和。请照孤心丹，未管双鬓皤。众子不解此，徒以测海蠡。我想古先哲，言论耿不磨。物论自纷杂，天理终无它。何当附长楫，相与扣弦歌。④

王炼师《答冯海粟大学士》：

昂昂出群鹤，落落走盘永。九万上扶摇，八九吞云梦。落笔炯骊珠，雪霁天宇空。铿然出金声，天阙森欲动。愧我如孙休，款启敢嘲弄。怪奇赠长

---

① （明）宋濂等：《元史》，第360、362页。
② 《四库未收书辑刊》第4辑第15册，第386页。
③ （清）陈衍辑撰《元诗纪事》，李梦生校点，上海古籍出版社，1987，第184页。
④ 《四库全书存目丛书》集部第22册，第627页。

篇，莫报琼玖重。功成赤松游，泉石作清供。①

高启《高太史大全集》卷十《凤台二逸图》：

元集贤院待制冯海粟公，自号瀛洲客，尝被斥，游金陵凤凰台，作诗吊李谪仙。好事者为作《凤凰台游图》。近有诗示求题，赋此塞之。

谪仙昔作供奉臣，诗语不合妃子嗔。銮坡无地容侍直，锦袍来醉金陵春。金陵台高凤凰去，西望长安竟何处。江声空打石城潮，山色犹横历阳树。骑鲸一去五百秋，花草满径埋春愁。瀛洲老客绿玉杖，笑领宾客还来游。才气风流颇同调，曾入金门待明诏。当年流落不自悲，却问前人欲相吊。可怜二子遭清时，放逐江海空题诗。赖有高名足难朽，何用粉墨他年垂。夕阳栏槛登临后，谁复来游酹杯酒。屐痕寂寞隐苍苔，栖乌啼满台前柳。②

释道惠《庐山外集》卷一《凤凰台和冯海粟学士韵》：

漠漠晴云敞翠楼，月明双凤不来游。六朝古国千年梦，百尺高台万里愁。晋冢麒麟春寂寂，吴宫麋鹿日悠悠。当年佳丽今何在，潮落石城江自流。③

《庐山外集》卷三《江都和冯海粟学士重会韵》：

翰墨词章举世传，仙班曾侍玉皇前。麒麟掣断黄金锁，化作文星谪九天。才名九鼎重斯文，四海何人敢抗衡。石上旧盟应未冷，龙门再见老先生。④

张雨《贞居集》卷六《寄冯子振待制附天目僧过广陵》：

天目峰头一鹤回，白云持赠当寒梅。琼花观里开包处，寄得玄砂白纸来。三都一序争传赋，借重西州皇士安。惭愧山图经品藻，苦心留得后人看。昨日淮南召八公，扬州拟看醉围红。赚人鸡犬云中去，策转江头控鹤童。[1]⑤

[校] [1]《四部丛刊》本阙第三首。

宋无《翠寒集·上冯集贤》：

忠言如海胆如山，趣入金门虎豹间。玉笋晓班联鹭序，紫檀春殿对龙颜。

---

① 《全元诗》第 24 册，第 81 页。
② 《四库全书》第 1230 册，第 126 页。
③ 《全元诗》第 20 册，第 343 页。
④ 《全元诗》第 20 册，第 381 页。
⑤ 《四库全书》第 1216 册，第 358 页。

气凌百辟星辰动,赋就三都造化间。岂向长沙淹贾傅,淳风会见笔追还。①

贯云石《寄海粟》:
沧海归心绕薜萝,人间著处是行窝。花应有感娇先退,诗到无题料越多。明月遍山柔古木,夕阳到岸束沧波。一尊谨办红楼酒,唤起元龙听浩歌。②

吴元德《寄冯海粟》:
长沙冯待制,许我五言诗。一别三年已,平生几见之。才名司马共,心事大苏知。近日无书信,看云独立时。③

朱德润《存复斋文集》卷三《挽冯侍御》:
登高原而怅望兮,殒乔木于江城。谓耆德之方茂兮,将缙年而百龄。奚巫阳之下招兮,返帝阍之高明。衣吾邦之群彦兮[1],俾何从乎老成。昔公周流四方兮,涉世路之险平。乐林泉而栖迟兮,友渔樵而忘形。望笋舆之不再兮,揭丹旋于邮亭[2]。故乡遥兮亲戚惊,九原邃兮闷泉扃。惨物交兮鸟悲鸣,嗟孝子兮心茕茕。④

[校][1]"衣",或为"哀"之误。[2]"旋",或为"旌"之误。

刘诜《桂隐诗集》卷四《和赵子昂寄冯海粟二首》(自注:长沙易中卿得此卷,揭曼硕有和,易复索余和):
古今翰墨散如尘,昼夜荒荒走两轮。莫说钟王今不见,湖州学士白杨新。
老粟清名雪作宫,揭家健笔骥追风。闲思海内文章士,欹枕蕉花细雨中。⑤

张雨《贞居集》卷六《海粟、松雪、酸斋杂书一卷,戏题于左》:
长沙老笔混狂澜[1],刮耳鸥波点素纨[2]。翰墨风流作三笑,最怜白纻一生寒[3]。⑥

[校][1]"混狂澜",《元人十种诗》本、四库本注:"一作'戏波澜'"。[2]该句,《元人十种诗》本、四库本注:"一作'松雪凭谁染素纨'"。[3]"寒",《元人十种诗》

---

① 《四库全书》第 1208 册,第 321 页。
② 《永乐大典》卷一四三八三引,《全元诗》第 33 册,第 312 页。
③ 《全元诗》第 30 册,第 371 页。
④ 《四库全书存目丛书》集部第 22 册,第 590 页。
⑤ 《四库全书》第 1195 册,第 329 页。
⑥ 《四库全书》第 1216 册,第 357 页。

本、四库本作"酸",注:"一作'寒'"。

宋濂《宋学士文集》卷二十五《翰苑续集》卷五《题冯子振〈居庸赋〉后》:

海粟冯公以博学英词名于时,当其酒酣气豪,横厉奋发,一挥万馀言,少亦不下数千,真一世之雄哉。遗墨之出,争以重货购之。或刻之乐石,或藏诸名山,往往有之,则为人之宝爱可知矣。①

郑元祐《题冯海粟〈居庸关赋〉》:

冯翁耽耽老墨虎,啸风词林犷飞弩。熊罴象犀在不数,血人牙牙齿逾斧。有一婴之折汝股,横行妥尾孰敢侮。天门九关列翁伍,让翁先登翁孔武。丙班文章耀策府,葩华绮错杂织组。不于其夷于其阻,物不虎伤虎物迕。枝撑倒颠人汝苦,北登居庸豁心腑。飞峦去天仅尺五,黛拥岚浮动百堵。翠华北巡六飞举,从官车骑多如雨。翁如扬雄不罗缕,作赋铺陈传下土。如何大将建旗鼓,六师如云一掷赌。翁今骑箕还帝所,独遗手书作媚妩。得之者谁邓春父,菖蒲为菹范登俎。蛰喉戟唇不敢吐,还如天霜贷宿莽,物以多贵等束楚,爨妇炀灶喜欲舞。遂昌山樵手独拊,题诗愧无一字补,翁名星垂万万古。遂昌郑元祐敬题。②

凌云翰《柘轩集》卷四《和梅诗序》:

余幼时闻先辈言:海粟冯子振作文最为汗漫。一日,袖咏梅长句凡百首谒中峰本公,寻和之,冯大惊异。及详观二作,则知冯以正胜,本以奇胜,皆非末学所能至也。③

周瑛《翠渠摘稿》卷二《敖使君和梅花百咏序》:

梅为诗,一赋百绝,自冯海粟始;一赋百律,自僧中峰始。近学诗君子皆追和之,其思健矣。……夫冯海粟诸人,是以己之辞模写梅之态度。君特借梅之梗概发泄己之情怀,所指异矣。④

柯九思《丹邱生集》卷三《题冯子振横幅荷花图》:

水殿风生酒力微,三千宫女绿荷衣。美人应妒华随去,月色瑶阶未肯归。⑤

---

① 罗月霞编《宋濂全集》,第 868 页。
② (清)卞永誉编《式古堂书画汇考》卷十七,《四库全书》第 827 册,第 778 页。
③ 《四库全书》第 1227 册,第 831 页。
④ 《四库全书》第 1254 册,第 753 页。
⑤ 《续修四库全书》第 1324 册,第 424 页。

张宁《方洲集》卷二十《张抚军画卷跋》:

  武略将军张公廷鸾,以家藏画卷索题。……元人冯海粟所题词翰,亦跌荡放纵,意与象合。古人谓诗为有声画,又画家多用草书笔法,观此卷,信乎能相通也。①

王行《半轩集》卷九《沈荣甫墓志铭》:

  初,荣父之先君子游于故侍讲袁文清公(桷)之门,公每嘉其敦信义。时楚之长沙攸县人冯子振方张声誉,号海粟,以文翰自矜许。来吴,必主之,深加爱厚,为大书"积善"二字,殆以表其志也。②

镏绩《霏雪录》卷下:

  集贤冯海粟,博学强记。一日过宋子虚,子虚出其稿视之,冯疾读默识,遇佳句辄朗诵,终卷而止。明日,为子虚序之,一挥千馀言,昨所读者辄表而出之,次第不差。海粟平日豪隽,亦可概见矣。③

叶盛《水东日记》卷三《僧无言》:

  至讷无言,福严寺僧,善词翰。所交皆一代名人,赵松雪、冯海粟、柯丹丘、郑尚左、陈众仲,最后亦钱惟善辈。④

《同治攸县志》卷四十一《隐逸·元代》:

  陈允恭,字彦敬,体貌魁梧,寡言笑,工韵语。与同邑冯子振、云阳刘耕孙、清江周自强相友善。⑤

王逢《梧溪集》卷六《瞿仲谅先世云岩翁〈水云自在堂卷〉[1],赵松雪书,冯海粟序,在乌泾张氏旧月楼题》⑥

[校][1]"谅",四库本作"谦",注:"一作'谅'"。

吴澄《吴文正公集》卷二十三《致存亭记》:

  故同知东川路总管府事孙侯,笃行而能文,家富而身贵,年七十一而

---

① 《四库全书》第1247册,第468页。
② 《四库全书》第1231册,第406页。
③ 《四库全书》第866册,第681页。
④ (明)叶盛:《水东日记》,中华书局,1980,第26页。
⑤ 清同治十年刻本。
⑥ 《四库全书》第1218册,第811页。

终。翰林承旨姚端夫既铭其墓，集贤待制冯子振又表其墓，而予为撰墓隧之碑。①

[笺] 据同书卷三十三《有元同知东川路总管府事孙侯墓碑》，墓主孙氏，名登龙，字寿甫，江西宁都人。早年以进士贡。元兵南下，行省擢充南安路儒学正，秩满，授庆远、南丹、溪洞等处军民安抚司儒学教授。大德九年（1305），转授同知归仁州事。越七年，升同知东川路总管府事，不及拜命而卒，时至大四年（1311）十月，年七十一。次年十二月葬。

毛德琦《庐山志》卷十二上《山川分纪十一》：

中峰本在东林时，赵子昂、冯海粟皆与往来。本尝著《金刚经略义》以贻子昂，见超义邃，解《金刚》者，皆不能及。其所居庵，凡以十数，皆名幻住。其作庵也，冯、赵至为之躬运土木以执役云。②

曹光辅

白朴《天籁集》卷上【水龙吟】《遗山先生有〈醉乡〉一词，仆饮量素悭，不知其趣，独闲居嗜睡有味，因为赋此》注：

曹光辅教授凡和三十首，不能尽录，姑记其一云。③

《天籁集》卷上【水龙吟】《用前韵赠答光辅》：

倚栏千里风烟，下临吴楚知无地。有人高枕，楼居长夏，昼眠夕寐。惊觉游仙，紫毫吐凤，玉觥吞蚁。更谁人似得，渊明太白，诗中趣、酒中味。

惭愧东溪处士，待他年、好山分翠。人生何苦，红尘陌上，白头浪里。四壁窗明，两盂粥罢，暂时打睡。尽闻鸡祖逖，中宵狂舞，蹴刘琨起。④

张之翰《西岩集》卷一《和光辅吾友见示韵》：

人皆识余面，人孰知我心。问余心如何，学古不学今。十年清要地[1]，奔趋非所任。故人水东流，直道日西沉。几时有钟鼎，何处无山林。相为浪自苦，枕中车马音。南来了何事，一气空盈襟。回头长安道，尘土日益深。

---

① 《元人文集珍本丛刊》第 3 册，第 418 页；《四库全书》1197 册，第 454 页。
② 《四库全书存目丛书》史部第 240 册，第 110 页。
③ 《全元词》上册，第 261 页。
④ 《全元词》上册，第 234 页。

浩歌归去来，蕙带而兰衿。①

[校] [1]"清要"，国图藏翰林院抄本作"风宪"。

《西岩集》卷三《喜光辅府教授至》：

我生不才好友朋，往时云集江都城。年来一到一回少，廖然四顾如晨星。喜君分教在京口，渡江而来叩余扃。须眉秀隐浮玉色，牙颊清带中冷声。炎凉不作世俗态，款曲要写平生情。忽忽登舟别我去，孤怀得酒空峥嵘。北山判府旧同盟，芙蓉幕宾乃崇英。君归寄声道贱名，拂衣明日中州行，太行落落云间横。②

《西岩集》卷七《寄曹光辅扬州教授》：

吾曹莫道广文寒，世上无如此地安。宦海风涛无骇梦[1]，慈闱日月有清欢。诸生正慕孔常甫，一念要参邹志完。近日横江楼上望，为余曾倚北阑干。③

[校] [1]"宦海风涛无骇梦"，翰林院抄本作"宦海风扫涛无骇"。

[笺] 张之翰至元末由翰林侍讲学士出任松江府尹，卒于成宗元贞二年（1296）。其词集中尚有元贞元年清明节在松江的作品《金缕曲》（乙未清明）。故徐凌云《天籁集编年校注》推定曹光辅任镇江路和扬州路学教授应也在此期间，即至元三十年至元贞元年（1293~1295）。

王旭《兰轩集》卷十四《曹光甫真赞》：

堂堂乎儒林之人物，飘飘乎列仙之风骨。玉堂金马无妨他时之游戏，瑶水昆山有待神游之超忽。卷太虚之晴云，洗沧海之明月。尘埃不生，襟灵洞彻。乾坤万里，功名一发。高情可以遗世俗，逸气可以翻溟渤。呜呼！公之妙以为尽于斯欤？则丹青蝉蜕，未足以形胸怀之仿佛也。④

奥敦希鲁

杨果《大朝济渎投龙简记》：

今主上即位之后，常以边境未清，蝗旱间作为忧。故夙夜兢兢，深自克

---

① 《四库全书》第1204册，第366页。
② 《四库全书》第1204册，第381页。
③ 《四库全书》第1204册，第414页。
④ 《四库全书》第1202册，第871页。

责，谓不有祈禳，无以答上天谴告之意。择此十月，命嗣教诚明真人张志敬于中都大长春宫建金箓普天大醮七昼夜，凡星辰三千六百分位，以奉御忽都于思等摄行其礼。自十五日为始，至二十一日乃罢。是时天清气淑，万籁沉寂，其簪鸟环佩之仪，香灯酒果之供，近代以来，曾莫之睹。有此严肃，神其吐之乎？复命奉御严忠祐、掌籍张志仙、提举李志微诣济渎水府，于闰十一月初一日作醮六十四分位，投送金龙玉简，标记善功礼也。自兹之后，将见国祚延长，五谷丰登，四边宁谧，我主上奉天诚教之所致也。睹此盛德之事，敢不再拜书。至元七年闰月五日，前参知政事、少中大夫、怀孟路总管杨果记。承务郎、总判怀孟路事奥屯希鲁，武德将军、同知怀孟路事麻合马，少中大夫、怀孟路达鲁花赤贴木儿不花立石。①

白朴【木兰花慢】《覃怀北赏梅，同参政西庵杨丈，和奥敦周卿府判韵》：

记罗浮仙子，俨微步、过山村。正日暮天寒，明装淡抹，来伴清樽。行云黯然飞去，怅参横月落梦无痕。翠羽嘈嘈树杪，玉钿隐隐墙根。　山阳一气变冬温。真实不须论。满竹外幽香，水边疏影，直彻苏门。仿佛对花终日，拌淋漓、襟袖醉昏昏。折得一枝在手，天涯几度销魂。②

张之翰《西岩集》卷七《赠奥屯金事周卿》：

闻道扬镳出帝京，此心尝到邺南城。共传笔正如心正，独爱诗声似政声。六月阴霜冤已散，五原飞雨狱初平。绣衣本忘埋轮后，赖有当时慕蔺名。③

姚燧《牧庵集》卷二十三《故从仕郎真州路总管府经历吕君神道碑铭并序》：

时肇置江南诸道提刑，鄂屯实鲁为淮西宪副。按行所部，凡他路幕僚之不职者，多被汰黜。独以仪真，兵事既集，学校修举，寇攘屏迹，乡师里胥，推择有伦，特加赏异。白之行巡省，惟得斯人，力为荐汲，将加峻擢。后以僧格领尚书丞相，势焰薰天，惧抑其志。④

[笺]　据《元史·百官志》，至元十四年（1277）增立八道提刑按察司，曰江北淮东道、淮西江北道、山南江北道、浙东海右道、江南浙西道、江东建康道、江西湖东道、岭北湖

---

① 转引自姚永霞《文化济渎·碑影石声》，中州古籍出版社，2014，第211页。
② 《全元词》上册，第245页。
③ 《四库全书》第1204册，第408页。
④ 《四库全书》第1201册，第645页。

南道。奥敦周卿任淮西江北道宪副当即在至元十四年。（参宁希元《奥敦周卿家世生平考略》，谢伯阳编《散曲研究与教学》，浙江教育出版社，1992。）

方回《饶州路治中汪公元圭墓志铭》：

徽婺源回岭汪氏，世大族。公字功甫，晚号月山老人。……至元十三年丙子正月十九日，杭旧大臣纳国土于大元，二十五日徽城归附。公兄弟全民弭盗，力保乡井，会有二李之变，富珠哩敬军至，嘉公兄弟功多，呈省换授公江东军马总管，而以松坡知徽州事，以公代知县事。……十五年，江东道提刑按察副使奥屯行部兴学，公大喜，延名进士九江文天佑主文衡，拔儒彦，出税帑，立赏格，免徭给廪，士萎复振。①

方回《桐江集》卷二《徽州重建紫阳书院记》：

［至元］十五年，按察使者至，谋诸总府，以书院地与古郡学地两易，以溪山伟观为明明德堂，而书其颜。得向之名进士深于夫子之书者三人，前判官汪君一龙、曹君泾为之师，前堂长许君豫立为学正，相与搏缩租入，以其年冬，经始兴复。……服具器备，以十七年仲春丁祭告成。②

［笺］明代汪佑《紫阳书院建迁源流记》："〔宋〕端宗戊寅（至元十五年），按察副使奥屯希鲁谋诸总府，以书院地与古郡学地两易，取溪山伟观为明明德堂，山长汪一龙、曹泾协力兴创。郡人方回为记。"（《乾隆歙县志》卷十七《艺文志》）又张可久【越调·霜角】《紫阳书声》小令："谁向山中讲授？朱夫子，鲁先生。"此鲁先生即指奥敦希鲁。

曹泾《从仕郎扬州路通州判官弗斋先生陈公宜孙行状》：

公讳宜孙，字行可，号弗斋，取《中庸》五弗措之义，姓陈氏，徽州休宁人。……至元丙子，阖邑草窃起如沸麋，公殚竭己力，激勇衷智，勉相保聚，以俟王师之至。上功外省，遂知休宁县事。守土难，在乡土尤难，革运之际又大难也。公才识绝人，不慑不暴，拉强拊柔，扶倾葺坏，事无遗力，功不胜纪。其抗言于郡令，本邑得以籼米代输粳之窘，最为长便。居三年，乡邑大治。本道按察鄂通竹庵公始行部，以誉望知公，请为郡文学。……徽学之大坏而重新，公之力也。③

［笺］"本道按察鄂通竹庵公始行部，以誉望知公，请为郡文学。"《弘治徽州府志》卷八

---

① （明）程敏政编《新安文献志》卷八十五，《四库全书》第1376册，第395页。
② 《续修四库全书》第1322册，第398页。
③ （明）程敏政编《新安文献志》卷八十五，《四库全书》第1376册，第393页。

作:"江东宪使奥屯希鲁行部,礼请充郡庠教授。"可知鄂通竹庵即奥屯希鲁,"鄂通"与"奥屯",乃音译不同,竹庵是其号。

陈宜孙《学宾菊存郑公天麟墓志铭》:

公讳天麟,字德甫,自号菊存,志隐也。……岁乙亥,人詋兵戎,农释耒耜,民色若菜。公俯匐救助,遐迩毕粟。以故,人无摇心,德之者万喙。郡侯寺丞王公积翁以其事闻,累授职本路钤,阶至武节。谢曰:"吾安用此?"会本道提刑察使竹庵鄂通先生希鲁初行部,淬勉多士,于耆俊尤重。予时分教乡校,亟奉命礼公作宾,公曰:"乃吾志矣。"……公以丁丑十二月四日生,以癸未四月二十七日没。以己丑正月五日卜窆,盖歙县中鹄乡醴泉里颖源也。①

《弘治徽州府志》卷五《学校》:

元初,生徒解散,书版祭器之属,无复存者。自礼殿以至贡院,率为军营。前乡贡进士徐珣,首议兴复。至元十五年秋,江东按察副使奥屯希鲁按部,尽徙军屯于外,以还学舍之旧,礼请前进士陈宜孙充教授。经理田土,大兴工役,在任逾年,凡殿宇、讲堂、楼阁、斋庑,靡不构葺,又重创先贤阁。②

方信《新安志补》卷三《监司志补》:

奥屯希鲁,元初任江东宪使。行部,礼请休宁人陈宜孙充郡学教授,歙长龄人郑天龄充学宾。③

黎廷瑞《芳洲集》卷三【水调歌头】《寄奥屯竹庵察副,留金陵,约游扬州不果》:

腰缠十万贯,骑鹤上扬州。诗翁那得有此,天地一扁舟。二十四番风信,二十四桥风景,正好及春游。挂席欲东下,烟雨暗层楼。　紫绮冠,绿玉杖,黑貂裘。沧波万里,浩荡踪迹寄浮鸥。想杀南台御史,笑杀南州孺子,何事此淹留。远思渺无极,日夜大江流。④

---

① (明)程敏政编《新安文献志》卷八十八,《四库全书》第1376册,第443页。
② 明弘治刻本。
③ (明)方信:《新安志补》,肖建新、李永卉点校,安徽师范大学出版社,2012年,第29页。
④ (清)史简编《鄱阳五家集》卷三,《四库全书》第1476册,第309页。

《芳洲集》卷三【眼儿媚】《寓城思归竹庵留行赋呈》：

　　暖云挟雨洗香埃。刬地峭寒催。燕儿知否，莺儿知否，厮勾春回。　小楼日日重帘卷，应是把人猜。杏花如许，桃花如许，不见归来。①

史简《鄱阳五家集·芳洲集》卷首载黎廷瑞行状：

　　玉改鼎移，幽居十稔，以文墨自娱，种梅艺菊，雅意丘壑。而北方士大夫之来南者，闻公名，莫不愿见，既见，欢如平生。竹庵奥屯公希鲁、疏斋卢公挚、竹居姚公燧廉问之日，以歌诗、乐府相唱答。竹庵巡行郡属，必与公同行。所至击强锄奸，如雷霆风雨，咸谓神明，公盖有力焉。②

汪梦斗《北游集》卷上《奥屯周卿提刑去年巡历绩溪，回日有诗留别，今依韵和呈》：

　　皇华曾为歙山留，笑杀扬人泛泛舟。偶话后天非定位，悬知此辈固清流。一灯雪屋虫声细，匹马晴川草色秋。倚杖儒宫桥下水，梦魂须忆旧来游。③

危素《危太朴文续集》卷四《吴仲退先生墓表》：

　　先生讳存，仲退其字也，汉长沙文王之裔。王尝读书鄱阳鄡阳山下，子孙居之，号为学堂里，蕃衍昌大，世多显人。……先生生于宝祐五年二月，少力学，有卓识，以童子试有司，乡先生吴公中行、李公谨思皆折行辈内（纳）交，俊声四驰。国初，部使者姚公燧[1]、卢公挚、奥屯公希鲁行郡至鄱，皆勉之出仕，而先生不答。④

[校][1]"燧"，《元人文集珍本丛刊》影印刘氏嘉业堂刊本作"燵"，从乾隆二十三年刻本《危学士全集》卷十二改。

罗天益《卫生宝鉴》卷五《虚中有热治验》：

　　建康道按察副使奥屯周卿子，年二十有三，至元戊寅三月间，病发热，肌肉消瘦，四肢困倦，嗜卧盗汗，大便溏多，肠鸣不思饮食，舌不知味，懒言语，时来时去，约半载馀，请予治之。……戒以慎言语，节饮食，惩忿窒欲，病气日减。数月，气得平复。逮二年，肥盛倍常。⑤

---

① （清）史简编《鄱阳五家集》卷三，《四库全书》第 1476 册，第 309 页。
② 《四库全书》第 1476 册，第 268 页。
③ 《四库全书》第 1187 册，第 452 页。
④ 《元人文集珍本丛刊》第 7 册，第 536 页。
⑤ 《续修四库全书》第 1019 册，第 95 页。

俞德邻《佩韦斋集》卷十《奥屯提刑乐府序》：

至元丙戌，余留山阳，宪使奥屯公以乐府数十阕示，豪宕清婉，律吕谐和，似足以追配数公者。……余尝与张君达善读公之诗，铿铿幽眇，发金石而感鬼神，及造公之庐，几案间阒无长物，惟羲、文、孔子之《易》，薰炉静坐，世虑泊如，超然若欲立乎万物之表者。①

《元史》卷一五一《奥敦世英传》：

奥敦世英，女真人也。其先世仕金，为淄州刺史。岁癸酉，太祖兵下山东，淄州民奉世英及弟保和迎降，皆授以万户。世英倜傥有武略，由万户迁德兴府尹。……保和由万户升昭勇大将军、德兴府元帅，锡虎符，改雄州总管。寻以元帅领真定、保定、顺德诸道农事，凡辟田二十余万亩。改真定路劝农事，兼领诸署。……年五十六，致仕。保和四子：希恺、希元、希鲁、希尹。……希鲁，澧州路总管。②

姚燧《牧庵集》卷五《澧州庙学记》：

至元十有四年，肇置诸道提刑按察司，而澧在山南湖北道所纠郡。二十年，燧副使是道。明年，按部至焉。……后时议不欲诸道纠郡者错壤江之北南[1]，改为肃政廉访，澧遂割入江南湖北。元贞乙未，居民不戒于火，庙为延烧。总管是道者，故鄂屯实鲁将复之，俾计吏最其学租，直才五千余缗，曰："是所谓时诎而举赢者也。"乃下令郡士在籍多田者，劝之佐为，凡又得万缗。委材集工，责校官李寓、学正张子仁身敦其役。……庭咏俾子仁求记所由兴作于翰林学士、朝请大夫、知制诰、同修国史姚燧。大德己亥冬十有一月日短至，书于鄂之南阳书院楚梓堂。③

[校][1]"时议"，《元文类》卷二十八、清抄本作"延议"。

[笺]《元史·奥敦世英传》记周卿官澧州路总管，这应是他最后的官职。姚文作于大德三年己亥（1299），称"故鄂屯实鲁"，可知其卒年在大德三年前。

贡奎《云林集》卷六《题奥屯沧江宪使所藏〈八骏图〉》：

联翩八骏下云关，谁识神骢咫尺间。万里汉阳春草碧，可能无意到天闲。④

---

① 《四库全书》第1189册，第77页。
② （明）宋濂等：《元史》，第3578页。
③ 《四库全书》第1201册，第456页。
④ 《四库全书》第1205册，第657页。

傅若金《傅与砺诗集》卷五《题奥屯主簿藏其叔沧江公翰墨》：

从父旧为湖北使，老年亦就汉阳居。晴登大别题黄鹤，暖立沧江玩白鱼。杜佐未忘工部学，庾郎休慕右军书。只今耆旧凋零尽，抚养伤怀泪满裾。①

贡师泰《玩斋集》卷三《题奥屯秋江墨迹》：

沧江渺何许，岁晚正愁予。密谏囊无稿，闲吟卷有书。青天来鹭鸶，秋水照芙蕖。风致今谁似，令人忆使车。②

刘致《鲜于枢书韩愈〈进学解〉跋尾》（拟题）：

鲜于困学之书，始学奥敦周卿竹轩，后学姚鲁公雪斋。为湖南宪司经历，见李北海《岳麓寺碑》，乃有所得。至江浙，与故丞（承）旨赵公子昂诸人游处，其书遂大进。以之名世，行草第一。③

王修甫

王恽《秋涧先生大全集》卷七十四《水调歌头·送王修甫东还》：

樊川吾所爱，老我莫能俦。二年鞍马淇上，来往更风流。梦里池塘春草，却被鸣禽呼觉，柳暗水边楼。浩荡故园思，汶水日悠悠。　洛阳花，梁苑月，苦迟留。半生许与词伯，不负壮年游。我亦布衣游子，久欲观光齐鲁，羁绁在鹰韛。早晚西湖上，同醉木兰舟。④

[笺] 据孙楷第考证，汶水出泰安州莱芜县，西南流至东平须城西南十里入济。北折而东入海，所谓大清河也。王词云："浩荡故园思，汶水日悠悠。"知修甫东平人。西湖在东平。元好问《出东平》诗："东园花柳西湖水，剩著新诗到处夸。"（《遗山集》卷九）刘云震《访杜仲梁不遇》诗："东湖花草西湖月，不管文园旧柳长。"（鲜于枢《困学斋杂录》）皆谓此西湖。

---

① 《四库全书》第 1213 册，第 250 页。
② 《四库全书》第 1215 册，第 549 页。
③ 转引自《中华五千年文物集刊·法书篇八》，中华五千年文物集刊编辑委员会，1986，第 124 页。
④ 《四部丛刊》影印明弘治翻元本。另参《四库全书》第 1201 册，第 101 页。

《秋涧先生大全集》卷十四《赠王修甫》：

樊川风调锦囊诗，邂逅青楼豁所思。得酒爱浇吟舌健，放谈时露剑锋差。香翻月户情难极，风入庭梧鬓已知。过眼纷华终寂寞，望君冠盖凤凰池。①

《秋涧先生大全集》卷十六《挽王修甫》：

时客死于燕。君有《燕都怀古》词，内有"恨满西山秋色"之句。至元元年在东平时，屡向余道。

大梁东郡卫南郎，尊酒论文几度逢。少日才情惊小杜，中州人物惜元龙。长歌老骥壶空缺，秋色西山恨更浓[1]。五十五年成底事，一丘露草泣吟蛩。②

［校］［1］"更"，弘治本同元刊明补本，荟要本、四库本作"转"。

［笺］《元曲家考略》谓，至元元年（1264），秋涧官中书省左司都事，坐诬免归，复出为东平幕官。今《秋涧集》卷十四所收诗，多是蒙古宪宗时及中统初年诗。卷十六所收诗，多是至元六年至十二年诗。故余疑秋涧赠修甫诗，乃蒙古宪宗时作。挽修甫诗，乃至元十年前后作。至元十年修甫年五十五，知其当生于金末，与秋涧为同时侪辈。

王嘉甫

元好问《遗山先生文集》卷十八《嘉议大夫陕西东路转运使刚敏王公神道碑铭》：

岁己酉冬十月，故户部尚书王公之子元庆涕泗谓某言："先公弃诸孤养徐三十年矣，惟是转徙南北，无归祔之望。乃今始克襄事。墓当有碑，碑例有铭，今属笔于子，使不肖孤获免于有不称之罪，则瞑目为无憾矣。"……谨按御史张天纲所撰行事之状而论次之。公讳扩，字充之，族王氏，世为定州永平人。……公孩幼嗜学，甫冠，从乡赋，即有声，时辈无不推伏。擢明昌五年甲科，释褐邓州录事。朝廷更定律令，留公不遣，再调怀安令，廉举徐州观察判官，召补尚书省令史，考满，授同知德州防御使事。以山东旱，命驰驿赴官，遂专赈贷东平诸郡。公所至，推次乏绝，人受实惠，豪猾不得夤缘为奸。……泰和五年，吴曦纳剑外五州内属，公以选为顺化军节度副使，未至，州反为宋，陕西安抚司奏公为经历官，俄改真定府判官。八年三月，擢拜监

———
① 《四部丛刊》影印明弘治翻元本。另参《四库全书》第1200册，第168页。
② 《四部丛刊》影印明弘治翻元本。另参《四库全书》第1200册，第194页。

察御史。……大安三年，授同知横海军节度使事。贞祐初，改签河东北路按察司事。二年，太原受兵，赖公保完，宣抚司上其功，进太中大夫、本路按察副使，兼同知转运使事。明年七月，召为行宫尚书、户部侍郎，寻擢河南路都转运使。南渡以来，庶务草创，皆倚公而办，不数月，纲纪大小截然一新，朝誉归焉。……［兴定］二年五月，迁陕西东路转运使，依前行六部尚书。公自以时运不偶，年六十三即以谢事为请。寻迁嘉议大夫，致仕。先患疽发背，至是增剧，以闰三月十有五日，薨于私第之正寝。越三日，权殡于长安南慈恩寺。太常考行，谥曰刚敏。……子男三人：元庆，其长，仕为归德行六部郎中；次未名而卒；次元亨，业进士，赵出也。……元庆、元亨以某年某月奉公之柩祔于某原之先茔。①

刘敏中《中庵先生刘文简公文集》卷十六《济南王处宜鸠金疏》：

济南王处宜寓轩，尚书刚敏公之孙，嘉甫教授先生之子。幼服庭训，勤礼好学，卓然有干蛊孝友之称。咸谓名德之后，变化必速。而比年生理益迫，箪瓢屡空。家世完州，先垄攸在。父殁，藁殡历山，无由归葬。兄弟飘泊，邈在江淮。孀亲阙甘旨之奉，数口无朝夕之给。虽其所守弗易，然困已至矣。……

服循彝训守天彝，一振家声故未迟。云海寒多雁行断，竹花实晚凤雏饥。孀亲甘旨将谁责，藁殡风霜只独悲。进食王孙不图报，此心恻隐果难欺。②

王恽《秋涧先生大全集》卷十四《送王嘉父》：

新知虽乐道弥亲，樽酒灯前便故人。时宦尽从闲处着，浩歌还爱醉时真。红莲幕府名兼隐，春草池塘句有神。恨煞百门山下水，锦波流不到东秦。

一见襟期倍所闻，雾岩玄豹隐奇文。清樽浩月应无几，赤日黄尘邈尔分。浊酒可因微恙止，天葩宁为舞裙芬。百年湖海论文地，兴在天东日暮云[1]。③

［校］［1］"天"，抄本同元刊明补本，荟要本、四库本作"江"。

《秋涧先生大全集》卷七十六【太常引】《送王嘉父》：

去年鞍马客南廊。奈告别，苦匆匆。今岁又相逢。喜客舍、清樽屡同。

---

① 《四部丛刊》影印明弘治戊午刊本。另参《四库全书》第1191册，第204页。
② 《北京图书馆古籍珍本丛刊》第92册，第406页。
③ 《四部丛刊》影印明弘治翻元本。另参《四库全书》第1200册，第163页。

仲宣楼上，杜陵幕下，着处话途穷。好去汉元龙。道休着、青春负公。①

《秋涧先生大全集》卷二十四《寄赠王嘉父》：

十日休闲一到衙，冷官滋味贾长沙。醉归多趁湖南月，马上披香直到家。②

刘敏中《中庵先生刘文简公文集》卷二十三《王嘉甫恕斋》：

此心天地与氤氲，彼我皆同在一仁。宁我负人无我负，世间真有死心人。③

《中庵先生刘文简公文集》卷十一《先府君迁祔表》：

先君本讳昌，后更景石，字文瑞，姓刘氏，济南章丘人。世业儒。……年六十有八，以疾终于济南私第之正寝，实至元二十三年丙戌五月二十日也。……其平生盖如此。故一时名胜耆宿居济南者，如长山张清真参议、清阳张澹然郎中、益津高敬斋提学、大定郭阅庵先生、邢州智先生、中山王嘉甫详议，皆相与折节为忘年游。④

程钜夫《刘景石神道碑》[1]：

谨按：公讳景石，字文瑞。章邱人。……历济南总府、山东转运经历，奉职不回。久之，自以刚洁不能低昂，以疾免归。日与长山张参议道亨、清阳张郎中辅之、益津高提学文伯、大定郭处士阅庵、邢州智处士澄叔、中山王详议佳甫为忘年交[2]。商校经义，评论古今，以夜继日。……［至元］二十三年丙戌五月二十日以疾卒，春秋六十有八[3]。⑤

［校］［1］该文又见于《雪楼集》卷二十，题作《彭城郡刘文靖公神道碑铭》。［2］自"长山张参议道亨"至"中山王详议佳甫"，《雪楼集》作"长山某参议、清阳张郎中、益津高提学、大定郭处士、邢州智处士、中山王详议"。［3］"二十三年丙戌五月二十日以疾卒，春秋六十有八"，《雪楼集》作"至元二十四年八月十三日卒，年六十七"。

［笺］刘景石卒于至元二十三年（1286），年六十八，则生年在金宣宗兴定三年（1219）。王嘉甫视景石为"名胜耆宿"，其年至少长景石十岁。如此，嘉甫生年当不迟于1209年。（参宁希元《王嘉甫生平小考》，《殷都学刊》2003年第1期。）

---

① 《四部丛刊》影印明弘治翻元本。另参《四库全书》第1201册，第124页。
② 《四部丛刊》影印明弘治翻元本。另参《四库全书》第1200册，第292页。
③ 《北京图书馆古籍珍本丛刊》第92册，第494页。
④ 《北京图书馆古籍珍本丛刊》第92册，第357页。
⑤ 《道光章邱县志》卷十四《金石录》，《辽金元石刻文献全编》第3册，第442页。

盛如梓《庶斋老学丛谈》卷中上：

杨起宗说：汴京熙春阁，历金国不毁。有诗题于上云："一阁看来尽鬼工，太平天子侈心雄。连天老蜃千年气，跨海金鹏两翅风。人说飞来尘世外，天教不堕劫灰中。最怜寂寞熙春字，犹带斜阳照故宫。"余谓必通好时使臣经游而题。厌次刘景陆来为宪幕，叩之，云王嘉甫国宾诗也。①

［考辨一］

据《庶斋老学丛谈》、刘敏中《王嘉甫恕斋》诗，王嘉甫字国宾，号恕斋。又据刘敏中《先府君迁祔表》，知嘉甫为中山人，曾出任山东详议官。这与王恽《送王嘉父》诗中"红莲幕府名兼隐"和"锦波流不到东秦"语相合。"东秦"即齐。"红莲府幕"，是谓嘉甫曾任山东幕府官。元代有王利用字国宾者，《元史》卷一七〇有传："王利用字国宾，通州潞县人。……中统初，命监铸百司印章，历太府内藏官，出为山东经略司详议官。""利用每自言，平生读书，于'恕'字有得焉。"所记与王嘉甫无不吻合。惟刘敏中谓嘉甫中山人，《元史》记王利用通州人。元中山府属真定路，通州属大都路。此略有小异。孙楷第以为此王国宾与曲家王嘉甫非一人，而门岿认为二人系同一人（《录鬼簿笺校》手稿）。据《元史》，王利用大德二年（1298）任安西、兴元两路总管。未几，致仕。按元代官制，七十致仕。则其生年约在金正大六年（1229），卒年在大德九年（1305），享年七十七。年辈与王恽相若。

又王磐《玄门嗣法掌教宗师诚明真人道行碑铭》记有王恕斋，诚明真人张志敬尝从之学诗。此王恕斋乃王元粹，后止名粹，平州（今河北卢龙）人，遗民入全真道者（见《中州集》卷七）。《道行碑铭》载："师姓张氏，讳志敬，字义卿，燕京安次人。……八岁送入长春宫，礼真常李真人为师，给使左右，朝夕未尝离。真常本儒者，喜文学，而师性敏悟，善诵习，工书翰，又谨饬如成人，故真常爱之特异。恕斋王先生以诗名当世，而清高绝俗，栖止道宫，真常命师从之学。……以至元七年冬十一月十有七日化，享年五十有一。"②

至于刘因《嘉甫从亲王镇怀孟》诗之"嘉甫"，未知是否即王嘉甫。单

---

① 《四库全书》第 866 册，第 533 页。
② 《全元文》第 2 册，第 302 页。

就"孝弟燕南选"句看,似有可能。附录于此,以俟考。《静修先生文集》卷七《嘉甫从亲王镇怀孟》:"兹游真可乐,兔苑更枌榆。孝悌燕南选,文章郝氏徒。早年多急难,晚节足欢娱。寄语贤儿侄,诗书是远图。"①刘因诗中所谓"亲王",即世祖孙答剌麻八剌,裕宗之子,武宗、仁宗之父,后追谥昭圣衍孝皇帝,庙号顺宗。至元二十八年(1291),诏答剌麻八剌出镇怀孟。未至,以疾召还。明年卒,年二十九。(《元史》卷一一五本传)

[考辨二]

蒲道源《顺斋先生闲居丛稿》卷十二《木兰花慢·寿王国宾总管》:

数当今人物,问谁似,玉堂仙。但苏子才名,居中未几,补外何偏。天公意深有在,要周流、海内作师传。万古斯文正脉,一生前圣遗编。　胸襟理胜自超然。虽老未华颠。念厚禄崇资,真成大耐,何计荣迁。心期岁丰民乐,更公庭、无讼酒如川。唤取梅花为寿,看它老桧千年。②

鲜于枢

赵孟頫《与鲜于枢尺牍》:

陆沉于尘土中,不得致书,悬仰之怀,何可云喻,即日伏惟动静胜常。昨见教化公,言有铜器见赠,留足下处,望附良便,发与湖州舍下为感。都下绝不见古器物,书画却时得见之,多绝品,至有不可名状者。有晋人谢稚《三牛图》,妙入神,非牛非麟,古不可言。近见双幅董元著色大青大绿,真神品也,韩幹《明皇试马》、张萱《日本女骑》,皆真迹。若以人拟之,是一个无拘管放泼底李思训也。上际山,下际幅,皆细描,浪纹中作小江船,何可当也。又两幅《屈原》《渔父》,又一轴《江乡渔父》,皆董元绝品,并双幅,不得不报耳。鲁公自书《太子少师告朝回马病帖》《乞米帖》《怀素客舍》等帖,伯时《天神鬼马》,妙,又《驴鸣马惊图》。因赵彦伯侍郎南去,辄附片纸,近有新收,不惜报示也。正远唯善护与息,不宣。四月廿四日,

---

① 《中华再造善本》影印元至顺元年宗文堂刻本。
② 《中华再造善本》影印元至正十年刻本;《四库全书》第1210册,第670页。

孟頫再拜。伯几想安胜，便中冀为道意。①

赵孟頫《赵子昂诗集》卷四《题〈西溪图〉赠送鲜于伯几》[1]：

　　山林忽然在我眼，揽袂欲游嗟已远。长松谡谡含苍烟，平川茫茫际层巘。大梁繁华天下稀，走马斗鸡夜忘归。君独胡为甘寂寞，坐对山水娱清晖。西溪先生奇崛士，政可着之岩泽里[2]。数间茅屋夜不关[3]，中有神光发奇字。绿蘋齐叶白芷生，送君江南空复情。相思万里不可见，时对此图双眼明。②
[校][1]诗题，四库本无"送"字，"几"作"机"。[2]"泽"，四库本作"石"。[3]"夜不关"，四库本作"破不修"。

白珽《湛渊遗稿补·武陵胜集序》：

　　大风振屋，积雪压头，余方拨榾柮，课二雏，读《袁汝南传》。闻户外策策有除雪声，吾西溪子也，顾余曰："王马曹中夜歌《招隐》，思戴安道，便挐舟规往，及门而返，何其兴之易尽也。我则不然，道阻且长，不见不止。"俞伯奇北道主人，在上人方外友，闻而载酒肴来，相与赏会。珠玉在侧，琴瑟在御，一抚一杯，颇极适。临檐弄翰，雪霏霏著腕不暇顾；狂谈雅谑，小饮大欢。计胜践一时，不多见于人世间也。因拆"飞入园林总是春"为韵，人赋五言。仇仁近、张仲实、邓善之，皆周旋人，闻此亦为我助喜，用馀三韵征之。噫！一月九白，此何时也。饥夫冻人，有不忍言。彼健者，贵有力者，居当拥狐貉，吐气如虹霓，扫庭结客，讴低斟浅。出则擎苍鹰、牵黄犬，水南山北，驰击飞走，耳后风生，鼻端火出之为快。顾子当代名流，方栖栖然。策款段马，走寂寞滨，觅一穷措大谈。邂逅相遇，独不畏彼指而笑之耶？西溪子曰："不笑不足以为道，不惟彼笑我，吾亦自笑吾。"于是举满引白，相视一笑。溪，实汴梁人鲜于伯几，乐西溪山水，因以自号云。至元丁亥十有二月二十，钱塘白珽廷玉甫序。③

白珽《湛渊遗稿》卷中《玉清宫与赵达夫、鲜于枢联句二首》（自注：宫在西湖锦坞，宋绍定初建）：

　　湖光（一作田）漠漠水禽飞，（达夫）堤柳斜斜带夕晖。（枢）二月江

---

① 转引自武波《〈全元文〉补遗八篇：赵孟頫（附赵雍）书法遗文》，《古籍整理研究学刊》2015年第3期。
② 《中华再造善本》影印元至正元年虞氏务本堂刻本；《四库全书》第1196册，第626页。
③ 《丛书集成初编》，第25页；《全元文》第13册，第295页。

南好天气,(珽)初阳台上惬春衣。(枢)

巾子峰头舣钓船,(达夫)初阳台上坐鸣弦。出云高树明残日,(珽)过雨苍苔泣细泉。(枢)绝俗谁能继遐躅,凌虚我欲学飞仙。(达夫)还家正恐乡人问,(珽)化鹤归(一作重)来知几年。(枢)①

俞德邻《佩韦斋集》卷九《困学斋记》:

渔阳鲜于君以英才逸气,妙年为台省所知,已而佐宣闽,裨漕计,幕谋椽笔,翕然称之。阶是而钜官要职,犹探诸怀而取之也。君慨然曰:"吾少弗克自力于学,今且仕,怀空抱虚,吾心恧焉。"于是投簪解绂,卜宅钱塘之西,葺小斋,扁曰困学。置书算琴瑟其中,古鼎彝环列左右。暇之日,冠藤冠,焚香端坐,绅今绎古。客或至,躧屣拂席,相与剧谈名理,率移晷乃去。世以此奇之,亦以此疑之。②

戴表元《剡源集》卷二《困学斋记》:

丁亥之春,余识鲜于伯几于杭。方是时,伯几以材选为三司史掾[1],意气雄豪。每晨出则载笔椟,与其长廷争是非,一语不合,辄飘飘然欲置章绶去,渔猎山泽间而后为快。轩骑所过,父老环聚指目曰:"此我鲜于公也。"及日晏归,焚香弄翰,取数十百年古鼎彝器,陈诸阶除,搜抉断文废款,若明日急有所须而为之者。门无褒宾,至则相对吟讽松竹之间。或命觞径醉,醉极作放歌怪字,亦有足悦。余虽龌龊,骤见伯几如此,真以为世外奇崛不凡人也。别去五年复来,名字黯然无闻。问之,云伯几比来懒不耐事,闭门谢客。方营一室,名曰困学之斋,将收放心而求寡过焉。余闻之叹曰:"嘻乎!世有如伯几之材而待困学者乎?然如其言,自不失为奇士。诸葛孔明高节不仕诸侯,一出成鼎足之业,其终身本志,乃云抱耒躬耕,作南阳田舍翁耳。嵇康人中龙,不以三公易冶锻之乐。彼其雍容揖让、进退翛然,岂无学人所为哉?今吾伯几推而进诸嵇、葛之俦,固所未逊,其屈折就此,殆似为世故所困耳。夫困道尚多,伯几不困于嗜欲,不困于荣辱得丧之故,逾于常人何止万万。就其所好,虽贤而未免于累者,而愈轻之,使如纪渻子之木鸡,亢桑畏垒之说,岂不为学之愈成哉?"于是知伯几者皆曰:"子之言于伯几为

---

① 《丛书集成初编》,第15页;《全元诗》第14册,第162页。
② 《四库全书》第1189册,第66页。

宜，盍以为困学之记。"是为记。①

[校][1]"三司史"，黄丕烈校跋本、何焯校本作"台府郎"。

萨都剌《雁门集》卷三《再泊钓台次鲜于伯机韵》：

富春山下桐江渡，今古舟车南北路。敢将一片利名心，重宿高人钓游处。客星去后无人住，苍山白水还朝暮。沙鸥也解避红尘，见人飞上沧洲去。②

张伯淳《养蒙文集》卷八《次韵伯几寄示〈游西湖白莲寺〉二首》：

乐事从闲得，新诗以道鸣。何人追惠远，入社有渊明。深院不受暑，迅雷多快晴[1]。遥知出山兴，如过虎溪清。

波定潜鱼适，林深白鸟明。村居忘物我，秋日弄阴晴。久别何因尔，相思太瘦生。读君五字律，可以擅长城。③

[校][1]"晴"，四库本作"情"，与上联"暑"失对，从国图藏清钞本改。

方回《桐江续集》卷十三《次韵鲜于伯几〈秋怀长句〉》：

逾燕涉漠将十霜，西风满眼榆林黄。时逢北客话围场，鞍马意气犹扬扬。骆驼红乳蒲萄酒，袒割一醉千百觞。君今病痁卧南方，掉头不顾尚书郎。紫阳山人饿欲死，江湖一壑秋田伤。哀歌相和意惨怆，夜视宇宙何茫茫。④

《桐江续集》卷十三《次韵鲜于伯几〈秋怀古体〉》：

斯人晚始识，浪走天下半。既将戟为髯，更用田作面。大材异拱把，劲翮谢笼绊。去年主糟丘，稍厌盆盎乱。忸怩较毫厘，踊跃凌汗漫。今年灶产蛙，田里足咨怨。民穷如受围，合遣老将援。医王殊不灵，疟鬼未即窜。卧念为鱼者，厄运孰与逭。羸马仅刍秣，稚子且葵苋。大似周南留，宁有东平恋。或报御史除，摇首亦弗愿。点勘篆籀古，掇拾简编断。秋雨吟斋灯，夜月邻砧练。一醉洗抑郁，岂无爱酒伴。蠖屈未可欺，鹏抟讵能算。⑤

---

① 《四库全书》第1194册，第32页。
② 《中华再造善本》影印明成化二十年张习刻本。
③ 《四库全书》第1194册，第500页。
④ 《四库全书》第1193册，第378页。
⑤ 《四库全书》第1193册，第378页。

《桐江续集》卷十三《鲜于伯几举近诗，有一官屡厄黄杨闰之句，忘其全联，因赋呈之》：

与世相违已背驰，樽前各举近吟诗。一官屡厄黄杨闰，万卷难充画饼饥。浪说炎蒸今可畏，悬知摇落即堪悲。山潜涧蛰吾当去，自有髯侯奋迅时。①

梁曾《鲜于伯机有鹤死非命，瘗之西湖，士大夫多有诗悼之，因作》：

翠柏屏前竹阑曲，几见翩翾雪衣舞。平生风云万里心，零落湖山一丘土。世间万事不可虞，奇祸何由也到渠。不见嵇康遭杀戮，令人空叹养生书。②

赵孟頫《赵子昂诗集》卷一《追作伯几哀词》：

生别有再逢，死别终古隔。君死已五年，追痛犹一日。我生大江南，君长淮水北。忆昨闻令名，官舍始相识。我方二十馀，君发黑如漆。契合无间言，一见同宿昔。春游每挐舟，夜归常促席[1]。气豪声若钟，意奋髯类戟[2]。谈谐杂叫啸，议论造精核。巍煌商鼎制，驵骏汉马式。奇文既同赏，疑义或共析。锦囊装玉轴，妙绝晋唐迹。粲然极炫耀，观者咸辟易。非君有精鉴，畴能萃奇物。最后得玉钩，雕琢螭盘屈。握手付馀玩，亲喜见颜色[3]。刻意学古书，池水欲尽黑。书记往来间，彼此各有得。我时学钟法，写君先墓石。江南君所乐，地气喜卑湿[4]。安知从事衫，竟卒奉常职。至今屏障间，不忍睹遗墨。凄凉方井路，松竹荫空宅[5]。乾坤清气少，人物世罕觌。绯袍俨画像，对之泪沾臆。宇宙一何悠，悲酸岂终极。③

[校][1] "归"，四库本作"坐"。[2] "奋"，四库本作"愤"。"类"，四库本作"屡"。[3] "亲"，四库本作"欢"。[4] "喜卑"，四库本作"苦下"。[5] "空"，四库本作"真"。

陆友仁《研北杂志》卷下：

鲜于枢，字伯机，渔阳人也。少为郡吏，后以材选为行御史大夫掾。……于废圃中得怪松一株，移植所居旁，名之曰支离叟。中岁益自刻苦读书，故自号困学。伯机美须髯，望之甚伟。卒年五十七，终征仕郎、太常典簿。赵子

---

① 《四库全书》第 1193 册，第 371 页。
② （清）顾嗣立、席世臣编《元诗选》癸集，吴申扬点校，第 197 页。
③ 《中华再造善本》影印元至正元年虞氏务本堂刻本；《四库全书》第 1196 册，第 620 页。

昂为诗哭之,观其诗,可以见伯机之为人矣。①

张伯淳《养蒙文集》卷八《挽鲜于伯几二首》:

　　福星推乃祖,济美旧家声。浙水分乡社,湖山合墓茔。词华推哲匠,幕府负平生。犹想池亭上,高谈四座倾。
　　廿载论文稔,闲中屡盍簪。北来凝望眼,西去报归音。诗好空遗墨,人亡不问琴。幽明从此隔,庭树看成阴。②

戴表元《剡源集》卷二十《鲜于君真赞》:

　　不可以为山泽之臞,亦不可驰骛于功名之途。夷乎?惠乎?鲁狂之徒乎?③

吴师道《吴正传先生文集》卷十七《鲜于伯几书赠弟桂手帖》:

　　中原大儒遗山先生尝云,有神降一士人家,降笔书云:"欲求聪明,先须积学;欲求子孙,先须积孝。"桂积孝矣,学未致力也。兄枢书。

苏天爵《滋溪文稿》卷二十八《题鲜于伯机诗帖》:

　　公生燕赵,官吴越,而词翰有晋唐风,屡荐名馆阁,不果一试,卒沉抑外官,命已夫。呜呼,士有怀异负奇不克显于世者,可胜叹哉。④

袁桷《清容居士集》卷十三《题鲜于伯机拱北楼乐府》:

　　气涌如山压海潮,高楼明月更吹箫。从兹径直虚皇笔,春蚓秋蛇擅市朝。⑤

吴师道《吴正传先生文集》卷十七《鲜于伯几自书乐府遗墨》:

　　鲜于伯几父遗墨,世方贵重,此卷虽不著题识,望而知其为真也。乐府词亦其所自作,前二首道退居之趣,恬淡闲雅,有稼轩、遗山风。后《无题》一首,规模《香奁》《花间》,艳丽而媟,非壮士所欲闻。然古今词人极意以为工者,往往若是,岂惟伯几父哉!⑥

---

① 《四库全书》第866册,第590页。
② 《四库全书》第1194册,第502页。
③ 《四库全书》第1194册,第258页。
④ (元)苏天爵:《滋溪文稿》,陈高华等点校,第481页。
⑤ 《中华再造善本》影印元刻本。
⑥ 《四库全书》第1212册,第236页。

黄溍《金华黄先生文集》卷二十二《跋鲜于公书》：

予从公游最夐，屡闻公言学书之法，予友徐文蔚学焉，予未之学也。今人窥见公一班（斑）于断楮败素间，率能以书名倾动俗。惜予之衰已久，虽欲复从事于此，以自厕于诸英俊之末，岂可得哉！偶阅公所书苏诗，犹想见公引笔行墨时。追念畴昔，徒切愧悔而已。①

虞集《道园学古录》卷十《跋鲜于伯几与严处士翰墨》：

大德、延祐间，渔阳、吴兴、巴西翰墨擅一代，而严氏琴亦见称道。年来无一存者，得此卷则四人具在。惜乎！集之目力已病，不足穷其波磔之妙，徒讽其辞，以想见其遗音雅趣于湖波山木之间也。②

《道园学古录》卷十《题鲜于伯几小象》：

敛风沙裘剑之豪，为湖山图史之乐。翰墨轶米、薛而有馀，风流拟晋、宋而无怍。是以吴兴公运画沙之锥，刻希世之玉，使千载之具眼，识二妙于遐邈。③

苏天爵《滋溪文稿》卷二十九《跋赵子昂、鲜于伯机与朱总管手书》：

至元五年己卯，予被命使宪淮东，访问故家遗俗，郡人皆言总管朱侯族世之懿。侯本泰安著姓，当江淮内附之初，以材能擢守维扬，有惠爱于民。民不忍其去，因留家焉。历典六郡，其治犹维扬也。侯既违世，子孙皆读书修行，为士大夫家。……夫淮南之俗，喜负贩以牟市利，虽公卿大族犹或然也。而朱氏独以清白文雅，表仪一方，不亦甚可重欤。余忝官于此，以肃清风化为任，夙夜惕焉，惟恐得罪于巨室。朱侯之孙道定方为宪史，以赵公、鲜于公手书示予，且曰："先公在时，图史甚富。向因回禄之灾，仅存此帖，庶见先世交游之盛。"④

刘敏中《中庵先生刘文简公文集》卷十八《次韵答鲜于伯机见寄》：

舞雩春暖记同游，一逐风尘各异州。白发青灯千里梦，楚云燕树十年秋。渊明寂寞唯栽菊，杜甫飘零谩倚楼。休为长吟废沉醉，只禁怀抱不禁愁。⑤

---

① 《中华再造善本》影印元刻本；（元）黄溍：《黄溍集》第2册，王颋点校，第350页。
② 《四库全书》第1207册，第159页。
③ 《四库全书》第1207册，第159页。
④ （元）苏天爵：《滋溪文稿》，陈高华等点校，第484页。
⑤ 《北京图书馆古籍珍本丛刊》第92册，第428页。

第三期

苏彦文

《录鬼簿》：

  苏彦文，有"地冷天寒"【越调】及诸乐府。极佳。

李祁《云阳集》卷三《送苏彦文归金华序》：

  凡人之情，固有同乡曲、接闾巷而相视如涂人，有终其身不相往来者。又有越江湖、隔山岳乃一旦悠然而相遇，欢然而相得，至有依依不忍舍去者。是未可以远近疏戚论也。金华苏君彦文，以才学掾江西行省，声誉翕然，进入中书，擢引进之职，既而以母忧去，假道于庐陵以归，遂至禾水上。禾川之大夫君子，一见君如故交，遂相与约，留君居十馀日，君蹙然不可。乃相与饯君于江之浒，而为诗以赠。予谓君当为掾时，据案举笔，睨视能生杀人，非但荣辱予夺而已。当是时，有欲交君者，人必以为此以势不以情。今君以母忧去，萧然若一书生，而禾川之大夫君子，见君之来而喜，欲君之留而不能，惜君之去而为诗以赠君，此其故，岂徒然哉？吾闻君当为掾时，廉洁平恕，未尝以一毫势力施于人，而又本之以诗书，缘之以词翰，崇论宏议，倾动一时。是宜禾川之大夫君子喜君之来，惜君之去而不能留也。故为序，以述其作诗之意云。①

李齐贤

《录鬼簿》：

  李齐贤，与余同窗友，后不相闻。亦有乐府播传。

孙存吾《皇元风雅》后集卷一载李齐贤《凤不来韶州九成台作》诗，名下注："青州人"。

---

① 《四库全书》第1219册，第659页。

陈樵《鹿皮子集》卷二《答李齐贤言别》：

古来青云士，论德不论年。及时扬意气，车服耀且鲜。譬彼桃李花，逢春各争妍。胡能学兰菊，迟暮秋风前。羡子富年华，文思如涌泉。词场早腾誉，海内推英贤。而我竟何为，着鞭苦不先。赋命有迟速，行止任自然。吾观鸿鹄飞，低回未须怜。会当振六翮，高举摩青天。①

《鹿皮子集》卷四《分题送李齐贤三首》

其一《绣衣亭》：

彩鸾衔诰傍花飞，知有恩荣出帝闱。八角灵文金作册，三天使者绣为衣。华阳洞古亭犹在，句曲山深鹤未归。寄语仙人张伯羽（雨），何时邂逅说玄微。

其二《占星台》：

椎碎台前六合仪，登台犹自说璇玑。灵槎有客侵河鼓，别墅何人觅少微。银汉经天还北拱，玉蟾入月却西飞。太平共喜兴文教，金璧煌煌夜吐辉。

其三《半汤湖》：

湖上残烟弄薄晴，湖堤杨柳午风轻。白波咫尺分寒热，赤鲤东西异死生。天向月中藏日髓，人疑阳里有阴精。广文暇日频相过，几度沉思玩物情。②

郭畀《云山日记》卷上：

［至大元年十月二十八日，畀］访郭总管不遇，会李齐贤。③

［考辨］

高丽李齐贤，字仲思，号益斋，又号栎翁。年二十八随忠宣王入元都，与诸名公游，学大进，尝奉使川蜀。历官门下侍中，封鸡林府院君。至正二十七年卒，年八十一。谥文忠。有《益斋集》十卷、《栎翁稗说》四卷。《全元散曲》辑其小令一首。《益斋集》附李穑《鸡林府院君谥文忠李公墓志铭》。其名又见于元明善《赠别李齐贤》、赵孟頫《古调送李齐贤》（《益斋集》卷一附录）、朱德润《送李益斋之临洮》（《存复斋文集》卷十）。

---

① 《四库全书》第 1216 册，第 666 页。
② 《四库全书》第 1216 册，第 693 页。
③ 《续修四库全书》第 558 册，第 246 页。

第四期

刘时中

杨朝英《阳春白雪》前集卷二选录刘时中和卢挚【双调·湘妃怨】小令四段，题下注："时中，号逋斋。翰林学士。"①

《阳春白雪》后集卷三选录【正宫·端正好】《上高监司》套，下注："古洪刘时中"。②

[笺]《元史》卷一四二《纳麟传》："纳麟，智曜之孙，睿之子也。……明年（天历二年），改江西廉访使。南昌岁饥，江西行省难于发粟。纳麟曰：'朝廷如不允，我当以家赀偿之。'乃出粟以赈民，全活甚众。""至顺元年，拜湖广行省参知政事。"《万历新修南昌府志》卷十五《名宦传·高纳麟》："天历元年，改江西廉访使。值岁饥，督守令核户口计米数月，发官廪给之，不足则捐己俸为助，禁劝分而强人之不欲，及抑价以过籴。其老弱不能移者，遣吏往济之，病不能愈者，给以医药，饥饿于道者，为鬻食之，厄于命者瘗之。下令州赈抚，皆如其法。又能发奸摘伏，抚恤孤弱，民咸德焉。"又《同治新建县志》卷十七《营建志·官署》："按察使司在抚院东，即宋漕台，元廉访使故址也。……至顺二年，廉访使高纳麟重修。"综合以上材料，知高纳麟拜江西廉访使在天历元年至至顺二年间（1328~1331）。又南昌释大䜣《答匡正宗书》："见人说上年饥荒，兼以抢掠，贫富俱不料生。……悦弟来，问以度荒之计，幸喜粗给。且感以统金为老母汤药之奉，此固相爱，然视先哲所行，能无相庋乎？谨附元数奉偿，感惠等也。……贱踪欲八月赴北，然亦未决。……又闻监司相公为政，江西之民书其名为救命活佛供养者，古之良相亦不过是也。……时暑，惟自爱，不一一。"（《全元文》第35册）按黄溍《金华黄先生文集》卷四十二《笑隐禅师塔铭》载，大䜣天历二年"驿召赴阙"。知《答匡正宗书》作于天历二年六月。书有"上年饥荒"云云，知江西饥荒在天历元年。大䜣《与高纳麟监司书》亦云："某自去夏金陵钱别，恰一载，中间每蒙流问之及，而不能奉一书问安好者，惧渎清严耳。常念在钱唐时，多感庇护。……喜往来者诵善政不辍口，而江右为不肖故里，何其幸耶！然饥荒之馀，劝分赈恤，大劳神思，活人千万，子孙当世享其报。幸冀终惠以怀抑不忘。"（《全元文》第35册）

---

① 《续修四库全书》第1739册，第451页。
② 《续修四库全书》第1739册，第465页。

姚燧《牧庵集》卷二十八《广州怀集令刘君墓志铭》：

  大德戊戌，燧游长沙，太原寓士刘致手所为文，若将取正焉者。……既又自状其先人怀集令之出处，丐铭幽墟。感其心将昭明所生，为叙之曰：君讳彦文，字子章。年二十八筮仕。当中统三年，而知堂印，乃出管勾北京行省承发。省废而归，授徒其家将十五年。谓为无意于世之事会者耶？当秦邸肇开，与故丞相阿尔公之行省长沙也，无不往干之。会同知堂印者许楫为宪长沙，言之丞相。丞相自省郎中故熟君，若晚君来，便宜版为郴之录事。群盗窃发无时，芟夷未靖也。君不忍夷其俗，而苟简于治，为之四年。又三年，始官进义校尉、广之怀集令。……崎岖艰梗炎瘴者四年，以至元二十六年四月三十日而竟卒。……君石州宁乡人。权殡长沙佛宇。文有《玉亭小稿》。祖开，参元帅府军谋。考汝钦。妣冯氏，郡君李氏。三子：致，某，某。①

刘致《姚燧年谱》"大德二年戊戌"：

  先生六十一岁。……是年，挈家游长沙，麓堂宣慰和尚馆公于爱裔堂。……致以是年始拜先生于潭，举致湖南宪府吏云。

《姚燧年谱》"大德三年己亥"：

  先生六十二岁。寓武昌，居南阳书院之楚梓堂。……平章刘公创甲第武昌，求三堂名并记于先生。先生以"清风""垂绅""益壮"名之。致时为湖南宪府吏，疏斋（卢挚）除湘南宪，致乘传请上，至武昌，与先生会。先生喜，分题赋平章刘公三堂，先生得"清风"，疏斋"垂绅"，致忝"益壮"焉。②

[笺]"平章刘公"，即刘国杰，《元史》卷一六二有传。

姚燧《牧庵集》卷三十三《爱裔堂牡丹》诗序：

  宣相家牡丹虽多，然止三种：玉板白、叶底紫、浅红，惟二十一日最妍盛。邵子所谓"看花须及未开时"，今已凋落矣。录呈时中。

[笺] 诗首句云："系帆尽室游长沙，假馆适许邻宣衙。"刘致《姚燧年谱》系该诗于大德二年戊戌（1298），是姚燧游长沙时作。

---

① 《四库全书》第1201册，第704页。
② 《丛书集成初编》第7册，第10页。

《牧庵集》卷三十六【烛影摇红】词序：

　　新斋肃政李元让座间，任氏妇歌"海棠开后"之语，非专为海棠设。故别赋二首，录呈太初宣相、时中。

［笺］《姚燧年谱》系该词于大德二年戊戌（1298）。

《牧庵集》卷三十二《武昌寄刘时中》：

　　思君诵君诗，贤于对君颜。昔也坐我侧，守口如闭关。今兹言尽怀，翻宜隔湖山。文章灵奇气，赋与天所悭。古人游已遥，古风力孤攀。及肩曹刘垒，窥奥长信班。不取为贫仕，伤和賈清湝。仲尼且委吏，重耳尝险艰。丈夫无不为，大弨况能弯。入手无眼箭，安识邕容蛮？归来弄绿绮，九霄鸣佩环。挟是文武资，未忧身恫瘝。大路横至宝，谁不收裹还？报章因南鸿，灭影秋色间。转令感白发，羁思无由删。①

　　来诗因刘彦清省郎驿北，尽卷皆封寄静得军国矣，俾知足下姓名，充夹袋诗问之一。自爱自爱。古人所谓"以智入者以愚出，以明入者以闇出，以洁入者以污出，以生入者以死出"，谓没溺恩权隆赫，而为吏亦入是之渐。望吾子者万马皆奔，一马独立可也。此轴已遍呈庙堂诸公，而五峰右揆文章相尤所垂意，卢处道肃政且至，当别有口附者。燧上时中茂异足下。[1]

［校］[1] 诗后所附书，原本无，据《文津阁四库全书》本补。

《牧庵集》卷十七《颍州万户邸公神道碑》：

　　公邸姓，保定行唐人，讳泽，字润之。……改颍州万户，戍无为军。……因留戍徽，兼拜都万户之一军，徽民方安之。寻还无为。省议余杭胜国故都，非得如公老将一军，遏而闲之、绥而安之不可，故移戍杭。以〔至元〕二十八年，其岁辛卯夏六月二十有一日卒，年六十三。……后卒十三年，子武德将军、颍州万户戍杭元谦，绍介其友刘致，持事状为书燧曰："先公之柩，藁藏颍滨，今将举归先茔。数宜有碑，不得君铭，恐勋劳不足以信来世，敢泣血请。"

［笺］《姚燧年谱》系该碑文于大德八年甲辰（1304）。《乐府群玉》卷一载刘时中【中吕·朝天子】《邸万户席上》小令二首。又《乐府群玉》卷一、《乐府群珠》卷一载刘时中【中吕·山坡羊】《与邸明谷孤山游饮》小令。

---

① 《丛书集成初编》第6册，第414页。

《姚燧年谱》"大德九年乙巳":

　　先生六十八岁。居龙兴。……秋八月望日,至西山翠岩寺,同行金宪郝子明、检校阎子济、儒学副提举祝静得与致。竣事,少憩于洪厓丹井石上,饮酒乐甚。先生赋【临江仙】,致与静得有和。致又反和之,先生亦有答者。子济别赋【婆罗门引】,致又别赋五言古诗。皆命致书贻紫清道友王梅叟,俾刻之石[1]。又架木物为梯凳,俾致跨水题名丹井厓石之上。致云:"是以章子厚待我也。"诸公为之一笑,先生持酒相劳。九月,移疾北归,至吴城山,子济、静得亦来会。子济取"吴城山"三字,与静得约致分韵赋【临江仙】,以写攀恋之意。子济自叙云:"九月七日,舟行送牧庵先生过樵舍,至吴城山,与静得赋【临江仙】,取'吴城山'三字为韵,留'山'字邀时中作。"……致所赋见自稿。

[校][1]"俾",原作"碑",据《文津阁四库全书》本改。

郁逢庆《书画题跋记》卷二卢挚跋《唐拓化度寺邕禅师塔铭》:

　　大德十一年苍龙丁未秋九月十有七日,嵩翁卢挚与友人太原刘致时中、醴陵李应实仲仁观于宣城寓居之疏斋。

又赵孟頫跋:

　　唐贞观间能书者,欧率更为最善,而《邕禅师塔铭》又其最善者也。至大戊申七月,时中袖此刻见过,为书其后。吴兴赵孟頫。①

刘致《姚燧年谱》"至大元年戊申":

　　先生七十一岁。……春二月,先生舟过高邮。有次致《和杜紫微齐山诗》,又有《次韵赠李若水》及《留别東吕正字登淮安城楼》,并《参错和勉致进德无怠》等诗。致侍舟行至崔镇水驿而别。

《牧庵集》卷三十四《次刘时中〈反和杜紫微韵〉赠李若水并序》:

　　至大始元二月,舟过高邮。有李若水者[1],为屋数百楹以祠东岳,自号睡著。余窃笑之。岂是举赢皆梦中为耶?因其求诗,取水驿壁间士子刘时中《反和杜紫微齐山登高韵》以赠。其人幼年自阉云。

[校][1]"有李若水者",《文津阁四库全书》本作"有男官李若水"。

① 《四库全书》第816册,第610页。

《牧庵集》卷三十四《次时中留别〈反和杜紫微韵〉》：

身世支离似败衣，有戈难却鲁阳晖[1]。不知此日公车召[2]，又俟何时野服归[3]。花信正愁风骀荡，麦苗还喜雨霏微。分携江上休回首，恐见樯乌作背飞。

[校][1]"难"，原作"谁"，据《中州名贤文表》卷七、《元诗选》二集及清抄本改。[2]"此"，原作"次"，据《中州名贤文表》《元诗选》及清抄本改。[3]"俟"，《中州名贤文表》《元诗选》及清抄本作"复"。

《牧庵集》卷三十四《次刘时中〈和唐牧之齐山诗韵〉》：

有足斯奔有翼飞，静常观物入希微。名惭窥管文章窄，迹喜收身剑履归。影与金樽邀夜月，梦无玉斧照晨晖。白头坐取移文诮，又为前星一倒衣[1]。

[校][1]"星"，原作"生"，据四库本改。

《牧庵集》卷三十四《次时中参错和前韵留别，且勉其进德无怠二首》：

啼鹃休诉不如归，我亦从来赋式微。竹坞且宜鸠杖立，柴门不谓鹤书飞。舟行远后忘经驿，酒禁严来枉典衣[1]。为问石城鸥与鹭，几时相对弄晴晖。

多君问道粗知归，云雾何人识少微。尔后骅骝终独步，自前鸳鸟不群飞[2]。淮南数日将寒食，客里三春尚腊衣。安得銮坡同给札，不妨苜蓿对朝晖。

[校][1]"枉"，原作"往"，据《文津阁四库全书》本改。[2]"自"，《中州名贤文表》卷七、《元诗选》二集作"目"。

《牧庵集》卷三十四《次韵时中〈再和简吕正字登淮安城楼〉》：

久知戎服笑儒衣，终尚晴窗惜寸晖。上马人扶甘伏老，携家旅食亦安归。嗟君无事乘清兴，尚友新诗和紫微。相勉殷勤养鳞翼，会能川泳与云飞。①

《姚燧年谱》"至大三年庚戌"：

先生七十三岁。是年，举致为汴省掾。

刘致《追表孙氏世系官爵墓碑铭》：

至大庚戌，致游大梁。太定虚白文逸真人孙公为余言曰……②

---

① 以上姚燧诗五首均见于《丛书集成初编》第7册，第430页。
② 《全元文》第33册，第77页。

《姚燧年谱》"至大四年辛亥":

先生七十四岁。……闰七月,至杭。未几,中书遣陈检阅复以承旨召,病,不克赴。十月,至京口,买舟西归。致与先生别仪真,遂成长别。

[笺]《乐府群玉》卷一、《乐府群珠》卷一载刘时中【中吕·山坡羊】《侍牧庵先生西湖夜饮》小令(有"碧天夜凉秋月冷"句)。姚燧有【中吕·普天乐】:"浙江秋,吴山夜","芙蓉谢","待离别怎忍离别,今宵醉也,明朝去也"。疑与刘时中《侍牧庵先生西湖夜饮》同时作。

王元恭《至正四明续志》卷三《奉化州·公宇》:

谯楼五间,在州治前。延祐六年,知州马称德因旧址开拓重建,扁曰宣明,置铜壶、鼓角。江浙儒学副提举刘致记。①

《元史》卷七十二《祭祀志一》:

英宗至治二年九月,有旨议南郊祀事。中书平章买闾,御史中丞曹立,礼部尚书张垔,学士蔡文渊、袁桷、邓文原,太常礼仪院使王纬、田天泽,博士刘致等会都堂议。②

《元史》卷七十四《祭祀志三》:

先是,博士刘致建议曰:"窃以礼莫大于宗庙。宗庙者天下国家之本,礼乐刑政之所自出也。……圣元龙兴朔陲,积德累功,百有馀年,而宗庙未有一定之制。方圣天子继统之初,定一代不刊之典,为万世法程,正在今日。……父为昭,子为穆,则睿宗当居太祖之东,为昭之第一世,世祖居西,为穆之第一世。裕宗居东,为昭之第二世。兄弟共为一世,则成宗、顺宗、显宗三室皆当居西,为穆之第二世。武宗、仁宗二室皆当居东,为昭之第三世。英宗居西,为穆之第三世。……致职居博士,宗庙之事所宜建明,然事大体重,宜从使院移书集议取旨。"③

[笺]《元史·泰定帝本纪一》载,泰定元年(1324)夏四月,"太庙新殿成。……[五月]戊戌,迁列圣神主于太庙新殿"。《吴文正公集》附录《年谱》"泰定元年甲子"系年:"四月壬戌,中书集议太庙神主。先是,至治末有诏作太庙,议者习见同堂异室之制,新庙作十二室,未及迁奉,而国有大故。有司疑于昭穆之次,故命集议焉。先生曰:

---

① 《续修四库全书》第 705 册,第 521 页。
② (明)宋濂等:《元史》,第 1785 页。
③ (明)宋濂等:《元史》,第 1839 页。

'世祖皇帝混一天下，率考古制而行之。古者，天子七庙，庙各为宫，太祖庙居中，左三庙为昭，右三庙为穆。昭、穆神主，各以次递迁其庙之中。'"

胡聘之《山右石刻丛编》卷三十四引《参政姚公谥议》：

太常博士刘致议

前大都路医学教授张［桉］

泰定元年三月日，中书吏部以故参知政事、大都路总管姚公之谥关太常，下博士定拟。按《事状》并王翰林《碑铭》：公名天福，字君祥……请谥曰忠肃。至顺四年日。①

［笺］《参政姚公谥议》，今存碑刻，与《山右石刻丛编》所收并无出入。（参孟繁仁《新发现的刘时中〈参政姚公谥议〉碑文》，《山西大学学报》2002年第1期。）《山右石刻丛编》卷三十四紧接刘致《姚天福谥议碑》之后，为虞集至顺元年（1330）所撰《姚公（天福）神道碑》，末署："元统元年岁在癸酉三月十三日，奉训大夫、大名路同知开州事男侃立石。"《参政姚公谥议》石刻末署"至顺四年"，应是立石时间，非刘致撰文之时。

张翥《时中博士见示〈太常纪事〉诸篇奉题》[1]：

驻跸原头奏事时，六飞前路拥旌旗。云随豹尾瞻朱辇，日近龙颜赐玉卮。羲仲重颁尧典历，叔孙旧掌汉官仪。知君才调宜歌咏，第入郊居雅颂诗。②

［校］［1］诗题，四库本《草堂雅集》作《时中博士见示大事诸篇奉题》。

朱德润《存复斋文集》卷六《睢阳五老图跋》：

致和改元八月晦，河东刘致、天台周仁荣、宛平曹鉴、蠡吾邓巨川同观于吴福孙乐善斋。③

郁逢庆《书画题跋记》卷二刘致跋《唐拓化度寺邕禅师塔铭》：

大德丁未至今二十年间，疏斋（卢挚）、松雪（赵孟頫）、如是翁（周驰）皆相继为古人。感今念昔，为之怃然。天历初元十月廿又一日，湘中刘致重观于友直杨君读书所。④

---

① 《续修四库全书》第908册，第44页。
② （元）颜瑛辑《草堂雅集》，《全元诗》第34册，第146页。
③ 《四库全书存目丛书》集部第22册，第613页。
④ 《四库全书》第816册，第611页。

张丑《清河书画舫》卷十下《赵荣禄小楷〈过秦论〉真迹》刘致跋：

　　天历改元建子月之十日，京口袁子方、安岳曹克明共观于民瞻双清堂。湘中刘致时中拜手书。①

释大䜣《蒲室集·书问·与友人共十四书》其一：

　　某幼出江外，不获从乡先生游，故不知学。又祝发，不通世礼。今夏长者过武林，辱顾荒寂，私喜既里下，必不见外，而可奉教。……时中近除省都事，尚未往贺，来人先自以手卷与书投之，必有回书。②

吴善《牧庵集序》：

　　至顺壬申，公之门人、翰林待制刘公时中，始以公之全集，自中书移命江浙，以郡县赡学馀钱，命工锓木，大惠后学。予时承乏提举江浙儒学，因获董领其事，私窃欣幸，乃与钱塘学者叶景修重加校雠，分门别类。……至顺昭阳作噩之岁，季春之闰，儒林郎、江浙等处儒学提举鄱阳吴善序。③

刘致《祥符钟楼记》：

　　衢州西北隅大中祥符禅寺，居人以为始于晋高祖。……天兵下江南，寺毁于火。后五十年，当泰定二年，故左丞相脱欢公行江浙中书省事，兼领行宣政事，廉明公忠事之。所谓住持，一以公举之，乃得净慈寺首座深远为寺主。……元统始元，郡长薛超吾儿昂夫九皋公之至，政事清简，百废皆起，楼亦告成，翚飞骞举，高出云际。楼钟其上，发鲸鱼骇。……此寺之废有年矣，非相君无以得深远，非深远不能就厥功。而斯楼犹有待于九皋之至焉者，岂非以人而后成者欤？楼未有记，远公因九皋以请，为撼其实，书之为记。④

[笺] 黄溍《金华黄先生文集》卷十一《衢州大中祥符寺记》："由至元丙子兵燹之馀，龙象散亡、人天摧慕者，又五十年于此矣。泰定乙丑，义山远来主兹寺，慨焉以兴复为己任。"

刘致《鲜于枢书韩愈〈进学解〉跋尾》（拟题）：

　　鲜于困学之书，始学奥敦周卿竹轩，后学姚鲁公雪斋。为湖南宪司经历，见李北海《岳麓寺碑》，乃有所得。至江浙，与故丞（承）旨赵公子昂诸人

---

① 《四库全书》第 817 册，第 406 页。
② 《中华再造善本》影印元至元刻本；《全元文》第 35 册，第 356 页。
③ （元）姚燧：《牧庵集》卷首，《全元文》第 35 册，第 327 页。
④ 《弘治衢州府志》卷十四，《天一阁藏明代方志选刊续编》第 31 册，上海书店出版社，1990，第 644 页。

游处，其书遂大进。以之名世，行草第一。……俞君子俊好学，天性工笔札，素喜公书吊轴，已骎骎逼人，又得此纸临仿之，久时至骨换，其青于蓝，可计日而待，虽使困学老见之，亦必曰当放子出一头也。时至顺四年六月初吉，河东刘致书。①

杨载《翰林杨仲弘诗集》卷五《送时中兄入京》：

先生意气非常流，有如雕鹗厉九秋。读书不肯守章句，经济可许斯人俦。怀抱利器将远游，直往上国交公侯。王侯位高不下士，如以蛟龙视蝼蚁。为君莫敏光范书，以气撼摇差可耳。功名倘来不足为，丈夫须作远大期。君不见麒麟阁上图英俊，当时或自奋间阎[1]。②

[校] [1] 四库本阙"奋"字，末注："有阙文"。

《翰林杨仲弘诗集》卷三《赠刘时中》：

骚雅谁能继，居然属大才。锐思罗宇宙，逸兴走风雷。处胜轻流俗，名高震外台。东郊乘大路，翼翼待龙媒。

吴越千馀里，君来按辔游。群公虞罪戾，多士想风流。决事曾无壅，观民辄有忧。若人何可得，离别重添愁。③

《翰林杨仲弘诗集》卷七《次克明韵赠刘时中》：

循行郡国弗迟迟，宣布新条及盛时。民俗要令无狗盗，人才今喜得牛医。窗间夜雨销银烛，门外春云压彩旗。左右湖山都未觉，好分馀力治文辞。④

《翰林杨仲弘诗集》卷七《次韵刘时中见寄》：

泥涂霄汉固难谋，亦有元龙百尺楼。籍籍图书聊自适，茫茫江海与谁游。但闻燕市能求马，肯向秦川辄饭牛。富贵不才名尽灭，未应摧沮恨淹留。⑤

《翰林杨仲弘诗集》卷五《时中兄示余画一轴，画一老翁推独轮小车，上载两巨瓮，意其为警世之为，因为赋诗》：

小人无他独嗜利，两瓮载车将远致。肩赪足跰汗清然，冉冉修程胡不畏。

---

① 转引自《中华五千年文物集刊·法书篇八》，第 124 页。
② 《四部丛刊》初编影印明嘉靖丙申本刊；《四库全书》第 1208 册，第 33 页。
③ 《四库全书》第 1208 册，第 20 页。
④ 《四库全书》第 1208 册，第 55 页。
⑤ 《四库全书》第 1208 册，第 56 页。

世人但笑愚翁愚，瓮破即与瓦砾俱。不知人有千金躯，前行险道方乘车。

邓文原《送刘时中还括苍兼寄洪中行》[1]：

洪郎不来鱼雁稀，君今岁暮告我归。故人青灯山水屋，游子白首风霜衣[2]。时俗俯仰妨道性，圣哲出处存真机[3]。东还石门对飞瀑，卧看寒月投窗扉。①

［校］［1］"刘时中"，《皇元风雅》《石仓历代诗选》《元诗选》作"刘时可"。[2]"白首"，《皇元风雅》等作"白苎"。[3]"真机"，《皇元风雅》等作"天机"。

文矩《寄刘时中》：

独夜耿不寐，阴风淡如秋。故人置双鱼，远道生离忧。明月落前楹，清露沾衣裘。岂不感时节，徂岁聿云周。沄沄湘江波，日夜东南流。行子去不归，苦心空悠悠。洞庭春草绿，芳荪郁沧洲。迟君君不来，欲往路阻修。何当羽翰生，飞去从君游。②

钱惟善《江月松风集》卷四《刘时中待制见和〈定山十咏〉，作诗以谢》[1]：

玉堂学士来湘中，笑揽衡霍吞云梦。西瞻峨眉呼太白，南望苍梧登祝融。射鱼昔号玄真子，樵青随处携诗筒。扁舟匹马万里外，曾渡瀛海过崆峒。识荆再拜二十载，弃襦谁复怜终童。辞官钱唐听江雨，愿言击壤歌元丰。定山品题自灵□，屹然当道江争雄。云泉灵洞自奇绝，烧丹尝闻留葛洪。浮山下锁蛟龙窟，百川砥柱为之东。五云高标太古雪，月轮直上清虚宫。招提羣飞翥龙凤，渔子暝宿芦花风。是间胜概难指数，作者往往皆名公。山灵昨夜见我梦，喜得珠玉传无穷。杖屦何时此幽讨，润色旧观重发矇。问公前身竟是谁，香山居士东坡翁。③

［校］［1］"刘时中"，四库本作"刘时守"。正文有阙字。

唐元《筠轩集》卷七《次韵刘时中郎中〈题垂虹桥〉二首》（自注：后除待制）：

初疑蜃气结穹窿，还讶晴虹下饮空。影动星辰天拱北，势连湖海日流东。只言履险宜求济，不用需乎已奏功。拟效相如题几字，区区驷马愧雷同。

---

① （明）朱存理编《珊瑚木难》卷六，《四库全书》第 815 册，第 205 页。
② 《永乐大典》卷一四三八三引，《全元诗》第 23 册，第 10 页。
③ 《全元诗》第 41 册，第 32 页。

岸束黄流诉不平，行人朝暮蹑长鲸。占星已觉天根见，不日能驱山骨成。万里途遥催骥足，三更潮动听鼍鸣。沙门愿力弥精进，从此津梁遍海瀛。①

马祖常《石田先生文集》卷三《赠刘时中》：

江海归来气尚豪，立谈便合拥旌旄。青衿令子箕裘美，白发贤妻井臼劳。才大岂能期世用，数奇还不救名高。公卿知已吹嘘易，笑我官曹似马曹。②

吴澄《吴文正公集》卷四十八《送时中内翰》：

气焰龙光上冲斗，才谟牛刃新发硎。芳菲拾尽秃汀若，奇险楚屈号湘灵。曾听姚程二公说，相期冬蛰轰雷霆。如何不留掌帝制，而使泛泛犹风萍。里瞆不羞见者走，众丑共媚孤娉婷。山玉厓珠岂终闷，鹛班螺甲姑自馨。皇心急士甚喝渴，识子会有天眼青。③

张可久【双调·折桂令】《江上次刘时中韵》：

倚篷窗一笑诗成。远寺昏钟，古渡秋灯，隐隐鸣鼍，嗷嗷旅雁，闪闪飞萤。海树黑风号浪惊，越山青月暗云生。书客飘零。欲泛仙槎，试问君平。④

张可久【双调·落梅风】《叹世和刘时中》：

土库千年调，金疮百战功。叹兴亡一场春梦。卧白云北邙山下冢。信虚名得来无用。⑤

张可久【越调·小桃红】《湖上和刘时中》：

一声娇燕绿杨枝，满眼寻芳事。塔影雷峰水边寺。夕阳时，画船无数围花市。三弦玉指，双钩草字，题赠粉团儿。

棹歌惊起锦鸳鸯，开宴新亭上。诗有新题酒无量。醉何妨。长吟笑倚阑干望。西湖夜凉，吴姬低唱，画舫宿荷香。⑥

宋褧【贺新凉】《寿刘时中五月廿又八日》：

绣陌经新雨。致升平、五弦琴里，薰风吹户。夏馆深沉晨容好，宝鼎红

---

① 《四库全书》第1213册，第511页。
② 《中华再造善本》影印元至元五年扬州路儒学刻本；《四库全书》第1206册，第499页。
③ 《元人文集珍本丛刊》第4册，第103页；《四库全书》第1197册，第910页。
④ 《全元散曲》上册，第864页。
⑤ 《全元散曲》上册，第907页。
⑥ 《全元散曲》上册，第929页。

云香雾。还又是、谪仙初度。畴昔骖鸾骑赤凤,溯西清、佳致凌霄步。天壤外,快豪举。　　遨游又作湖山主。百千回、笑谈诗酒,盘桓容与。未信星星能侵鬓,青镜流年如许。毕竟到、广寒天府。多少文章真事业,鹤南飞、自愧无佳语。弦宝瑟,劝霞醑。①

龚璛《存悔斋诗·刘时中来遇绿筠斋》:

自君之来吾剧谈,古今落落鬓毵毵。筠斋有琴亦不鼓,醉过春风三月三。②

吴元德《野塘为刘时中赋》:

野外芳塘阔,繁波漾碧漪。日光深处动,云影静中移。藻密游鱼聚,荷低宿鹭窥。无人知雅趣,有客索题诗。③

王沂《伊滨集》卷十六《戴孝子诗序》:

涟水戴子玉,蚤以孝闻。既丧母,慕刘师贞作像以事之。朝夕反告,羞甘鲜、奉匕箸如常,所以存亡形、致隆敬也。大夫士咸咏言以表其行,因李敬叔请予序。读其诗,则参议中书许可用、翰林待制刘时中、奎文学士李溉之之笔参焉。同年也,同馆也,吾知其不妄以诗与人者。敬叔又与余言,子玉恂恂蹈规矩,其卫身也肃括,其为吏也谨文法,其教子也俭以严,其视族人也爱以均。……余备员史馆,当书之以彰圣代政治之纯而俗化之厚,宣延风美,观示将来。④

黄溍《金华黄先生文集》卷三十八《上海县主簿吴君墓志铭》:

君讳福孙,字子善,姓吴氏。……父东又自婺徙家于杭,故今为杭州人。……元贞元年,用浙西宪使东平徐公察举,补嘉兴路儒学录,迁宁国路儒学正。江东宪司治宁国,涿郡卢公临按之暇,略其势分,而与之游,数以诗篇相倡答。……今上皇帝至元元年,调常州路儒学教授。君气岸素高,又在师儒之位,不甘为诌曲以事上官,竟坐是去,改调嘉兴路澉浦务税课大使。君承命,欣然就职,殊不以为歉也。晚,益务恬退,足迹不涉达官贵人之门。日与方外大老玄览王真人及名公之归休弗仕者湖南帅于公有卿、道州守徐公

---

① 《全元词》下册,第1177页。
② 《中华再造善本》影印元至正五年俞桢抄本;《四库全书》第1199册,第345页。
③ 《全元诗》第30册,第374页。
④ 《四库全书》第1208册,第533页。

叔清、翰林次对（待制）刘公时中，徜徉湖山间，不复以仕禄为意。至正六年，铨曹考其资历，当升授将仕佐郎、松江府上海县主簿。……八年正月十三日，卒于所居之廨舍，享年六十有九。①

钱惟善《江月松风集》卷五《故翰林待制刘公时中挽词》：

平生宝绘燎秦灰，有酒长教笑口开。中夜闻鸡曾起舞，晚年爱菊竟归来。圣贤欲献王褒颂，绛灌那知贾谊才。怅望龟溪埋玉后，湘江雨湿钓矶苔。②

张雨《句曲外史集》卷上《四贤帖》：

四贤者，伯长袁侍讲、伯庸马中丞、伯生虞侍书、时中刘待制。玄卿装潢手书成轴，命予题识。遂即虞公绝句韵书于后。

四明狂客已乘云，海内文章有二君。可惜戴华刘伯寿，只今零落凤凰群。③

《南村辍耕录》卷九《王眉叟》：

王眉叟寿衍，号溪月，杭州人。出家为道士，受知晋邸。后以弘文辅道粹德真人管领郡之开元宫。浙省都事刘君时中致者，海内名士也。既卒，贫无以为葬。躬往吊哭，周其遗孤。举其柩葬于德清县，与己之寿穴相近，春秋祭扫不怠。④

陆友仁《研北杂志》卷上：

畅师文，字纯父，洛阳人。好奇尚怪。卢处道挚任陕西廉访副使日，纯父佥司事，同按部巩昌。……后处道赴湖南宪，舟次郢州驿，夜与刘致时中坐白云楼上，更阑烛尽，无可晤语。卢曰："纯父分司去此未久，必有佳话。"……其为侍讲日，时中与文矩子方过其居，侦其濯足，闻客至，辍洗，迎笑而出，曰："佳客至，正有佳味。"于卧内取四大桃置案上，以二桃洗于濯足水中。子方与时中各持一颗去，曰："公洗者，其自享之，无以二桃污三士也。"乃大笑而别。或谓其书似米元章，时中曰："不唯其书似元章，其风有甚于元章者矣。"⑤

---

① 《续修四库全书》第1323册，第490页。
② 《四库全书》第1217册，第819页。
③ 《四库全书》第1216册，第362页。
④ （元）陶宗仪：《南村辍耕录》，第114页。
⑤ 《四库全书》第866册，第566页。

《研北杂志》卷下：

刘时中言："李处巽元让乃高舜举之甥，舜举得篆法于党世杰，以授杨武子，武子以授元让，其来盖有自也。"①

陶宗仪《书史会要》卷七：

刘致，字时中，河东人。官至翰林待制。风情高简，蚤负声誉。能篆，有所著《复古纠缪编》行于世。行草宗晋人，而不纯熟。②

释善住《谷响集》卷二《余留市泾积庆寺，壁间有刘时中阻风之作，因次其韵》：

江郊岁晚草树黄，原野拍塞浮晴光。飞鸿冥冥楚山远，游子窅窅吴天长。柳并寺楼摇碧霭，笛横渔浦隔苍茫。如今海宇清宁久，声教雍容洽大荒。③

吴澄《吴文正公集》卷三十一《跋赵子昂书麻姑坛碑》：

颜鲁公《麻姑坛碑》在吾乡，旧碑为雷所破，重刻至再，字体浸失其真。今观赵子昂所书，妙笔也。颜字、赵字，并出于王，或劲正如端笏重臣，或俊媚如时妆美女，二者各臻其极。然颜学王而字与王异，赵书颜《记》而字与颜异，非深造阃域不能知也，后之君子必有工于评者。刘时中、王岜岩俱学书而善书，此帖赵以畀刘，刘以畀王，盖其所好所识相伯仲也，是以转相授受云。④

《青楼集·顺时秀》：

姓郭氏，字顺卿，行第二，人称之曰郭二姐。姿态闲雅，杂剧为闺怨最高，驾头、诸旦本亦得体。刘时中待制尝以"金簧玉管，凤吟鸾鸣"拟其声韵。平生与王元鼎密。偶疾，思得马板肠，王即杀所骑骏马以啖之。阿鲁温参政在中书，欲瞩意于郭，一日戏曰："我何如王元鼎？"郭曰："参政，宰臣也；元鼎，文士也。经纶朝政，致君泽民，则元鼎不及参政；嘲风弄月，惜玉怜香，则参政不敢望元鼎。"阿鲁温一笑而罢。⑤

---

① 《四库全书》第 866 册，第 608 页。
② 《四库全书》第 814 册，第 756 页。
③ 《四库全书》第 1195 册，第 692 页。
④ 《元人文集珍本丛刊》第 3 册，第 528 页；《四库全书》第 1197 册，第 608 页。
⑤ 孙崇涛、徐宏图笺注《青楼集笺注》，第 101 页。

萨都剌

萨都剌《雁门集》卷一《溪行中秋玩月并序》：

余乃萨氏子，家无田，囊无储。始以进士入官，为京口录事长，南行台辟为掾，继而御史台奏为燕南架阁官。岁馀，迁闽海廉访知事。又岁馀，诏进河北廉访经历。皆奉其母而行，以禄养也。后至元三年八月望，舟泊延平津上。是夕星河灿然，天无翳云，月如白日。

阿母今年八十馀……有子在官名在儒，奉母禄养南北区。晨昏不忍离斯须，荆楚燕赵闽粤吴。今年去官南海隅，北上咫尺天子都。……作诗记实无浮誉，至元丁丑仲秋书。①

干文传《雁门集序》：

我元之有天下，拓基启祚，皆始于西北。……若吾友萨君天锡，亦国之西北人也。自其祖思兰不花、父阿鲁赤，世以膂力起家，累著勋伐，受知于世祖、英宗，命仗节钺，留镇云代。生君于雁门，故为雁门人。君幼岐嶷不群，稍长愈颖敏，遍接隽杰，获聆绪论，乃深有益。遂为文词，雄健倜傥，迥迈乎人人。逾弱冠，登丁卯进士第，应奉翰林文字。久之，除燕南经历，升侍御史于南台。凡所巡览，悉形诸咏歌，传诵士林，殊脍炙人口。以弹劾权贵之不法，左迁镇江录事宣差，后陟官闽县幕。由是往还吴中，尝出其所作之诗曰《雁门集》者见示，余得以尽观。其豪放若天风海涛，鱼龙出没；险劲如泰华云门，苍翠孤耸。其刚健清丽，则如淮阴出师，百战不折，而洛神凌波，春花霁月之嫏娟也。有诗人直陈之事，有援彼状此、托物兴词之义，可以颂美德而尽夫群情，可以感人心而裨乎时政。周人忠厚之意具，乃以一扫往宋委靡之弊矣。间索余序之。余之言，曷足以序君之诗？尝念君与余聚首京师，相与商榷古道，以祈至当不易之归。迨今休老于乡，愧莫自振，惟徒羡君优诣作者之域，得与诸公颉颃，用挽回风化习俗之大，其有功于诗，有功于世道何如哉！国家元气，肇自西北，以及于天下，有源而有委，读是诗者，尚有以见之。君姓萨，名都剌。都剌云者，华人所谓济善也。天锡其字，别号直斋。亦以生于雁门，遂取名集。又有

---

① 《四库全书》第1212册，第591页。

巧题百首,皆七言律,别为一集云。至正丁丑秋八月望,通议大夫、户部尚书兼总江淮盐铁事、前史官吴郡干文传书[1]。①

[校] [1] "至正丁丑秋八月望,通议大夫、户部尚书兼总江淮盐铁事、前史官吴郡干文传书",《全元文》据光绪八年《代州志》卷七所收本无,据明成化二十年张习刻《雁门集》八卷补。康熙十九年萨希亮刻《雁门集》六卷作"至正丁丑秋八月望,嘉议大夫、礼部尚书兼集贤待制、史局总裁官吴郡干文传书。"(参杨光辉《萨都剌生平及著作实证研究》,高等教育出版社,2005。)

[笺] 桂栖鹏发现序文中萨天锡仕宦与其《溪行中秋玩月并序》自述有诸多不符,且对元代官制叙述有明显错误,又至正无丁丑纪年,因此认定该序非出自干文传之手,乃明初人伪造。据《溪行中秋玩月并序》知天锡后至元三年(1337)八月任燕南廉访司经历,《雁门集》卷十四有《经历司暮春即事》诗,依时序,该诗应作于次年,即至元四年三月。再据虞集《傅与砺诗集序》知,虞集写该序时即至正元年(1341)六月,天锡已"与前之诸公先后沦逝":卢挚约卒于延祐元年(1314)(《卢疏斋集辑存·卢挚年谱》);杨仲弘(杨载)卒于至治三年(1323)(《金华黄先生文集》卷三十三《杨仲弘墓志铭》);范德机(范梈)卒于至顺元年(1330)(《吴文正公集》卷八十五《范梈墓志铭》);马伯庸(马祖常)卒于后至元四年(1338)(《至正集》卷四十六《马祖常神道碑》)。萨天锡卒年应在后至元四年三月至六年底之间。(《萨都剌卒年考——兼论干文传〈雁门集序〉为伪作》,《文学遗产》1993年第5期。)

萨都剌《雁门集》卷五《丁卯及第谢恩奉天门》:

禁柳青青白玉桥,无端春色上宫袍。卿云五彩中天见,圣泽千年此日遭。虎榜姓名书敕纸,羽林冠带竖旌旄。承恩朝罢频回首,午漏花深紫殿高。②

俞希鲁《至顺镇江志》卷十六《录事司达鲁花赤》:

萨都剌,字天锡,回回人。泰定四年登进士第,将仕郎。天历元年七月至。③

虞集《道园学古录》卷二《寄丁卯进士萨都剌天锡》(自注:镇江录事宣差):

江上新诗好,亦知公事闲。投壶深竹里,系马古松间。夜月多临海,秋风或在山。玉堂萧爽地,思尔佩珊珊。④

---

① 《全元文》第32册,第71页。
② 《全元诗》第30册,第179页。
③ 《续修四库全书》第698册,第714页。
④ 《四库全书》第1207册,第20页。

《道园学古录》卷三《与萨都剌进士》：

当年荐士多材俊，忽见新诗实失惊。今日玉堂须倚马，几时上苑共听莺。贾生谁谓年犹少，庾信空惭老更成。唯有台中马侍御，金盘承露最多情。①

吴克恭《三月十日与萨天锡录事游京口城南小寺，忽虞伯生秘监寄萨诗，用韵呈席上》：

不见秘监久，忆公清且闲。看诗野殿侧，把酒春林间。因送碧鹅使，相过黄鹤山。遥怜西阁侍，文采映珊珊。②

吴克恭《客广陵答天锡见贻韵》：

泛舟春风生，江光扬云藻。人生杜牧游，柳色淮南道。幸欣韶芳媚，孰云春事杪。远思极绵绵，无缘是芳草。③

黄溍《次韵答萨都拉宣差》：

萧萧两鬓愧陈人，曾向龙门看跃鳞。多谢参军留客醉，杏花犹带曲江春。④

俞希鲁《送录事司达鲁花赤萨都剌序》：

圣朝制大，不为路、府、州、县，路又设录事司，以掌其城居之民狱讼、钱谷、工役、簿书、期会之务，一与州、县等。非若古录事参军，惟勾稽案牍，以纠郡事而已。润虽齿下路，然当南北冲要，为江浙重地。其民具五方之俗，达官寓公，第宅鳞比，而穷阎败室，凋瘵尤甚，故往往号为难理。达鲁花赤燕山萨都剌君天锡之始至也，设格阃阓而制权衡焉，俾市物者各得其平。天历己巳，岁大祲，民嗷嗷饥甚，官出粟捐直以籴，君慨然曰："民命如缕，纵斗米三钱，钱从何出？"乃为辞白大府，意气恳激，于是尽发仓廪以济焉。既又劝分钜室，饥者食，病者药，死者殡，流离者转移，以口计者八十余万，多赖以生。民张成等四家，俱逼官廪，府议徙居他所。请于府曰："穷民当歉岁，糊口之不计，毁其屋而逐之，是致之死地也，岂为民父母之意哉？"不允。适君以送兵仗赴京师，比行，取白金壶质缗钱百，呼四家与之，使各僦屋以迁，府闻之愧而止。又卜妪者，乡里称悍妇，一日诣庭诉厥子。君察其非罪，谓妪曰：

---

① 《四库全书》第1207册，第39页。
② （明）偶桓编《乾坤清气》卷十三，《四库全书》第1370册，第387页。
③ （明）偶桓编《乾坤清气》卷二，《四库全书》第1370册，第294页。
④ （元）顾瑛辑《草堂雅集》卷二，《四库全书》第1369册，第203页。

"母道贵慈，今汝妄加罪汝子，使汝子当罪，汝得无悔耶？"即逮其子械送狱。妪果叩头泣请曰："儿实无罪，幸见宥。"君再三谕遣之，妪遂为慈母，而子益孝。时郡守有幸奴，黠横为民扰。偶市民有宴客者，奴以主命辄入座，索歌妓不得，径造君诬民罟其主，君叱使出。守闻之怒，立呼至府责曰："部民罟守告尔，尔曷弗之直？"君徐对曰："凡罟，注亲闻乃坐。且以三品官，与百姓争一妓较是非，适以累盛德，不可使闻于邻郡也。"守抚案起谢曰："终是读书人。微尔言，吾几冤吾民。"淮安张士谦，以儒籍为府吏，八年不得□。其父兄相继殁，贫无以为敛。君时方病起，即肩舆往吊，割己俸赙之。吴俗尚机，有巫矍木偶市，间言祸福，动人取钱物，君悉抽其党笞决之，焚木偶于庭，毁其祠。凡君之敦孝让，禁豪猾，恤贫匮，类若此。若夫通币法，平谷价，修废补坠，凡职之所当举者，知无不为。故三载之间，吏不犯，民不欺。而其既去也，则宜思之者众矣。君丁卯进士也。尝谓选举得人，前代故不论，自我朝设科以来，蒐罗俊彦，济济在官，廉声能绩，煊赫中外。然则儒者之效，诚有益于国家也。观君所为如此，其去是而登要津，据华贯，使益展其抱负，将必大有可观者焉。其行也，郡之父老，道其事而属予书于祖行之帐云。①

杨维祯《复古诗集》卷四《宫词》诗序：

宫词，诗家之大香奁也，不许村学究语。为本朝宫词者多矣，或拘于用典故，又或拘于用国语，皆损诗体。天历间，余同年萨天锡善为宫词，且索余和什，通和二十章，今存十二章。②

张翥《蜕庵诗集》卷三《石头城用萨天锡韵》：

逶迤石路带城遥，古寺残碑藓半凋[1]。一自降王归上国，空馀故老说前朝。坏陵鬼剽传金盌，画壁仙妆剥凤翘。更欲留连尽奇观，夕阳江上又生潮。③

[校] [1]"碑"，原作"僧"，从《草堂雅集》卷四改。

张翥《鹿苑寺周处读书台陪观志能、萨天锡饮》：

千古南朝几劫灰，萧梁寺额独崔嵬。化蛇妒妇馀空井，刺虎将军有废台。江口山红寒照没，石头树白暝烟来。满衣落叶西风急，更使凭高送一杯。④

① 光绪五年《丹徒县志》卷五十四，《全元文》第33册，第50页。
② 《四库全书》第1222册，第133页。
③ 《中华再造善本》影印明初刻本。
④ （元）顾瑛辑《草堂雅集》卷四，《四库全书》第1369册，第254页。

张翥《寄志能、天锡二台郎》：

> 玉台新唱锦囊文，长忆风流二使君。齐国徒知宾孟子，汉廷还许吏朱云。斗牛夜气浮空见，江海秋声隔树闻。几拟双鱼通远信，石城潮上月纷纷。①

释大䜣《蒲室集》卷五《次韵萨天锡台郎赋三益堂夫容》：

> 华开未觉早霜残，留伴仙人酒半阑。翡翠巢空秋浦净，落霞飞尽莫江寒。玉真对月啼双颊，楚袖迎风舞七盘。持向毗耶听说法，病翁元作色空看。②

李孝光《五峰集》卷五《和天锡郎中城字韵》：

> 朝登石头戍，暮还建业城。野花满嘉树，芳草亦复生。日夕城郭暗，仰见天星明。登高地势壮，谁谓东南倾。③

《五峰集》卷六《送萨郎中赋得新亭》：

> 登高望吴楚，芳草满汀洲。离别安足念，英雄翻百忧。山河吞故国，江汉入秦州。今日新亭饮，因君感滞留。④

《五峰集》卷六《次萨郎中题铁塔寺壁》：

> 平生谢太傅，胜日得重临。地势吞吴尽，江流入楚深。金汤非旧国，栋宇尚青林。野露溥黄菊，独为游子吟。

又卷六《陪萨使君、志能游城西光孝院，得茶字》：

> 入谷向亭午，城门已集鸦。风沙天易夕，霜露菊犹花。骑马寻修竹，逢僧问煮茶。江南有独客，日夜忆京华。⑤

又卷六《次萨使君题畅曾伯都事幽居》：

> 四海畅夫子，时归学灌园。儿童散书帙，耆旧识罍樽。移竹须逢醉，刈葵休断根。升堂定何日，冻酒为余温。

又卷六《次萨使君道林寺壁》：

> 诗妙人皆诵，才高世不容。旧题经在眼，新别忆闻钟。市远依春树，川

---

① （元）顾瑛辑《草堂雅集》卷四，《四库全书》第 1369 册，第 254 页。
② 《中华再造善本》影印元至元刻本；《四库全书》第 1204 册，第 551 页。
③ 《四库全书》第 1215 册，第 116 页。
④ 《四库全书》第 1215 册，第 131 页。
⑤ 《四库全书》第 1215 册，第 132 页。

明见石春。南风洲渚静,幽窟闷鱼龙。①

又卷八《次萨使君韵》:

乌几绳床诗梦熟,惊闻风雨欲翻江。酒醒忆是长芦寺,半夜松声绕北窗。
大江北岸望南岸,山色微茫似破罨。石马麒麟竟何有,南公空说晋诸陵。
使客匆匆感岁华,杏花消息又桃花。江南佳丽春风见,柳絮楼台十万家。
江气萧萧如过雨,起看北斗挂船头。犹忆前年称使客,卧听笳鼓入扬州。②

又卷八《怀萨使君》:

城上乌啼欲闭门,萧萧风雨又黄昏。无端画角连云起,铁铸梅花也断魂。
二月江城未见花,笛声嫋嫋起谁家[1]。曲中大半伤离别,马上无人写琵琶。
门前杏树高过屋,常说开时倒一樽。不道花开君作客,暖风晴日与谁论。
二月已过十五日,北墙梅花犹未开。今日开门花满树,颇忆共君衔一杯。
月子纤纤青海头,使君昨夜过扬州。城中高髻琼花曲[2],去听吹箫何处楼。③

[校][1]"嫋嫋",《中华再造善本》本蒋易《国朝风雅》作"哀怨"。[2]"髻",《国朝风雅》作"结"。"曲",《国朝风雅》作"样"。

又卷八《怀萨使君》:

人到中年畏别离,况逢多病转相思。夜深风雨满高竹,自起挑灯读寄诗。④

又卷八《陪观志[能]、萨天锡二使君游城西光孝寺》:

客子知寒归未归,北风鸿雁又南飞。东家借马看黄菊,头白山僧开竹扉。

又卷八《次萨郎中送萧御史韵送萨郎中》:

楼上吴姬唱竹枝,东风正急纸鸢飞。客游先自无聊赖,况是离人作恶时。⑤

又卷八《次韵萨使君杂咏》:

扣门人至从题凤,写字谁怜可博鹅。独露亭中未归客,懒闲成癖奈诗何。
吴姝弹筝向秋月,锦鞲裹恨觅题诗。东邻丑妇持门户,不愿蛾眉映鲍犀。

---

① 《四库全书》第1215册,第134页。
② 《四库全书》第1215册,第142页。
③ 《四库全书》第1215册,第144页。
④ 《四库全书》第1215册,第145页。
⑤ 《四库全书》第1215册,第146页。

乌衣更无王谢宅，青山好在仲宣楼。南堂明月无人管，清簟疏帘夜夜秋。
僧学蜜蜂开牖户，山中八月未知秋。银床正换养花水，屋上一声黄栗留。
明月相窥怜我瘦，幽云不动炉僧闲。病馀无力看宾客，独露亭南数碧山。
秋来野水亦已落，行过女墙悲古苔。西日正□雕鹗起，北风频兼鸿雁来。①

又卷八《和萨郎中韵》：
绳床小寐听茶熟，梦绕山风犹怒号。诗来恰逢三日雪，兴教寺前春水高。
江上杨柳又青青，双橹复作鹅鹳鸣。中流击楫渡江去，半夜啼鸡非恶声。
客子飘零归未得，但愿美酒为消忧。故人若问吾消息，好说周南正滞留。②

又卷八《次萨使君六合诗韵》：
瞿塘雪解水初回，浪触金山怒转雷。惟有诗人天亦爱，迎船怪雨为君开。
梦驱枢郎发船去，两舷成与蛟龙撞。醒时呼童开户看，月在青天天在江。

又卷八《用志能台郎韵寄萨使君，今为江南诸道御史台令史》：
駉駥传疾趋乌府，凤凰曹贵拜清郎。群公幸自在霄汉，小子且可歌沧浪。
金尽壮士安足惜，酒多好怀聊复开。昨夜东家借生马，昇州高处望君来。③

又卷八《怀萨使君》：
憎夜还闻蟋蟀吟，定知秋色上青林。坐看黄叶落四五，记得题诗入绿阴。
山雨萧萧到楚回，夜凉鸿雁渐应来。题诗满壁无人看，墙下玉簪花又开。④

又卷八《用观志能韵寄萨使君》：
杏花落后见辛夷，烈士无歌忆别离。春草池塘蛙吹早，斜阳巷陌燕归迟。⑤

又卷十《同萨使君饮凤凰台》：
凤凰高飞横四海，锦袍犹赋凤凰游。天随没鹘低淮树，江学巴蛇入楚流。
勋业何如饮名酒，衣冠未省望神州。天涯芳草萋萋绿，王粲归来更倚楼。

---

① 《四库全书》第 1215 册，第 145 页。
② 《四库全书》第 1215 册，第 147 页。
③ 《四库全书》第 1215 册，第 151 页。
④ 《四库全书》第 1215 册，第 153 页。
⑤ 《四库全书》第 1215 册，第 157 页。

又卷十《次萨使君登石头城》：

西州门外石头寺，共说英雄绿鬓凋。王气黄旗千岁尽，水声广乐六时朝。白颞裘坏埋珠柙，玉燕钗飞坠藻翘。重到谢安携妓处，维舟寂寞听春潮。①

又卷十《春雪寄萨使君》：

江东精舍好修竹，翻忆吾庐近北林。急雪未须愁见睍，白日自足怀群阴。乌鹊飞来三绕夜，老骥平生千里心。张灯送客出门去，城头画角闻哀吟。②

张翥《秦淮水送萨天锡赴京》：

秦淮水，入江流。我不如水，远送行舟。舟行暂舣秦淮口，青旗招人新压酒。主家小女能吴歌，长跪尊前为客寿。舟遥遥上燕台归，何日春风开乌衣。陌上好杨柳，一枝还向东风来。君不见南朝瓜步，后唐采石，舟师一夕此渡江。虎踞龙蟠惨无色，昔人豪华卷黄土。玉树遗音怨亡国，百年欢少哀情多，潮落潮生岂终极。君当为我脱却紫绮裘，我亦为君报之双佩钩。裘以被知己，钩以寓淹留。鸟啼马鸣日欲暮，驿鼓声起催离忧。舟遥遥，送君去，舟行湾掩不见人，空立秦淮舣舟处。③

李孝光《五峰集》卷十《送伯循御史、天锡照磨至龙湾留别》：

西日杲杲马萧萧，君行不行手屡招。舟人夜语见月出，客子别愁须酒浇。霜天欲雨鸿雁去，秋风未落河汉摇。寄语扬州张仲举，月明何处问吹箫。④

释大䜣《蒲室集》卷四《送萨天锡照磨赴燕南宪幕》：

萧寺留诗别，高怀不负公。江声元自急，山势古来雄。下榻疏钟雨，登台落木风。重来无几日，除道避乘骢。⑤

张雨《贞居集》卷六《台掾萨天锡求识予面而之燕南，八月十四夜风雨，宿蓟阁，绝句七首，明日追寄之》：

李公求识少陵面，未闻草堂三日留。看君用意古人上，却愧无言与献酬。

鹤台道民掩柴扃，雁门才子宿寒厅。恰有金华一樽酒，且置茅家双玉瓶。

---

① 《四库全书》第 1215 册，第 173 页。
② 《四库全书》第 1215 册，第 183 页。
③ （元）顾瑛辑《草堂雅集》卷四，《四库全书》第 1369 册，第 263 页。
④ 《四库全书》第 1215 册，第 171 页。
⑤ 《中华再造善本》影印元至元刻本；《四库全书》第 1204 册，第 547 页。

巡官畏虎盛前呵，惊动燕山萨照磨。剪烛对床诗未稳，从渠醉尉问谁何。
物华年鬓两骎骎，忆别何堪动此心。乔木万株天一握，菌巢独自看秋阴。
高情常爱白云多，云为漫山雨注河。野人宁知御史雨，只见石田苏晚禾。
走送蒲衣庵外路，归时望见赤山湖。林子求看换鹅帖，胡郎传送捕鱼图。
内台最近燕南幕，博士台郎有此除。山泽何当大人赋，寄声多谢马相如。①

《贞居集》卷六《次韵答萨天锡见寄》：
推敲指点据吟鞍，苦为搜诗梦不闲。谁会凤凰台上意，手接黄菊看钟山。②

倪瓒《次韵萨天锡寄张外史》：

谷口路微山木合，温衣空翠不曾晴。饥猿攀槛为人立，寒犬号林如豹声。
小阁秋深听雨卧，长空日出采芝行。道心得失已无梦，沐发朝真候五更。③

陈旅《陈众仲文集》卷二《次萨天锡韵》：

燕南幕府文章客，泽国相逢宴集齐。酒后鲈鱼霜作脍，花边骢马月为蹄[1]。
千篇杰句谐金奏，一曲离歌听玉啼。别后寒云满江海，雁书何处落青泥。④
[校][1]"蹄"，原作"题"，从《全元诗》改。

马祖常《石田先生文集》卷三《送萨天锡南归》：

千里钟陵路不遥，银河可惜未通潮。龙江拟去浮三翼，雁岭翻来给一轺。
愧有简书烦远使，恨无诗句咏前朝。清溪水涨荷花满，留水（自注：一作日永）南床再见招。⑤

张雨《贞居集》卷五《御史中丞马公伯庸有〈赠萨天锡还金陵〉长句，因次韵寄上》：

射策甲科今廿载，尺书难信石城潮。径登乌府持天宪，犹倚青溪望使轺。
四月莺啼夹城仗，千官花拥大明朝。会因桂树思真隐，独是淮南作赋招[1]。⑥
[校][1]"独"，《元人十种诗》、四库本注："一作'曾'"。

---

① 《四库全书》第1216册，第361页。
② 《四库全书》第1216册，第357页。
③ （元）孙存吾辑《皇元风雅》后集卷二，《中华再造善本》影印元建安书堂刻本；《四库全书》第1368册，第118页。
④ 《中华再造善本》影印元至正刻明修本；《四库全书》第1213册，第20页。
⑤ 《中华再造善本》影印元至元五年扬州路儒学刻本；《四库全书》第1206册，第510页。
⑥ 《四库全书》第1216册，第374页。

陈旅《陈众仲文集》卷二《寄萨天锡》：

钱唐南去山总好，骑马看山到福州。应似当年马御史[1]，新诗题遍水边楼。①

［校］［1］"御史"，四库本作"侍御"。

吴克恭《寄萨天锡时居福建宪幕》：

春日江南郡，怀人杜若生。乌啼建业树，客在福州城。桂酒银壶重，华裾玉佩清。题诗幕中罢，应得动高情。②

危素《危太朴文续集》卷五《故从仕郎福州路总管府经历李君墓志铭》：

君讳质，字仲操，姓李氏。……泰定四年，君登进士第，授诸暨州判官，迁邵武路总管府知事，又迁福州路总管府经历。莅官廉慎，人多称之。至元三年□月甲子，卒于官。属同年进士萨都剌君长闽海宪幕，奔往哭之。既视其橐无赢赀，则命有司致赙给驿，又率僚友共其费，戒隶卒四人，护其幼孤扶柩以归。以某年月甲子葬诸某乡某原先茔之旁。君生至元二十八年某月。③

［笺］萨都剌《哭同年进士李竹操经历》（一作《挽金坛李竹操》）其一："进士如公少，何期与死邻。青山归葬骨，白发未封亲。已矣官三郡，哀哉子一人。送君螺水上，呜咽泪沾巾。"其二："此去成长别，频将雨泪挥。空江片帆远，落日乱鸦飞。白纸招魂葬，青山有梦归。双亲头似雪，尘暗老莱衣。"

萨都剌《自题严陵钓台图》诗序：

予自都门历南，跋涉驱驰奔走几半万里。闻严台钓矶，山秀寰拱，碧水澄渊。余强冷启敬共登，既而游归。启敬强予绘图，漫为作此。至元己卯八月，燕山天锡萨都剌写，并题于武林。④

徐象梅《两浙名贤录》卷五十四《寓贤》：

萨都剌天锡，雁门人，寓居武林。博雅工诗文，风流俊逸，而性好游。每风日晴美，辄肩一杖，挂瓢笠，踏双不借，遍走两山间。凡深岩邃壑，人迹所不到者，无不穷其幽胜。至得意处，辄席草坐，徘徊终日不能去，兴至则发为诗歌以题品之，今两山多有遗墨。而《西湖十景词》尤脍炙人口。竟莫知其所终。⑤

---

① 《中华再造善本》影印元至正刻明修本；《四库全书》第1213册，第9页。
② （明）偶桓编《乾坤清气》卷十三，《四库全书》第1370册，第387页。
③ 《元人文集珍本丛刊》第7册，第543页。
④ 《全元诗》第30册，第300页。
⑤ （明）徐象梅：《两浙名贤录》，浙江古籍出版社，2012，第1383页。

《万历杭州府志》卷六十六《寓贤》：

　　萨都剌天锡，雁门人。寓杭。风流俊逸，杭之山水多所题品。①

杨维祯《西湖竹枝集》：

　　掌机沙，字密卿，阿鲁温氏，礼部尚书哈散公之孙也。学诗于萨天锡，故其诗风流俊爽。②

《元书》卷九十一《隐逸传下》：

　　萨都剌，字天锡，别号直斋，本答失蛮氏。祖父以勋，留镇云、代，遂为雁门人。泰定时成进士。方弱冠，应奉翰林文字，出为燕市（南）经历，擢为南台御史，以弹劾权贵，左迁锡（镇）江录事。始至，为阛阓制权衡，必得其平。岁大祲，白太守发廪粟，全活甚众。俗尚巫，以祸福惑愚民，萨都剌捕治之，风为之革。历闽海廉访司知事、河北廉访司经历。萨都剌善为诗，绮而不缛，为人风流俊逸。既仕途不进，遂寓居杭州，每风日清美，辄肩一杖，挂瓢笠，脚踏双不借，走东西两峰间。凡深岩邃壑，人迹所不到者，无不穷其幽胜。至得意处，辄席草坐，徘徊终日不能去。又尝寓居孝感，后登太湖司空山太白台，叹曰："此老真山本精也。"遂结庐其下终焉。③

《新元史》卷二三八《文苑传下》：

　　萨都剌，字天锡，答失蛮氏。后徙居河间。萨都剌本朱氏子，其父养为己出。弱冠成泰定四年进士，授应奉翰林文字，擢御史于南台，以弹劾权贵，左迁镇江录事司达鲁花赤，历淮西廉访司经历。至正三年擢江浙行省郎中，迁江南行台侍御史，明年，左迁淮西江北道经历。诗才清丽，名冠一时，虞集雅重之。晚年寓居武林，每风日晴好，辄肩一杖，挂瓢笠，踏芒屩，凡深岩邃壑，无不穷其幽胜，兴至，则发为诗歌。著有《雁门集》八卷，《西湖十景词》一卷。后入方国珍幕府，卒。④

虞集《傅与砺诗集序》：

　　国初，中州袭赵礼部、元裕之之遗风，崇尚眉山之体。至涿郡卢公，稍变

---

① 明万历刻本。
② 孙小力校笺《杨维祯全集校笺》第 8 册，上海古籍出版社，2019，第 3349 页。
③ 《四库未收书辑刊》第 4 辑第 15 册，第 642 页。
④ 吴树平编辑《二十四史外编》第 123 册，第 430 页。

其法，始以诗名东南。宋季衰陋之气，亦已销尽。大德中，文章辈出，赫然鸣其治平，集所与游者亦众，而贫寒相望，发明斯事者，则浦城杨仲弘、江右范德机其人也。……其后，马伯庸中丞用意深刻，思致高远，亦自成一家，观者无间言。而进士萨天锡者，最长于情，流丽清婉，作者皆爱之。而与前之诸公，先后沦逝，识者然后知其不可复得也。……至正辛巳六月朔，虞集伯生序。①

杨维祯《西湖竹枝集》：

萨都剌，字天锡，答失蛮氏。泰定丁卯阿察赤榜及第，官至燕南宪司经历，卒。其诗风流俊爽，修本朝家范。②

[笺]《西湖竹枝集》卷首杨维祯自序作于至正八年（1348）秋七月。陈垣《萨都剌疑年》据此推定至正八年为萨都剌卒年下限。（《陈垣学术论文集》第2集，中华书局，1982。）

偰逊《近思斋逸稿》卷一《过陵州驿次萨天锡壁间韵》：

萧条庭馆树高槐，四月浓阴锁石阶。仙客不来诗满壁，倚风空动暮云怀。③

刘嵩《槎翁诗集》卷六《读萨天锡诗》：

三策当年动赤墀，一官南郡奏朱丝。参军情性丹阳酒，御史声华白下诗。骐骥雪迷沙苑道，凤凰春隔上林枝。江淮萧瑟风流远，独坐秋山有所思。④

胡俨《萨天锡诗记》：

元萨天锡尝有诗送欣笑隐住龙翔寺，其诗云："东南隐者人不识，一日才名动九重。地湿厌闻天竺雨，月明来听景阳钟。衲衣香暖留春麝，石钵云寒卧夜龙。何日相从陪杖履，秋风江上采芙蓉。"虞学士见之，谓曰："诗固好，但'闻''听'字意重耳。"萨当时自负能诗，意虞以先辈，故少之云尔。后至南台，见马伯庸论诗，因诵前作，马亦如虞公所云，欲改之。二人构思数日，竟不获。未几，萨以事至临川，谒虞公。席间首及前事，虞公曰："岁久不复记忆，请再诵之。"萨诵之，公曰："此易事，唐人诗有云：'林下老僧来看雨'，宜改作'地湿厌看天竺雨'，音调更差胜。"萨大服而去。此得之熊伯几先生云。⑤

---

① （元）傅若金：《傅与砺诗集》卷首，《四库全书》第1213册，第183页。
② 孙小力校笺《杨维祯全集校笺》第8册，第3317页。
③ 《全元诗》第59册，第13页。
④ 《四库全书》第1227册，第433页。
⑤ （明）程敏政编《明文衡》卷五十五，《四库全书》第1374册，第329页。

孔齐《至正直记》卷一：

京口萨都剌，字天锡，本朱氏子，冒为西域回回人。善咏物赋诗，如《镜中灯》云"夜半金星祀太阴"，《混堂》云"一笑相过裸形国"，《鹤骨笛》云"西风吹下九皋青"之类，颇多工巧。金陵谢宗可效之，然拘于形似，欠作家风韵，且调低，识者不取也。①

傅若金《傅与砺诗集》卷三《题萨天锡〈岁寒图〉》：

松树青冥气千丈，野梅幽竹连萧爽。月下微风缟袂开，尘前大雨苍鳞长。看君堵壁有此奇，君更与此同霜姿。乍闻清濑泻悬石，忽若流云生石陂。②

《傅与砺诗集》卷四《萨天锡画屏》：

入坐闻流水，开屏见远山。路通烟树窈，门对野桥闲。拄杖晴俱出，渔舟暝独还。只惭万里客，尘土污朱颜。

娟娟幽竹好，个个倚天长。白日含烟雨，清秋动雪霜。浑疑过云梦，犹忆对潇湘。何日开三径，吹笙引凤凰。③

陆友仁《研北杂志》卷上：

鲜于伯机作霜鹤堂，落成之日，会者凡十有二人：杨子构肯堂、赵明叔文昌、郭右（祐）之、燕公楠、高彦敬克恭、李仲宾衎、赵子昂、子俊、张师道伯淳、石民瞻岩、吴和之文贵、萨天锡。④

[笺] 大德二年（1298）二月，鲜于枢霜鹤堂落成，诸友来会者十馀人，因观宋郭忠恕《雪霁江行图》、晋王羲之《思想帖》，赵孟頫并为题识："右郭忠恕《雪霁江行图》，神色生动，徽庙题为真迹，诚至宝也。大德二年二月二十三日，同霍清臣、周公瑾、乔簣成诸子，获观于鲜于伯机池上。是日，郭祐之出右军《思想帖》，亦大观也。赵孟頫书。"（胡敬《西清札记》卷一）"大德二年二月廿三日，霍肃清臣、周密公瑾、郭天锡祐之、张伯淳师道、廉希贡端甫、马煦德昌、乔簣成仲山、杨肯堂子构、李衎仲宾、王芝子庆、赵孟頫子昂、邓文原善之，集鲜于伯几池上，祐之出右军《思想帖》真迹，有龙跳天门、虎卧凤阁之势，观者无不咨嗟叹赏神物之难遇也。孟頫书。"（卞永誉编《式古堂书画汇考》卷六）

---

① 《四库全书存目丛书》子部第 239 册，第 216 页。
② 《四库全书》第 1213 册，第 217 页。
③ 《四库全书》第 1213 册，第 227 页。
④ 《四库全书》第 866 册，第 582 页。

陶宗仪《书史会要》卷七：

萨都拉，字天锡。回纥人。登进士第，官至淮西廉访司经历。有诗名，善楷书。①

《万历湖广总志》卷七十一《流寓》：

萨天锡，幼时侨寓孝感。博学能文，登元泰定进士。知襄阳县，终燕南道廉访司照磨。②

薛超吾

王德渊《薛昂夫诗集序》：

薛超吾字昂夫，其氏族为回鹘人，其名为蒙古人，其字为汉人。盖人之生世，封域不同，瓜瓞绵亘，而能氏不忘祖，孝也；仕元朝明圣之代，蒙元朝水土之恩，名不忘国，忠也；读中夏模范之书，免马牛襟裾之诮，字不忘师，智也。惟孝与忠、智，根本立矣，文藻柯叶又何难为？今观集中诗词，新丽飘逸，如龙驹奋迅，有并驱八骏、一日千里之想，振珂顿辔，未见其止。……昂夫之齿尚少，余甫三十有一，余与期之于十年之后。③

刘将孙《养吾斋集》卷二十四《薛超吾字说》：

大行薛君以昂夫为超吾之字，既称于四方，闻于大人君子。过庐陵，犹欿然问于须溪刘氏之子曰："何如？"则其质温而器广，其进进不已也如此。……以昂夫之材之立，而名轩以野鹤，自处如逸民，其所以养者，称是德矣。④

《养吾斋集》卷十《九皋诗集序》：

夫诗者，所以自乐吾之性情也，而岂观美自鬻之技哉！……凡学诗者，必不可以无此意也，而未之见也，乃见薛君昂夫焉。昂夫以公侯胄子，人门家地如此，顾萧然如书生，厉志于诗名。其集曰《九皋》，此其志意过流俗

---

① 《四库全书》第 814 册，第 763 页。
② 明万历十九年刻本。
③ （元）周南瑞编《天下同文集》卷十五，《四库全书》第 1366 册，第 634 页。
④ 《四库全书》第 1199 册，第 231 页。

远矣。余阅之尽卷,飘飘乎如青田之君子立乎吾前,泠泠乎如华表之仙人戛然于吾侧,爽兮如饮金茎、醉玉液,不知其骖蓬莱而梦赤壁也。①

赵孟頫《松雪斋文集》卷六《薛昂夫诗集叙》:

嗟夫!吾观昂夫之诗,信乎学问之可以变化气质也。昂夫乃西戎贵种,服毳裘,食湩酪,居逐水草,驰骋猎射,饱肉勇决,其风俗固然也。而昂夫乃事笔砚,读书属文学,为儒生,发而为诗、乐府,皆激越慷慨,流丽闲婉,或累世为儒者有所不及,斯亦奇矣。盖昂夫尝执弟子礼于须溪先生之门,其有得于须溪者,当不止于是,而余所见者,词章耳。②

虞集《雍虞先生道园类稿》卷二十五《马清献公墓亭记》:

今秘书监卿致仕薛超吾儿昂夫,昔葬其先献公于龙兴北门之外,伐石太湖,刻吴兴赵公书、清河元公所著铭,而清苑郭公所篆额者而树之。其高丈有七尺,龟趺螭首,皆一品之制。又为亭覆其上,前为阙,中有表,曰:元故上柱国、御史大夫覃国清献公神道碑。前后三十年,始如其志,以成壮丽奇绝,特出于江湖之间。都人士以为见未曾有,达官贵人与四方之游士宾客过而览者,咨嗟叹息,以为昂夫之显扬其亲,无所不用其极也。集尝与昂夫得侍同朝,老而侨耕临川之上,目有恒疾,不能一望其设施,未尝不往来于怀也。昂夫不以予之不敏,使其客杨邈列其详。豫章之城,为东南一会府。城阴之趾,高厚盘礴,如重车之行,止于金柅,风气之畜,目力之放,几千百年于兹。昂夫营刚择吉而得之,固非偶然也。其为藏也,深固得宜,封树从礼,固昂夫之智之学足以及之也。仁皇在御,昂夫得召见,以大宗伯之属士通禁从,主天子符玺,官典瑞,三加而弥尊,眷遇日亲显。适有近臣为他官,奏封赠恩。上若曰:"赠官所以表贤臣之思、伸孝子之志,可泛及妄得乎?"顾谓昂夫曰:"若尔先臣,则可矣。"于是,以御史中丞赠御史大夫,易名清献。覃怀,公尝家焉,而上潜邸之所出居也。以覃为国而封之,于是为异数焉。当是时,文学之士尽聚于朝廷,吴兴、清河及清苑三公翰墨擅名海内,一日奉诏,各以能事致褒美,是谓之三绝。石本未具,摹传已遍,好事家矣。至治初,昂夫请守外郡,得以其间游乎东吴,求美石焉。美木舟虚,载而浮之,出江阴海口,溯流而西至于豫章。昂夫与其子渡浙江、逾浙岭、趋

---

① 《四库全书》第 1199 册,第 91 页。
② 《四库全书》第 1196 册,第 674 页。

墓下，恒以风涛为虞，亟讯之，则已至洪桥门矣。北沙近墓而善陷，辇以入城，经市井者五里，出北门以达于墓。日役百夫，委曲除道，乃以二十日而后达。度所宜置在墓之近，重币购之，掘地及泉，得古镜、完釜、香楠之木出，而加深焉。下石锢泽，弥缝涂塈，细壤密处，积厚以崇，庶久而无倾焉。工人定趺其上，而丰碑重大莫能起，昂夫之子吴伯都拉缚竹加衡，教以机发，起而植之，若举羽然，咸以为神。则又惧夫风日雨雪之见及也，乃加亭焉。……植碑之日，行省平章贯只哥、唤住廉使两参政，宪使董鹏飞各率其僚佐吏士来会，饮酬，两平章起抚碑曰："清献公有子如此，若吾徒，其如后事何？"皆极乐增感而去，则泰定甲子十一月也。始谋作亭，昂夫守太平，再守池，公田之入，不足以集事；三守衢，则积其赢以兴役焉；四守广德，归而后大成事，继万石君家矣。众人岂有是哉？亭之西庑曰瞻云，又西有亭曰流憩，又西有颐贞之堂，南有傲梅之窗，北有远庖之舍，又有九皋亭，则昂夫旧所自名也。①

危素《危太朴文集》卷一《望番禺赋有序》（自注：庚寅）：

广东道肃政廉访使钦察，核军民达鲁花赤脱欢察儿在广州多不法事，江南行御史台遣监察御史刘振往按之。振受贿，以钦察言非实。钦察忿死，振亦恐惧得疾，还至龙兴驿舍，白日见钦察于前，因噤而死。未几，行台又遣监察御史杜□□访其事，得今衢州路总管薛超吾为江西行中书省令史时所赋诗，遂合诸御史上章核振。后卅有□年，临川危素闻而哀之，作《望番禺》。②

［笺］《元史·成宗本纪三》载，大德六年正月，"中书省臣言：'广东宣慰副使脱欢察而收捕盗贼，屡有劳绩。近廉访司劾其私置兵仗、擅杀土寇等事，遣官鞫问，实无私罪，乞加奖谕'"。与危素《望番禺赋序》所叙为同一事。宁希元据此考定薛昂夫任江西行省令史在大德六年（1302）前后。危赋自注"庚寅"当为"壬寅"之误。（《薛昂夫行年考略》，《西北第二民族学院学报》1990年第3期。）

吴澄《吴文正公集》卷十六《送唐古德立夫序》：

唐古德立夫，故御史中丞覃国公之子，今金典瑞院事薛超吾昂夫之弟也，从事江西行省，志有所不乐而去。余观昂夫亦小试其才于此，去而为达官于朝。立夫之才，岂出兄下？接踵登朝，盖可期也。志之得行，固有其时，而不在于汲汲。于其游杭也，赠之言而勉之以居易俟命焉。③

---

① 《中华再造善本》影印元刻本；《元人文集珍本丛刊》第5册，第635页。
② 《元人文集珍本丛刊》第7册，第400页。
③ 《元人文集珍本丛刊》第3册，第298页；《四库全书》1197册，第296页。

杨载《翰林杨仲弘诗集》卷七《呈马昂夫佥院》：

君为胄子入京都，才望高华世所无。秘殿为郎监玉篆，雄藩作守判铜符。科条自可甦民瘼，议论还宜赞圣谟。更倚覃怀功业盛，峨峨天柱立坤隅。①

虞集《道园学古录》卷三十二《送太平文学黄敬则之官序》[1]：

仍改至元之五年孟夏之吉，敬则来告曰："有人自太平来，趣治其学事，求一言之赠焉。"……子行矣，余待子于蓬事之下，三年而归，有以为告焉。采石之上，有我先忠肃公遗庙在，故人覃怀薛公超吾守郡时[2]，为起断碑于草莽而植之，谊不可忘也。集过祠下，又已六七年，子弟之至者亦一二年矣，敬则经行，幸为集省其庭柏阶草焉。②

[校] [1] 题目，明初翻印元至正刊本《道园类稿》卷二十一作《送黄敬则赴太平文学序》。[2] "薛公超吾"，四库本误作"薛公超我"。

陶安《陶学士集》卷五《喜秋雨》：

十六岁时见太平监郡马公昂夫，承命面赋《喜秋雨》诗，用七言律秋字韵。

甘雨知时不待求，使君心事与天游。一时润泽知无价，千里歌谣庆有秋。山色洗青当郡舍，稻花垂白亚田畴。作亭曾见东坡记，名笔如今出品流。③

陶宗仪《书史会要补遗》：

马九皋，以字行，回纥人。官至太平路总管。能篆书。弟九霄，亦能之。④

[笺] 陶宗仪谓马昂夫最终"官至太平路总管"固然不对，但由这条材料也可证实昂夫曾任此官。下引虞集《寄答马昂夫总管》诗有"九华山里诗题遍，采石江头酒量宽"句，昂夫有小令【正宫·塞鸿秋】《过太白祠谢公池》，九华山、采石矶、太白祠、谢公池皆在太平境内，与虞集《马清献公墓亭记》"始谋作亭，昂夫守太平"记述相印证。

焦竑《国朝献征录》卷八十三《太平府知府李习传》：

延祐初，游京师，馆元明善尚书家，代为述作甚多，明善视为上客。四年，领京师乡荐，试题《浑天仪赋》，一时士人不能措笔。习能记其详悉，铺叙烂然。明年下第，授书院山长。七年，弟翼中浙江乡试。河内薛超吾时

---

① 《四库全书》第 1208 册，第 50 页。
② 《四库全书》第 1207 册，第 459 页。
③ 《四库全书》第 1225 册，第 633 页。
④ 《四库全书》第 814 册，第 809 页。

出守太平，名其所居之坊曰双桂以美之。①

释大䜣《蒲室集·书问·与宗可庭书》：

十月行院公会阄拈，而大名中宣城景德之选，咸谓江海耆年，如公不数人，而低回江左，此举复不称，特恐为故里一归，如圆悟祖之住昭觉，或可尔。后闻池阳之檀越士庶固留不舍，而又喜郡侯昂父公以斯文气味相知，而教门可倚以为外护也。某正月望抵金陵，二月三日入新寺。初拟赴北，复少止。近得报，差官买木起寺，复拨田，未审若何。然昇与池不远，闻往来人诵马公善政不绝耳，大是擒捕江淮强贼，为商旅大便。况侯先在太平时去芜湖一根柢巨豪，其邑至今安静。作郡如赵广汉、黄霸之流，则它日向用，清献家世斯无愧矣。不肖同差来官入蒋山立碑，见昆芳言，有一道人往池州载芦求作记于侯。予以林□人，虽辱交，而惧渎其清严，又思和尚久缺问询，因□修敬。或会昂父，道珍重意不殊此。②

[笺] 大䜣书所谓入金陵新寺，即住持大龙翔集庆寺，时在天历二年（1329）。寺建成于明年正月（《道园学古录》卷二十五《大龙翔集庆寺碑》）。由"某正月望抵金陵，二月三日入新寺……近得报，差官买木起寺"云，知该文作于天历二年。时马昂夫任池阳路总管。

唐元《筠轩集》卷七《饯马昂夫郡侯赴池阳》：

紫马东来有耿光，九华秋色对苍苍。气涵西极山河秀，材压中州翰墨场。饱腹蓬蓬民有饭，中流渺渺济逢航。循良传里无多事，劝学劭农德意长。

往岁从容侍次公，今年又识大苏翁。传家龟鹤留清节，惊世文章有古风。五马二毛新郡牧，九华千仞旧江东。遥知沙际迎笳鼓，旗影翻翻晓日中。③

吴师道《吴正传先生文集》卷十三《池州修学记》：

池阳郡学在城东南隅，直九华门清溪之上，宋故址也。至元三十一年毁于火，延祐五年又毁。补建仅完，规度苟略，故未久而多敝。……至元重纪之四年，总管通议公孛罗不花与经历吴君远翔以职在主领，顾瞻弗宁，实图更张。……论堂、斋楼，密比以整。最后尊经阁，前总管薛超吾所建者，特为雄伟[1]，复稍加修饰[2]。④

---

① 《四库全书存目丛书》史部第 104 册，第 462 页。
② 《中华再造善本》影印元至元刻本。
③ 《四库全书》第 1213 册，第 512 页。
④ 《四库全书》第 1212 册，第 164 页。

[校][1]"特",原作"之",从清抄本、四库本、金华本改。[2]"饰",原作"号",从清抄本、四库本、金华本改。

薛昂夫《衢州郡守题名记》：

衢为东浙名郡，山川人物之胜，具载职方，而仕于官者，独无所纪。至顺三年冬，余自池阳总管移守是邦。①

王都中《华丰楼记》：

浙水之东，其郡有七，悉隶帅府之州，衢为上郡。往副连帅尝籍户口而一至焉，城民况瘁，恻然于心。后三十年，当至正之四年[1]，余帅南海复道于兹，甍栋鳞比，民物熙洽，通道大衢，阛阓辏辑。城之坤隅有所谓华丰楼者，尤杰出焉。余因登览，征诸父老，而知吾友昂夫公有以裕民而成此伟观也。……去年冬，里人叶廷珪将复之。首损己赀，众衷乐助，辇材征工，榱楹甫立而工弗继。适公莅政之初，以勤励民，视此非所当先也，将止之。吾民相率诣府致词，乞复其旧，以乐清时，幸无废成功。维时以农事召役于堰，公因其谨饬者，而得叶廷珪焉。……至正四年[2]，中顺大夫、广东道宣慰司都元帅王都中记。②

[校][1]"至正"，应为"至顺"之误。[2]"至正"，"至顺"之误。

刘致《祥符钟楼记》：

衢州西北隅大中祥符禅寺，居人以为始于晋高祖。……天兵下江南，寺毁于火。后五十年，当泰定二年，故左丞相脱欢公行江浙中书省事，兼领行宣政事，廉明公忠事之。所谓住持，一以公举之。乃得净慈寺首座深远为寺主。……元统始元，郡长薛超吾儿昂夫九皋公之至，政事清简，百废皆起，楼亦告成，翚飞骞举，高出云际。楼钟其上，发鲸鱼骇。……此寺之废有年矣，非相君无以得深远，非深远不能就厥功。而斯楼犹有待于九皋之至焉者，岂非以人而后成者欤？楼未有记，远公因九皋以请，为摭其实，书之为记。③

胡翰《胡仲子集》卷九《王子智墓志铭》：

君讳临，子智其字也。……铨授龙游县典史……龙游，衢属邑，衢守马

---

① 《民国衢县志》卷十六《碑碣志》，民国二十六年铅印本。
② 民国二十六年《衢县志》卷十七，《全元文》第32册，第221页。
③ 《弘治衢州府志》卷十四，《天一阁藏明代方志选刊续编》第31册，第644页。

昂夫召诸邑令议均赋役,而龙游之役,独署典史莅之。……遂卧而卒,是岁元统甲戌,上距宋咸淳辛未君生之岁,得年六十有四。①

虞集《道园学古录》卷三《寄答马昂夫总管》:

白发先朝旧从官,几年南郡尚盘桓。九华山里诗题遍,采石江头酒量宽。雁到京城还日莫,马怀馀栈又春残。何时得共鸣皋鹤,八月匡庐散羽翰。②

《道园学古录》卷二十八《寄三衢守马九皋》:

闻道三衢守,年丰郡事稀。诗成花覆帽,酒列锦成围。鹤发明春雪,貂裘对夕晖。扁舟应载客,闲听洞箫归。③

虞集《道园遗稿》卷三《谢马昂夫总管》:

岁晏相看雨雪深,一尊春酒故人心。曾陪鹓鹭俱尘迹,晚托渔樵得共吟。天上凤毛还禁直,人间鹤发更登临。画图三友题名字,汉隶还须老华阴。④

萨都剌《雁门集》卷六《寄马昂夫总管》:

衢州太守文章伯,酒渴时敲玉井冰。径造竹林忘是客,横拖藜杖去寻僧。人传绝句工唐体,自恐前生是薛能。日暮江东怀李白,凤凰台上几回登。

《雁门集》卷五《三衢马太守昂夫索题烂柯山石桥》:

洞口龙眠紫气多,登临聊和采芝歌。烂柯仙子何年去,鞭石神人此地过。乌鹊横空秋有影,银河垂地水无波。遥知题柱凌云客,天近应闻织女梭。

《雁门集》卷六《和马昂夫赏心亭怀古》:

景阳宫井绿芜深,空有杨花暗御林。一自朝云归寺里,几回明月到楼心。陈台露冷虫声苦,楚水波寒雁影沉。白发词臣多感慨,长歌对酒向谁斟。⑤

《雁门集》卷六《和马昂夫登楼有感》[1]:

倚遍阑干忆往年,南朝民物已萧然[2]。空馀故国山如画[3],依旧长江浪拍天。市井笙歌今渐少,御街灯火夜相连。青青门外秦淮柳[4],几度飞花送客船。⑥

---

① 《四库全书》第 1229 册,第 116 页。
② 《四库全书》第 1207 册,第 39 页。
③ 《四库全书》第 1207 册,第 407 页。
④ 《中华再造善本》影印元至正十四年金伯祥刻本;《四库全书》第 1207 册,第 772 页。
⑤ 《中华再造善本》影印明成化二十年张习刻本。
⑥ 《中华再造善本》本;(清)顾嗣立编《元诗选》初集,中华书局,1987,第 1223 页。

[校] [1]《元诗选》初集题下注:"一作《层楼感旧》"。[2]"民",《元诗选》注:"一作'文'"。[3]"馀",《元诗选》作"遗"。[4]"门",《元诗选》注:"一作'楼'"。

释大䜣《蒲室集》卷五《次韵马昂夫总管饮仙桥诗》:

铁锁高悬隔杳冥,仙桥有路上瑶京。夜凉暗觉潜蛟动,晓色微看素练平。坤极尚遗神禹力,山灵空识祖龙名。烂柯旧事凭谁问,石柱题诗薜荔生。①

李孝光《五峰集》卷六《五马呈昂夫大尹》:

五马何时发,聊逢胜日留。天晴占鼓角,地湿谨衣裘。愿试匡时画,归余理钓舟。浮云浩今古,别地望神州。②

《五峰集》卷十《次韵薛公三衢石桥》:

石桥风雨碧冥冥,天上神官隔九京。吐蜃斜连银汉白,垂虹遥度翠云平。偶随木客来看奕,逢著仙人不问名。便拟提携九节杖,烂柯山上访先生。

丹梯路绝倚玄冥,上帝高居在紫京。定有编书在黄石,欲将神怪卜君平。鹤归日暮衔松子,人住山中识药名。笞凤鞭鸾在何处,遥应隔海叫期生。

赤斧丹城跨紫冥,上天官府玉为京。云含雌虎朝先见,雷挟黄虬路未平。采药老翁犹避世,衔花幽鸟自呼名。若逢仙子休看奕,乞授黄庭学养生。③

《五峰集》卷九《次三衢守马昂[夫]书垒韵》:

而我先生不语怪,二氏羞伏面发酡。我垒何所有?但闻诗作魔。雕锼夺天巧,雅淡消众疴。我垒何所有?地窄安不颇。惟有屈宋字,文声铿然相戛摩。我垒何所有?而蓄礼士罗。罗致尽俊杰,往往为幺麽。我垒何所有?而无白马驮。群书汗牛马,不涉流沙河。我垒何所有?而有太白力士靴。著鞭见天子,竟往金鸾坡。我垒何所有?而有韩公紫玉珂。通籍引金阙,不愧国老皤。④

吴师道《吴正传先生文集》卷十二《书垒记》:

河内九皋公,平生薄嗜好,好读书,所蓄几万卷。侨居豫章,辟楼野鹤轩之左,悉置于其上,而以书垒名之。且特取先朝所赐《大学衍义》尊阁之,以为垒之镇。既自为记以述其由,又作歌以道其乐,由是书垒之名闻于

---

① 《中华再造善本》影印元至元刻本;《四库全书》第 1204 册,第 551 页。
② 《四库全书》第 1215 册,第 135 页。
③ 《四库全书》第 1215 册,第 167 页。
④ 《四库全书》第 1215 册,第 162 页。

时。予观公在延祐初,以文翰简睿知,践履华要,后屡典大邦,皆有风绩惠爱。……公名薛超吾,御史大夫覃国清献公之子[1],今为三衢守云。①

[校][1]"国",原作"公",从清抄本、四库本、金华本改。

曹德【正宫·小梁州】《侍马昂夫相公游柯山》:

紫霞仙侣翠云裘,文彩风流。新诗题满凤凰楼。挥吟袖,来作烂柯游。

【幺】王樵不管梅花瘦,教白鹤舞著相留。听我歌,为君寿。一杯春酒,一曲小梁州。②

吴师道《吴正传先生文集》卷十五《送汪山长序》:

元统乙亥春,予道过三衢,将往谒清献公故居,一偿夙昔之愿。继而识山长汪君处谦。……予既数日留,处谦日周旋不置。遂相与出西郭门,抵孝弟里,遥望薨栋翘起田野中,容已肃。既至,拜遗像于堂。……时工人方治碑石,读之,知前此摧坏尤甚,监郡薛侯为兴修,汪君实宣其劳。恒产素微,君请于侯,畀田廪,供租给[1]。……予窃观薛侯之为,而重为衢人喜,幸矣!今君之满归也,士佽为诗歌以华其行,而属予友人不远二百里贻书,俾予序之。予既识汪君,揆之人情,不得辞,第不知诸君诗谓何言而必及于清献也。③

[校][1]"租",原作"粗",从清抄本、四库本、金华本改。

杨维祯《东维子文集》卷二十六《姚处士墓志铭》:

君讳椿寿,字大年,其先出唐开元宰相崇,曾孙秘监合尝守睦,因家焉。……[君]创世济桥峨溪上,桥置亭,岁五六月,施茗饮馓粥予行者,行者不倦。桥西古松篁万立,筑亭名深静,又构层屋曰松麓。贤士夫往来必延致其中,觞咏笑谈,至忘朝夕。邦大夫马公薛超吾道经桐庐,闻君,枉道过门,以处士礼礼之。④

张雨《贞居词·木兰花慢·和马昂夫》:

想桐君山水(原注:一作下),正睡雨,听淋浪。记短棹曾经,烟村晚渡,石磴飞梁。无端故人书尺,便梦中、颠倒我衣裳。此去钓台多少,小山丛桂秋

---

① 《四库全书》第1212册,第153页。
② 《全元散曲》下册,第1077页。
③ 《四库全书》第1212册,第196页。
④ 《四库全书》第1221册,第659页。

香。　　青苍秀色未渠央。台榭半消亡。拟招隐羊裘，寻盟鸥社，投老渔乡。何时扁舟到手，有一襟、风月待平章。输与浮邱仙伯，九皋声外苍茫。①

张可久【绿头鸭】《和马九皋使君〈湖上即事〉》：

别多时。绿笺犹寄相思。自当年、黄州人去，不忺朱粉重施。翠屏寒、秋凝古色，主（朱）奁空、影淡芳姿。蝶抱愁香，莺吟怨曲，残红一片洗胭脂。更谁汲、香泉菊井。寂寞水仙祠。西泠甓、苔衣生满，懒曳筇枝。尚依依、月移疏影，黄昏翠羽参差。问丹砂、石涵坠井，寻古寺、金匾题诗。岁晚江空，童饥鹤瘦，匆匆舍此欲何之。且重和，四时渔唱，象管写乌丝。仙翁笑、梅花折得，上闹竿儿。②

张可久【中吕·朝天子】《访九皋使君》：

槿篱，傍水，楼与青山对。一庭香雪糁荼䕷，松下溪童睡。净地留题，柴门还闭。笼开鹤自飞。看梅，未回，多管向西湖醉。③

张可久【中吕·朝天子】《题马昂夫〈扣舷馀韵〉卷首》：

酒边，扣舷，一曲凉州遍。洞箫吹月镜中天，似写黄冈怨。自贬坡仙，风流不浅。鹤飞来又几年。题花锦笺，采莲画船，归赛西湖愿。④

虞集《雍虞先生道园类稿》卷二十四《新修东湖书院记》：

至正四年十二月，监宪张掖刘公沙剌班承天子之命而使于豫章也。始下车，诣郡学而亲教之，又广其事于东湖书院。东湖者，东汉徐孺子之故宅在焉。故宋咸平间，郡人李公寅贵为尚书，退归湖上，作涵虚之阁，与天下四方之学者从而讲焉。……南渡之后……又数十载，至其季年，始赐额曰东湖书院，列于学官，至于今不废也。……起手于三月戊申，竣事于八月丁酉。乃仲丁释菜于夫子及诸贤之寓祠者。礼成，燕于新堂，大合乐，凡宪司之僚佐，至于书吏皆在。行省左丞忽都不丁、参政迷只儿坐右席。其郎中普达实立、崔从矩、都事暗都剌、刘贞，及其掾史叙焉。寓公致仕之有文学者秘书卿覃怀薛超吾、前临川太守洛阳杨公益、前进士偰直坚与焉。⑤

---

① 《续修四库全书》第 1723 册，第 416 页。
② 《全元词》中册，第 956 页。
③ 《全元散曲》上册，第 930 页。
④ 《全元散曲》上册，第 974 页。
⑤ 《中华再造善本》影印元刻本；《元人文集珍本丛刊》第 5 册，第 604 页。

范邦甸《天一阁书目》卷二之一《史部·编年类》：

《历代史谱》二卷，刊本。元括苍郑镇孙编并序，元薛超吾序云："此谱上起三皇，下终宋季，其义例本于朱氏，其事实约于诸史。四千年国统离合，一览可得，诚稽古之要法也。括苍郑镇孙国安，笃志史学，尝作《直说通略》，姑孰、澧、荆三郡刊行之。又为《历代蒙求纂注》，可谓勤矣。"①

[考辨]

《名儒草堂诗馀》卷上有"九皋司马昂甫"，有学者提出马昂夫或又名司马昂夫。杨镰《薛昂夫新证》（《文学遗产》1991 年第 3 期）认为《诗馀》原刊本错讹甚多，不可信，又谓"元人或许有不止一个叫司马昂夫的"。按王礼《麟原前集》卷五《胡涧翁乐府序》："亲友胡善乐，以其季父涧翁词稿示余。……既而谓余曰：往者，季父词稿，司马昂夫尝序之矣。锓梓未完，而兵变尽废。"据宁希元考证，胡涧翁名士茂，字国秀，号古涧先生，江西太和人。有词集《古涧吟稿》（佚）。其视马昂夫为先辈，昂夫当是应涧翁子侄之请而作涧翁词序。以时人记时事，当可信。昂夫曾一度以司马为姓，或属实。（《薛昂夫行年考略》，《西北第二民族学院学报》1990 年第 3 期。）

[附] 唐立夫（马九霄）

贡奎《云林集》卷一《赠唐立夫》（自注：马昂夫之弟）：

我交海内友，颇识男子奇。君家好兄弟，高林玉连枝。伟哉清献公，睹此积庆垂。难弟客西江，从我不暂离。危言动权贵，谈诗解人颐。同朝遇难兄，未面心先知。文华彻宸扆，鹓行昭羽仪。欢然顾寒士，慷慨众乃推。严冬雪翻絮，饮我堂上卮。别来倏几载，江上才一麾。青山谢公宅，仿佛犹当时。惠连更清发，揽衣往从之。缅怀彭城会，风雨情无违。孰云今昔殊，事往若可追。笑我辞薄禄，归耕类儿痴。四十奉慈母，晚嗟忧患罹。岁月不相代，偷生苟栖迟。圣贤有前躅，名谤古所随。腾骧亦何意，矧乃齿发衰。多君远相访，舣舟烟水湄。恍惚若初觉，既见还惊疑。问旧渐零落，审安心稍怡。壶觞粗延款，真率分所宜。酷暑汗雨浃，终朝竟忘疲。喜传二州政，戍瓜将及期。东南美官况，斯文尚坚持。侧闻贾使君，协恭淑民彝。公馀惬幽赏，黄钟和埙篪。凌高重怀思，轻飔起清漪。②

---

① 《续修四库全书》第 920 册，第 59 页。
② 《四库全书》第 1205 册，第 599 页。

许有壬《至正集》卷二十九《谢淮东廉司经历马九霄画鹤见寄》：

骑上扬州不可招，一朝蜕影入冰绡。凡夫岂敢留仙骥，却遣衔书赴九霄。①

吴当《学言稿》卷二《琴鹤双清亭并序》：

马君九霄作亭豫章城居之东北隅，以贮琴书。其祖御史大夫覃国公始居于斯，及今仕于斯者三世矣。覃国贵而能贫，太常易名清献，与宋贤赵公同谥。清献凡仕所至，惟琴鹤相随，九霄遂以琴鹤双清名亭云。

结亭绝嚣尘，窈窕北堂东。新竹雨满林，老树云半空。开轩纳归鹤，据石理丝桐。昔贤尚高洁，以此随行踪。尔祖馨遐思，坚贞副深衷。锡谥既有尚，素心谅能同。水木托本源，芳润信无穷。大雅继宏响，遗书满庭中。工歌赞前勋，述德宁有终。何时戒仙驭，抚席聆仙风。②

班惟志

黄溍《金华黄先生文集》卷二十六《岭北湖南道肃政廉访使赠中奉大夫江浙等处行中书省参知政事护军追封南阳郡公谥文肃邓公（文原）神道碑铭》：

徽仁裕圣皇后命以泥金书《大藏经》，公应聘，率门人前集贤待制班惟志等二十人北上[1]。竣事，二十人皆赏官，而公不预，第随牒调补教授一州。③

[校][1]"班惟志"，元刊本作"班惟忠"，从《金华丛书》本改。

[笺]徽仁裕圣皇后，世祖太子真金之妻，成宗之母。大德四年（1300）崩，见《元史》卷百十六《后妃传》。班惟志随邓文原入京书《大藏经》必在大德四年前。其以书《大藏经》而"赏官"应在大德四年后不久，所授或即溧阳州学教授。《书史会要》卷七载："初徽仁裕圣皇后以泥金写《大藏经》，邓文肃举惟志入经局，补州教授。"可为旁证。《道光浮梁县志》卷十二谓惟志因文原之举泰定间补浮梁州学教授，应是误解。

张铉《至正金陵新志》卷九《学校志·州县学校》：

溧阳州归附初为县，设主学、教谕。元贞元年升州，即以前宋县学改为

---

① 《元人文集珍本丛刊》第7册，第155页；《四库全书》第1211册，第206页。
② 《四库全书》第1217册，第263页。
③ 《中华再造善本》影印元刻本；（元）黄溍：《黄溍集》第4册，王颋点校，第1146页。

州学,设教授。大德五年,教授班惟志修学宫、建斋舍。东曰养正、丽泽,西曰明德、澡德,设小学斋,增学田三百八十馀石。卞应午记之。①

许有壬《至正集》卷七十八【沁园春】《次班彦功韵》:

旅食京华,蜀道天难,邯郸梦回。笑白衣苍狗,悠悠无定,黄尘赤日,扰扰何为。长铗休弹,瑶琴时鼓,倦鸟谁教强去来。衡门下,幸良辰良友,同酒同诗。　　功名少壮为期。奈身外升沉自不知。算人间难得,还丹大药,山中尽有,老树清溪。蕙帐云空,石田苔满,应被山灵怪去迟。春来也,向故园回首,归来休迷。②

《至正集》卷八十【江城子】《饮海子舟中,班彦功招饮斜街,以此答之》:

柳梢烟重滴春娇。傍天桥。住兰桡。吹暖香云,何处一声箫。天上广寒宫阙近,金晃朗,翠岧峣。　　谁家花外酒旗高。故相招。尽飘摇。我政悠然,云水永今朝。休道斜街风物好,才去此,便尘嚣。③

[笺] 海子是元代大都极繁华之地,达官、文人及歌妓常于此集会游玩。《析津志·古迹·齐政楼》:"西斜街临海子,率多歌台酒馆。有望湖亭,昔日皆贵官游赏之地。"《青楼集》:"张怡云,能诗词,善谈笑,艺绝流辈,名重京师。……姚牧庵、阎静轩每于其家小酌。一日过钟楼街,遇史中丞。中丞下道,笑而问曰:'二先生所往,可容侍行否?'姚云:'中丞上马。'史于是屏驺从,速其归携酒馔,因与造海子上之居。"

杨载《翰林杨仲弘诗集》卷四《赠班彦功》:

名书称晋代,盛事起江东。内翰钟奇气,深情纵古风。抠衣皆弟子,入室自豪雄。欲立千金价,宁论百日功。奏名黄阁老,承诏大明宫。《遗教》规王氏,《阴符》易褚公。杯沾银凿落,佩篸玉玲珑。文学谈经早,声华脱颖同。麦光人共赏,棘刺巧无穷。愿积临池趣,流传史册中。④

《道光浮梁县志》卷十《官师·教授》:

班惟志,泰定间任。初补教授,旋晋州判。

---

① 《四库全书》第492册,第389页。
② 《元人文集珍本丛刊》第7册,第350页。
③ 《元人文集珍本丛刊》第7册,第359页。
④ 《四库全书》第1208册,第26页。

又卷十《判官》：

班惟志，泰定判。

又卷十二《名宦》：

班惟志，字彦功，大梁人。少颖异，工文词，善篆字。邓文原举补浮梁州学教授，晋州判。暇则延名士游，赓咏无虚日，而政亦举。历集贤待制、江浙儒学提举。①

许有壬《至正集》卷二十五《次班彦功教授韵四首》：

乌兔奔腾挽不回，青山还见古人来。梅花都道春风早，辛苦年年最后开。
诗翁下榻许频过，驽钝无堪奈我何？携得瘦藤归去后，小窗人少月明多。
松舟桧楫绿蓑衣，梦里烟霞赤壁矶。想像风光吟不得，一江烟雨片帆飞。
醉吸蟾光肺腑凉，江湖豪气未能忘。钓鳌沧海男儿事，安得纶竿万丈长。②

《万历绍兴府志》卷二十七《职官志三·推官》：

班惟志，[致和]二年。
吴思义，至顺元年。③

韩性《班彦功题能仁方丈》：

禅关妙密异诸方，双桂扶疏几砚凉。小憩匡床缘麈尾，一庭芳草澹斜阳。④

王士点《秘书监志》卷九《题名·典簿》：

班惟志，字彦功。汴梁人。至顺三年六月十二日上。
韩玙，字廷玉。大都人。赐进士出身。元统二年十二月初八日上。⑤

卞永誉《式古堂书画汇考》卷十七《班恕斋二体千文卷》署：

至顺四年闰三月廿有四日，大梁班惟志书。⑥

---

① 清道光三年刻十二年补刻本。
② 《元人文集珍本丛刊》第 7 册，第 141 页；《四库全书》第 1211 册，第 185 页。
③ 明万历刻本。
④ 《全元诗》第 21 册，第 54 页。
⑤ 《四库全书》第 596 册，第 842 页。
⑥ 《四库全书》第 827 册，第 792 页。

张金吾《爱日精庐藏书续志》卷三载班惟志序尚从善《本草元命苞》，末署：

至元三年十二月十六日，奉议大夫、平江路常熟州知州友人班惟志叙。①

班惟志《佑圣道院碑记》末署：

至元四年龙集戊寅正月十五日，奉议大夫、平江路常熟州知州兼劝农事班惟志撰。②

《正德姑苏志》卷四十一《宦绩志五》：

班惟志，字彦功，松江人。至元间知常熟州。能文工诗，尤善挥翰。③

《嘉靖常熟县志》卷五《历宦志》：

班恕[斋]，字（名）惟志。至元间知州事，兼劝农田。有才名，书翰尤称于时。④

张雨《贞居词·满江红·玉簪次班彦功韵》：

玉导纤长，顿化作、云英香荚。风弄影、绿鬘撩乱，搔头斜插。璞小还思钗燕并，丛幽略比蕉心狭。看柔须、点缀半开时，微烘蜡。　冰箸瘦，琼枝滑。芳径底，谁偷掐。怕夜凉消得，锦围红匝。鹅管不禁仙露重，蜜脾剩借清香发。待使君、绝妙好词成，须弹压。⑤

《万历杭州府志》卷九《会治职官表》载，班惟志任江浙等处儒学提举在至正二年。

倪涛《六艺之一录》卷百十一载《武林弭灾记》：

至正二年四月一日，杭城大灾，毁民庐舍四万有畸。明年五月四日，又灾作于车桥，火流如乌孛，如栝冲，所指即炎，势且逼西湖书院。在官正徒奔走莫遑救，武守、府守虽庀，而无所用。肃政司在院东，于时宪副高昌幹栾公、覃怀李公、宪佥大名韩公，暨知事广平张公、照磨睢阳张公，齐面

---

① 《续修四库全书》第 925 册，第 641 页。
② 光绪二十四年《琴川三志补记续》卷二，《全元文》第 46 册，第 252 页。
③ 《四库全书》第 493 册，第 753 页。
④ 明嘉靖刻本。
⑤ 《续修四库全书》第 1723 册，第 419 页。

火叩首曰："火宁焚予躬，勿民灾也。"言一脱口，风从西北转东南，若有神帜煽而返者，郁攸焰及院北垣即销灭沉去，又若金支赤盖度河而溺也。由是院与司皆安堵如故，而城郭郊保赖以安全。院之山长毗陵钱琼，偕城中高年寻余西湖之阴，请纪其事，辞弗获，则为之言。……赐进士出身、承事郎、前台州路天台县尹兼劝农事杨维桢撰，文林郎、江浙等处儒学副提举陈遘书，奉政大夫、江浙等处儒学提举班惟志篆盖。至正三年十二月望日……立石。①

黄溍《金华黄先生文集》卷十《杭州路儒学兴造记》：

至正二年夏，细人之家不戒于火，飞燎及殿檐而止。持正、宾贤、崇礼、致道四斋与庙垣外比屋而居者数十家尽毁弗存。执事者请割学西隙地，益以钱若干缗，易其废址，改建论堂。四年夏，儒学提举班公惟志方俾之，度木简材，而李君祁来为副提举，亟命学正、录、直学等，揆日庀工。适当总管赵公琏下车伊始，教授谢君池亦至。……始作于六年冬十一月，讫役于七年夏四月。谢君状其实，驰书京师，属溍记之。……赵公，至治辛酉龙飞进士，今为礼部尚书。班公，前集贤待制。李君，至顺癸酉廷试第二人。②

《金史公文》：

皇帝圣旨里。江浙等处行中书省至正五年六月二十六日准中书省咨："至正五年四月十三日……阿鲁秃右丞相、帖木儿塔失大夫、太平院使、伯颜平章、达世帖木儿右丞等奏：'去岁教纂修辽、金、宋三代史书，即目辽、金史书纂修了有，如今将这史书令江浙、江西二省开板，就彼有的学校钱内就用，疾早教各印造一百部来呵。'怎生奏呵，奉圣旨那般者。钦此，咨请钦依施行，仍令行省委自文资正官、首领官各一员，钦依提调，疾早印造完备起解。"准此，本省咨委参知政事秦中奉、左右司都事徐槃承德，钦依提调，及下江浙儒司委自提举班惟志奉政校正字画，杭州路委文资正官、首领官提调锓梓印造装褙。至正五年九月日。③

《正德松江府志》卷十一《官署上》：

华亭县治在府西望云桥北，元主簿厅也。县初升府，寓治于旧东尉司，至元壬午始迁于此，甲午，县尹柴琳、达鲁花赤兀都蛮鼎建。……至正六年，

---

① 《四库全书》第832册，第310页。
② 《中华再造善本》影印元刻本；（元）黄溍：《黄溍集》第2册，王颋点校，第529页。
③ （元）脱脱：《金史·附录》，中华书局，1975，第2905页。

仪门两庑火，尹张德昭缮完。（小字注：门额，儒学提举班惟志书，主儒学事徐艮记。）[1]

班惟志《钱塘先贤传赞序》末署：

时至正丙戌上巳日，奉政大夫、江浙等处儒学提举班惟志序。[2]

李遇孙《括苍金石志》卷十二《故梅所处士祝公墓志铭》：

中议大夫、杭州路总管兼管内劝农事知渠堰事赵琏撰

奉政大夫、江浙等处儒学提举班惟志书

朝散大夫、前江西等处行中书省左右司郎中普达实立篆盖

……至正乙酉十二月十日终□正寝，春秋五十有九。……至正丁亥十一月乙亥葬□丽水县喜□乡灵山之原。[3]

王逢《梧溪集》卷一《简班恕斋提学》：

一官湖上似闲居，酒满匏尊架满书。庭草春深眠叱拨，研池月上影蟾蜍。犹闻桂树歌招隐，未可丹厓赋遂初。汉主久思班氏学，定虚天禄召安车。[4]

周巽初《陪班提举恕斋、李提举一初、苏掾史伯逵泛西湖，访山居杨御史元诚，宴舟中，伯逵有诗次韵奉酬》：

涌金门外玉骢骄，缓拂吟鞭出画桥。鬟拥双峰初过雨，镜涵一水不通潮。苏公堤上柳烟散，和靖亭前梅雪飘。来访山居杨御史，酒酣归弄木兰桡。[5]

杨维祯《又四首湖州作》（原注：书寄班恕斋，试温生笔，写入前卷）：

三月三日雨新晴，相邀春伴冶西城。即倩山妻纱帽办，更烦小将犊车轻。好语啼春秦吉了，仙姿当酒董双成。凭君多唱嬉春曲，老子江南最有情。

五十狂夫心尚孩，不受俗物相填豗。兴来自控玉蹄马，醉后不辞金当杯。海燕来时芹叶小，野莺啼处菜花开。春衫已备红油盖，不怕城南小雨催。

长城小姬如小怜，红丝新上琵琶弦。可人座上三株树，美酒沙头双玉船。

---

[1] 明正德七年刊本。
[2] （宋）袁韶：《钱塘先贤传赞》卷首，《四库全书》第451册，第3页。
[3] 《续修四库全书》第912册，第114页。
[4] 《中华再造善本》影印元至正明洪武间刻景泰七年陈敏政重修本；《四库全书》第1218册，第589页。
[5] 《永乐大典》卷二二六四引，《全元诗》第52册，第286页。

小洞桃花落香屑,大堤杨柳扫晴烟。明朝纱帽青藜杖,更访东林十八仙。

湖州野客似玄真,水晶宫中乌角巾。得句时过张外史,学书不让筦夫人。棋寻东老林中橘,饭煮西施庙下莼。无雨无风二三月,道人将客正嬉春。①

王逢《梧溪集》卷五《长倩无锡许辕茶陵书至,报及李一初御史卒》:

甥馆家书至,儒林讣问俱。节存陶栗里,醇近董江都。斗角文星濬,禺中旧月孤。追思与班老(下注:班提学彦功),堂下接王符。②

《青楼集·张玉莲》:

人多呼为张四妈。旧曲其音不传者,皆能寻腔依韵唱之。丝竹咸精,蒲博尽解,笑谈亹亹,文雅彬彬。南北令词,即席成赋;审音知律,时无比焉。往来其门,率多贵公子。积家丰厚,喜延款士夫,复挥金如土,无少靳惜爱。林经历曾以侧室置之。后再占乐籍,班彦功与之甚狎。班司儒秩满北上,张作小词【折桂令】赠之,末句云:"朝夕思君,泪点成班。"亦自可喜。③

黄公望《九峰雪霁图》自题:

至正九年春正月,为彦功作雪山,次春雪大作,凡两三次,直至毕工为止,亦奇事也。大痴道人,时年八十有一,书此以记岁月云。④

宋濂《宋学士文集》卷三十三《翰苑别集》卷三《寄和右丞温迪罕诗卷序》:

右辖温迪罕公,居于汴梁,资禀素美,尝从恕斋班先生学为词章,久游淮海。元季亦跻膴仕,随冢宰远行,遂留西域。今见天朝使者至,不胜乡土之思。旧尝赋绝句,以寄治书琐纳儿加。继作唐律一章,献丞相胡公。……丞相察其情,以诗上闻,皇上览之,尤怜其志之不能遂也,恻然有动于圣衷,敕丞相御史大夫而下,咸属而和之。且连成卷轴,诏翰林侍讲学士宋濂为之序。……洪武八年十月壬辰,具官宋濂序。⑤

---

① (元)顾瑛辑《草堂雅集》卷后二,中华书局,2008,第253页。
② 《中华再造善本》影印元至正明洪武间刻景泰七年陈敏政重修本;《四库全书》第1218册,第787页。
③ 孙崇涛、徐宏图笺注《青楼集笺注》,第173页。
④ 该图今藏于故宫博物院。参见蒋文光主编《中国历代名画鉴赏》上册,金盾出版社,2004,第970页。
⑤ 罗月霞编《宋濂全集》第2册,第1001页。

陶宗仪《书史会要》卷七：

班惟志，字彦功，号恕斋。大梁人。官至集贤待制、江浙儒学提举。初，徽仁裕圣皇后以泥金写《大藏经》，邓文肃举惟志入经局，补州教授，累官至今任。早岁宗二王，笔势翩翩，不失书家法度。晚年学黄华，应酬塞责，俗恶可畏。文宗尝评其书，谓如醉汉骂街。①

释祖柏《游虎丘》：

家家恕斋字，户户雪窗兰。春来行乐处，只说虎丘山。②

周闻孙《鳌溪集》卷三《柬班彦功求字》：

颠张醉素夸能事，文采能如班孟坚。墨汁淋漓供日饮，笔花潇洒作春妍。中朝名姓金闺彦，内苑声华玉局仙。已辨鹅溪绢如雪，请君为扫白云篇。③

夏文彦《图绘宝鉴》卷五：

班惟志，字彦功，号恕斋。大梁人。官至集贤待制、江浙儒学提举。善墨戏。④

许有壬《至正集》卷二十九《题班彦功〈山水扇图〉》[1]：

钱塘江上又秋风，老友沦亡梦不通。胜概肯教同羽化，山河写在月轮中。⑤

[校] [1] "图"，《元人文集珍本丛刊》影印清宣统三年石印本作"头"，从四库本改。

张翥《蜕庵诗集》卷一《水墨达摩像班惟志笔》：

佛法无多子，西山雪柱天。应寻葱岭去，方解少林禅。鞿屦露双脚，蓺衣披半肩。虚空本无住，须借影中传。⑥

龚璛《存悔斋诗·班彦功为萧君璋画红梨花》：

节物临寒食，莆丘冷淡新。院落寻香雪，京华生软尘。⑦

---

① 《四库全书》第 814 册，第 757 页。
② 《全元诗》第 32 册，第 137 页。
③ 《全元诗》第 45 册，第 533 页。
④ 《四库全书》第 814 册，第 621 页。
⑤ 《元人文集珍本丛刊》第 7 册，第 156 页；《四库全书》第 1211 册，第 208 页。
⑥ 《中华再造善本》影印明初刻本；《四库全书》第 1215 册，第 36 页。
⑦ 《中华再造善本》影印元至正五年俞桢抄本；《四库全书》第 1199 册，第 345 页。

许有壬《至正集》卷二十八《李将军画马用班彦功韵》：

真龙幻出笑谈间，想像初离十二闲。只恐风雷终变化，九天飞去几时还。①

唐肃《丹崖集》卷八《太乙真人画像跋》：

吴郡张渥画《太乙真人像》，大梁班惟志画《韩子苍诗》一卷，余姚严宗道所藏也。按渥白描法宗李公麟，子苍正为公麟作也。②

《元诗选》癸集丙"班提举惟志"传：

惟志字彦功，号恕斋，大梁人，或云松江人。少颖异，工文词，善篆字。用邓文原荐，补浮梁州学教授，判晋州。暇则延名士游，赓咏无虚日。历官集贤待制。致和间为绍兴推官，后至元间知常熟州，升浙江儒学提举。③

［笺］据《道光浮梁县志》卷十，班惟志"初补教授，旋晋州判"，是谓惟志不久除浮梁州判官。《元诗选》编者误解为"判晋州"。

王士熙

释大䜣《蒲室集》卷十四《书〈金陵十诗〉后》：

邓善之为予言，肯堂王公与果长老厚善，迨果化去，而继学于是夕生。今年夏，继学来为南台侍御，质之，云："先公尝指予言，果长老将化而来别云，复有廿年之聚。予二十馀，先公弃世。"则善之之言为然也。继学居官不数月而去，视予若宿契，每作诗，必录示。吾党和之者百篇，而永嘉安雪心为书。继学喜，而尤喜雪心书，后有作，率令书之。④

［笺］据《清容居士集》卷二十九《王构墓志铭》，构卒于至大三年（1310）。时继学"二十馀"，生年或在 1285~1290 年间。

范梈《范德机诗集》卷七《奉和王继学〈怀济南旧游〉》：

前辈风流逐断澌，济南旧录故人诗。遥知灵运初游日，正是元方后载时。青社寥寥成异物，丹丘晶晶属遐思。壮年易动离居感，缱绻花前金屈卮。

---

① 《元人文集珍本丛刊》第 7 册，第 151 页；《四库全书》第 1211 册，第 201 页。
② （明）唐肃：《丹崖集》，明末祁氏澹生堂钞本。
③ （清）顾嗣立、席世臣编《元诗选》癸集，吴申扬点校，第 307 页。
④ 《中华再造善本》影印元至元刻本；《四库全书》第 1204 册，第 622 页。

楼上看山翠黛浮，楼前沽酒锦缠头。登临试与询湖雁，豪杰亲曾侣海鸥。沙领晓晴云散出，野亭春尽水交流。意中故旧那能得，强拟偷生赋远游。

每愁大手不如燕，多见公侯胜昔年。计拙欲求千户等，心劳政类十洲仙。几回见月思归去，暂到临风复惘然。剪尽绿杨三万树，多应无处著啼鹃。

手接新词绝底清，一双白眼为君青。寰区政待新年谷，江汉徒传赤日萍。断雨潜蛟虚水榭，远波回鹭实云汀。此情可在齐州外，不解无人问独醒。①

[笺] 范梈大德十一年（1307）任翰林院编修，秩满，除海南海北道廉访司知事，时在延祐三年（1316）（《吴文正公集》卷八十五《范亨父墓志铭》）。王士熙《儒学庙碑》云："范君（指范梈）江右人，博学好古，在史馆予与之游甚熟。"则士熙大德末、至大初已入翰林，或即拜修撰之职。

袁桷《清容居士集》卷十一《次韵王继学》：

萧萧寒雀下庭除，一榻蓬蒢是我居。雪后看山双眼净，风前揽镜二毛疏。退之掌制惭存稿（原注：退之四十八岁知制诰，一年仅存《崔群户部》一制。余年相同，亦草一制），伯玉知非定止车。深愧年华增老大，还家早注故山书。②

[笺] 据《滋溪文稿》卷九《袁桷墓志铭》，桷泰定四年（1327）卒，年六十二，生年在1266年。该诗作于其四十八岁时，即皇庆二年（1313）。

马祖常《石田先生文集》卷二《再用韵奉继学二首》：

修撰官清切，高斋不易开。青凫憎绿帻，黑沈覆琼杯。日日裁书出，年年赐锦来。最怜山简拙，惟有习池回。

山东豪侠客，走马两京来。芹藻流清誉，丝纶藉美才。但能铃索静，还使酒船回。梦想庭前鹤，奇踪篆紫苔。③

[笺]《滋溪文稿》卷九《马文贞公（祖常）墓志铭》："延祐元年，诏辟贡举，网罗贤才。公偕其弟祖孝俱荐于乡，公擢第一。明年会试礼部，又俱中选，公仍第一。廷试则以国人居其首，公居第二甲第一人，隐然名动京师。授应奉翰林文字、承事郎、同知制诰、兼国史院编修官，日与会稽袁公桷、东平王公士熙以文章相淬砺。"

袁桷《清容居士集》卷十《送王继学修撰、马伯庸应奉分院上都二首》：

玉京高处雪流脂，连插鸡翘绿鬟垂。蹀躞有泥歌独漉，琵琶无梦说相思。

---

① 《中华再造善本》影印元后至元六年益友书堂刻本；《四库全书》第1208册，第146页。
② 《中华再造善本》影印元刻本。
③ 《中华再造善本》影印元至元五年扬州路儒学刻本；《四库全书》第1206册，第493页。

黑河旧乐催填谱，白海名花拟进词。羽猎上林俱罢赋，卿云何以报明时。

浅坡平叠碛漫漫，拂岭青帘罨画看。毡屋起营羊胛熟，土房催顿马通干。捆官走驿传金椀，冰正分夋贮玉盘。莫上乡台望南北，白云微处是枪竿。①

柳贯《柳待制文集》卷五《次伯长待制韵，送王继学修撰、马伯庸应奉扈从上京二首》[1]：

仗前桐酒进琼脂，翠络金钩向马垂。少宰毡庐初张事，从官鱼笏正书思。三辰上应旌旟象，六乐中陈鼓吹词。供奉逍遥承御宿，故应燕许擅同时。

山围黑谷翠漫漫，独许词臣息马看。碧道云开朝采正[2]，蹛林风定雪华干。赋成特赐麒麟罽，宴出初擎玛瑙盘。岁岁八州人望幸，钩陈旗尾认朱竿。②

[校] [1] "撰"，《中华再造善本》本作"换"，从四库本改。[2] "碧"，《中华再造善本》本漫漶不辨，兹从四库本。

胡助《纯白斋类稿》卷十一《和袁伯长韵送继学、伯庸赴上都四首》：

紫薇朝雨湿胭脂，玉署深深弱柳垂。书法谨严当载笔，家声烨奕在论思。瀛州易纵青冥靶，人世难酬白雪词。扈跸年年九天上，微凉殿阁载赓时。

江海词源正渺漫，南屏老翠几回看。花骢蹴踏雪消尽，宫锦淋漓酒吸干。銮坡承恩挥宝札，驼峰沾赐出冰盘。英才得展当年治，谁说冷官鱼上竿。

清暑宫衣叠雪脂，上京雨露故多垂。人间炎赫无因到，天上高寒有所思。内府旧传廷对策，教坊新被雅歌词。由来勋业须青鬓，二妙风流擅一时。

居庸关外阴漫漫，异境萧条挂笏看。沙草低风泉韵咽，岭云开日露华干。天闲凤臆三千匹，世路羊肠百八盘。想见玉堂多盛集，宿醒睡起日三竿。③

曹元用《上京次王继学韵》：

观光千里外，载笔五云边。计拙如工部，文雄愧谪仙。枕流思洗耳，怀禄敢垂涎。疾目昏如雾，衰髯白胜绵。当辞天禄阁，归种汶阳田。晓日登山屐，秋风下濑船。芝香云满地，龟鹤不知年。④

---

① 《中华再造善本》影印元刻本；《四库全书》第 1203 册，第 129 页。
② 《中华再造善本》影印元至正十年余阙浦江刻明永乐四年柳贯补修本；《四库全书》第 1210 册，第 250 页。
③ 《丛书集成初编》，第 97 页。
④ （元）蒋易辑《皇元风雅》卷十四，《中华再造善本》影印元建阳张氏梅溪书院刻本。

刘敏中《中庵先生刘文简公文集》卷七《少中大夫同知南京路总管府事赵公墓道碑铭》：

公讳珪，字君宝。世家弘州，后徙燕，遂为燕人焉。……遘疾，卒于官，实[至元]十八年辛巳八月十日也，寿年六十又三，权厝汴之隆德宫。……一子，曰思益。二女，适李氏、冯氏。思益为人英毅贞峻，巍巍有父风。以荫授冠州判官，改大司农照磨，迁承务郎、河间蓨县尹。在官六年，多异政，民勒石颂德。进奉训大夫、霸州尹。……奉训君以翰林修撰王士熙所为公善状，谒余绣江。①

袁桷《清容居士集》卷三十二《翰林承旨王公请谥事状》：

公讳构，字肯堂。世居潍州。家谱云与中书令同系。八世祖某，宋世为司农卿，守郓，因家焉，故今为东平人。……子士熙，今为翰林待制。……延祐三年九月日，门生翰林待制、承务郎兼国史院编修官袁桷上。②

虞集《道园遗稿》卷三《代祀西岳，答袁伯长、王继学、马伯庸三学士》：

紫禁沉沉曙色低，奉祠群使已班齐。承恩归院迷烟树，乘传开关踏雪泥。踥蹀共怜骑苑马，逶迤不若听朝鸡。山川有事宁辞远，咫尺成都是国西[1]。栈道年年葺旧摧，已将平易履崔嵬。经行关辅图中见，梦恋乡山马上来。诸葛精神明似日，相如情思冷于灰。重思亲舍犹南国，愿托江波去却回。③

[校][1]"咫"，原作"只"，从四库本改。

[笺] 据赵汸《东山存稿》卷六《邵庵先生虞公行状》，虞集延祐三年（1316）"奉诏西祀名山大川"。

高士奇《江村销夏录》卷二《元李息斋墨竹图》录虞集书马祖常题诗及王士熙次韵，虞集跋云：

东平王士熙次韵，清奇相颉颃，真一时二妙也，故并书之。延祐丁巳冬十一月既望，集记。④

王士熙《秋涧先生大全文集跋》：

士熙童丱时，侍先鲁国文肃公，获拜先正王文定公履綦。逮延祐己未，

---

① 《北京图书馆古籍珍本丛刊》第 92 册，第 332 页。
② 《中华再造善本》影印元刻本。
③ 《中华再造善本》影印元至正十四年金伯祥刻本；《四库全书》第 1207 册，第 745 页。
④ 《四库全书》第 826 册，第 531 页。

与公之孙苟（笴）同在台察，又联事六曹。出公之《大全集》见示，曰："兹御史请于朝，命江浙省刻梓以行矣。"既观先正之制作，而我先公之序在焉，谨书而归之。延祐七年百拜谨识。①

[笺]《书志》亦收录王构序，时在至大二年己酉（1309）二月。又录王公孺跋："延祐己未岁冬，季孙苟（笴）方任刑曹郎官，走书于家，取其遗文，云：'朝廷公议：先祖资善府君，平生著述，光明正大，关系政教，尝蒙乙览，致有宏益。当移江浙行省给公帑刊行，以副中外愿见之心。'……延祐七年庚申正月载生明男王公孺百拜叙书于后。"

袁桷《清容居士集》卷十六《开平第四集》（自注：壬戌）之《寄王继学吏部》：

青春王吏部，东阁久相陪。听雪联诗送，看花并辔回。如何千里别，不寄一书来。拂拭题名记，深知吐凤才。②

《清容居士集》卷九《王叔能侍丞相入见王继学尚书，序其事，谨赋十二韵》：

行殿围毡邸，銮舆拥翠帘。重华方圣治，上宰益劳谦。台阁推公干，蒿莱擢孝廉。官仪精考核，选格绝停淹。议礼心如彀，探贤手自签。都曹清望重，琐闼雅才兼。对榻褒嘉宠，垂绅俯伏瞻。传宣捐酒锡，拜命袭衣襜。令节薰风细，皇恩湛露厌。事殊灵寿杖，赐比水精盐。际遇喧朝野，矜夸彻里阎。遗臣思载笔，往恨泣攀髯。③

[笺]据《开平集》第四集袁桷自序，该集中诗作于至治二年（1322）。据下文引袁桷《王构墓志铭》，王士熙至治元年拜翰林待制，《寄王继学吏部》诗盖用其旧官职。王士熙约生于至元二十二年（1285），延祐六年（1319）任吏部尚书，时年约三十五岁，故袁诗有"青春王吏部"语。

吴升《大观录》卷九下《赵文敏四家合书诗卷》录虞集《天冠山诗》二十八首，末附虞集款识：

予赋此诗时，以小字书之。袁伯长学士、礼部王继学尚书、赵承旨先后同赋，杂书同一卷，后云失去，复得赵公书如前，而求书其后。偶阅故纸，得稿草馀纸，漫录之。虞伯生甫。④

---

① （清）陆心源：《皕宋楼藏书志》卷九十七，《续修四库全书》第929册，第419页。
② 《中华再造善本》影印元刻本。
③ 《中华再造善本》影印元刻本。
④ 《续修四库全书》第1066册，第489页。

[笺] 虞跋后附王继学和韵，编者吴氏评王书："此卷清润完整，结构亦清劲饶骨力，置之末简，不特济美赵、袁诸公，殆步步引人入胜也。"

袁桷《清容居士集》卷二十九《翰林学士承旨赠大司徒鲁国王文肃公墓志铭》：

翰林承旨赠大司徒鲁国王文肃公，至大三年六十有六，薨京师。假葬于城东隅。至治元年，其孤翰林待制士熙，始克奉柩，以某月某日葬东平祖茔瓠山之原。……娶薛氏，鲁国夫人，是生士熙。再娶许氏，皆先卒。晚岁得二子：士点、士然。女一，嫁薛晋。士熙能文辞，有声，将大用于世。①

胡助《纯白斋类稿》卷十八《庆云颂并序》：

泰定二年冬十一月，英宗皇帝御容既成，有旨奉安于万安寺。越辛酉，丞相率百僚备仪杖导引、彩舆之次，教坊乐作，而庆云见。中书参议臣王士熙作颂，以纪盛美。而草野臣胡助窃获观焉。其颂之序有曰："昔至治元年，百官迎仁宗御容至万安寺，庆云见。英宗命翰林学士元明善赞之，小臣尝载笔太史。今预中书谋议，目击心悚，盛美不可以不志也。"呜呼休哉！昔助尝馆于元氏，而参议故所交游，知其家学渊源，实擅太史公瑰伟者也。②

马祖常《石田先生文集》卷三《寄王继学待制》：

奎文烂烂绕枢旁，一代词臣属马[1]。天碧绫浮鸾诰湿，水苍玉动鹄袍光。侍祠竹殿辞灵币，奏对枫宸拜帝觞。籍甚声华才更逸，如何三十不为郎！③

［校］[1]"杨"，《中华再造善本》本作"扬"，从四库本改。

袁桷《清容居士集》卷十五《开平第三集》（原注：辛酉）自序：

至治元年二月庚戌，至京城。壬子，入礼闱，考进士。三月甲戌朔，入集贤院供职。四月甲子，扈跸开平。与东平王继学待制、陈景仁都事同行，不任鞍马，八日始达。留开平一百有五日，继学同邸。八月甲寅还大都，得诗凡六十二首。道途良劳，心思彫落，姑录以记出处耳。是岁八月，袁桷序。④

---

① 《中华再造善本》影印元刻本。
② 《丛书集成初编》，第160页。
③ 《中华再造善本》影印元至元五年扬州路儒学刻本；《四库全书》第1206册，第496页。
④ 《中华再造善本》影印元刻本。

《清容居士集》卷十五《开平第三集》(自注：辛酉)之《次韵继学途中竹枝词》：

居庸夹山僧屋多，凿石化作金弥陀。但看行车度流水，不见举拂谈悬河。
红袍旋风漾金泥，车前把酒长跪齐。忽听琵琶相思曲，迎郎北来背面啼。
毡房锦幄花簇匀，酥凝叠饼生玉尘。晚传宫壶檀板急，酒转一巡先吐茵。
土屋苦草成屠苏，前床翁媪后小姑。我郎南来得小妇，芦笛声声吹鹧鸪。
云州山如五朵云，老松积铁霾青春。遂令古雪不肯化，万杵千炉煎贡银。
山后天寒不识花，家家高晒芍药芽。南客初来未谙俗，下马入门犹索茶。
寒风卷蓬沙转黄，驻马问路路转长。红衣簇簇入新市，指点垆头称上方。
朔云荡荡愁烛龙，土房拥被睡高春。披衣上马过前驿，清霜急雪时相逢。
瀛洲往岁侍宸居，一度还家一度疏。近行开平十二驿，眼望南雁传乡书。
阊阖云低接紫宫，水精凉殿起薰风。侍臣一曲无怀操，能使八方歌会同。①

柳贯《柳待制文集》卷六《代简以南酝一壶遗继学待制，继学在北都尝赋柳枝、竹枝词各五首》：

歌罢竹枝歌柳枝，榆关云月巧追随。曲生雅有江南思，欲写清音到处吹。②

袁桷《清容居士集》卷十五《开平第三集》之《四月廿一日与继学同出健德门，而伯庸以是日入都城，作诗寄之》：

二子出北门，一客南门来。燕鸿两相避，矫首气崔嵬。客有百和香，我有蒲萄杯。把杯客不见，我心为之灰。愿留百和香，以待二子回。③

《清容居士集》卷十五《开平第三集》之《次韵继学》：

急雹散晴雪，仲夏天气清。闭户北窗坐，稍稍新月生。客至设棋局，言忘遗世情。尽日无王事，白云与檐平。

《清容居士集》卷十五《开平第三集》之《次韵继学〈竹枝宛转词〉》：

长年久客学吴侬，应对嫦娥认妾容。闻道秋来三十日，雪花飘处似深冬。
闻郎腰瘦寄当归，望尽天边破镜飞。昨夜灯花圆似粟，倚门不肯送郎衣。

---

① 《中华再造善本》影印元刻本。
② 《中华再造善本》影印元至正十年余阙浦江刻明永乐四年柳贵补修本；《四库全书》第1210册，第278页。
③ 《中华再造善本》影印元刻本。

宫罗叠雪撚金龙，郎去香奁手自封。还家貂裘绵百结，教妾今年两度缝。
　　年年河鼓度天津，郎在滦阳见得真。今夕定知郎到日，桂华浮魄满香轮。
（自注：约八月十五日抵京）

《清容居士集》卷十一《偶术末章答继学》：
　　承明三入并时流，俯仰深惭此地游。谁谓东南无美箭，极知西北有高楼。韦编旧学阴阳秘，汗简功深岁月修。三史如山诗思少，那能走马过长楸。
　　金銮深处是家毡，玉雪青春不负贤。会见凤毛能掌制，定知麟角可胶弦。浮荣蒭狗宁居后，曲学雕虫敢避先。惭愧南州徐孺子，每看尘榻屡潸然。

《清容居士集》卷十二《寄上都子贞、伯庸、继学三学士》：
　　侍臣亲切见银河，不用虚无八月槎。蝉报早秋归木末，龙拖残雪度山阿。琵琶云冷相思切，蹀躞泥深独立多。今岁同行诗垒壮，飞觥击钵正横戈。①

《清容居士集》卷十三《次韵继学、伯庸上都见寄》：
　　阴阴棕殿水云苍，鸤鹊风微夏日长。浑似醴泉宫畔境，千官齐立从文皇。
　　纱縠单衣珮水苍，碧笺裁诏茧丝长。日斜双入通明殿，云母屏前对玉皇。
　　相思尽日鬓毛苍，赤土尘深怨路长。忽忆镜湖明月夜，藕花清浅棹馀皇。

《清容居士集》卷十三《次韵继学天宝宫祷雨见怀》：
　　小著罗衫凉似秋，梨花寒重雪交流。琼林宴罢传宣急，不许祠官用虎头。
　　的的云团白玉杯，可堪羊角两骖开。松花深处尘如雪，知是龙归鹤未来。
　　千林红紫斗京城，一朵姚黄露有声。惆怅可人何处觅，独行花下到天明。
　　新雨悠扬人未归，远山凝碧缀云衣。卷帘拟作庭前舞，点点团沙柳絮飞。②

马祖常《石田先生文集》卷二《用韵赠王继学，时祠祷天宝宫》：
　　玄关松桂深，长昼客来寻。抚石云生手，弄泉风满襟。鹤巢连屋角，蜗迹上碑阴。须信祠官美，烹茶更鼓琴。③

《石田先生文集》卷一《王继学同张学士寿宁宫祠宿，奉寄一首》：
　　永日坐虚馆，晏然有馀清。迤逦违世器，冲融叶道情。修管文赋成，歌

---

① 《中华再造善本》影印元刻本。
② 《中华再造善本》影印元刻本。
③ 《中华再造善本》影印元至元五年扬州路儒学刻本；《四库全书》第1206册，第484页。

诗藻思生。凉飔入书幌，逍遥命觞酒。披拂有庭花，山石可击拊。下阶就步武，布席思我友。我友不可思，方与神仙期。峨峨华阳巾，左右委佩垂。夜半登玄坛，象纬光陆离。天门傥有遇，为我含景滋。①

《石田先生文集》卷一《昌平道中次继学韵》：

　　清朝富文物，冠盖塞两京。角艺百技并，论经千儒并。下才忝供奉，肃肃斋馆清。朝出都门道，群山悭幽情。联镳有髦士，海内驰英声。白马嘶南风，罗袍映田塍。笑我如培塿，自比山峥嵘[1]。②

[校]　[1]"比"，原作"此"，从四库本改。

《石田先生文集》卷一《度居庸关次继学韵》：

　　飞鞚陟云巘，决眥尽图画[1]。天气吹高寒，山雨洒长夏。冥冥白鸟去，寂寂松子下。陆行石当涂，水舂泉绕舍。高与蜀道齐，深乃盘谷亚。笋舆约重来，羸马苦常跨。朋从咏连叠，酬应给闲暇。得见王子乔，吾将骖鹤驾。③

[校]　[1]"尽"，《中华再造善本》本阙，从四库本补。

《石田先生文集》卷二《次韵继学三首》：

　　金爵层霄外，银猊曲槛边。含香俱国士[1]，持橐半神仙。岂有遮尘手，应无见曲涎。池清天似水，席煖罽如绵。客送蒲萄酒，人分苜蓿田。书思趋豹省，揵藻赋龙船（自注：时上京自大都移舟至）。谁念冯唐老，为郎白首年。

　　鸡塞西宁外，龙沙北极边。有天皆入贡，无地不生仙。鹊玉光含水，骊珠温带涎[2]。香清堪闭阁，衣薄岂胜绵。珥笔游鳌禁，扶犁占鹤田。酒来扬子宅，人上剡溪船。自信篇章贵，能歌击壤年。

　　丞相晨趋漏，元戎夜拓边。碧鸡崇汉畤，丹药监秦仙。敢谓鳌头选，初逃虎口涎。柳词方濯锦，雪赋已抽绵。艳艳金为屋，辉辉玉满田。客衣随楚制，乡梦逐吴船。所赖三阶正，螭坳记有年。④

[校]　[1]"含"，四库本作"合"。[2]"温"，四库本作"湿"。

---

① 《四库全书》第1206册，第476页。
② 《四库全书》第1206册，第477页。
③ 《中华再造善本》影印元至元五年扬州路儒学刻本；《四库全书》第1206册，第477页。
④ 《四库全书》第1206册，第487页。

《石田先生文集》卷三《次韵继学桑干岭》：

云间酒斾揭高竿，苍翠烟霞屋下看。一径似肠萦鸟道，几人如艇泛松澜。龙门有路天津湿，剑阁无铭石骨寒。便欲乘风凌倒景，八公先到我刘安。①

《元史》卷二十八《英宗本纪二》：

［至治三年夏四月］甲戌，命张珪及右司员外郎王士熙勉励国子监学。②

马祖常《石田先生文集》卷四《调继学左司》：

七字诗高画不如，直从龙颔摘明珠。朝行自避郎官贵，岂是今朝见大巫？③

《石田先生文集》卷三《用继学郎中韵再赋》：

花入帘栊草映裙，春雕红玉百敷分。重重艳晕寒浮露，拂拂秾芳暖扑云。秉烛客来追贵主，结褵人去嫁夫君。韶华未逐东风老，薇省题诗酒半醺。④

《石田先生文集》卷三《和继学郎中送友归越中》：

蓟门东望海无波，谁许山人问薜萝[1]。雀舫春声留水燕，鹄袍秋影动天鹅。鉴湖草满芙蓉少，鄞县（自注：一作水）潮来牡蛎多。羞见京尘遮帽顶，羊裘亦欲换渔蓑。⑤

［校］［1］"问"，《中华再造善本》本作"门"，从四库本改。

《石田先生文集》卷四《和王左司韵三首》：

仙官紫府醉霞觞，不信人间白发长。走笔题诗三百首，敲门先送大中郎。
紫橐词臣咏羽觞，巴笺十幅笔花长。却嫌嗜酒扬雄恶，苦向当年作戟郎。
松醪滟滟泛瑶觞，玉署承恩化日长。阮籍一生都为酒，步兵当与晒裈郎。

《石田先生文集》卷四《赠王左司二首》：

崇真仙酒初相送，明日禅僧又见招。那似中郎深闭阁，终朝对雨写甘蕉。
舸船送酒湿宫袍，供奉新词白雪高。却念故人天近处，奏书千牍坐东曹。

---

① 《四库全书》第1206册，第512页。
② （明）宋濂等：《元史》，第630页。
③ 《中华再造善本》影印元至元五年扬州路儒学刻本；《四库全书》第1206册，第522页。
④ 《四库全书》第1206册，第500页。
⑤ 《中华再造善本》影印元至元五年扬州路儒学刻本；《四库全书》第1206册，第499页。

《石田先生文集》卷三《奉陪荐食英宗神御殿用继学韵》：

乘石松阴偃翠虯[1]，先皇曾此驻龙辀。茂陵弓剑随天御，原庙衣冠奉月游。藉玉已行周制度，酎金不罚汉诸侯。百馨水陆修蒠醮，望拜孤臣涕莫收。①

[校]　[1]"乘"，《元诗选》初集作"垂"。

吴澄《吴文正公集》卷八《与王参议继学书》：

澄老疾不堪久客[1]，去秋治任将归，辱在廷诸公枉问，且勉其留，此意幸甚[2]。归舟幸得善达山中，日寻药裹以扶衰惫。天使忽临，颁下公朝锡赉之礼。此施之于勋阅世家者，岂疏远贱臣所宜得！惊悸不宁再三，揆分度义，非所敢受，是用恳辞。切惟畴昔先承旨相公爱念不薄，于今参议忝为世契，必能谅区区之衷而斡旋之。②

[校]　[1]"疾"，四库本作"病"。[2]"幸甚"，四库本作"甚厚"。

朱德润《存复斋文集》卷十《居庸南口呈王继学参议诸公》：

秋山濛鸿林麓稀，行人思逐秋云飞。崖高石滑东行迟，野花吹香锦鸠啼。悬崖丹磴路险巇，远贻华发亲堂思。一官胡乃高句丽，去长就短物性违。人生出处各有时，昔为窈窕藏金闺。今作妖嫚倚门姿，画图强学丹青师。仙耶隐耶是与非，武陵何处桃花溪。渔郎思归我焉归，黄鸡白酒山东西。③

张养浩《张文忠公文集》卷八《寄省参议王继学诸友自和十首》：

曩昔尘奔为悦亲，而今云卧复天真。山林充隐当容我，馆阁求贤岂乏人。噩梦久随风散曙，衰容难与物争春。绰然烟景无穷在，莫怪沙鸥不易驯。（其一）

身与功名果孰亲，万钟何似一瓢真。若教宇宙无难事，未必山林有退人。遗语五千方外教，行窝十二洛中春。老怀久矣忘机巧，猿鹤欣欣燕雀驯。（其二）

诸贵葭莩蕞有亲，卅年孤苦幸全真。胶航朽缆安能海，漆几匡床极可人。黄奶肉忘三月味，华胥境纳八荒春。刀圭自入谈天口，百怪千魔一向驯。（其十）④

许有壬《至正集》卷七十八【沁园春】《寄题詹事丞张希孟绰然亭，用王继学参议韵》：

俯仰乾坤，傲睨羲皇，优游快哉。看平湖秋碧，净随天去，乱峰烟翠，

---

① 《中华再造善本》影印元至元五年扬州路儒学刻本；《四库全书》第1206册，第505页。
② 《元人文集珍本丛刊》第3册，第183页；《四库全书》第1197册，第147页。
③ 《四库全书存目丛书》集部第22册，第645页。
④ 《中华再造善本》影印元至正十四年刻本；《四库全书》第1192册，第640页。

飞入窗来。鸿鹄翱翔,云霄寥廓,斥鷃蓬蒿莫见猜。门常闭,怕等闲踏破,满院苍苔。　　人间暮省朝台,奈乌兔堂堂挽不回。爱小轩月落,梦惊风竹,空江岁晚,诗到寒梅。两鬓清霜,一襟豪气,举世相知独此杯。京华客,问九街何处,堪避风埃。[1]

佚名《东园友闻·习俗之厚》:

吴兴陈伯敷,翰林编修时为璋言:"参政王公继学,自筮仕京师,游宦四方,久去乡里。及拜中书参议,归省。逮里门,舍骑徒步,遇长者辄拜。过市,有老翁坐肆,公趋拜肆下。翁倨坐曰:'小大,久不见汝,汝来奚自?'公曰:'自京师。'翁曰:'仕否?'公曰:'忝参议中书。'翁又曰:'小大,朝廷官爵,不可得,在意。'公逡巡拜谢,翁倨坐如故。"吁!中原习俗之厚,王公谦德之隆,君子所乐道也。(末注:小大,卑幼之称。)[2]

宋褧《燕石集》卷十五《故集贤直学士大中大夫经筵官兼国子祭酒宋公行状》:

[泰定三年],时天下州郡荐岁水旱,行省及守臣往往不暇禀命于朝,擅发廪粟,先赈后闻。宰相患之,奏自今天下虽饥,远方州郡果见饿莩,方许权宜擅发,其他虽饥而未死者不许。敕准议,移咨行省,主章掾李彦国英署牒至公,公初不知,愕然曰:"安得有是?如此,则人皆惧擅发罪,遇饥须禀命始赈,民尽死矣,不可。"入覆中堂,宰相曰:"已得旨,奈何?"公蹙额虑久,退谓彦曰:"兹事必不可行,欲覆奏则宰相不肯,无已,则有策,汝能从乎?"彦曰:"谓何?"公曰:"毋白宰相,但尼是牒。"彦徐曰:"公官彦吏,果罪废格,公重彦轻,公能负罪活天下民,彦独不能从乎?但堂帖已录,是敕付御史台,台必已檄各道廉访司,如此则事必彰露,且无益。"公曰:"吾思有以处之。"退,诣治书侍御史王士熙继学,陈其事。王曰:"吾犹能省台檄,各道廉访司公牒已署,未用印,若论甚善,吾亦为若尼之。"遂果共尼其牒。未几,有赦,彦贺公曰:"可以免矣。"公一念忠厚,有阴德,天其祐之耶![3]

---

[1] 《全元词》下册,第1027页。
[2] (元) 陶宗仪等编《说郛三种》第4册,上海古籍出版社,1988,第1228页。
[3] 《四库全书》第1212册,第512页。

苏天爵《滋溪文稿》卷三十《书泰定廷试策题稿后》：

右策题草稿四首，泰定丁卯三月廷试进士监试官治书侍御史王士熙、读卷官翰林直学士马祖常所拟撰也。①

朱德润《存复斋文集》卷三《思君子为王继学治书赋》：

山穹窿兮摩天，水洄洑兮流渊。一飞一咏兮鱼与鸢，审物理之自然。思君子兮路绵绵，忽瞻之以在前。②

《存复斋文集》卷九《和王继学治书韵》：

驹隙流光一镜悬，虚明直与绮窗连。凿开混沌知身外，别有山川在眼前。蓬岛秋深稽汉使，桃源春暖避秦仙。敬亭山色看如画，熊枕围屏稳昼眠。③

马祖常《石田先生文集》卷三《贡院忆继学治书》：

棘闱粉署隔重墙，校艺分官属正郎。五夜风帘烧蜡烛，九天冰树剂龙香。周旋接武尚书履，供帐留茵御史床。胪唱阁门春色曙，侍臣应奏庆元章。④

黄溍《金华黄先生文集》卷二十六《集贤大学士荣禄大夫史公神道碑》：

公讳惟良，字显夫，姓史氏。其先居亳之城父，金末避地郓城，因占籍焉。……〔泰定〕三年，改金宣政院事。顷之，除吏部尚书。视事甫两月，复除治书侍御史，进中奉大夫、侍御史，赐所服犀带一。不一月，拜中书参知政事，赐只孙金段表里四、貂鼠衣一。四年，以疾辞，且荐某官张友谅、某官王士熙自代，不允。……天历元年，文宗至自江陵，遣使趣召入见于明仁殿，复拜侍御史。仅旬日，特授资善大夫、中书左丞。……时中书左丞朵朵、参知政事王士熙等坐系枢府，罪且不测。用公言，得从远贬。……〔至顺〕四年，与某官许师敬、某官张昇等十老偕召赴阙，议定策事。五月，会于上京。……乃陈政要三十四事……朵朵、王士熙还自贬所，已蒙恩复其官职，乞以元没入家产付之。⑤

---

① （元）苏天爵：《滋溪文稿》，陈高华等点校，第 511 页。
② 《四库全书存目丛书》集部第 22 册，第 588 页。
③ 《四库全书存目丛书》集部第 22 册，第 636 页。
④ 《中华再造善本》影印元至元五年扬州路儒学刻本；《四库全书》第 1206 册，第 502 页。
⑤ 《中华再造善本》影印元刻本有阙字，《全元文》第 30 册，第 218 页。

袁桷《清容居士集》卷十《送王继学御史分司汴省》：

　　松阶并对影参差，君竟乘骢佐圣时。每恨同情不同调，可堪相送复相思。楚山春梦行云识，汴水秋声落叶知。我老江湖盍归去，少留定刷锦囊诗。①

马祖常《石田先生文集》卷二《春思调王修撰、袁待制二首》：

　　翰林王学士，宅里好花开。白纻裁春服，青钱换酒杯。终知老子兴，尝望美人来。笑我如椎钝，敲门一百回。

　　京国春风软，名园花信来。只愁添酒价，还恐负诗才。绣袂秋千下，银鞍骠裹回。词臣应自贵，深院闭莓苔。②

《清容居士集》卷九《次韵马伯庸春思兼简继学二首》：

　　洛花千万朵，一一为君开。粟晕排金缕，酥凝烂玉杯。美人乘马至，仙子抱琴来。莫学飞红侣，随风唤不回。

　　行窝春匝匝，下榻望君来。双玉矜娇思，联镳骋逸才。题诗红袖拥，传诏锦袍回。羞杀高眠者，杨花满绿苔。③

　　[笺] 王士熙《江东建康道肃政廉访司题名记》："我世祖皇帝立提刑按察司，职掌纠劾，上名宪台。……予曩者以乡史守省河南。""乡史"不知何谓，疑是"御史"之误，因"乡"与"御"形近而致。若此，王继学曾以治书侍御史身份分司河南。

《元史》卷三十《泰定帝本纪二》：

　　[泰定四年冬十月] 己酉，以治书侍御史王士熙为参知政事。④

《元史》卷百十二《宰相年表》载，王士熙任参知政事在泰定四年十一月至十二月。⑤

张翥《奉和王继学参政见寄》：

　　天上文章帝杼机，矞云长绕日光飞。诚知五色山龙线，不补山人薜荔衣。⑥

---

① 《中华再造善本》影印元刻本；《四库全书》第1203册，第135页。
② 《中华再造善本》影印元至元五年扬州路儒学刻本；《四库全书》第1206册，第493页。
③ 《中华再造善本》影印元刻本。
④ （明）宋濂等：《元史》，第682页。
⑤ （明）宋濂等：《元史》，第2828页。
⑥ （元）顾瑛辑《草堂雅集》卷四，《四库全书》第1369册，第260页。

朱德润《存复斋文集》卷九《次韵王继学参政题四美人图》，分别为《红叶题诗》《对镜写真》《洛神》《二乔》。雅琥有《和韵王继学题周冰壶四美人图》。

雅琥《送王继学参政赴上都奏选》：

参相朝天引列曹，三千硕士在钧陶。云开凤阁星辰近，山拱龙门日月高。行殿晓帘张翡翠，内家春酒泛葡萄。经纶自有河汾策，敷奏明时岂惮劳。①

许有壬《至正集》卷十六《和王继学寄分省诸公韵二首》：

粉署凉多酒易消，紫垣天近惯闻韶。甘分桐乳朝承宴，香惹炉烟晚近朝。行殿日华明玉藻，清滦秋影熨冰绡。圣时扈从臣无策，愿弃楼船只就桥。

西掖梧桐一院阴，太平官府静沉沉。敢叨紫绶承黄阁，曾受青灯炼赤心。漳水风烟千里隔，蓬山宫阙五云深。小窗退食成佳趣，恰好茶香月转琴。②

《元史》卷三十一《明宗本纪》：

[泰定五年]岁戊辰七月庚午，泰定皇帝崩于上都，倒剌沙专权自用，逾月不立君，朝野疑惧。时金枢密院事燕铁木儿留守京师，遂谋举义。八月甲午黎明……乃缚平章乌伯都剌、伯颜察儿，以中书左丞朵朵、参知政事王士熙等下于狱。③

《元史》卷三十二《文宗本纪一》：

[致和元年九月]，乌伯都剌、铁木哥弃市，朵朵、王士熙、伯颜察儿、脱欢等各流于远州，并籍其家。④

《道光广东通志》卷二六六《谪宦录》：

明年天历己巳至。郡守闻仕（士）熙来，先为营居城中，及至，恶其完美，乃于城西陋地茅屋借居之，名曰"水北新居"。又于旁西南数十步筑江亭以游息。……每静住一室，屡日不出中庭，郡佐人士及吏卒相接者，甚加礼貌，屡为县尹陈元道所侮，优礼之不校。郡县之政、时之利害，未尝出诸口。非公事及宴请，不苟出。惟劬书酷咏为娱，恬然不见其去国之意，远近皆敬爱。⑤

---

① （清）顾嗣立编《元诗选》二集，中华书局，1987，第564页。
② 《元人文集珍本丛刊》第7册，第97页；《四库全书》第1211册，第119页。
③ （明）宋濂等：《元史》，第694页。
④ （明）宋濂等：《元史》，第709页。
⑤ 清道光二年刻本。

《元史》卷三十三《文宗本纪二》：

[天历二年冬十月戊申]，征朵朵、王士熙等十二人于贬所，放还乡里。①

李孝光《五峰集》卷十《闻诏赦因次王继学大参听诏韵》：

陛下聪明世武间，尚方赐剑斩三奸。樽开白兽千官入，诏下金鸡万国欢。宗衮会闻朝日驭，神驹自合在天闲。观书一夜思贤佐，廊庙于今即诏还。

书□凤诏下初闻，圣主应思奕世勋。抗直甚知杨震论，持盈不愧老聃云。山寒白石羊群起，城转双江燕尾分。定有新诗荐宾客，买丝愿绣信陵君。②

萨都剌《雁门集》卷五《和参政王继学海南初还韵》：

飘零南北与东西，倦鸟投林未许栖。灯下冷风山鬼到[1]，岭南春雨竹鸡啼。炎天海国瘴烟合[2]，深夜蛮乡客语低。昔日持书乌府上，五花骢马凿霜蹄[3]。③

[校] [1]"到"，四库本作"啸"。[2]"烟"，四库本作"云"。[3]"凿"，四库本作"作"。

《雁门集》卷五《奉次参政继学王先生海南还桂林道中韵》：

空山幽响落林柯，蛮犬呶呶吠碧萝。大庾岭头三月尽，郁孤台下几人过。槟榔雨过鸠鸣急，薜荔云深猿啸多。几度裁诗寄相忆，江南如此奈愁何。④

许有壬《至正集》卷二十三《和继学南归至鄂韵二首》：

梅花零落柳条青，人在孤篷月在汀。明日琐窗春梦觉，只应乾鹊擅多灵。

达人去就一毫轻，看遍江湘眼倍明。夔府惠州诗有样，朱崖应是不虚行。⑤

《至正集》卷十五《南楼》诗注："以下五首，和王继学参政韵。"馀四首为《武当宫》《雪后登南楼》《沙武口望武昌》《途中》。

《元史》卷三十六《文宗本纪五》：

[至顺三年六月]，录用朵朵、王士熙、脱欢等。⑥

---

① （明）宋濂等：《元史》，第743页。
② 《四库全书》第1215册，第181页。
③ 《中华再造善本》影印明成化二十年张习刻本；《四库全书》第1212册，第608页。
④ 《中华再造善本》本；《四库全书》第1212册，第621页。
⑤ 《元人文集珍本丛刊》第7册，第132页；《四库全书》第1211册，第173页。
⑥ （明）宋濂等：《元史》，第804页。

马祖常《石田先生文集》卷三《寄王继学》：

天北刚风去马轻，葛巾清景驻瑶京。裁书彩笔卿云烂，照字青藜子夜明。檐鹊声乾人问讯，乌鸢飞惯客惊迎。灵槎八月应南下，夜听银河有浪声。①

《石田先生文集》卷三《寄王继学廉使》：

班超生入玉门关，圣德如天远赐还。已有声华通北斗，又将词赋动南山。薇垣春满云犹湿，荔浦秋生月更弯。京国故人星散去，病来题字不能删。②

傅若金《傅与砺诗集》卷五《呈王继学大参特领江东宪二首》：

丈人文律擅风骚，往昔朝中属望劳。宣室近闻征贾傅，汉廷重见遣王褒。苍松雪后森森直，玉树风前凛凛高。几处疮痍待苏息，遥瞻使节下江皋。

蚤年弄笔向山阿，行径春深长薜萝。逸驾未能攀屈宋，苦心虚拟过阴何。南游泽国黄尘满，北望都门紫气多。最说蓬莱旧仙侣，妙音时复奏云和。③

萨都剌《雁门集》卷六《寄呈江东廉使王继学》：

瓜步遥闻鼓角声，淮船夜过石头城。当年岭海家何在，此日江河梦亦清[1]。紫塞秋风初度雁，玉堂夜月旧闻莺。只因王谢风流在，卧治东山足令名[2]。④

[校] [1]"河"，四库本作"湖"。[2]"东山"，四库本误作"山东"。

梅致和《寿宪使继学王公》：

叠嶂清风凛凛寒，绣衣于此偶跻攀。宦名不在姚卢下，诗律仍居李谢间。青史奇勋传圣代，丹砂秘诀驻仙颜。九重政尔思贤佐，催觐芝封指日颁。⑤

何儒行《上廉使继学王公》：

姓字凌烟焕古今，江东欣睹使星临。文章两汉诸儒右，忠孝孤臣万里心。玉节绣衣新命重，黄扉紫阁旧恩深。定知调鼎思贤佐，早晚天风下玉音。⑥

梅实《送王继学廉使》：

天地开元运，山川毓俊良。皇猷资黼黻，令德著珪璋。列位登台鼎，垂

---

① 《中华再造善本》影印元至元五年扬州路儒学刻本；《四库全书》第1206册，第497页。
② 《四库全书》第1206册，第510页。
③ 《四库全书》第1213册，第239页。
④ 《中华再造善本》本；《四库全书》第1212册，第612页。
⑤ （元）汪泽民、张师愚编《宛陵群英集》卷九，《四库全书》第1366册，第1044页。
⑥ （元）汪泽民、张师愚编《宛陵群英集》卷九，《四库全书》第1366册，第1044页。

绅佐庙廊。设施崇礼乐，出处系纲常。报国心能赤，忧民鬓已苍。存诚常恳恳，求道亦皇皇。不向炎荒去，谁知姓字香。苏公往儋耳，韩子适潮阳。归旆轻车熟，还朝昼锦光。锡恩承雨露，出使领风霜。仪凤朝仍见，妖狐夜亦藏。七州烦劳来，六辔快腾骧。暇日宣城郡，春风宛水堂。坐邀山淡淡，卧听雨浪浪。惜别诗成轴，兴怀酒满觞。攀援留莫住，九万志难量。愿早登枢要，为霖遍八荒。①

胡助《纯白斋类稿》卷九《敬亭春雨楼为继学廉使赋》：

岚气山光接太空，诗楼新制擅江东。官居宪府云霄上，人在敬亭春雨中。花木护寒阴漠漠，琴书生润晚濛濛。千年谢李风流远，一代声名属我公。②

《纯白斋类稿》卷七《和王继学廉使楼上独坐二首》：

千嶂烟云湿，双溪草树长。平生耽水石，是处卜林塘。日静清冰署，春深白玉堂。当年门下客，复此获徜徉。

退食看山坐，凭阑觅句时。晴天鸿去远，春雨燕归迟。山药和云煮，江花带石移。所欣公病减，物物咏新诗。③

《纯白斋类稿》卷八《送王继学江东廉使》：

宣城草木起清风，谢朓青山在眼中。赤壁仙人来海上，绣衣使者过江东。盘雕劲气凌苍柏，鸣凤祥辉映碧桐。一道澄江如练静，还朝仍作黑头公。④

马祖常《石田先生文集》卷三《送胡古愚归东阳二首》其一：

籍籍诗中一世豪，瑶池三度食蟠桃。小移夜雨红兰桨，旋剪春风白纻袍。供奉冰衔从古贵，东阳酒价近来高。行台若见王公子，道我官曹似马曹。（自注：江东廉使王继学也。）

张翥【春从天上来】《同王继学宪使赋》：

十里红楼。问声价如今，谁满扬州。白发书记，此日重游。听取席上名讴。拥冰弦斜仔，更为我、敛笑凝眸。觅黄骝。看端端怎比，楚楚风流。　　殷

---

① （元）汪泽民、张师愚编《宛陵群英集》卷十一，《四库全书》第1366册，第1060页。
② 《丛书集成初编》，第76页。
③ 《丛书集成初编》，第61页。
④ 《丛书集成初编》，第68页。

勤研绫小草，写不尽宫妆，一段春柔。淡月疏花，知谁消受，几度帘卷香收。怕巫娥归去，空惆怅、梦断情留。把离愁，付行云行雨，楚尾吴头。①

徐一夔《始丰稿》卷十三《故元将仕郎杭州路西北录事司录事贡府君新阡表》：

府君讳师刚，字刚父，别号木讷野人。……追宋中叶，有讳祖文者，由大名之蒲城扈从高宗来南，初居秣陵，后居宣城之南湖，故今为宣之宣城人。……大父讳士濬，元赠秘书监卿，追封广陵郡侯。……府君从之学，通《尚书》《周易》两经，就试有司不利，乃归宣城。时东平王公士熙为江东廉访使，王公有文学重望，府君袖文谒之。王公大喜曰："贡门子弟如邓林之木，一枝一干皆美材也。"荐于中书。府君荷王公知己，遂沿檄北上，久之未调。……初，贡氏以正将起家，不弃其君，扈从而南，肇迹于播迁之地，世笃其祜，至秘书府君而始大作。南湖书院延致大儒先生若眉山牟伯成氏、剡源戴帅初氏为之师，以牖导群子姓比闾族党，敦诗书而悦礼乐。宣，亦东南名藩，持部使者节而至，则柳城姚公燧、大名卢公挚、巴西邓公文原、东平王公士熙。其人也，岁时行部，必枉骑过书院，亲与秘书为客主礼，褒奖再四，以风厉四方。②

张翥《送王继学宪使之官浙东》：

沧海遥东析木津，太微光动婺华新。吏来远驿迎官舸，使出南台捧帝纶。酒浸别筵秋满树，弩驱前马路无尘。玉堂学士如公几，咫尺朝廷属旧臣。

早秉钧衡翊圣朝，远移绣节下云霄。君王当宁思贤佐，父老连城望使轺。船压鱼龙江水伏，旌轩鸟隼海氛消。应怜寂寞垂纶者，白首沧浪不见招。③

马祖常《石田先生文集》卷四《寄王继学》：

八咏楼高风月清，故人持节驻江城。老来不觉俱多病，药裹随身处处行。④

《南村辍耕录》卷九《许文懿先生》：

婺州许白云先生谦，字益之，隐居金华山，四十年不入城府，著书立言，

---

① 《全元词》下册，第1107页。
② 《四库全书》第1229册，第360页。
③ （元）顾瑛辑《草堂雅集》卷四，《四库全书》第1369册，第253页。
④ 《中华再造善本》影印元至元五年扬州路儒学刻本；《四库全书》第1206册，第530页。

足以垂教后世。浙东廉使王公继学访先生于山中，谓先生清气逼人可畏。既退，明日以学行荐于朝。①

[笺] 黄溍《金华黄先生文集》卷三十二《白云许先生墓志铭》："省台诸公，若王公士熙、耿公焕、王公克敬、郑公允中……前后列其行义于中朝。"

张铉《至正金陵新志》卷六下《官守志二·行御史台·侍御史》：

　　王士熙，正奉［大夫］。［后］至元二年上。
　　张起岩，通奉［大夫］。［后］至元三年上。②

胡助《纯白斋类稿》卷十四《安山见王继学侍御》：

　　绿暗园林杏子熟，安山泊船端午时。南归喜见王侍御，薰风入座谈新诗。③

张翥《蜕庵诗集》卷四《王继学廉使迁南台侍御史，诗以贺之》：

　　天上归来锦作袍，几陪春色醉仙桃。银河有路惟通鹊，碧海无山不戴鳌。卿月又临仙掌动，客星偏傍钓台高。广陵此去金陵近，拟拂尘埃望节旄。④

柳贯《柳待制文集》卷六《次韵继学廉使观阅二首》：

　　辕门云拥万貔貅，绣斧临戎许借筹。介马凌风摇蹀躞，牙旗迎日映兜鍪。安边正欲恢弘略，论射尤当抗大侯。玉节归来听凯奏，碧芜红叶四山秋。
　　使华苾止将台东，虎旅驹驹属会同。旗上画熊微裛露，手中白羽静生风。选徒自昔夸成武，饮至常时劝有功。不试师干民乐业，雅歌扬厉合无穷。⑤

《柳待制文集》卷二《王继学侍御将赴南台，仆自山中来城候饯，辱惠近诗，辄借韵叙别》：

　　龙剑久不试，精金生绣涩。溪工一磨莹，光射秋涛碧。凡物要有真，厚形非薄积。所以君子心，知人恒不失。嗟予始从公，深眷蒙引翼。追惟二接昼[1]，何啻十朋益[2]。羁穷苦相累，进寸退已尺。徒将鹿豕游，企

---

① （元）陶宗仪：《南村辍耕录》，第112页。
② 《四库全书》第492册，第320页。
③ 《丛书集成初编》，第121页。
④ 《中华再造善本》影印明初刻本；《四库全书》第1215册，第62页。
⑤ 《中华再造善本》影印元至正十年余阙浦江刻明永乐四年柳贵补修本；《四库全书》第1210册，第268页。

望鹓鸾集。乡部属建台，登门恍如昔。煌煌执法星，照影秦淮白。兰舟晓当发，离恨焉能释。独怜蓬藋深[3]，永与云霄隔。衮衣早归来，申歌歌赤舄。①

[校] [1]"二"，四库本作"三"。[2]"十"，四库本作"百"。[3]"藋"，四库本作"濯"。

释大䜣《蒲室集》卷五《次韵王继学侍御〈金陵杂咏〉十首》其一《新到建业》：

翩翩笔势卷春潮，自倚经纶答圣朝。瀚海天高霜鹘健，沙堤华发玉骢骄。只知鳌负三山重，谁信鹏抟万里遥[1]。今日乌台还趣召[2]，聚观父老满江桥。

江表风流辱宠临，青山无恙只如今。高陵云合遗金化，秋浦凉生古玉沉。吏散图书斋阁静，公馀女乐后堂深。题诗石壁山灵护，莫遣春风薜荔侵。②

[校] [1]"信"，四库本作"识"。[2]"趣"，四库本作"赴"。

其七《独坐君子堂》（原注：继学尝师邓善之，邓，绵州人也）：

海上归来鬓未霜，登临应不愧斯堂。风生葆羽迎仙盖，华散氍毹供佛香。江上蘼芜随意绿，雨中新树过人长。绵州学士深埋玉，泪湿遗编可得忘。③

萨都剌《雁门集》卷二《姑苏台奉和侍御继学王先生赠别》：

骢马霜台好使君，碧罗衫色绣春云。帘垂绶带虾须织，烛剪金钗燕尾分。四海名高瞻北斗，五弦调古和南薰。姑苏台下人无数，争看文星拜主文。④

萨都剌《送王御史》：

骢马如龙玉作鞭，江头下马上官船。承恩不比寻常辈，入谏频瞻咫尺天。草满畬田多战骨，花飞驿路少人烟。宪台自是清高甚，时事关心易白颠。⑤

唐元《筠轩集自序》：

况在金陵时，会继学侍御王公、梦臣侍御张公甚加称引，志行晋仲公日承磨袭，各赐赠言，如拱璧而归。⑥

---

① 《中华再造善本》影印元至正十年余阙浦江刻明永乐四年柳贵补修本；《四库全书》第1210册，第209页。
② 《四库全书》第1204册，第550页。
③ 《中华再造善本》影印元至元刻本；《四库全书》第1204册，第551页。
④ 《四库全书》第1212册，第611页。
⑤ 《全元诗》第30册，第208页。
⑥ （元）唐元：《筠轩集》卷首，《四库全书》第1213册，第429页。

杜本《徽州路儒学教授唐公元墓志铭》：

先君不幸于己丑夏四月卒于正寝。……公讳元，字长孺，新安歙县人。……筮仕吴庠，发已纷白，五十八，省授平江路儒学录，再调分水县儒学教谕，升南轩书院山长，以徽州路儒学教授致仕。……其平生相知，如建德路总管方公回、徽州路总管孟公淳、中书大参王公士熙、南台侍御史张公起岩、翰林待制杨公刚中。题品具载序跋。……春秋八十有一。①

《至正金陵新志》卷六《官守志二·行御史台·御史中丞》：

王士熙，资善［大夫］。至正二年上。
赵成庆，资善［大夫］。至正二年上。
董守简，资善［大夫］。至正三年上。②

杨载《翰林杨仲弘诗集》卷四《寄王继学二十韵》：

圣主敷皇极，元臣建上台。虚心求俊乂，削迹去奸回。拜命超凡品，知君秉大材。淳风随日播，公道应时开。负鼎资烹饪，操刀贵剸裁。铦锋行肯綮，异味合盐梅。庙议常参决，朝班复共陪。艰难须伙助，豁达远嫌猜。遗佚闻风起，英豪接踵来。经纶非董贾，辞藻亦邹枚。在野思罗职[1]，盈庭想毂推。既将龙作友，恶假鸠为媒。走也今留此，公乎可念哉。执竿犹海上，扶耒即岩隈。自守幽人意，宁虞俗子咍。旧游辞玉府，故事忆金台。落魄江湖阻，苍茫岁月催。丹心徒耿介，素发已毰毸。勿谓交如水，能忘耻及罍。飞黄当驾驭，犹足异驽骀。③

［校］［1］"职"，四库本作"致"。

《青楼集·李芝仪》：

维扬名妓也，工小唱，尤善慢词。王继学中丞甚爱之，赠以诗序。余记其一联云："善和坊里，骅骝构出绣鞍来；钱塘江边，燕子衔将春色去。"又有《塞鸿秋》四阕，至今歌馆尤传之。乔梦符亦赠以诗词甚富。④

许有壬《至正集》卷十五《和继学见寄韵》：

忆昔乘风在帝傍，珠玑纷落五云乡。蓝田凤擅连城价，粉署曾分满袖香。

---

① （明）程敏政编《新安文献志》卷九十五下，《四库全书》第1376册，第593页。
② 《四库全书》第492册，第319页。
③ 《四库全书》第1208册，第27页。
④ 孙崇涛、徐宏图笺注《青楼集笺注》，第196页。

归去山林惟鲁酒，兴来天地有奚囊。江湖何日重携手，见说鲈鱼味最长。①

《至正集》卷二十六《太乙宫待张彦辅炼师不至，和继学韵二首》：
联镳日晏出黄扉，目断长空倦鸟飞。不是道人归不早，我曹多事自忘归。
京国三年负草亭，眼中空翠拥云屏。琳宫今日见秋意，风色萧萧月满庭。②
[笺]《至正集》卷二十六紧随该绝句后有："右二绝句，丙寅岁八月十二日作，丁丑四月，彦辅请再次前韵以纪岁月。"

《至正集》卷十四《用王继学韵题近仁御史〈雪林小影〉》：
松与雪相宜，松风更细吹。始知天放乐，多在岁寒时。逃世衣冠古，看云杖履迟。无缘遂终隐，峨豸出京师。③

《至正集》卷二十七《和继学壁间韵》：
莫道催归无杜鹃，数声征雁夜如年。思妇多应挑锦字，将军休待勒燕然。④

《至正集》卷二十二《追和王继学韵赠韩久成》：
水贵藏鱼亦贵清，舟须容物又须行。六经三尺相终始，一羽千金各重轻。事业期人陋东晋，文章老我愧西京。紫垣星月薇香里，应记霜风翠柏声。⑤

马祖常《石田先生文集》卷四《戏答王继学》：
金钱赌酒夜走马，玉带赠客春看花。山东少年贵公子[1]，年年塞北惯风沙。⑥
[校][1]"山东"，四库本作"山中"。

《石田先生文集》卷四《次韵王继学二首》（自注：继学前身乃楚州僧[1]）：
淮地瞿昙悟风姿[2]，今生记得未生时。转羞薜荔无真说，却讶夫容似近诗[3]。
三伏滦京酒盏同，分飞鸿雁怨秋风。谁知山店前宵月[4]，只在卢仝草屋东。⑦

---

① 《元人文集珍本丛刊》第 7 册，第 93 页；《四库全书》第 1211 册，第 113 页。
② 《元人文集珍本丛刊》第 7 册，第 142 页；《四库全书》第 1211 册，第 187 页。
③ 《元人文集珍本丛刊》第 7 册，第 87 页；《四库全书》第 1211 册，第 104 页。
④ 《元人文集珍本丛刊》第 7 册，第 146 页；《四库全书》第 1211 册，第 193 页。
⑤ 《元人文集珍本丛刊》第 7 册，第 126 页；《四库全书》第 1211 册，第 163 页。
⑥ 《中华再造善本》影印元至元五年扬州路儒学刻本；《四库全书》第 1206 册，第 532 页。
⑦ 《中华再造善本》影印元至元五年扬州路儒学刻本；《四库全书》第 1206 册，第 534 页。

[校] [1]"僧",《中华再造善本》本阙,据四库本补。[2]"悟",四库本作"悞"。"风",四库本作"凤"。[3]"诗",四库本作"时"。[4]"山",四库本作"上"。

范梈《范德机诗集》卷三《王继学晚过舍下,翌日惠诗两章,用韵答贶》:

平生病太史,浅陋愧曹邦。自足封函谷,聊须全受降。黄钟和知寡,白璧动成双。天外谁招得,清风满八窗。

客居惟所适,不是远时人。闻喜池台僻,来依第宅新。月涵钟警夕,风引酿生春。颇得过从乐,相看莫厌频。①

《范德机诗集》卷三《和二章,已而征者适至,戏用韵为再叠云》:

久客岁云暮,悠悠念异邦。病因诗暂愈,愁为酒先降。屋隐疏篁半,城依老树双。晨朝有好鸟,命我隔东窗。

颇怪君家使,征求太迫人。从知心匠苦,况复物华新。辍梦天开夜,思归水墅春。纵无青玉案,寄赠莫辞频。②

黄清老《上继学王公》:

大风卷地沙尘昏,十日不得一出门。眼中俗子浩于海,思欲一见云中君。云中之君玉为节,鹰冠峨峨照晴雪。振衣惊落琪树花,片片人间作明月。有时霹雳生风雷,松声晓落(原注:一作失)青崔嵬。众芳收雨作春色,瑶草绿遍三蓬莱。有时笔端吐光怪,干将生花玉龙蜕。广寒天上闻步虚,万壑千崖起秋籁。嗟余困学无所成,仙家幸识黄麒麟。愿从辋川觅诗法,白鸥飞入南山春。③

张照《石渠宝笈》卷二十四《元吴镇〈清溪垂钓图〉一卷》引王士熙题辞:

蒹葭渺无际,远水接平川。闲云曳归鸟,影落镜中天。若人载书画,仿佛米家船。遵彼灌木阴,对此佳山前。谁能结鸥社,忘机终淡然。至正三年秋七月题,拥翠山人王士熙。④

---

① 《中华再造善本》影印元后至元六年益友书堂刻本;《四库全书》第1208册,第94页。
② 《中华再造善本》影印元后至元六年益友书堂刻本;《四库全书》第1208册,第94页。
③ (清)顾嗣立编《元诗选》二集,第753页。
④ 《四库全书》第825册,第88页。

《元史》卷一六四《王构传》：

王构字肯堂，东平人。……武宗即位，以纂修国史，趣召赴阙，拜翰林学士承旨，未几，以疾卒，年六十三。构历事三朝，练习台阁典故，凡祖宗谥册册文皆所撰定，朝廷每有大议，必咨访焉。喜荐引寒士，前后省台、翰苑所辟，无虑数十人，后居清要，皆有名于时。子士熙，仕至中书参政，卒官南台御史中丞；士点，淮西廉访司佥事，皆能以文学世其家。①

胡助《纯白斋类稿》卷十《挽王继学中丞》：

玉堂挥翰泻珠玑，家学光华世所稀。但觉高才无滞事，安知平地有危机。妙年台阁祥麟出，晚节江淮退鹢飞。惆怅百年曾莫赎，生刍一束泪沾衣。

平生忠耿岂消磨，报国当时荐士多。乌府风清中执法，凤池日求载赓歌。人间富贵如春梦，海外文章似老坡。惭愧白头门下客，伤心无复听鸣珂。②

柳贯《柳待制文集》卷十三《王继学画像赞》：

粹然冰玉之英，展也星凰之瑞[1]。用则盛之鸾台凤阁，不用则置之朱崖儋耳。老智虑于多艰，观夷险于一致。固将挟玉局之飞仙，以游夫鸿濛溟涬之际。所谓琅琊之宗，鲁公之子，而盛德之世者也。③

[校] [1] "星凰"，四库本作"皇凤"。

《元书》卷五十八附《王构传》：

子士熙，字继学。历左司员外郎，命勉励国子监，擢治书侍御史。泰定四年，拜参知政事。致和元年，帝崩，燕铁木儿谋立文宗，乃执平章政事兀伯都剌及士熙等，皆下狱。文宗立，命籍其家，流吉阳军。郡守闻之，先为营居城中，及至，恶其完美，乃居于城西茅屋曰水北新居。旁西南数十步，筑江亭以游息。时事未尝出口，寻移乾宁。有顷，放归东平。至正中，官南台御史中丞，卒，赠平章政事、赵国公。士熙亦以文学名，为人风流蕴藉。在馆阁日，尝与袁桷、马祖常、虞集、揭傒斯、宋本以诗相唱和，人比之唐岑、贾，宋杨、刘也。④

---

① （明）宋濂等：《元史》，第3856页。
② 《丛书集成初编》，第86页。
③ 《中华再造善本》影印元至正十年余阙浦江刻明永乐四年柳贯补修本；《四库全书》第1210册，第397页。
④ 《四库未收书辑刊》第4辑第15册，第427页。

杨维祯《西湖竹枝集》：

[王士熙] 博学，工古文。其诗与虞、揭、马、宋同为有元之盛音。①

《元诗选》二集戊：

继学为诗，长于乐府歌行，与袁伯长、马伯庸、虞伯生、揭曼硕、宋诚夫辈唱和馆阁，雕章丽句，脍炙人口。如杜、王、岑、贾之在唐，杨、刘、钱、李之在宋，论者以为有元盛世之音也。②

夏文彦《图绘宝鉴》卷五：

王士熙，字继学。东平人。官至御史中丞。善画山水。③

陶宗仪《书史会要》卷七：

王士熙，字继学，构之子。东平人。官至江东廉访使，赠中书平章政事，封赵国公。风流蕴藉，为名流所慕。书法亦清润完整。④

虞集《道园遗稿》卷三《观王继学参政赠临川艾庸诗有感》：

世儒退相淮南使，羡尔华裾早及门。授馆终年供白粲[1]，探囊一日试黄昏。汉廷议礼诸生起，鲁壁藏书几简存。最忆龟蒙云气重，舞雩新服试春温。⑤

[校] [1] "供"，四库本作"归"。

《道园学古录》卷二十七《寄题曹元宾尚书〈临流图〉，王继学参政画》：

昔闻适炎服，中道临清漪。濔濔荡荒日，悠悠动寒飔。来者何滔滔，逝者不可追。圣有川上叹，昼夜固如斯。解缨手自濯，浩荡忘险夷。高人今摩诘，万里同襟期。抽豪写幽思，带雨更题诗[1]。三年反田里，春河释冰澌。……开囊见旧物，感慨深系之。岁晚金石友，看云立多时。怜我不共看，寄言令我知。来鸿春若早[2]，去燕秋易衰。近远不相觌，加餐慰遐思。⑥

[校] [1] "带"，四库本作"滞"。[2] "若"，四库本作"苦"。

---

① 孙小力校笺《杨维祯全集校笺》第 8 册，第 3313 页。
② （清）顾嗣立编《元诗选》二集，第 537 页。
③ 《四库全书》第 814 册，第 620 页。
④ 《四库全书》第 814 册，第 754 页。
⑤ 《中华再造善本》影印元至正十四年金伯祥刻本；《四库全书》第 1207 册，第 765 页。
⑥ 《四库全书》第 1207 册，第 394 页。

赵世安

释大䜣《蒲室集》卷四《寄赵伯宁中丞》：

　　八月廿一日，人干赵伯宁中丞书[1]。其日赵初度，遂寄诗二首。赵与予同生甲申也。

　　早忝相知旧，山林愧不才。生申同八月，雌甲异三台[2]。鹓鹭龙庭会，风云玉帐回。遥知初度日，宣赐紫霞杯。

　　新寺承恩重，深惭燕爵微[3]。宝阶华散绮，金地月增辉。布画劳钧轴，经营识化机。西湖风雪夜，还忆对麻衣。①

[校] [1] "干"，四库本作"达"。[2] "雌"，四库本作"华"。[3] "爵"，四库本作"雀"。

[笺] 据虞集《笑隐䜣公行道记》，大䜣生于至元二十一年甲申八月二十七日。赵伯宁与之同岁，生年在1284年。（参《金华黄先生文集》卷四十二《笑隐禅师塔铭》）

《元史》卷一五二《赵柔传》：

　　赵柔，涞水人。……曾孙世安，荣禄大夫、江西行省左丞。②

《康熙江西通志》卷十三《职官》载，赵世安大德间任江西行省左丞。③

马祖常《石田先生文集》卷十三《敕赐御史中丞赵公先德碑铭》：

　　谨按：中丞臣世安姓赵氏，始居奉圣州之礬山。四世祖柔当金季，朔南沦胥为丘墟矣。柔团结义民，栅险以阨其兵冲，使不得犯，为便道以给薪水如平时，乡之人赖以全活者亿万计。会天兵下紫荆口，柔率义民归行省八扎，且以单骑入各堡砦，谕逆顺，各堡砦豪长皆弛兵来归我行省[1]。行省以闻，制授龙虎卫上将军，真定、涿、易等路兵马都元帅，佩金虎符，兼总管银冶。再进总管诸处打捕鹰坊，加金紫光禄大夫。有子六人：……次守信，忠翊校尉，广宗县尹，人戴之如父母焉。……守信二子：长贯，蚤卒[2]；次简，今

---

①　《中华再造善本》影印元至元刻本；《四库全书》第1204册，第546页。
②　（明）宋濂等：《元史》，第3606页。
③　清康熙二十二年刻本。

洺水县尹。贯子世安，乃今中丞君[3]。……维赵氏以国姓，世系绵远，谱牒无考。北士尚质，复不肯以姓之显者为所出，故奉圣赵氏自元帅以下迁卜珠颗山之阳，已而又卜宅于龙安，今遂为易州涞水人。涞水赵氏，虽四世为郎官大夫，然自中丞起家给事禁闼，侍武宗皇帝冕服，即蹈规矩，言行有常。事今上皇帝于潜邸，勤劳夙夜，夷险一心。天历之元，皇帝入正大位，征拜参议中书省事，旋入中书参知政事。上让位，居东宫，改詹事丞，领典用监卿，复入中书参知政事，领经筵事，升拜中书左丞，入台为御史中丞，官资德大夫。立侍正府，以中丞兼侍正，光显荣遇，在廷鲜伦。而其折节下士，盖有人所不能跂及者。令典官第二品，得封二代，异恩特封三代焉。……中丞今一子曰享，提点太府监内藏库。臣祖常辱列侍御史，每从中丞在官，日承论议[4]，持平臧否，于疾言遽色弗之有也。①

[校] [1]"弛"，四库本作"持"。[2]"卒"，《中华再造善本》本作"早"，从四库本改。[3]"君"，原阙，据四库本、《元四家集》本补。[4]"承"，四库本作"中丞"。

《元史》卷三十二《文宗本纪一》：

[致和元年十一月]，以也先铁木儿、乌伯都剌珠衣赐撒迪、赵世安。……[十二月丁巳]，参议省事赵世安为参知政事。②

何绍基《东洲草堂文钞》卷十一《跋李季云藏虞文靖书〈训忠碑记〉墨迹》：

《记》云：天历二年春三月甲子，天子作奎章阁，置学士官，命典瑞都事柯九思为参书，日以图史侍上。上善其鉴辨博洽，顾问家世。侍御史赵世安进曰："九思先臣谦，尝与修国史，出提举江浙学事以终，其墓碑，今学士虞集文。九思以说书侍英皇潜邸，至治末去，伏田里，乃今遭遇圣明。去年，群臣度义效节，以奉正绪，区区微志，无有大小，悉简帝心。臣以为，若九思者，父教之有素也。"上曰："其赐碑首曰训忠。"碑仍命臣集书。③

《元史》卷三十三《文宗本纪二》：

[天历二年八月壬辰]，中书参议阿荣、太子詹事丞赵世安并中书参知政

---

① 《中华再造善本》影印元至元五年扬州路儒学刻本；《四库全书》第1206册，第634页。
② （明）宋濂等：《元史》，第721、723页。
③ 《续修四库全书》第1529册，第229页。

事。……丁酉，命阿荣、赵世安提调通政院事，一切给驿事皆关白然后给遣。……庚子，命阿荣、赵世安督造建康龙翔集庆寺。①

虞集《道园学古录》卷二十三《大都城隍庙碑》：

天历二年二月庚子，皇后遣内侍传旨中政院臣，使言于上曰："城隍神庙，世祖皇帝时所建，有祷必应，煊赫彰著。而庙久弊弗葺，无以答神明之贶，以继世祖之意，请出内帑宝钞五万缗以修。"制曰："可。"命京尹臣贾某董之，太史以诹日弗协，请俟其吉。九月，中书参知政事臣赵世安等奉敕封神曰护国保宁佑圣王，其配曰护国保宁佑圣王妃。②

《道园学古录》卷二十五《大龙翔集庆寺碑》：

钦天统圣至德诚功大文孝皇帝，自金陵入正大统，建元天历，以金陵为集庆寺。使传旨行御史台大夫阿思兰海牙，命以潜龙之旧作龙翔集庆寺云。明年，召中天竺住持禅师大䜣于杭州，授太中大夫，主寺事，设官隶之，画宫为图，授吏部尚书王僧家奴往董其役，斥广其地，为民居者，悉出金购之。土木瓦石、丹垩金碧之需，财自内出，不涉经费，工以佣给，役弗违农。有司率职庀工，景从响应。御史中丞赵世安承禀于内，行御史中丞亦释董阿、忽都海牙相继率其属以莅之。吏敏于事，民若不知。材既具，期以明年正月甲子之吉，乃建立焉。③

《元史》卷百十二《宰相年表》载，天历二年左丞有赵世安，十月至十二月任。④

《元史》卷三十三《文宗本纪二》：

[天历二年十一月己巳]，命中书左丞赵世安提调国子监学。……[十二月丙戌]，仍命赵世安、阿荣辑录所上章疏，善者即议举行。⑤

《元史》卷三十四《文宗本纪三》：

至顺元年春正月丙辰，命赵世延、赵世安领纂修《经世大典》事。……

---

① （明）宋濂等：《元史》，第737页。
② 《四库全书》第1207册，第335页。
③ 《四库全书》第1207册，第356页。
④ （明）宋濂等：《元史》，第2829页。
⑤ （明）宋濂等：《元史》，第744页。

甲子，燕铁木儿、伯颜并辞丞相职，不允，仍命阿荣、赵世安慰谕之。……二月壬午朔，以赵世安为御史中丞。①

虞集《道园学古录》卷五《经世大典序录》：

　　钦惟钦天统圣至德诚功大文孝皇帝，以上圣之资，纂承大统。……乃天历二年冬，有旨命奎章阁学士院、翰林国史院参酌唐、宋《会要》之体，会粹国朝故实之文，作为成书，赐名《皇朝经世大典》。明年二月，以国史自有著述，命阁学士专率其属而为之。太师丞相答剌罕、太平王臣燕帖木儿总监其事。翰林学士承旨、大司徒臣阿邻帖木儿，奎章阁大学士臣忽都鲁笃尔弥实，奎章阁大学士、中书右丞臣撒迪，奎章阁大学士、太禧宗禋使臣阿荣，奎章阁承制学士、金枢密院事臣朵来，并以耆旧近臣习于国典，任提调焉。中书左丞臣张友谅、御史中丞臣赵世安等以省台之重，表率百官，简牍具来，供给无匮。至于执笔纂修，则命奎章阁大学士、中书平章政事臣赵世延，而贰以臣虞集，与学士院、艺文监官属分局修撰。……是年四月十六日开局……以至顺二年五月一日草具成书，缮写呈上。②

《元史》卷一八一《虞集传》：

　　[文宗时]有旨采辑本朝典故，仿唐、宋《会要》，修《经世大典》，命集与中书平章政事赵世延，同任总裁。……俄世延归，集专领其事，再阅岁，书乃成，凡八百帙。既上进，以目疾丐解职，不允，乃举治书侍御史马祖常自代，不报。御史中丞赵世安乘间为集请曰："虞伯生久居京师，甚贫，又病目，幸假一外任，便医。"帝怒曰："一虞伯生，汝辈不容耶！"③

[笺]《元史·虞集传》文献源出欧阳玄《圭斋文集》卷九《元故奎章阁侍书学士翰林侍讲学士通奉大夫虞雍公神道碑》："谕旨若曰：卿才何所不堪，顾令未可去耳。中丞赵伯宁乘间为之请。[帝]怒曰：一虞伯生，汝辈不能容耶！"孙楷第据此断赵世安即赵伯宁。

虞集《道园学古录》卷二十一《赵中丞画像赞》：

　　天历庚午孟夏初吉，圣天子以为：御史中丞赵公世安，元从功臣，爰置左右。践扬省辖，表正风宪，厥绩殊茂。乃命绘像，用肃具瞻，亲御翰墨，书敕其上，识以宝玺，而命臣集述赞焉。臣惟公之事上也，靖恭夙夜，夷险

---

① （明）宋濂等：《元史》，第749页。
② 《四库全书》第1207册，第82页。
③ （明）宋濂等：《元史》，第4178页。

一致。入则告以谋猷之嘉，出则宣其德意之美。惓惓焉爱君体国之意，其见于仪形风采者，宜垂颂焉。谨拜手而述赞曰：

　　肃肃宪纲，国之司直。以正朝廷，百辟是式。圣皇御天，法度章程。风霆之威，日星之明。昔在世祖，最重斯职。列圣授受，精意慎择。贤必有能，廉必有材。必信必亲，庶尹则谐。惟今赵公，简在有素。既勤其躬，亦衡其虑。天子有行，鞭弭櫜韇。天子正统，襄赞周旋。温温其仪，侃侃其色。珮玉舒迟，前席密勿。历阶中书，时清政平。乃肃风纪，以赞国成。知无不言，言无不听。有容有严，有文有政。天子万年，大臣相之。九叙惟歌，无以尚之。①

《道园学古录》卷二十四《集庆路重建太平兴国禅寺碑》：

　　至治辛酉，匡庐僧守忠应请来主之，禅学之士，来者日满其室。今上皇帝以泰定乙丑之岁正月来，至于是邦，而寺适灾。天意若曰：其撤旧而作新之乎？皇上感焉，出金币以为民先。于是，行御史台与郡县之吏皆祗若上意。……皇上一风动之，远迩云集，富者效其财，贫者输其力，工则致其巧，农则献其食。一岁垣庑成，再岁堂室具。……岁在戊辰，铸大钟，为金数万斤。方在冶，上施宝珠投液中，钟成，其款有曰："皇帝万岁"，珠宛然在其上，若故识之，而光彩明发，不以灼毁。……是年秋，皇帝归膺大宝，是为天历元年。出诏书，布德泽于天下。……至顺元年秋，御史中丞赵世安传敕，召忠入朝。②

《道园学古录》卷十七《高鲁公神道碑》：

　　至顺二年春，有诏，特加赠故中奉大夫、河南等处宣慰使，推诚协亮功臣、太傅、开府仪同三司、上柱国、鲁国公，谥庄僖。而御史中丞赵公世安，又传敕太史臣某，制文以刻诸神道之碑。

《道园学古录》卷三《鳌峰者，国史院庭中石名也。伯宁御史为仆言：自其先公时，与诸老名胜赋诗者盖数百篇，今玉堂无本，而御史家具有之。且曰：峰所托差低，盍稍崇其址？乃八月五日既克如命，因赋此以报，且请录示旧诗，补故事以传云》：

　　视草堂前石一拳，何人移置自何年？久怜翠色连重地，故拔孤根近九天。俯仰百年承雨露，等闲千尺接云烟。故家御史遗书在，为录鳌峰旧赋篇。

---

① 《四库全书》第 1207 册，第 313 页。
② 《四库全书》第 1207 册，第 354 页。

陆心源《穰梨馆过眼录》卷六《元文宗永怀二字卷》：

　　上临唐太宗《晋祠铭》，因书"永怀"二字，亲刻之石。乃手印四纸以赐奎章阁大学士臣阿荣、御史中丞臣赵世安、宣政使臣哈剌八都儿及臣巙巙。臣伏睹宸翰，遒丽雄强，神采辉映，龙跳虎卧不足喻也。赐与之际，圣恩低徊，复谓之曰："唯赐卿四人，其石朕已劚去矣。"臣等无任感激，悚惧之至。至顺二年正月三日，通议大夫、礼部尚书、监群玉内司事臣巙巙拜手稽首谨记。①

柯九思《丹邱生集》卷三长题诗：

　　至顺初，上尝御奎章阁，太禧使明理董阿、中书左丞赵世安、大司农卿哈剌八儿侍。上从容询求江南之士，臣九思以韩性、张翥应诏。上曰："俟修《皇朝经世大典》毕，卿至江南刊梓时，可亲为朕召此二人者来，试之馆阁。"臣九思再拜曰："幸甚。"后有近臣自南使还者，上问此二人，其人亦曰："佳士。"上颇悦。后竟因循遂隔。今举事玉山，思之泫然流涕。玉山请诗以纪，因为四十字以寄二子云。②

许有壬《至正集》卷七十九【水龙吟】《赵伯宁中丞代祀淮浙过维扬征赋》：

　　五云飞出蓬莱，天香散满人间世。龙翔凤翥，千龄一遇，明良庆会。节钺重来，士民腾喜，山川增气。相四方地远，九重心切，都要见、间阎事。　　瘖瘵天颜咫尺，袅秋风、一鞭归骑。昔年勋业，乌台倚重，紫垣虚位。自顾疏庸，资身无策，敢论经费。但儒酸不改，作咸充赋，助和羹味。③

《至正集》卷十八《寄赵伯宁中丞》：

　　走马滦京献纳来，翠红乡里得徘徊。行厨无物非君赐，相府有花皆手栽。休憾相逢还判袂[1]，且图一见便衔杯。雪林好在秋风菊，应贮芳醪待我回。④

［校］［1］"憾"，四库本作"恨"。

虞集《道园学古录》卷三十七《飞龙亭记》：

　　昔者文宗皇帝之在潜邸，东南海岳湖江之上，车辙马足，有所至焉。则

---

① 《续修四库全书》第1087册，第60页。
② 《续修四库全书》第1324册，第428页。
③ 《元人文集珍本丛刊》第7册，第355页。
④ 《元人文集珍本丛刊》第7册，第110页；《四库全书》第1211册，第139页。

守吏民庶欣感荣幸，随而表之，以识其爱慕之意。既登大宝，自天光日华之所被，及山川草木与有荣耀，则必有所述，以示乎天下后世。若集庆路大元兴永寿宫之飞龙亭，其一也。亭成久矣，而宫之住持道士、敕赐虚白先生臣陈宝琳始录其事，即临川山中，求臣集记之。亭本冶亭，宫本玄妙观，集庆本建康路，皆文宗皇帝所赐名也。方在金陵时，行邸去冶亭为近，上时游焉。一日，传命且至，宝琳出宫门迎候。逾时，从官已奉御供具，及门，则知上已至冶亭久矣。……从臣以宝琳见，上笑曰："道人何避客之久也？"宝琳顿首，俯伏请罪。……问宝琳："何以字玉林也？"则对曰："道士烧金石为丹汞，抽鼎中状如琼林玉树，故取以为名。"上曰："当雪时，吾登此亭，目力所及，树木皆玉也，岂不易知乎？更谓之'雪林'。"后临御，别书"雪林"字赐近臣赵伯宁，而宝琳仍字玉林矣。①

马祖常《石田先生文集》卷二《赞御书雪林二字为赵伯宁中丞作》：

圣主敷文化，台臣得宝书。方员河洛出，次舍日星居。禹画州圻古，羲文物象初。克勤资负扆，跻敬赖储胥。王锡非鞶带，天光岂器车。传家恩有渥，训德义无馀。浩浩冰华洁，亭亭木本疏。山辉因玉润，云气是龙嘘。莹爽才尤峻，栽培力不虚。明良须庆会，动植乐舒徐。眷遇荣金匮，讴歌愧石渠。贱微叨下列，瞻拜舞阶除。②

揭傒斯《揭曼硕诗集》卷三《御书雪林二字赐赵中丞应制》：

圣主挥毫临秘阁，亲臣执法坐崇台。祥云五色从天下，彩凤双飞映日来。政欲清如林上雪，已闻声奋地中雷。君臣千载明良会，咫尺微垣接上台。③

《元史》卷三十六《文宗本纪五》：

［至顺三年六月］己酉，以御史中丞赵世安为中书左丞。④

虞集《道园类稿》卷四十三《湖南宪副赵公神道碑》：

观于湖南副宪赵公讳天纲、字之维之家，亦可得而征焉。赵氏之先，世为安阳人，仕于金，多贵显。……泰定元年，南行台取为掾。四年，入

---

① 《四库全书》第 1207 册，第 523 页。
② 《中华再造善本》影印元至元五年扬州路儒学刻本；《四库全书》第 1206 册，第 490 页。
③ 《中华再造善本》影印元至元六年日新堂刻本；《四库全书》第 1208 册，第 175 页。
④ （明）宋濂等：《元史》，第 804 页。

掾内台。天历改元，元从之臣有赵世安参议中书，与公尝同僚行台。上之留金陵也，识之，每呼其字曰之维。至是，得召见，特除承务郎、浙东宪司经历。①

黄溍《金华黄先生文集》卷四十一《佛真妙辩广福圆音大禅师、大都大庆寿寺住持长老鲁云兴公舍利塔铭》：

禅师讳行兴，号鲁云，俗姓李氏，世居郓城。……文宗时，起主赵州之柏林。祖塔久不治，亟加严饰而一新之，丹垩炳焕，远近莫不瞻仰赞叹。寻请于朝，赐赵州古佛真际光祖国师之号。上尝咨访时之高人上士，佥以禅师对。特降玺书，命主大庆寿寺。……今上皇帝临御之始，皇太后命御史中丞赵世安至寺，建药师会七昼夜。越三日，禅师定起，谓左右曰："佛殿前放大光明，若等知之乎？"即声钟摄中丞与众共观，果见光焰陆离，上彻霄汉，经宿乃散。竣事之日，禅师升座，敷宣第一义谛，闻者咸悦。日入申，俄索笔书偈曰……投笔而逝，元统元年十二月二十二日也[1]。②

[校][1]"元年"，原作"九年"，元统纪年无九年。从《全元文》改。

黄溍《百丈山大智寿圣禅寺天下师表阁记》：

菩提达磨大师后八叶，有大比丘居洪之百丈山，人称之曰百丈禅师。今天子始命，因其旧谥大智觉照者加以弘宗妙行之号。寺以寿圣名，则故额也。……东阳德煇以禅师十八代孙，嗣住是山，既新作演法之堂，且增创重屋其上，以妥禅师遗像，榜其楣间，曰天下师表之阁云。……煇奉玺书将南还，以阁之成未及有所纪述，谂于溍曰："愿叙其构兴之端原，归而刻诸。"……以至顺元年夏六月庀工，冬十月讫事，实煇住山之明年，而煇入对以元统三年夏五月，命下则其明年春二月也。承直郎、国子博士黄溍记，翰林待制、奉议大夫兼国史院编修官揭傒斯书，翰林侍讲学士、通奉大夫、知制诰、同修国史、知经筵事张起岩篆，前荣禄大夫、御史中丞赵世安，光禄大夫、江南诸道行御史大夫易释董阿同立石[1]。③

[校][1]该文亦载于《金华黄先生文集》卷十一，无"承直郎、国子博士黄溍记"之后字样。以《文集》校之。

---

① 《元人文集珍本丛刊》第6册，第300页。
② 《中华再造善本》影印元刻本；《续修四库全书》第1323册，第517页。
③ （元）释德煇：《敕修百丈清规》卷下，《续修四库全书》第1281册，第214页。

释大䜣《蒲室集·书问·与赵伯宁司使书》:

去春尝奉状,计无不达。厥后虽有台郎去,而不以告,故缺于修问,然非敢疏慢。想惟高度,待山野不以世礼,可相忘于形迹之外也。比审擢典先皇祠祀,祗虔禋礼,视古秩宗,益亲而重。山中以潜宫改创,出自钧画成就,刻之穹碑,垂于永久。独以差税累奉旨蠲除,而未得省部明文。如乙亥冬,僧徒当差,枷锁累月,尽以租人不偿其费,为苦不可言。兹蒙钧慈,特为启奏,幸望矜念,早得文下,所谓成始而成终者也。自今而后,吾徒之食息于此者,一饭必祝。想见先皇在天之灵,喜动玉色,而灵山佛记愿力无穷,其降福公身,亦无量也。某居此十年,奔驰劳悴,加以多疾,日思求去。但以忝为开山住持,若不能乘此机会蠲其差税,则后人决不能安处而致废弛,而罪在不肖。今若办此一事,感盛德,非言可喻。①

[笺] 据虞集《笑隐䜣公行道记》,天历元年(1328)诏以金陵潜邸为大龙翔集庆寺,大䜣首任住持。大䜣书谓"某居此十年",则书约作于后至元三年(1337)。

《北京图书馆藏中国历代石刻拓本汇编》第 49 册载苏天爵《贾和墓道碣》,署:

荣禄大夫、同知徽政院事、侍政府侍政赵世安篆额
后至元三年三月刻石②

欧阳玄《重建少林寺达磨大师碑》:

臣玄叙曰:维昔达磨大师,掩室龙门,藏舟熊耳。时君萧梁武帝,追述慧命,亲制穹碑,世代推迁。旧刻既泐,遗文仅在。皇元至元五年仓龙己卯,少林长老息庵将凿石洛汭,树表禅源,遣徒了辩,走京师。命万寿禅寺住持、敕赐领曹洞宗惟赞,奉福住持思璧暨释教之都坛主普乘,希旨今朝,求证当世。于是内侍贵臣同知延庆司事烈思八班具事以启,赞天开圣仁寿徽懿宣昭贞文慈祐储善衍庆福元太皇太后有旨,命翰林侍讲学士欧阳玄为叙其事,奎章阁学士院大学士康里巎为书其文,同知徽政院事赵世安为篆碑首。③

[笺] 该碑今存拓本,《北京图书馆藏中国历代石刻拓本汇编》第 50 册载录,前署:"荣禄大夫、同知徽政院、兼隆祥使臣赵世安篆额"。

---

① 《中华再造善本》影印元至元刻本;《全元文》第 35 册,第 347 页。
② 《北京图书馆藏中国历代石刻拓本汇编》第 49 册,第 175 页。
③ (明)傅梅编《嵩书》卷二十一《章成篇三》,《续修四库全书》第 725 册,第 386 页。

马祖常《石田先生文集》卷四《赵中丞〈折枝图〉》（自注：牡丹、石榴、芙蓉、山茶）：

> 洛阳春雨湿芳菲，万斛胭脂染舞衣。帐底金盘承蜜露，东家蝴蝶不须飞。
> 乘槎使者海西来，移得珊瑚汉苑栽。只待绿阴芳树合，蕊珠如火一时开。
> 馆娃宫里醉西施，不觉秋生水殿时。酒病却嫌丹粉恶，洗妆天上影蛾池。
> 火齐珠红拂翠翘，石家步障晓寒消。千枝腊炬烧春夜，羯鼓催花打六幺。①

王元鼎

《南村辍耕录》卷十九《妓聪敏》：

> 歌妓顺时秀，姓郭氏，性资聪敏，色艺超绝，教坊之白眉也。翰林学士王公元鼎甚眷之。偶有疾，思得马版肠充馔，公杀所骑千金五花马，取肠以供。至今都下传为佳话。时中书参政阿鲁温尤属意焉，因戏谓曰："我比元鼎如何？"对曰："参政，宰相也。学士，才人也。燮理阴阳，致君泽民，则学士不及参政。嘲风咏月，惜玉怜香，则参政不如学士。"参政付之一笑而罢。郭氏亦善于应对者矣。②

吴澄《吴文正公集》卷六《玉元鼎字说》：

> 学者阿鲁丁以玉氏，以元鼎字。其先西域人也。始祖玉速阿剌，从太祖皇帝出征，同饮黑河之水，为勋旧世臣家，名载国史。今其苗裔乃能学于中夏，慕周公、孔子之道，可谓有光其先者矣。以其字而请教训之辞，予语之曰：鼎者，重大之器，烹饪以养老、养贤，享帝、享亲，皆鼎之功也。其在于《易》，巽下离上之卦为鼎，盖取卑逊于内、文明于外之义。卑逊者，进德之基；文明者，进学之验。进德在于克己以变气质，进学在于穷理以长识虑。气质变而若下巽之逊，识虑长而若上离之明，此所以成其重大之器也。元鼎读《大学》《论语》甚习，所谓穷理克己，岂俟他求哉？于二书格言，实用其力而已。笔之为《元鼎字说》以赠。③

---

① 《中华再造善本》影印元至元五年扬州路儒学刻本。
② （元）陶宗仪：《南村辍耕录》，第235页。
③ 《元人文集珍本丛刊》第3册，第152页；《四库全书》第1197册，第107页。

赵孟頫《松雪斋文集》卷六《古今历代启蒙序》：

金陵王君元鼎，取自三皇五帝以来事迹编为四言，又韵其语，欲以教童蒙，使之诵习，俾知古今。携以见示，求为序引。……盖自唐李瀚已有《蒙求》矣。若《蒙求》之类以十数，皆不行于世，独《蒙求》尚有诵习者，良由《蒙求》语意明白易诵故耶！然皆不若王君所编，为包括古今，该备治乱，不悖于先儒之论议，于小学不为无补。然余疾读一过，犹以事迹之繁，有非童子所能悉者，虽成人亦可读之，以为历代史记之目也。若王君之用心，不既勤矣乎！①

黄公望

《录鬼簿》：

黄子久，名公望。乃陆神童之次弟也。系姑苏琴川子游巷居。髫龄时，螟蛉温州黄氏为嗣，因而姓焉。其父年九旬时方立嗣，见子久乃云："黄公望子久矣。"先充浙西宪吏，以事论经理田粮，获直。后在京，为权豪所中，改号一峰。原常熟人，后居淞江，以卜术闲居。目今弃人间事，易姓名为苦行净坚，又号大痴翁。公望之学问不待文饰，至于天下之事，无所不知，下至薄技小艺，无所不能。长词短曲，落笔即成，人皆师尊之。尤能作画。

浙西宪吏性廉直，经理田粮获罪归。号一峰，□卜术，将人间弃，易姓名为净坚，号大痴。天下事无不周知，学问深不加文饰。一家丹青妙笔，与人为宗主时习。

王逢《梧溪集》卷四上《题黄大痴山水》：

大痴名公望[1]，字子久，杭人。尝掾中台察院，会张闾平章被诬，累之，得不死，遂入道云。

十年不见黄大痴，笔锋墨沈元气垂。绝壁双巘万古铁，长松离立五丈旗。蜀江巫峡动溟涬，阴岚夜束鱼龙泠[2]。峨眉更插空青间，差似胸中之耿耿。大痴与我忘年交，高视河岳同儿曹。天寒岁晚鸿鹄远，风雨草树馀萧骚。风

---

① 《四库全书》第1196册，第677页。

雨草树馀萧骚，大痴真是人中豪。①

[校] [1]"大痴"，底本无，从四库本补。[2]"冷"，四库本作"吟"，注："一作冷"。

[笺]《元史》卷九十三《食货志》："仁宗延祐元年，平章章闾言：'经理大事，世祖已尝行之，但其间欺隐尚多，未能尽实。以熟田为荒地者有之，惧差而析户者有之，富民买贫民田而仍其旧名输税者亦有之。由是岁入不增，小民告病。若行经理之法，俾有田之家，及各位下、寺观、学校、财赋等田，一切从实自首，庶几税入无隐，差徭亦均。'于是遣官经理。以章闾等往江浙，尚书你咱马丁等往江西，左丞陈士英等往河南，仍命行御史台分台镇遏，枢密院以军防护焉。……然期限猝迫，贪刻用事，富民黠吏，并缘为奸，以无为有，虚具于籍者，往往有之。于是人不聊生，盗贼并起，其弊反有甚于前者。仁宗知之，明年，遂下诏免三省自实田租。"

朱德润《存复斋文集》卷十《上元夜闻有司括勘田粮并禁金玉，[延祐元年] 甲寅岁作》："东风凝寒寒欲谢，凤历初临三五夜。闲门寂寂暗尘生，闻道喧哄在官舍。吾闻终岁食在农，耕桑处处随春风。东南疆界有程限，何须括勘劳农功。古来礼制缘人情，骄奢逾越有常刑。世间金玉众所贵，讴歌乐土民怀生。普天之下皆王土，日中为市通商贾。四民衣食在勤生，以法急之何所措。弘羊一来人意殊，愁者已多欢者疏。大人不问逃亡屋，世事悠悠争可图。"吴澄《吴文正公集》卷八十五《李世安墓志铭》："自至元之末逮延祐之初，江西二十有馀年无盗祸。延祐二年，宁都官吏经理田粮，残虐启衅，寇大作，杀死州官军官，围城至再。"《吴澄年谱》延祐二年乙卯系年："时经理田粮，限期严迫，使者立法苛刻，务重增民赋，以觊爵赏，郡县奉行尤虐。民不堪命，群情汹汹。"黄溍《金华黄先生文集》卷三十二《倪渊墓志铭》记倪渊任太平路当涂县主簿时惠政云："延祐初，经理田土，考核多失其实，赋敛不均，公私咸以为患。"许有壬《至正集》卷五十七《故朝列大夫饶州路治中王公碑铭》："延议优擢，以老疾请郡，遂有昆山之命。时核田江淮，使者暴急，有司承风旨，抑民虚承，江淮骚然。"贡师泰《玩斋集》卷十《义士周光远墓志铭》："延祐初，诏遣平章闾经理江浙田土，令行急趣，使者悉召诸有田家诣庭下，盛气临之，人人皆骇惧失色，莫敢仰视。"延祐初年江西、江浙因括田一事所带来的骚动可见一斑。

又《元史》卷二十五《仁宗本纪》载，延祐二年"九月丁未，张驴以括田逼死九人，敕吏部尚书王居仁等鞫之"。然卷一七九《杨朵儿只传》云："中书平章政事张闾以妻病，谒告归江南，夺民河渡地，朵儿只以失大体，劾罢之。"杨朵儿只任御史中丞在延祐三四年间，其所弹劾之"张闾"应即《仁宗本纪》之"张驴"。然不关括田事，此应即《梧溪集·题黄大痴山水》所注"会张闾平章被诬"事，而黄子久亦因此入狱。(参孙楷第《元曲家考略》)

---

① 《中华再造善本》影印元至正明洪武间刻景泰七年陈敏政重修本；《四库全书》第1218册，第709页。

杨载《翰林杨仲弘诗集》卷六《次韵黄子久狱中见赠》：

解组归来学种园，栖迟聊复守衡门。徒怜郿坞开金穴，欲效寒溪注石尊。世故无涯方扰扰，人生如梦竟昏昏。何时再会吴江上，共泛扁舟醉瓦盆？①

张丑《清河书画舫》卷十一上《黄子久山水真迹》：

大痴道人为云林生画《层峦晓色》。"雪上溪山也自佳，黄翁摹写慰幽怀。若为剩载乌程酒，直到云林叩野斋。倪瓒题。大痴翁写雪山图，以赠山甫卢君。至正元年十月四日。"

右真迹藏王文恪公（王鏊）家。按是年黄翁七十有三，倪迂四十有一。画法萧疏，诗词清雅，足称双璧。且收藏得地，纸墨如新，与《春林远岫》同趣。②

[笺] 黄公望《题春林远岫图》自署在至正二年（1342），时年七十四，则生于至元六年（1269）。倪瓒题《黄公望层峦晓色图》在至正元年，张丑谓此时公望年七十三。属实。

杨载《翰林杨仲弘诗集》卷四《再用韵赠黄子久》：

自惟明似镜，何用曲如钩。未获唐臣荐，徒遭汉吏收。悠然安性命，复此纵歌讴。石父能无辱，虞卿即有愁。归田终寂寂，行世且浮浮。不假侪群彦，真堪客五侯。高人求替洽，末俗避喧啾。藜杖常他适，绳枢每自缪。与人殊用舍，在己寡愆尤。济济违班列，伥伥远匹俦。能诗齐杜甫，分道逼庄周。达饮千钟酒，高登百尺楼。艰危仍蜀道，留滞复荆州。鹤度烟霄阔，龙吟雾雨稠。东行观海岛，西遡涉江流。自拟需于血，何期涣有丘。古书尝历览，大药岂难求。抚事吟梁父，驰田赋远游。堂名希莫莫，亭扁效休休。槛日迎东济，窗风背北飔。鸣琴消永昼，吹律效清秋。雅俗居然别，仙凡迥不侔。多闻逾束皙，善对迈杨修。进有匡时略，宁无切己忧。尘埃深灭迹，霜雪暗盈头。始见神龟梦，终营狡兔谋。雪埋东郭履，月满太湖舟。急景谁推毂，流年孰唱筹。凌波垂赤鲤，望气候青牛。好结飞霞佩，胡为淹此留。③

王逢《梧溪集》卷一《奉简黄大痴尊师》：

十年淞上筑仙关[1]，猿鹤如童守大还。故旧尽骑箕尾去，渔樵长共水云闲。吹笙夜半桃花碧，倚杖春深竹笋斑。顾我丹台名有在，几时来隐陆机山。④

---

① 《四库全书》第1208册，第43页。
② 《四库全书》第817册，第429页。
③ 《四库全书》第1208册，第27页。
④ 《中华再造善本》影印元至正明洪武间刻景泰七年陈敏政重修本；《四库全书》第1218册，第589页。

[校][1]"筑",四库本作"籍",注:"一作筑"。

袁易《静春堂诗集》卷四《独坐怀黄子久》其二:

良友多隔阔,邈若参与商。众中见快士,蔚然江夏黄。词章发华藻,眉目婉清扬。如瞻晨星辉,烨烨吐寒芒。相逢车马边,俗尘不可障。欲申慷慨怀,告别复匆忙。具区薮泽深,高天云露长。愿为双鸿鹄,与子俱飞翔。①

张炎《山中白云》卷四【南楼令】《送黄一峰游灵隐》:

重整旧渔蓑。江湖风雨多。好襟怀、近日消磨。流水桃花随处有,终不似、隐烟萝。　　南浦又渔歌。挑云泛远波。想孤山、山下经过。见说梅花都老尽,凭为问、是如何。②

黄玠《弁山小隐吟录》卷一《黄一峰莫莫斋》:

莫莫重莫莫,车轮生四角。岐路满天涯,归人已林壑。若华能照夜,蓂草知合朔。物有秀而灵,唯吾贵淳朴。③

程文《赠僧一峰》:

千万峰中有一峰,一峰不与众峰同。道人最爱峰头月,夜夜毫光起白虹。④

郑元祐《侨吴集》卷二《黄子久山水二首》其二:

众人皆黠我独痴,头蓬面皱丝鬓垂。勇投南山刺白额,饥缘东岭采青芝。仲雍山趾归休日,尚馀平生五色笔。画山画水画楼台,万态春云研坳出。只今年已八十馀,无复再投光范书。留得读书眼如月,万古清光满太虚。⑤

《侨吴集》卷三《黄公望山水》:

姬虞山,黄大痴,鹑衣垢面白发垂。愤投南山,或鼓袒裼。勇饥驱东阁,肯为儿女资。不惮北游行万里,归来画山复画水。荆关复生亦退避,独有北苑董、营丘李,放出头地差可耳。颜仙种术茅公山,喜得此卷开心颜。句曲千岩万壑纵深秀,何似卷舒只在咫尺间。⑥

---

① 《四库全书》第1206册,第291页。
② 唐圭璋编《全宋词》,中华书局,1965,第3493页。
③ 《四库全书》第1205册,第8页。
④ 《全元诗》第35册,第271页。
⑤ 《中华再造善本》影印明弘治九年张习刻本;《四库全书》第1216册,第442页。
⑥ 《中华再造善本》影印明弘治九年张习刻本;《四库全书》第1216册,第457页。

《正德松江府志》卷三十一《人物九·游寓》：

　　黄公望字子久，号一峰，又号大痴。莆田巨族，一云本常熟陆神童弟，出继永嘉黄氏。黄父年已九十始得之，曰黄公望子久矣，因而名字焉。性聪敏，博学多才。自经史百氏九流之术，无不习而通之。补浙省掾，忤权豪，弃去，黄冠野服，往来三吴间，开三教堂于苏之文德桥，至松，寓柳家巷，后隐杭之筲箕泉，已而归富春，年八十六而终。公望善画山水，初师董源、巨然，后稍变其法，自成一家。所著《写山水诀》，至今多宗之。与曹知白最善，多留小蒸，今此地有精九章算术者，盖得其传也。戴表元《画像赞》："身有百世之忧，家无担石之乐。盖其达似晋宋酒徒，侠似燕赵剑客。至于风雨寒门，呻吟磐礴，欲援笔而著书，又将为齐鲁之学也。"①

《嘉靖浙江通志》卷六十八《杂志·仙释》：

　　黄公望，富阳人。聪敏绝伦，通百氏说，尤工画山水，运思落笔，出人意表。元至元中，浙西廉访使徐琰辟为书吏。未几，竟弃去，更名坚，号一峰，又自称大痴道［人］，放浪江湖，年八十馀卒。②

《嘉靖常熟县志》卷九《邑人文苑志》：

　　黄公望字子久，号一峰，又号大痴道人，本陆氏子，少丧其父母，贫无依，永嘉黄氏老无子，居于邑之小山，见公望姿秀异，爱之，乞以为嗣，公望依焉，因用其姓。性禀敏异，藻思日发，应神童科。长乃博极群籍，其学无所不通，浙西宪司辟为掾史，宪使徐某礼重之，然非其好也。一日着道士服，持文书白事，宪怪而诘之，公望即引去。自是绝意仕进，放浪湖海，所交皆当世名士，开三教堂于吴门，高僧方士多执子弟礼。游钱塘，与陈存甫论性命之理。公望曰："性由自悟，命假师传。"陈云："不然，性则由悟，不假师传；命则师传，必由理悟。"公望服其言。爱杭之南山筲箕泉，结庵其上，将为终老计，已而倦于应酬，归富春，八十六而终。……公望居小山，日以酒发其高旷，恒以一罂卧于石梁，面山饮，饮毕，投罂于水而去。卒悟山水神观。后村人发其罂，殆盈舟焉。山下有黄氏，相传公望之后。③

---

① 明正德七年刻本。
② 明嘉靖四十年刻本。
③ 明嘉靖刻本。

《南村辍耕录》卷八《写山水诀》：

黄子久散人公望，自号大痴，又号一峰。本姓陆，世居平江之常熟，继永嘉黄氏。颖悟明敏，博学强记。画山水宗董巨，自成一家，可入逸品。其所作《写山水诀》，亦有理致。迩来初学小生多效之，但未有得其仿佛者，正所谓画虎刻鹄之不成也。①

《南村辍耕录》卷二十八《戏题小像》：

张句曲戏题黄大痴小像云："全真家数，禅和口鼓，贫子骨头，吏员脏腑。"②

夏文彦《图绘宝鉴》卷五：

黄公望，字子久，号一峰，又号大痴道人。平江常熟人。幼习神童科。通三教，旁晓诸艺，善画山水，师董源，晚季变其法，自成一家。山顶多岩石，自有一种风度。③

杨瑀《山居新语》卷四：

黄子久公望，自号大痴，吴人。博学多能之士，阎子静、徐子方、赵松雪诸名公莫不友爱之。一日，与客游孤山，闻湖中笛声，子久曰："此铁笛声也。"少顷，子久亦以铁笛自吹下山，游湖者吹笛上山，乃吾子行也。二公略不相顾，笛声不辍，交臂而去，一时兴趣又过于桓伊也。④

杨维祯《西湖竹枝集》：

黄公望，字子久，自号大痴哥。富春人。天姿孤高，少有大志，试吏弗遂，归隐西湖之筲箕泉。博书史，尤通音律、图绘之学。诗工晚唐，画独追关仝。其据梧隐几，若忘身世。盖游方之外，非世士所能知者也。⑤

《正统道藏》之《洞真部·众术类·芥字号》载《抱一子三峰老人丹诀》一卷，题：

嗣全真正宗金月岩编，嗣全真大痴黄公望传。⑥

---

① （元）陶宗仪：《南村辍耕录》，第 94 页。
② （元）陶宗仪：《南村辍耕录》，第 354 页。
③ 《四库全书》第 814 册，第 620 页。
④ 《四库全书》第 1040 册，第 371 页。
⑤ 孙小力校笺《杨维祯全集校笺》第 8 册，第 3325 页。
⑥ 转引自萧登福《正统道藏总目提要》，文津出版社，2011，第 280 页。

《洞玄部·众术类·大字号》载《抱一函三秘诀》一卷，题：

嗣全真正宗金月岩编，嗣全真大痴黄公望传。①

张可久

编者按：宋宗室之后赵必瑑《覆瓿集》卷一有《怀梅水村十绝用张小山韵》，卷三有【贺新郎】《用张小山韵贺小山纳妇》。按《宋史翼》卷十七本传，赵必瑑"宋亡，归隐东莞之温塘，以诗酒自娱，足迹不入城郭"，"元世祖至元三十一年卒，寿不逾五十"。贯云石《今乐府序》谓曲家张小山"四十犹未遇"，末署时延祐己未（六年，1319），则生年约在1280年。也即说，赵必瑑至元三十一年（1294）逝世之时，曲家张小山不过十五岁，《覆瓿集》所记张小山非曲家。又陆文圭《墙东类稿补遗·张可久去思碑颂》云："案牍如山，剖决如流，廷无留讼，狱无淹囚，是其明也"，"旱干水溢，劝分赒急，躬履阡陌，寝食弗遑，是其惠也"。"猗嗟张侯，为政廉平，既去而思，媲美怀英。"曲家张可久终身从吏，年七十馀，"匿其年为昆山幕僚"，陆文圭所记"张侯"事迹与曲家张可久不符，当非曲家。

《录鬼簿》：

张小山，名久可。庆元人。以路吏转民首领官。有《今乐府》盛行于世。又有《吴盐》《苏堤渔唱》等曲，编于隐语中。

水光山色爱西湖，照耀乾坤《今乐府》，《苏堤渔唱》文相助。又《吴盐》，馀意续。新乐府，惊动林、苏。荆山玉，合浦珠，压倒群儒。

《录鬼簿》徐德可传：

名再思，嘉兴人。好食甘饴，故号甜斋。嘉兴路吏。有乐府行于世。为人聪敏秀丽，与小山同时。

钱惟善《江月松风集》卷七《送张小山之桐庐典史》：

君家乐府号《吴盐》，况是风姿美笑谈。公幹才名倾邺下，子山词赋擅江南。

---

① 转引自萧登福《正统道藏总目提要》，第564页。

霜晴万木丹青遍，雨暝千峰紫翠含。县幕从容钓台去，临流应自漱馀酣。①

《桐庐县志》引录三则张可久镌刻于桐君山附近的摩崖石刻：

至元后戊寅九日，句章小山张久可来游。□羽二□侍。(《县志》注：位于横路上山蹬道交叉处上首路旁……张久可题名3行，每行7字。)

嘉熙末季，县令赵清卿凿山径三百丈。茅塞之矣。后百年为至元己卯，四明张久可来，□而辟之，人皆以为便。(《县志》注：位于山顶路旁，紧贴地面。6行，每行6字。)

至元后己卯三月十三日，桐庐县尹周士敏偕句章小山张久可来游。(刻于阆仙洞，位于桐君乡高山村南。——引者注)②

顾瑛《玉山名胜集》卷八收录"张九(久)可小山"诗。③

徐舫《张小山捐俸重修桐君祠》[1]：

先生远有烟霞趣，镌玉捐金隐者祠。瑶草久荒云一片，碧桐仍见凤双枝。芙蓉日静文书暇，杖履春来啸咏迟。他日幽期何处好，寒松花发鹤归时。④

[校][1]"小山"，《元诗选》作"卜山"。按《万历严州府志》卷二十收录该诗，亦作"小山"。"卜山"误。

郑玉《师山先生文集》卷六《修复任公祠记》：

新安郡城之北四十里，有寺曰任公寺者，梁太守任公子敬之祠在焉[1]。祠废已久，独罗尚书汝楫所为碑文具存。予因暇日与二三友生过之，乃图兴复。鲍元康仲安、元康从子深伯原、观以仁、洪斌节夫各愿出钱供费。又得里人许绍德子华身任其事，四明张久可可久监税松源[2]，力赞其成。……吾郡晋武帝太康元年以新安为名，至今至正八年，一千六十九年。⑤

[校][1]"子敬"，四库本作"彦昇"。[2]"久可"，四库本脱。

[笺]《康熙徽州府志》卷三："元徽州路属官，除在城税务设提领、大使、副使外，又于歙县严镇、牌头、松源(原作'松潭'，按同书卷十七《古迹》记歙县有'松源务')、

---

① 《四库全书》第1217册，第831页。
② 《桐庐县志》编纂委员会编《桐庐县志》第六章《文物》，浙江人民出版社，1991，第646页。参陈根民《宋元三作家合考》，《文献》2000年第4期。
③ 《四库全书》第1369册，第132页。
④ (清)顾嗣立编《元诗选》二集，第1037页。
⑤ 《中华再造善本》影印元至正刻明修本。

潜口、王充、蛇坑六处，各设税务大使一员。"则张可久曾任歙县松源税务大使。又，张可久有【折桂令】《徽州路谯楼落成》，作于歙县监税任上。据唐元《筠轩集》卷十《徽州路重建谯楼记》，"至正二年壬午正月，居民弗戒，延烧官司寺库藏"，而"谯楼被火"。谯楼何时落成未有记载，或即在至正二三年间。小山任职徽州路歙县的时间应在此后不久。（参宁希元《张可久生平事迹考略》，《中华戏曲》第 7 辑。）

李祁《云阳集》卷十《跋贺元忠遗墨卷后》：

近乃得故人贺君元忠之仲子某所藏其先人手书一卷……因念予平生宦游，多在两浙，而元忠亦然。曩余在婺源时，浙省请预贡试，既出院，乃知元忠适在财赋都府，欢会之情，倾倒之意，磊落豪宕。……又卷中所书陈大卿文一篇，全述张小山词。因记余在浙省时，领省檄督事昆山，坐驿舍中，张率数吏来谒，一见问姓名，乃知其为小山也。时年已七十馀，匿其年为昆山幕僚。遂与坐谈笑，仍数数来驿中，语数日乃别。别时，复书其新词十馀首来饯。其词稍雅正，非近世所传妖淫艳丽之比，故余亦颇惜之。今此词亦不复存，感念今昔，忽忽如梦。①

[笺]《元曲家考略》据《金华黄先生文集》卷十《杭州路儒学兴造记》："至正二年学斋炽于火。四年夏，儒学提举班公惟志方俾执事者度木简材，而李君祁来为副提举，亟命学正、录、直学等挨日厂工。"知李祁官江浙儒学副提举在至正初，时小山已年七十馀，尚为昆山幕僚。然据贯云石序所署年代（延祐己未，1319）及"四十犹未遇"两项数据，张可久生年约在 1280 年。小山为昆山幕僚不必在至正初年，而约在至正十年（1350）。李祁《云阳集》卷九《书郝氏紫芝亭卷后》云："至正丁亥，予忝司江浙儒学，仲举（张蓍）奉朝廷命来镂宋金二史于杭，且命儒司官佐董其事，故予得与仲举同砚席起处者半年。后三年，予忧居姑苏，而仲举奉旨祭神海上。"至正丁亥为至正七年。又李祁《昆山州重修儒学记》记昆山由县升州，重修学校，"始于至正十年之正月，而以明年二月成"（《吴都文粹续集》卷五）。《跋贺元忠遗墨卷后》所谓"领省檄督事昆山"，当即指此。由此亦可证，小山为昆山幕佐在至正十年。（参杨镰《张可久行年汇考》，《文学遗产》1995 年第 4 期。）

张雨《贞居集》卷五《次韵倪元镇赠小山张掾史还寄元镇》[1]：

为爱髯张亦痴绝，簿领尘埃多强颜。何如膝上王文度，转忆江南庾子山。绿树四邻悬榻在，青山千仞荷锄还[2]。风流耆旧凋零尽[3]，莫怪参军语带蛮。

[校] [1]"还寄元镇"，《四部丛刊》影印影写元徐达左刊本无。[2]"青山"，原作"青

---

① 《四库全书》第 1219 册，第 758 页。

溪",从《四部丛刊》本、四库本改。[3]"耆旧",《四部丛刊》本、《诗渊》作"词客"。

张雨《贞居词·木兰花慢·龟溪寄张小山》：

问出山小草，谁与伴，五湖游。便忆昔风光[1]，桃花流水，杜若芳洲。来时洞门无锁，倩鹤群、长绕待仙楼[2]。邂逅小山招隐，依然我辈清流[3]。　春愁相恋住馀不。寒拥弊貂裘。奈雨柳烟花，云帆溪鸟，都在帘钩。眼前自无俗物，动山心、嫌听鹿呦呦。猛把石阑干拍，贾胡知为谁留。①

[校][1]"忆",原作"一",从《百家词》本、《彊村丛书》本改。[2]"待",下注："一作侍"。[3]"清",下注："一作风"。

张仲深《子渊诗集》卷二《题张小山君子亭》：

我尝西湖谋卜居，前有水竹后芙蕖。羁红縻翠眩人目，云锦倒映青珊瑚。归来试问隐者庐，嘉葩美植同纷敷。彩鸾踏空夜不啄，文鸳陨粉秋生珠。竹秉君子操，莲如君子清。我亭居其中，乐以君子名。道人寓物不着物，岂唯物美唯德称。满帘花气香馥馥，一亭翠景风泠泠。愿君志如莲，濯淤泥而不染；操如竹，拍霜雪而不零。我今闻之当乞盟，制荷为衣竹为策，迥谢浊世全吾生。②

高士奇《江村销夏录》卷一《倪高士秋林野兴图》引倪元镇自题：

余既与小山作《秋林野兴图》，九月中，小山携以索题，适八月望日经锄斋前，木樨盛开，因赋下章。今年自春徂秋，无一日有好兴味，仅赋此一长句于左方。

政喜秋生研席凉，卷帘微露净衣裳。林扉洞户发新兴，翠雨黄云笼远床。竹粉因风晴靡靡，杉幢承月夜苍苍。焚香底用添金鸭，落蕊仍宜副枕囊。己卯秋九月十四日云林生倪瓒。

今年岁在甲午[1]，冬十一月，余旅泊甫里南渚。陆益德自吴松归，携以相示。盖藏于其友人黄君允中家。余一时戏写此图，距今十有六年矣。对之怅然如隔世也。瓒重题其左而还，十九日。③

[校][1]"今年",原作"十年",据张丑《清河书画舫》卷十一下改。按自后至元五年己卯（1339）至至正十四年甲午（1354），正是十六年。

---

① 《续修四库全书》第1723册，第416页。
② 《四库全书》第1215册，第328页。
③ 《四库全书》第826册，第503页。

国图藏天一阁本《小山乐府》卷首有贯云石序,卷末有五跋:

贯云石《今乐府序》:

丝竹叶以宫徵,视作诗尤为不易。予寓武林,小山以乐府示余。临风清玩,击节而不自知,何其神也!择矢弩于断枪朽戟之中,拣奇璧于破物乱石之场。抽青配白,奴苏隶黄;文丽而醇,音和而平,治世之音也。谓之《今乐府》,宜哉!小山以儒家,读书万卷,四十犹未遇。昔饶州布衣姜夔献《铙歌鼓吹曲》,赐免解出身。尝谓史邦卿为句如此,可以骄人矣。小山肯来京师,必遇赏音,不至老于海东,重为天下后世惜。延祐己未春,北庭贯云石序。①

刘致《吴盐跋》(拟题):

或谓韩休之文薄滋味,至以元酒比之,何众口之难调也!小山《今乐府》行于世久矣,《吴盐》稿最后出。漉沙构白,熬波出素,实化神奇,雪飞花舞,真擅场之工也!盖小山读书多,积于中而形于外,调和醯醢,淹栌配菽,诚为可食敦之将蜀酱楚酪,风斯乐下矣。间可非者,俗鄙而涩,柔脆而苦,一再咀嚼,满口败絮。见此稿岂不为愧?刘致时中书于清风堂。②

冯子振【红绣鞋】《题小山〈苏堤渔唱〉》:

东里先生酒兴,南州高士文声。玉龙嘶断彩鸾鸣。水空秋月冷,山小暮天青,苏公堤上景。③

大食惟寅【燕引雏】《奉寄小山先辈》:

气横秋,心驰八表快神游。词林谁出先生右,独占鳌头。诗成神鬼愁,笔落龙蛇走,才展山川秀。声传南国,名播中州。④

曹鉴跋:

唐吴子华赠处士方干诗有"句满天下口,名聒天下耳"。吾于小山乐府亦云。曹鉴克明书于开玄堂。

[笺] 曹鉴于至治、天历间(1321~1330)曾在江浙行省任职,他与张小山往还,当在这一时期。所谓"开玄堂",即开玄道院(玄又作元),为杭州著名道士王寿衍道观。小山

---

① 《贯云石作品辑注》,《全元文》第 36 册,第 192 页。
② 吕薇芬、杨镰校注《张可久集校注》,浙江古籍出版社,2012年,第 579 页。
③ 《全元散曲》,第 352 页。
④ 《全元散曲》,第 1117 页。

乐府有《开玄道院即事》《开元馆石上梅》《溪月王真人开元道院》等。大约在一段时间里，开玄道院是张可久及其文友聚会之所。曹鉴跋语所说"吴子华"，即晚唐诗人吴融，有《唐风集》。跋中所引诗，为《赠方干处士歌》，见《全唐诗》卷六八七。（参杨镰《关于天一阁旧藏〈小山乐府〉》，《文史》第25辑。）

张可久《小山乐府跋》（拟题）：

荆公答东坡书有云："公奇少游，口之而不置；我得其诗，手之而不释。"其爱之可谓至矣！任光大逢人话小山词，且手自钞录济成帙，其澹好有若此。予何敢望秦太虚，而监处州酒与歙州监税，凄楚萧条，大略似之。至正丁亥良月，张久可书。①

[笺] 上引一序五跋，其中贯云石序乃为张小山散曲集《今乐府》作，刘致跋为《吴盐》作，冯子振为《苏堤渔唱》题辞，大食惟寅与曹鉴乃通论张小山散曲，惟张可久自跋是为《小山乐府》作。故有学者认为，今存天一阁抄本《小山乐府》乃任光大将《今乐府》《吴盐》《苏堤渔唱》三集重新合编而成。张可久文友有任昱（字则明，四明人），或以为任光大即任昱。天一阁本《小山乐府》末抄录汤式【南吕·一枝花】《贫乐斋》套曲，曲末小字云云："右永乐初间书会汤舜民作。"故或谓今存《小山乐府》已非原本，系明初过录本。（参杨镰《关于天一阁旧藏〈小山乐府〉》，《文史》第25辑。）

唐文凤《梧冈集》卷七《跋张小山所书乐府》：

前元全盛之时，海内升平几八十馀祀，人才猬兴，比隆唐宋，休明之运，淳庞之气，见于文章，散于篇什，率皆光华俊伟，一扫衰世委靡之习。当时所尚乐府新声，至于文士才子，讲治正学之馀，往往嗜好，矢口而成，挥笔而就。于琼筵绮席间，度以歌喉，协以声律，亦可谓快意矣。昔之所称者，北有关汉卿、马九皋辈，语意雄浑，殊乏纤巧态。南有张小山，自《吴盐集》一出，流传京师，宠书于奎章，脍炙人口，珠玑璀璨。锦襕青红，新奇而工致，艳丽以清腴，论浑厚之气则有间矣。小山张公，聪明过人，博闻广记，推其才，究其所蕴，殆不止于是，惜乎以乐府之名掩其所长。今汪景荣氏购得此卷，乃生平亲洒字画，虽不拘于草法，笔势翩翩，自成一家也。展玩之馀，辄题其末当永葆之。②

郎瑛《七修类稿续稿》卷五《谜序文·千文虎序》：

夫谜者，隐语也，盖拟《诗》义而为之。……元至正间，浙省掾朱士凯

---

① 吕薇芬、杨镰校注《张可久集校注》，第543页。
② 《四库全书》第1242册，第621页。

编集万类，分为十二门。何以为类，引《孟子》曰"麒麟之于走兽，凤凰之于飞鸟，泰山之于丘垤，河海之于行潦，类也"，摘选天文、地理、人物、花木等门，四般一同者，故为之类也，号曰揆叙万类；四明张小山、太原乔吉、古汴钟继先、钱塘王日华、徐景祥莘莘诸公，分类品题，作诗包类，凡若干卷，名曰《包罗天地》，惜乎兵燹之馀，板集皆已沦没，无一字可存。①

杨士奇《东里续集》卷六十二《题东禅老僧所藏陈举善小景并序》：

此画，洪武三年吾泰和丞会稽陈能举善作，极萧散之趣，超然绝俗也，其人品亦高。题诗六人，惟于闿，余不及识。其第一首，名经字中常，陈丞之父，岿然前辈矩度，于作中州乐府尤精，张小山高弟也。②

[笺] 陈谟《海桑集》卷一《和陈中常赠别》："相见即相知，相携未忍离。神光湛卢剑，高谊角弓诗。单父琴三叠，河阳花满枝。逍遥行乐处，别后定怀思。"又卷五《陈中常归会稽序》："若耶仙子谓阳明洞宾曰：'久不闻樵风清唱，不审中常丈人天游何许？'宾曰：'闻其度彭蠡，访鄱君，鼓枻青原白鹭之间五年矣。'仙子曰：'宾幸为我致书，速其返，无久滞也。'书至，丈人即戒行李。有海桑子者，赠以言曰：《书》称耆寿俊，《诗》咏老成典刑。夫耆寿老成，世有能致之者矣，而俊为难，俊而有典刑、可师表尤难。丈人弘度卓识，超然物表，论事常慷慨有贾生太息之意，谈笑倾座人，有叔敖抵掌之风。大夫资以问政，诸生有所矜式，夫是谓之俊，谓之典刑，孰曰不然，奈何翩翩乘天风而弃予如遗哉！为我谢仙子曰：'道济天下可也，若耶之风，朝南暮北，独私于樵者可乎？'谢洞宾曰：'深山大泽，实多豺狼，阳明射的无遗镞可也，岂容一矢之或亡乎？丈人幸厚自爱，尚当相期汗漫游于八极之表。'"又卷五《秋云先生集序》："秋云先生，吴会之英也。学贯经史，而尤邃于《春秋》，文肆天葩而尤丽于诗苑。……会稽陈中常，其高弟子也，慨先生旧稿不存，仅仅收拾诗词若干篇，手自编次以示曰：'所谓千百之十一尔，幸序其端。'余始读中常诗歌、乐府，敬其卓越非凡，而不知其水木之有源本在是也。"又卷五《一篷春雨轩序》："一篷春雨轩者，会稽中常陈先生之所寄也。……先生营是轩，杂莳花卉，左右图书，风晨月夕，茶烟香篆，奇古之玩好，绝俗之名流，日相与嬉娱其间，讵蓬窗之可拟，而风雨之攸宜哉。然而处一轩之静，飘飘然有麾斥八极之气，春雨时至，波涛骤惊，洒洒乎在三江七泽之间，此其兴趣之远，视一篷奚择哉！先生为前朝逸民，交游贵公钜人，无不可为是轩留咏者。其来庐陵，谓予曰：吾梦寐轩中珠玉，嘻，亡之矣！间记忆十之一二，数数诵以贶予。又录以示曰：幸为序志之，将续有题者。"

---

① （明）郎瑛：《七修类稿续稿》，上海书店出版社，2001，第585页。
② 《四库全书》第1239册，第568页。

钱 霖

《录鬼簿》：

　　钱子云，名霖。松江人。弃俗为黄冠，更名抱素，号素庵。类诸公所作曰《江湖清思集》。其自作乐府有《醉边馀兴》。词语极工巧。

　　弃俗中路戴黄冠，草履麻绦袖袍宽，《江湖清思》三千段。屡清风，明月当，集《醉边馀兴》多端。白雪黄茅煅，坎离颠倒般。素庵中，稳坐蒲团。

邵亨贞《蚁术诗选》卷六《寄钱素庵炼师，师云间南城大族》：

　　南城曾看五陵花，东郭新营处士家。每向郢人传白雪，未从葛令问丹砂。华亭夜听横江鹤，银汉秋期泛渚槎。忽见梅花耿相忆，夜来清梦绕蒹葭。①

又卷六《题钱素庵炼师封云室》：

　　陆地仙家云气深，达人栖息共无心。山中虚室夜生白，户外长松昼落阴。瑶草满阶童不扫，洞天无锁鹤来寻。华山高处春长好，不管桑田变古今。②

又卷六《又可月亭》：

　　结屋天坛爽气多，广寒仙树影婆娑。神游太极黄庭景，兴绕虚空碧落歌。窃药姮娥秋有约，吹笙王子夜相过。道人燕坐光明里，春满华池白玉波。③

又卷六《挽钱素庵炼师》：

　　仪凤桥边乔木尽，双鸳湖外草庐荒。土埋石磴栽松钁，尘锁云窗辟谷方。晋代清风当入传，郢中白雪定遗芳。翩然跨鹤云间去，颜色犹疑在屋梁。④

邵亨贞《蚁术词选》卷一《拟古十首》序：

　　乐府十拟，弁阳老人为古人所未为。素庵先生复尽弁阳所未尽，可谓一出新意矣。暇日先生以词稿寄示，且征予作，既又获见檇李诸俊秀所拟，益

---

① 《四部丛刊》三编影印明刊本；《翠经室外集》卷三，《宛委别藏》第106册，江苏古籍出版社，1988，第83页。
② 《四部丛刊》三编影印明刊本；《翠经室外集》卷三，《宛委别藏》第106册，第87页。
③ 《四部丛刊》三编影印明刊本；《翠经室外集》卷三，《宛委别藏》第106册，第87页。
④ 《四部丛刊》三编影印明刊本；《翠经室外集》卷三，《宛委别藏》第106册，第103页。

切奇出，阅诵累日无厌。……兹重以先生之请，思索且得十解，未知其实能似古人与否，惟先生有以教焉。至正二年二月甲子序。（末注：弁阳，周草窗号；素庵，钱子云号。）①

《蚁术词选》卷四【齐天乐】《乙未春暮钱素庵见和前韵，再歌以谢之》：

　　柳花飞满春归路，隔江暮云摇影。草暗河横，尘昏水驿，难觅仙翁丹井。年光渐暝。任老鬓霜凋，壮心灰冷。世故纷纭，寄书长拟问弘景。　　山林多少胜地，四时萧散处，谭笑能领。小舫寻诗，轻裘把钓，此意只今谁省。斜阳迥迥。算往梦难追，旷怀休骋。目断南湖，平芜千万顷。②

《蚁术词选》卷二【氐州第一】《丙申初冬次钱素庵韵》：

　　江国初寒，云外雁过，怀人烟浪千顷。短策行吟，荒台延伫，斜日依然照影。鸥鸟桥边，几负了、扁舟清兴。旧约蹉跎，新诗冷落，怎堪提省。　　故里年来欢事迥，算何似、向时风景。倚马朱扉，调筝翠袖，一向新盟冷。但沉思、游宴处，红楼外、柳条相映。不见君来，待重寻、山阴夜艇。③

《蚁术词选》卷二【红林檎近】《水村冬景次钱素庵韵》：

　　云树风初劲，雾窗晴尚悭。雁落野塘暝，鹤鸣水村寒。重来寻梅径里，渐喜嫩萼堪看。向日院宇荒闲。香冷旧铜盘。　　几格横素帙，屏壁淡烟峦。弓腰冷袖，多情惟忆前欢。但温存羔酒，留连兽炭，暮江欲雪年又残。④

《蚁术词选》卷二【春草碧】《次韵素庵遣怀》：

　　更筹图子宣和谱。流落到如今，空怀古。江南荒草寒烟，前代风流共谁语。犹有赋。骚人迷湘浦。　　乌衣巷口，斜阳惜惜院宇。玉树后庭花，谁能举。五陵残梦依稀，回首天涯叹行旅。马上杜鹃啼，愁如雨。⑤

《蚁术词选》卷二【江城梅花引】（五陵春色旧曾游）序：

　　陆壶天、钱素庵二老相会，皆有感怀承平故家之作，索予次韵，而不及

---

① 《四部丛刊》三编影印《宛委别藏》本；《全元词》下册，第1268页。
② 《全元词》下册，第1303页。
③ 《全元词》下册，第1288页。
④ 《全元词》下册，第1291页。
⑤ 《全元词》下册，第1292页。

当道作者，盖俯念草木之味也。①

邵亨贞《野处集》卷一《一枝安记》：

云间为濒海下邑，因九峰三泖之胜而置官司焉。……宋社既迁，名家钜室罔不与国同休戚者。贵游子弟，华颠野服，歔欷乔木之下，彷徨离黍之间，相望于宽闲寂寞者，百年于兹矣。云间遗族有三钱焉，其一居市中者，为武肃王诸孙，今其人犹存，而钟鼎之习泯矣。其一居市东者，为参政象祖之裔，今不复见其人。又其一居城西，为南渡宦家，支蔓最衍，风流文采间有存者。予及识其子孙四人：复堂先生为宋季该博老儒，予尝受业门下；太初先生为承平文物君子，托迹浮屠氏以终。皆典刑士也。素庵子善诗词清谈，卒为老子之徒。今之存者惟南金君，以明经教授，为钱氏文脉所在。②

《野处集》卷二《题钱素庵所藏曹云翁手书〈龙眠述古图序文〉》：

贞素翁为乡里典刑，学术优赡，经史百家，罔不造诣。家所蓄书数千百卷，法书墨迹数十百卷，非徒藏也，日展诵之，所得者深广也。翁生太平时，年几九袠，以考终，不可复得矣。晚年目明，手书细字，精致可怜。此卷盖为素庵先生书宋福唐郑先生所为《龙眠述古图叙文》也。追思翁康强时，幅巾野褐，扶短筇竹，招邀文人胜士，终逍遥于嘉花美木、清泉翠石间。论文赋诗，挥麈谈玄，援琴雅歌，觞咏无算，风流文采，不减古人。其有得于文字间者，未易臆计也。暇日屡从翁游，得所书诗文小简凡数十纸，至今宝藏，时出而观，以求翁于仿佛，未尝不致私慕之戚乃已。今观先生所藏，而敬爱若是，保全于兵火者又若是，其赏识良可尚也。以谓书之在人间，恒得如翁之善藏，则书为不徒辱矣。若翁之能造诣理趣，卒为乡里典刑，则翁为不徒藏矣。先生复能宝翁遗墨，将垂久远，则翁之高风雅度，与宋诸贤同为不朽矣。吁！使翁平生所藏之书，所书之迹，尽得如先生者而付托焉，岂非翁之愿也，又岂非书之幸也。郑子产有言曰："非无贿之患，而无令名之难。"愚亦曰："非无书之患，而无赏识力学之难也。"先生求文识卷后，故书以复命焉。③

---

① 《全元词》下册，第1291页。
② 《四库全书》第1215册，第187页。
③ 《四库全书》第1215册，第202页。

陆厚《寄钱素庵》：

  桃花飞尽榴花开，道人一别久不来。桂兰着花五六十，小池倒影新楼台。楼下读书声不绝，楼前风雨初休歇。湖塔方收七夕云，海潮又望中秋月。佳朋不至成愁吟，西山杖履俱登临。石屋小茔犹解后，宝林大劫已消沉。高侯戏墨今灰灭，可赋仍存竹逃蓺。群僧散走无孑遗，空坏相催徒惙惙。龙泓寒碧无浅深，龙山佳木还阴森。人生一瞬如露电，何不重来遂赏心。①

又《素庵〈杂兴〉见寄和之》：

  名利蜗蝇难上难，谁能林下看青山。静观班马深褒贬，竟把韩彭作等闲。
  非病非贫道未申，雁拖秋色燕衔春。莫因诗酒时时乐，忘却盘盂日日新。
  乐道躬耕汉莫时，至今苍柏覆神祠。英魂犹解知姚卞，八阵图前吊古诗。
  纯和五味贵盐梅，国课巍峨使府开。长愿九天留赤日，不妨万灶起青煤。
  西飞青雀绝云间，汉武犹思海上山。今日茂陵松寂寂，当时仙馆珮珊珊。
  海月高升白玉团，藤床道士小刘安。老蟾窃得长生药，旷劫未末住广寒。
  风雪凝阴喜放晴，湖上佳处正堪行。岂辞谈笑携筇兴，常恐惊惶击柝声。
  富贵心知足外观，投闲何必直休官。虽无下县折腰辱，却有南窗容膝安。
  孤山山下古梅生，花下诗人杖履轻。行到云深仙冢在，忽闻野鹤两三声。
  道人下笔走龙蛇，怪柏长松直又斜。千里相思诗梦远，庵前霜月浸梅花。②

又《素庵寄衍卿诗和之》：

  不闻老鹤唳华亭，几度春风草又青。妙药岂能留黑发，长生何必恃丹经。蓬莱路远海常隔，华岳宫高云自扃。精气冲和神畅达，是知万物独人灵。③

又《复用前韵寄素庵》：

  燕来寻垒秋雏飞，连月不复寄我诗。每愧西湖蒲柳须，久交东郭松柏姿。风雨漂摇葺茅屋，林泉辜负携筇枝。道人能来一相顾，正是黄花红叶时。④

又《素庵寄韵》：

  日高丈五四窗明，纸帐周公尚不惊。儿戏利名今绝念，道成铅汞已和情。

---

① 《全元诗》第24册，第14页。
② 《全元诗》第24册，第14页。
③ 《全元诗》第24册，第15页。
④ 《全元诗》第24册，第15页。

暮楼低觇玄壶境，晓树遥连衣镣城。握手未来俱白发，何须石上话三生。

西有长庚东启明，催班班鬓寸心惊。研朱课墨惭无术，养素探玄羡有情。叱起群羊迷陇石，化为孤鹤访山城。急流勇退非难事，且请麻衣说治生。①

又《又用韵》：

古镜拂尘光晶明，肺肝洞照俗眼惊。羡君本赋丘壑志，与我肯结金石情。仙名已挂蓬莱阙，诗梦犹绕邯郸城。羽衣鹤驭青霄远，应念白首穷书生。

言行纯纯德明明，富焉不喜贫不惊。脱身久参老氏学，出语难合常人情。白云悠悠封素庵，绿树冉冉连赤城。童颜似玉髯似雪，门外丹芝满地生。

少年矻矻五经明，晚岁高科未足惊。不易久新贫富志，饱谙清浊圣贤情。簪缨欲贺除宣郡，魂梦俄闻返浦城。造物小儿无定处，幸留诗卷了平生。

红日浴海天下明，天鸡一唱凡鸡惊。仙人高卧云底屋，不许世事渚其情。曾骑白凤到碧落，果见玉楼十二城。人间一岁未一日，庶看沧海桑麻生。②

又《和素庵钱子云寄》：

吹嘘葭管气，漏泄梅花春。岂惊佳节换，正喜吾道神。别久得再见，如饮玉醴醇。淡然远世事，确矣全天真。三生似有约，一点清无尘。饱听冷淡语，深惭污浊身。朔风吹同云，急霰飞苍旻。高士纸帐温，邻翁酒槛频。银河久清浅，玉马犹隐沦。小收滕六功，大念长安贫。有客羊羔美，此际貂裘新。忘疲宴佳景，还肯思所亲。既无北海量，且作南柯姻。我有茅柴酒，炉烧榾柮薪。期君恐不来，见仆莫敢询。再沐诗蹁跹，三复句清纯。少阻山水兴，休生风雨嗔。忽成涉雪游，鹤氅偏精神。湖波三万顷，浩荡玉无垠。掀帘驾小舟，绝胜游春人。③

又《云间钱素庵记》：

龙蜿蜒，水深黑，松杉苍秃庭幽阒。阴岚扑面气酸辛，古石泓泉声惨恻。二十年前旧游迹，束芒濡墨留闲壁。如今故友半消沉，泉响庭空树仍植。秋风吹老黄花客，重游自乐贫无役。绿发萧梢巾影欹，布衣落魄山光逼。雨旸浃时田有稿，神龙安居养威力。自料神曾识旧颜，今应笑我寒饥不长心荆棘，井泉深浅真消息。清兴无穷诗易成，更勺甘寒溉胸臆。④

---

① 《全元诗》第 24 册，第 15 页。
② 《全元诗》第 24 册，第 16 页。
③ 《全元诗》第 24 册，第 20 页。
④ 《全元诗》第 24 册，第 44 页。

又《送素庵东归》：

半生相会每多艰，数月迟留岂等闲。时欠一声啼杜宇，谁能三叠唱阳关。傍花随柳情难止，和曲寻诗债已还。去去东庵春有主，青童白鹤总怡颜。①

又《九月望后五日，因事有感，偶成此语，以寄素庵求和焉》（原注：十六日立冬）：

新冬已戒严，小屋初塞向。岁闰气云备，天高月既望。家无甔石储，日有琴书况。何须别贫病，但恐艰奉养。贤友远在念，佳时适相访。情新各欢悦，发白两惆怅。坐榻论闲阔，伤时发悲壮。问余今何依，怜我老无恙。翩尔来词章，恶焉和樵唱。我才不足言，君学何可量。未十乞米诗，先促游山杖。纵步胥山巅，有怀越水上。百年城亦非，几度沙移涨。倒指古英雄，令人今惨怆。小春尺无霜，薄煖民未纩。野草青不凋，山梅红欲放。既知日骎骎，何用心怏怏。碧缶惟巨螯，黄罍泻新酿。醉来歌一阕，问甚屦几緉。起望西湖西，夕阳隔青嶂。②

又《二十二日素师和韵至》：

人生逾中年，立志决趋向。富既不可求，贵亦不可望。钟鼓乐清时，山林有佳况。忿欲诚惩窒，气体在居养。师无跬步忘，道遗千里访。一念持坚刚，万缘绝惆怅。保婴未□孩，勿遣老忆壮。蕉鹿示幻境，杯蛇岂真恙。惭予下里歌，和君白雪唱。子虔旧襟期，叔度素德量。寻幽水竹居，适趋烟霞杖。药幸弃笼中，鹰已脱鞲上。今年值天时，闲门没溪涨。交游致契阔，旁观为悽怆。别久重盍簪，情温似挟纩。亹亹语莫周，浩浩歌欲放。冰蘖严高寒，脂韦记悃愊。篱灿黄金英，槽滴红珠酿。但当记觥筹，何暇愁屦緉。作诗招梅魂，归鹤入孤嶂。③

又《四月三日，素庵告我以别期在一二日间，余已曾两作诗曲以饯之，不果行，此约恐定耳，复用前韵及曲以寄之》：

言则非艰行则艰，身闲孰若更心闲。功名不羡麒麟阁，姓字先通虎豹关。一笠一瓢随处乐，三诗三曲饯君还。相逢屡说神仙事，未贵餐松能驻颜。④

---

① 《全元诗》第 24 册，第 48 页。
② 《全元诗》第 24 册，第 53 页。
③ 《全元诗》第 24 册，第 53 页。
④ 《全元诗》第 24 册，第 55 页。

又《和素庵谢啜新茶》：

　　头网始封裹，松屋荐芳鲜。早焙枪旗小，家山雨露偏。饭馀晴午后，书倦矮窗前。贱子因相遇，重烹惠利泉。

　　雷伯未激响，山童已摘鲜。瓷瓯虽易辨，纱帽亦能偏。事厌清明从，诗成谷雨前。小斋闲话人，槐火煮新泉。

　　道人谙素谈，贱子缺肥鲜。舌液尝新嫩，头风愈旧偏。酒杯初酹次，诗笔未成前。一啜添佳兴，何须龙井泉。①

又《余山有石沼生螭虎，钱素庵作诗求》：

　　吾家山下麻姑石，破石迸泉僧眼碧。泓澄方丈岁不枯，有物中潜同蜥蜴。身玄腹赤目流光，耳聃足健面欲方。煖游寒蛰继生育，母旋子逐交腾骧。夫何古人字为虎，蜿蜒正合居龙伍。不群黄鳄狂唼吞，常与翠蛟争起舞。丝发文章刻珮环，曾供濡笔起居班。未获赤珠飞大宇，且蟠青土隐南山。或言龙子君莫侮，六月田畴圻龟土。郡侯迎入雷电随，一刻能均九州雨。②

杨维祯《东维子文集》卷一《渔樵谱序》：

　　嘉禾素庵老人，过予云间邸次，出古锦襆一帙，曰《渔樵谱》者，凡若干阕，虽出乎倚声制辞，而异乎今乐府之靡者也。……素庵名抱素，字子云，裔出吴越王。有起进士第，号竹乡翁，家置万卷堂者，其曾王父云。③

《东维子文集》卷二十二《藏六窝志》：

　　云间钱子云氏，博学工文章，才可用世而世不用也。今老矣，黄冠野服，脱落世累，飘飘然有神仙致，退而筑一窝于鸳泊之上，状蓬蓬乎浮游于澼，若龟然，于是命之曰藏六。求予一言以为志。予谓"藏六"本坡翁语，坡以失言"藏六"，子云何失之可言哉！嘻，藏山于泽，夜半有力者负之而走，昧者不知也，而况藏六于一甲乎！见者不剔而刲，则钻杙而扣之矣，是欲遁而不得其道者也。是故珠假藏于蚌而蚌拆，玉假藏于璞而璞剖，又况假藏于身者乎！此甲之灵于人而不灵于己者验也。子云学道者，吾请与子言藏：曜灵昼而忽夜，日之藏；虚魄望而倏朓，月之藏。万物阁于春，养于夏，成于秋，而闭于冬，是天地之大藏也。天地之藏必有道焉，放于六合而无外，卷

---

① 《全元诗》第24册，第10页。
② 《全元诗》第24册，第39页。
③ 《四库全书》第1221册，第382页。

于一密而无内，是大道至藏也。子云学道，而欲效失者藏其六也，不既愚且劳乎？子云作而谢曰："吾不敏，吾将从子游，以闯夫大道之藏也。藏道何如？"曰："藏于一。"故曰：藏于一，万事毕。①

全思诚《题钱素庵藏六窝》：

道人善龟息，绵绵中夜存。五官谢形役，召入侍心君。婴婴尚胚胎，浑沌初未分。六子有妙用，深藏天地根。空虚与生白，玄牝为之门。支床三十载，凶吉两忘言。寄语窝中人，得失奚足论。②

张雨《贞居集》卷二《藏六室》：

六根既互用[1]，孰若退藏密。了知禅性境，即此藏六室。一息一千年，主人无出入。还君支床壳，借我龟毛拂。

[校] [1]"既"，《四部丛刊》影印影写元徐达左刊本作"能"。

钱惟善《江月松风集》卷九《钱子云有二斋，号风云、可月，索赋》：

道人燕坐读楞伽，童子烧香更煮茶。雪月四檐春满室，梦中何处觅梨花。

凉生石壁静无灯，窗户微明月已升。散发夜深松影里，满身风露踏层冰。③

张翥《蜕庵诗集》卷一《抱素子作〈自适图〉求诗》：

隐者抱幽素，独行穿杳冥。有诗吟木客，无驾勒山灵。寒涧流沙白，秋云入竹青。携琴向何处，弹与野猿听。④

黄玠《弁山小隐吟录》卷一《素庵旅次》：

积雨敛潦氛，光风开日华。先生澹怀士，结屋如兰阇。庭下昌歜根，门前射干花。不闻人语声，清香闻煮茶。⑤

韩奕《韩山人诗续集》卷五《寄素庵》：

相逢白首乐新知，独对青春动远思。风雨空城花落后，池塘芳草燕来时。生前只有衔杯好，老去空成览镜悲。怅望孤帆斜日影，沧江犹负白鸥期。⑥

---

① 《四库全书》第1221册，第611页。
② （明）朱存理编《珊瑚木难》卷八，《四库全书》第815册，第258页。
③ 《四库全书》第1217册，第841页。
④ 《中华再造善本》影印明初刻本；《四库全书》第1215册，第22页。
⑤ 《全元诗》第35册，第132页。
⑥ 《续修四库全书》第1325册，第172页。

徐再思【双调·蟾宫曲】《钱子云赴都》：

赋河梁渺渺予怀，今日阳关，明日秦淮。鹏翼风云，龙门波浪，马足尘埃。宽洗汕胸中四海，便蜚腾天上三台，休等书斋，梅子花开。人在江南，先寄诗来。①

《南村辍耕录》卷十七《哨遍》：

某人以善经纪，积赀至钜万计，而既鄙且啬，不欲书其姓名。其尊行钱素庵者抱素，逸士也，多游名公卿间，善诗曲，有集行于世。某尝以贵富骄之，故作今乐府一阕讥警焉。（辞略）②

吴升《大观录》卷十七《元贤四大家名画·梅［花］道人着色〈江村渔乐〉图轴》：

水外青山山外天，疏林茅屋数归船。垂纶罢网相忘处，还羡逃名乐世贤。我乐渔而知渔之乐，盖远尘乐命之志同耳。介庵示此图，适符此意，遂为之书。东郭素庵钱挹（抱）素稽首。③

赵琦美《赵氏铁网珊瑚》卷九《贞溪诸名胜词翰》：

久不见复翁，已剧怀想。近到蒨水北山访南金，获睹所寄《台城路》佳词，愈重其瞻企。因用韵，留舍亲书，或可达左右，欲翁见贱子惓惓之情耳。东郭姻末钱抱素稽首拜呈。④

徐再思

《录鬼簿》：

徐德可，名再思。嘉兴人。好食甘饴，故号甜斋。嘉兴路吏。有乐府行于世。为人聪敏秀丽，与小山同时。其子善长，亦有才，颇能继其家声。

甘饴良好咂甜食，自号甜斋名再思，交游高上文章士。习经书，看鉴史。青出蓝，善长文词。名下无虚士，高门出贵子。根基牢，发旺宗枝。

---

① 《全元散曲》下册，第1049页。
② （元）陶宗仪：《南村辍耕录》，第210页。
③ 《续修四库全书》第1066册，第757页。
④ 《四库全书》第815册，第521页。

乔吉【双调·折桂令】《红梅徐德可索赋类卷》：

从来不假铅华。试耍学宫妆，醉笑吴娃。返老还童，脱胎换骨，饱养烟霞。罗浮梦休猜做杏花，萼绿仙曾服甚丹砂。春在天涯。紫蜡封香，寄与谁家。①

陆行直自题《碧梧苍石图》：

"候虫凄断，人语西风岸。月落沙平流水漫。惊见芦花来雁。可怜瘦损兰成。多情因为卿卿。只有一枝梧叶，不知多少秋声。"此友人张叔夏赠余之作也。余不能记忆，于至治元年仲夏廿四日，戏作《碧梧苍石》，与冶仙西窗夜坐，因语及此。转瞬二十一载，今卿卿、叔夏皆成故人，恍然如隔世事，遂书于卷首，以记一时之感慨云。季道陆行直题。②

［笺］陆行直，字辅之，又字季道，号壶天，又号壶中天。吴江人。生于宋德祐元年（1275）。张叔夏，即撰《词源》之张炎。序有"于至治元年（1321）仲夏二十四日，戏作《碧梧苍石》……转瞬二十一载"云云，知该题画词作于至正元年（1341）。同时题词者还有卫德嘉、德辰兄弟及徐再思等，《全金元词》均据以收录。

顾德润

《录鬼簿》：

顾君泽，名德润，道号九山。松江人。以杭州路吏迁平江。自刊《九山乐府》《诗隐》二集，售于市肆。

君泽德润住云间，路吏杭州称九山，迁平江当领驱公案。乐府共诗集，开板刊。售文籍，市肆停安。情恬淡，心懒坦，九山在尘寰。

朱晞颜《瓢泉吟稿》卷五《顾君泽真赞》：

彼其之子，其肖维何？将以为漆园之隐吏兮，胡为乎曳涂中之尾而转之清波？抑以为痴绝之虎头兮，又何假夫颊上之毫以神仪？漫仕犹隐兮，何修乎名之令嘉？其谑浪笑傲，睨世而不废啸歌者欤？③

---

① 《全元散曲》上册，第 600 页。
② （明）汪砢玉编《珊瑚网》卷三十二《名画题跋八》，《四库全书》第 818 册，第 616 页。
③ 《四库全书》第 1213 册，第 425 页。

钱惟善《江月松风集》卷八《送顾君泽迁平江》：

旧识黄堂掾，风流见逸才。秋尊鱼蟹郡，春树鹿麋台。迁橄邮亭送，离尊客棹催。有诗须寄我，握手更徘徊。

君家九峰下，作吏擅时名。隐语中郎学，歌章大雅声。江云龙庙湿，山雪虎邱明。回首片帆远，桃花春水生。①

释宗衍《碧山堂集》卷一《静趣轩》：

躁动失本静，滞寂圣所诃。不有止观功，欲静动愈多。道人非避世，偶此住山阿。幽侣不到门，况闻车马过。闲云谢冗迹，止水无惊波。山花明户庭，定起聊婆娑。扰扰奔竞者，闻风意如何。②

钱仲益《锦树集》卷五《题云间顾德润静趣轩》：

虚阁宜秋色，层檐起夕阴。端居捐末虑，宴坐爽初心。火息寒灰冷，波澄皎月沉。寂寥便野兴，恬默抱冲襟。扶老凭斑策，陶情托素琴。庭空芳草积，门掩落花深。酒熟呼邻饮，诗成据槁吟。翻怜营利客，底事费追寻。③

王绂《王舍人诗集》卷四《静趣轩为顾德润题》：

竹树阴森映短墙，萧然绝俗似僧房。出城相去路三里，闭户独眠书半床。风暖林花飘几席，雨晴沙鸟入池塘。惭余扰扰红尘客，到此犹能百虑忘。④

刘溥《草窗集》卷下《静趣轩为顾德润赋》：

端居恒守默，林下敞茅茨。万籁不鸣处，一心无事时。雨庭回宿草，风幔卷晴丝。妙契还由动，非关预有期。⑤

[考辨]

倪涛《六艺之一录》卷百十一载《武林弭灾记》：

至正二年四月一日，杭城大灾，毁民庐舍四万有畸。明年五月四日，又灾作于车桥，火流如乌孛，如樁冲，所指即炎，势且逼西湖书院。在官正徒奔走莫遑救，武守、府守虽庀，而无所用。肃政司在院东，于时宪副高昌

---

① 《四库全书》第 1217 册，第 837 页。
② 《全元诗》第 47 册，第 317 页。
③ （明）钱公善编《三华集》卷十五，《四库全书》第 1372 册，第 157 页。
④ 《四库全书》第 1237 册，第 151 页。
⑤ 《四库全书存目丛书》集部第 32 册，第 381 页。

幹栾公、覃怀李公、宪佥大名韩公,暨知事广平张公、照磨睢阳张公,齐面火叩首曰:"火宁焚予躬,勿民灾也。"言一脱口,风从西北转东南,若有神帜煽而返者,郁攸焰及院北垣即销灭沉去,又若金支赤盖度河而溺也。由是院与司皆安堵如故,而城郭郊保赖以安全。院之山长毗陵钱琼,偕城中高年寻余西湖之阴,请纪其事,辞弗获,则为之言。……赐进士出身、承事郎、前台州路天台县尹兼劝农事杨维祯撰,文林郎、江浙等处儒学副提举陈遘书,奉政大夫、江浙等处儒学提举班惟志篆盖。至正三年十二月望日……耆老……顾德润……等立石。①

按:叶德均《元代曲家同姓名考》发现元又有二顾德润。其一见宋濂《宋学士文集》卷二十八《翰苑续集》卷八《守斋类稿序》:"此予于顾君德润之文不能无所感也。德润名辉,鄞人也。"《守斋类稿》,钱大昕《补元史艺文志》卷四著录,题"字德润,鄞人"。其二见郑真《荥阳外史集》卷五十《九皋处士传赞》:"顾先生德润……自慈溪归"。

曹 德

《录鬼簿》:

曹明善,名德。衢州路吏。甘于自适。今在都下。有乐府,华丽自然,不在小山之下。即赋《长门柳》二词者。

公曹路吏任衢州,夺立文章第一筹,神京独赋《长门柳》。士林中,逞俊流,万人内,占了鳌头。风连月,花伴酒,肥马轻裘。

[笺] 曹氏有【正宫·小梁州】《侍马昂夫相公游柯山》散曲。按马昂夫任衢州路总管在至顺三年冬至后至元元年间(1332~1335)(《天启衢州府志》卷二《职官》),曹明善辟衢州路吏应即在此时。

陆厚《泰定丙寅正月榖日,云间钱存畊、吴门李士廉、松江曹明善泛舟西湖,入灵鹫访王庭长老,存畊赋〈木兰花慢〉,余因书其卷末》:

梅柳争春风日妍,翠峰深处礼金仙。自惭冯掖多尘滓,便欲从师学问禅。②

---

① 《四库全书》第 832 册,第 310 页。
② 《永乐大典》卷二二六四引陆厚《幼壮俚语》,《全元诗》第 24 册,第 50 页。

[笺] 曹明善有【双调·折桂令】《西湖早春》《登灵鹫山》小令，所述事件、时间与陆诗均吻合，当同时作，可断此曹明善即曲家。殆明善曾寓居松江，故陆诗有"松江曹明善"之谓。

《南村辍耕录》卷八《岷江绿》：

太师伯颜擅权之日，剡王彻彻都、高昌王帖木儿不花皆以无罪杀。山东宪吏曹明善时在都下，作《岷江绿》二曲以风之，大书揭于五门之上。伯颜怒，令左右暗察得实，肖形捕之，明善出避吴中一僧舍。居数年，伯颜事败，方再入京。其曲曰："长门柳丝千万缕，总是伤心处。行人折柔条，燕子衔芳絮，都不由凤城春做主。""长门柳丝千万结，风起花如雪。离别重离别，攀折复攀折，苦无多旧时枝叶也。"此曲又名《清江引》，俗曰《江儿水》。①

[笺]《元史》卷一一七《帖木儿不花传》："[后至元]五年，伯颜擅权，矫制贬帖木儿不花及威顺王宽彻普化。"又卷一三八《伯颜传》："伯颜自领诸卫精兵，以燕者不花为屏蔽，导从之盛，填溢街衢。而帝侧仪卫反落如晨星。势焰薰灼，天下之人惟知有伯颜而已。……[后至元五年]，复奏贬宣让王帖木儿不花、威顺王宽彻普化，辞色愤厉，不待旨而行。……[六年二月]，出伯颜为河南行省左丞相。……三月辛未，诏徙南恩州阳春县安置，病死于龙兴路驿舍。"可知曹德作《岷江绿》二曲在后至元五年（1339）。

任昱【双调·清江引】《曹明善北回》：

文章故人天上来，相见同倾盖。两京花柳情，八景烟云态，偏宜品题七步才。②

[笺] 任昱，字则明，四明（今浙江宁波）人。生卒年不详。《太和正音谱》将其列入"词林英杰"一百五人中。任氏有【双调·折桂令】《咏西域吉诚甫》，钟嗣成有同调同题小令，二人或相识。曹明善有【中吕·喜春来】《和则明韵》，其所和曲即任氏此作。

高克礼

《录鬼簿》：

高敬臣，名克礼，号秋泉。见任县尹。小曲、乐府极为工巧，人所不及。碧桃红杏说高蟾，黄阁风流夸士廉，铨衡权准宗行俭。文章习子瞻，任

---

① （元）陶宗仪：《南村辍耕录》，第 103 页。
② 《全元散曲》上册，第 1018 页。

县宰,才胜江淹。生子学双渐,娶妻如蔡琰。秋泉公,归去陶潜。

郭畀《跋宋陆游自书诗帖》：

宋南渡后,放翁先生文章,号大家数,一时学者所宗。暮年休致后,诗法圆美,盖传之于曾茶山也。此卷字画遒劲,实先生得意书,秋泉其善藏之。若夫先生出处之详,则有二南诗文盛行于世,予复何言！京口郭畀题。①

俞庸《跋宋陆游自书诗帖》：

放翁居绍淳讲好偃兵之时,天下休息,疆场无事,入掖垣,出藩宣。晚年优游若耶溪上,寿八十馀。宜乎剑南前后续集之富,大而天地日月星辰之运行,小而昆虫草木之动植；内而朝廷,外而边徼,以至于礼乐法度刑赏兵财,凡所见闻,一寓之诗。世间妙语奇对,骚人墨客,呫哔推敲之所未到,莫不网罗蒐猎,毕尽无遗,真可以泣鬼神、祛疠疟,读之使人俏然止、赘然立,而独未尝见翁之翰墨。秋泉高侯,暇日以巨轴示,展视乃翁所自为诗,音调谐雅,字画遒劲,犹龙跃凤鸑、鹏抟鲲运,对之精爽飞越,诚见所未见也。侯蹙然曰："先公以戎行,从太傅伯颜公战胜攻取,将校惟珠玉金帛是竞,先公独以图书文史寓意焉。凯旋,轝以逾岭,众有薏苡之疑,先公发箧示之,悉皆惊叹悦服。平定以来,往往为博雅之士夺其所好,今存无几。此卷母夫人藏之久矣,近始以畀,曰：'而父下江南所得者也,蚤暮披阅,当有益,勿废坠。'拜而受之。不啻获至宝,愿识诸左方以信后。"予闻放翁唐内相宣公之裔,二百年后,乃能以文章事业晃耀一世,振其家声。侯家传带砺,笥袭簪裳,遭圣明继继,垂拱守成,四方无战伐。以恒人遇之,孰不纵恣自肆。而侯也日与繁弱忘归,鞭弭櫜鞬周旋。公退燕闲,左图右书,绌今绎古,客至围棋投壶,且驭神佐如严师友,抚士卒如亲子弟,虽古之名将向宠、杜元凯之流,不能过也。侯能观放翁之文章翰墨,思放翁之勋名事业,如放翁之振耀家声。行将易金菟大符,树崇牙高节,妙年未艾,为天子出于南土以成考志,以悦母颜,使功烈洸洸赫赫,吾见不止如今日之所观也。斯卷也,其殆无恤袖简也耶！卷锦之馀,因书以寓规箴焉。放翁姓陆氏,名游,字务观,山阴人。至治元年二月八日,永嘉俞庸题。②

---

① （清）张照等编《石渠宝笈》卷三《列朝人书画》,《秘殿珠林·石渠宝笈合编》第2册,上海书店出版社,2011,第906页。

② （清）张照等编《石渠宝笈》卷三《列朝人书画》,《秘殿珠林·石渠宝笈合编》第2册,第906页。

程郇《跋宋陆游自书诗帖》：

放翁文章妙天下，出处大节，载之《宋史》，世庸有不知者。石湖范公帅蜀，辟为元僚，金撙玉撼，人以为醉翁门下客，轻裘缓带，雅歌酒（原注：应是"投"字）壶，当时意气何如耶！锦官城盖翁朱同乡也。东归还朝，本非素志，尝有诗云："杜鹃言语元无据，悔却东吴万里归"，其心事盖可见矣。投老会稽，世故尽绝，东村西邻，田翁野老，尔汝相忘，犹有栗里、柴桑气象。余往岁长尹和靖堂，正在翁故里，尝得游历柳姑庙、道士庄，遗趾尚在，翁之高风犹可遐想。秋泉高侯出示此卷，正归老会稽所作，时翁年已八十，字画遒劲，诗律古澹乃如此，中有"梦为孤鹤过青城"之句，益知翁思蜀之念，未始一息忘也。余蜀人也，岷山锦水，宁不介然于怀耶！嘉泰甲子，距今岁泰定甲子，恰两周甲子矣。感今怀昔，慨前修之不作，为之太息。是岁四月望日，眉山程郇书于京口郡幕。①

陈琏跋（署正统四年）：

镇江杨时中，元至正初为郡庠直学，有识鉴，购得高秋泉所收陆放翁亲书所作诗若干首，共为一卷，有元人永嘉俞［庸］、眉山程郁（郇）、京口郭天锡题跋。②

胡世佐《重建推官厅记》：

庆元境域包山际海……府治西偏别置厅事，为推审之所。……至大（正）八年夏五月，市燎延及皆成虚，寓迁无常，湫隘喧袭，咸谓非宜，议复未遑也。是岁之冬，济南高君、东平王君相继来为郡推官。……募工营构，不逾月而成。……高君名克礼，字敬臣，故镇江路总管亚忠公之世嫡。王君名士然，字继善，故大司徒、翰林承旨、鲁国文肃公肯堂先生之季子。家同阀阅，世同簪组，官同列，职同事，意气相孚，议论相符，或推或挽，故能职无不振，事无不举，以成可书之绩，所谓同寅协恭而和衷者与！③

---

① （清）张照等编《石渠宝笈》卷三《列朝人书画》，《秘殿珠林·石渠宝笈合编》第 2 册，第 907 页。

② （清）张照等编《石渠宝笈》卷三《列朝人书画》，《秘殿珠林·石渠宝笈合编》第 2 册，第 907 页。

③ 《光绪鄞县志》卷六十三，《全元文》第 58 册，第 79 页。

杨维桢《西湖竹枝集》：

　　高克礼，字敬臣，河间人。门荫官至庆元理官。治政以清净为务，不为苛刻，以简澹自处。工古今乐府，有名于时云。①

萨都剌《雁门集》卷四《题高秋泉诗卷》：

　　美矣高夫子，能文武亦全。横琴弹夜月，洗剑动秋泉。酒熟春如海，诗闲日似年。纶巾北窗下，倦可枕书眠。②

杨朝英

张之翰《西岩集》卷一《题杨英甫郎中澹斋》：

　　至人寡于欲，达者无所嗜。或不接世俗，或不谈荣利。贤哉吾英甫，学古亦已至。以澹名其斋，涉世良有为。灭除是非心，消落忧喜意。山色秀可餐，溪光清可醉。诗嚼陶谢深，易吐朱程秘。但得静中趣，何思身外事。老天未相容，正坐才具累。前年作郡守，今年署郎位。迹居喧扰中，兴在潇洒地。琴闲鹤长饥，竹瘦梅欲悴。待君早归来，享此无尽味。③

周巽《性情集》卷五《奉赞欧阳承旨圭斋于书台杨青城宅，时公来参族谱》：

　　衡岳降神日，玉堂承诏时。神仙见标格，鸾凤上丰姿。黼黻衮龙著，文章天马奇。日边辞玉醴，岩下采金芝。来续庐陵谱，兼题六一祠。书台见颜色，翰墨洒淋漓。云绕清湘树，心怀丹凤墀。停杯操别鹤，一雁过天涯。④

[笺]《元曲家考略》谓"书台"，地名，在龙兴（今江西南昌），相传汉高士徐孺子故宅在此。杨青城，疑指杨澹斋。然则澹斋为蜀青城人而家于龙兴。杨栋教授《中国散曲学史研究》（高等教育出版社，1998）亦推考杨朝英为四川青城人：(1) 杨氏散曲用韵闭口、开口不分。其【水仙子】（寿阳宫额得魁名）小令，韵脚用"名清印今英寻村"七字，被周德清讥为"开合同押，用了三韵，大可笑焉"。一般来说，开口韵与闭口韵混淆是南方人的语音特点。(2) 以入声作曲，不熟悉北曲"入派三声"的语音规则。他有五

---

① 孙小力校笺《杨维桢全集校笺》第 8 册，第 3332 页。
② 《中华再造善本》影印明成化二十年张习刻本。
③ 《四库全书》第 1204 册，第 364 页。
④ 《四库全书》第 1221 册，第 31 页。

首【殿前欢】小令，起句皆作"白云窝"三字，以求与此调首句"仄平平"的格律相合。这是由于他不懂"白"字在北曲中已派入平声，不能再当仄声字来用而发生的错误。（3）为杨氏《朝野新声太平乐府》作序的邓子晋自署"巴西"，是为蜀人。邓氏既非曲家，又非名人，杨氏请他为自己的曲选作序，有可能是因为同乡关系。

欧阳玄《圭斋文集》卷七《奕序》：

庐陵严德甫善奕，初集奕法为书。晏文可，故家子也，乃以家藏诸谱又增益之。奉礼青城杨君以书来，为之求叙，将锓诸梓，以广其传。……杨君之请，愧不能言奕之幽眇以答之，姑叙其所知者如是。至正九年九月吉旦，平心老人欧阳玄序[1]。①

[校][1]"至正"以下二句原脱，据《玄玄棋经》卷首补。"九月"亦脱，据《藏园群书经眼录》卷七《子部一·艺术类·杂技·棋经一卷》补。（见汤锐校点《欧阳玄全集》，四川大学出版社，2010，第144页校注第八条）

《圭斋文集》卷九《洞渊阁碑》后序：

曾尘外炼师来求《洞渊阁碑》，惜予久病，不能亲书。烦致意青城杨奉礼，为余双枢笔作汉隶书之。岁久，当与韩择木《桐柏观记》争先进而方驾汉魏可也。如字多碑窄，可仿张长史《郎官石》，用小楷书之。青城皆足办此，故以相属也。②

阿鲁威

今传元佚名《扁舟傲睨图》有张雨、鲁威、张翥三人题诗，鲁威署款："醉乡居士鲁威"。《全元诗》收录，谓："暂以鲁威与阿鲁威，作同一人。"③

陆心源《皕宋楼藏书志》卷九十九引阿鲁威序洪希文《续轩渠诗集》，末署：

延祐第五戊午长至节日燕山阿鲁威书于莆阳。④

---

① 《四库全书》第1210册，第59页。
② 《四库全书》第1210册，第101页。
③ 《全元诗》第30册，第348页。
④ 《续修四库全书》第929册，第440页。

《弘治八闽通志》卷三十二《秩官·元泉州路总管》：

阿鲁威，至治间任。①

《乾隆泉州府志》卷二十六《职官·元·总管》：

廉忱，延祐间任。

阿鲁威。

乌古孙艮祯，至治间任。②

洪希文《续轩渠集》卷九【沁园春】《寿东泉郡公》：

农乐丰年，击壤西东，千仓腐红。正火剂漫山，丹青炫转，朱华冒水，云锦缤纷。钟秀燕山，分符壶峤，郁郁葱葱初度辰。人争道，是卿云甘露，毓瑞储精。　公馀玉麈纶巾。远赛过唐贤几辈行，看笔军扫阵，羊欣给役，诗工缀锦，王翰求邻。咀嚼群经，搜罗百史，办下工夫日日新。东泉水，愿永霑学海，混混涯津。（自注：《汉文帝纪》："初为郡守，为铜虎符，竹使符剖，竹分符各，留其半，右当留京，左以与之。"《史记·天官书》："若烟非烟，若云非云，郁郁纷纷，萧瑟轮囷，是谓卿云。"卿音庆，轮音菅。）③

《续轩渠集》卷六《陪东泉郡公作霖料院，雨登楫江水亭》：

峨峨高阁临江渚，千古惊涛拍石矶。瓦栋龟鱼知客至，水天霞鹜背人飞。奔流电激玻璃碎，潋滟风生杖屦微。文采风流旧朝士，岳阳景物尚依依。（自注：韩退之巴陵岳阳楼别窦司直序，唱和杜诗："瓦影荫龟鱼"。）④

吴源《洪先生李孺人墓志铭》：

同郡洪周鼎……拜且泣曰："先君子以元至正丙午九月二十日卒……"按《传》：先生姓洪氏，莆田人。……擅词赋，工诗律，以吾圃为其号而讳岩虎者，其父。陆氏者，其母也。吾圃二子，先生其次，讳希文，字汝质。生有异禀，吾圃喜剧，谓当以万卷楼处之。见其读书进益则喜，与枕边谈诗又喜，三鼓闻书声益喜，皆志以诗。……吾圃卒，嗣为乡先生，郡之名士争

---

① 明弘治刻本。
② 清光绪八年补刻本。
③ 《四库全书》第1205册，第137页。
④ 《四库全书》第1205册，第113页。

致西席，郡庠聘为训导，大宾延请无虚岁。先生乐以其学淑人，而念不及仕进，亦不以科制之行而改故辙。气刚言扬，遇事敢言。郡太守、部使者多咨询焉，而东泉鲁公尤最知己者也。吾圃有集名《轩渠稿》，先生有《续轩渠稿》。……先生生于元至元壬午八月九日，寿八十有五。①

张以宁《翠屏集》卷二《送王人杰都事开诏福建》[1]：

曩客东泉老，相逢盖屡倾。剧谈消鄙吝，高谊动幽明。我素金门隐，君归锦里耕。五年才一见，万里又重行。故老扶藜拜，元戎负剑迎。江环螺女浦，山尽粤王城。麦饭先茔感，莼羹故国情。自怜何日去，曝背憩柴荆。（末注："环"一作"深"，非。）②
[校][1]"王"，原作"三"，从《石仓历代诗选》卷二八二改。

虞集《道园学古录》卷三十一《郑氏毛诗序》：

[集]中岁备员劝诵，有阿鲁灰叔仲自守泉南入朝为同官，始得其录本而读之。③

《阳春白雪》前集卷二选阿鲁威【双调·蟾宫曲】十六段，注：

阿鲁威，字叔重，号东泉，蒙古氏。南剑太守，诏作经筵官。④
[笺]南剑即元延平路。据虞集《郑氏毛诗序》及《乾隆泉州府志》，阿鲁威由泉州路总管入朝为经筵官，而非延平路。《阳春白雪》所记误。

虞集《道园类稿》卷三十三《书赵学士经筵奏议后》：

泰定元年春，皇帝始御经筵，皆以国语译所说书。……四年之间，以宰执与者，张公珪之后，则中书右丞许公师敬与今赵公世延也；御史台则中丞撒忒迷失。而任润译讲读之事者，翰林则承旨埜仙帖木儿、忽鲁而迷失，学士吴澄伯（幼）清、阿鲁威叔重、曹元用子贞、撒撒干伯瞻、燕赤信臣、马祖常伯庸及集，待制彭寅亮允道、吴律伯仪，应奉许维则孝思也。⑤

---

① （元）洪希文：《续轩渠集》附录，《文渊阁四库全书补遗·集部》第4册，北京图书馆出版社，2006，第1页。
② 《四库全书》第1226册，第548页。
③ 《四库全书》第1207册，第450页。
④ 《续修四库全书》第1739册，第450页。
⑤ 《元人文集珍本丛刊》第6册，第128页。

《元史》卷二十九《泰定帝本纪》：

[泰定元年十一月]癸巳，遣兵部员外郎宋本，吏部员外郎郑立、阿鲁灰，工部主事张成，太史院都事费著，分调闽海、两广、四川、云南选。①

《元史》卷三十《泰定帝本纪》：

[泰定三年秋七月]乙卯，诏翰林侍讲学士阿鲁威、直学士燕赤译《世祖圣训》，以备经筵进讲。

[泰定四年]六月辛未，翰林侍讲学士阿鲁威、直学士燕赤等进讲，仍命译《资治通鉴》以进。……[秋七月]戊戌，遣翰林侍读学士阿鲁威还大都，译《世祖圣训》。

[致和元年三月]己丑，以赵世延知经筵事，赵简预经筵事，阿鲁威同知经筵事，曹元用、吴秉道、虞集、段辅、马祖常、燕赤、孛术鲁翀并兼经筵官。②

虞集《道园类稿》卷三十五《书袁诚夫〈征赋定考〉后》：

泰定间，集在经筵进读，尝论京师恃东南运粮，以为实竭民力以乘不测，非所以宽远人而因地利也。与同列鲁叔仲学士进曰："京师之东，濒海数千里，北极辽海，南滨青、齐，萑苇之场也，海潮日至，淤为沃壤。用浙人之法，筑堤捍海以为田，慕（募）富民之欲得官者，得合其众，分授以地，出牛、种、日食，召合众夫以耕之。其赋地也，官定其畔以为限，制亩必加倍以授之。能以万夫耕者，授万夫之田，为万夫之长，千夫、百夫皆如之。一年勿征也，官视其勤惰，察其惰者而易之。二年又如之，亦勿征也。三年视其成，以次渐征之，以地之高下定名于朝廷。五年有蓄积，命以官，就所储给以禄。十年，授以命，佩之符印，得以传之子孙，如军官之法。则东面强兵数万，可以近卫京师，外御岛夷，远宽东南海运之征，以息吾民。遂富民得官之志，而得其用。江海游食盗贼之类，皆有所归属。"而说者以为一有此制，执事者必以贿成，则不可为矣。议定于中而未及出也。③

《南村辍耕录》卷十九《妓聪敏》：

歌妓顺时秀，姓郭氏，性资聪敏，色艺超绝，教坊之白眉也。翰林学士

---

① （明）宋濂等：《元史》，第651页。
② （明）宋濂等：《元史》，第671、679、685页。
③ 《中华再造善本》影印元刻本；《元人文集珍本丛刊》第6册，第151页。

王公元鼎甚眷之。偶有疾，思得马版肠充馔，公杀所骑千金五花马，取肠以供。至今都下传为佳话。时中书参政阿鲁温尤属意焉，因戏谓曰："我比元鼎如何？"对曰："参政，宰相也。学士，才人也。燮理阴阳，致君泽民，则学士不及参政。嘲风咏月，惜玉怜香，则参政不如学士。"参政付之一笑而罢。郭氏亦善于应对者矣。①

虞集《道园学古录》卷二《寄阿鲁翚学士》：

　　问讯东泉老，江南又五年。凉风鸣步㦬，明月棹歌船。陪讲长怀旧，还朝独后贤。治平二三策，蚤晚玉阶前。②

　　[笺] 虞集元统元年（1333）请老，而此时阿鲁威在江南已五年。则其致和元年（1328）同知经筵事秩满后，即遁迹江南。

虞集《道园遗稿》卷二《奉别阿鲁威东泉学士游瓯越》：

　　忆昔同经幄，春明下玉除。挂冠俄去国，连舸总盛书。笋脯尝红稻，莼羹斫白鱼。莫言江海远[1]，咫尺玉堂庐。③

　　[校][1]"海"，四库本作"上"。

《道园学古录》卷二十九《寄鲁学士》：

　　往岁楼船过太湖，珠帘翠幕护图书。泉南五马传灯后，天上群龙进讲馀。满座宾朋尊有酒，盈畴粳稻食多鱼。趣装未觉曹参晚，应有贤人载后车。④

叶昌炽《奇觚庼文集》卷中《题汪星台家藏〈经训堂法帖〉跋》第八册《虞雍公诛蚊赋》：

　　作者雍公，书者道园，其六世孙也。目未能分析。

　　鲁叔重跋。此跋后署"和林鲁威叔重父"。钤"和林鲁威氏"方印。⑤

[笺]《赵氏铁网珊瑚》卷五录阿鲁威此跋，前一首为虞集跋，落款时间为元统乙亥。叔重跋云："[伯生]闲寂中乃书先太师此赋以赠人，其志亦有所在乎？闲上人（虞集书此帖所赠之人——引者）再见伯生，其为我诵之。"知叔重跋与集跋非同时作，且此时集尚在世。则叔重跋此帖在元统三年乙亥（1335）后、至正八年（1348，虞集是年卒）前。

---

① （元）陶宗仪：《南村辍耕录》，第 235 页。
② 《四库全书》第 1207 册，第 21 页。
③ 《中华再造善本》影印元至正十四年金伯祥刻本；《四库全书》第 1207 册，第 739 页。
④ 《四库全书》第 1207 册，第 421 页。
⑤ 民国十年刻本。

王沂《伊滨集》卷十《醉乡诗为阿鲁威学士赋》：

　　南园寂寂几经春，草木还曾识凤麟。不独文章高一世，由来道谊重千钧。乾坤胜概宁无意，今古神交自有人。惟以壶觞留好客，却抛轩冕乐闲身。苍苔蜡屐曾留迹，白日洼尊绝点尘。适意沧浪谁与濯，忘机鸥鸟自相亲。一川花气晴云热，万壑松声夜雨新。要识经纶存妙理，坐令风俗尽还淳。仪型久矣瞻耆德，物论终期领缙绅。早晚避堂先舍盖，定应容吏吐车茵。①

张翥《陪东泉学士泛湖》：

　　山霭忽空无，春晖正满湖。船头载家乐，花里驻行厨。乐任喧呼动，归从酩酊扶。使君留客意，更为倒金壶。②

张翥《蜕庵诗集》卷四《偶成二绝句简鲁威学士》：

　　云物凄凉小雪初，半庭残菊蝶来疏。连朝笔砚多忙事，借得东泉学士书。

　　病起头颅不可风，南窗晴日正融融。天怜老境无差使，乞与诗篇酒盏中。③

张雨《贞居词·水龙吟·代玄览和东泉学士自寿之作》：

　　古来宰相神仙，有谁得似东泉老。今朝佳宴，杨枝解唱，花枝解笑。钟鼎山林，同时行辈，故人应少。问功成身退，何须更学，鸱夷子，烟波渺。

　　我自深衣独乐，尽从渠、黄尘乌帽。后来官职清高，一品还他三少。不须（原注：一作料）十载光阴，渭水相逢，又入非熊梦了。到恁时、拂袖逍遥，胜戏十洲三岛。④

张雨《贞居集》卷二《鲁东泉学士以多病故人疏为韵，赋诗五章见寄，依次用韵答谢》（末注：馀见五言律诗）：

　　幽忧缘底事，终年常抱病。阅世悟炎凉，观物感衰盛。皮里有阳秋，目前无凡圣。严霜凋众草，松柏见半性。

　　古人谁复见，但见新人故。昔日衣锦城，于今铁炉步。试看明月辉，不碍浮云妒。谁能强笑面，百摺如尝醋。⑤

---

①　《四库全书》第1208册，第474页。
②　（明）孙原理编《元音》卷九，《四库全书》第1370册，第526页。
③　《中华再造善本》影印明初刻本；《四库全书》第1215册，第88页。
④　《续修四库全书》第1723册，第422页。
⑤　《四部丛刊》初编影印影写元徐达左刊本。

朱德润《存复斋文集》卷九《俞元明参军雪中以诗招饮就和韵，时学士东泉鲁公、大参叔能王公、御史子昭郭公同行》：

> 上方山头雪迷路，石湖桥上作行春。湖光万顷送归棹，山鸟一声如唤人。静乐可忘轩冕贵，清游端胜绮罗尘。人间今古谁能赏，诗思不如图画真。
>
> 通波亭下水泌漫，雪积湖山不夜天。鉴曲寒深宜贳酒，剡溪夜半欲回船。澄清有志终何日，落魄无成过壮年。出郭便还非恡懒，雪寒书幌要高眠。①

杨维祯《西湖竹枝集》：

> 徐哲，字延徽，莱州阳县人。性旷达，才气过人。师南窗谢先生（谢升孙），学《毛氏诗》。挟册游吴下，为［吴］可堂左丞、东泉学士所知，遂以茂才荐，授峡州路长阳县教谕，不就。②

徐一夔《始丰稿》卷十二《国子助教李君墓志铭》：

> 君讳暈，字宗表。其先汴之封丘人。有讳初者，从宋南迁，遂居钱塘。其占籍金华之永康，则自君始。……其后业成，还就乡试，有司以其程文为说过高，弃不取。君曰："科举岂足以尽儒者之事耶？"乃营草阁于北门之外，取未读之书尽读之。盖有毅然直追古人之意。阿鲁犟公，元室文献之老，自翰林侍讲学士退居郡城之东，闻君才名，延教其子。其家多藏书，可资记览，君为三年留。用是，誉日益彰，才日益高，学日益博矣。③

《正德松江府志》卷八《田赋下》载陈旅《两浙都转运盐使司副使李侯去思颂有序》末署：

> 至元二年丙子三月日，登仕郎、江浙等处儒学副提举陈旅撰
>
> 太中大夫、两浙都转运盐使贾度书
>
> 翰林侍讲学士、资善大夫、前中书省参知政事阿鲁威篆④

宋濂《宋学士文集》卷七十一《朝京稿》卷一《元赠开府仪同三司上柱国录军国重事江西等处行中书省丞相追封咸宁王谥忠肃星吉公神道碑铭》：

> 至元二年六月，擢嘉议大夫太府卿。……知昆山州事管某，上书诬平江

---

① 《四库全书存目丛书》集部第 22 册，第 636 页。
② 孙小力校笺《杨维祯全集校笺》第 8 册，第 3366 页。
③ 《四库全书》第 1229 册，第 345 页。
④ 明正德七年刊本。

路总管道童诡报岁灾。帝命公察情否。初，道童以廉正治，其属官不能堪，故诬之，且倚前翰林学士阿鲁恢为援。公验得其状以闻，卒坐二人罪。①

归旸《般阳焦氏世德碑铭并序》：

[赠其]父忠中奉大夫、河南江北等处行中书省参知政事、护军，追封中山郡公。……春秋六十五，时至顺庚午四月十九日也。……娶翟氏，是为中山郡夫人。……后十四年亦卒，至正甲申八月二日也[1]。子即参政也。……翟夫人忧服除，起为户部侍郎，为判官枢密院。选为淮东道肃政廉访使，未行，留尹大兴府。复除淮东，又留为中书左司郎中。由左司为治书侍御史。……为御史按事平江，其事为尤难，而其利为尤博。初，至元三年，岁大水，时相疑天下之以水告者不皆如其书，嗛之未有以发。会知嘉定州管诠祖告其府尹诈以水除其四川二县之租，及所受民钱以缗计者十五万。相闻而嘻，即入奏，遣使与御史一人驰传即治，公以御史往。时相柄臣也，意叵测，或危其行。至则逮其当与狱会者若干人，偕诠祖廷对，诠祖语屈吐实，曰："始我不知为此，阿鲁灰教我也。"阿鲁灰者，尝为翰林侍读学士，以罪去，居平江。府尹有所忤，故嗾诠祖云。②

[校] [1] "甲申"，原作"甲寅"。至正纪年无甲寅。再者，至顺庚午为至顺元年（1330），"后十四年"为至正四年甲申（1344）。

阿里西瑛

杨朝英《朝野新声太平乐府》卷一注阿里西瑛："阿里耀卿学士之子"。③

贯云石【双调·殿前欢】《和阿里西瑛懒云窝》：

懒云窝。阳台谁与送巫娥。蟾光一任来穿破。遁迹由他。蔽一天星斗多。分半榻蒲团坐。尽万里鹏程挫。向烟霞笑傲。任世事蹉跎。④

---

① 罗月霞编《宋濂全集》第 3 册，第 1643 页。
② 《嘉庆长山县志》卷十四《艺文志三》，《全元文》第 51 册，第 106 页。
③ （元）杨朝英辑《朝野新声太平乐府》，卢前校订，文学古籍刊行社，1955，第 49 页。
④ 《全元散曲》上册，第 375 页。

乔吉【双调·殿前欢】《里西瑛号懒云窝，自叙有作奉和》其一：

懒神仙。懒窝中打坐几多年。梦魂不到青云殿。酒兴诗颠。轻便如宰相权，冷淡如名贤传，自在如彭泽县。苍天负我，我负苍天。①

释惟则《懒云窝》：

异哉！云兮变化不可测，而浩荡不可羁。其静似懒，其动非懒，动静若有神所司。我观卧云于三千九百丈之天目兮，东西二浙一白如海，莫得其端倪。又观行云于四万八千丈之天台兮，卷海而起势若万马争奔驰。或聚或散，山颠水湄，游仙翔鸾，千怪万奇。方其舒而行也，天地为窝量犹隘。及其卷而藏也，离娄莫睹其毫丝。西瑛公子作云窝，懒云二字文其楣。眼空湖海卧丘壑，习懒拟与云相期。我访懒云主，历观懒云诗。不知西瑛为懒云耶，懒云为西瑛耶。但觉秋阳射窗户，四壁光陆离。重为告曰：瑛兮云兮，至人不泥乎迹，而能与物推移。风雷吼百谷，蛟龙舞天池。亦将乘其势以济其时，卷舒动静吾以无心而应之。懒与非懒吾何知。②

贯云石《筚篥乐》：

雄雷怨别雌电老，云海漫漫地无草。胡尘不受紫檀风，三寸芦中元气巧。微声辚辚喘不栖，魑魅梦哭猩猩饥。壮声九漏雪如铁，酥灯焰冷春风灭。神妻夜传髑髅杯，倒卷昆仑饮腥血。紫台云散月荒凉，归路人稀腔更长。酸斋道人为西瑛公子。③

释惟则《筚篥引》：

西瑛懒云窝，距余禅室半里许，时相过从，吹筚篥以为供。复于余言有所需，乃赋长歌以赠。

西瑛为我吹筚篥，发我十年梦相忆。钱唐月夜凤凰山，曾听酸斋吹铁笛。初吹一曲江风生，馀响入树秋鸣咽。再吹一曲江潮惊，愁云忽低霜月黑。坐中听者六七人，半是江湖未归客。欢者狂歌绕树行，悲者垂头泪沾膝。我时夺却酸斋笛，敛襟共坐松根石。脱略悲欢万念消，悟声无性闻无迹。西瑛筚篥且莫吹，筚篥从古称悲栗。悲欢茫茫塞天地，人情所感无今昔。山僧尚赖双耳顽，请为西瑛吐胸臆。声闻相触妄情生，闻尽声亡情自释。尽闻莫谓闻

---

① 《全元散曲》上册，第631页。
② 《师子林天如和尚语录》卷五，《全元诗》第33册，第159页。
③ 《全元诗》第33册，第312页。

无声，机动籁鸣无间隔。亡声莫谓声无闻，去来历历明喧寂。吹者之妙余莫知，闻者之悟公莫测。公归宴坐懒云窝，心空自有真消息。①

［笺］ 清厉鹗刻《乔梦符小令》六《曲后记》："西瑛善吹筚篥。所居懒云窝，在吴城东北隅，去天如禅师惟则狮子林半里许。天如作《筚篥引》赠之。"（转引自《全元散曲》）

《南村辍耕录》卷十一《金镶刺肉》：

木八剌，字西瑛，西域人，其躯干魁伟，故人咸曰长西瑛云。一日，方与妻对饭，妻以小金镶刺胬肉，将入口，门外有客至。西瑛出肃客，妻不及啖，且置器中，起去治茶。比回，无觅金镶处。时一小婢在侧执作，意其窃取。拷问万端，终无认辞，竟至陨命。岁馀，召匠者整屋扫瓦领积垢，忽一物落石上有声，取视之，乃向所失金镶也，与朽骨一块同坠。原其所以，必是猫来偷肉，故带而去，婢偶不及见，而含冤以死。②

长谷真逸《农田馀话》卷上：

常西吴，李耀卿学士之子，回回人，居松江。一日与家人饮酒，妻以所插金箆揭肉而食，偶有客至，瑛出迎客，妻速入厨具茶饮。客去，寻向之金箆，无有也。疑为一女奴所盗，杖之，偶致死，密以钱物赂其父母，得免诉讼。久之，家人与里巷会茶，中有一老妇人，首插金箆，熟视之，乃向之所失物也。询之，是买于一圬者。及问圬者之所来，云于某家整屋，瓦合漏中得之。盖是时有肉在箆上，为奴狸衔去，坠于彼也。凡事当详处，失一小物而致杀人。夫妇二人不久皆死。③

［笺］ 后文有"瑛出迎客"云，则"常西吴"之"吴"，乃"瑛"之误。常西吴，即阿里西瑛。（参魏崇武《〈农田馀话〉作者小考》，《元史及民族与边疆研究集刊》第29辑。）

李 圯

《朝野新声太平乐府》卷一注李伯瞻："号熙怡"。④

---

① 《师子林天如和尚语录》卷五，《全元诗》第33册，第160页。
② （元）陶宗仪：《南村辍耕录》，第141页。
③ 《四库全书存目丛书》子部第239册，第324页。
④ （元）杨朝英辑《朝野新声太平乐府》，卢前校订，第53页。

柳贯《柳待制文集》卷十二《武德将军刘公墓表》：

　　武德将军、益都淄莱万户府管军千户刘公既殁，葬之几年，其孙源袭爵，镇守龙兴，将北归其乡，树碑公墓，著其功伐，表示来世。翰林直学士李君伯瞻为之请辞于余。盖千户初起民伍，署为军校，在滕国武愍公麾下，号为材勇，善骑射，每攻城掠地，常先登陷阵，最其功籍，至锡金符，长千夫，固宜录之忠武将佐之略矣。学士，武愍孙也。余尝撰次武愍功行，文之建昌新庙之碑。……天历二年岁次己巳夏四月丙午，文林郎、江西等处儒学提举柳贯撰。①

吴澄《吴文正公集》卷十四《滕国李武愍公家传后序》：

　　滕国李武愍公，西夏人，大考以贵戚保边城，天朝兵至，城陷死节。惟忠甫七龄，将殉父死，兵帅奇其幼慧，以献皇弟，得之甚珍。后作州牧，监治淄州。子十三人，公次居四，结发从戎，熟历行阵，技精气锐，所向莫御。……以镇国上将军换资善大夫，赠银青荣禄大夫、平章政事，谥武愍，加赠推忠靖远功臣、太保、仪同三司，追封滕国公。公之长子荣禄大夫、江西等处行中书省平章政事世安，长孙翰林直学士、中议大夫屹，澄所识也。……公讳恒，而字德卿云。②

《吴文正公集》卷四十二《元故荣禄大夫江西等处行中书省平章政事李公墓志铭》（自注：辛未[1]）：

　　公西夏贺兰于弥部人也，皇元资善大夫、中书左丞，赠银青荣禄大夫、平章政事，加赠推忠靖远功臣、太保、仪同三司、滕国武愍公恒之子，益都淄莱军民都达鲁花赤，赠金吾卫上将军、金书枢密院事、滕国忠襄公维忠之孙。……忠襄始仕我朝，家于淄川，从唐所赐夏国姓，武愍遂为佐命混一功臣。公讳世安[2]，字彦豪，国言名散术觯[3]。宪宗朝癸丑岁九月五日生于宣德府龙门川，人称李龙川云。……[延祐]三年，公念太夫人王氏寿将九十，乞侍养，得请。七年，丁太夫人忧[4]，扶榇合葬武愍公之墓。……[至顺]二年三月二十六日，公以微疾薨。……及武愍夫人终，公年逾七十，而公之长子翰林直学士、中议大夫屹归省，已近六十，须鬓皓白，人不辨其为

---

① 《中华再造善本》影印元至正十年余阙浦江刻明永乐四年柳贯补修本；《四库全书》第1210册，第386页。
② 《元人文集珍本丛刊》第3册，第260页；《四库全书》第1197册，第247页。

父子。……武愍生长边陲，饮食祭祀，并遵国俗。暨公之长，务学友士，诵习经史，希古圣贤。《仪礼》一书，儒流鲜读，纵读亦鲜达礼意。公识高质厚，值斩齐期功之服，靡不暗合《礼经》。……［公］子男五，屺，中议也。屿，怀远大将军，袭万户，二十三年而卒。岩，栖霞县达鲁花赤。峙，亦先卒。嵘，奉议大夫、江西行省理问。①

［校］［1］"辛未"，四库本无。［2］"公"，《元人文集珍本丛刊》影印明成化二十年刊本阙，从四库本补。［3］"散术"，《元人文集珍本丛刊》本作"散木"，从四库本改。［4］自"三年"至"丁太夫人忧"，《元人文集珍本丛刊》本漫漶，从四库本补。

［笺］据墓志铭，李世安生于宪宗三年（1253），卒于至顺二年（1331）。武愍夫人终于延祐七年（1320），时世安六十八岁。墓志铭称"及武愍夫人终，公年逾七十，而公之长子翰林直学士、中议大夫屺归省，已近六十"，知李屺归省在武愍夫人逝世后数年。设此时世安年七十三，即1325年。时李屺"已近六十"，设其年五十六，则李屺约生于至元七年（1270）。

《元史》卷一七〇《尚文传》：

［至元］二十二年，除御史台都事、行台御史。上封事言上春秋高，宜禅位皇太子，太子闻之惧，中台秘其章不发。答即古阿散等知之，请收内外百司吏案，大索天下埋没钱粮，而实欲发其事，乃悉拘封御史台吏案。文拘留秘章不与，答即古闻于帝，命宗正薛彻干取其章。②

［笺］《元史》卷八十七《百官志》："大宗正府，秩从一品。国初未有官制，首置断事官，曰札鲁忽赤，会决庶务。凡诸王驸马投下蒙古、色目人等，应犯一切公事，及汉人奸盗诈伪、蛊毒厌魅、诱掠逃驱、轻重罪囚，及边远出征官吏、每岁从驾分司上都存留住冬诸事，悉掌之。至元二年，置十员。……二十二年，增至三十四员。……正官札鲁忽赤四十二员，从一品；郎中二员，从五品；员外郎二员，从六品；都事二员，从七品；承发架阁库管勾一员，从八品；掾史十人，蒙古必阇赤十三人，通事、知印各三人，宣使十人，蒙古书写一人，典吏三人，库子一人，医人一人，司狱二员。""宗正"或即"札鲁忽赤"耶？

虞集《道园类稿》卷三十三《书赵学士经筵奏议后》：

泰定元年春，皇帝始御经筵，皆以国语译所说书。……四年之间，以宰执与者，张公珪之后，则中书右丞许公师敬与今赵公世延也；御史台则中丞撒忒迷失。而任润译讲读之事者，翰林则承旨埜仙帖木儿、忽鲁而迷失，学

---

① 《元人文集珍本丛刊》第4册，第20页；《四库全书》第1197册，第802页。
② （明）宋濂等：《元史》，第3986页。

士吴澄幼清、阿鲁威叔重、曹元用子贞、撒撒干伯瞻、燕赤信臣、马祖常伯庸及集，待制彭寅亮允道、吴律伯仪，应奉许维则孝思也。①

吴澄《吴文正公集》卷八《与李伯瞻学士书》：

澄日与深山之木石俱，而病魔相寻。坐卧之时多，行立之时少。遥睇旧知于数百里外，欲一见而无由。恭惟西雨南云，晨夕佳趣，何时得分半席乎？里中士吴尚伯达，有行有文，数岁留敝舍，教诸孙稚。兹造洪府，慕望玉堂耆彦，愿觐丰仪，不敢冒昧，而前求羽言为之介。蒙与其进，甚幸。未合并间，冀保爱以迓殊渥。病中不能秉笔，命儿曹代书。②

《元史》卷一二九《李恒传》：

子散木䚟，江西行省平章政事。……孙薛彻干，兵部侍郎。③

《吴文正公集》卷三十一《跋李伯瞻字》：

伯瞻博儒术，精国语，又工晋人法书。世胄之良也。此卷以赠昭德，亦其好尚之同者云。④

许有壬《至正集》卷八十【玉烛新】《题李伯瞻〈一香图〉次韵》：

清风林下寺，爱三友联翩，世无能四。凌波仙子香魂散，此地是谁招此。万红千紫，惟攀弟梅兄二子。堪共领岁晚高寒，来成花部新史。　佳人玉洁冰清，纵仿佛肌肤，异香难似。醉吟无次。花应笑，彼此消融渣滓。春空雁字。不带到江南情思。还自笑，今日相看，袁家有姊。⑤

卫德辰

陶宗仪《书史会要》卷七：

卫德辰，字立中。华亭人。素以才干称，书学《舍利塔铭》。

---

① 《元人文集珍本丛刊》第 6 册，第 128 页。
② 《元人文集珍本丛刊》第 3 册，第 179 页；《四库全书》第 1197 册，第 142 页。
③ （明）宋濂等：《元史》，第 3159 页。
④ 《元人文集珍本丛刊》第 3 册，第 519 页；《四库全书》第 1197 册，第 597 页。
⑤ 《四库全书》第 1211 册，第 563 页。

卫仁近，字叔刚，德辰侄。经子百氏无不该。楷书学《黄庭经》，自有一种风流蕴藉侠才子气。①

杨维祯《东维子文集》卷二十六《尚䌹先生墓铭》：

先生讳德嘉，字立礼，姓卫氏。其先渤海人，七世祖文中，宋朝散大夫兼侍讲，始居钱唐[1]。六世祖上达，大中大夫、礼部尚书，又自钱唐徙华亭。建炎初，大中公从叔大中大夫、礼部侍郎肤敏，扈跸南渡，亦居华亭。五世祖稢，修职郎、国子博士，高祖端操，朝奉大夫、卫尉少卿。曾祖侨，大中大夫、军器监丞。祖宗武，通奉大夫、资政殿大学士。考谦，入国初以世官后，授温州路治中，弗就。妣黄氏，继张氏。男三，先生其长也。……生至元二十四年丁亥十月十七日，卒至正十四年甲午四月九日，享年六十有八。……子男二，长仁近，次复。②

[校] [1]"钱"，《四部丛刊》影印旧钞本作"残"，从四库本改。

[笺] 据墓志铭，卫德嘉生于至元二十四年（1287）。德辰乃德嘉之弟，生年在1288年后。

傅若金《傅与砺诗集》卷六《方壶》：

蓬莱员峤对嵯峨，知有群仙日日过。琪树晓通云气近，羽轮秋会月明多。秦人采药空依海，汉使乘槎但入河。谁识高斋有仙岛，不劳万里涉风波。③

[笺] 《崇祯松江府志》卷四十六《第宅园林·方壶》："华亭莺湖有大姓为宋子正氏，西偏闶室若干楹，方疏四起，昼夜长明。有石焉，嶄然献秀；有木焉，郁然而交荫。盖因揭二字名之。郡人卫德辰便坐，亦名方壶，傅汝砺有诗。"

陆行直自题《碧梧苍石图》：

"候虫凄断，人语西风岸。月落沙平流水漫。惊见芦花来雁。可怜瘦损兰成。多情因为卿卿。只有一枝梧叶，不知多少秋声。"此友人张叔夏赠余之作也。余不能记忆，于至治元年仲夏廿四日，戏作《碧梧苍石》，与冶仙西窗夜坐，因语及此。转瞬二十一载，今卿卿、叔夏皆成故人，恍然如隔世事，遂书于卷首，以记一时之感慨云。季道陆行直题。④

---

① 《四库全书》第814册，第760页。
② 《四库全书》第1221册，第662页。
③ 《四库全书》第1213册，第258页。
④ （明）汪砢玉编《珊瑚网》卷三十二《名画题跋八》，《四库全书》第818册，第616页。

王逢《梧溪集》卷五《哭云间卫叔刚有引》：

叔刚讳仁近[1]，好学绩文，敦孝友行。尝游吴兴，守将候见之，送饩米百斛。既举幕官，并辞。太尉辟延宾馆，币使聘焉，亦谢免。或问所存，曰："所荐非正人，所依非真杰。吾得裘葛老佘山墓侧足矣，恶用虚名致实祸为哉？"祖讳谦，元初以宋资政殿大学士宗武后授温州路治中，弗就。父讳德嘉，潮州路儒学正。失俪二十有八年，不二娶。养高诗书，里中幼而壮者罕识其面。叔刚年四十七卒[2]，予素友重，特冒风雪送葬[3]，不果。及晴毕葬，乃系之引，哭之诗曰：

有恸名臣裔，尝辞太尉招。珮间寒水玉，蕨老故山苗。临帖乌丝尽，联诗绛烛消。遗馀行卓绝，足砺俗浮浇。①

[校][1]"仁近"，《知不足斋丛书》本、四库本作"近仁"。[2]"叔刚"，四库本阙。[3]"特"，四库本作"将"。

李爱山

吕师仲《李刺史诗序》：

李刺史晚唐时诗，诗成晚唐体，板行于世，莫不嘉尚。然人知其诗之可嘉，而不知其志之深可嘉。公之志备见于守建之日。明礼法，颁教条，蔼然有惠政，人赖以安。平生之志，于斯而可见矣。其生为牧，其殁为神，建人慕之，而有梨山之祠；睦人慕之，而有寿昌之祠。由唐而来五百馀岁，而庙食如一日。公之有德于人何其大，人之报公之德何其久欤！余守睦几一载，适衢郡有顽盗出没于寿邑间，同寅谓余一出而捕之。及至境，寇党就擒，人悉得以无恐。因而谒公之祠，观公之像，而询及公之诗。或谓岁久板废，有十七世孙号爱山者，曾摹旧本复锓梓，而未及见焉。越一月，爱山乃袖新刊公诗集来访。余味公之诗，知公之志，而又知爱山为善继人之志者也，于是乎书。时大德元年丁酉长至前二日，寿阳齐山吕师仲书于睦之坐啸堂。②

[笺] 李刺史即李频，字德新，睦州寿昌（今属浙江）人。《新唐书》卷二〇三有传。

---

① 《中华再造善本》影印元至正明洪武间刻景泰七年陈敏政重修本；《四库全书》第1218册，第781页。
② 《乐昌县志》卷九，《全元文》第22册，第488页。

邵文龙《李王诗跋》：

　　梨山李王，异政遗爱与诗名并传，庙食艾溪，宜矣久矣。……梨山诗，世不多见，每以为恨。今南隐方君文豹、来岩翁君圣沂与予宗人大椿肖翁，及王之灵仍邦材，以好古博雅之心，板而新之，使长流天地间，是可嘉尚。近得斯集快睹，为之跃然。……大德己亥冬十一月里人邵文龙载拜谨跋。①

丁丙《善本书室藏书志》卷二十五《梨岳诗集一卷》：

　　唐建州刺史李频德新。首冠嘉熙三年金华王埜序，称公诗百九十五篇，刻于建州以报公德。大德元年寿阳吕师仲序，称生为牧，没为神，建人慕之而有梨山之祠，睦人慕之而有寿昌之祠。余守睦适衢，有顽盗出没寿邑，余捕而就擒。因谒祠观像，询及公之诗，有十七世孙爱山新锓诸梓，可谓善继志者也。又有里人邵文龙题跋，又元贞丁酉睦州裔孙邦材序，称梦公曰："余诗旧刻庙中，散失无存，若恶得无情。"觉而白之郡博士，复刊之。②

王爱山

《朝野新声太平乐府》卷二注王爱山："字敬甫，长安人"。③

《嘉庆延安府志》卷二十一《职官》载元延祐中延川县知县有：

　　王恪，京兆人。

又卷五十四《传录·延川县》：

　　元王恪，京兆人。延祐七年任。创县治，建公廨，葺学校，经管著绩，至今称之。

又卷四十九《公廨》：

　　延川县署，在城北大阜，本历代故址。元至治元年，县令王恪增修。

---

① 《民国寿昌县志》卷九《艺文志》，民国十九年刊本。
② 《宋元明清书目题跋丛刊》第9册，中华书局，2006，第696页。
③ （元）杨朝英辑《朝野新声太平乐府》，卢前校订，第20页。

又卷三十五《学校》：

延川县学，在县治西，元至治元年，知县王恪建。①

[笺]《陕西金石志》卷二十八《奉元诸公诗赞》载，学宫落成，一时京兆诸公如太常博士贾贲撰碑记，集贤学士、国子祭酒、太子右谕德萧斛书门楣。前人匠总管王惟忱、工部尚书韩冲、太子右赞善同恕，及卢惟善等均赋诗为贺。

王惟忱："勉励学校，承流宣化，乃守令之正责。今延川尹王恪敬甫，下车之后，首先劝率部民创修文庙，以励风俗，深得为政之体。潜溪王惟忱闻之，以诗为贺，庶后来为政知所劝云。汉吏循良黄与龚，教兴蜀郡自文翁。延川有尹夸新政，大建儒宫振士风。（其一）邑有黉宫里有庠，弦歌政美得官方。斯民寰睹明昌治，悍俗咸归礼义乡。（其二）边邑传闻圣不游，文风今已达延州。阐扬吾道谁为主，共说才能百里侯。（其三）"

韩冲《敬甫为延川令，署事竟，首建宣圣庙，可谓知为政之先后，作是诗以嘉其意云》："圣在使人知义理，功归无若学为先。县侯首建儒宫事，千古名传至治年。"

同恕："县侯新辟大成宫，俎豆生民教不穷。后日文安蔚多士，甘棠遗爱更谁同。"

卢惟善《延川宰王君敬甫新营孔庙成，作诗美之，且志其勤云》："名教终天作世基，谁能临政昧先师。云山翼翼兴文构，龙滚煌煌俨圣姿。昭代方隆周典礼，斯堂宛复鲁威仪。他年化洽归庞俗，奚啻民歌于芳辞。"

偰玉立《春日游晋祠诗序》：

冀宁，古并州也，距西南之山五十里有胜概焉，曰晋祠。……至正五年乙酉上巳，资善大夫、河东监宪铁公仲刚视篆之初，率同寅而往谒焉，斋肃奉荐，诚悫敬谨。风和景明，众宾欢畅，临流酌酒，登高咏歌。……同斯游者：中宪大夫、宪副李仲贤，承务郎、经历李可新，奉议大夫、知事张惟权，从事郎、照磨王敬甫也。嘉议大夫、金河东山西道肃政廉访司事高昌偰玉立撰并书。②

邓　熙

吴澄《吴文正公集》卷四《仁本堂说》：

庐陵邓熙学可以仁本名其堂，大哉名乎！……夫子之言仁，以居处恭、

---

① 清嘉庆七年刻本。
② （清）方履籛：《金石萃编补正》卷四，《续修四库全书》第891册，第398页。

执事敬语樊迟，以出门如见大宾、使民如承大祭语仲弓。于此实用其力焉，本其庶几乎！学可资质静重，可与求仁者也。其思所以实斯堂之名哉！①

陶宗仪《书史会要》卷七：

邓学可，维扬人。留心翰墨，有声于时。②

张雨《邓学可留穀城，戴尧文、许雪中书寄二友》：

钩帘坐对西山雪，菌阁前头正向阳。剡水当时元有戴，穀城今日可无张。披云松树鳞鳞湿，瞰屋山泉角角方。染就绿霞春帖子，不妨青鸟便衔将。③

鲜于去矜

陶宗仪《书史会要》卷七：

鲜于去矜，字必仁，号苦斋。枢之子。书得家传之法。

鲜于端，字文肃。枢之孙。书迹不失家学。④

姚桐寿《乐郊私语·杨氏乐府》：

州少年多善歌乐府，其传皆出于澉川杨氏。当康惠公存时，节侠风流，善音律，与武林阿里海涯之子云石交善。云石翩翩公子，无论所制乐府散套，骏逸为当行之冠，即歌声高引可彻云汉，而康惠独得其传。今杂剧中有《豫让吞炭》《霍光鬼谏》《敬德不伏老》，皆康惠自制，以寓祖父之意，第去其著作姓名耳。其后长公国材、次公少中，复与鲜于去矜交好。去矜亦乐府擅场，以故杨氏家僮千指，无有不善南北歌调者。由是州人往往得其家法，以能歌名于浙右云。⑤

程端学《积斋集》卷三《鲜于必仁割股后序》：

鲜于必仁年十七割股起母病，士友咏歌其事者曰："母者，身之自，爱

---

① 《元人文集珍本丛刊》第 3 册，第 118 页；《四库全书》第 1197 册，第 64 页。
② 《四库全书》第 814 册，第 761 页。
③ （清）顾嗣立编《元诗选》初集，第 2433 页。
④ 《四库全书》第 814 册，第 758 页。
⑤ （元）姚桐寿：《乐郊私语》，上海古籍出版社，2012，第 134 页。

其母,忘其身,非孝欤?"或曰:"身者,母之遗,爱其母,亏其身,非孝也。"其师薛景文叙其事,出其诗示余曰:"子亦有言乎?"予谓圣人之道如正鹄,学者如射,过焉不及焉,中者难其人,故曰中庸不可能也。圣人设教,抑扬进退,俾中焉止已。……必仁之为其孝之过于爱者乎?然余有觊焉。夫孝者,仁之发,而先见乎其初,发而得宜为义,中节为礼,礼与义,成人备焉。必仁,童子也,诚恳恻怛,已足以敦浇漓,醒顽冥,矧学之未艾,安知异日不从容礼义,中正鹄也哉?其并藏咏歌之辞,观必仁于成人之日,何如?①

唐元《筠轩集》卷四《〈明月珰〉一首戏赠安处善令郎之婺源结姻于鲜于必仁之门》:

鲜于君有鸾凤女,安处善生麒麟儿。两小无嫌好姻对,琼林皎皎春风枝。刺绣床前性聪慧,读书窗下声吾伊。褰修宽作十年计,宛转为传青鸟意。羡君买红缠酒缸,何以赠之明月珰。②

唐桂芳《白云集》卷三《怀鲜于必仁》:

簪缨旧卿相,翰墨小神仙。足迹半天下,心怀太古前。仲连将蹈海,元亮未归田。犹忆儿童岁,攀华醉管弦。

诗酒狂犹在,情怀晚更真。闻声还似旧,顾影已无邻。白鹤能超俗,苍松不受尘。五湖烟浪阔,未许老鲈莼。

六十摧颓甚,相逢少故人。死生频偻指,离乱暗伤神。经术几无补,才华果绝伦。晚来挥翰处,墨染笔花春。

月皎俄如昼,山凉总是秋。唐衢虽善哭,宋玉只供愁。薄俗无青眼,流年已白头。萧条昧生理,一恁拙于鸠。③

[笺] 赵义山曾据唐桂芳组诗对鲜于必仁的生卒年作过考证。由第一首"犹忆儿童岁,攀华醉管弦"句,认为唐桂芳与鲜于必仁应为总角之交。据《国朝献征录》卷一百所载钟启晦《唐公行状》,唐桂芳"辛亥夏五月患腹疽卒","年七十有三",则桂芳生年在大德三年(1299),故推定必仁或生于1298年。再由唐氏组诗第三首"六十摧颓甚,相逢少故人"语,知桂芳此诗作于1360年,其六十岁之时。再从第一、二首之诗意来看,必仁

---

① 《四库全书》第1212册,第343页。
② 《四库全书》第1213册,第478页。
③ 《四库全书》第1226册,第805页。

此时已隐居，则必仁之卒当在 1360 年以后。(《元散曲家陈草庵、鲜于必仁考略》，《文学遗产》1993 年第 3 期。)

笔者按：鲜于枢《渔阳鲜于必强墓铭》诗云："鲜于去病字必强，父伯几父母氏张。至元戊寅生维扬，大德己亥终钱唐。寿二十二半在床，有身有恙死则亡。"(《全元诗》第 13 册) 此鲜于去病字必强者，乃鲜于去矜兄弟。至元戊寅，即 1278 年。若按赵先生的考证，鲜于必仁生于 1298 年，则此兄弟二人相差二十岁，似于情理不合。又据上引《乐郊私语》，鲜于必仁与杨国材交好。据陈旅《安雅堂集》卷十一《杨国材墓志铭》，国材卒于大德癸卯 (1303)，年二十一。依赵先生的意见，则国材逝世时，必仁方才六岁，无法做到"乐府擅场"。按程端学《鲜于必仁割股后序》："鲜于必仁年十七割股起母病……必仁，童子也，诚恳恻怛，已足以敦浇漓，醒顽冥，矧学之未艾，安知异日不从容礼义，中正鹄也哉？其并藏咏歌之辞，观必仁于成人之日，何如？"观其语，程端学视鲜于去矜为长辈。据欧阳玄《积斋程君端学墓志铭》(《新安文献志》卷七十一)，端学生于至元十五年 (1278)，设其长去矜十岁，则去矜生年约在 1287 年。如此，杨国材去世时，去矜约十七岁，与《乐郊私语》谓其"乐府擅场"无明显矛盾。至于唐桂芳《怀鲜于必仁》诗"犹忆儿童岁，攀华醉管弦"句，也可以解读为：桂芳此时已是六十岁的"摧颓"老翁，又值"相逢少故人"的离乱之际，不觉追想"儿童"时的"攀华"岁月——此两句乃桂芳自述之语。

佚名《东园友闻》：

[虎丘] 先生尝为困学老人馆宾，鲜于深敬之，教其二子。鲜于闻先生之训，其学益进。先生戏曰："某教其子，乃教其父。"相与一笑。(后注：虎丘，盛元仁也。)①

胡翰《胡仲子集》卷五《送袁知州赴宁都序》：

江西既平，执政者选置长民之吏，起袁侯于信安，以知宁都州事。信安之师唐公也，有僚友之好；在时之彦鲜于必仁，名家也，有久要之义。来谓余曰："袁侯行有日矣，吾属赋诗，愿先生一言以嘉惠之。"②

文徵明《停云馆帖》收录鲜于必仁书《李白今日风日好》，署款：

鲜于必仁书于金华之寓，时丙午秋中八日也。③

---

① (明) 陆楫编《古今说海》卷百十五《说略三十一》，《四库全书》第 885 册，第 698 页。
② 《四库全书》第 1229 册，第 62 页。
③ 转引自陈根民《宋元三作家合考》，《文献》2000 年第 4 期。

安歧《墨缘汇观录》卷二记鲜于枢《草书杜少陵〈茅屋为秋风所破歌〉卷》：

后鲜于去矜为玉成之孙一跋，深得家法。款："季男鲜于去矜百拜谨书，时己酉孟秋二日也。"后押"鲜于"朱文圆印，又白文印，模糊莫辨，及"困学后人"白文印。①

---

① 《续修四库全书》第1067册，第255页。

元明之际

夏庭芝

贾仲明《录鬼簿续编》：

夏伯和，号雪蓑钓隐。松江人。乔木故家。一生黄金买笑，风流蕴藉。文章妍丽，乐府、隐语极多。有《青楼集》行于世。杨廉夫先生，其西宾也。世以孔北海、陈孟公拟之。

夏庭芝《封氏闻见记跋》：

予素有藏书之癖，凡亲友见借者，暇日多手钞之。此书乃十五年前所钞者。至正丙申岁，不幸遭时艰难，烽火四起，煨烬之馀，尚存残书数百卷。今僻居深村，无以为遣，旦夕赖此以自适，亦不负爱书之癖矣。至正辛丑上元日，重观于泗北疑梦轩，云间夏庭芝伯和父谨志。①

张择《青楼集叙》：

夏君伯和，文献故家。起宋历元，几二百馀年。素富贵而土苴富贵也。方妙岁时，客有挟明雎亭侯之术而谓之曰："君神清气峻，飘飘然丹霄之鹤。厥一纪，东南兵扰，君值其厄，资产荡然。豫损之又损，其庶几乎！"伯和揽镜，自叹形色。凡寓公贫士，邻里细民，辄周急赡乏。遍交士大夫之贤者，慕孔北海，座客常满，尊酒不空，终日高会开宴，诸伶毕至。以故闻见博有，声誉益彰。无何，张氏据姑苏，军需征赋百出。昔之吝财豪户，破家剥床，目不堪睹。伯和优游衡茅，教子读书，幅巾筇杖，逍遥乎林麓之间，泊如也。追忆曩时诸伶姓氏而集焉。……至正丙午春顽老子张择鸣善谨叙。②

邾经《青楼集序》：

商颜黄公之裔孙曰雪蓑者，携《青楼集》示余，且征序引。……窃维雪蓑在承平时，尝蒙富贵金泽，岂若杜樊川赢得薄倖之名乎？……时至正甲辰

---

① （唐）封演撰，赵贞信校注《封氏闻见记校注》，中华书局，2005，第101页。
② 孙崇涛、徐宏图笺注《青楼集笺注》，第34页。

六月既望观梦道人陇右郏经谨序。①

陶宗仪《南邨诗集》卷二《正月二十有六日，余与邵青溪、张林泉会胡万山、夏雪蓑、俞山月、高彦武、张宾旸于佘北，逾岭而南访陈孟刚，席上分韵得船字》：

桃源只在人间世，三老相逢莫问年。清昼喜陪多士集，紫霄只恐德星躔。香蒸云液行璃斝，花簇珍羞饤绮筵。一棹归来潮正落，溪头好似米家船。②

《南村辍耕录》卷二十八《解语杯》：

至正庚子秋七月九日，饮松江泗滨夏氏清樾堂上。酒半，折正开荷花，置小金卮于其中，命歌姬捧以行酒。客就姬取花，左手执枝，右手分开花瓣，以口就饮，其风致又过碧筒远甚。余因名为解语杯，坐客咸曰然。③

［笺］郑元祐《侨吴集》卷十《停云轩记》："松江夏颐贞名其轩曰停云。……颐贞自其上世已称善人，曾大父谦斋尝为杭州司狱，多所平反，未五十悬车杜门，人称长者。大父爱闲尤好学急义。尊父士贤甫能世济其美，朝廷旌以义门，用励薄俗。丙辰兵变，颐贞以道义名闻而室庐亦尽毁，幸而家人获仅完，以城北之泗泾有旧田庐也，徙家居之。虽兵后牢落，而奉亲延师，朋旧过从，靡间一日。至其读书积学，则收功倍于昔时，于以见乱离瘼矣，奠其适居，而君子不改其恒有若此？……至正戊戌冬记。"或谓夏颐贞即夏庭芝。（参王永宽、王钢《中国戏曲史编年（元明卷）》，中州古籍出版社，1994。）按《记》作于至正十八年戊戌（1358），文中提到的"丙辰兵变"必在此之前。然元代丙辰纪年为延祐三年（1316），下一个丙辰年为明洪武九年（1376）。"丙辰"应为丙申（至正十六年，1356）之误，所谓"丙辰（申）兵变"，指张士诚攻陷平江事。

张仲深《子渊诗集》卷一《题淞江夏伯和自怡悦斋》：

高人税尘鞅，嗜此林麓居。空翠眩微旭，石气陵玄虚。淑景秘莫测，协风与之俱。燕坐澹忘虑，素怀亦自摅。外物岂我婴，内境默有愉。所以君子心，廓然弥八区。愿持济时术，与云同卷舒。起作邦家霖，坐见民物苏。穷固自怡悦，达使俱欢虞。作诗慰高人，此意将何如。④

---

① 孙崇涛、徐宏图笺注《青楼集笺注》，第 20 页。
② 《四库全书》第 1231 册，第 602 页。
③ （元）陶宗仪：《南村辍耕录》，第 354 页。
④ 《四库全书》第 1215 册，第 311 页。

杨维祯《题夏伯和自怡悦手卷》：

  道人家住在云间，日日赖云相破颜。晓风不作巫峡雨，玉气浑似蓝田山。中岳外史见图画，三茅仙人应往还。我亦挂冠神武去，草堂归扣五云关。①

周德清

《录鬼簿续编》：

  周德清，江右人，号挺斋。宋周美成之后。工乐府，善音律。病世之作乐府有逢双不对、衬字尤多、文律俱谬者，有韵脚用平上去不一而唱者，有句中用入声、拗而不能歌者，有歌其字、音非其字者，令人无所守。乃自著《中州韵》一帙，以为正语之本、变雅之端。其法以声之清浊，定字为阴阳，如高声从阳、低声从阴，使用字者随声高下，揩字为词，各有攸当；以声之上下，分韵为平仄，如入声直促，难谐音调，故以韵之入声悉派三声，志以黑白，使用韵者随字阴阳，各有所协。则清浊得宜，上下中律，而无凌犯逆物之患矣。奎章虞公叙之以传于世。又自制为乐府甚多，回文、集句、连环、简梅、雪花诸体，皆作当世之人不能作者，有古乐府之风。《咏红指甲》云："朱颜如退却，白首恐成空。"有言外之意。切对有"残梅千片雪，爆竹一声雷。雪非雪，雷非雷。"皆佳作也。长篇短章，悉可为人作词之定格。故人皆谓："德清之韵，不但中原，乃天下之正音也；德清之词，不惟江南，实天下之独步也。"信哉，信哉！

虞集《中原音韵序》：

  德清留滞江南，又无有赏其音者！方今天下治平，朝廷将必有大制作，兴乐府以协律，如汉武、宣之世。然则颂清庙，歌郊祀，摅和平正大之音，以揄扬今日之盛者，其不在于诸君子乎？德清勉之。前奎章阁侍书学士虞集书。②

李祁《云阳集》卷四《周德清乐府韵序》：

  高安周德清，通音律，善乐府，举沈氏之书而洗空之，考其源流，指其疵缪，特出己见，以阴阳定平声之上下，而向之东、冬、钟、江等韵，皆属

---

① 《铁崖先生诗集》甲集，孙小力校笺《杨维祯全集校笺》第3册，第821页。
② 《中国古典戏曲论著集成》第1册，中国戏剧出版社，1959，第174页。

下平。以中原之音，正四方之音，而向之混、缓、范、犯等字，皆归去声。此其最明白而易见者，它亦未暇悉论也。盖德清之所以能为此者，以其能精通中原之音，善北方乐府，故能审声以知音，审音以类字，而其说则皆本于自然，非有所安排布置而为之也。①

《暇堂周氏宗谱》：

德清，和公三子，行七。字曰湛，号挺斋。宋端宗景炎丁丑十一月生。著有《中原音韵》行世。学士欧阳元（玄）、虞集等赞其词律俱优，同志罗宗信、琐非复初各序其妙。邑乘载《文苑》。元至正乙巳卒。享年八十有九。……配姒胡氏，生卒未详，同葬鳌香岭校椅山。子一：谦。②

周德清【南吕·一枝花】《遗张伯元》散套【梁州】谓，"我淹吴楚，君显江淮。"

[笺] 黄玠《弁山小隐吟录》卷一《华亭教谕张伯元归钱塘》："恻恻重恻恻，舟舵动行色。岁晚念尊亲，华亭有归客。琴清孤月白，酒尽众山碧。楼阁倚高寒，江空帆影侧。"

[附] 罗宗信

周巽《性情集》卷六《大隐楼为妹夫罗宗信赋》：

卜居栖迹在城南，朝市纷纭不肯谈。树下鹤归唯见一，花前凤舞自成三。窗含远岫明如玉，槛俯长江秀似蓝。身在耆英图画里，酡颜日日带春酣。③

《石渠宝笈》卷十四《五代胡瓌番马图一卷》引：

余幼年居汴中，及长，宦游维扬，闻老成士大夫评品图画，尝闻有胡瓌《番马图》。后遇郑秋圃左丞与曹克明尚书，议及此卷，云见今在西台治书宋本家所藏，然虽闻之熟，而未尝见也。今年夏，余来庐陵，过道友罗宗信先生，出示一卷，展卷尺许，余视之曰："斯卷也，其非胡瓌《番马图》欤？"罗公抚掌大惊曰："请观至卷末即知之矣。"图穷，见郭雍所题，似韩文公画记，文亦不让古人，果如余所识不缪。……宗信道友获此图，未易得也，子孙云仍永宝之。洪武六年癸丑十有一月二十五日，东平兀颜思敬跋。④

---

① 《四库全书》第1219册，第672页。
② 转引自宁继福《中原音韵表稿》，吉林文史出版社，1985，第1页。
③ 《四库全书》第1221册，第37页。
④ 《四库全书》第824册，第382页。

兰楚芳

《录鬼簿续编》：

兰楚芳，西域人。江西元帅，功绩多著。丰神秀英，才思敏捷。刘廷信在武昌，赓和乐章，人多以元、白拟之。时有名姬刘婆惜，筵间切脍，公因随口歌【落梅花】云："金刀利，锦鲤肥，更那堪玉葱纤细。"刘接云："得些醋来风味美，试尝俺这家滋味。"才子佳人，诚不多见也。

[笺] 杨朝英《阳春白雪》以【双调·寿阳曲】"金刀利，锦鲤肥"小令属李寿卿。《全元散曲》从之。

谢应芳《龟巢稿》卷十三《方外交疏贺兰楚芳住法济寺》：

某人学有渊源，名扬湖海。虎阜蔼腾云之气[1]，在昔与教藏通灵；蛟溪响流水之声，至今效分座说法。道将行矣[2]，人皆仰之。西排湾重见珠林，东印土俱成宝地。陶彭泽入远公社，更不劳沽酒见招；韩昌黎听颖师琴，自肯为赋诗相赠。忘形缁素，同志清高。①

[校] [1]"腾"，《四部丛刊》影印江安傅氏双鉴楼藏钞本作"胜"，从四库本改。[2]"矣"，《四部丛刊》本作"欤"，从四库本改。

全子仁

《录鬼簿续编》：

全子仁，名普庵撒里。高昌家秃兀儿氏。元赣州路监郡。资性聪敏，风流潇洒，时人莫能及也。其居官声名赫然。

《青楼集·刘婆惜》：

乐人李四之妻也。江右与杨春秀同时。颇通文墨，滑稽歌舞，迥出其流，时贵多重之。先与抚州常推官之子三舍者交好，苦其夫间阻，一日偕宵遁，

---

① 《四部丛刊》三编影印抄本；《四库全书》第1218册，第247页。

事觉，决杖。刘负愧，将之广海居焉，道经赣州时，有全普庵拨（撒）里，字子仁，由礼部尚书值天下多故，选用除赣州监郡，平昔守官清廉，文章政事，扬历台省，但未免耽于花酒。每日公馀，即与士夫酬歌赋诗，帽上常喜簪花，否则或果或叶，亦簪一枝。一日，刘之广海过赣，谒全公。全曰："刑馀之妇，无足与也。"刘谓阍者曰："妾欲之广海，誓不复还，久闻尚书清誉，获一见而逝，死无憾也。"全哀其志，而与进焉。时宾朋满座，全帽上簪青梅一枝行酒，全口占《清江引》曲云："青青子儿枝上结"，令宾朋续之。众未有对者，刘敛衽进前曰："能容妾一辞乎？"全曰："可。"刘应声曰："青青子儿枝上结，引惹人攀折。其中全子仁，就里滋味别，只为你酸留意儿难弃舍。"全大称赏，由是顾宠无间，纳为侧室。后兵兴，全死节，刘克守妇道，善终于家。①

《元史》卷一九五《忠义传》：

全普庵撒里，字子仁，高昌人。初为中书省检校，时太师汪家奴擅权用事，台谏无敢言者，普庵撒里独于众中历数其过，谔谔无惧色。拜监察御史，即首劾汪家奴十罪，乃见黜。然而气节益自振，不以摧衄遂阻，历诋权贵，朝臣莫不畏栗。出为广东廉访使，寻除兵部尚书。未几，授赣州路达鲁花赤。至郡，发摘奸恶，一郡肃然。至正十一年，颍州盗起，即修筑城垒，旬月之间守御之具毕备。于是发公帑，募勇士，得兵三千人，日练习之，皆可用。属邑有为贼所陷者，往往遣兵复之，境内悉安。十六年，以功拜江西行省参政，分省于赣。十八年，江西下流诸郡皆为陈友谅所据，乃与总管哈海赤戮力同守。友谅遣其将幸文才率兵围赣，使人胁之降。普庵撒里斩其使，日擐甲登城拒之。力战凡四月，兵少食尽，义兵万户马合某沙欲举城降贼，普庵撒里不从，遂自刭。事闻，朝廷赠谥曰傲哀。哈海赤守赣尤有功，城陷之日，贼将胁之使降，哈海赤谓之曰："与汝战者我也，尔贼毋杀赣民，当速杀我耳。"遂见杀。②

危素《大元故翰林学士承旨光禄大夫知制诰兼修国史圭斋先生欧阳公行状》：

弱冠下帷，数年人莫见其面，经史百家靡不研究，伊洛诸儒源委，尤所淹贯。间至郡城，宪使涿郡卢公挚见公仪表，及观所为文，大器重之，相与

---

① 孙崇涛、徐宏图笺注《青楼集笺注》，第213页。
② （明）宋濂等：《元史》，第4413页。

倡和，留连不遣去，荐为宪史，力辞不就。大德元年，母李氏大夫人卒，居丧，哀毁致疾。……初公有子，皆早卒，复以弟彭年之子达老为嗣，［后至元］六年二月卒，公哭之过哀，旧疾复作，乞还乡里，携柩返葬。近臣以闻，上深念之，即日遣奎章阁典签全普庵撒里赐内酝二尊，追至临清，勉谕谆切。不克辞，复还，拜翰林学士、资善大夫、知制诰、同修国史。①

金元素《题全子仪同知军功，其兄子仁参政与予同官秋曹，故并及之》：

　　高昌公子爱操戈，欲制鲸鲵静海波。看取他年麟阁上，大参勋业共嵯峨。②

周霆震《石初集》卷三《郁孤骢马行》：

　　粤自壬辰寇兴，不睹风宪之巡历五年矣。御史监察阿思兰南来，列城想望风采。既而贪侈日甚。廉、马二监察按临广东，留郁孤以待，参政全子仁佐之，发其奸，籍舟载黄金千，凡黩货之物具载日录，委官押赴洪都，以俟命下。忠愤之士相与赋诗，以戒来者云。

　　郁孤台前江水深，绣衣驰传千黄金。翻然按剑起同列，如见咫尺天威临。郡中新参全太守（原注：子仁由郡守升参政），捕起龙蛇恒赤手。从容杯酒示先机[1]，谈笑拾之如拉朽。五年群盗糜东南，百城黩货春梦酣。堂堂宪府卿相列，讵意僚属藏奸贪。送官槛连锁昼寂，夹道传呼记来日。君恩可负天可欺，投畀北荒豺不食。浊河一滴玷济流，共器那得全薰莸。当官而行义所激，此举庶减台端羞。小儒初心思许国，万事无成头已白。笺天愿赐秋风高，吹送霜威遍南北[2]。③

［校］［1］"机"，原作"几"，从四库本、《豫章丛书》本改。［2］"霜"，《豫章丛书》本作"天"。

《石初集》卷五《海全二参政》：

　　弃舟穷走计全驱（原注：全），力战凭城志扫除（原注：海）。身死不殊心死异，海全他日付谁书。④

---

① 《圭斋文集》卷十六附录，《四部丛刊》影印明成化刊本。
② 《全元诗》第 42 册，第 335 页。
③ 《四库全书》第 1218 册，第 475 页。
④ 《四库全书》第 1218 册，第 497 页。

《石初集》卷五《都事吴不都剌》：

部伍相残不敢呵（原注：林伯颜武端被杀），美人雪洞夜酣歌（原注：舟中宴居名雪洞[1]）。到头误国均遗臭，只为高昌不可和。（原注：全子仁，高昌人，其志专在吞吴，恐其成功。）①

[校][1]"宴"，原作"寓"，从四库本、《豫章丛书》本改。

[笺] 郭钰《静思先生诗集》卷下《雪洞为吴八都剌都事赋》："船拓粉窗虚，丹青不用涂。晴波涵贝阙，寒月浸冰壶。旗舞鱼惊电，灯明龙玩珠。红尘飞不到，深坐按兵符。"

《石初集》卷四《全参政九日宴僚佐城西神冈，参谋万德躬赋诗五首，用韵寓情》：

画省凝香被羽林，赏心宁许二毛侵。闾阎侧听歌谣起，父老争看荣戟临。霜露黄花留岁晏，江湖白雁待秋深。宴阑归骑营门夕，凉月纷纷落醉襟。

能赋登高幕府亲，深秋过雨绝飞尘。山城驿路黄柑富，水寨人家白粲新。歌舞多非前日境，交游半是异乡人。通商近喜官盐集，不比西都巧算缗。

如云冠盖此高攀，千载龙山季孟间。犀箸驼峰传翠釜，银罂春色照苍湾。歌姬拥醉翻腔误，才士争先觅句艰。只有相如欣授简，兴来无物不相关。

兰台无分珮珊珊，断垄平冈自往还。避地乱来犹有酒，放怀高处不须山。参差红树西风外，明灭青烟落照间。何日远寻方外友，却随紫气出函关。

曾向凌波赋袜尘，绝交近日愧钱神。百年抚事皆陈迹，四海知心几故人。山借衣冠违世浊，天留蕊菊贷秋贫。偶寻五柳先生传，自觉年来懒是真。②

《石初集》卷四《书所见》：

正月十八夜，全参政军中告变，缚致都事哈剌台、小镇抚阿思兰不花，万户张定住将戮之。十九日昧爽，其麾下拥众扼全舟，胁取二人入城，闭关，纵兵大掠，全由此失势。四月二十七日，吴员外部将明塔普台潜蓄异志，忌同列林伯颜武端枭勇，挟诈杀之，污以谋逆，吴不能制。又参政军令：丧马一匹，偿白金一百两，是蓄不战之马也。

百金战马厩中屯，部伍酣歌彻晓昏。牙帐黑风枭突起，营门白昼虎相吞。史徒富躐官曹位，厮养威联士族婚。天下纷纷宁有此，我军成败不须论。③

---

① 《四库全书》第1218册，第497页。
② 《四库全书》第1218册，第489页。
③ 《四库全书》第1218册，第491页。

《石初集》卷十《附录萧彝翁碑阴》：

吾不识卢景宣，其先山东人，随父来南，父殁于官，贫甚，事母以孝闻。一日，于友生晏彦文家阅夏道存所撰《萧彝翁墓志》，彦文从旁叹曰："厚哉，卢景宣！微斯人，彝翁不传矣。昔受学于彝翁，参政全子仁讨红巾时，辟彝翁行军参谋。全贪暴自用，彝翁具员耳。戊戌，城陷，全奔赣，彝翁义不辱，约录事张元祚同死。张降，彝翁一再赴学宫井死，葬读书台下，逼近城墙。阅十有五载，发卒修城，景宣客镇守军帅欧氏，大惧侵没，请于欧，令卒伍物色访求，得之草莽间。"①

[笺]《石初集》卷五《纪实》："戊戌夏五月之变，新郡守张元祚与全府参谋萧彝翁约同死。萧一再赴井，死读书台下，张竟降。振文堂上刃纵横，水陆旌旗瞬息更。俯伏献城新太守，笑谈赴井旧诸生。"

周巽《性情集》卷三《哀故参政全公子仁》：

南临郁孤台，白日忽已没。桓桓高昌公，回车奋馀烈。平生鹰扬姿，矢以须溅血。生既负主恩，愿以厉报国。拔剑杀二人，公回仗死节。魂招不可来，剑冷台前月。②

《性情集》卷四《陪全尚书子仁、冯高州子羽宴刘宏远江楼，子仁大书先得月楼四字且歌以美之，子羽作记，俾余赋诗，即席奉呈》：

昔年李谪仙，呼月醉南楼。尚书今夕宴，客有冯高州。坐邀刘颢清兴发，楼倚长江先得月。玉箫吹彻彩云留，声引凤凰来上阙。八窗玲珑风露寒，秋高银汉生微澜。团光未离沧海角，流彩已照虚檐端。尚书特笔高州记，飘飘颇有凌云气。毫翻云藻玉蛉干，袖拂天香金粟坠。醉歌窈窕邀嫦娥，满目飞光感兴多。仙人骑鹤遥相过，玉壶潋滟摇金波。不醉如此良夜何，吁嗟不醉如此良夜何。③

陈谟《海桑集》卷八《萧晋兄弟哀辞》：

晋及其弟履自上世皆居西昌州城之东匡山之下。……至正十一年，所在兵起，晋、履谋曰："自为一国，以待四方之清，徐择所归，豪杰见也。"遂受监州达侯命入匡山，起乡兵，得自制州之地三一焉。起援傍邑，若大府、

---

① 《四库全书》第 1218 册，第 531 页。
② 《四库全书》第 1221 册，第 20 页。
③ 《四库全书》第 1221 册，第 23 页。

若外郡，无出不捷。晋阔略任侠，尤鄙小廉曲谨。遇不可意，爱一茗一勺；至急义，即倾家为之。诸有警，第承州府命，朝至夕行，军赏饷需并出己，无所轩轾。是时，有仕而不得上者，侯以西乡委之，费一毫以上皆取于州，以故州之常赋义财尽归西乡，而晋仅得擅有东乡。兄弟常以私帑足军用，州之屡危而卒赖以完者，晋、履力也。呜呼，孰知侯死而晋竟以是颠覆其家耶！高昌全普庵萨里奉旨征袁，次泰和，用怨家言，将夺晋产而杀之。晋先几遁去，逮捕履及晋二子，杀而有其财，卖其孥。呜呼，晋又安知后祸之酷乃尔耶！[1]

《海桑集》卷九《书章贡城陷本末》：

　　至正十八年九月二十九日，赣州城陷，太守噶海齐为麾下所缚。伪兵入城者愤其久不下，燔劫为甚。又其将校不和，各自争功，先后入者屡燔屡劫，城遂并空，居民歼焉。始，元朝以江西省员外吴彦诚为吉赣总兵官，驻师吉安，其裨将明志高、林伯颜武端等皆骁勇过人，及伪朝总兵官陈平章既取江西，命宣尉熊、幸二人徇上流州郡。明志高首杀林伯颜武端等，需伪兵至，即以员外全军迎降。两伪宣尉既入吉安，即上志高款诚于平章。志高得爵赏为广东都元帅，仍部署兵甲，从幸公以取赣。至是城破，矜功愈骄，幸公杀之。噶海齐之守赣也，政尚猛烈，如雷电鬼神，不可测，不可近。伪兵之来，自恃必可守以固。是年八月，民间食尽，九月，军士食尽，城守益力。父老恳曰："食尽矣，如一城生灵何？"噶海齐曰："我受元厚恩，以守兹土，又申以江西参政宠命，国何负于我！尔父老完首领、保妻子，宜也，我固自有处。"然势益不支，则质伪兵一镇抚上城计事，屏帐前军校法昌等，乃与语。镇抚者，噶海齐亲且故也。法昌等曰："守谋降矣，降而不与军校谋，吾其死乎，不如先之。"二十九日，又语法昌等曰："尔率兵民血战，导我出城，尔等还，以城降，我入南中，以图兴复。"众私计曰："审然，吾安往耶？"遂就帐中缚取以降。至城外，不肯行，望见伪兵，大骂。伪兵挥刀，犹骂曰："逆天，逆天！"遂死之。幸公闻其死也，惊异惋惜不已。有全普庵萨里者，名晋（普），先噶海齐守赣，尤号酷虐。赣谢氏，其故也，怀宿憾，首没入之，谢自成丁以上，非远徙则狱死，且连逮其亲戚，没入者十七八家。至正十五年秋，由赣守升江西参政，特奉旨取袁州。十六年秋，始次泰和，

---

[1] 《四库全书》第1232册，第681页。

诬执萧绳武义士等十八人杀之,没入者又十馀家。会有旨,左迁九江都元帅,愤不赴。十七年夏,始次吉安。先勒大贾徐、李各献银万两,徐父子相断杖限死。征愈急,次及编户。时江西平章和尼齐镇瑞州,便宜行事,以所降九江都元帅宣命符印,遣使者即吉安授晋。晋戒逻舟拒诸境外,使者畏威而走。及再至三至,终不受。十八年五月,伪兵至,晋仓卒弃其师,单舸装其妇女宝货还走赣。噶海齐拒不纳。逮伪兵压城,始纳之。是日,先为帐下玛哈穆特、沙图鲁卜岱等所杀,法昌持其首遍徇城中,然后缚噶海齐出焉。

……若全晋(普)者,其无君之罪,上通于天。征讨,重事也,则奉诏再期而不发。出师,毒众也,则所至歌舞以为娱。左迁,示罚也,则肆为拒命而愈纵恣。没入大家而不以闻,杀戮良民而滋以蔓。使元之君权不丧,赏罚略行,市朝之肆,岂足多哉!有如伪兵至吉,奋举其众,一战而死,犹足尽盖前愆。必不能然,引决自尽,不尚有辞乎?不勇于征袁而勇于走赣,不死于勤王而死于依人。观其崎岖道间,羁旅栖屑,残杯冷炙,何其悲耶!①

王礼《麟原文集》前集卷一《赣州路总管府判官王侯纪勋碑》:

兵部尚书全公以选牧兹郡,文武并用,声威赫然。越二年,为至正壬辰,蔡颖(颍)流毒江右,扼于吉安,间道由抚以窥赣。四月据宁都,于是府判官奉议王侯分兵讨之。②

《麟原文集》前集卷四《远烟空翠亭诗后序》:

右《远烟空翠亭诗》若干首,参政全公与其宾从咏监郡一轩公投老之胜也。一轩公昔监章贡,得坝上为游观之地,及参政公牧兹郡,游而乐之,纳爽气于山间,揽秀色于江上,朝岚夕霏,引素缭青,不可殚状,遂字其亭曰"远烟空翠",诚一郡之胜概也。③

[笺] 邵启贤《赣石录》卷二收录《咏龙虎岩》诗:"悬崖生出石廊堂,不似红尘修造忙。正说通天影无迹,月明三尺透岩光。白云推出通天岩,我与竹为三共闲。夜静乾坤俱入眼,月华清气逼人寒。"末署:"静斋"。《赣石录》编者云:"至正壬辰重九日,监郡尚书全公静斋燕集于吸江亭。时省属铁天泽、王至刚,掾史胡宗志、李希颜,宪史全仲达,前监郡一轩,郡幕长杨子文,府史邹孺,文学曾恕、萧彝翁、范诚陪燕。"《全元诗》

---

① 《四库全书》第 1232 册,第 695 页。
② 《四库全书》第 1220 册,第 362 页。
③ 《四库全书》第 1220 册,第 388 页。

根据《赣石录》所记"全公静斋"于至正十二年壬辰（1352）任赣州监郡（达鲁花赤），与全子仁身份相合，谓"此全静斋应是全晋"。可信从。

《麟原文集》前集卷七《雩都沈县尹祠堂记》：

至正十三年，淮孽蔓延江右，效死勿去者，李江州一人耳。……兵部全公之牧赣也，以忠义固人心，以公正为民望，故埔壑独完，思欲风厉有官君子以报国素矣。①

《麟原文集》前集卷四《赠会昌常侯方壶序》：

湘江赖惟贤侨寓雩山之阳，时过从宴语，偶及今之为政者，惟贤作而叹曰："若吾州常侯，真百一者也。曩全公牧赣时，于侯敬爱不解，常语左右曰：'古有建功绝域、垂声来世者，今伊迩洪省，音耗窅如，欲单舸中流往觇侦之，谁足办者？'咸曰：'非侯莫可使者'。"②

《麟原文集》前集卷八《真定张氏乐丘表》：

时参政全普庵萨里留赣，遣宁都州尹杨钧、州判兰生，领众五百驻皂口，意在季安，而未敢入，季安亦疑之。君唊以甘言，且曰："二人吾友旧也，愿借季安一羚二卣，侑欢嫒一人，吾往与接，殷勤觇之。"驿舫留此，季安以二价从。我因得其情矣，遂至皂口与杨、兰相劳苦。饮酣披腹心，出全公擒伪尹，特勒宗从旁目及焉。明日回邑中，令勒宗语季安，我不欲数露形迹，向晚大尹可来商之。凤戒烝徒曰："刘尹至，吾舟烛灭，即离岸发橹矣。"至昏，季安从数人至。君请尹登舟，而约其从谓谋不可不密也。已而烛灭，舟开顺流如箭，瞬息抵快阁矣。达侯闻之惊倒，万安归正。全公闻而叹曰："吾遣二人领五百众以往，乃不如鹏举一人。使我得一二如鹏举者，何所不济乎。"③

杨士奇《东里文集》卷十八《王竹亭先生墓志铭》：

泰和王竹亭及其弟子启两先生，正学笃行，高风直节，表表乎大江之西。……竹亭先生讳沂，字子与，竹亭其别号。幼读《孟子》，即知辨于义利。稍长，刻厉学问。……元季，江西参政全普庵撒里守赣州[1]，礼遇先

---

① 《四库全书》第1220册，第417页。
② 《四库全书》第1220册，第392页。
③ 《四库全书》第1220册，第428页。

生，辟为行省照磨，又承制授吉安路治中，俱不受。①

[校][1]"全普庵撒里"，四库本作"沁布阿咱尔"，从《四部丛刊》本《明文衡》改。

梁潜《泊庵集》卷八《竹亭王先生行状》：

先生讳沂，字子与，竹亭盖所居之号，而学者因之以号于先生者也，姓王氏。……元季衰，科目废矣，至正癸巳，江西行省参政全普庵撒里分省赣州，乃复设科取士，遂以《易》经领乡荐。属四郊多垒，道阻塞不通，行省上其名京师。时元储抚军得便宜授官，为恢复计，命下，抚军院授福建行省照磨，不赴，寻授亚中大夫、吉安路治中，亦不受，未几而江西陷没，时戊戌夏也。②

《泊庵集》卷十一《曾伯昂墓志铭》：

公讳颙，字伯昂，本刘氏，其八世祖利宾后于曾氏，故遂姓曾。世家邑之荷山。……元末盗起，散金帛，聚乡兵以捍守一方，民赖以安。时江西行省参政全普提出兵守赣，闻公名，辟佐戎幕。然群盗日起，而普方沉酣于声色，公知其不足有为也，遂托疾徒步归荷山。③

宋濂《宋学士文集》卷六十四《芝园续集》卷四《故岐宁卫经历熊府君墓铭》：

君讳鼎，字伯颖，姓熊氏，抚之临川人，世以《尚书》教授于乡。……时江西寇渐起，所在扰溃，不可为职，诸郡师守知君练筹略，往往延问军政。君亦以拯民自任，悉心力为之计。赣郡帅全普庵撒里尤器君，命君择险隘为守御备。君于皇恐、大蓼诸滩设坑阱，建砦栅，构屋三千馀间，结民兵自守，由是赣独完于他郡。④

杨士奇《东里文集》卷二十《孝子曾先生改葬志铭》：

泰和有孝子曰曾元友先生。……元友先生讳鼎，元友其字，晚更字有实。……元季，红巾寇猝掠泰和，先生独负老母出走。……未几，江西行省

---

① 《四库全书》第1238册，第207页。
② 《四库全书》第1237册，第347页。
③ 《四库全书》第1237册，第390页。
④ 罗月霞编《宋濂全集》，第1531页。

参政全普庵萨尔辟为濂溪书院学正，遂迎母就养。全死，奉母归。①

王礼《麟原文集》后集卷三《钟子温吟稿序》：

因忆曩岁尝从参政全公幕下，与杨君伯谦夜论诗道。②

《麟原文集》后集卷十《元故梅洲居士王公行状》：

至正庚寅，礼忝举于乡，先君深以为喜，曰："庶几不愧世科矣。"……后礼参谋军中，深入蛮县，招抚狪獠，向义安业，时参政公全普庵萨里及噶海齐便宜行事，版授礼兴国县主簿。越明年，改授广东宣慰使司都元帅府照磨。③

王沂《伊滨集》卷十一《〈黄堂东夜词二首〉呈全子仁大参》：

帘底移琴锦帐张，梅花枝上月如霜。羽书忽报诸州捷，敲折珊瑚一寸长。茜色纱笼绛蜡残，绮窗斜月转雕阑。当筵赋得阳春曲，唤取银筝按拍弹。④

解缙《文毅集》卷十二《萧君师文墓表》：

元参知政事全子仁，承制授［师文］主簿，不拜。……守吉安者，才一梁克中，尚完城数年，师文等不为无力也。……予因萧氏，重有感于吉士多忠义，又重有感于《宋史》之缪也。考之《元史》，又独著《全子仁传》，而梁克中无之。岂知子仁极不足道，骄淫不事事，无智略，其死为人所逼，非得已者，缪得美名，不如梁克中，更不如萧氏兄弟也。而隐显若此，可胜叹哉！⑤

《文毅集》卷十四《中议大夫吉安路总管刘明道神道碑》：

俄升吉安路治中兼义兵万户，时江西行中书省距吉安上下五百馀里，内多寇兵劫掠，乃遣从弟成治兵江西，防遏上下五百馀里肃然，岁荐饥，所活甚众。参政全普庵撒里、都事吴伯都剌皆总兵分省于吉，漫不事事，惟公是倚，孤军血战，屡建奇功。……伪汉主陈友谅遣其大将熊天瑞盛兵来攻，与之力战，几获天瑞，吴伯都剌遣其将搭普来援，反降之为先导。公军稍却，

---

① 《四库全书》第1238册，第231页。
② 《四库全书》第1220册，第483页。
③ 《四库全书》第1220册，第537页。
④ 《四库全书》第1208册，第480页。
⑤ 《四库全书》第1236册，第777页。

天瑞即长驱上流，全普庵撒里、吴伯都剌宵遁，众大溃。①

郎瑛《七修类稿》卷十六《伯颜子中传》：

　　伯颜，字子中，世家西域，其祖父宦江西，因家焉，遂为进贤人。幼读书，即通大义，稍长，无所嗜好，惟耽玩典籍，手不释卷。……壬辰兵兴，省臣以便宜授赣州路知事，升经历，时参政全普庵撒里、哈海赤守赣，以伯颜学行醇正，议论激烈，可与有为，以为都事。戊戌，陈友谅陷江西，遣兵围赣，参政命伯颜率壮士百人出，收援兵于邻郡，将行，誓众曰："苟为自全之计者，愿受不测之诛。"②

林弼《林登州集》卷五《赣州嘉济庙用王编修韵》：

　　水落双江见底清，官船东下石滩平。五龙山远环遗庙，千雉云高接石城。人去睢阳空有像（原注：元守臣全子仁、海青臣皆死节，庙有像），将归岭表尚留名（原注：汉灌婴伐佗，神示以克捷之兆，旧碑有纪）。沙头候吏休相促，吟傍梅花句未成。③

刘三吾《坦斋刘先生文集》卷下《追挽海清臣、全子仁两尚书二首》：

　　郁姑台下战多时，变起萧墙遂不支。杞子方通北门管，汉家已拔赵军旗。孤忠不遂尚书志，一死惟期圣主知。想见江东桥上路，至今犹自血淋漓。

　　百年养士得斯人，一旦濒危遂杀身。独擅材名无与匹，共摅忠义有同寅。生为海内风流伯，死作虔中社稷臣。二老英灵俱未泯，好为双庙大江滨。④

萨都剌《雁门集》卷八《和全子仁》[1]**：**

　　毗陵公子醉昏昏[2]，白面迎风散酒痕[3]。几度小红楼畔月[4]，有人吟倚掩重门[5]。⑤

[校] [1] 诗题，《元诗选》注："一作《戏友人》"。[2] 昏昏，《元诗选》注："一作醺醺"。[3] "散"，《元诗选》注："一作向"。[4] "畔"，《元诗选》注："一作上"。[5] "吟倚"，《元诗选》注："一作银烛"。

---

① 《四库全书》第1236册，第810页。
② （明）郎瑛：《七修类稿》，上海书店出版社，2001，第167页。亦见朱善《朱一斋先生文集》前集卷六《伯颜子中传》。
③ 《四库全书》第1227册，第48页。
④ 《四库全书存目丛书》集部第25册，第165页。
⑤ 《中华再造善本》影印明成化二十年张习刻本；（清）顾嗣立编《元诗选》初集，第1234页。

金元素

《录鬼簿续编》：

　　金元素，康里人氏，名哈剌。故元工部郎中，升参知政事。风流韫藉，度量宽洪，笑谈吟咏，别成一家。尝有《咏雪》【塞鸿秋】，为世绝唱。后随元驾北去，不知所终。

刘仁本《南游寓兴诗集序》：

　　蚤岁掇高科、陟膴仕，自试县绰绰有馀，会朝廷始辟天官司绩署，首擢置之。继拜中台御史，奋身抗志，言事忤时，出任淮东宪贰。既又遭陑阻路，浮江涉海，持节开藩阃，为东南防御。……凡感于胸臆者，悉发为诗歌。匪惟兴趣之寓，舀其郁结而已，且忠贞慷慨家国之忧，蔼然言表。……余闻君伯氏中丞石田公以诗文名当世，黻黻明堂清廓，能一变前代尘陋之习，为后来矜式。是编殆又家学有所受欤？君雍古人，名哈剌，其先赐姓金氏，世居燕山，自号葵阳老人。历扬中外，今拜江浙行中书省参知政事。有子名瑶同、元同者能诗。至正二十年庚子腊月朔日，奉训大夫、江浙等处行枢密院判官天台刘仁本序。①

　　[笺]《元史·百官志八》："至正元年四月，吏部置司绩一员，正七品，掌百官行止，以凭叙用阴袭。"

赵由正《南游寓兴集序》：

　　佩虎符印章，锡万石职，监漕运，镇海邦，泛舟南下。……至正戊戌冬十一月，余归自京，次年夏四月，拜公于黄山，公由防御都元帅，寻升闽省参国矣。……公之寓兴于诗也，词语平和，意趣高淡。不习乎体制之崛奇，不尚乎章句之雕琢。忠愤激烈，意在言表。……公莆林人，名哈剌，字元素。乃祖有功于国，赐姓金氏，葵阳其自号也。时改江浙政垣，仍兼防御云。后三年庚子四月朔，国子进士、福建等处行中书省左右司教学浚仪赵由正元直谨识。②

---

① 《南游寓兴诗集》卷首，现藏日本内阁文库。
② 《南游寓兴诗集》卷首，现藏日本内阁文库。

《成化中都志》卷六《名宦·临淮县》：

哈剌，字元素，赐姓金。也里可温人，赐进士出身。至顺间为钟离县达鲁花赤，能反冤狱，政为诸邑最。濠州学正曾好问为著碑。累官廉访金事、江浙行省左丞，拜枢密院使。①

[笺] 叶恒任余姚州判时，治理海堤以防水患，深为州人爱戴，当世名公对此事多有歌咏记述，其裔孙叶翼将诸文辑成《余姚海堤集》四卷。卷首有陈旅所作《余姚州海堤记》，石堤完成于至正元年（1341），记文则作于次年，时陈旅官国子监丞，乃"州士杨瑛以教官调选京师，致其长老之言以求记"。记云："叶君，鄞人，字敬常。国子生，释褐授是官。在成均时，余忝师属，最相亲，能深知之。"（《四库全书存目丛书》集部第 289 册）《余姚海堤集》卷末有《后序》一篇，其记载："在元之天历间，四明叶侯敬常由太学释褐，得为是州判官。"借助这两条材料，知叶恒出身国子监生，天历年间进士。考《元史·文宗本纪》，天历年间仅三年（即至顺元年，1330）三月廷试进士，赐笃列图、王文烨等九十七人及第、出身有差。则叶恒天历三年由国子监生身份及第，授余姚州判。《余姚海堤集》卷四收录金元素题诗，署款："荕林金哈剌元素"。诗首联云："送行曾记午门西，官佐余姚入会稽。"据刘仁本《南游寓兴集序》及《成化中都志》，金元素为天历三年进士，及第后首任钟离县达鲁花赤，既而为司绩署司绩。司绩署始设于至正元年，金元素任司绩应是在该年。金元素与叶恒当同出身国子监，师从陈旅，同年进士，"州士杨瑛以教官调选京师"，求陈旅为叶恒治理海堤事作记时，应也谒请了同窗、同年金元素赋诗歌咏。

欧阳玄《刑部主事厅题名记》：

国家自分设六部以来，刑部置主事三员。天下刑名功过之事，主事与尚书等官集议而可否之。旧题名附于部官。至正四年，荕林哈剌元素、辽西王时本中、博平皇甫玠子锡，同以科第致身，擢为是官。于是，本部斯文纪载之典，备举于一时。②

《万历杭州府志》卷九《会治职官表二·江南浙西道肃政廉访司金事·世次无考》栏有哈剌，注云："也里河（可）温人。"③

释来复《澹游集》卷上：

哈剌，字元素，荕林人。至顺庚午笃烈图榜登进士第。历仕至监察御史、

---

① 明弘治刻本。
② 北京图书馆善本组辑《析津志辑佚·朝堂公宇》，北京古籍出版社，1983，第 30 页。
③ 明万历刻本。

淮东廉访副使、江浙行省左丞。有《玩易斋集》《南游寓兴集》行于世。①

刘诜《桂隐文集》卷四《书曾成玉所贽前御史哈喇〈召觐图〉及所贽诗后》：

今廉访监司哈喇公，禀天地刚正之气，负霜雪凛冽之操，其立中朝，抵排权贵多矣。近岁为御史，又以直言劾奏大臣，坐是远贬南荒。所过道路无敢亲比之者，独庐陵曾成玉作诗遮见，追送不惮远，可谓有义气矣。……今又为诗百咏，以见公志。②

刘仁本《羽庭集》卷二《海上寄金防御》：

星驰羽檄下天台，又督舟师海上来。虎豹旌旄拂河汉，鲸鲵楼观接蓬莱。一声铁笛云雷动，万叶蒲帆风雨开。回首故人双阙下，招邀明月坐琼台。③

《羽庭集》卷二《次金防御越上韵》：

渡江风雨客奇哉，越上新诗马上裁。封禅千年秦望在，风流一曲鉴湖开。娇施已入吴宫去，太史曾探禹穴来。更有何人识奇字，曹娥古碣锁莓苔。④

刘仁本《次金防御过海门韵》：

几年霜简凤池秋，又向金鳌海上游。大拜已知天上意，此行端为国分忧。酒酣剑气冲星斗，歌发潮声满柂楼。却忆旧时持节处，淮南烟雨暗扬州。⑤

刘仁本《羽庭集》卷一《贺金元素拜福建省参政仍兼海道防御》：

玄灵忽中激，四起波澜狂。河源溢故道，淮泗乃滥觞。大江沿西下，浼漫泛沅湘。浙水注东溟，安流稍不扬。苍生思济涉，孰作巨川航。金君将相材，起身自文章。时危多武备，帝命出御防。三年持节钺，四境民乐康。回澜砥砫石，心赤葵倾阳。豚鱼既孚信，豺鳄俱遁藏。喜今膺大拜，擢置居岩廊。匪惟天意眷，允惬民心望。旌旗障海上，照耀闽南荒。大厦屺将构，环材须栋梁。车攻能复古，东姬期载昌。向来弭节地，晖烛有馀光。⑥

---

① 《续修四库全书》第1622册，第219页。
② 《四库全书》第1195册，第200页。
③ 《四库全书》第1216册，第36页。
④ 《四库全书》第1216册，第31页。
⑤ 《永乐大典》卷三五二六引，《全元诗》第49册，第272页。
⑥ 《四库全书》第1216册，第7页。

《万历杭州府志》卷九《会治职官表二·元江浙行省左丞·世次无考》栏有哈剌,注云:"也里河(可)温人。"

释来复《蒲庵集》卷三《次韵金左丞送妙峰居士》:
身着仙人紫绮袍,澹然林下喜相遭。白翎一曲秋风起,吹落蛟门八月涛。①

释来复《夜宿大慈山次金左丞韵》:
南渡招提觅旧游,层台高出翠微幽。白河影落千峰晓,碧海寒生万壑秋。月满诸天云叶散,风清大地雨花稠。人间有路通兜率,莫问仙家十二楼。②

贾实烈门《奉次金左丞游大慈[山]诗韵》:
东湖湖上放船游,路入大慈山更幽。薛荔月凉猿啸夜,菰蒲水暗雁啼秋。每知燕坐禅心定,自笑劳生幻影稠。欲问三车未成往,独依天北望龙楼。③

月鲁不花《游大慈山过史卫王祠下,次金左丞韵一首》:
大慈名胜旧曾游,路转平湖景最幽。岩下珠璎时散彩,林间石马尚鸣秋。昔扶红日勋劳远,今见青山草木稠。把酒不须评往事,海风吹月上西楼。④

月鲁不花《余尝遣仆奉商学士山水图一幅为见心禅师寿,又尝与师同宿大慈山,和金左丞壁间所题诗韵,而师有白河影落千峰晓,碧海寒生万壑秋之句,故末章及之》:
慈云高阁起层阴,中有蒲庵老见心。海内才名通翰苑,江南声誉冠丛林。寄诗常愧刊文集,送画何烦赠屡金。前月清游得三友,寒生万壑最能吟。⑤

刘三吾《坦斋刘先生文集》卷下《寄呈存吾兄同年金元素右辖公二首,为丐先兄褒赠之文》:
兄到宣州才四月,只因抗节殒高城。文章坎坷生前遇,简册流传身后名。宁使诸孤当日恨,无惭同榜昔年盟。相君如念年家好,丐一褒文达帝京。

---

① 《禅门逸书》初编第 7 册,影印明洪武刊本,第 47 页;《全元诗》第 60 册,第 181 页。
② (明)释来复辑《澹游集》卷上,《续修四库全书》第 1622 册,第 268 页。
③ (明)释来复辑《澹游集》卷上,《续修四库全书》第 1622 册,第 259 页。
④ (明)释来复辑《澹游集》卷上,《续修四库全书》第 1622 册,第 268 页。
⑤ (清)顾嗣立编《元诗选》三集,中华书局,1987,第 324 页。

三十八年才两考,暮年宜郡最悲辛。三湘幸脱干戈险,一死终为社稷臣。前代忠贞耿相望,明时科举岂无人。海天隔断鸽原路,惟有临风泪满巾。①

[笺] 右辖,即中书省或行中书省右丞。《元史·百官志一》:"右丞一员,正二品;左丞一员,正二品。副宰相裁成庶务,号左右辖。"金元素所任乃江浙行省左丞,非右丞。按宋濂《故宁国路推官刘君墓志铭》,刘存吾名耕孙,存吾为其字,茶陵人。"年三十,中天历庚午(1330)进士第",则生年在成宗大德五年(1301)。殉难宣州之年,"寿六十",其时在顺帝至正二十年(1360)。存吾之弟寄诗于乃兄同年金元素,希望元素以地方官的身份向朝廷申请"褒赠之文"。诗题所以误称"右辖",可能是由当时道路阻隔、消息不畅所致,借此可以知悉金元素任江浙行省左丞的时间不会晚于至正二十年。

陶宗仪《书史会要补遗》:

哈剌,字元素,也理可温人。登进士第,官至中政院使。能文辞,其书宗巎止(正)斋。②

(高丽)权近《阳村先生文集》卷十五《赠金仲显方砺诗序》:

金海金君汝用,号筑隐,吾母党族也。初仕柏堂,材出众。癸卯之难,征兵交州,大为玄陵器重。其年,使宰相田公禄生修聘浙东,君为副,皆时之选也,浙东人称其知礼。既及,拜御史,历显秩,端介不阿。不久立于朝,归侍其亲有年矣。今来京师语予曰:"吾之奉使浙东也,文章钜儒若金公元素、张公翥、刘公仁本皆有诗文之赠,今已毁于兵燹矣。曩者人自日本来,得《羽庭稿》,即浙东刘公所著也,当时赠我诗在焉。所谓《赠东韩金筑隐》者是也。"……洪武十六年龙集癸亥良月朏。③

金文石

《录鬼簿续编》:

金文石,元素之子也。至正间,与弟武石俱父荫补国子生。因其父北去,忧心成疾,卒于金陵。幼年从名姬顺时秀歌唱,其音调清巧,无毫厘之差,

---

① 《四库全书存目丛书》集部第25册,第164页。
② 《四库全书》第814册,第809页。
③ 《韩国文集丛刊》第7册,韩国景仁文化社,1996,第167页。

节奏抑扬或过之。及作乐府，名公大夫、伶伦等辈，举皆叹服。

刘仁本《羽庭集》卷四《寄金防御令子文石》：

叨陪防御谈戎事，闻说成均令子材。白璧一双怀美器，黄金千仞筑高台。片云载雨江南去，孤雁传书海上来。准拟明年二三月，桃花浪暖听春雷。①

庄　麟

《录鬼簿续编》：

庄文昭，名麟。

朱谋垔《续书史会要》：

庄麟，字文昭。京口人。官县尉。能书画，宁献王评其书如霓旌烟驾，碧落空歌，飘然有凌云之气。②

庄麟《翠雨轩图》：

持敬以"翠雨"名其轩，诸名公为诗文题卷。余因随牒京师，与持敬会于朝天宫，出此卷索拙作。余尝观僧巨然《莲社图》，意度仿此，遂想像摹之，兼赋诗云："小径春阴合，方床午睡醒。坐怜苔锦绿，吟爱竹书青。煮茗仍联句，笼鹅可换经。人间尘土隔，莫望少微星。"江表庄麟。③

孙岳颁《佩文斋书画谱》卷三十七《书家传十六·庄麟》：

庄麟，字文昭。江东人，居京口。书画诗文亦婉雅，与郭畀齐名。④

释来复《蒲庵集》卷三《题庄文昭〈芙蓉山鹊图〉》：

黄陵祠下水淙淙，放棹曾经岣嵝峰。山鹊啼来风满竹，一江秋色看芙蓉。⑤

顾复《平生壮观》卷十"高棅"（下注：字廷礼，号高漫士）：

元世东南人士，皆以无声之诗寄其胸中磊落抑郁，故称有士气焉。庄文

---

① 《四库全书》第1216册，第54页。
② 《四库全书》第814册，第816页。
③ 《秘殿珠林·石渠宝笈合编》第3册，第519页。
④ 《四库全书》第820册，第508页。
⑤ 《禅门逸书》初编第7册，影印明洪武刊本，第48页；《全元诗》第60册，第183页。

昭、华以愚、王安道，载之画史。邵思宜、高漫士，无名而亦佳。然皆元世遗老也，犹存士气云。①

李开先《中麓画品·画品一》：

庄麟：如山色早秋，微雨初歇，娱逸人之心，来词客之兴。②

《中麓画品·画品四》：

庄麟、倪云林为一等。③

[考辨]

《元统元年进士题名录》"汉人、南人第二甲十五名赐进士出身，授承事郎"栏：

庄文昭，贯彰德路安阳县军户。《春秋》。字子麟。行一。年廿七，七月廿二日戌时。曾祖荣，祖德忠，[父]林县主簿，名思诚，母徐氏、罗杨氏。重庆下，娶李氏。乡试燕南第五名，[会]试第十三名。晋宁路同知。④

倪涛《六艺之一录》卷九十九《石刻文字七十五·都城隍庙碑》：

一碑立于元贞元年正月，韩从政撰文。一碑立于至正四年九月，余阙撰文，庄文昭书。⑤

权衡《庚申外史》：

[至正十年]，南阳总管庄文昭来言：本郡鸦路上有上马贼，百十为群，突入富家，计其家赀，邀求银为撒花。或劫州县官库，取轻资，约束装载毕，乃拘妓女，置酒高会三日，乃上马去。⑥

危素《危学士全集》卷五《送董景宁出守河间叙》：

河间，古大郡。……鲁郡王公致道，以兵部侍郎忧居于家，起守兹郡。兴学明教，号令整肃，期月之间，治效已著。朝廷于是颇信儒者之为可用，

---

① 《续修四库全书》第1065册，第453页。
② 《四库全书存目丛书》子部第71册，第837页。
③ 《四库全书存目丛书》子部第71册，第839页。
④ 《北京图书馆古籍珍本丛刊》第21册，第383页。
⑤ 《四库全书》第832册，第106页。
⑥ 任崇岳笺证《庚申外史笺证》，中州古籍出版社，1991，第54页。

非皆迂阔于事者。自后，工部侍郎平阳赵公宗吉、礼部侍郎庄公子麟，相继为之守。而兵戈抢攘，赋敛烦猥，不复可为矣。至正十八年，诸将讨贼无功，列营解散，连数城蹂践，而河间亦莫能支，名虽为军，实则为贼。弱者之肉，强者之食，六州、二十有三县、一司之地，一旦鞠为草莱，而生气索然尽矣。①

《明一统志》卷二十八《彰德府·人物·元》：

　　庄文昭，安阳人。举进士。历官保定路总管、刑部尚书，迁陕西行省参知政事。②

又卷三十《南阳府·宫室·燕居堂》：

　　在府城东六十里。元府尹庄文昭建，以教郡弟子。③

又卷三十《南阳府·名宦·元》：

　　庄文昭，至正间为南阳府尹。劝耕兴学，通水利，置义仓，教行民富。④

《嘉庆安阳县志》卷十二《集传》：

　　庄文昭，字子麟，号洹溪。举进士，至正间知南阳府。劝耕兴学，通水利，置义仓，教行民富。累官刑部尚书、陕西行省参知政事。⑤

陈敬斋

[考辨一]

方孝孺《逊志斋集》卷十一《与陈敬斋》：

　　某往岁尝获与进，遂以拙稿就正焉。荷先生不鄙夷之，重以规戒之辞，德至渥也，于心终不忘。章末曰："子将以予所言者为戒，以所策者自励，尚坚所守而懋学哉！立志于至义之源，行身乎大方之途，沉潜游咏于诗书

---

① 《四库全书存目丛书》集部第 24 册，第 700 页。
② 《四库全书》第 472 册，第 699 页。
③ 《四库全书》第 472 册，第 761 页。
④ 《四库全书》第 472 册，第 766 页。
⑤ 清嘉庆四年刻本。

六艺之文，使自得于心，而形诸事业。"其勉予也不浅，其蕲予也不薄矣。每一诵此，未尝不肃容敛衽，戚戚然动于中而叹曰："先生之能以古道相箴也如是，先生之好古也笃矣。其非求闻于人，而能自树者乎！又非能推锡类之心，以惠夫人，而不忍独善者乎！用心良厚矣"。及见所遗彦德书，则若有尤怨悲愤，而未尝释然于奇孤不偶之叹者。何则？仆虽不敏，尝奉教于严君，闻君子之于学，将有以扩充吾良知良能，而复吾本然之量，非由外铄我也，岂以自外至者为荣辱哉？故将举世非之而不加惧，举世誉之而不加喜。无他，好誉人者，岂必我知；好毁人者，又何足瑕疵我哉？视彼蔑然者，诚不足以尘吾抱、佛吾思也。若是，室庐空虚，而吉祥至止，取之左右逢其源矣。吁，文所以载道也，固当求其工不工，不宜虑夫人知不知也。信工矣，质诸古人而无疑，不利乎求庸何伤？人苟不知吾奚歉，吾将钳吾喙而已耳。使世无扬子云，亦甘夫覆酱瓿耳。大冶之鸣金，识者未必以我为妖也。今有人焉，谈衮冕绨绣之美，于布素之士，诧易牙之味，于藜苋脱粟之人，不惟藐然其听，必将艴然而怒，哗然而骇矣。否则反訾之，而目为妄人也。虽然，日月不以薄蚀废其明，江河不以旱涝为盈缩，篙师不以风涛之险舍其操舟，农夫不以岁歉而辍其耕。菊芳乎秋，松柏秀乎冬，各适其所，奚可以时之不偶而歉吾素志哉！先生之爱仆也不稔，乌敢以是言进。嗟夫，人以国士遇我，我当以国士报之，惟高明者亮焉，所愿为斯文盟主，幸甚！①

[考辨二]

陈鸣鹤《东越文苑》卷五《元东越文苑列传第六》：

陈普者，字尚德，宁德人也，居于邑之石塘，学者称之曰石堂先生。……其后，邑有陈自新，治五经，而独以易数颛门，本于传义，衍以《皇极经世》书。自新亦著书曰《起兴集》。②

李清馥《闽中理学渊源考》卷九十一"陈贡父先生自新"：

陈自新，字贡父，号敬斋。宁德人。通五经，精《易》，本传义，而推衍以《皇极经世》书，从游者众。著有《起兴集》等书行世。子孟龙，字霖

---

① 《四库全书》第1235册，第347页。
② 《四库全书存目丛书》史部第115册，第714页。

卿，博学能文。洪武初，举明经，历广东佥事。①

《元诗选》癸集戊之下"敬斋先生陈自新"传：

自新字贡父，号敬斋，福宁州人。通五经而精于《易》、数，探赜理妙，皆本原传义，而推衍以《皇极经世书》。弟子从游者甚众。尤长于诗，所著有《起兴》等集行世。②

陆心源《宋诗纪事补遗》卷八十四：

陈自新，字贡父，福建宁德人，号敬斋。精《易》学、理数，长于诗。宋亡不仕。著有《起兴》等集。③

[考辨三]

黄枢《后圃黄先生存集》卷一《陈自新勤有堂》：

藤溪潏回环，瀛山毓神秀。伊昔有鸿儒，辛勤起华构。栋梁势已高，榱桷材俱茂。竹简五车多，石盘一朝透。虽不耀于时，立言垂永久。曾枝称自新，堂扁今仍旧。春风满帘栊，燕雀喧长昼。六籍膏可含，百氏芳宜漱。愿言无懈心，庶保斯文寿。④

唐桂芳《白云集》卷六《游钓石记》：

去年冬，予访周彦明于灵山，时余患病痟，不良于行，不得游方坞所谓茅三间者。今年春，郑希贡偕彦明、陈自新、郑以孝强余游茅三间，又未识钓石之为胜。⑤

《白云集》卷六《方山楼后记》：

曩昔休宁陈自新客授郑翰林家塾，予退老槐塘上，每见未尝不道程君姓名，又未尝不以方山楼记为请。丙午冬，予寓溪东，孙君安卿挐舟坑口，群峰攒蹙，乱石峭拔，俨剑戟状。溪流平布，有鱼浮湛，意与游者相乐。自新袖示朱、赵二先生所为文章，盛称楼居之胜，计其道里仅咫尺耳，因循欠一

---

① 《四库全书》第 460 册，第 820 页。
② （清）顾嗣立、席世臣编《元诗选》癸集，吴申扬点校，第 649 页。
③ 《续修四库全书》第 1709 册，第 493 页。
④ 《续修四库全书》第 1325 册，第 204 页。
⑤ 《四库全书》第 1226 册，第 860 页。

登览。迄今松篁、猿鹤、疏烟、冷翠，恍堕清梦。岁且尽，自新诒书来速记。予以雁荡，天下名山，自古图经未曾记述。①

《白云集》卷五《赠陈生自新序》：

仲素有志科举之习，我先君该博，声号于人，学者云至，故幼而为之耳熟者，过庭之训，先君之意惓惓也。当时陈定宇先生，经学鸣乡里，其于文字，未尝轻许可。先君命仲拜之，先生不以童子无知，复之曰："甫年十五有此作，尤可嘉赏，想求益不求谀也"。……自新，先生之孙也，今春携琴剑客授郑翰林家，翰林以节死，而弟希贡不幸相继病死。自新攻苦食淡，安于岑寂，操觚弄翰，六尺之孤，日夜相与磨砻灌溉，以期有成。今岁晏，罢讲归，且乞一言以赠。②

汪叡《萧县令汪公致道墓志铭》：

故人陈自新状其行，来为请墓道之铭，故不辞而志之曰：公名致道，字成德。吾徽之黟人也。……公生于元之延祐己未七月十有五日，殁于洪武乙卯之十月十有二日，享年五十有七。③

赛景初

《录鬼簿续编》：

赛景初，西域人。大父，故元中书左丞。考，浙省平章政事。公天性聪明，姿状丰伟。幼从嶧文忠公学书法，极为工妙，文忠深嘉之。后授常熟判官。遭世多故，老于钱塘西湖之滨。

丁鹤年《鹤年诗集》卷二《题表兄赛景初院中新竹》（自注：景初，故咸阳王赛音齐之孙也）：

双玉亭亭出粉墙，便添风月入吟筋。会看直上三千尺，截简先书异姓王。

---

① 《四库全书》第1226册，第864页。
② 《四库全书》第1226册，第842页。
③ （明）程敏政编《新安文献志》卷九十七，《四库全书》第1376册，第649页。

《鹤年诗集》卷二《赠表兄赛景初》：

萧条门巷旧王孙，旋写《黄庭》换绿樽。富贵倘来还自去，只留清气在乾坤。

《鹤年诗集》卷二《雨窗宴坐，与表兄论作诗、写字之法各一首》：

南窗薄暮雨如丝，茗碗熏炉共论诗。天趣悠悠人意表，忘言相对坐多时。蝇头小楷写乌丝，字字钟王尽可师。忽悟庖牺初画象，工夫元不在临池。①

张宪《玉笥集》卷五《临安道中先寄赛景初》：

朝入临安山，暮上由拳岭。周道无行踪，晴空断飞影。严关固高栅，垒嶂列危屏。荒坰斜日淡，虚市野烟冷。息肩坐茂树，瞑目发深省。何庸马蹄尘，兵锋迭驰骋。②

《玉笥集》卷八《简景初》：

千里淮吴府，先登得壮侯。马蹄开鸟阵，虎气绕蛇矛。春酒花攒帽，秋筝月满楼。幕宾虽老病，曾识旧风流。③

《玉笥集》卷九《留别赛景初》：

暖云将雨聚阴晴，四月罗衣尚未成。万点愁心飞絮影，五更残梦卖花声。方空越白承恩厚，绣褥诸于照道明[1]。自笑穷途不归去，空怀漫刺阛阓城。④

[校][1]"诸于"，原作"诸干"，从《石仓历代诗选》《元诗选》改。

《玉笥集》卷九《送赛将军入吴兴收集故业》：

暂歇将军帐下骢，楼船西入水晶宫。集贤书画干戈外，公子田园簿籍中。天目诸山皆走北，太湖万顷独朝东。不堪重举新亭叹，地下前王泪血红。⑤

《玉笥集》卷九《春日寄赛将军》：

雨后教场春草青，一鞭飞马似流星。画旗展彩明金字，花箭翻香落粉翎。虎豹韬钤新战阵，麒麟阀阅旧仪型。霸吴平楚男儿事，早立奇勋待我铭。⑥

---

① 《四库全书》第 1217 册，第 535 页。
② 《四库全书》第 1217 册，第 425 页。
③ 《四库全书》第 1217 册，第 450 页。
④ 《四库全书》第 1217 册，第 462 页。
⑤ 《四库全书》第 1217 册，第 462 页。
⑥ 《四库全书》第 1217 册，第 460 页。

沐仲易

《录鬼簿续编》：

沐仲易，西域人。故元西监生。读书敏捷，工于诗，尤精书法。乐府、隐语皆能穷其妙，一时大夫士交口称叹。公貌伟隽，有自赋《大鼻子》【哨遍】，又有《破布衫》【耍孩儿】，盛行于世。

王逢《梧溪集》卷五《经游小来泾简木仲毅》：

髯参归隐小郊坰，乱日曾闻险备经。风黑浪高罗刹海，月明天度使臣星。东都先见逄萌得[1]，广武重游阮籍醒。最是故家春草暗，杜鹃啼杀忍同听。①

[校][1]"逄"，四库本作"逢"。

《梧溪集》卷五《谢木仲毅员外过乌泾别业有后序》：

归耕全晚节，怀旧过寒檐。不解吴侬语，犹森蜀将髯。名公书早佩，继母诰生霑。三仕风尘属，千艰水陆兼。兽车畋北远，鱼饭味南厌。芝岭归秦皓，桃源记晋潜。衔才纷祢戮，昧识总申钤。世事忻相远，春杯约细拈。

毅，西域人。少丧母，继母讳马麻哈同，抚育若己出。及毅贵，皇封为宜人[1]。毅性周谨，事上莅下，非礼法不陈。道中台丞王公德谦，特书赐"循理"二大字[2]。以南省使累迁长兵曹幕。去乱远引，今为农海上，于予笃交好云。②

[校][1]"皇封为"，四库本作"获封"。[2]"特书赐'循理'二大字"，四库本作"书'循理'二大字赐之"。

王　庸

《录鬼簿续编》：

王彦中，讳庸。武林人。通音律，善诗词。有《百梅稿》三百篇行于

---

① 《中华再造善本》影印元至正明洪武间刻景泰七年陈敏政重修本；《四库全书》第1218册，第774页。

② 《中华再造善本》影印元至正明洪武间刻景泰七年陈敏政重修本；《四库全书》第1218册，第777页。

金固《雪厓先生诗集》卷四《题王彦中具庆堂》：

十亩槐阴覆草堂，堂中鹤发白如霜。斋厨膳具青精饭，燕寝衣薰紫麝香。蕉叶翻经朝学道，金丹却老晚寻方。郎君载笔休衒早，时共诸孙捧寿觞。①

[考辨]

元末明初与曲家王彦中同名者又有二人。其一为兰阳人，洪武十三年（1380）以人材官知府，《开封选举志》卷二十三有记。其二见于苏伯衡《苏平仲文集》卷五《送王彦和赴北平省检校序》，文中记彦和兄名彦中。此王彦中又见于刘基《诚意伯文集》卷九《王彦中哀词》，至正癸酉中试，官建德路学录，卒于永乐十五年（1417）。

沈　廉

《录鬼簿续编》：

沈士廉，名廉。钱塘县学生。治《毛诗》，工选诗，能小楷书，善画梅花，不下王元章，名重当时。洪武中拜监察御史，为事戍辽阳。永乐中徙金陵，为人所累而死，惜哉！

朱谋垔《画史会要》卷四：

沈士廉，官御史，善画墨梅。②

凌云翰《柘轩集》卷二《双松轩为沈廉赋》：

双松何岁植，秀色满庭隅。拔地疑千尺，参天见两株。蓝田重作记，栗里自成图。门对双溪小，扁舟或可呼。③

《柘轩集》卷二《梅雪四律代张翚、徐术、陆平、沈廉赋》：

北风日日吼枯株，点检春光定有无。半树裹深犹妩媚，一枝擎重更模糊。

---

① 《续修四库全书》第1325册，第263页。
② 《四库全书》第816册，第529页。
③ 《四库全书》第1227册，第774页。

芳香未露还因冷，疏影浑迷不为晡。想得孤山人迹灭，扁舟谁复访林逋。

天教姑射会滕神，邂逅相逢自主宾。纵使积成三尺冻，如何藏得一分春。饥乌啄处栖难定，幺凤飞来认未真。蜡屐正愁山路滑，无由重折赠诗人。

梅开岂与雪相谋，雪到梅边分外幽。算老只除松强项，论交还使竹低头。增添冷艳疑临镜，封闭寒香不入楼。对此一时清兴发，西湖船胜剡溪舟。

老干柔条被雪封，五花还与六花重。从渠易改清癯态，到底难藏冷淡容。弄色却非怜冻雀，收香长是误寒蜂。何如插向铜瓶里，煮水煎茶兴更浓。①

王洪《毅斋集》卷四《题梅花次沈士廉韵》：

雪山粘天粲朝阳，霜气压人千尺强。玉虬峥嵘奋头角，挽却元气回玄方。明珠颔下十万斛，一一照地生辉光。常从宓妃浴水滨，痴松瘦竹宁与邻。天然风骨自超绝，岂假粉黛添精神。春风东来浩无涯，一夜影落仙人家。浮花浪蕊总粗俗，游蜂狂蝶徒纷哗。高标自信非侪伍，凌历风霜岂云苦。莫惊枝出万重云，自有根盘千尺土。仙人劝我春满杯，醉肘似被霜娥推。瑶瑶满地拾不起，一片霜月寒争辉。花边时有孤鹤鸣，罗浮姑射空驰情。南楼酒醒夜初静，一曲阳春动清兴。②

王褒《三山王养静先生集》卷七《题木梅赠平度李太守》：

平度太守长沙李务本氏滨行，予以前御史沈士廉所作梅二幅并题二绝赠之。盖最其循良之政，以慰齐民之望梅云乎哉。

北阙初乘五马回，故园风景引离杯。应知露冕行春处，只见棠梨不见梅。

春风千树望三湘，诗兴谁知客里长。片月独留残雪影，一枝东阁也凝香。③

俞 用

《录鬼簿续编》：

俞行之，名用。临江人。博极群书，长于词诗。临池洒翰，一扫满轴。乐府小令，极其工巧。善琴操，亦能写竹，时人不及者多矣。永乐中，嘉其

---

① 《四库全书》第 1227 册，第 802 页。
② 《四库全书》第 1237 册，第 474 页。
③ 《续编四库全书》第 1326 册，第 375 页。

才，官以营缮大使。后家金陵。

王绂《王舍人诗集》卷五《戏贺俞行之纳宠，兼简同舍谢、郭二秀才发一笑粲》（自注：行之名用，号五松山人，江右人）：

　　欢娱良夜喜更长，恼杀多情同舍郎。枕冷衾寒眠未得，春风只隔一重墙。金猊香冷酒微醒，银烛光残月正明。今夜情怀非别夜，有人低语唤卿卿。新花枝胜旧花枝，从此无心念别离。肯信秦淮今夜月，有人相对数归期。①

[笺]《石渠宝笈》卷十七《明王绂草亭烟树图一轴》有俞行之题云："雨过乱泉流，风声满树头。山亭如斗大，容得许多秋。晴（清）江俞行之题。"按该诗实王绂作，见《王舍人诗集》卷五《题斗方山水》。

徐伯龄《蟫精隽》卷三《词贵圆滑》：

　　国初，有词人俞行之，作《窗外折花美人影》词，名【霜天[晓]角】，甚圆滑。作词之法，无出于此。其词云："[人]影窗纱，是谁来折花，折则从他，知他折向谁家。　檐前枝最佳，折时高折些，寄语插花人，道须插向鬓边斜。"②

[笺]【霜天晓角】"人影窗纱"词实宋人蒋捷作，见于《竹山词》（《四库全书》本）。

[考辨]

　　按：元初有俞行之（《明诗纪事》乙签卷六记其字文辅），清江人，居钱塘，与白珽唱和。《全元诗》辑录其诗。《水东日记》《孤树裒谈》将其与元末曲家俞用（字行之）混为一人。

叶盛《水东日记》卷一《试题不知出处》：

　　永乐中，俞行之试《记里鼓》；正统中，冯益试《事道》，皆不知所谓，莫能措一辞。所谓"名浮于实，君子弗贵"者欤？③

《水东日记》卷二十五《俞行之题西湖画》：

　　清江俞行之，永乐中有能诗盛名，其题清慎堂警句曰："夜门无客敢怀金，秋屋有情甘饮水。"惜不多见。近见其题顾师颜西湖画二幅云："西湖湖

---

① 《四库全书》第1237册，第163页。
② 《四库全书》第867册，第87页。
③ （明）叶盛：《水东日记》，第12页。亦见李默《孤树裒谈》卷三。

上可怜春,烟柳风花最恼人。罗袖泪干无好思,画船歌舞为谁新?""秋来碧水湛平湖,荷叶菱花取次枯。唯有断堤残柳树,深烟犹锁乱啼乌。"①

贾 固

《录鬼簿续编》:

贾伯坚,名固。山东沂州人。任扬州路总管。善乐府,谐音律。有"硃砂渍玉鼎"【庆元贞】盛行于世。至初任满时,新太守到任,僚属设席于路后堂,庆新送旧。席间,新指上高竿为题,求公乐府。公不停思,咏【水仙子】一阕,满座称赏。后拜中书左参政事。其文章政事,载诸列传可考。

《青楼集·金莺儿》:

山东名姝也。美姿色,善谈笑。挡筝合唱,鲜有其比。贾伯坚任山东佥宪,一见属意焉,与之甚昵。后除西台御史,不能忘情,作【醉高歌过红绣鞋】曲以寄之曰:"乐心儿比目连枝,肯意儿新婚燕尔。画船开,抛闪的人独自。遥望关西店儿,黄河水流不尽心事,中条山隔不断相思。常记得,夜深沉,人静悄,自来时。来时节三两句话,去时节一篇诗,记在人心窝儿里直到死。"由是台端知之,被劾而去,至今山东以为美谈。②

乔吉【双调·水仙子】《席上赋李楚仪一曲,以酒送维扬贾侯》《手帕呈贾伯坚》、【折桂令】《贾侯席上赠李楚仪》小令

杨载《翰林杨仲弘诗集》卷六《寄维扬贾侯》:

经国长才世岂多,群邪嫉正奈公何。气蒸云雾藏乔岳,声转沧溟放大河。远迹江湖犹弃绝,惊心岁月屡消磨。鹍鹏自有垂天翼,肯逐飞鸿入网罗。③

许有壬《至正集》卷二十七《次贾伯坚右司寄来韵四首》[1]:

清风千里墨痕香,琢出天球润似肪。已为郢歌翻白雪,更将仙杵捣玄霜[2]。

酒来宛国注红香,鱼出凉亭荐雪肪。多病浪仙都负此,空哦清句嚼冰霜。

---

① (明)叶盛:《水东日记》,第 245 页。亦见《孤树裒谈》卷三。
② 孙崇涛、徐宏图笺注《青楼集笺注》,第 207 页。
③ 《四库全书》第 1208 册,第 40 页。

书室惟须辟蠹香,铅刀谁遣试蟆肪。相思夜夜秋衾梦,菊有黄花蟹已霜。赐露凫凤玉脂香,大笑轻身服雁肪。华发侍臣归有日,驾鹅先报一天霜。①

[校][1]"右司",四库本作"左司"。[2]"玄霜",《元人文集珍本丛刊》影印清宣统三年石印本作"元霜",从四库本改。

《至正集》卷八十【望月婆罗门引】词题:

偕王仁甫左丞、贾伯坚左司朝罢过李廷秀参议,因观盆梅,遂成欢酌。廷秀求词,醉中赋此。②

柳贯《柳待制文集》卷六《因杜掾迁江东,奉简贾伯坚廉使,时方自淮东转运移节宣城》:

白简风生振鹭行,十年身佩紫荷囊。江东使节清霜府,天上词华明月珰。后土琼花春寂寂,敬亭云树晓苍苍。遥瞻谢李题诗处,星象中悬执法光。③

倪 瓒

《录鬼簿续编》:

倪元镇,讳瓒。锡峰人。自号风月主人,又号云林子。兄文光为道录官,尝于常州玄妙观塑老君并七子听经。先生自幼读书,过目不忘。暨长,群书博极。爱作诗,不事雕琢。善写山水小景,自成家,名重海内。姑苏陆道判以子素鬻妻之。先生清眉秀目,丹口须髯,吴越人皆称为神仙中人。平居所用手帕、汗衫、衣袜、裹脚,俱以兰乌香薰之。善琴操,精音律。所作乐府有《送行》【水仙子】二篇,脍炙人口。后卒于荆溪。

周南老《元处士云林先生墓志铭》:

云林倪瓒,字元镇,元处士也。处士之志业未及展于时,而有可以传于世,诵其诗,知其为处士而已。……按倪之先,汉御史宽之裔也。十世祖硕,仕西夏,宋景祐使中朝,留不遣,徙居淮甸,占籍都梁,为时著姓。建炎初,

---

① 《元人文集珍本丛刊》第7册,第147页;《四库全书》第1211册,第194页。
② 《元人文集珍本丛刊》第7册,第358页。
③ 《中华再造善本》影印元至正十年余阙浦江刻明永乐四年柳贯补修本;《四库全书》第1210册,第268页。

五世祖益挈其家渡江而南，至常州无锡，侨梅里之祇陀，爱其地胜俗淳，遂定居焉。厥后，族属浸盛，赀雄于乡。高祖伋，曾大父淞，皆厚德长者，隐而弗耀。大父椿，父炳，勤于治生，不坠益隆。母蒋氏，而处士严出也。生而俊爽，稍长，强学好修，性雅洁，敦行孝弟，而克恭于兄，相其树立。率子弟以田庐生产，悉有程度，有馀财，未尝资以为俚俗纷华事。其师巩昌王仁辅，老而无嗣，奉养以终其身。殁，为制服执丧而葬焉。若宦游其乡客死不能归榇者，则割山地以安厝之。见义则为，不以儿妇人语解。尊官显人，乐与之交。于宗族故旧，煦煦有恩，尤善周人之急。神情朗朗，如秋月之莹；意气霭霭，如春阳之和。刮磨豪习，未尝有纨绮子弟态。谈辨（辩）绝人，亹亹不倦；好客之名，闻于四方。名傅硕师，方外大老，咸知爱重。所居有阁，名清閟，幽迥绝尘，中有书数千卷，悉手所校定，经史诸子、释老岐黄、记胜之书，尽日成诵。古鼎彝名琴，陈列左右。松桂、兰竹、香菊之属，敷纡缭绕。而其外则乔木修篁，蔚然深秀，故自号云林。每雨止风收，杖屦自随，逍遥容与，咏歌以娱，望之者识其为世外人。客至，辄笑语留连，竟夕乃已。平生无他好玩，惟嗜蓄古法书名画，持以售者，归其直累百金无所靳。雅趣吟兴，每发挥于缣素间，苍劲妍润，尤得清致，奉币赘求之者无虚日。晚益务恬退，弃散无所积，屏虑释累，黄冠野服，浮游湖山间，以遂肥遁。丰采愈高，不为诎曲以事上官，足迹不涉贵人之门。与世浮沉，耻于衒暴，清而不污，将依隐焉。世氛颇净，复往来城市，混迹编氓，沉晦免祸，介石之操，皭然不渝。年既老，而耳益聪，目益明，饮啖步履不异壮时，气貌充然，其所养可知矣。处士所著有稿，句曲张天雨、钱塘俞和爱之，为书成帙，藏于家。洪武甲寅十一月十一日甲子，以疾卒，享年七十有四。娶蒋氏，先处士七年卒。子二：长孟羽，字腾霄，号碧落；次季民，字国珍，号耕逸，又号蓬居。……既以某年某月日奉柩葬于无锡芙蓉山祖茔之下，而刻石识岁月，且遵治命来征铭。余辱游于处士甚久，处士来吴，尝主余家，山肴野蔌，促席道故旧，间规其所偏，未尝愠见。或吟诗作画，纵步徜徉。今年秋仲，留诗为别，而孰知遂成永诀乎！①

[笺] 据墓志铭，倪瓒卒于明洪武甲寅（1374），享年七十四，则生年在元大德五年（1301）。然有学者据袁华《题倪瓒与易久成书》"洪武壬子春正月，云林过娄东，年六十有七"，考证瓒实生于大德十年（1306）。而袁华此记载与倪瓒有关自己年岁的记述

---

① （元）倪瓒：《清閟阁全集》卷十一，《四库全书》第1220册，第323页。

相吻合。(1)"乙未岁,余年适五十。"(《云林诗集》卷四)乙未为元至正十五年(1355)。(2)《题隔江山色图》:"至正辛丑十二月廿四日,德常明公自吴城将还嘉定。……年逾五十,日觉死生忙,能不为之抚旧事而纵远情乎?"(《云林诗集》附录)至正辛丑为至正二十一年(1361),时瓒五十六岁,故谓"年逾五十"。(3)"庚戌正月七日为余初度之辰……是岁余年六十五矣。瓒。"(张丑《真迹日录》卷二)庚戌为明洪武三年(1370)。(参谈福兴《倪瓒生年之再认定——袁华题〈倪瓒与易恒书〉考论》,《东南文化》1996年第4期。)关于倪瓒的卒年,周南老及下引王宾《墓志铭》均言其享年七十四,则卒于明洪武十二年。

王宾《元处士云林倪先生旅葬墓志铭》:

云林姓倪,讳瓒,字元镇。所居云林,故号云林先生。其家常州无锡富家。至正初,兵未动,鬻其家田产,不事富家事,事作诗,人窃笑其为戆。兵动,诸富家剽剥,废田产,人始赏其有见。性好洁,盥颒,易水数十次。冠服著时,数十次拂振。斋阁前后,树石常洗拭。见俗士,避去如恐浼。从王文友读书,文友死,殓葬不计所费,一如其所亲。友张伯雨,后伯雨至其家,会鬻田产,得钱千百缗,念伯雨老,不再至,推与不留一缗。盛年诗名在馆阁,晚当至正末,飘流中作诗益自喜。其诗信口,率与唐人语合。年七十四,旅葬江阴习里。①

张丑《清河书画舫》卷十一上《黄子久山水真迹》:

大痴道人为云林生画《层峦晓色》。"雪上溪山也自佳,黄翁摹写慰幽怀。若为剩载乌程酒,直到云林叩野斋。倪瓒题。大痴翁写雪山图以赠山甫卢君,至正元年十月四日。"

右真迹藏王文恪公(王鏊)家。按是年黄翁七十有三,倪迂四十有一。画法萧疏,诗词清雅,足称双璧。②

《清河书画舫》卷十一上《听雨楼图卷》:

至正廿五年四月廿七日,黄鹤山人王叔明于卢生听雨楼中画。生名恒,字士恒。时东海云林生同在此楼。……河阔楼低雨如洗,只疑声在孤篷底。清晨倚槛看新晴,依旧山光青满几。听雨怜君隐市中,我忧徭役苦为农。田

---

① (元)倪瓒:《清闷阁全集》卷十一,《四库全书》第1220册,第323页。
② 《四库全书》第817册,第429页。

间那得风波险,朝朝愁雨又愁风。荆蛮民倪瓒。①

张雨《贞居集》卷一《倪元镇玄文馆会饮》:

亲知贵浃密,屡此良燕会。堂陛自崇广,促席归卧内[1]。说诗盛使气,屈折高李辈。更端辄笑谑,知节已霑醉。玲珑雨花乱,萧屑风竹碎。政使韩伯休,移床夜相对。

[校] [1]"席",原作"食",据《四部丛刊》本、《元诗选》改。

《贞居集》卷一《雪中用元镇见怀韵》:

郊邑乍飘瞥,林岫皓已盈。阳檐冻羽坠,阴壁素苔生。拥衣一再起,挈壶时复倾。高卧足自了,饥寒迫人情。

《贞居集》卷四《次韵元镇玄文馆有怀》:

林气早知雨,黤淡研苔滋。素飚惊闲幔,朱实委清池。将整还山屐,复乱故园思。挐舟倘未远,弭棹一来兹。②

《贞居集》卷五《次韵倪元镇见寄》:

衣桁常容蛛网悬,石床浑让女萝牵。道术何烦孔郎庙,屋庐政用郗超钱。泉崩涧底归樵路,雨压厨头蒸术烟。谁见西林拆书夜[1],一枝风竹鹁鸠眠。③

[校] [1]"林",《元诗选》、四库本作"邻"。"夜",《元人十种诗》、四库本作"后"。

[笺] 该诗今存书迹,香港何氏至乐楼藏,款云:"至正四年岁在甲申十二月十又七日,夜宿元文,为尤道者书。"

《贞居集》卷二《赠元镇》:

庞公有名言,鱼鸟托栖止。而其遗子孙,亦在安而已。子有丘壑趣,文弱与时背。强梁方蛇吞,贪黩亦虎噬。何以犯多难,适为田业累。深泥没老象,自拔须勇志。连环将谁解,旦暮迭兴废。所以明哲徒,置身兴废外。贤哉蘧伯玉,知非复何悔。

郑元祐《侨吴集》卷五《和潘子素宿倪元镇宅,送张贞居还茅山》:

扣舷溪子发阳阿,落叶霜林见鸟窠。清閟阁前春意早,萧梁台上月明多。

---

① 《四库全书》第 817 册,第 437 页。
② 《四库全书》第 1216 册,第 366 页。
③ 《四库全书》第 1216 册,第 399 页。

倾瞻鸣雁嵇中散，仰视飞鸢马伏波。对酒息思千古事，潘郎刺促为谁歌。①

《侨吴集》卷四《和萨天锡留别张贞居，寄倪元镇》：

梁溪岁暮若为情，溪上梅花待晓晴。径雪冷埋山屐齿，檐冰夜堕石床声。内篇携向松根读，如意持将竹里行。短晷何能理幽事，南窗剪烛话寒更。②

杨维祯《访元镇不遇》：

霜满船篷月满天，飘零孤客未成眠。居山久慕陶弘景，蹈海深惭鲁仲连。万里乾坤清似水，一窗灯火夜如年。白头未遂终焉计，犹欠苏门二顷田。③

杨维祯《寄云林》：

祇陀山下问幽居，新长青松七八株。见说近前丞相怒，归来自写草堂图。迂父于人久绝交，文章出口未全胶。权门喜怒徂三四，何用扬雄赋解嘲。④

谢应芳《龟巢稿》卷九《寄倪元镇》（自注：时避兵吴江）：

诗中有画画有诗，辋川先生伯仲之。襟怀不著一事恼，姓名唯恐多人知。竹箨裁冠晨沐发，莲蓬洗砚晚临池。数年同饮淞江水，明月清风有所思。

《龟巢稿》卷九《倪元镇过娄江寓舍，因偕智愚隐游姜公墩得如字》：

秋暑贾馀勇，怀抱方焚如。故人江上来，风雨与之俱。遂令沸羹鼎，化为寒露壶。幽寻陟崇丘，飘飘素霞裾。同游得名缁，吟啸兴不孤。大树倚高盖，小酌欢有馀。三江五湖上，群峰开画图。我怜我乡土，烟尘尚模糊。安知艰虞世，得此暇日娱。一笑百虑忘，松风奏笙竽。⑤

王逢《梧溪集》卷三《寄倪元镇》：

笠泽雨晴烟雾除，放船适逢倪隐居。黄河泰华意气若，金薤琳琅书画如。露浮箬叶熟春酒，水落桃花炊鳜鱼。莫嫌忘形礼法外，难得合并忧患馀。⑥

---

① 《四库全书》第 1216 册，第 475 页。
② 《四库全书》第 1216 册，第 468 页。
③ （元）倪瓒：《清閟阁全集》卷十一，《四库全书》第 1220 册，第 328 页。
④ （元）倪瓒：《清閟阁全集》卷十一，《四库全书》第 1220 册，第 328 页。
⑤ 《四部丛刊》三编影印江安傅氏双鉴楼藏钞本。
⑥ 《中华再造善本》影印元至正明洪武间刻景泰七年陈敏政重修本；《四库全书》第 1218 册，第 660 页。

《梧溪集》卷五《俭德堂怀寄，凡二十二首，各有小序》[1]第十六首：

倪元镇名瓒，无锡人。善诗画。乱前弃田业，纵游山水间[2]。

隐迹怀东老，诗狂慕浪仙。百壶千日酝，双桨五湖船。书画通芸阁，征输歇莳田。乡评有月旦，未觉虎头贤。①

[校][1]"二十二"，《中华再造善本》本作"十■"。[2]"间"，原脱，从四库本补。

马玉麟《东皋先生诗集》卷三《碛砂寺访僧兼怀倪元镇》：

为爱碛砂寺，乘风湖上归。寻僧分越茗，沽酒典春衣。江树重重见，沙鸥个个飞。云林有高士，自采北山薇。②

《东皋先生诗集》卷四《赠倪元镇》：

夫差城里乍逢君，爽气凌秋迥不群。奕奕衣裳裁白雪，飘飘巾帻岸春云。辋川画拟唐摩诘，棐几书临晋右军。不出草堂三十载，北山无处觅移文。③

陈方《清闷阁诗二首》：

门前灌木春啼鸟，屋畔长松夜宿云。剪得蒲苗青似发，烧残香篆白成文。偶同杜老唯耽句，遂学颜渊不茹荤。境胜固应天所惜，品题萧洒最怜君。

湘帘半卷云当户，野鹤一声风满林。才立簟纹波细细，又疑墙影雪阴阴。竹摇棐几常开帙，花落藜床独抱琴。不谓世间仍得此，恍然飞屟驻仙岑。④

李元珪《春日访云林隐君倪元镇》：

往岁慕幽隐，兹晨适云林。倒屣荷主意，下榻情何深。取琴为我弹，唐虞有遗音。感子旷达志，涤我尘烦襟。雨过池草生，窗虚松竹阴。倚槛俯流水，开轩听鸣琴。芳春集嘉谶，酒至还自斟。爱客畏言别，维舟睇遥岑。⑤

郯韶《寄经锄隐者倪云镇》：

谷口青松夹径生，鹤巢松顶雪初晴。此时知有经锄者，独抱长镵岭上行。⑥

---

① 《中华再造善本》影印元至正明洪武间刻景泰七年陈敏政重修本；《四库全书》第1218册，第786页。
② 《续修四库全书》第1324册，第468页。
③ 《续修四库全书》第1324册，第470页。
④ （元）顾瑛辑《草堂雅集》卷三，《四库全书》第1369册，第250页。
⑤ （元）顾瑛辑《草堂雅集》卷七，《四库全书》第1369册，第322页。
⑥ （元）顾瑛辑《草堂雅集》卷十，《四库全书》第1369册，第369页。

周砥《寄倪云林》：

鲁连有志节，蹈海不复还。严陵不肯仕，归耕富春山。两公出处虽异代，千古同高天地间。我识云林子，亦是隐者流。一生傲岸轻王侯，视彼富贵如云浮。鲸鱼未化北溟水，凤鸟独宿昆仑丘。含光韬耀人所慕，才华自可称独步。手弄云霞五色笔，写出相如《大人赋》。虽无天子诏书征，不失前贤高蹈名。且须快意饮美酒，醉拂石坛秋月明。昨日相逢碧桃里，衣上春云照溪水。别君已是几月来，芙蓉忽然江上开。知君此时卧烟岛，而我相思满怀抱。何当借骑茅君鹤，共入玄都拾翠草，胡独商岩紫芝老。①

王冕《送杨义甫访云林子》：

父子翩翩埶与侔，云林清气逼高秋。牙签耀日书充屋，彩笔凌烟画满楼。既是有樽开北海，岂云无榻下南州。相逢一笑如知己，不必人间万户侯。②

黄玠《寄元镇》：

访君祇院幽思生，云林萧萧遗世情。苍藤倚木条蔓古，白榆在门枝干横。仙人携琴下夜榻，使客留诗过春城。山中此乐不可极，顾我廓落久何成。③

成廷珪《居竹轩诗集》卷二《笠泽同倪云林、王伯纯饭散过大姚江舟中赋》：

大姚江头风乍稀，小陆宅前人独归。霜枫红于大药染，沙鸟白似孤云飞。持螯把酒一生足，食蛤踞龟千劫非。雪滩水落独无恙，肯借老夫为钓矶。④

高启《高太史大全集》卷十三《次倪云林韵》：

云林已白头，犹有晋风流。爱写沧州趣，闲来玄馆游。茶烟秋淡淡，竹雨暮修修。欲向南池水，长流清翰舟。⑤

《高太史大全集》卷十五《次韵倪云林见寄》：

老来诗阵尚堂堂，过宿曾留让大床。病骥可堪迷远道，孤松只合在高冈。萧萧尘鬓惊寒色，渺渺云山敛夕光。莫道欲归无好处，便寻勾漏与华阳。⑥

---

① （元）顾瑛辑《草堂雅集》卷十二，《四库全书》第1369册，第424页。
② （元）倪瓒：《清閟阁全集》卷十一，《四库全书》第1220册，第331页。
③ （明）朱存理编《珊瑚木难》卷六，《全元诗》第35册，第212页。
④ 《四库全书》第1216册，第309页。
⑤ 《四库全书》第1230册，第170页。
⑥ 《四库全书》第1230册，第193页。

《高太史大全集》卷十五《寄倪隐君元镇》：

　　名落人间四十年，绿蓑细雨自江天。寒池蕉雪诗人画，午榻茶烟病叟禅。四面荒山高阁外，两株疏柳旧庄前。相思不及鸥飞去，空恨风波滞酒船。①

谢肃《密庵集》卷四《松陵留别倪元镇高士》：

　　佳宾已散千金尽，小画兼题五字奇。邂逅松陵慨今昔，酒壶茶椀鬓如丝。②

易恒《悼云林先生》：

　　先生素有归老茅山之志，而卒不遂。末章故及之。

　　洒然遗世出风埃，小劫人间一梦回。画笔独传成逸品，诗名端不负清才。老年故旧无多矣，前辈风流安在哉。未遂大茅归隐计，山灵应悉鹤空来。③

夏雪洲《挽云林先生》：

　　几年旅櫬暨阳东，今日迁归古陇中。秘阁云林成姓氏，画图诗卷播高风。举杯欲酹情何切，挂剑长吁墓已空。回首芙蓉山下路，禁烟时节雨濛濛。④

台北"故宫博物院"藏元佚名作《倪瓒画像》，有张雨题赞：

　　产于荆蛮，寄于云林。青白其眼，金玉其音。十日画水五日石，而安排摘露；三步回头五步坐，而消磨寸阴。背漆园野马之尘埃，向姑射神人之冰雪。执玉弗挥，于以观其详雅；盥手不悦，曷足论其盛洁。意匠摩诘，神交海岳。达生傲睨，玩世谐谑。人将比之爱佩紫罗囊之谢玄，吾独以为超出金马门之方朔也。句曲外史张雨赞。⑤

郑元祐《遂昌杂录》：

　　梁溪王文友，讳仁辅，克苦读书。里人倪文光讳昭奎者，延之以教其两弟，曰子瑛，曰元镇。⑥

《南村辍耕录》卷二十四《陈公子》：

　　陈云峤柏，泗州人，性豪宕结客。……凡积金七屋，不数年，散尽。……

---

① 《四库全书》第 1230 册，第 198 页。
② 《四库全书》第 1228 册，第 124 页。
③ （明）朱存理编《珊瑚木难》卷六，《四库全书》第 815 册，第 191 页。
④ （元）倪瓒：《清閟阁全集》卷十一，《四库全书》第 1220 册，第 332 页。
⑤ 转引自谈福兴《倪瓒与张雨关系考（一）》，《荣宝斋》2013 年第 2 期。
⑥ 《四库全书》第 1040 册，第 388 页。

尝被命监铸祭器于杭，无锡倪元镇慕其名，来见之，张燕湖山间，罗设甚至，酒终为别，以一帖馈米百石。云峤命从者移置近所，举巨觥，引妓乐驱从者而前，悉分散之。顾倪曰："吾在京时，即熟尔名，云南士之清者，它无与比。其所以章章者，盖以米沽之也。请从今日绝交。"且骂诸尝誉之者。时张伯雨在坐，不胜局蹐。其豪气类如此。①

《南村辍耕录》卷二十七《病洁》：

毗陵倪元镇有洁病，一日，眷歌姬赵买儿，留宿别业中。心疑其不洁，俾之浴。既登榻，以手自顶至踵，且扪且嗅。扪至阴，有秽气，复俾浴。凡再三，东方既白，不复作巫山之梦，徒赠以金。赵或自谈，必至绝倒。②

夏文彦《图绘宝鉴》卷五：

倪瓒，字元镇，号云林生。常州无锡人。画林木、平远、竹石，殊无市朝尘埃气。晚年率略酬应，似出二手。③

《元书》卷九十一《隐逸列传下》：

倪瓒字元镇，常州无锡人也。其先世以赀雄一郡。瓒不事产业，强学好修，刻意文史。所居有云林堂、萧闲馆、清秘将（阁）诸胜。其阁如方塔，三层疏窗，四眺远浦，层峦云霞变幻，弹指万状，窗外巉岩怪石，皆太湖灵壁之奇，高于楼堞。松篁兰菊，茏葱交翠，风枝摇曳，凉阴满苔。阁中藏书数千卷，手自勘定。三代鼎彝、名琴、古玉，分列左右，时与二三好友啸咏其间。性好礼（洁），见俗士避之如恐浼。廉（盥）颊易水，振拂巾服，日以数十计。居前后树石，频令沈（洗）拭。书画萧疏秀挺，称其为人。复至元中，天下无事，一日尽斥卖其田产，得録（钱）以与贫交疏族。及兵兴，富家多被剽掠。瓒扁舟箬笠，往来湖泖间，人乃服其先识也。张士诚闻其名，屡欲振（招）致之，不居（屈）。明洪武七年，始还乡里，年七十四矣。客其姻鄉（邹）惟高家，竟卒于邹氏。尝自谓懒瓒，亦曰倪迂。性虽高旷，然笃于风义。其师王仁辅老而无子，瓒迎养于家，殁，为制服执丧，营厚葬云。瓒与黄公望、吴镇、王蒙名画苑四家。④

---

① （元）陶宗仪：《南村辍耕录》，第291页。
② （元）陶宗仪：《南村辍耕录》，第332页。
③ 《四库全书》第814册，第620页。
④ 《四库未收书辑刊》第4辑第15册，第645页。

孙行简

《录鬼簿续编》：

　　孙行简，金陵人。洪武初以才行任上元县县丞，急流勇退，变衣冠卜商，游湖海名山，胜处探览殆遍。足迹所至，俱有词章纪述。有十数险韵【满庭芳】，底板皆"无梦到金銮"，盛行于世。尤善隐语。交余甚厚，与余子言、周仲彬、达古今、张碧山、魏文质、缪唐臣辈为诗禅友。后不相闻。

　　[笺] 胡用和【中吕·粉蝶儿】《题金陵景》套数【一煞】："陈钧佐才俊高，臧彦弘笔力强，缪唐臣慢调偏宜唱。"

成廷珪《居竹轩诗集》卷三《和孙行简夜宿万寿山经阁诗韵二首》：

　　蜀冈缥缈之飞楼，风帘雾箔悬高秋。云间五色孤凤下，木杪几个哀猿愁。书生素有万言策，主人赠以千金裘。沧江坐啸者谁子，碌碌虚名何足收。

　　九曲池边有秋色，水光荡漾清于苔。白云相邀上山去，明月更喜随人来。一声两声松子落，千朵万朵芙蓉开。老僧悟我静中意，不遣阶墀留俗埃。①

胡布《答孙行简见寄二首》：

　　自分青萍闶紫芒，谁论铁笔厉秋霜。银筝不是弹明月，闷向空山泣凤凰。

　　时来轩冕可能逃，君有长才信所遭。莫遣蒲轮恐山客，山中松桂讶旌旄。②

张以宁《翠屏集》卷二《次王伯纯韵并序》：

　　饮石室山房，醉卧。夜五鼓，鸡始鸣，明星出未高，伯纯秉烛携诗来，行简孙君拥被起，和之，相视一笑，亦人间奇事也。翠屏山人张以宁亦复倚和，共一笑云。

　　草亭夜静三人饮，起视乾坤醉眼昏。鹤警露光悬竹叶，乌啼月色满柴门。抽毫昔对蓬莱殿，秉烛曾游桃李园。天际形容今渐老，尊前怀抱向谁论？③

　　[笺]《元曲家考略》谓，张以宁元顺帝元统二年甲戌（1334）罢官，寓扬州赢十年，次王伯纯韵诗，乃在扬州时作。伯纯晋人，与以宁最相知。石室山房是伯纯寓扬州之居。

---

① 《四库全书》第 1216 册，第 335 页。
② （元）胡布等：《元音遗响》卷七，《四库全书》第 1369 册，第 708 页。
③ 《四库全书》第 1226 册，第 552 页。

《翠屏集》卷四有《石室山房记》。

郑真《荥阳外史集》卷九十八《濠梁录》：

[洪武八年]初十日至五河驿中，驿丞孙行简以诗鸣，要至远碧亭，求题。遂至南门，入学中，见同年友胡惟中，五河知县许某置酒，惟中复以鸡酒分饷。十一日晚后回临淮。①

《隆庆岳州府志》卷十《澧州·水马驿·兰江》：

州东北，旧分二驿。国初，知县王士安、知州孙行简继创。

又《马驿·清化》：

州南六十里，洪武十五年孙行简创。②

《乾隆直隶澧州志林》卷十一《职官志·知州》载孙行简，注：

洪武时任。③

杨士奇《东里文集》卷二十一《孙子良妻杜氏墓志铭》：

兵部郎中海宁孙子良丧其妻杜氏，将归葬其邑安吉乡横塘原，求余为铭曰……吾妻，海宁县丞某之孙行简之子，生廿有一年而归我，又十有三年而卒，其卒在永乐十一年十月二日。④

徐孟曾

《录鬼簿续编》：

徐孟曾，兰陵人。号爱梦。世业医。幼而颖悟，书史涉猎，医家诸书背诵。治人之疾，一诊视间决死生，犹烛照龟卜，士大夫多称誉之。平居好吟咏，乐府尤工。然其气岸高峻，时人以为矜傲，呼为"戆斋"。日与东廓唐永铭先生辈更唱迭和，浅斟低唱，以适其所乐而终焉。

---

① 《四库全书》第1234册，第627页。
② 明隆庆刻本。
③ 清乾隆十五年刻本。
④ 《四库全书》第1238册，第243页。

谢应芳《龟巢稿》卷七《独孤公桧诗并序》：

予前诗谓独孤公桧在陈庙，盖图经所载及余亲身见之。一日，郡人徐孟曾问曰："唐刺史为一州之主，手植之桧宜择公廨美地表而出之，众所共瞻，何置诸陈庙之后耶？"予曰："按《唐书》，德宗朝徙公为是州刺史，去梁公毁江南淫祠之日未久，无陈庙也。唐衰，礼废，淫祠寖兴。迨五季而礼法大坏，丛祠之神类加尊号，陈庙或肇于唐末而盛于斯时。今废沼荒园，安知非昔日驿亭传舍乎？历宋而元，皆无改作。故翁卷之诗有曰：'托根陈帝庙，应不虑樵夫。'其意不以此木为不幸，而反以为幸也，可胜叹哉！"孟曾然予言，遂植桧旧所。予亦恐前诗为人口实，因复作是诗。

独孤之桧化乌有，庶士重栽倚碧浔。遗德一州人眷眷，流芳千载树阴阴。霜根蟠入龙蛇窟，风叶响成鸾凤吟。愿若甘棠无剪伐，报公畴昔爱民心。①

《龟巢稿》卷十八《跋经训启蒙》：

右《经训启蒙》，北溪陈先生之所作也。先生经学得考亭夫子之传，卓然为一代师表，病世之训蒙者所教厐杂[1]，蔑养正之功，故采撮经传，以三字四句为句[2]，缉成韵语，以便习读。……尝避兵东吴，得此书三十馀载。郡人徐孟容、孟曾等见而宝之，谓明珠暗投，良可惜也。用是刻版以广其传。於乎！先生著经训以教群蒙，盖以圣贤之心为心，视厐杂之书[3]，兰鲍不同，俱化之效，久当见之。凡为父师者，可不慎其择乎[4]！程子曰："习与性成，圣贤同归。"吾于此亦云。洪武己巳九月重阳日，毗陵老诸生谢应芳拜手敬跋[5]。②

[校] [1] "厐"，《四部丛刊》影印江安傅氏双鉴楼藏钞本作"庞"，从四库本改。[2] "句"，四库本作"字"。[3] "厐"，《四部丛刊》本作"庞"，从四库本改。[4] "不"，《四部丛刊》本作"以"，从四库本改。[5] "应芳"，《四部丛刊》本阙，从四库本补。

[笺]《龟巢稿》卷七《云林书舍》下注："为徐孟容作"。诗云："东家领军鞋一屋，西家买妓倾珠玉。寂寞南州高士孙，灯火小窗书夜读。羲皇画卦龙负图，蝌蚪此时无简牍。神农本草轩岐语，为是传家先烂熟。唐虞三代二千载，六经圣贤常在目。牙签插架日益多，蔗境渐佳心未足。便便腹笥贮琅玕，齿颊霏霏吐珠玉。钟期骨冷呼不醒，谁复赏音听此曲。青林不着软红尘，只许白云檐下宿。云乎云乎知不知，封胡羯末森如竹。白眉之良众所称，能绳祖武栖幽谷。清河有颂泰阶平，应着先鞭驾黄鹄。"

---

① 《四库全书》第 1218 册，第 431 页。
② 《四库全书》第 1218 册，第 315 页。

《弘治重修无锡县志》卷二十《人物志·方技·国朝》："陆氏，医士徐孟容妻，善医，名闻于朝。永乐丁酉，遣中使召入宫，既老遣归，赐赉甚厚，仍蠲其丁役。"

《万历常州府志》卷十五《人物·方伎》：

在毗陵，以医著姓者，称徐、蒋、汤、丁云。徐之先世为毗陵人，元兵屠城，获脱，复被虏至燕，居久之，得常州织局官以归。生二子，长曰养浩，博通儒书，始业医名世，任无锡州医学教授。子仲清，继其业尤精，任湖州路医学教授。子矩，用荐两任襄县、黄县教谕。是生三子：长曰述，字孟鲁（曾）；次曰迪，字孟恂；又次曰选，字孟伦。述善诊，迪善意。述诊决人生死，旦夕岁月若神；迪所治不尽责效于汤液醴洒，率以意为之。述尝过市，市人靳之，跃而逾柜请诊。述曰："子肠已断，法当死。"市人曰："吾方饱食而出，本无疾，乌得死？"至暮，果死。其他病甚且瞑，述与其生，血肉华色，动履如常。述谓其死而验者尤众。一女伤于怒，内向卧，不能转。迪诊之，因索花作妇人妆，且歌且笑，患者闻之，不觉回顾，大笑而愈。一孕妇仰而探物，遂不能俯。迪令人衣以裙数十层，披之众中，以渐而解，每解一裙，辄掷妇前。解至中褕，其妇不觉用手力护，因得俯。一人病瘖，俯而不能仰。迪令之坐，因以大钺针徐僦之，其人渐避渐仰。其用意皆此类。古称文挚之治齐王疾，亦何以异此。至其用针尤多神效云，俗恒呼曰"徐神仙"。然三人者，皆负意气，好施与，博物洽闻，于诸家多所刿心[1]。述，尤工天文，喜吟诗[2]。选，更以孝友称，岁且除，从宜兴载米百斛还，未至家，遍索故人，与之竟尽，家人方洁䉛待炊，弗恤也。吴人周克恭者，尝有所托于选，家人不知也，克恭殁，选急走其家，速还之。道遇一贫人，寒甚，急解襦与之，归，旋缝以御寒。其好施如此。述尝夜读《岳武穆传》[3]，怒甚，持挺起，无所泄忿，碎其盎于爨下。邻人惊问之，曰："吾方切齿于桧贼也。"洪武中，述、迪皆以他医累，当远戍，选赘，得免。述、迪将奉母行，选不忍也，遂同行，艰苦备尝者廿年，不以为劳。正统初，述语族子曰："天象如此，不越三年，万乘其蒙尘乎？"既而曰："其在己巳也。"是年，果有"土木之变"。文皇帝尝召见述[4]，欲官之，不果，厚赐金帛以归。即其行谊，藉令不闲于医，亦不失为隐君子，余故详为叙之。述所著有《难经补注》。述与迪俱以高年终[5]。①

---

① 明万历四十六年刻本。

[校] [1]"刳心",《乾隆武进县志》卷十、《光绪武进阳湖县志》卷二十六作"会心"。[2]"喜吟诗",据《光绪武进阳湖县志》补。[3]"《岳武穆传》",《光绪武进阳湖县志》作"《宋史岳飞传》"。[4]"文皇帝",《乾隆武进县志》作"景帝",误。《光绪武进阳湖县志》作"帝"。[5]"述与迪俱以高年终",据《光绪武进阳湖县志》补。

《乾隆江南通志》卷一七〇《人物志·常州府·明》：

徐孟曾，武进人。善诗，以医世其家。永乐间召至京，赐袭衣。弟孟恂，工砭法。时称"二仙"。①

万斯同《明史》卷一三五《艺文志·医家类》：

徐述《难经补注》（下注：洪武间常州名医）。②

王㒜《思轩文集》卷九《赠世医徐伯旸序》：

吾毗陵称世医家，其传次之久，皆无如徐氏。盖自国初以来，累世业医，一本刘守真、张子和二家之学。以汗、吐、下三法治人疾痰，皆应手取效，郡中籍籍称贤之。盖不徒专攻于医，而尤兼通于儒。故其书有名儒门事，亲者谓与吾儒者之道相表里，有非粗工妄人之所能窥测也。前三十年，予犹及见其长老如孟恂、孟伦、孟颙三数人。至于孟恂之兄孟曾、孟安，孟颙之父前医学正科彦常，又予所不及见。然闻其风与观其为人，其纯德雅道，皆卓然前辈老成人，又非后生晚进之所能跂而及之也。当是时，人之求医者徒知有徐氏，为医者徒知有刘、张之学。近数年来，稍稍徙之别族，而其学亦有转而他求，如李明之之类者。独伯旸不然，曰："此吾父祖之业也。"于是深探二家之旨，而尤注意于仲景《伤寒》之一论，其意又以为百病之急无逾伤寒，此古人之说而亦吾父祖之用心也。伯旸，孟颙之子，彦常之孙也。其贤如此，庶几克承家学，以益永其传者矣。予客游京师，与伯旸别甚久，乃者予兄廷序以书来，属文曰："愿有以赠伯旸也，伯旸治吾伤寒而愈，而不受馈，此其功不可忘，其义不可掩也。"③

王行《半轩集》卷六《赠徐孟铭序》：

医，活人术也，故操其术者，恒以活人自任，而用其术者，亦以活人任

---

① 《四库全书》第 511 册，第 872 页。
② 《续修四库全书》第 326 册，第 426 页。
③ 《续修四库全书》第 1329 册，第 502 页。

之。则医之能活人也必矣。然死生非细事,要不可不自慎也。毗陵徐孟铭,盖所谓能自慎者。予闻之矣,其族祖仲清,尝侨吴城中,时四方大夫士多萃吴下,家惟无病,病必延仲清视之,仲清之名籍甚。去归其乡,今十五年矣,而又闻孟铭之声焉。徐氏何多贤耶!徐氏之先有以药济人者,见于《神仙家书》,岂其泽至今犹未泯与?矧闻孟铭不独精于医,又能读儒家书,好赋咏,则其人又可知矣。姑苏包士贞尝患失血之疾,且殆已,孟铭为起之。士贞感其德,以他无足报,乃求名人大夫士之诗以赠之,多已成卷,请予题其端。昔道潜以诗名士大夫间,庞安常尝为之疗疚,潜方思所报,东坡曰:"盍与之一转语也?"则以诗酬医,有故事矣。然未闻安常能自赋咏也。今孟铭能自赋咏于诗,不大相契乎!士贞之赠,岂徒然哉!然则孟铭之于医,所以能慎者,岂亦得于温柔敦厚之教也与?是为序。①

谢应芳《龟巢稿》卷八《悼徐孟铭》:

读尽轩岐上古书,幡然读律应时需。一官再调炎州幕,二竖交攻瘴海隅。赖有故人收白骨,归来乡国瘗黄垆。杏林花落纷如雨,何树哀啼五尺孤。②

王偁《思轩文集》卷十九《陕西略阳知县徐公墓志铭》:

公徐氏,讳起,字贵昇,先世淮人。赵宋时有讳克正者,明经及第,后以母老不仕,卒谥节孝。季克忠,滁州同知。再传而至季明,始徙居晋陵。季明生烨,德祐间,元兵屠城,居民有伏积尸中得脱者七人,烨其一也。仕至常州路织染局提领,公高祖也。曾祖养源。祖潢。考幹,字彦贞,洪武间举人材,拜大理寺丞,与都御史詹徽论事不合,免归,后起知宁海州。娶金氏、蔡氏、曾氏,生四子,公其季也,曾出。六岁失怙,母抚育之,教之读书,遣游邑庠。时先公兵部府君方为予姊择配,盖居与公相邻,知其贤,遂以妻焉。公屡游场屋不偶,而家益贫,学益励,养母极甘旨,实予姊有以相之。正统辛酉,中应天乡试,壬戌会试,授兖之城武教谕。……秩满,用工部尚书王公复荐,升郓城知县。……三载,丁内艰,服除,调汉中略阳县。……又三载,竟谢事归,时成化己丑,公年甫六十,并谢家事,日居城南之别墅,曳杖逍遥陇亩间。……其平生勇于行义,于恤族尤厚。盖自为校官,已收养族孙之贫者四人:曰敩、敏、政、歆,皆毕婚娶,教使成立。……配王

---

① 《四库全书》第1231册,第363页。
② 《四部丛刊》三编影印江安傅氏双鉴楼藏钞本。

氏，即予姊，柔和贞顺，表著闺阃，先公十二年卒，生二子：瑞，太学生；……瑛，义官。……侧室张氏、王氏，生二子：瑭……珑……孙男五：淑、涝、潜、渊、泾。……公寿七十有四，成化癸卯九月十五日卒。①

[笺]《思轩文集》卷二十一《亡姊孺人王氏墓志铭》："徐故比邻，贵昇早以才俊有名，遂纳聘焉。时其父彦真已殁，故所业医弃之，而业儒，为邑庠生。……孺人二子二女。子曰瑞，业进士举；曰瑛，输粟授义官。……孺人生永乐壬辰八月廿七日，卒成化癸巳七月初十日，享年六十有二。"

邵宝《容春堂后集》卷五《故上高训导徐君东之墓志铭》：

越数月，君弟鸿以其孤本及婿潘溱来告葬，且出段主事子辛状请铭。……君讳淮，字东之，别号静轩，徐其氏也，系出汉南州高士穉元。有讳烨者，仕为常州路织染局提领，因籍武进，于君为高祖。曾祖用，国朝以明医征。祖遂，医学正科。父镕，母黄氏。君幼警敏，成童能属文，弱冠为郡庠诸生，有才望，于是君之世父文式以进士及第，为翰林编修，没未久，而君继起。……君凡八举不利，始应弘治戊午岁贡，以母老请就禄，得训导江西上高，居八年，母病失明，遂有致仕之请。……所著有《静轩稿》藏于家。君生景泰丙子八月三十日，卒于正德丁丑五月二十七日，得年六十有二。配杨氏。子男一，即本，侧室陆氏出。②

杨 贲

《录鬼簿续编》：

杨彦华，名贲。滁阳宦族也。自号春风道人。八岁能属文，甫弱冠，明《五经》。酷好吟咏。尝访桂潭和尚，一茶之顷，赓和百篇。洪武辛巳，以明经擢濮阳令。永乐初，改除赵府纪善。凡有著述，举皆右让，亲王亦礼重。然终不遂所志，怏怏成疾而逝。

唐文凤《梧冈集》卷七《跋杨彦华书虞文靖公〈苏武慢词〉后》：

今按调寄【苏武慢】词十二阕，盖和冯尊师所作。其自序经阅累岁而

---

① 《续修四库全书》第1329册，第623页。
② 《四库全书》第1258册，第288页。

成，飘飘然有出尘想，如在九霄之上，下视世纷胶扰，曾不足以入其灵台丹府，所谓不吃烟火食，所道乃神仙中人语也。史称南岳真人降生[1]，岂其然乎！余僚友杨春庵酷嗜此词，喜而书之，联为巨轴。字体萧散俊逸，有晋唐人气。或遇风清月霁之夕，冯、虞二公有知，当乘云御风而来，寻歌审音，玩书留迹，亦复绝倒也。故跋以归之。①

[校][1]"岳"，原作"獄"，应系"嶽"之误。

《梧冈集》卷三《春庵杨纪善见子之喜，有诗，次韵奉贺三首》：

乏嗣承宗亦可羞，掌珠喜见瑞光浮。家声有绍惟杨震，天道无知只邓攸。贺客每传诗志喜，夸人不用酒消忧。他年好绍箕裘业，才俊当推第一流。

津津喜色上眉头，宾主持杯互劝酬。有酒何烦说罍耻，无钱安用效囊羞。应门岂比李泰伯，生子当如孙仲谋。欲验寸心窥造化，百年春雨长松楸。

意令与国助租丁，自是承宗德泽馨。祥凤已知生鸑鷟，小虫何必负螟蛉。阳回气候生邹律，春蔼芝兰满谢庭。父子祖孙传百代，此心安用测沉冥。②

[笺]按《梧冈文稿》卷二十七《跋白云吴公诗》："永乐元年夏，予授赵府纪善。"（《唐氏三先生集》）五世孙唐泽撰《高祖梧冈先生墓表》："三载报政，适遇文庙封建诸王，妙简府僚，被亲擢为赵府纪善。时王日侍天颜，宫僚得同朝臣出入禁近。先生积诚辅导，随事箴规，或进讲，或应制，寓忠爱于言表。文庙优重之，王亦深知敬信。在朝诸名硕若学士王公景彰、杨公士奇、祭酒徐公旭、状元曾荣辈，皆以缔文字交，赓酬倡和，殆无虚日。王尝奉敕留守北京数年，先生以道翊赞，宣上德，达下情，号令严明，仁恩敷洽，畿甸以宁，雅称文庙简擢之意。宣德初，汉庶人谋不轨，宣庙亲董六师征之，词连赵府，卒之转危为安者，先生之功也。一时宫僚多得罪，而独以屡谏全责。忠言直节，卓识深谟，可想见矣。……先生既安王国，成功不居，见几求退，遂对迁洛阳少尹，寻致其政而归，适意林泉，陶情诗酒。……先生殁于宣德壬子，享年八十有六。"

《万历滁阳志》卷十二《列传》：

杨贲，字彦华。元杲子也。才藻敏赡，攻诗。《赠武金事征交趾》诗云："日日炎荒只苦吟，吟边谁识老臣心[1]。半窗斜月侵寒幕，一榻清风拂素琴。海阔水声流入梦，山高雁影杳来音。名贤本是霜台客，暂且乘骢过郁林。"仕终赵府纪善[2]。晚号春庵。善玄言[3]。才浮于位，识者惜之。门人谢士恒

---

① 《四库全书》第1242册，第626页。
② 《四库全书》第1242册，第578页。

敬者，清修士也，衷其作为《春庵集》刻行。①

[校] [1] "吟边"，《康熙滁州志》卷二十二作"边疆"。[2] "仕终赵府纪善"，《康熙滁州志》作"荐授大名令，终赵府纪善"。[3] "玄言"，《康熙滁州志》作"道家言"。

[笺]《成化中都志》卷八《题咏》载杨贲《水濂洞避暑记笔》诗，署："杨彦华纪善"。诗云："平生畏暑如畏魔，寻凉步出城南坡。城南白石环坡陀，水濂洞口凉风多。藕花吹香鱼戏荷，阴阴花树交枝柯。人间愁毒相煎磨，此中别有安乐窝。黄冠白发风婆娑，三五迎笑舒情和。茶瓜款留日景过，兴来舞唱青天歌。归来日压西山阿，海东月色登松萝。仙凡咫尺犹关河，人生知分馀无他。前途行人日奔波，黄埃饥渴将奈何。"

《万历滁阳志》卷首载张瑄弘治癸丑序：

杨彦华，号湖海豪，有《春庵集》行于世。书法遒劲恣媚，可亚赵松雪。未知曾仕与否？②

万斯同《明史》卷一七六《杨元杲传》：

元杲有子贲，尤博学强记，以词翰知名。荐授大名知县，至周府纪善。③

万斯同《明史》卷一三六《艺文志四》：

杨贲《春庵集》（下注：字彦华，滁州人。中书省右司郎中杨元杲子，官楚府纪善。）④

张廷玉《明史》卷一三五《杨元杲传》：

杨元杲、阮弘道，皆滁人，家世皆儒者。从渡江，同为行省左右司员外郎，与陶安等更番掌行机宜文字。元杲以郎中擢理军储于金华，而弘道亦于是岁以郎中从大都督文正守南昌，皆有功。二人皆于太祖最故，又皆儒雅嗜文学，练达政体，而元杲知虑尤周密。帝尝曰："文臣从渡江，掌簿书文字，勤劳十馀年，无如杨元杲、阮弘道、李梦庚、侯元善、樊景昭者。"其后，元杲历应天府尹，弘道历福建、江西行省参政，皆卒官。元杲子贲，博学强记，以词翰知名，荐授大名知县，仕至周府纪善。⑤

---

① 明万历四十二年刊本。
② 明万历四十二年刊本。
③ 《续修四库全书》第327册，第350页。
④ 《续修四库全书》第326册，第489页。
⑤ （清）张廷玉等：《明史》，第3921页。

《大清一统志》卷一三〇《滁州直隶州·人物》：

杨贲，元杲子。博学强记，以词翰知名。荐授大名知县，至周府纪善。[1]

邾启文

《录鬼簿续编》：

邾启文，仲谊之子。任中书宣使。文学过人，克继其父。亦善乐府、隐语。

宋濂《宋学士文集》卷三十八《翰苑别集》卷八《赠朱启文还乡省亲序》：

工部奏差朱旼启文，既书满，将省亲虎林山中，荐绅家多发为声诗。吴府伴读王骥与启文有连，遂以首简请予序。……惟朱氏之名家，愜舆情之所属。埙篪交奏，四经之义髓昭明；黼黻相宣，一姓之文锋犀利。棣萼既形于周《雅》，芝兰遽产于谢庭。华颖高骞，允符二妙之选；藻思遄发，何惭八斗之才。珠彩虽沉，玉光难掩。遂因文艺，上贡铨曹。虽王勃之少年，岂朱云之可吏？厕行人于起部，期试事于薇垣。三载积劳，行将授政；一朝予告，得遂荣亲。服彩上堂，每赋高年之引；奉觞为寿，尚瞻游子之衣。春晖澹荡以娱人，秋月连娟而在户。争夸具庆，奚翅前踪？平浦西风，催秦淮之急桨；遥天去雁，起名胜之长吟。不鄙衰孱，来征序引。……系之以诗曰：

松帷落秋阴，月魄淡凉夕。朝鼓官河棹，暮宿青山驿。忆昔为行人，风雨尚征役。王事有程期，吾敢思燕息？今焉返吾庐，摇曳武林陌。上堂献寿觞，跟跄喜增剧。衣带来时香，酒仍去年白。门前青桂枝，寒花破寥閴。不见近三年，为我动颜色。子归趣诚佳，子乐复何极。可怜城头乌，肯倦西风翼。[2]

胡布《听筝堂送朱启文归虎林省亲》：

秦人破瑟促瑶柱，翻作清商去声谱。唳鹤群高咽素云，雏莺语滑烘春树。故家王谢挹风流，罢笛徐将玉拨挡。桓伊双手金縢曲，风绕鹍弦璧月秋。欲鼓阳春和弥寡，调高谁是知音者。改拨骊歌慰壮游，白云冉冉吴山下。[3]

---

[1] 《续修四库全书》第 615 册，第 332 页。
[2] 罗月霞编《宋濂全集》第 2 册，第 1095 页。
[3] （元）胡布等：《元音遗响》卷三，《四库全书》第 1369 册，第 642 页。

冯彦恭

张宁《方洲集》卷十一【念奴娇】：

三月二十四日，孙景章、于景瞻、邵叔章、王瑞之、钱文杰邀饮冯彦恭湖亭，其地有林泉之胜，醉中即景制【念奴娇】词，发诸公一笑。

暮春天气，叹春色三分，二分僝僽。蝶体莺情留恋处，偏在馀花剩柳。风雨相催，阴晴未定，不管人憔瘦。淡妆浓抹，这精神还在否？ 是谁将两山佳丽，重湖深秀，收归庭牖。前辈文章，近来吟咏，算谁家曾有。长笑临轩，喜人生又是一番开口。浮云春梦，此情都付杯酒。①

《方洲集》卷六《三月十四日，婿刘希仁邀游冯氏湖亭，风雨夜作，巳刻始霁，冒湿而前，卒成胜赏，呈同游诸公》：

湖山夜雨催春急，莺燕无声曙犹滴。东风似是惜春归，淡扫阴云漏初日。从来晴好雨亦奇，雨晴沓至添华滋。人间盛事常不满，逢欢便作快心时。②

刘时中

邓雅《玉笥集》卷二《馆市巡检刘时中摄新淦县事，有政声，于其还镇，诗以美之》：

将军英妙年，神采照白玉。紫禁曾依日月光，青云早展骅骝足。翠屏西下淦水东，驿路迢迢当要冲。我皇开国慎防御，子复领镇持刀弓。到官从容仅一载，鼓角楼新民俗改。夜月山中虎豹藏，春风陌上桑麻蔼。居民外户夜不扃，行旅往来能送迎。三乡父老服政令，五岁儿童知姓名。前年金川乏牧守，点行悍卒喧腾久。城里居民日夜愁，妻子难全况鸡狗。将军政绩大府闻，领符摄职仍施恩。首同主将严法律，商贾坐肆军辕门。伟哉将军人莫比，文武才兼心似水。政成弊革强梗摧，铁鞭跃马城南回。攀辕卧辙留不得，夹道

---

① 《四库全书》第 1247 册，第 348 页。
② 《四库全书》第 1247 册，第 258 页。

松风起寒色。翠屏万仞高巉岏，上有百尺青琅玕。归囊得诗凡几首，把诗坐对屏山看。①

李祁《云阳集》卷六《赠刘时中序》：

济南古称天下名郡，以邹鲁属焉故也。……比年刘君时中来永新判州事，予以老病畏人，不敢出与相见，久之乃稍与语。历历言齐鲁间事，与夫圣贤之世系封爵里居，地理之山川，人物好尚，如指诸掌。问之而无不言，听之而不能倦。然后知君之所蕴者，有非寻常所可及也。君世家历城，为济南属邑，其先君尝为邹鲁儒教官。君自幼随侍，不出庠序，故于俎豆礼文之事甚习。及其壮也，复随侍南宁，以荫得永州东安尉。涉历险远，故于人情物理之变甚深。今而来佐永新也，安于贫而不求，勤于事而无忽。其敛于民也，若不得已；其奉乎上者，若有所不及。官无废事，而民咸安之。盖以君生长乎礼让信厚之邦，涵濡乎圣贤诗书之化，而又尝驱驰湖湘之间，阅历桑海之变，故其见于容貌词气行事之际，自有不可掩者。②

[考辨]

朱同《覆瓿集》卷五《练溪闲居记》：

中庵余公信卿，承世胄之贵，秉钧要之权，亦既有年。洪武六年，以老得请，奉旨居新安。新安练溪大源，即扬之水也。……公平居无事，则图书在几，披吟紬绎，以养性情而消永日。客至则整冠对坐，谈今古，论人物，道典故，锵金戛玉，足以广见闻、耸观听，令人倾耳不倦。每风日佳好，则幅巾野服，杖履逍遥，与二三友士俯练溪之清流，登水西之梵刹，探城阳故址，以求方外之遗踪，陟紫阳高巅，以访考亭之馀蕴。或据怪石，或坐长林，唱和吟啸，日暮忘返。人远而望之，但见其形超兴逸，若写神仙于图画。而其中所存之洒然者，固不得而知之也。……时刘时中素慕公高风，因令邑士邵某图其闲居之趣，与文士歌咏之，而公又俾仆记其概。③

《弘治徽州府志》卷十《寺观·洞元观》：

在邑东祁山之阳……元至正壬辰兵火，国朝洪都道士刘时中再加创建。④

---

① 《四库全书》第1222册，第699页。
② 《四库全书》第1219册，第688页。
③ 《四库全书》第1227册，第697页。
④ 明弘治刻本。

陈 枑

《录鬼簿续编》：

陈大用，名枑。江陵人。

朱同《覆瓿集》卷二《奉寄山阴县丞陈大用》：

才名本自重南金，未许相逢叹陆沉。异路共为千里客，故乡谁念五更心。海门日上天光近，江浦云归树色深。莫道过门风致尽，扁舟正拟过山阴。①

《覆瓿集》卷二《严陵舟还喜晴赠陈大用》：

几日浓阴撼朔风，今朝新霁早推篷。山头积雪连云白，海上明霞照水红。身世已知归计稳，舟行况与古人同。通家喜有朱陈旧，努力躬耕待岁丰。

霜寒水落石如林，泻壁直下三千寻。溯流岂辞上滩涩，到家不厌寻源深。片片浮云或聚散，衮衮长江无古今。此怀只有陈抟解，故喜扁舟论素心。②

胡奎《斗南老人集》卷五《寄陈大用》：

小雨疏疏夜放舟，朝来白苎不胜秋。出门却怪青泥滑，定是元龙不下楼。③

张宁《写枯木幽篁送陈大用》：

方洲秋日景荒凉，古木幽篁遍草堂。写入溪藤送君去，情随疏影共斜阳。④

张宁《方洲集》卷二十二《痴斋解》：

字书释"痴"为不慧，又训为病。故凡愚昧狂诞者，世皆呼为痴，非男子之美称也。以是称人之真痴，必且唾骂不受。宦达如陈君大用，乃独取以自号。尝询其乡人云：大用初为儿时，不解人弄，能言而不知骂，识物而不知取，壮有室而不知私。好读书，领举犹不知所为，务与人接，张目洞视而词气不形，情思疏阔，乍见之了若不辩菽麦者。邻里乡党率指为痴，君不知

---

① 《四库全书》第 1227 册，第 664 页。
② 《四库全书》第 1227 册，第 670 页。
③ 《四库全书》第 1233 册，第 555 页。
④ （明）曹学佺编《石仓历代诗选》卷三八二，《四库全书》第 1392 册，第 147 页。

其不可也，谨受之以名斋。始予尝以所闻道之于人，人亦信。然观其通判嘉兴，公明刚断，警达无遗，所至清介峻绝，奸不能干，强不能梗，无情者不能蔽。运斤成风，游刃馀地，不复知有盘根错节，而绩用所致，川流山峙，超越故常。不九载，拔迁同知楚雄府，复若老于世故者，人始惑焉，以其有隐德，或重器深藏，假是名也，非真痴。①

[考辨]

胡聘之《山右石刻丛编》卷三十引录《五龙祠诗碣》：

通议大夫、晋宁路总管完颜德辉明叔陪秦国公平章政事，以春旱祈谒祠下，平章为之赋诗一章，公从而和之云："招柏南山祀五龙，五龙于世足神功。平章相国题诗后，岁岁年年拟倍丰。"

皇庆元年三月日，从仕郎、上党县尹徐祯立石。

鸠工：州吏赵安、陈大用。②

孟 昉

虞集《雍虞先生道园类稿》卷三十五《题孟天暐氏拟秦汉语后》：

成均旧游，若孟天暐氏，拟秦汉间之辞，以发其聪明，乐于习熟近俚，岂知言乎？古之人，有至公之识，至通之学，至敏之才，至宽之量，无人己之分也。《离骚》《远游》之高见，太史公不鄙楚人，直以为日月争光；《过秦》之论，太史公优为之，全取贾谊之言，而载诸《秦纪》。其不可及者，终不可及也，焉可诬哉！吾故读天暐之书而快之也。然吾天暐宗家，有七篇之言在，集尝伏而读之，其辞气不能无当时之辩，然所言先王之道也，所行先王之政也，上接道学之传，下为万世之法。天暐归而求之，有馀师矣。③

傅若金《傅与砺文集》卷四《孟天伟文稿序》：

河东孟天伟，好学有才识，尝贡于乡，下第春官，由是辟掾宪司，历御

---

① 《四库全书》第1247册，第502页。
② 《续修四库全书》第907册，第712页。
③ 《中华再造善本》影印元刻本；《元人文集珍本丛刊》第6册，第162页。

史府、刑部、枢密院,用且未已。暇日即读书为文不废,凡志记、叙述、铭赞、赋颂之作,各极其体,汲汲焉古作者之度,惟恐其不合,盖能先其所志而充之以气者也。夫南北之气异,文亦如之。南方作者婉密而不枯,其失也靡;北方简重而不浮,其失也俚。君兼采其长而力惩其失,其能合古之度,不亦宜哉!然君方壮,进于学不已,譬诸登山者,足益往,身益高。余南归,当与君别,后数年再至,余望君绝顶矣。①

宋褧《燕石集》卷十五《跋孟天暐拟古卷后》:

扬侍郎以《太玄》准《易》,《法言》准《鲁论》,而《剧秦美新》,君子病之。柳柳州作《南霁阳碑》,用骈俪语,紫阳夫子谓子厚非不能古文,特作剧尔。河东孟君天暐,延祐间为胄监生,明敏英妙,质美而行懿,由乡举得解,从事臬司宪部掾、枢府,进中书西曹,及今典国子监簿。二十年间,读书不废,亦贤矣哉。尝拟先秦西汉诸作,摹仿工致,大夫士皆与之,然游戏翰墨,殆若作剧者,其志则子云也。呜呼,文以载道,道之大原出于天,其传则由尧舜,迄孟轲氏,先儒称孟子文章不可及,道之传也。天暐进道与文,其必学孟子,子归而求之,有馀师秦汉云乎哉!②

苏天爵《滋溪文稿》卷三十《题孟天暐拟古文后》:

太原孟天暐,学博而识敏,气清而文奇。观所拟先秦、西汉诸篇,步趋之卓,言语之工,盖欲杰出一世,其志不亦伟乎!昔欧阳公谓韩子为《樊宗师墓铭》,即类樊文,其始出于司马子长。子长为长卿传,如其文。惟其过之,故能兼之。夫文章务趋一时所尚,固不可也,然欲求合于古,又岂易言哉!故韩子曰:"为文宜师古圣贤人,师其意,不师其辞。"欧阳公亦曰:"为文勿用造语,模拟前人,取其自然尔。"三代以下,文之古者莫韩、欧若也,而其言如此,当与天暐评之。③

余阙《青阳先生文集》卷八《题孟天暐拟古文后》:

秦燔烧《诗》《书》百家之言,汉兴,稍掇拾之。诸子后出,然颇杂以依仿之说,如《国策》诸篇,多蒯彻之流所撰,甚至窃取他书以足之如见秦者[1],岂尽《短长》之旧哉?孟君天暐,喜模仿先秦文章,多能似之,其读

---

① 《四库全书》第1213册,第320页。
② 《四库全书》第1212册,第522页。
③ (元)苏天爵:《滋溪文稿》,陈高华等点校,第503页。

《国策》，当能辩之，知予言为不妄也。①

[校][1]"见"，四库本作"先"。

许有壬《至正集》卷二十《铁笛为西曹掾孟天伟赋》：

梦断柯庭月满林，却从良冶嗣遗音。沉埋难蚀千年节，刚烈能鸣七窍心。回老飞来洞庭晚，刘翁仙去武夷深。太平不用为锋刃，吹尽人间市酒金。②

张翥《蜕庵诗集》卷三《铁笛为孟天暐赋》[1]：

爱此轻圆铁铸成，何须楚竹选孤生。年多化作青蛇色，夜静吹如彩凤声。绣出碧花凝错落，冷含金气发铿清。最宜携向君山去，一听仙翁奏月明。③

[校][1]诗题，《中华再造善本》本脱"天"字，据四库本补。

释来复《蒲庵集》卷三《铁笛为孟天暐赋》：

昆吾巧铸绝雕镂，七窍虚圆律吕侔。火色炼经千岁劫，金声吹作一天秋。叫云时引凤鸣谷，裂石夜惊龙出湫。传得武夷仙谱在，何须横玉奏凉州。④

《元史》卷九十二《百官志八·奉使宣抚》：

至正五年十月，遣官分道奉使宣抚，布宣德意，询民疾苦，疏涤冤滞，蠲除烦苛，体察官吏贤否，明加黜陟。……江西福建道，以云南行省右丞散散、将作院使王士弘为之，国子典簿孟昉为首领官。⑤

虞集《道园类稿》卷十九《江闽奉使倡酬诗序》：

皇上在位之十又四年……必欲无尺地不蒙其泽，而一民不获其安。断自宸衷，遣使询问，分道而出，巡天下之邦国而语之，使万民和说焉。江右在江湖之表，闽越在岭海之间，皇皇持节之华，二公实来，则前右丞北庭散公、左丞平阳王公。佐之者，吾胄监典簿太原孟君大（天）暐其人也。二公先朝旧人，贞靖严重，素闻于天下；孟君学问志气，穆如清风，极一时之选矣哉。吾侪小人，朝不及夕，有不足以知其雅量之弘深。而布政之优游也，当每怀靡及之际，有诹谋度询之劳，然而登高能赋，有以风示于吏民者，犹足以见

---

① 《中华再造善本》影印明正统十年高诚刻本；《四库全书》第1214册，第420页。
② 《元人文集珍本丛刊》第7册，第117页；《四库全书》第1211册，第150页。
③ 《中华再造善本》影印明初刻本；《四库全书》第1215册，第54页。
④ 《禅门逸书》初编第7册，影印明洪武刊本，第22页；《全元诗》第60册，第123页。
⑤ （明）宋濂等：《元史》，第2342页。

孟君赞画于二公者矣。①

虞集《道园遗稿》卷三《次韵孟天暐典簿佐奉使行江西所赋》:

  帝念苍生不鄙夷,任贤清问载旌驰。山川旧履车书会,草木新春雨露私。十道悠悠分楚粤[1],四门穆穆出宣慈。举头见日天光近,老去无忧托启期。②

  [校] [1]"粤",四库本作"越"。

顾瑛《乙未书实和孟天暐都司见寄》:

  江头日日惜芳时,三月春光两鬓丝。拔剑自歌还自舞,邑人谁识虎头痴。治安无策济时艰,始信金消壮士颜。怪底飓风翻涨海,浪头一直过狼山。猎猎东风吹火旗,水军三万尽精肥。一春杀贼知多少,个个身穿溅血衣。楼上人家不识春,檐头蛛网亦生尘。朱门桃李皆零落,只有东风未嫁人。隔屋征人去不归,朝朝思妇泣春菲。大堤芳草连天长,莫信啼鹃怨落晖。海口潮声挟雨来,西风一阵却吹回。书生此日愁如洗,斫地高歌是莫哀。闻道君王日早参,每虚前席问江南。何人医国如秦缓,有客能棋似李憨。尽说楼船水战鏖,西风烈火张天高。一从赤壁争雄后,千载功名只骑曹。大户今年无老米,细民近日有新钱。街衢寂寂无车马,风景凄凄似禁烟。梅雨今年多去年,青秧白水漫平田。端阳过了南风起,不见谁开漕运船。③

顾瑛《长歌寄孟天暐都事》:

  忆昔春风吹少年,绣衣骄马珊瑚鞭。锦堂丝管迟落日,青楼莺燕迷花烟。即今未老嗟当日,坐卧便人倦行立。太平天下起干戈,从此百忧如猬集。大儿服勤欲养亲,拟卜草堂聊远尘。前年天子赐金虎,命长千夫防海滨。百里离居将二载,我复治生给不逮。郭外薄田力作耕,原上柔桑训奴采。二亲头白笑语温,次儿行酒婿应门。有弟隔屋罕相见,我妇日牵韶龀孙。天子仁慈尚姑息,丞相南征兴重役。乘时饿虎昼吃人,谁与苍生系休戚。民力不堪供奉承,董责尽用尚书丞。新行交钞愈涩滞,米价十千酬四升。师出无功天子怒,一朝远放西河去。班师下诏慰黎元,四海歌谣满途路。今年顽民起西山,帕首举火烧阆关。城中六官奋六节,凯歌马上擒俘还。是时海寇集江下,水军杀之海为赭。元戎不识予何人,起作区区守关者。守关三月不得归,岂假

---

① 《中华再造善本》影印元刻本。
② 《中华再造善本》影印元至正十四年金伯祥刻本;《四库全书》第1207册,第770页。
③ (元)顾瑛:《玉山璞稿》,《宛委别藏》第106册,第69页。

威权属布衣。自谓一身本无事,又俾审理民间饥。补官使者招入粟,一纸白麻三万斛。频年官籴廪为空,数月举家朝食粥。时维五月梅雨多,眼见青田生白波。饥农仰天哭无食,今秋无成将奈何。吴江漫漫风波急,夜返扁舟及家室。坐看急电怒驱雷,骤雨打窗愁欲泣。我歌长歌行路难,闻者抚膺坐长叹。皇天流毒虐下土,自此天下何由安?呜呼,自此天下何由安!①

陈基《夷白斋稿》卷八《次韵孟天伟郎中〈看潮十首〉》:

千古英雄恨未销,海风吹上浙江潮。怒驱貔虎谁能敌,雄压鲲鲵不敢骄。踏浪掀旗空远迓,临流捐袂若为招。扁舟浩荡身先退,输与陶渔共采樵。(其五)

雪涌潮头万叠多,秋风奡屃吼灵鼍[1]。直疑碧海金鳌掷,复恐阴山铁骑过。勾践功名今寂寞,麻姑消息近如何。凭君更阐神明力[2],翻却蓬莱弱水波。(其六)

千古东南托海潮,摩挲强弩未全销。气乘日月分盈缩,声振山河欲动摇。击楫中流歌慷慨,倚阑斜日鬓飘萧。钱塘官酒秋仍绿[3],更与灵胥酹一瓢[4]。(其八)

风起城南思惨悽,独携长剑倚长堤。未谈秋水惊河伯,先跨涛江掣海鲵。力障狂澜扶砥柱,手挥妖祲豁坤倪。东流不尽凭阑意,长笑归来日已西[5]。(其九)

每因潮候卜灾祥,今岁潮头百尺强。千犀弩发鲸鲵吼,两乳峰开龙凤翔。乘槎直欲访河鼓,悬水不须夸吕梁。徙倚江亭吾已老,海风吹面发苍浪[6]。(其十)②

[校] [1] "奡屃",四库本作"飘击"。[2] "阐",四库本作"骋"。[3] "官酒",四库本作"美醖"。[4] "酹",四库本作"酬"。[5] "笑",四库本作"啸"。[6] "苍浪",四库本作"苍苍"。

马玉麟《东皋先生诗集》卷四《次韵孟天伟》:

扁舟随处泛沧波,茅屋从教长薜萝。满地落花清昼永,一溪春水绿阴多。写经许客笼鹅去,问字无人载酒过。不似双梧亭子上,东风锦瑟玉奴歌。③

---

① (元)顾瑛:《玉山璞稿》,《宛委别藏》第106册,第74页。
② 《四库全书》第1222册,第218页。
③ 《续修四库全书》第1324册,第469页。

张昱《张光弼诗集》卷六《题御史孟昉野服画像》：

好似当年贺季真，乞身归老镜湖春。铜章不绾御史印，练布能裁处士巾。麟阁云台千载后，鸟啼花落几回新。浮云过眼寻常事，且作齐东一野人。①

释廷俊《次孟天暐〈南山杂韵〉二首》：

南湖三月水如天，共爱风流贺监船。若道沃洲还可买，数椽高卧白云边。
日上南山春雾开，雨馀镜水绿如苔。风流贺老今尘土，短棹何人载酒来。②

释怀渭《次孟天暐〈杂咏〉二首》：

贺监湖边草色春，秦淮江上柳条新。山川是处堪行乐，晴日风光思杀人。
暮春三月风日妍，乱折花枝送酒船。西岭山光青浸水，南池柳色绿生烟。③

贡师泰《玩斋集》卷八《孟天暐御史小象赞》之《豸冠》：

服之华也见乎外，德之华也本乎内。内外交称庶免于戾，惟其有之，克共大祭。

又《燕居》：

出则秉笏垂绅，处则野服葛巾，人知出而仕之为荣，又安知处之乐为真也，风流邱壑，庶几斯人。④

徐一夔《始丰稿》卷一《孟天暐豸冠像赞》：

大冠既加，华佩斯委，肃若霜严，屹若山峙。匪容之盛，乃德之充。相此大祭，敢不恪恭。⑤

《始丰稿》卷一《孟天暐山居像赞》：

谓公为仕，被服则野；谓公为隐，动容则雅。或舒或卷，心旷神夷。山林之适，廊庙之思。⑥

---

① 《四部丛刊》续编影印明抄本。
② （明）刘仔肩编《雅颂正音》卷四，《四库全书》第1370册，第625页。
③ （明）刘仔肩编《雅颂正音》卷四，《四库全书》第1370册，第626页。
④ 《四库全书》第1215册，第655页。
⑤ 《四库全书》第1229册，第146页。
⑥ 《四库全书》第1229册，第147页。

程文《孟君文集序》：

平昌孟君善为文，往年读其拟古数篇，不知其生于今也，来京师，始得请教门下。因又得其《己亥集》者，读之弥月而后已。其文有先秦战国之风，驰骋上下，纵横捭阖，极其变而不失其正，如王良造父之御然，予益以喜其合于法度也。孟君举进士于乡，尝佐使者行治所，历天下十七八，雄才大略见诸行事之实，而发为文辞，又不托于空言，如是而进之，名当时而传后世，岂其艰邪？然而世之人，知其人而未知其文也，其文特馀事尔，非其志之所存也，其志之所存，固将有所大用也，岂文乎哉？予既手录数篇以自矜式，复序其集而归之。虽然，孟君之文，后当有大贤君子表章之，恶以予言为哉！读孟君之文而征予言，或者知其不诬也。孟君名昉，字天暐，今某官云。①

陈基《夷白斋稿》卷二十二《孟待制文集序》：

国朝之文凡三变……天历之际，作者中兴，上探《诗》《书》《礼》《乐》之源，下泳秦、汉、唐、宋之澜，摆落凡近，宪章往哲，缉熙皇坟，光并日月，登歌清庙，气陵《骚》《雅》，由是和平之音大振，忠厚之璞复还。其用力也如蔺相如抗身秦廷，全璧归赵。呜呼，其难矣哉！今翰林待制孟君，砥砺成均，激昂俊造，于斯时也，固已步趋延祐之辙而先后之矣。乃扬历省台，左章右程。问其职，则补阙而拾遗也；询其业，则稽古而立言也。人方汲汲，我独熙熙，众皆碌碌，我则舒舒。于是又奉其所谓忠厚和平者，绸缪于《诗》《书》，周旋于《礼》《乐》，浸淫于秦汉，优柔于宋唐。身勤而词愈修，迹显而业益专，发种种而志弥厉，虽劫以兵众，不变也，其用心亦精矣。文章与时升降，故气胜则野，词胜则巧，要非人之所能为也，天也。今孟君之文，弃峭刻而就和平，却雕镌而趋忠厚，毅然于三变之后，操不野之音，宝不朽之璞，若固有之。充是道也，吾知其全璧而归，无憾矣。诗文总若干首，厘为若干卷，序而存之，以伺知者。君名昉，字天暐[1]，西人也[2]。至正十二年十一月己未序[3]。②

[校] [1] "天暐"，四库本作"天瞬"，误。[2] "西人"，四库本作"西夏人"，明弘治八年张习刊本作"本西域人，今寓清河云"。[3] "十一月己未序"，四库本作"十二月乙未书"。按至正十二年十二月无乙未日，《元人传记资料索引》引本则材料注云："文末

---

① （明）程敏政编《新安文献志》卷二十，《四库全书》第1375册，第274页。
② 《四库全书》第1222册，第296页。

系年当作至正二十二年",陈文新主编《中国文学编年史·元代卷》亦系该文于至正二十二年（1362）。

丁敬《武林金石记》卷二《杭州路重建庙学记》：

　　翰林待制、奉政大夫兼国史院编修官孟昉（昉）撰

　　承事郎、江浙等处行枢密院经历林镛书

　　荣禄大夫、江浙行宣政院使廉惠山海牙篆额

　　至正辛丑冬十一月，宣圣庙火，学宫斋舍罄为焦土。……经始壬寅冬，越癸卯秋就绪。……至正二十四年……立石。①

释来复《澹游集》卷上：

　　孟昉，字天暐，太原人。迁至南台监察御史、行枢密院判官、翰林待制。②

张昱《张光弼诗集》卷七《寄孟昉郎中》：

　　孟子论文自老成，蚤于《国语》亦留情。省中醉墨题犹在，阙下新知谁与行。纨扇晚凉诗自写，翠鬟情重酒同倾。接舆莫更闲歌凤，只可伴狂了此生。

《张光弼诗集》卷一《卧病寄孟天暐郎中》：

　　数会诚不辞，暂离还相忆。虽无膏肓虑，伏枕已旬日。雨雪高楼上，阴沉病增剧。不知湖中水，晴后添几尺。日照花枝明，风吹柳条碧。感此春事深，携壶想无及。③

刘夏《刘尚宾文集》卷三《答孟左司书》：

　　余年二十馀，慕为古文，即悟其人有古道，本能为古文。所谓古文，状其人平生所好之古道耳。及年愈大，益悟文乘气而有也。是故紬绎心思，乘气以缀文而注之。……余所见太原孟左司，其气蓄方刚，其行躬懿美，其文绩古雅。间以书见贻，谓仆实好文而真识文者也。余嗜古文几三十年，中间一二朋徒丧落，未尝敢以语诸人。及来金陵，一见左司公，酷喜其尝用力于读古文，而考其然、不然，又尝用工于为古文。其文必仿古，至于命意、遣辞，沛乎其气而不为气所使，况历官行事四五十年，所在称廉平，文之有本

---

① 《续修四库全书》第 910 册，第 373 页。
② 《续修四库全书》第 1622 册，第 223 页。
③ 《四部丛刊》续编影印常熟瞿氏铁琴铜剑楼藏明钞本。

也固如是矣。凡此，皆占文人第一流，余焉得不从之游。然而孤诣愈深，而人从之者愈少，徒多为时所憎恶，以取穷耳。间有好事者，则以为业是工专，可图不朽。间者之言然矣，然朽不朽系乎天，若图之则几于侈心生，是又不可以不辩也。①

《刘尚宾文集》卷二《九日分韵得雨字，与孟左司同赋白战体》：

客子悲秋在羁旅，雁飞南天失俦侣。混茫钟阜起微云，幂历江城洒飞雨。起寻故褚敛单衣，坐对破筐驱黠鼠。风流曾傲大将军，渐老中情无所聚。②

《刘尚宾文集》卷三《书孟左司文集后》：

余读太原孟左司《己亥文集》，集中《书》《林》等铭诗，其辞庄重典雅，绵密繁丽，有三百篇《楚茨》《梁山》《崧高》《烝民》之风。又读《蔡泽说范睢客》，又《说蔡泽》等篇，真得战国机权策士关节。……又读《学圃记》《鹭宅记》《义猫记》等篇，则眉目心思，举止言笑，绝类柳子厚，置之《河东集》中，殆不可辩。夫儒者，必能为文，而古文不易得。其人慕尚古之道者，则能为古文。所谓古文者，载其所行之古道。今观孟左司，其制行醇，故为文古，文古而又品格高，本北方之学者，故声音洪吐；兼南士之清新，故神情秀发，可以名为一家之言矣。……今天命我邦家弃夷礼不用，绍复古先哲王之大业，是致左司辙还而南。如楚有材，而晋用之，俾援韶濩之音，以鸣文物之盛，宫商相宣，金石交作。动荡乎中土列郡，悠扬乎江左诸州，以究雄文之象之实，惟学至于知天者，然吾此言而不谓之妄也。当时转而还于南方者二人，犹有一人为谁，舒守余廷心也。③

陶宗仪《书史会要》卷七：

孟昉，字天伟。大都人。官至江南行台监察御史。工书。④

《元诗选》癸集辛上"孟御史昉"传：

昉字天暐，本西域人，寓北平。至正十二年，为翰林待制，官至江南行台监察御史。苏伯修尝《题孟天暐拟古文后》云："太原孟天暐，学博而识

---

① 《续修四库全书》第 1326 册，第 82 页。
② 《续修四库全书》第 1326 册，第 75 页。
③ 《续修四库全书》第 1326 册，第 77 页。
④ 《四库全书》第 814 册，第 758 页。

敏，气清而文奇，盖欲杰出一世，其志不亦伟乎！"张光弼《寄孟昉郎中诗》云："孟子论文自老成，早于国语亦留情。"其为当时所推重如此。按，陈基《孟待制文集序》谓："翰林待制孟君砥砺成均，扬历省台。"张光弼集多载与孟天暐西湖往还之作。盖天暐自翰林出，历官江浙，亦在江淮兵乱之后。入本朝未详所终。①

邵远平《续弘简录元史类编》卷三十六：

孟昉，字天纬，本西域人，寓居北平。至正中，由翰林待制官南台御史。工书法。有《孟待制文集》，多歌曲，精究声韵之学。②

---

① （清）顾嗣立、席世臣编《元诗选》癸集，吴申扬点校，第1148页。
② 《续修四库全书》第313册，第533页。

中编

杂剧家

第一期

关汉卿

《录鬼簿》：

关汉卿，大都人。太医院户（一作尹）。号已斋叟。

珠玑语唾自然流，金玉词源即便有，玲珑肺腑天生就。风月情，忒惯熟。姓名香，四大神州。驱梨园领袖，总编修师首，捻杂剧班头。

[笺]《金史》《元史》之《百官志》中太医院均无"医尹"之职，故不少学者认为《录鬼簿》记关汉卿任"太医院尹"或有误。然《金史》卷五十七"太后两宫官属正大元年置"条有医令，正八品。"令""尹"相通，有学者谓关汉卿为太医院尹未必不可信。（门岿《录鬼簿笺校》手稿）

元代有"医户"籍，属太医院管辖。《元典章》卷三十二："中统三年皇帝圣旨……据医人每户下差发除丝绵、颜色、种田纳税、买卖纳商税外，其馀军需、铺马、祗应、迎牛、人夫诸科名杂泛差役，并行蠲免。"《通制条格》卷三记至元八年（1271）十月初十日的一件档案云："太医院奏：本管的医人内除户头作医户当差外，其馀兄弟孩儿每，省会医人的、不会医人的，析居收作协济民户。若这般，已后学习医人的都少了也。合无将本院但有析居户，令本院管领，据合着差发依民户例纳输，不致阙少。"故有学者认为关汉卿或仅为"医户"。

《录鬼簿》孟汉卿吊词：

已斋老叟播声名，表字相同亦汉卿。

《录鬼簿》杨显之传：

大都人。与汉卿莫逆交，凡有文辞，与公较之，号杨补丁是也。

《录鬼簿》费君祥传：

大都人，唐臣父。与汉卿交。

《录鬼簿》梁进之传：

大都人。警巡院判，除县尹，又除大兴府判，次除知和州。与汉卿世交。

《录鬼簿》赵子祥吊词：

　　一时人物出元贞，击壤讴歌贺太平，传奇乐府时新令。锦排场，起玉京。《害夫人》《崔和担生》。白仁甫、关汉卿，《丽情集》天下流行。

《录鬼簿》沈和传：

　　杭州人。能词翰，善谈谑。天性风流，兼明音律。以南北调合腔，自和甫始。如《潇湘八景》《欢喜冤家》等曲，极为工巧。后居江州，近年方卒。江西称为"蛮子关汉卿"者是也。

周德清《中原音韵自序》（署泰定元年）：

　　乐府之盛、之备、之难，莫如今时。其盛，则自搢绅及间阎歌咏者众。其备，则自关、郑、白、马一新制作，韵共守自然之音，字能通天下之语，字畅语俊，韵促音调；观其所述，曰忠，曰孝，有补于世。其难，则有六字三韵，"忽听一声猛惊"是也。诸公已矣，后学莫及。①

贯云石《阳春白雪序》：

　　盖士尝云："东坡之后，便到稼轩。"兹评甚矣。然而比来徐子芳滑雅、杨西庵平熟，已有知者。近代疏斋媚妩，如仙女寻春，自然笑傲；冯海粟豪辣灏烂，不断古今，心事又与疏翁不可同舌共谈。关汉卿、庾吉甫造语妖娇，摘（适）如少美临杯，使人不忍对殢。仆幼学词，辄知深度如此。年来职史稍稍遐顿，不能追前数士，愧已。②

《青楼集·珠帘秀》：

　　姓朱氏，行第四。杂剧为当今独步；驾头、花旦、软末泥等，悉造其妙。胡紫山宣慰，尝以【沉醉东风】曲赠云……冯海粟待制，亦赠以【鹧鸪天】云……关已斋亦有【南吕】数套，梓于《阳春白雪》，故不录出。③

《南村辍耕录》卷二十三《嗓》：

　　大名王和卿，滑稽挑达，传播四方。中统初，燕市有一蝴蝶，其大异常，王赋《醉中天》小令云："挣破庄周梦，两翅驾东风。三百处名园，一采一

---

① 《中国古典戏曲论著集成》第 1 册，第 175 页。
② 《续修四库全书》第 1739 册，第 447 页。
③ 末句见于《说集》本，孙崇涛、徐宏图笺注《青楼集笺注》，第 89 页。

个空。难道风流种，吓杀寻芳蜜蜂。轻轻的飞动，卖花人搧过桥东。"由是其名益著。时有关汉卿者，亦高才风流人也。王常以讥谑加之，关虽极意还答，终不能胜。王忽坐逝，而鼻垂双涕尺馀，人皆叹骇。关来吊唁，询其由，或对云："此释家所谓坐化也。"复问鼻悬何物，又对云："此玉箸也。"关云："我道你不识，不是玉箸，是嗓。"咸发一笑。或戏关云："你被王和卿轻侮半世，死后方才还得一筹。"凡六畜劳伤，则鼻中常流脓水，谓之嗓病。又爱讦人之短者，亦谓之嗓，故云尔。①

《析津志辑佚·名宦传》：

关一斋，字汉卿，燕人。生而倜傥，博学能文。滑稽多智，蕴藉风流，为一时之冠。是时文翰晦盲，不能独振，淹于辞章者久矣。②

邾经《青楼集序》：

我皇元初并海宇，而金之遗民若杜散人、白兰谷、关已斋辈，皆不屑仕进，乃嘲风弄月，留连光景。③

杨维祯《铁雅先生复古诗集》卷四《宫词》其二：

开国遗音乐府传，白翎飞上十三弦。大金优谏关卿在，《伊尹扶汤》进剧编。④

杨维祯《东维子文集》卷十一《周月湖今乐府序》：

士大夫以今乐府鸣者[1]，奇巧莫如关汉卿、庾吉甫、杨淡斋、卢疏斋[2]，豪爽则有如冯海粟、滕玉霄，蕴藉则有如贯酸斋、马昂父。其体裁各异而宫商相宜，皆可被于弦竹者也。继起者不可枚举，往往泥文采者失音节[3]，谐音节者亏文采，兼之者实难也。⑤

[校] [1] "府"，《四部丛刊》影印旧钞本作"成"，从四库本改。[2] "疏"，《四部丛刊》本作"苏"，从四库本改。[3] "采"，《四部丛刊》本作"宋"，从四库本改。

---

① （元）陶宗仪：《南村辍耕录》，第279页。
② 北京图书馆善本组辑《析津志辑佚》，第147页。
③ 孙崇涛、徐宏图笺注《青楼集笺注》，第20页。
④ 孙小力校笺《杨维祯全集校笺》第1册，第359页。
⑤ 《四库全书》第1221册，第477页。

朱权《太和正音谱·古今群英乐府格势》列关汉卿第十位，评云：

观其词语，乃可上可下之才，盖所以取者，初为杂剧之始，故卓以前列。①

又《杂剧十二科》：

关汉卿曰："非是他当行本事，我家生活。他不过为奴隶之役，供笑献勤，以奉我辈耳。子弟所扮，是我一家风月。"②

朱有燉《元宫词》二十二：

初调音律是关卿，《伊尹扶汤》杂剧呈。传入禁垣官里悦，一时咸听唱新声。③

姚之骃《元明事类钞》卷二十二：

《元史补遗》：关汉卿，解州人。工乐府，著北曲六十本。④

蒋一葵《尧山堂外纪》卷六十八：

关汉卿，号已斋叟，大都人。金末为太医院尹，金亡不仕。好谈妖鬼，所著有《鬼董》。⑤

臧懋循《元曲选序二》：

关汉卿辈争挟长技自见，至躬践排场，面傅粉墨，以为我家生活偶倡优而不辞者。或西晋竹林诸贤托杯酒自放之意？予不敢知。⑥

胡侍《真珠船》卷四《元曲》：

元曲，如《中原音韵》《阳春白雪》《朝野新声太平乐府》《天机馀锦》等集，《范张鸡黍》《王粲登楼》《三气张飞》《赵礼让肥》《单刀会》《敬德不伏老》《苏子瞻贬黄州》等传奇，率音调悠圆，气魄宏壮。后虽有作，鲜之与京矣。盖当时台省元臣、郡邑正官及雄要之职，尽其国人为之，中州人每每沉抑下僚，志不获展。如关汉卿，乃太医院尹；马致远，江浙行省务官；宫大用，钓台山长；郑德辉，杭州路吏；张小山，首领官。其他屈在簿书，

---

① 姚品文笺评《太和正音谱笺评》，中华书局，2010，第 24 页。
② 姚品文笺评《太和正音谱笺评》，第 38 页。
③ 傅乐淑笺注《元宫词百章笺注》，书目文献出版社，1994，第 29 页。
④ 《四库全书》第 884 册，第 350 页。
⑤ 《四库全书存目丛书》子部第 148 册，第 213 页。
⑥ （明）臧懋循编《元曲选》卷首，中华书局，1958，第 3 页。

老于布素者，尚多有之。于是以其有用之才，而一寓之乎声歌之末，以纾其佛郁感慨之怀，盖所谓不得其平而鸣焉者也。①

《乾隆祁州志》卷八《纪事·杂说》：

关汉卿故里。汉卿，元时祁之伍仁村人也，高才博学而艰于遇，因取《会真记》作《西厢》以寄愤，脱稿未完而死，棺中每作哭涕之声。状元董君章往吊，异之，乃检遗稿，得《西厢记》十六出，曰："所以哭者，为此耳，吾为子续之。"携去，而哭声遂息。续后四出以行于世。此言虽云无稽，然伍仁寺旁有高基一所，相传为汉卿故宅。而《北西厢》中，方言多其乡土语，至今竖子庸夫犹能道其遗事。故特记之，以俟博考。②

高文秀

编者按：孙楷第、邓富华先后揭出明清方志中有至元五年任山阴县尹之高文秀，认定此至元为元世祖纪年。由于世祖至元五年（1268）山阴为南宋辖域，对此高文秀是否为东平杂剧作家持存疑态度。笔者在清杜春生《越中金石记》中发现两篇有关山阴县尹高文秀的新材料，一为韩性撰《重修朱太守庙记》，一为山阴县尹高文秀撰《铜井龙祠碑记》，署时均为"至元五年岁在己卯"。知此山阴县尹高文秀任职时间在顺帝至元五年（1339），与《录鬼簿》所著录"早卒"之"前辈已死"杂剧作家高文秀年代不符。

《录鬼簿》：

高文秀，东平人，府学生。早卒。都下人号"小汉卿"。

花营锦阵统干戈，谢馆秦楼列舞歌，诗坛酒社闲谈嗑。编《敷演刘耍和》。早年卒，不得登科。除汉卿一个，将前贤疏驳，比诸公幺末极多。

《录鬼簿》张时起传：

字才英（一作美），东平府学生。长芦居。

---
① 《四库全书存目丛书》子部第 102 册，第 334 页。
② 《中国方志丛书·华北地方·河北省·第五〇三号》，成文出版社，1976，第 679 页。

与高文秀同闬里,同斋同笔。抄冠新杂剧,旧传奇,都一般风惨烟迷。

[考辨]

《成化河南总志》卷四《人物》元代有高文秀:

  河阴人。少嗜学,有声。年十二历府佐史,累官庐江尹,兼劝农事。

张铉《至正金陵新志》卷六下《官守志二·溧水州·县达噜噶齐》:

  高文秀,至元十七年。

  特尔格,至元十九年。①

韩性《重修朱太守庙记》:

  朱太守庙在越城之北,岁久浸圮,山阴县尹高侯文秀葺而新之。……江南内附三十有四年,王君祯更为修缮。至是三十馀年,栋宇倾挠,门庑陨圮尤甚。高侯过之而叹息,为易其朽蠹,更创两庑,使完好而可久。阅四月而毕工,至元五年岁在己卯孟夏既望,则毕工之岁月也。②

杜春生《越中金石记》卷九载《铜井龙祠碑记》:

  承直郎、绍兴路山阴县尹兼劝农事高文秀撰

  至元[元]年岁在乙亥,春不雨,至于四月。田亩槁干,种不入土。郡邑雩祭弗效,邑人列县署请祷于铜井。文秀白之郡,夙斋戒至于山下。……庙成,偕邑人具牲牢,以揭虔妥灵,遂记神之灵飨刻于乐石。使后之人严事修葺,永永勿怠,而神孚佑飨,答得百里之民,永有依怙,此建立祠宇之意也。

  至元五年岁在己卯十月吉日,士民金□祥等立石。③

《嘉靖浙江通志》卷二十《祠祀志第四》:

  朱太守庙在昌安门外四里。汉朱买臣守郡,有破瓯越功,民庙祀之。元至元五年山阴尹高文秀重修。④

---

 ① 《四库全书》第492册,第339页。
 ② (清)杜春生:《越中金石记》卷九,《辽金元石刻文献全编》第3册,第513页。
 ③ 《辽金元石刻文献全编》第3册,第514页。
 ④ 《中国方志丛书·华中地方·第五三二号》,第1042页。

《万历绍兴府志》卷二十八《职官志四·山阴县尹》第一位：高文秀。[1]

《康熙山阴县志》卷十八《职官志》元县尹有高文秀，位第一。[2]

张元美《御香代祀碑》碑阴题名"司属闾阳县官吏"有"典史高文秀"。[3]

[笺] 碑刻于至正七年（1347）六月。元闾阳县，隶广宁府路，今属辽宁。此高文秀亦非曲家。

白　朴

《录鬼簿》：

　　白仁甫，文举之子。名朴，真定人。号兰谷先生。赠嘉议大夫、太常礼仪院太卿。

　　峨冠博带太常卿，娇（骄）马轻衫馆阁情。拈花摘叶风流性，得青楼薄倖名。洗襟怀剪雪裁冰。闲中趣，物外景，兰谷先生。

《录鬼簿》赵子祥吊词：

　　一时人物出元贞，击壤讴歌贺太平，传奇乐府时新令。锦排场，起玉京。《害夫人》《崔和担生》。白仁甫、关汉卿，《丽情集》天下流行。

白华《示恒》：

　　数口无归累已深，学衣缝掖有青衿。蹉跎岁月成何事，锻炼文章更用心。多病苦怜双白发，一经真胜万黄金。忍教憔悴衡门底，窃得虚名玷士林。

白华《是日又示恒二首》：

　　缭倒吾何用，文章汝未成。过庭思父训，掷地有家声。乌哺三年养，鹏抟万里程。续弦胶不尽，无面见先兄。（末注：一作"坠地惜家声"，杜诗："家声惜坠地"。）

　　穀也（原注：一作邽）年虽长，挑弓业已荒。覆车须改辙，作室望为

---

[1] 《四库全书存目丛书》史部第 201 册，第 66 页。
[2] 《首都图书馆藏稀见方志丛刊》第 9 册，国家图书馆出版社，2011，第 5 页。
[3] 《北京图书馆藏中国历代石刻拓本汇编》第 50 册，第 31 页。

堂。鹤发仍多病,鸡栖尚异乡。远期七十岁,能得几称觞。①

王博文《天籁集序》:

乐府始于汉,著于唐,盛于宋,大概以情致为主。秦、晁、贺、晏虽得其体,然哇淫靡曼之声胜,东坡、稼轩矫之以雄辞英气,天下之趣向始明。近时元遗山每游戏于此,掇古诗之精英,备诸家之体制,而以林下风度,消融其膏粉之气。白枢判寓斋序云:"裕之法度最备。"诚为确论。宜其独步当代,光前人而冠来者也。元、白为中州世契,两家子弟每举长庆故事,以诗文相往来。太素即寓斋仲子,于遗山为通家侄。甫七岁,遭壬辰之难,寓斋以事远适,明年春,京城变,遗山遂挈以北渡。自是不茹荤血,人问其故,曰:"俟见吾亲则如初。"尝罹疫,遗山昼夜抱持,凡六日,竟于臂上得汗而愈,盖视亲子弟不啻过之。既读书,颖悟异常儿,日亲炙遗山,謦欬谈笑,悉能默记。数年,寓斋北归,以诗谢遗山云:"顾我真成丧家狗,赖君曾护落巢儿。"居无何,父子卜筑于滹阳。律赋为专门之学,而太素有能声,号后进之翘楚者。遗山每过之,必问为学次第,常赠之诗曰:"元白通家旧,诸郎独汝贤。"未几,增长见闻,学问博览。然自幼经丧乱,仓皇失母,便有山川满目之叹。逮国亡[1],恒郁郁不乐,以故放浪形骸,期于适意。中统初,开府史公将以所业力荐之于朝,再三逊谢,栖迟衡门,视荣利蔑如也。太素与予有三十年之旧,曩会江东,尝与予言:"作诗不及唐人,未可轻言诗;平生留意于长短句,散失之馀,仅二百篇,愿吾子序之。"读之数过,辞语遒严,情寄高远,音节协和,轻重稳惬,凡当歌对酒,感事兴怀,皆自肺腑流出,予因以天籁名之。噫,遗山之后,乐府名家者何人?残膏剩馥,化为神奇,亦于太素集中见之矣,然则继遗山者,不属太素而奚属哉!知音者览其所作,然后知予言之不为过。太素名朴,旧字仁甫,兰谷其号云。至元丁亥春二月上休日,正议大夫、行御史台中丞西溪老人王博文子勉序。②

[校] [1]"国亡",四库本作"宋亡",从《中华再造善本》影印清康熙杨友敬刻本改。

《白氏宗谱》:

[白华]次子讳朴,字仁甫,又字太素,号兰谷。甫七岁,遭罹兵乱,父子相失,遂鞠于父执友元遗山所,自是不茹荤血,人问其故,曰:"俟见

---

① 《永乐大典》卷一三三四四引,以上二诗俱见《全元诗》第 1 册,第 122 页。
② 《天籁集》卷首,《四库全书》第 1488 册,第 631 页。

吾亲则如初。"国亡不事异姓。中统初，开府史公天泽等特以荐之于朝，逊谢不就。遂渡江而避，隐居金陵桐树湾，从诸故友放情山水，诗篇词翰，在在有之。今所传者，惟《天籁集》二卷，杂曲若干卷。生卒年失传。葬朱骆村之茔，圹有石蟾。配戴氏，生卒年失传。生三子：长镀，次钺，三鉴；女一，小字白姑姑。再配氏小字秀英，生卒年、葬地亦失传。生子二：长钧，次镛；女一，小字桂娥。

仁甫公长子，讳镀，字景宣，行三。资性明敏，学识宏博。至元癸巳应举茂才异等，擢用，累官至宣授嘉议大夫、江西道肃政廉访司副使。生卒年并配与葬地失传，立二弟次子友谅为嗣。

次子，讳钺，字景麾，行五。至大庚戌，平章李孟言欲用儒臣，江浙等处行中书省臣举贤能擢用，累官至宣授朝请大夫、同知江南浙西道杭州路事。生卒年并配与葬俱失传。生子五：长友直；次友谅，承嗣胞兄镀；三友义；四友闻；五友恭。

三子，讳鉴，字景明，行八，以眼疾不能修业。生卒年并配与葬无考。

四子，讳钧，字景宏，行九。生卒年、职业与配并葬地无考。生子三：长溥，次浒，三鸿。

五子，讳镛，字景和，小字添丁，行十四。德行浑融，学问宏博。延祐乙卯，本省采访疏名擢用，敕授从事郎、经历永州路事。配王氏，生卒年、葬地失传。生子三：长淳，次淑，三溟。①

侯克中《艮斋诗集》卷九《答白仁甫》：

别后人空老，书来慰所思。溪塘连簪日，风雨对床时。我爱香山曲，君奇石鼎诗。何当湖上路，同赋鹧鸪词。②

陈深《宁极斋稿·水龙吟·寿白兰谷》：

此翁疑是香山，老来愈觉才情富。天孙借与，金刀玉尺，裁云缝雾。一曲阳春，樽前唯欠，柳蛮樱素。对苍松翠竹，江空岁晚，伴明月、倾芳醑。　　深谷修兰楚楚。续离骚、载歌初度。麻姑素约，天寒相访，遗余琼露。拟借青鸾，吹笙碧落，采芝玄圃。奈玉堂催召，文园醉叟，草凌云赋。③

---

① 转引自胡世厚《白朴与〈白氏宗谱〉》，《文学遗产》2002 年第 5 期。
② 《四库全书》第 1205 册，第 494 页。
③ 《四库全书》第 1189 册，第 730 页。

元淮《西风》（原注：仁甫词）：

西风一夜过长郊，吹透孤松野雀巢。荷减翠时黶雨盖，柳添黄处脱枯梢。不烦红袖挥纨扇，赖有新诗作故交。水镜池边秋富贵，芙蓉十顷尽开苞。①

元淮《予暇日喜观书画，客有示以二图，乃昭君出塞、杨妃入蜀，悉是宣和名笔，客以诗请，就书卷尾》（原注：中州词）之《杨妃入蜀》：

杨妃亡国祸根芽，刚道宫中解语花。惯得禄山谋不轨，酿成中国乱如麻。马嵬坡下东风恶，龙凤旐前战士哗。吹落海棠红满地，至今犹作画图夸。②

[笺] 元淮二诗均隳栝白朴《梧桐雨》杂剧中成语。《西风》诗第二联"荷减翠时黶雨盖，柳添黄处脱枯梢"，见于杂剧第二折【中吕·粉蝶儿】："柳添黄，荷减翠，秋莲脱瓣。"《杨妃入蜀》诗句分别见于第二折、第三折。如第二折【满庭芳】："惯纵的个无徒禄山。"第三折【沉醉东风】："斗的个禄山贼乱了中华。"【落梅风】："恨不得手掌里奇擎着解语花。"【殿前欢】："怎做得闹荒荒亡国祸根芽。"【三煞】："不想你马嵬坡下今朝化。"【太清歌】："恨无情卷地狂风刮。"溧阳古称金图，《金图集》中的主要篇什是元淮任溧阳路总管期间所作。据《苏民》诗序及注，元淮至元二十四年（1287）秋上任，为苏民力，二十七年奏请降溧阳路为州，二十八年江浙行省准其奏，改为县，仍隶建康路。则元淮任溧阳路总管在至元二十四年至二十八年。今《金图集》中有《辛丑季秋登平翠楼晚眺继城字韵》，辛丑为大德五年（1301），平翠楼在福建邵武，元淮应在溧阳总管致仕后不久即返乡里。白朴《梧桐雨》杂剧至迟至元末已流传至南方，或即编撰于江南。

周德清《中原音韵自序》：

乐府之盛、之备、之难，莫如今时。其盛，则自搢绅及闾阎歌咏者众。其备，则自关、郑、白、马一新制作，韵共守自然之音，字能通天下之语，字畅语俊，韵促音调；观其所述，曰忠，曰孝，有补于世。其难，则有六字三韵，"忽听一声猛惊"是也。诸公已矣，后学莫及。③

郝经《青楼集序》：

我皇元初并海宇，而金之遗民若杜散人、白兰谷、关已斋辈，皆不屑仕进，乃嘲风弄月，留连光景。④

---

① 《全元诗》第 10 册，第 145 页。
② 《全元诗》第 10 册，第 134 页。
③ 《中国古典戏曲论著集成》第 1 册，第 175 页。
④ 孙崇涛、徐宏图笺注《青楼集笺注》，第 20 页。

《青楼集·天然秀》：

　　姓高氏，行第二，人以"小二姐"呼之。母刘，尝侍史开府。高丰神艳雅，殊有林下风致。才艺尤度越流辈，闺怨杂剧，为当时第一手。花旦、驾头，亦臻其妙。始嫁行院王元俏，王死，再嫁焦太素治中。焦后没，复落乐部，人咸以国香深惜。然尚高洁凝重，尤为白仁甫、李溉之所爱赏云。①

邵亨贞《蛾术词选》卷二【风入松】（当年曾过宋东邻）序：

　　白仁甫集中《木兰花慢》结句云："二十四桥明月，玉人何处吹箫。"一峰黄先生每叹赏之。②

孙大雅《天籁集后序》：

　　余以洪武甲寅春掾姑孰郡文学，时真定白溟子南分教诸生，间示其祖兰谷先生《天籁集》。谨按：先生讳朴，字仁甫，后改字太素，姓白氏，号兰谷。金季寓斋先生枢密院判之子也。寓斋生三子，先生其仲子也。先生生长兵间，流离窜逐，父子相失，遂鞠于元遗山先生所。遗山教之成人，始归其家。先生少有志天下，已而事乃大谬。顾其先为金世臣，既不欲高蹈远引以抗其节，又不欲使爵禄以污其身，于是屈己降志，玩世滑稽，徙家金陵，从诸遗老放情山水间，日以诗酒优游，用示雅志，以忘天下，诗词篇翰，在在有之。是编计词二百馀首，名《天籁集》。兵燹散失，其孙溟得之姑孰士大夫家，传写失真，字多谬误，余既考订一二归之，比召赴京，复求语以叙之。余惟先生词章翰墨，挥洒奋迅，出于天才，既以得名，当时板行于世，余又何足以轻重哉？然又不可以不一言者，先生出处大节，微而婉，曲而肆，庸人孺子所不能识，非志和、龟蒙、林君复往而不返之俦可同日语，故序以著其出处之大较云。洪武丁巳春二月，国学助教江阴孙大雅叙。

孙大雅《兰谷先生像赞》：

　　尧舜在上，巢许在下。箕颍清风，千载可亚。如谷之虚，如兰之馨。不为利往，不求幸生。降志辱身，依隐玩世。孰识其全，以卒于义。

曹安《兰谷先生赞》：

　　猗嗟先生，挺身前代。肥遁林泉，才华超迈。富有文辞，名曰天籁。深

---

① 孙崇涛、徐宏图笺注《青楼集笺注》，第128页。
② 《全元词》下册，第1280页。

谷之兰，芬芳犹在。遗像子孙，载瞻载拜。①

陈霆《渚山堂词话》卷三《吊白太素词》：

  《天籁词集》，为白朴太素所作。太素号兰谷，赵之真定人，故金世家也。生长兵间，流落窜逸，父子相失，遂鞠于父执元遗山所。元公教之读书，既长，问学宏博，后以诗词显。金亡，恒郁郁不乐，遂不复求仕，以诗酒自放于山水间。予谪倅六安，于其裔孙庠生白永盛家，获瞻其遗像，酒边为赋《酹江月》一词吊之。永盛因出词集，嘱予为登梓。宦迹蓬转，未及谐所诺。今屏退林下，无力复办此矣。感今追昔，是不惟辜永盛之托，且不肖于此，夙昔不浅，当复负此老于地下也。吊词云："滑稽玩世，知胸藏多少，春花秋月。天籁有词人有像，还是遗山风格。松下巢由，竹间逸少，气韵真高洁。坐谈拊掌，溪山等是诗诀。　　见说多景楼前，凤凰台上，醉帽风吹裂。千古英豪消歇尽，江水至今悲咽。九死投荒，三年坐困，一样成悲绝。寄声知否，酒杯当酹松雪。"凡白之大略，词颇该之。②

朱彝尊《曝书亭集》卷三十六《白兰谷天籁集序》：

  明宁献王权谱元人曲，作者凡一百八十有七人，白仁甫居第三，虽次东篱、小山之下，而喻之鹏抟九霄，其矜许也至矣。予少时避兵练浦，村舍无书，览金元院本，心赏仁甫《秋夜梧桐雨》剧，以为出关、郑之上。及纂唐宋元乐章为《词综》一编，憾未得仁甫之作，意世无复有储藏者。康熙庚辰八月之望，六安杨秀才希洛千里造予，袖中出兰谷《天籁集》，则仁甫之词也。前有王尚书子勉序，述仁甫家世本末颇详，始知仁甫名朴，又字太素，为枢判寓斋之子。后有洪武中助教江阴孙大雅序及安丘教谕松江曹安赞，予因考元人诸集，则匪独遗山元氏与枢判衿契，若秋涧王氏、雪楼程氏，皆有与白氏父子往来赠送之诗。盖寓斋子三人，仁甫仲氏也，其伯叔则诚甫、敬甫。敬甫官江西理问，雪楼送其之官，有"思君还读寓斋诗"之句，此亦敬甫昆友之父执矣。白氏于明初，由姑孰徙六安，希洛得之于其裔孙某，将锓木以行，属予正其误，乃析为二卷，序其端。③

---

① 《四库全书》第 1488 册，第 655 页。
② 唐圭璋编《词话丛编》第 1 册，中华书局，1986，第 376 页。
③ 《四库全书》第 1318 册，第 61 页。

[附] 王博文

王博文（1223～1288），白朴至交，与王恽、胡祗遹亦交谊深厚。《元史》《新元史》《元史新编》《元书》均未列传。至元二十三年除江南行御史台中丞，明年八月即被罢官，又明年八月薨于扬州客舍。卒后，王恽、胡祗遹等与之交谊笃厚者均没有为其作墓志，其中或有待发之覆。现将有关王氏的生平资料汇集于此，对深入研究其人其事或不无裨益。

《元史》卷一六七《王恽传》：

与东鲁王博文、渤海王旭齐名。①

《元史》卷一六〇《李冶传》：

世祖在潜邸，闻其贤，遣使召之。……又问今之人材贤否，对曰："天下未尝乏材，求则得之，舍则失之，理势然耳。今儒生有如魏璠、王鹗、李献卿、兰光庭、赵复、郝经、王博文辈，皆有用之材，又皆贤王所尝聘问者，举而用之，何所不可。"②

《大明一统志》卷二十八《彰德府·流寓》：

王博文，东鲁人，徙家于相。元初从宪宗南征，历官礼部尚书，累迁江南道行御史台中丞。卒赠鲁国公，谥文定。三子，长师道，同知东安州事；次景哲，同知睢州事；次为丰州同知。③

《元书》卷五十八附《王构传》：

构同郡王旭，字景初，与构及王磐称为三王。又有王博文，与构、旭亦称三王。博文仕至御史中丞。④

《元诗选》癸集丙"王中丞博文"传：

博文字□□，东鲁人。少与汲县王恽、渤海王旭齐名。至元中，累迁河东山西道提刑按察，历官正议大夫、御史中丞。⑤

---

① （明）宋濂等：《元史》，第3933页。
② （明）宋濂等：《元史》，第3759页。
③ 《中华再造善本》影印明天顺五年内府刻本。
④ 《四库未收书辑刊》第4辑第15册，第427页。
⑤ （清）顾嗣立、席世臣编《元诗选》癸集，吴申扬点校，第261页。

王昶《金石萃编未刻稿》卷上《王博文题名》：

通议大夫、燕南河北道提刑按察使西溪王博文子冕，巡按至曲阳。翌日，率书史相台韩从益云卿、书吏河间李祐祐之、奏差真定郭琼瑞之，男师道侍款，谒岳祠，肃礼而退。从行者本县达鲁花赤敦武九十、县尹承事王弼顺辅、主簿进义校尉杨禄伯福、尉杜彦君美、典史袁亨嘉甫、里中士人濮州倅关思义利用、王杰汉卿，人匠局使保塞刘德源通甫。实至元十八年正月晦日也。里人石端镌字。①

刘泰跋王博文《登单父琴台古诗兼简州尹吉甫诸公》：

王西溪公子冕，家世任城，寓彰德有年矣。公之才德兼备，一时名公鲜有出其右者。至于书翰，尤得其名。所经之地，好事者购笺缣而绝市，持敬而请者，竞以先之。公终日运笔，不惮其勤，不以贵贱，皆为之书。由此观之，公之为人，忠厚以自持，宽恕以接物，而处事精详，莫不始终如一可知矣。是以誉播四方，虽农里之人，亦皆口其实而称之，信不诬也。近由大名总管，未半考而陟，荐公行台御史中丞。将之任，路单父，追感巫宓二公之旧治，下车之际，不以风尘之罢倦，趋登是台而观焉。……至元二十三年春二月晦前一日单父县教谕刘泰谨跋。②

王恽《秋涧先生大全集》卷七十五【感皇恩】：

至元十七年八月八日为通议西溪兄寿。三十年前，西溪授馆苏门赵侯南衙，予始相识。时初夏，桐阴满庭，故有"南衙清昼"之句。

少日竹林游，凤麟飞走。一段江山最英秀。南衙倾盖，满院桐阴清昼。鬓丝清镜里[1]、浑依旧。　云梦心胸，文章山斗。好个经纶玉堂手，婆娑桂影，凉入露槃仙酎。一杯先领取、乔松寿。

[校] [1] "鬓丝清镜里"，元刊明补本、弘治本作"鬓□□□际"，兹从荟要本、四库本。

《秋涧先生大全集》卷七十五【木兰花慢】：

至元十七年上巳日，同西溪公饮镇阳城南高氏胜游园，归赋此词。

问城南花柳，最好处，胜游乡。对湖水微茫，瑶翻碧澈，修禊浮觞。比量今春乐事，忆去年、书剑共游梁。晓日繁台古寺，春风碧草宫墙。　人生离别是寻常。两岁喜徜徉。更金缕新声，佳人锦瑟，踏遍春阳。多君岁寒心

---

① 《续修四库全书》第891册，第153页。
② 《北京图书馆藏中国历代石刻拓本汇编》第48册，第101页。

在，似西溪、松柏郁苍苍。记得醉时笑语，梦回枕上犹香。

《秋涧先生大全集》卷七十四【满江红】《复用前韵有怀西溪梁园之游》：

  书剑梁园，忆曾是、青骢游客。宫苑废，三山依约，绿云红雪。好在西溪王老子，留连醉尽花时节[1]。记樽前、金缕唱新声，忘筝铁。　襟韵合，曾衷歇。消客气，欹情说。尽暮年[2]，心事风霜孤洁。一片黄流翻晚照，回惊灵梵东南拆[3]。偶追思、往事叹馀生，长年别。

[校]　[1]"尽"，荟要本作"书"。[2]"暮"，元刊明补本作"葛"，据弘治本、荟要本改。[3]"灵梵"，弘治本、荟要本作"吴楚"。

《秋涧先生大全集》卷七十六【西江月】《寿王中丞》：

  梅蕊暗传春信，菊枝尽傲霜威。风姿元与岁寒期。况是小春天气。翠实调羹未晚，秋香添寿多宜。高名北海旧蟠螭。未似东山雅意。

《秋涧先生大全集》卷七十七【浣溪沙】《送王子勉都运关中》：

  蓟北分携已六年。秋风淇上又离筵。一樽情话重留连。　内史调兵推汉相，春潭通漕笑韦坚[1]。岳云拖翠上吟鞭。

[校]　[1]"漕"，荟要本作"运"。

[笺]　蒲道源《闲居丛稿》卷二十六《西轩王先生行实》："尚书西溪王子冕赞云：有诸中，形诸外，识与不识，望而知其为有道之贤。"王得舆（1219～1292），字载之，号西轩。世为潞泽高平（今属山西）人，"寓汉中四十年"。

《秋涧先生大全集》卷一《玄猿赋并序效庾开府体》：

  至元十七年二月己卯清明日，陪经略子明祭丞相忠武公墓[1]，适嗣侯平章格自静江笼致是猿以献[2]，西溪王通议命余赋之，以纪奇观。

[校]　[1]"子明"，荟要本、四库本误作"助"。[2]"格"，荟要本、四库本误作"稽"。

《秋涧先生大全集》卷六十六《西溪真赞》：

  秩秩其德，晔晔其英。天禀之厚，固非学之所能。用晦而明，与时偕行。愚常与公从事，雅量有馀，曾不知赵张之蜂闹。岂鹰隼迅击，终不若鸾凤之和鸣也。我赞公像，庶几典刑。道义视文章为重，云烟同富贵而轻[1]。至于生也顺事，没而吾宁，畴为丹青可得而名也邪？①

---

① 《四部丛刊》影印明弘治翻元本。另参《四库全书》第1201册，第18页。

[校] [1] "云烟",荟要本、四库本作"浮云"。

《秋涧先生大全集》卷十八《和西溪韵送良弼提刑赴宪台之召》：

拳拳几御大贤车（自注：谓张平章、张左相、姚雪斋也），气量弘深见步趋。望重正烦天下计，人和爱及屋头乌。百年笑我遽如许，一日似君其可无。雅俗自来推坐镇，简花奚待笔端区。

百城方耸使君车，遽应旌招内殿趋[1]。仪羽望清初振鹭，柏台阴肃已翔乌。人材辈向朝中列[2]，天下看来一事无。数路清宁固佳政，经纶何似被绵区。

南来和气拥辎车，佩玉长裾利走趋。阿阁再鸣瞻彩凤，月明三匝笑惊乌。事机应运深还浅，才气多君有若无。舆论功名果何在，此心初不外民区。①

[校] [1] "招"，元刊明补本、弘治本作"招"，从荟要本、四库本改。[2] "朝中"，荟要本、四库本作"中朝"。

《秋涧先生大全集》卷十八《筠溪轩诗卷补亡》：

筠溪旧有亭甚雅，往年为秋潦所圮，亭与诗卷俱波荡不存。今岁冬来游，紫微道者丐余诗，将欲补亡，且致重构之意，仍为赋此。中间饮客盖廿八年前同游者，侍臣陈季渊、奉使覃焕然[1]、河平牧今右丞史晋明[2]、礼部尚书王子勉、侍御史雷彦正与不肖。紫微道者，威仪杜大用也。时乙酉十月廿一日。

重到筠溪二十年，眼中风物颇潇然。双旌尚忆经行处，八客同来作饮仙。露湿云梢回晓翠，月明瑶圃澹秋烟。道人说是潜珍客，更看飞檐插碧渊。②

[校] [1] "覃焕然"，荟要本、四库本"覃"后衍"溪"字。[2] "河平"，荟要本、四库本作"平河"。"明"，荟要本、四库本误作"臣"。史晋明，即史格。

《秋涧先生大全集》卷二十《西溪见梦》（自注：十月初八日夜五鼓初）：

拄面相看几格间，笑谈似与浣离颜。越装已辨宜趋往，江路虽遥不久还。鲁国自来尊北海，谢家谁更作东山。潇潇夜雨蓬窗晓，细酹清樽与涕潸。③

《秋涧先生大全集》卷二十四《送王子冕天坛行香》：

山川望秩走星轺，藩府怀贤梦想劳。不为碧鸡金马异，汉家优礼起王褒。④

---

① 《四部丛刊》影印明弘治翻元本。另参《四库全书》第1200册，第216页。
② 《四部丛刊》影印明弘治翻元本。另参《四库全书》第1200册，第222页。
③ 《四部丛刊》影印明弘治翻元本。另参《四库全书》第1200册，第241页。
④ 《四部丛刊》影印明弘治翻元本。另参《四库全书》第1200册，第292页。

《秋涧先生大全集》卷十九《梦王尚书子勉，时罢中丞，在扬州》（自注：丁亥八月二日[1]）：

分明昨夜梦王褒，海上归来从凤毛。灯下留连乘醉月[2]，笔端挥洒挟风涛。满囊文具为余赠，四座春风倦士豪。羽客忽从窗隙去[3]，惘然惊觉听鸡号。①

[校][1]"丁亥八月二日"，元刊明补本作"丁□月二□"，弘治本作"丁□月□□"，抄本作"丁亥九年（月）二十九日"。兹从荟要本、四库本。[2]"乘醉月"，元刊明补本、弘治本作"□醉□"，抄本作"歌醉愤"，兹从荟要本、四库本。[3]"羽"，元刊明补本、弘治本、四库本作"与"，兹从荟要本。

《秋涧先生大全集》卷十九《王尚书子勉挽辞三首》：

泪洒行间阅尺书，讣闻三至尚疑虚。佳城一闳无开日，联事三年忝贰车。词笔早推韩愈健，旷怀未觉孔融疏。那知一梦终天别，惆怅春风隔绮疏。

少孤绵历太迍邅，甫壮光荣四十年。气运倘来方出限，爱心先断便终天。魂飞楚些和云惨，泪洒淮壖与海连。左袒客衣三匝去，延陵宜为圣称贤。

婉娈英姿自妙年，奎光空照玉堂仙。办教一世龙门重[1]，谁遣三王鼎足偏。旷度包荒无徵略，秋涛翻海失鲸鳣。百觚未醉螺台酒，重为斯文一泫然。②

[校][1]"办"，荟要本、四库本作"空"。

《秋涧先生大全集》卷六十四《御史中丞王公诔文》：

大元至元廿五年岁在戊子秋八月十有一日，前礼部尚书、御史中丞东鲁王公薨于维扬之客舍，友生王恽谨遣子某致奠，以不腆之文诔焉。其辞曰：

显允王公，天姿粹精，文辞翰墨，外彪中骍。年甫弱冠，四擅华声。从元问学，馆申作甥，二公提撕，大溃于成。继以宾师，主善共城。始拜公面，欢如平生，忘年定交，实为畏兄。青灯孔序，绛帷赵厅，尊酒文会，桐阴满庭。既谒寡休，伟其豪英，力荐于上，与之同升。帝曰汝冕，秉心和平，乃眷乃顾，诏扈南征。潜鳞纵壑，天衢荷亨[1]。一命卿贰，寻擢历亭。改漕京兆，以廉见称。擢之提宪，以显以荣，褰帷杖节，激浊扬清。移镇三晋，八州敉宁。载临恒卫，两河肃澄。霜空千里，一鹗独横。走忝贰车[2]，峨冠振

---

① 《四部丛刊》影印明弘治翻元本。另参《四库全书》第1200册，第229页。
② 《四部丛刊》影印明弘治翻元本。另参《四库全书》第1200册，第232页。

缨。言议甚衎，王事每兢，其臭斯兰，其坚斯金。两秩五年，愈亲愈诚。讧贼挝死[3]，王度载贞。整我六曹，春官首征，再执行宪，居中作丞。守以大体，与时浮沉，西湖潋碧，吴岫空青。公馀吟醉，若慰羁情，用是北归，伊谁云憎？徜徉淮海，子潜疾婴。俟其少间，偕之北行，岂其奄忽，痛乖延陵。刚弗爱克，遂伤厥生。畴昔之梦，饮于咒觥。予欲从之，扞格莫能。今悟死别，神交匪冥。今岁夏仲，手书是承，寄是新作，托之称停。岂意期月，遘此凶屯，初接传闻，既疑且询，继来讣告，大为震惊。於戏已矣！

王兄殁而有灵，鄙怀我听：以公寿言，六十六秩，未尝疾痛，体胖心逸。以公宦业，通贵之极，三十年间，略无空隙。以公文章，不事雕饰，平易温雅，简而有式。以公闻望，扬休山立，声价一时，荆金赵璧。以公继嗣，怡怡蛰蛰，翠竹高梧，鸾亭鹄植。所为福全，百福无逆，是用慰公，能事可毕。方之吾侪，又有大弗克及者。秉彝丰厚，度量宽宏，恺悌乐易，硕大光明。不以达贵，我崇彼轻。不以己长，格物自矜。心无城府，口绝否臧。孰为机张，以虞以防？坦焉荡荡，内敬外方。汪汪黄陂，挠之不浑。岩岩高山，仰之弥尊。天下之人，不间识否，闻君之名，金曰良友，是喜是爱，称不容口。我观气运，有通有窒，或负而乘，君子宜息。遗逸厄穷，固足摧抑，遽忍飘荡[4]，忽还穹碧。是用尽伤，载悲载泣。维此善人，天地之纪。几世几年，生此伟器？一朝云亡，叹兴殄瘁。茫茫九原，爱莫之起。悠悠此怀，曷维其已。上以忾斯民之无禄，下以惜平生之知己。呜呼哀哉！尚享！①

[校] [1] "荷"，四库本作"何"。[2] "忝贰"，荟要本、四库本作"参戎"。[3] "挝死"，荟要本、四库本作"俱息"。[4] "忍"，荟要本、四库本作"思"。

《秋涧先生大全集》卷六十四《中丞王公祭文》：

大元国至元二十六年岁在己丑二月辛亥朔越八日戊午，友生王恽谨以清酌之奠，昭告于正议大夫、中丞王兄之灵：呜呼！朋友之重，义列天伦，切切偲偲，畴非弟昆。惟君顾我，而我宗君，以志则一，以分则亲。如漆斯固，如兰斯馨，而敬而爱，久而益新。爰自垂髫，以及于冠，授业苏门，各伸志愿。智愚虽殊，道则一贯，君秉渊塞，浩无涯岸。脱略辞华，好谋能断，尝论士心，酬酢万变。如匪中立，鲜不梦乱，此予少君，馀何足算？我时念君，大器已见。敦我鄙薄，激我愚懦。治仕将归，而予独眷。继分使符，有最无

---

① 《四部丛刊》影印明弘治翻元本。另参《四库全书》第1200册，第827页。

殿。在昔相度，有若昌黎。辟佐戎幕，大为己知，及论国计，莫之与规。裴非少韩，有崖其间，隐忍就事，材为实难。穆穆忠武，曰伊曰吕，桃李盈门，多士如雨。同升诸公，曰僕是与，初笲中舍[1]，谓轻所处。长居六曹，是为之所，自后腾扬，又知所主。曰史曰张，曰姚曰许，交口荐揄，螭蟠凤翥。望君庙堂，致主尧禹，其经纶国业，固足以见君之器宇。彼或无知，奚我龃龉。淮海归来，道在心小，角巾私第，日事坟讨。周防有馀，蛇虺结缴，逸火烧城，甚于原燎。伊郁积中，不无热恼，尝切谂予，忧世心悄。靓闵何多，受侮不少。每见慰宽，外物一扫。扩量冲融，致养强矫。死非所惮，此何足扰？如金在镕，百炼不挠。白首穷涂，亦足枯槁。留使咨谋，为世仪表。此天下之公论，非一己之私祷。云何不淑，不慭遗此一老？吾乃知苍苍报施，于焉有未晓者。念君问学，天人理畹。临终永诀，投我腹稿。语何琅琅，秋空日杲。泪洒行间，茂陵遗草。哀哀二子，越玉陈宝。贤而有文，遹追来孝。所存者长，况不为夭，钟鼎一事，古人谁了？呜呼！事至盖棺，夫复何尚？精爽不昧，而来者是保。我奠两楹，腹痛如搅，言念平生[2]，相期远到。苦乐行违，知者惟鲍。悠悠常情，异心同貌。老夫知音，自深痛悼。我过孰寡？我履孰蹈？有恸无闻，徒辟而摽。泪下河倾，寄兹一抱。呜呼哀哉！尚享！①

[校] [1] "笲"，荟要本、四库本作"疑"。[2] "言念"，元刊明补本、弘治本阙，据荟要本、四库本补。

《秋涧先生大全集》卷六十四《路祭中丞王兄永诀文》：

维君丰度凝远，内明而外闳。以予交游之久，颇仿佛其一二。其所以斯疾而至于斯者，而皆命之所致耶？岂用有馀而啬于行耶？物或犯而隐不校耶？欲求合而反得乖耶？剪所爱而戕老怀耶？不然，何气运丧谢，丛一躬而蕾耶？方谤之兴，予适在燕。尝表里乎西溪，致一言于诸公之间，力虽微而莫辩，庶几友义尽予心之拳拳。用是生有以书慰之，殁有以文诔之，又罔以不敏，复铭而赍之。辞固斐然，思罄单无愧而已。今者执绋徒送，永隔泉路，然古人神交，罔间存殁。临岐赠言，故不惮其再渎。伏惟明灵，鉴兹微悃。尚享！②

[笺] 细绎王恽《路祭中丞王兄永诀文》，似王博文之死，尚有待发之覆。博文至元二十

---

① 《四部丛刊》影印明弘治翻元本。另参《四库全书》第1200册，第825页。
② 《四部丛刊》影印明弘治翻元本。另参《四库全书》第1200册，第826页。

三年（1286）拜江南诸道行御史台中丞，明年八月即被罢，《秋涧集》卷十九《梦王尚书子勉，时罢中丞，在扬州》注"丁亥八月二日"。二十五年八月薨（《秋涧集》卷六十四《御史中丞王公诔文》）。《至正金陵新志》卷六下《官守志二·御史中丞》载：

  王博文，正议，至元二十三年上。
  耶律，正议，至元二十三年上。
  刘琮，通议，至元二十四年上。
  刘宣，通议，至元二十五年上。

非汉人担任御史中丞有：

  巴图鲁，嘉议，至元二十一年上。
  玛哈穆特，太中，至元二十四年上。
  蒙古特，通议，至元二十五年上。

又侍御史有：

  雷膺，朝列，至元二十一年上。
  魏初，朝列，至元二十一年上。
  张孔孙，至元二十三年上。
  韩彦文，中顺，至元二十三年上。
  程文海，嘉议，至元二十四年上。
  吴衍，朝列，至元二十五年上。

则自至元二十三年至二十五年的三年间，南台御史中丞及侍御史人员更换频繁，其中或有缘故。检吴澄《吴文正公集》卷四十三《大元故御史中丞赠资善大夫上护军彭城郡刘忠宪公行状》：

  公讳宣，字伯宣，其先潞人也。因出戍，留居忻之忻口镇。金末辟地于陕，岁癸巳七月，生于寓舍。……[至元]二十五年，公由集贤学士除御史中丞，行御史台事。其元恶悍戾纵恣，常虑宪官纠其非，若公尤所忌者，犹以前时常获款接，因幸公之过扬，冀一相见，叙情好如旧。而公以台官不当外交，竟绝江赴台，于是增其猜怨。公领台事之后，大夫与右中丞出建康城外点视军船，群御史从。有以军船载苇者，御史张谅究诘，知行省所使，诣扬州核实。元恶盛怒，即图报复。大夫之父官于属郡，旋被按劾。遣其恶党造建康，侦台中违失，出恶声相踌轹。台中悚惧，阴往恳祈以自解，惟公屹立不动，元恶怨公愈深，罗织公之子，系扬州狱。又令建康酒务、淘金等官及遭断录事司官诬告行台沮坏钱粮，以闻于朝，纳赂权奸，必欲置公死地。当时专以财利一事为重，又且素恶台宪，差官二员至行省鞫问，公及御史六人俱就逮。公将行，书后事缄付从子自诚，令勿启视。公既登舟，行省差军船监押，两岸列兵卫驱迫。钲鼓袚旗震耀数里，听者观者为之骇怖。比至扬州，南关簇兵围绕，不得入城，同行御史分异各处，不通往来。九月朔，公自裁于舟中。启视公书绝笔，其辞云……且别有公文，言元恶罪状。后得其稿，涂注钩铃，辞句难辨。前治书霍肃为序次其文，读之令人悲惋。霍肃曰："公既杀身，行省白朝堂曰：'省知罪重，自割身死。'前后构祸主谋者，郎中某也。某为行省员外郎时，公为参议，相得甚欢。为江淮钞法法，尚书省命公罚某杖罪。公以同僚，为荷其事。由是公被罚。某素受公恩，但以同恶相济，深忌正人，锐意挤倾，曾不顾公议之可畏、宿恩之难负。公忠义节操世所共知，识与不识，皆为嗟悼。"肃亲见亲闻其事，故辞核而情哀。

此虽言至元二十五年事，但从"当时专以财利一事为重"看，可知"其元恶悍戾纵恣"必非只在此时。再者，"元恶"所以猖獗如此，根本原因在于当日朝廷"专以财利一事为重"。霍肃至元二十四年任南台治书侍御史，二十五年去职（接任者为高凝，见《至正金陵新志》），与王博文之死恰在同一年，且由张之翰《沁园春》词序知霍、王二人私交甚好。同一时间一死一离任，可能与致刘宣死之"元恶"有关。王恽所谓"方谤之兴"，可能即就此而发。从霍肃序刘宣文"前后构祸主谋者，郎中某也"，不敢直言"某"之姓名看，其"元恶"之势可以想见。据《元史》卷一六八《刘宣传》，"元恶"为忙古台，时任江浙行省丞相。又《元史》卷一七三《叶李传》："于是桑哥为尚书丞相，颇擅国政，急于财利，毒及生民。……李虽与之同事，然莫能有所匡正，会桑哥败，事颇连及同列。久之，李独以疾得请南还。扬州儒学正李淦上书言：叶李……总近天光，即以举桑哥为第一事。禁近侍言事，以非罪杀参政郭佑、杨居宽，迫御史中丞刘宣自裁，锢治书侍御史陈天祥，罢御史大夫门答占、侍御史程文海，杖监察御史。"刘宣之死实与叶李有关。

胡祗遹《紫山大全集》卷三《寄王子勉侍郎》：

刘生投京师，意欲求荐章。位卑人望轻，安能助揄扬。朝廷念知识，孰信朴直肠。骐骥奋鬣鸣，顾我非王良。呶呶百称誉，几何不为狂。我言一脱口，反恐生雌黄。仕途亦多岐，有之皆腾骧。譬如径寸珠，炯炯照夜光。人皆知可宝，安忍道路傍。台阁富才彦，举能秩所当。去去振羽翮，一举谁能量。①

《紫山大全集》卷四《至历下忆子勉运使》：

故人策鞭来东方，五年千里遥相望。今年以事走历下，又与故人成参商。吁嗟不睹故人面，惟有碑榜留文章。心声心画得一见，恍如把臂临清光。人生能消几回别，再会各怜鬓满霜。始知宦游情味恶，半生萍梗何奔忙。谁能强健得告老，杖屦乡里闲徜徉。②

《紫山大全集》卷五《寄子勉》：

儒术饰吏事，精粗不相妨。却笑料生拙，翻为案牍忙。岂知抛土苴，已

---

① 《四库全书》第1196册，第40页。
② 《四库全书》第1196册，第60页。

足致平康。坐使刑名子,喧阗政事堂。①

《紫山大全集》卷五《答子勉》:

半生不家食,无物扰刚肠。冉冉逾中岁,时时念故乡。气衰多感慨,才拙懒飞扬。却羡农家夕,团圞语话长。

羁怀何处写,时上仲宣楼。落日千山碧,长江万里流。烟波迷去鸟,天际得归舟。欲咏登楼日[1],翻成一笑休。

君衣还乡锦,余歌謫楚词。流年如逝水,握手定何时。举白千钟酒,难青两鬓丝。长江写孤愤,滚滚得新诗。

谁怜异方客,一纸故人书。勤恳看还读,情亲卷复舒。有时重把玩,孤闷暂消除。霜雁来何晚,无由问起居。

南迁二千里,风土异吾乡。十月犹蚊蚋,三餐尽桂姜。河鱼能洞泄,疟鬼擅炎凉。所行无兹苦[2],胜于却老方。②

[校] [1]"日",铁琴铜剑楼藏清抄本、铁琴铜剑楼影抄本、三怡堂丛书本作"什"。
[2]"行",翰林院抄本作"愿",《文津阁四库全书》本作"幸"。

《紫山大全集》卷五《寄子勉》:

宪府虽云久,门深蔓草荒。檐前喧鸟雀,墙外走豺狼[1]。百怪群妖集,千钧我弩强。胜残何日是,亦复可怜伤。

下马鞍未解,冤民如堵墙。讼更十守令,文积百筐箱[2]。逗遛行移密,纷纭论议长。我来片言决,喜剧泪沾裳。

衰世已多感[3],重重忧患深。凄迷异乡梦,骚屑故园心。弊久奸尤密,才疏力不任。愿挥宗匠手,垂教示佳音。③

[校] [1]"走",《永乐大典》残卷作"足"。 [2]"积",《永乐大典》残卷作"塞"。
[3]"世",《永乐大典》残卷作"思"。

《紫山大全集》卷六《寄子勉侍郎》:

手板持来举首稀,一杯燕酒又分飞。西风老屋寒无客,凉月空庭静掩扉。馆阁岂能辞淡薄,铁盐元自得轻肥。大明湖上人如玉,几度莲香露满衣。

梦里同君月夜游,碧莲香锁木兰舟。相看喜叙三年别,一醉从教万事休。

---

① 《四库全书》第1196册,第70页。
② 《四库全书》第1196册,第72页。
③ 《四库全书》第1196册,第76页。

麝墨香浓挥草圣,宫罗扇软听名讴。觉来书几青灯畔,老木萧萧客舍秋。

十顷腴田千本桑,几时不踏利名场。曾抛世路风波恶,细嚼农家兴味长。落日牛羊来远近,接天禾黍半青黄。只知丰岁无馀事,睡足筠窗暮雨凉。

揽镜翛然懒散身,枉教尘土浼丰神。未能勋业赤如日,何苦髭须白似银。牢落栖迟长作客,嗫嚅伛偻每随人。醉魂虚负扁舟梦,万顷风烟一幅巾。

布褐温凉锦绮同,一瓢饮足了千钟。初无精细为心累,何贵行藏不我从。此日朝衣陪后列,异时藜杖伴春农。生平义命安来惯,不堕人间三褫凶。

身居太史论功地,性喜东家种树书。直以虚名叨厚禄,愧无健笔作宏儒。偶陪辞客登天禄,忝与经生列石渠。黼黻皇猷非我事,昼眠归梦绕江湖。

田园卜筑蔼相望,久负联裾踏晚凉。手植柔桑高作树,蹊分弱柳密成行。钱流鞭算犹堪喜,墨抹朱涂有底忙[1]。闻说村翁时见笑,瓮头新蚁几浮香。

夕冷朝炎势利交,故人久别梦徒劳。倚楼长望天空阔,拥鼻微吟思郁陶。脱迹云林远巢许,无媒廊庙续夔皋。一官千里遥相忆,不为西风已二毛。

羡君随寓即安舒,顾我多思不自如。幸即为贫来入仕,却因嚼蜡每怀居。四年京国三间舍,万里功名一箧书。莫吝音辞数相问,顺流时有北来鱼。

不为呫呫欲作诗,假辞成咏写相思。秋鸿社燕长相避,飞絮流萍无定时。故纸虚销天上日,清霜偏照镜中丝。几时不着离愁管,鹅鸭相喧隔翠篱。①

[校] [1] "忙",四库本作"芒",从翰林院抄本、《文津阁四库全书》本改。

《紫山大全集》卷六《送王子勉之关中》:

齐课涌为天下最,西南超拜虎符金。盈馀固自纡长策,举敛由来非本心。盐价贵高秦俗苦,粮车艰涩剑关深。更挥鞭算廉能手,洋溢清光照士林。

立法征商自贱夫,止奸抑末计非疏。一从榷酤求丰利,谁与财源论复初。专拜度支领盐铁,细分缗算及舟车。羡君独有匡时策,公帑曾增民力舒。

八政无如货食先,几人心计更知权。不因掊克民称疾,却倚公清事不前。向日是非听物议,迩来廉干独君贤。殷勤调度边兵废,开阔西南万里天。②

《紫山大全集》卷六《寄子勉》:

分手卢沟又岁馀,别来不得半行书。虎符未摄新交密,雁字先从故友疏。

---

① 《四库全书》第1196册,第89页。
② 《四库全书》第1196册,第100页。

渭水绿波晴舣棹，樊川红树晚停车。从教富贵相忘久，时冀人来问起居。①

《紫山大全集》卷十四《王西溪画赞》：

不吐艰深言，不为卓越行。临深履危，悉归之平易；用舍行藏，一安于义命。无城府而人不忍欺，不崖岸而人莫不敬。气分四时，感春也多；士有九德，得宽也盛。乐易百年，与物无竞。②

《紫山大全集》卷十九《祭王中丞子勉文》：

我年十七，君冠而婚。君来自东，识我先人。命我以兄，事君如神。我于是时，总角未巾。虽曰为学，罔有见闻。观君落笔，湍水飞云。观君立言，天葩奇芬。从君切磋，脉理始分。从君琢磨，精粗有伦。如醉而醒[1]，如夜而晨。日往月来，越十冬春。秦王开府，招贤礼宾。明年渡江，智勇获伸。君以才学，拜首纶恩。中统龙飞，官制一新。勋德誉望，立朝名臣。扬历中外，应瑞昌辰。官三十年，雍雍申申。优游耆旧，诏掌丝纶。岂其一疾，绝笔获麟。四海知君，莫如我真。群贤爱君，莫如我亲。百犯不校，量海无垠。万事无心，性天安仁。不加不损，贵富贱贫。与君交游，如酒饮醇。将期暮年，林下水滨。一觞一咏，不厌烦频。谈天人学，精义入神。观万物变，辟人易门[2]。言不虚立，圣经翼轮。行无妄动，高风绝尘。呜呼天乎，夺我镕钧。酹地呼天，哀怨终身。英灵在天，听我斯文。③

[校][1]"而"，《永乐大典》残卷作"如"。[2]"辟人"，《文津阁四库全书》本作"阖辟"。

张之翰《西岩集》卷十二【沁园春】词序：

不肖掾内台，时西溪王公为侍御史，遵海（晦）韩兄为监察御史，恕斋霍兄为前台掾。其后柳溪耶律公提刑河北，颐轩李兄都司台幕，皆平昔所敬慕者。至元甲申春，不肖以南台里行求去，退居高沙。又二年冬十月，迫以北归，由维扬至金陵，别行台诸公。适西溪、柳溪拜中丞，遵晦擢侍御，颐轩、恕斋授治书。越二十有五日，会饮颐轩寓第，时风雨间作，以助清兴。西溪草书风雨会饮之句，柳溪复出燕脂井栏之制，遵海（晦）、恕斋道古今之事，颐轩歌乐府之章，某虽不才，亦尝浮钟举白，鼓噪其傍。一谈一笑，

---

① 《四库全书》第1196册，第105页。
② 《四库全书》第1196册，第263页。
③ 《四库全书》第1196册，第326页。

不觉竟醉。窃尝谓人生同僚为难，同僚相知为难，相知久敬为尤难。今欢会若此，可谓一台盛事，因作《沁园春》歌之。①

《西岩集》卷十一【江城子】《博文归意有未尽，又以〈江城子〉为赠，兼简吴中诸士夫》：

闲中自合故人疏。五湖居，二年馀。郑重君家远寄数封书。昨日相逢还忆否，只记得，旧清癯。　留君无计住须臾，便归吴[1]，重踌躇。曾挂风帆三度过姑苏。为问台前双白鹭，烟景似，向来无。②

[校][1] "便"，翰林院抄本、《校辑宋金元人词》作"使"。

卢挚《西溪赞》：

西溪公，名博文，字子冕。宏裕有蕴，中朝号称厚德。其言论风旨、学殖文采，士论归焉。尝五居监司、七至侍从，扬历馀卅年。顷由礼部尚书、大名总管，为御史中丞，行台江南云。

味道之腴，俨然以居。顾虽寓形乔松、磐石之间，而槁顶（项）黄馘者，能如是乎？求之古人，将谁与俱？其闻柳下惠之风而兴者，抑卓子康、刘子饶之徒欤？③

魏初《青崖集》卷五《西溪王公真赞并序》：

初弱冠时，识西溪王公于杨子阳之宾馆。公时年未三十，闻望四达，士大夫咸以远大期之。未几，与陵川郝君伯常同奉召。逮主上龙飞，即被擢用，由礼部侍郎迁都转运者二，迁提刑按察使者四，如尚书，如总管，如今中执法，前后几三十年矣。无旷阙，无怨讟，恺悌乐易，人莫不以宽厚长者许之。彼喜功好事，以表表自胜者，岂可同日而语哉！乃作赞曰：

如玉之润，如春之薰，自得之天也。有神者笔，有奇者文，用力之专也。商功利，课殿最，新进所喜为也。惇薄俗，正士气，非若孰与归也。④

程钜夫《雪楼集》卷二十四《书王西溪中丞、徐容斋参政赠邵炳炎手墨后》：

天下初一，闽士邵君炳炎诣阙上书，天子下其议。逾年，有命贰会府，

---

① 《四库全书》第1204册，第458页。
② 《四库全书》第1204册，第450页。
③ （元）周南瑞编《天下同文集》卷二十九，《全元文》第11册，第13页。
④ 《四库全书》第1198册，第782页。

兼领一道学事。未期年去官，再诣阙上书。有命参议行省，为上介使海外，不至而复。于是，君倦游矣，自北而南，走诸公间以归，一时多赠言焉。及升，中丞西溪王公书《归去来辞》《归盘谷序》以赠，及[1]参政容斋徐公书简斋《送张仲宗归闽中诗》以赠。乌乎！二公之心岂特以华君之归而已哉？是诚有羡于君之归也。……余备位南台时，事二公为长，故知二公为深。王官将满告归，未及遂而逝。徐之心犹王之心也，至今縻于浙，欲归而未可。岂特二公有羡于君而已哉？……至元甲午四月晦，广平程某书于闽海宪司之绣彩堂。①

[校] [1] 清宣统影刻明洪武本"及"后有"洪"字，从四库本删。

《雪楼集》卷二十五《跋东平张氏所藏诸贤墨迹》：

右自遗山至王详议尺牍凡十四家、二十七纸，皆张氏所藏也。观尚书公所与，不问可知其贤。仆于卷中，独恨不及奉公与遗山杖屦。若左山（商挺）、鹿庵（王磐）、复斋（史肃）、[杨]弘道、子勉（王博文）、秋涧（王恽）诸贤，皆尝从容左右。……惟子勉有一纸，疑其家人小子所书，识者必能辨之。②

姚燧《牧庵集》卷十八《提举太原盐使司徐君神道碑》：

至大三年，中奉大夫、佥枢密院事徐毅，戚言于燧："吾先人以雅善故御史中丞王博文，当其为河东山西提刑，丐铭先祖提举府君墓碣，中丞不让而援翰。"③

胡祗遹《紫山大全集》卷十八《奉训大夫知泗州事王伯潜墓志铭》：

伯潜讳希贤，正议大夫、御史中丞王博文子勉之长子，太夫人申氏。伯潜从父学，渊源正大。既冠，耻以任子得官，学道日笃，朝士以名父贤子，同辞交荐，释褐翰林，擢编修官。……[至元]二十年，升充知泗州事。泗当东西要冲，使者旁午，伯潜处之裕如也，而治政有声。秩满，省亲于扬州。二十五年五月二十有七日，不幸得疾卒，享年四十有三。是岁十月十有八日，祔葬于中丞公之墓。左配胡氏，少中大夫、山东东西道提

---

① 《四库全书》第1202册，第347页。
② 《四库全书》第1202册，第365页。
③ （元）姚燧：《姚燧集》，查洪德点校，人民文学出版社，2011，第287页。

刑按察使胡紫山之女。①

庾天锡

《录鬼簿》：

庾吉甫，名天锡（一作天福），大都人。中书省掾，除员外郎、中山府判。

语言脱洒不粗疏，翰墨清新果自如，胸怀倜傥多清楚。战文场，一大儒。上红笔，没半点尘俗。寻章摘句，腾今换古，噢玉喷珠。

贯云石《阳春白雪序》：

盖士尝云："东坡之后，便到稼轩。"兹评甚矣。然而比来徐子芳滑雅，杨西庵平熟，已有知者。近代疏斋媚妩，如仙女寻春，自然笑傲。冯海粟豪辣灏烂，不断古今，心事又与疏翁不可同舌共谈。关汉卿、庾吉甫造语妖娇，摘（适）如少美临杯，使人不忍对殢。仆幼学词，辄知深度如此。年来职史稍稍遐顿，不能追前数士，愧已。②

杨维桢《东维子文集》卷十一《沈氏今乐府序》：

其以声文缀于君臣[1]、夫妇、仙释氏之典故，以警人视听，使痴儿女知有古今、美恶、成败之劝惩，则出于关、庾氏传奇之变。……然而媟雅邪正、豪俊鄙野[2]，则亦随其人品而得之。杨、卢、滕、李、冯、贯、马、白，皆一代词伯，而不能不游于是。虽依比声调，而其格力雄浑正大，有足传者。……关、庾氏而有传，［沈］子厚氏其无传，吾不信也。已书成帙，求一言以引重，因而论次乐府之有古今，为沈氏今乐府序。至正十二年夏四月十四日序。③

［校］［1］"以"，《四部丛刊》影印旧钞本作"于"，从四库本改。［2］"雅"，《四部丛刊》本阙，从四库本补。

---

① 《四库全书》第 1196 册，第 315 页。
② 《续修四库全书》第 1739 册，第 447 页。
③ 《四库全书》第 1221 册，第 478 页。

马致远

《录鬼簿》：

马致远，大都人，号东篱老。任江浙行省务官。

万花丛里马神仙，百世集中说致远，四方海内皆谈羡。战文场，曲状元。姓名香，贯满梨园。《汉宫秋》《青衫泪》，《戚夫人》《孟浩然》，共庾、白、关老齐肩。

《录鬼簿》王伯成吊词：

马致远，忘年友。

《录鬼簿》李时中吊词：

元贞书会李时中、马致远、花李郎、红字公，四高贤合捻《黄粱梦》。东篱翁，头折冤，第二折商调相从，第三折大石调，第四折是正宫。都一般愁雾悲风。

马致远【中吕·喜春来】：

昔驰铁骑经燕赵，往复奔腾稳似船。

又【黄钟·女冠子】残套【黄钟尾】：

且念鲰生自年幼，写诗曾献上龙楼。

又【双调·拨不断】：

九重天，二十年，龙楼凤阁都曾见。

又【大石调·青杏子】《悟迷》套数首曲：

世事饱谙多，二十年漂泊生涯。天公放我平生假，剪裁冰雪，追陪风月，管领莺花。

又【南吕·四块玉】《叹世》：

两鬓皤，中年过。图甚区区苦张罗，人间宠辱都参破。种春风二顷田，远红尘千丈波。

又【双调·蟾宫曲】《叹世》：

东篱半世蹉跎，竹里游亭，小宇婆娑，有个池塘，醒时渔笛，醉后渔歌。

又【南吕·金字经】：

九天雕鹗飞，困煞中原一布衣。

又【双调】残套【碧玉箫】：

春满皇都，快与倒金壶，凉意入郊墟，便可忆鲈鱼。量有无，好风光不可辜。携着良友生，觅着闲游处，四景又俱。羡甚功劳簿。①

元淮《吊昭君》（自注：马智远词）：

昔年上马衣貂裘，不惯胡沙万里愁。阁泪无言窥汉将，偷生陪笑和箜篌。环珮影摇青冢月，琵琶声断黑河秋。当时若赂毛延寿，安得高名满蓟幽。②

元淮《予暇日喜观书画，客有示以二图，乃〈昭君出塞〉〈杨妃入蜀〉，悉是宣和名笔，客以诗请，就书卷尾》（自注：中州词）之《昭君出塞》：

西风吹散旧时香，收起宫装换北装。狨帽貂裘同锦绮，翠眉蝉鬓怯风霜。草白云黄金勒短，旧愁新恨玉鞭长。一天怨在琵琶上，试倩征鸿问汉皇。③

元淮《试墨》（自注：岳阳词）：

闲来试墨缀篇章，得句清新过晚唐。竹几暗生龙尾润，笔锋微带麝脐香。庭珪胶法烧鱼剂，岩客烟煤点漆光。水镜吟豪多得助，一齐收拾付诗囊。（自注：岩客，洞宾名也。）④

[笺] 元淮《吊昭君》诗乃隐栝马致远《汉宫秋》杂剧中成语。第二折【南吕·一枝花】套【贺新郎】："怎下的教他环珮影摇青冢月，琵琶声断黑河秋。"第三折【双调·新水令】："锦貂裘生改尽汉宫妆……旧恩金勒短，新恨玉鞭长。"【驻马听】："想娘娘那一天愁都撮在琵琶上。"【殿前欢】："被西风吹散旧时香。"《试墨》诗隐栝《岳阳楼》杂剧中成语。第一折【仙吕·点绛唇】套【混江龙】："竹几暗添龙尾润，布袍常带麝脐香。"元淮一生未曾到过北方，至元二十四年至二十八年（1287~1291）任溧阳路总管，可见马致远《汉宫秋》《岳阳楼》杂剧至迟至元末已流传至江浙一带。

---

① 以上马致远八首散曲均见《全元散曲》，第 240、273、251、259、237、242、239、276 页。
② 《全元诗》第 10 册，第 132 页。
③ 《全元诗》第 10 册，第 134 页。
④ 《全元诗》第 10 册，第 150 页。

张可久【双调·庆东原】《次马致远先辈韵九篇》其一：

烧丹灶，洗药瓢，乐清闲几个人知道。闲吹凤箫，闷拈兔毫，焉用牛刀。他得志笑闲人，他失脚闲人笑。①

马致远【双调·湘妃怨】《和卢疏斋西湖》四景小令其一：

春风骄马五陵儿，暖日西湖三月时，管弦触水莺花市。不知音不到此，宜歌宜酒宜诗。山过雨颦眉黛，柳拖烟堆鬓丝，可喜杀睡足的西施。②

邓文原《巴西邓先生文集·故江陵公安县尉马君墓志铭》：

延祐丙辰十一月一日，江陵公安县尉马君卒于宛陵。先是辛亥岁，君缨末疾，不复仕。其子称德，由江浙行中书省员外郎擢宛陵别驾，君就禄养。药食顺宜，忘其瘥瘉。至是剧寒，疾遂革。既卒之三日，余适至，见行道多戚嗟相语曰："别驾之字我民，摩抚燠休之，树善如不逮，而丧其父。将宣之人不幸而不得终被其泽也。"自荐绅文士，下及闾巷蚩稚，惜其去者，如出一口。别驾奉其柩还葬，谒余以铭。余交别驾久，且重宣民之思，而推其教忠所自，铭其可哉。按状，马氏世居广平，祖讳仁，父讳晋，俱力农，以善闻乡里。县尉君讳兴，蚤从淮南忠武王南师，擐甲负戈，遇敌每伉勇身先，然性不嗜杀。有一卒穿距，止断其髻，释之。咸曰："马君长者，宜有后。"论功授百夫长。凡四调巡徼泰州之西溪、海安，襄阳之安营，江陵之河西市。寇敛屏迹，恩浃畎庐，秩满，尉公安，老益练达于事，而君病矣。家素无赢储，兄弟六人，以丁籍更戍，弟在行而君亦代同里雷氏者以往。弟不任劳敝径归，君兼其任，始终无间言，其友爱类如此。平昔轻财尚义，遇事辄分[1]。殆天禀，非学所能致。娶韩氏，惠淑而有操。为母为妇，皆中仪轨。生子五人，长即称德，次舍僧，早世。又次正德、俊德、元德，皆未仕。一女，尚幼。孙男六人，孙女三人。君生于己酉十一月□日，寿六十有八。韩氏先十四年卒。卜以明年月日合葬永平县中路砦之原。别驾官奉议大夫，以近制得追崇其父母，由是县尉赠某官，韩氏广平县君。惟君生不获丰于禄位，殁而遇荣宠。有子克致显扬之道，斯可无憾也夫！③

[校][1]"分"，知不足斋本作"奋"，从明抄本、四库本改。

---

① 《全元散曲》，第 806 页。
② 《全元散曲》，第 249 页。
③ 《四库全书》第 1195 册，第 561 页。

袁桷《延祐四明志》卷三《职官考下·奉化州·知州》：

马称德，奉议大夫。延祐六年十月初一日到任。①

又卷十五《祠祀考·奉化州》：

城隍庙在州西五十步，唐咸通六年县令李宗申建，毁于兵火。至元二十六年尹李天益重建。延祐七年知州马称德重修。②

又卷十三《学校考·奉化州儒学》：

州学，州东二百步。宋景祐中，邑令于房广夫子庙以立学宫。治平初，令裴士尧迁庙学州东，久而圮。……至元二十年，堂以飓仆，复建，明年，新两廊仪门，主维者，令李天益也。至元二十九年，丁县尹济创养正堂，教育小学。延祐六年，知州马称德到任，复修建学宇，增广田土，计田六百四十三亩二角四十步，地三十二亩二角一十八步，山二千二百六十二亩一角四十四步。③

又卷十四《学校考·奉化州医学》：

古者有医师，掌医之政令，凡民之疾病者，使分而治之。今州县各有学，得非此意欤？延祐元年，达噜噶齐茂巴尔奉议就易洞真观废殿修葺一新，设三皇像奉祠。延祐六年春，达噜噶齐呼图克岱尔奉训迁于岳林寺东馆驿故址，未完而代者至。是冬，知州马奉议到任，相视殿宇基址，湫溢卑陋，自惟圣朝春秋致祭，安可设于猥僻之所。于是首捐己俸，及劝率近土医户出资助，迁就州之东一百步赵氏故址。筑砌墙围，创立棂星门，起盖大殿、讲堂、廊庑等屋，咸一新之，规模宏丽，不负尊崇。④

又卷十四《学校考·奉化州医学·屋宇》：

大殿三间。扁曰：开天之门。知州马奉议立，男马克敬十二岁，书。⑤

王元恭《至正四明续志》卷七《奉化州·儒学》：

延祐戊午，知州马称德盖尊经阁及讲堂后轩，两庑六斋，仓廒庖溷成备。

---

① 《四库全书》第491册，第367页。
② 《四库全书》第491册，第589页。
③ 《四库全书》第491册，第539页。
④ 《四库全书》第491册，第555页。
⑤ 《四库全书》第491册，第556页。

江东道廉访佥事邓文原（原）记。①

又卷三《奉化州·公宇》：

谯楼五间，在州治前。延祐六年，知州马称德因旧址开拓重建，扁曰"宣明"，置铜壶、鼓角。江浙儒学副提举刘致记。②

又卷三《奉化州·公宇·井亭》：

州治东有井，号茯苓泉，在厅事之西。皇庆壬子，监州木八剌创亭覆之。延祐庚申，知州马称德复构一亭，左右相峙。③

又卷四《奉化州·新河》：

州市旧有河，上通资国堰，下接郑家滃。沙莽堙塞，水无停潴，河之浅狭，不及五六尺，仅如沟浍，耕者病焉。延祐七年，知州马称德开浚深广，自市河达于北渡、车耆等处，相悬六十里。置立堰埭三处，溉潴水灌田数十万亩。又通舟楫，以便商贾往来也。翰林学士袁桷记。④

又卷四《奉化州·胡芝碶》：

在州东二十里，水利溉注奉化、金溪两乡民田三千馀亩。旧碶以年远冲漏，知州马称德首为修理，视昔有加。

又卷四《考到碶》：

在州东二十里，此碶积松林等处三乡之水，灌田五千馀亩。后因石甃堋陷，水源淤塞，旱则泄而不停，涝则塞而不导，无补于农。马知州易碶柱之摧折，拯石梁之低陷，泄者防之，塞者疏之，为利博矣。

又卷四《资国堰》：

去州南五里，隶第三都，旧病浅狭，滋溉难周。至治元年，知州马称德察其利病，新其碶闸，水盛则置闸以遏其冲，水涸则去闸以导其流，民田沾丐（溉）者，三都计三万八千馀亩。

---

① 《续修四库全书》第705册，第578页。
② 《续修四库全书》第705册，第521页。
③ 《续修四库全书》第705册，第522页。
④ 《续修四库全书》第705册，第536页。

又卷四《广平堰》：

在州北一十里，旧有闸曰斗门，上接资国堰，水支流三派，下通郑家堰，灌溉田数千亩。延祐庚申，知州马称德开浚新河，易闸为堰。向之闸水有限，晴则易涸，今则积水渊深，濯（灌）溉无穷。

又卷四《戚家溪堰》：

延祐七年，知州马称德因民请置堰，高三尺，石砌三层，横长三十丈，阔六尺，两傍用木桩石条甃砌。又于堰之上畔开河一条，横阔一丈五尺，长四十丈，深六尺。旧溪通流，凡遇水涝，于堰上流溢，水浅流入堰。河沿溪灌十四都田五百馀亩，堰下流至和尚堰，分为四派。一派流入第三都界，溉田八百馀亩，三派流入湖芝碶等处，四散溉田三千馀亩，馀外流入长塘畈等河港，溉注第二都、三十二都田二万馀亩。①

又卷四《和尚堰》：

在十四都，旧有堰基，不曾修筑。延祐七年，知州马称德因修考到等碶，并修完备，防积水源。②

又卷八《学校·奉化州医学》：

三皇殿在州学之北，延祐六年，知州马称德重建殿堂、门庑，棂星门、四斋、垣坛，咸一新之。郡人袁桷为记。③

《嘉靖宁波府志》卷二《秩官表》载元奉化州知州有马称德，仁宗延祐年间在任。④

《嘉靖宁波府志》卷二十五《名宦》：

马称德字致远，广平人。延祐六年知奉化州，务本崇俭。义仓之积至八千馀石，垦荒田十三顷，桑以畦计者三千九百。创本学尊经阁，备大成乐，立乡学六十馀所。他若理财、听讼，规模井井，令行禁止，修废举坠，不可殚记。所树立皆数百年之规。李洧孙为撰《去思碑》。⑤

---

① 《续修四库全书》第 705 册，第 537 页。
② 《续修四库全书》第 705 册，第 538 页。
③ 《续修四库全书》第 705 册，第 588 页。
④ 《中国方志丛书·华中地方·浙江省·第四九五号》，成文出版社，1983，第 181 页。
⑤ 《中国方志丛书·华中地方·浙江省·第四九五号》，第 1924 页。

邓文原《奉化州儒学记》：

广平马侯致远守奉化之明年，以书来曰："奉化邑隶庆元，升州于元贞丙申。溪山萦带，风物靓深。距治所二百，举武为学，莅事之始，谒于庙庭。周视室堂，褊弊不葺[1]。予惕焉，乃询诸耆艾，曰：'学故有田，岁输谷为石者百[2]。宋嘉定间，邑宰冯君季膺益以亩入七百石有奇，名曰义廪，俾群居者无宿舂而乐鼓箧焉。自碑仆，籍去于贪滑[3]，征为私藏，而赡士无赢储。尝直于有司，而不果复也。'于是剔抉隐陋，钻锄穴蠹，汰冗积羡，悉复其初。而又捐己餐钱以表急义者，得田馀三百亩，出入会计，严为式程，期永久勿坏。前是，御史宋君节来守是州，为买书、具祭器，而庋置无所，乃今建尊经阁五间，即其南彝训堂之后为敞轩五，以容多士。左右泮水为垣，而易行道为门外。若庖廪湢庖，甃筑涂垩之工毕备。垦地馀十亩，在阁北，莳桑若麻苎，而规其赀以给师及童冠者之羹菜，稍采儒先教术以帅厉之。凡吾为是者，匪干誉也，幸先生识其成，且以儆夫士。"

予为言曰：古之为士者，耕有恒产，学有定制，教有定业，非必珍羞腴肉以饫其腹，华堂广厦以适其体。至于考成之法，则又非词章呫毕、矜能衒藻之谓也。然而士皆殖德励行，竞趋于善而不自知。后世崇饰庙貌，俾学道者知所宗，丰其屋庐，优其廪稍，日肄月稽，择其艺精者举于有司，视古若甚周悉，而不才乃不逮[4]，则亦教与学者俱有责焉耳。夫道莫先于经，先王之典则、万世之范防具在，诸子百氏书则阐明乎此，而醇疵杂焉者也。从经则治，拂经则乱，历代隆污，则史臣笔之以为世监者也。士之蒙瞀庸琐者既不通经，而负英特者又多好异书之观，其为失则均。世有乐尊经之名，而求其实者乎？朝廷设科以选士，而士不敢以进取累其心，建学以养士，而士则曰："吾岂志安饱者？"此士所以自重，而教化所由兴。在《易》，"鼎"之象大亨，以养圣贤，而"颐"自求口实，"观"其自养也。异时甬东多高门右族，接武卿相，势利声华，文学行义，其不朽者固有在。学者审此，则可进于道，矧复尚友古之人哉！今马侯之来奉化，首以兴学为务，庶几汉文翁意也。蜀子弟被文翁之化，能为其所难。奉化之士，渐濡于诗书也久，顾不能为其易乎，而忍负马侯乎？侯名称德，为政未期月而百废具兴，又复建三皇殿于故址，皆有关于风化之大，是宜为记。州长贰协赞于成者：达鲁花赤沙邦，同知殷贞，州判许迪吉。将侯命谒予文者：范文亨、张舆权。延祐七年六月己酉朔记。①

---

① 《至正四明续志》卷七《奉化州·儒学》，《续修四库全书》第705册，第578页。

[校][1]"不",原阙,据《全元文》补。[2]"百",《全元文》作"四百"。[3]"籍",原作"窃",据《全元文》改。[4]"逮",原作"退",据《全元文》改。

邓文原《建尊经阁增置学田记》:

浙水东四明学舍居天下二,而属治文风之盛,必以奉川为称首。时异事殊,士废学,悉趋时所尚,间有不随其所趋,则群聚而缩鼻。人不韦贤经,一切扫地于祝氏矣。天开文明,奎星炳焕。圣天子下诏设科举,以经明行修取士,士风翕然鼓舞。奉川籍学者皆欲以明经芥拾青紫,而未有主斯文者。广平马侯致远来牧是州,长官例提学校,侯语二三子:"学校之事,似缓而实急。其不在我也,若在我,则不可不学之问。夫士之作成,养与教而已。架上之书,廪中之粟,今其何如?"曰:"学有田,旧额四百石,冯令多福劝率乡儒置租至七百石,曰义廪,见之于周丞勉所撰碑文。廪蓄乡豪学职辈暗图窃取,以周贫老婚葬为名,立廪计私收巧破,所谓周急者,曾不沾一毫。租失旧额,职此之由。士无所赡,弦歌声绝。问之则曰:'何必读书。'"马侯闻之,愀然曰:"士不明经,何以应选?吾闻之柳子曰:'作于圣,故曰经;述于才,故曰文。'香山居士以文集置于释子之楼,文且有楼,经其可以无阁乎?"于是出己俸,倡募建尊经阁。闻者感动,倾帑助匠计之功,力饶。春季作之,夏孟落之。溪山映带,市声不入。乃斫文木,乃架乃楝。定经南向,尊之也。史西而子集东,帙签毕具。扁尊经阁,侯之子克敬大书,笔力健。杜子美夸其侄勤笔阵时年已十六七,克敬年且十二,见者称美,以涓期之阁上奉先圣燕居。乃以前政宋御史节置到九经韩柳文子集等书及今次刊到活字书板印成《大学衍义》等书庋其上。迁文公先生祠于左,建后轩五间,接盖廊屋一十八间,立仓廒五间于堂之西,拓殿东馀地,亭于古松之下,扁曰听松,以为师生之游息。甃砌砖石,地如砥平。围筑垣墙,百堵皆作。迁行路于泮池之外,而池之中桥焉,跨鳌其扁也。通仪门成泮宫以南通水故事,树以松柳,环列左右,规模整肃,灿然可观。乃穷学廪积弊,物色冯令置田之碑,得之,革去廪计栏仆,义廪之储,悉归于学。委学正黄先根挨旧额田粮,得隐漫租若干石,及改正义廪若干石。侯犹有饭不足之虑,复出己资,倡率儒人董湛等增助田若干亩,租若干石。至治二年夏,侯复以增置义士馀粮,再置到田若干亩,租谷若干石。新旧通计田一千一百五十四亩,租谷及山租钱等计一千七百三十石六斗九升,米二十五石九斗六升馀。有地山租钱丝麦等物见之砧基碑籍。又规措学后馀地一十亩,桑苎其上,其利为学职生员蠽盐之助。选生徒百名，立训导大小学生员，周岁行供，春秋二丁，学职俸给止支外，馀皆撙节立规，尽有赢馀。侯时诣学，使诸生执经，更相问难。礼宿儒腹经笥者授业解惑，月书季考，期必成效。二月既望，申明乡饮，佥举宾介尊德尚齿合七百馀人会于泮宫，俎豆诜诜，衣冠济济，以陶成士君子之风。然又谓宫墙缺纪述，故不书。是役也，侯倡之，监州公力任之，佐贰诸君赞成之。学正黄先来杭征文为记。与侯相知非一日，故不牢让，因摭事实梗概书之石，俾以告夫后之人。至治二年立石。①

翁元臣《进林碶重修记》：

今四明奉化州，距州治可一舍，有所谓进林碶。水源南出连山镇亭，北至定海县入于海，东接鄞之茆山鄞塘，西入鄞县小溪。大江因三方潮汛所汇之地，立碶闸，通潮入，沟渠河港，流行散阔，有百馀里。灌溉奉化、长寿、金溪三乡，旁及鄞田数千顷，碶之功常见。枯旱之时，桥于溪上为驿道，抵台、温、通明、越。……岁月经久，修而荐坏，颓败欹陷，乘桥者凛然，且不敢启闭，走泄水源，民病之。前之为政者，于至元庚寅间亦尝整治，而碶底深险，惮于事势重大，苟且目前，搀扶甓砌，无何而颓倾如昨。广平马侯致远来守是州，见之惕然，询谋经营。先将本渠前后碶闸稍有壅塞者疏之，接山溪活水，通江海汛潮，民皆便之。既以竣事，乃注意于此碶，筹画于中，退食不寐。命作坝以断江潮之来，旁疏水源入江，列水车数十，以去深不可出之水洞，见基底鼋鼍为害者，犁其穴而驱之江。侯喟然叹曰："是不难龙门伊阙可凿者。"排胥江怒涛，一箭使退；扫往昔简陋之弊，筑而新之。乃计所用工力木石，则以本州沾水利户之上者，随力出备夫工；则又以田产户之次者，每五亩出夫一名；户之下者，一毫无扰。若夫鄞之沾水合助力者，以无相统摄，故一户不及。侯之度量，悉符石匦所载事迹。其有不敷者，人皆相与维持，乐助工食，择可劳而劳之，因所利而利之，遂成久远之事。此碶横亘五丈二尺，以直而干者柱其上，有六，长一丈三尺有奇。甃堤以直其两旁，规模宏壮，行道之人不知其为险。俾谙水利者董其役。始于延祐庚申十月，至治辛酉四月碶成。……江之浒潮不得啮河之漘，水潴而不泄，雨不至涝，旱不至涸，土粪而腴，岁熟而获，秋风南亩，穤稏连云，翳谁之力与？侯之德也。余客四明，经从碶上及三十馀年，徒发一慨。一日成功于贤州牧，

---

① 《乾隆奉化县志》卷十二，《全元文》第21册，第76页。

自非有大力量者,畴克臻此。民曰:"碶兴民之利,碶废民之疾,今侯能除民病,兴民利,较之太守马臻创立镜湖之功,不在其下。"耆老竺大昌等谓:"余亦劝农者,侯力为农夫用情如此,可不为之述其事,以传不朽。大昌等当磨石以待。"于是乎书。至治新元四月记。①

黄先《马奉议生祠记》：

延祐六年十月一日,知州马侯来牧是州。下车,首谒学宫释菜。讫事,顾而言曰:"圣朝以文恢国,尊崇孔道,敦奖儒雅,甚盛节也。宫墙湫隘,不称炳灵,何以塞明诏。用新其制,以侈前观,我其曷敢坠厥志?"越莅事之明日,席未溢,询耆艾,后彝训堂,芝薙草莽,审曲面势,辇梓庀工,业建尊经阁,置书板,辟斋庑,创仓库庖湢,逾且百楹。直灵星门,浚泮池,周广几二百武,伐石梁其上,天光倒影,遥联炳炫,筑垣墙以谨干陬,过者罔不祗肃。较载石之缺画,筹储粮之虚实,若烛照龟卜。私属厌计者,惧不复肆是用丰于养士。事既周而志益坚,劝儒人助田三百亩有奇。择良师,授子弟业,亲释训义,课殿最,期有成。庠音序诵,达于四境。以今准古,行乡饮酒礼,薰醇导龢,恢弘美化,约岁损赢,置大成乐,飨二丁,豆笾簠簋,冠佩章甫,莫不新设。天之所启,无倦其烦。州之秀民髦士,交胥庆曰:自邑升州,人才涣散,苟且而处,卤莽而学,积久成蠹,视如传舍。今教养有方,纲纪有伦。繄谁赐也?因究夫文翁以文学牖夫蜀人之耳目,翕然化易,相如、扬雄,彬彬辈出。百世而下,读其书者,竦然兴起。侯宠嘉斯文,伟哉盛矣!殆将期是邦人才之盛,犹汉蜀也。祠诸西序,绘像尊事,用示不忘。……群士请纪侯之实,先职教也,辞不获。侯广平人,名称德,字致远,阶奉议大夫。明敏革奸,恺悌施政,疏河以利舟楫,筑堰以膏稻粱,鸠工以广民居,定籍以均赋役,殆不一书,采诸歌谣,并载乐石云。至治元年四月吉日。②

袁桷《清容居士集》卷二十五《奉化州三皇庙碑》：

马侯为州,急先崇儒,建尊经阁成,作而曰:"学无田,曷足养士?"表圭田租励之。于是乡之儒合言:"兹实吾党耻。乡校日毁,《青衿》赋焉。馆粲有加,士子知教。盍助田以成侯志?"侯复曰:"先贤遗则,惠养存殁,规曷敢湮废?正籍端本,耻格贪欤。"于是始言曰:"噫!世祖皇帝行仁肇邦,

---

① 《顺治奉化县志》卷十一,《全元文》第 24 册,第 24 页。参校《光绪奉化县志》卷六。
② 《顺治奉化县志》卷十三,《全元文》第 46 册,第 148 页。

万世永宪。今获守兹土，疾沴不治，黎民何辜？"乃建三皇殿。初，殿在废观址，后徙寺旁，庳隘弗称。询图考初，厥地爽亢，遂广土而兴之。百柱翼成，万瓦鳞比。厚者效泉，力者输役。官不出赋，而岿然光尊。耆老赞企，愿纪其建立，以彰侯绩。抑尝闻，庖牺阐极人居，其中灵根湛纯，万化是生。坎离致用，穷夫阴阳之机。寿夭不齐，彼实笾窃。维大圣忧之，树艺五谷，辅之以医药，刚柔燥湿，各施诸用，神农之功也。因其厚生，迄于伤生，以悯以原，为之经问，教之以知惧，使各尽性命之道，则夫黄帝之功，讵少矣哉！三圣炳著，尊祀肇唐。皇甫谧之论，合于医说，道不虚矣。为作乐章，俾歌以祀，表侯于无穷。侯名骥德，字致远，官奉议大夫。明爽干伤，吏民畏而爱焉。是役也，州之官咸佐之，乡老皇甫简董役。讫成，前门九楹，廊庑斋序二十八楹，讲堂五楹，礼器备充，围缭丹垩，咸曰美哉！①

《清容居士集》卷二十五《奉化州开河碑》：

奉化诸溪，至龙潭毕会。汪洋衍汇，陂塘涧沟，合流赴资国。纤行凡六十里，始达于江。岁霖雨不时，溪江相迎，上下交射，漫流田堤，或漂民庐舍。昔之为政者惧焉，于是筑埭善坊，潦至则泄，旱则潴以灌输。繇资国埭注市桥，循三山为广平湖。凡言湖通畎浍也。湖之下有斗门，必严其水则。至是通郑家泾，古有阴沟，或为淫沟，皆取以达水。今言泾，名之省，声之讹也。溪至是，循明山稍折，为扬桥。水以折，始善行。将达江，复限之，为县门，曰进林，曰常浦。又益限之以埭，曰车耆。提阏有程，则水旱不病。今之善吏治者，挈挈奉公上不自保，政不能及此。广平马侯骥德至州，曰："皇元升江南县为州，实祖户口。户繁租瘠，何以称绥惠？田畴芜辟，兹惟殿最首。吾视兹土，抑沟洫漫灭，以害吾民邪？"遂穷上源，首资国。耆老咸言："市桥达车耆，有故河，往宋舟楫联络。今趋江以行，惊骇涛浪，商贾不赴，而市用益匮。潜广复旧，则民其有瘳。"遂遵市桥至陈桥，具畚锸，表深广。未及终日，而遗石断绝，皆旧迹俨著。至何家埭，或曰："是《郡乘》不登，积为豪民利。水至是当行，何障固焉？"于是决堤仆石埭，复置卒守。水门亦如之。易资国埭为水门，别立小栅，以谨通塞。广平增斗门。《志》旧有赡卒租，亦复之。于是昔之言纤行六十里，皆得舟行以达于江矣。史迁作《河渠书》，能吏所纪，厪一二数。谢太傅守淮南，水利博济，则自

---

① 《中华再造善本》影印元刻本；《四库全书》第1203册，第334页。

方之以召伯。谢公伟功迄不废,马侯之政良近矣。乃系以诗,俾勿坠。

碑阴:

凡大工役,必资僚属。长官某、同知某、判官某、吏目某,实佥赞之。州民之耆长大家某等,历考旧迹,且佐厥役。吏奉令曰某等,董工庀程。州之南,复有梁家滩、□□碶、戚家溪,悉濬治之,足溉田万亩。开河绩最著,庸附碑右,以见侯政小者亦若是。①

李洯孙《知州马称德去思碑记》:

广平马侯称德,字致远,作州于庆元之奉化,兴利补弊,无一事不就正。三载代者至,州人士相与言曰:"马侯之来吾州也,廉明勤强,杜私谒而布公道,夙夜所究心者,惟好民所好,恶民所恶,犹父母于其子,今父母之去,如之何勿思。"吾观于乡,则义仓之积至八千馀石,荒田之垦至十三顷,桑以畦计者三千九百,杂木以株计者二百八十二万馀,非侯以务本业为急者能若是乎!游于泮则宫墙炳焕,尊经阁之伟,大成乐之备,养士田增置千二百石,活书板镂至十万字,教养有规,外逮乡学六百馀所,非侯以兴文治为先者能若是乎!相其水利,则进林碶乃三乡田土数千顷之所仰,经百四十年,石崩木腐,鸠工再筑,三月而碶成,号为奇功。疏通古河道六十馀里,凡陂堰无不修治,旱涝无忧,农旅俱便,非侯能以佚道使民者乎!其郭则乡也村草数家,今为阛阓;乡也楼观荒圮,今丽譙郁起,非侯能使陋邦为壮观乎!诡寄户旧七万,今归并仅二万,砧基既立,赋役遂均,核实酒课,而贫民无抑配之苦,挨证税粮而里胥无闭纳之患,孰不思侯理财之有道乎!辨盐徒妄指而平民安,断稍水抢夺而横民惧,平反冤抑,剖决淹滞,片言以折而犴狱常空,孰不思侯听讼之有法乎!革安保户而把持者屏息,抑豪富户而货殖者易虑,设法禁断私贩而窃盗者亦敛迹,孰不思侯禁令之严乎!疾恶如仇,闻善如慕,而民俗归厚,父母在而不敢析爨,没而不敢停丧,无鬻先人冢地者,无溺新生儿女者,男无侮长上而女无怠妇功者,孰不思侯教化之功乎!举乡饮之礼,观者如堵,而人知有礼乐,敦同寮之谊而没乎宦所者,虽万里之遥亦资送其骨殖,与其孤寡而达其家,孰不思侯之能行古道乎!三皇殿则易湫隘而亢爽,惠民局则就州创置,而贫民病困咸便医疗,孰不思侯有跻民寿域之心乎!思其用心之勤既如此,思其成功之难又如彼,思之不置而又求记于

---

① 《中华再造善本》影印元刻本;《四库全书》第1203册,第338页。

余,以昭其思于无穷。余谓侯之善政嘉绩皆余耳目所睹记者,何幸获因? 是以发其好懿之良心,抑余闻有功德于民而为民所思者。莫如召公《甘棠》之诗,一则曰"勿翦勿伐",三则曰"勿翦勿拜",此季武子所以曰"敢不封殖此树,以无忘角弓",遂赋《甘棠》也。厥后苏文忠公因赋《万松亭》,亦有"殷勤莫忘角弓诗"之句。夫马侯三年之政固数百年之规也,州人士徒思云乎哉,敢记之以告于来者。至治三年记。①

刘仁本《羽庭集》卷六《奉化州儒学重修尊经阁记》:

鄞之奉化州,旧为县,县有儒学,在东北隅半里许,既升州。延祐末,广平马侯称德来为守,拓廓之,始作尊经阁十六楹于论堂之后。②

凌迪知《万姓统谱》卷四十六:

汪灏,字季夷,弟瀚,字幼海,奉化人。父懋卿,初与弟森卿同学同贡,并因宋革不仕,杜门著书。灏、瀚授家学,治《易》《春秋》,躬耕孝养。灏从海阴陈嵩伯讲学,著有诗文曰《蜡台稿》。灏先卒。瀚为知州马称德荐于宪台,授衢州路学录,辞不赴。③

刘岳申《申斋集》卷六《吉水州修学记》:

至治三年知州马称德重修,刘岳申记。

吉水乡校,自至元中,县令、丞多东鲁儒生,凡致美于庙学者,靡不毕用其至。改州以来,东平曹侯珣始筑修堤甃夷道,作新亭,树美荫,自宫墙之外以达于内,毕致力焉。济南程侯恭始迁亭出于学之外,凡曹侯所不及为者,又毕为之,众谓来者几无可为矣。至治三年冬,知州事广平马侯称德以选为州。始至,顾瞻庙学,慨然曰:"修完当先,廪膳当务,而皆非教也。"谓七十子未睹厥容貌,则审肖像先十哲,凡彩服必明,次东西序,将以仿佛求圣门之气象;谓大成乐无磬,则先礼乐,先十六磬,凡器服必备,次定弟子员,将以庶几求道德之声容。然后兴除利弊,视先后守宰有遗虑者,将不遗馀力焉。呜呼! 何其成之难也! 于是延祐科兴十有二年矣,吉水之士贡于乡、擢于礼部者,率常倍他州县,何其盛也。皆曰:"此兴学之力也。"或曰:"科第非不盛,而士志不立,士气未充,何也?"则曰:"此科举之学,

---

① 《乾隆奉化县志》卷十二,《全元文》第 11 册,第 150 页。
② 《四库全书》第 1216 册,第 106 页。
③ 《四库全书》第 956 册,第 708 页。

非古之学；此科举之文，非古之文。"或曰："今之学者，非《五经》《四书》不讲；今之科举，非昔之科举也。"皆以谂于郡文学刘岳申，则复于众曰：惟我庐陵，厥初先正学问之懿者曰忠节，忠节之盛，自欧阳公而下既已闻于天下矣。若丞相文公，其志气与日月争光，与天地相弊，其人与五公皆发于科第，皆不愧于圣贤。由此观之，科第固未可少也。然则今之士必有三年学不至于穀，必有修其天爵而人爵从之者，而后可以读《五经》《四书》，将见有道德明秀之士，可以为公卿者出乎其间。如此则士志其有不立，士气其有不充者乎？此先哲之望，乡校之愿也。不然，以土木为尸祝，以玉帛钟鼓为礼乐，笔墨利达为文学，甚非马侯所以期待之厚意，亦岂圣世兴学崇文之始愿哉！①

胡广《胡文穆公文集》卷十三《静轩陈处士墓志铭》：

按状：处士讳颜，字伯渊，号静轩。世家文昌乡。……泰定乙丑，州守马称德作新学校，捐己田入学，以赡师生。……处士生宋乙亥正月，没于元至正壬辰六月。②

马致远【中吕·粉蝶儿】残套：

至治华夷，正堂堂大元朝世，应乾元九五龙飞。万斯年，平天下，古燕雄地。日月光辉，喜氤氲一团和气。

【醉春风】小国土尽来朝，大福荫护助里。贤贤文武宰尧天，喜，喜。五谷丰登，万民乐业，四方宁治。

【啄木儿煞】善教他，归厚德，太平时龙虎风云会。圣明皇帝，大元洪福与天齐。③

又【中吕·粉蝶儿】：

寰海清夷，扇祥风太平朝世，赞尧仁洪福天齐。乐时丰，逢岁稔，天开祥瑞，万世皇基，股肱良庙堂之器。

【迎仙客】寿星捧玉杯，王母下瑶池，乐声齐众仙来庆喜。六合清，八辅美，九五龙飞，四海昇平日。

【喜春来】凤凰池暖风光丽，日月袍新扇影低。雕阑玉砌彩云飞。才万

---

① 《四库全书》第 1204 册，第 257 页。《光绪吉安府志》卷十八《学校志·吉水县学校》引，谓"至治三年知州马称德重修，刘岳申记"。
② 《四库全书存目丛书》集部第 29 册，第 85 页。
③ 《全元散曲》，第 273 页。

里，锦绣簇华夷。

【满庭芳】皇封酒美，帘开紫雾，香喷金猊。望枫宸八拜丹墀内，衮龙衣垂拱无为。龙蛇动旌旗影里，燕雀高宫殿风微。道德天地，尧天舜日，看文武两班齐。

【尾】祝吾皇万万年，镇家邦万万里。八方齐贺当今帝，稳坐盘龙亢金椅。①

马致远【双调·清江引】：

东篱本是风月主，晚节园林趣。一枕葫芦架，几行垂杨树，是搭儿快活闲住处。②

李文蔚

《录鬼簿》：

李文蔚，真定人。江州路瑞昌县尹。

《石州慢》，醉写蔡萧闲。《芭蕉雨》，秋宵周素兰。《浇花旦》，才并《推车旦》。《破苻坚》，淝水间，晋谢安高卧东山。瑞昌县为新令，真定府是故关，月落花残。

白朴《天籁集》卷上【夺锦标】《得友人王仲常、李文蔚书》（下注：仲常名思廉，仕元至翰林学士承旨）：

孤影长嗟，凭高眺远，落日新亭西北。幸有山河在眼，风景留人，楚囚何泣。尽纷争蜗角，算都输林泉闲适。澹悠悠，流水行云，任我平生踪迹。　谁念江州司马，沦落天涯，青衫未免沾湿。梦里封龙旧隐[1]，经卷琴囊，酒樽诗笔。对中天凉月，且高歌徘徊今夕。陇头人应也相思，万里梅花消息。③

[校][1]"封龙"，四库本作"卧龙"，从《中华再造善本》影印康熙杨友敬刻本改。

[笺]《元曲家考略》据白朴词"梦里封龙旧隐，经卷琴囊，酒樽诗笔"句，谓白朴、王仲常及李文蔚尝从元好问、张德辉、李冶即所谓"封龙三老"游封龙山。封龙山在今河北石家庄市鹿泉区，与元氏县接界。

---

① 《全元散曲》，第257页。
② 《全元散曲》，第244页。
③ 《全元词》上册，第224页。

李直夫

《录鬼簿》：

李直夫，女真人，德兴府住。即蒲察李五。

蒲察李五大金族，《邓伯道》《夕阳楼》《劝丈夫》，《虎头牌》《错立身》《怕媳妇》。《谏庄公》颍考叔，《俏郎君》《谎郎君》，各自乘除。《㴲蓝桥》尾生子，教天乐黄念奴，是德兴秀气直夫。

元明善《清河集》卷一《寄直夫》：

岳云低接使君舟，湘水无波桂树稠。井洌自涵千古月，弦清谁写一帘秋。青枫路暗空多梦，白雁天遥不见愁。闻说匡庐当税架，策勋殊未到沧洲。

《清河集》卷一《送湖南李直夫宪使》：

君去湖南我上京，思君欲见又芜城。沧波留月能归海，江雁拖云不到衡。一代豪华谁远识，百年惊畏护灵名。好来不作男儿事，有水可渔山可耕。①

[笺]《元曲家考略》谓元明善为李直夫作两诗是在其坐张瑄事侨寓淮南之时。马祖常《翰林学士元文敏公神道碑》载，明善"转中书省左曹掾，曹无留事。坐诬免，不辨，侨寓淮南"。危素《吴澄年谱》记大德六年事："八月壬戌戒行，十月丁亥至京师。……公即欲归，河冻不可行。元文敏公朝夕奉公尤谨。大夫士多来问学。及行，元公为诗序。"是明善大德六年（1302）在京师。又记大德七年事："春治归，五月己酉至扬州。……至扬州，江北淮东道肃政廉访使赵公完泽，以暑炽强公留郡学。……七月至真州。淮东宣慰使珊竹公珩，工部侍郎贾公钧，湖广廉访使卢公挚，淮东金事赵公瑛，南台御史詹公士龙，及元文敏诸寓公，具致币，率子弟至扬州，请公讲学。"虞集《道园学古录》卷四十四《故翰林学士资善大夫知制诰同修国史临川先生吴公行状》记，大德七年，"先生归，至扬州。时宪使赵公弘道及寓公珊竹公珩、卢公挚、贾公钧、赵公英、詹公士龙、元公明善等，先后留先生，身率子弟诸生受业"。可知明善大德七年寓淮南。《神道碑》记元明善寓淮南，"顷之，坐诬事明，复掾省曹。至大戊申，我仁宗皇帝养德东朝，左右文化，选天下髦俊之士，列在宫臣。公首被简拔，授承直郎、太子文学"。戊申为至大元年（1308）。由此知明善寓淮南不甚久。其复掾省曹，当在大德十年左右。在淮南作送李直夫诗，当是大德七八年事。

---

① 《续修四库全书》第1323册，第3页。

吴昌龄

《录鬼簿》：

吴昌龄，西京人。

西京出屯俊英杰，名姓题将《鬼簿》写。《走昭君》《东坡梦》《辰钩月》，《探狐洞》《赏黄花》，色目佳。《西天取经》，行用全别。《眼睛记》《狄青扑马》《抱石投江》《货郎末泥》，十段锦，段段和协。

［笺］《元史》卷一百《兵志三·忠翊侍卫屯田》："世祖至元二十九年十一月，命各万户府，摘大同、隆兴、太原、平阳等处军人四千名，于燕只哥赤斤地面及红城周回，置立屯田，开耕荒田二千顷，仍命西京宣慰司领其事，后改立大同等处屯储万户府以领之。"张继红、郭建平认为，贾仲明吊词所谓"西京出屯"，即指至元二十九年（1292）由西京（大同）出屯燕只哥赤斤（今内蒙古集宁市西）及红城（今内蒙古和林格尔县南）等地。其时吴昌龄乃"俊英杰"，设其三十岁，可推定其生年约在中统初（1260）。（《吴昌龄生平考》，《中华戏曲》第 19 辑。）

《张提点寿藏记》拓本：

应奉翰林文字、同知制诰、兼国史院编修官、朝散大夫、尚书省右司员外郎曹元用撰

奉议大夫、婺源州知州、兼管本州诸军奥鲁劝农事吴昌龄书丹篆额

提点名志德，张其氏也，济南邹平人。……年二十五而考妣丧，辄有出尘之想，遂以家事托昆弟，飘然为方外游。至济州圣寿宫，洞虚普慧张真人栖真之地，心慕其为人，若有所得，遂礼其徒明真仁恕冲和大师宗主提点罗先生为师。学道日进，兼通医药之书，罗先生益爱之，命知宫事。……延祐三年，掌教开玄真人署为圣寿宫提点。增筑栋宇，百弊为兴。道士健讼者，为立决其屈直，病久者，暂砭艾即愈，人甚德之。行年七十有七，神清气和而未尝不以生死为虞。弟子知宫事修道安洎张道宁、高道宽、张德纯，念其师之高年也，预修寿藏于崶山之阳祖师茔之侧，求予为记。

延祐七年二月二十有二日，弟子修道安等立石，古任王鼎刊。①

---

① 陈垣编《道家金石略》，陈智超、曾庆瑛校补，文物出版社，1988，第 754 页。

王实甫

编者按：孙楷第自苏天爵《滋溪文稿》中揭出元代名臣王结之父王德信，"擢拜陕西行台监察御史"，"年四十馀即弃官不复仕"。因未作求证，多数研究者以其缺乏实证，持存疑态度。冯沅君《王实甫生平的探索——王实甫〈退隐〉散套跋》将王实甫的【商调·集贤宾】《退隐》散套与苏文对照，两者基本吻合，看出曲家王实甫与苏文王结之父王德信的同一性。对应疏解王实甫存世曲作中隐含的作者身影与苏文王结之父王德信的身世行迹，再结合学界对于王实甫年代的考证，基本可以确定曲家王实甫即王结父王德信。（参详袁世硕《元杂剧三家考实》，《文学遗产》2021年第1期。）

刘将孙《养吾斋集》卷三《送王实甫》之庐陵王实甫，刘敏中《中庵先生刘文简公文集》卷八《故金宫使王公墓碑》所记临淄（今山东淄博）王德信"字子中，隐德弗耀"，皆非曲家。

《录鬼簿》：

王实甫，名德信。大都人。

风月营密匝匝列旌旗，莺花寨明飚飚排剑戟，翠红乡雄赳赳施谋智。作词章，风韵美。士林中，等辈伏低。新杂剧，旧传奇，《西厢记》天下夺魁。

王实甫【商调·集贤宾】《退隐》：

捻苍髯笑擎冬夜酒。人事远老怀幽。志难酬知机的王粲，梦无凭见景的庄周。抱孙孙儿成愿足，引甥甥女嫁心休。百年期六分甘到手。数支干周遍又从头。笑频因酒醉，烛换为诗留。

【逍遥乐】江梅并瘦，槛竹同清，岩松共久。无愿何求。笑时人鹤背扬州。明月清风老致优。对绿水青山依旧。曲肱北牖，舒啸东皋，放眼西楼。

【金菊香】想着那红尘黄阁昔年羞。到如今白发青衫此地游。乐桑榆酬诗共酒。酒侣诗俦，诗潦倒酒风流。

【醋葫芦】到春来日迟迟庭馆春，暖溶溶红绿稠。闹春光莺燕语啾啾。自焚香下帘清坐久。闲把那丝桐一奏。涤尘襟消尽了古今愁。

【幺】到夏来锁松阴竹坞亭，载荷香柳岸舟。有鲜鱼鲜藕客堪留。放白鹤远邀云外叟。展楸枰消磨长昼。较亏成一笑两夐收。

【幺】到秋来醉丹霞树饱霜。绽金钱篱菊秋。半山残照挂城头。老菱香蟹肥堪佐酒。正值着登高时候。染霜毫乘醉赋归休。

【幺】到冬来搅清醅鸡语繁，漾茅檐日影稠。压梅梢晴雪带花留。倚蒲团唤童重荡酒。看万里冰绡染就。有王维妙手总难酬。

【梧叶儿】退一步乾坤大，饶一着万虑休。怕狼虎恶图谋。遇事休开口，逢人只点头。见香饵莫吞钩。高抄起经纶大手。

【后庭花】住一间蔽风霜茅草丘。穿一领卧苔莎粗布裘。捏几首写怀抱歪诗句，吃几杯放心胸村醪酒。这潇洒傲王侯。且喜的身登身登中寿。有微资堪赡赒。有亭园堪纵游。保天和自养修。放形骸任自由。把尘缘一笔勾。再休题名利友。

【青哥儿】呀，闲处叹蜂喧蜂喧蚁斗。静中笑蝶讪蝶讪莺羞。你便有快马难熬我这钝炕头。见如今蔬果初熟，浊酒新篘，豆粥香浮，大叫高讴，睁着眼张着口尽胡诌。这快活谁能够。

【尾声】醉时节盘陀石上眠，饱时节婆娑松下走。困时节布衲里睡齁齁。偶乘闲细将玄奥剖。把至理一星星参透。却原来括乾坤物我总浮沤。①

周德清《中原音韵自序》（署泰定元年）：

乐府之盛、之备、之难，莫如今时。其盛，则自搢绅及闾阎歌咏者众。其备，则自关、郑、白、马一新制作，韵共守自然之音，字能通天下之语，字畅语俊，韵促音调；观其所述，曰忠，曰孝，有补于世。其难，则有六字三韵，"忽听一声猛惊"是也。诸公已矣，后学莫及。②

[笺]"忽听一声猛惊"语出《西厢记》第一本第三折，邓绍基提出，"诸公已矣"之"诸公"应包括王实甫，实甫卒于泰定元年（1324）前。（《王实甫的活动年代和〈西厢记〉的创作时间》，《文化遗产》2012 年第 4 期。）

苏天爵《滋溪文稿》卷二十三《元故资政大夫中书左丞知经筵事王公行状》：

公讳结，字仪伯。易州定兴人，徙家中山。……[后至元]二年春正月廿九日，薨于中山私第，春秋六十有二。……公伯祖某，国初帅乡民来归，其后管领中山人匠，因留家焉。祖逊勤[1]，以质子军从太祖皇帝西征，娶妇

---

① 《全元散曲》，第 292 页。
② 《中国古典戏曲论著集成》第 1 册，第 175 页。

阿鲁浑氏。以公贵，赠通议大夫、礼部尚书、上轻车都尉、太原郡侯，阿鲁浑氏赠太原郡夫人。父德信，治县有声，擢拜陕西行台监察御史，与台臣议不合，年四十馀即弃官不复仕。累封中奉大夫、河南行中书省参知政事、护军、太原郡公。母张氏，封太原郡夫人。娶蒙括氏，封太原郡夫人。……至元三年夏六月甲午，太中大夫、礼部侍郎苏某状。①

[校][1]"遬勤"，原作"遬勳"，从李盛铎藏钞本改。

王结《文忠集》卷三《壬子元日》：

大人衣绣使遐荒，独举椒杯忆故乡。仰祝慈闱共眉寿，朱颜黄发乐倡佯。②

王仲文

《录鬼簿》：

王仲文，大都人。

仲文踪迹住金（京）华，才思相兼关、郑、马。出群是《三教王孙贾》，《不认尸》关目嘉，《韩信遇漂母》曲调清滑。《五丈原》《董宣强项》，《锦香亭》《王祥》到家。伴夕阳，白草黄沙。

黄溍《金华黄先生文集》卷二十六《集贤大学士荣禄大夫史公神道碑》：

故集贤大学士史公以高寿终，公卿大夫相吊于朝，亲戚故人聚哭于里，曰："兹我朝之遗直也。"……臣溍谨按河东山西道宣慰使辛钧之状，公讳惟良，字显夫，姓史氏。其先居亳之城父，金末避地郓城，因占籍焉。……考讳兴，累赠荣禄大夫、河南江北等处行中书省平章政事、柱国，追封秦国公。妣陈氏，秦国夫人。……秦国公有子三人，长即公，次惟[善]，次惟恭。初，秦国夫人夜梦车马人从罗列于庭，既寤，遂以至元十年正月二十八日，生公于北四封堡。公少受学前进士王仲文，结庐城北荒棘中，攻苦食淡者五年，而卒其业。甫逾弱冠，出游京师，受知台府诸公。……至正六年八月，御史台以闻，诏给还所纳制命。俄以七年正月四日薨于所居之正寝，享年七十有五。③

---

① （元）苏天爵：《滋溪文稿》，陈高华等点校，第383页。
② 《四库全书》第1206册，第223页。
③ 《中华再造善本》影印元刻本；《续修四库全书》第1323册，第349页。

[笺]《元曲家考略》谓,史惟良生于前至元十年(1273),卒于至正七年(1347),年七十五。王仲文授惟良读当在至元末,其弟进士当在金末,亦由金入元者。

[考辨]

虞集《道园学古录》卷四十三《王母龚氏墓志铭》有王仲文,名敏学,临川人,乃宋民之入元者。

谢应芳《龟巢稿》卷十四《赠王仲文序》,其人乃塑工,明洪武时人。

《成化山西通志》卷九《人物志》:

　　王仲文,介休人。至正间授光州判官,累升中书省右丞,卒老于官。①

《乾隆汾州府志》卷二十《仕实》:

　　王仲文,介休人。至正十八年判光州,二十年改儒林郎、总管府判官,二十六年拜中书省门下右丞相。②

《康熙夏县志》卷二《祠祀志·知县》:

　　王仲文,元河南祥符县人,由进士授山西大同县尹,调夏县。为政宽简,济恤孤贫。性嗜枣,尝出郊劝农,自赍米煮粥,民私增枣数枚,食毕,仍遗枣与民。家人尝私受苞苴,仲文闻而愤詈,欲穷治之,家人畏罪自缢死。妻素氏,亲纺织,以助其廉。尝戒子翰曰:"我以崔母自期,汝独不能为铉暐乎?"后调修武令,以素孺人卒,留翰守丧,遂家焉。子孙科第相继。③

李寿卿

编者按:《元曲家考略》从元人文集中揭出元代名李寿卿者五人,谓:"《金困集》《艮斋诗集》之李寿卿,即曲家李寿卿。以此李寿卿曾为江浙总管提举,

---

① 民国二十二年影抄明成化十一年刻本。
② 清乾隆三十六年刻本。参见《乾隆介休县志》卷九《人物》。
③ 清康熙四十七年刻本。参见《康熙平阳府志》卷二十《宦绩》、《光绪夏县志》卷六《官师志·元代》。

杭州溧阳，是其宦游之地。而今传李寿卿《临岐柳》《伍员吹箫》二剧演柳翠与浣纱女事，正杭州、溧阳掌故也。"然据《元典章·吏部·典章七》，诸提举司提举掌从五品印，与《录鬼簿》记载拜将仕郎、除县丞（正八品）之曲家李寿卿的官职不相吻合。

蒲道源《闲居丛稿》中亦有李寿卿，卷十八《送李寿卿之成都路知事序》称李寿卿为"友人"，李寿卿年岁应与蒲道源（1260~1336）相仿。又卷十二《酹江月·次李寿卿侍西轩先生九日赏菊》，"西轩先生"即王得舆，字载之，号西轩。世为高平（今属山西）人，徙兴元南郑（今属陕西），"寓汉中四十年"（《闲居丛稿》卷二十六《西轩王先生行实》）。李寿卿原词已佚，蒲道源和词有"手当红牙，觞飞急羽，且为酬佳节"，"座上狂歌，尊前起舞"句。《闲居丛稿》卷二《为西轩先生赋冬日葵花》诗序云："丁亥岁十月，西轩先生园中葵花忽开，诸君子皆有诗。"丁亥为至元二十四年（1287），李寿卿应也是赋诗相贺的诸君子之一。这表明此李寿卿能诗擅词，《送李寿卿之成都路知事序》亦谓其"和而文"。另，同恕《榘庵集》卷十五有《题李寿卿画山水》绝句二首，其二末联云："鬼工有识应嗔道，漏泄诗家句外禅。"赞其山水画有鬼斧神工之妙，画中有诗。按同恕（1254~1331）年岁与李寿卿相近，奉元（今陕西西安）人。此李寿卿与友蒲道源、任成都路总管府知事之李寿卿应为同一人，亦即曲家李寿卿，他由阶从八品、属吏员的路总管府知事铨调正八品的县丞，也就顺成自然了。

《录鬼簿》：

李寿卿，太原人。将仕郎，除县丞。

南华庄老叹骷髅，船子秋莲梦里游，月明三度临岐柳。播阎浮，四百州。姓名香，赢得青楼。黄沙漫，塞草秋，白骨荒丘。

《录鬼簿》纪君祥传：

大都人，与李寿卿、郑廷玉同时。

蒲道源《顺斋先生闲居丛稿》卷十二【酹江月】《次李寿卿侍西轩先生九日赏菊》：

暮秋天气，似堪悲、还有一般堪悦。憔悴黄花风露底，香韵自能招客。手当红牙，觞飞急羽，且为酬佳节。龙山依旧，不知谁是豪杰。　　我爱隐士风流，就开三径，欲往无能得。万事会须论一醉，非我非人非物。座上狂歌，尊前起舞，待向醒时说。傲霜枝在，莫教空老寒色。①

[笺] 王得舆（1219~1292），字载之，号西轩。世为潞泽高平（今属山西）人，"寓汉中四十年"，为程朱之学。（《闲居丛稿》卷二十六《西轩王先生行实》）

《顺斋先生闲居丛稿》卷十八《送李寿卿之成都路知事序》：

客有为余言：益为四蜀都会，土地广衍，民物繁庶。其总治之府，簿书期会、财赋出入，使传之往来，讼狱之参决，宜乎填委矣。必得少年明锐辩博通济之士为之僚属，相与议论其是非，弥缝其阙失，然后可济，不则败事。余应客曰："子之所言，固然也。以余观之，殆末耳，未及其本也。凡今天下郡国之事繁冗者，岂特益邪？其败阙者，又岂特其才之不足邪？是固有说矣。夫居官者，不患乎职业之不修，但患吾心之未正。心正，则本立矣。本立，则事变之酬酢，如权度之于轻重长短焉。而又勇以决之，谦以出之，勤以成之，尚何败事之有。或者不求其本，而规规于事为之末，将见事未立而名已隳，利未得而害已随，尚能谋人之是非，而补其阙失耶？"客敛衽曰："余论偶不及此也。"今友人李寿卿，适为宾幕于彼，款门告别，余因叙向者与客问答之辞，书以为赠。寿卿信而敏，和而文，其往也，将不负余言矣。②

同恕《榘庵集》卷十五《题李寿卿画山水》：

几家篱落枕江濆，江水澄澄日欲曛。人倚危栏娱晚景，眼随归棹没孤云。一榻尘埃两膝穿，眼明快此睹江天。鬼工有识应嗔道，漏泄诗家句外禅。③

[考辨一]

元淮《己丑春，廉五总管李寿卿公出溧阳，酒边称颂尚书省掾王直卿父母在堂齐年八十，此乃人之罕有者，属予即席赋诗以咏其美》：

见说灵椿耸两枝，直卿宜挂老莱衣。一经教子人间有，八十双亲世上稀。④

侯克中《艮斋诗集》卷六《王同知直卿父母均年八十五，辄解印养亲，李提举寿卿索赋》：

德形于外本于中，解印归来道更崇。一行二三千载少，双亲八十五年同。

---

① 《中华再造善本》影印元至正十年刻本；《四库全书》第1210册，第669页。
② 《中华再造善本》影印元至正十年刻本；《四库全书》第1210册，第710页。
③ 《四库全书》第1206册，第799页。
④ 《全元诗》第10册，第151页。

至诚水火犹能蹈，大孝神明岂不通。安得人人皆尽分，翕然四海一春风。①

《艮斋诗集》卷六《送李提举寿卿北上》：

生平律己亦清严，好察真如镜出奁。愉色奉亲知干蛊，虚心接物得执谦。此风不已成忠厚，他日无疑举孝廉。临事勿令圭角露，世人多忌莫邪铦。②

方回《桐江续集》卷十八《题李提举心远轩寿卿》：

心远渊明拟问之，悠然身世见山时。强名真意元无物，缘底忘言更有诗。宇宙襟怀千斛酒，王侯勋业一枰棋。古来大隐在朝市，可待休官办菊篱。③

［考辨二］

安熙《安默庵先生文集》卷二《寿李翁八十诗三首并序》：

翁名椿，字寿卿，本维扬故家[1]。国初北渡，客云朔间，转徙至真定藁城之西管镇，始以陶为业。器不苦窳，有约必信，远近化之。中年以后，买田力穑，不二十年，为里巨族。资质直，不喜矫饰[2]，好施予，不饮酒。今年八十，步履轻健，耳目聪明，食肉跃马如平日，不少衰。翁媪相乐，孙曾满前，其必有以得之矣。兹镇实先玉峰君旧隐，比岁冬，余以羸疾来居[3]，且幸以诗书教其乡人子弟。翁请余处其别馆，而使其孙兴宗服几杖之役[4]，岁久而翁不余厌也。翁长家君一岁，故余以父执事之。其子居实将以闰月吉日，合乡里族姻，置酒张乐以为翁寿，义不可无语，谩赋近体以侑寿觞。时大德十年岁在丙午，默庵安某书。④

［校］［1］"扬"，《丛书集成初编》据《畿辅丛书》排印本作"阳"，从四库本改。［2］"饰"，《丛书集成初编》本阙，从四库本补。［3］"余以"，《丛书集成初编》本互乙，从四库本改。［4］"服"，四库本作"执"。

吴澄《吴文正公集》卷二十四《顺堂记》：

魏郡李寿卿之子郁暨弟显，率群弟以事亲，左右无违，京兆萧维斗以顺堂名其居。王伯益谓予曰："某与郁生同乡，长同学。纯笃人也，劭书而惇礼，一家愉惋雍睦。名堂者，盖取《中庸》'父母其顺矣乎'之义。子能绎

---

① 《四库全书》第 1205 册，第 478 页。
② 《四库全书》第 1205 册，第 479 页。
③ 《四库全书》第 1193 册，第 451 页。
④ 《丛书集成初编》，第 13 页；《四库全书》第 1199 册，第 716 页。

一语以诒之乎？"予既礼辞，为之喟然叹曰：上古神皇肇开人文，始画乾坤，以象天地之德，曰健曰顺而已矣。五常百行，一由是出。至哉！顺之义也。达乎物我，达乎内外，达乎远近，达乎上下，一毫无所咈逆谓之顺。就一家而言，妻子顺，兄弟顺，父母之所以顺也。一顺之著，宗族称之，党里称之，难已。今也时之硕彦华其名，乡之执友许其实，予安得不为之叹而嘉李氏之有子也？虽然，顺一也，行之有五致焉：致其爱，致其敬，致其乐，致其勤，致其悫。能是五致，于顺其几矣。抑犹未也，子之顺乎亲，未若亲之顺乎子也；亲之顺乎子，未若子之顺乎道也。子顺乎道，心与道一；亲喻于道，心与亲一，顺之至也。劬书与，惇礼与，予之言庶有合哉！①

尚仲贤

《录鬼簿》：

　　尚仲贤，真定人。江浙行省务官。

　　弃官归去捻《渊明》，工巧《王魁负桂英》。四务提举江浙省，与戴善夫相辅行。较论功，诸葛闾成。《三夺槊》《谒浆崔护》《秉烛旦》《越娘背灯》，《洞庭湖柳毅传情》。

元淮《历涉》：

　　复了东阳斩逆黄，闽中水镜姓名香。手持国宪安良善，口喻兵机剿叛亡。截发搓绳联断铠，扯旗作带系金创（原注：音"疮"）。卧薪尝胆经营了，更理毛锥治溧阳。（自注：榆窠词）②

[笺] 据序所云，该诗乃元淮至元二十四年（1287）秋初上任溧阳路总管时所作。颈联二句化用尚仲贤杂剧《尉迟恭三夺槊》成句："不枉了截发搓绳穿断甲，征旗作带勒金疮。"（第一折【混江龙】）该杂剧或在尚仲贤任江浙行省务官期间所作。

[考辨]

王恽《秋涧先生大全集》卷十三《座中偶得示舜举旧游仲贤良医》：

　　半载东州客，崎岖笑自淹。事随时即故[1]，老与病相兼。发伏遗奸桁，

---

　① 《元人文集珍本丛刊》第3册，第422页；《四库全书》第1197册，第460页。
　② 《全元诗》第10册，第130页。

褰帷愧具瞻。君恩如许报，白发且休添。①

[校][1]"故"，荟要本、四库本作"改"。

袁桷《清容居士集》卷四十《尚仲良刊医书疏》（注：类长沙张仲景书为十图）：

张长沙类四证，以明治病之本；朱南阳衍百问，以推用药之原。其书虽完，厥理难究。爰有多闻之士，聿成一览之图。考百药之君臣，推五行之母子。分弦涩于坤艮，别表里之阴阳。若游建章，咸旁通其门户；犹入武库，悉能名其甲兵。允得于心，如指诸掌。欲推己而传世，必假众以全功。②

张以宁《翠屏集》卷一《题尚仲良〈画鹭卷〉》：

沧江雨疏疏，翻飞一春锄。老树如人立，欲下意踌躇。明年柳条长，遮汝行捕鱼。③

陆心源《皕宋楼藏书志》卷四十七尚从喜（善）编《伤寒纪玄妙用集》：

大名尚仲良独取四家之长，旁采诸书之奥，通晓传变之由，分辨汗下之理，昭然可考，有助于医学不浅。……乃若仲良所集，辞约而旨详，源通而理贯，如聚米以识地形之险易，测影以见天时之昏晓。虽庸夫孺子得而试之，必不以术误人。此则仲良之功。皇庆癸丑四月袁裒序。④

至大辛亥冬，集贤待制、承事郎长沙冯子振序。

上都惠民司提点尚君仲良编次《伤寒纪玄妙用集》十卷四十篇，方法整密，议论详明，有前医所未发。仆预览焉，乃述尝闻君之说与其书之大旨，为叙于集端曰："予少雅嗜医，客次钱唐，从邺人张信之游，热不以未脱絮之为酷，寒不以犹衣绨之为单，败席之枕，薄糜涊饥，矻矻穷日夜，心求口诵，自《本草》《灵枢》，下逮古今之经方论诀与其训注，悉参而订之，必精析其宜及研索其旨趣，明辨其标本，居二十年，始粗通其要。缙绅君子，历试诸脉之难察，疾之罕愈者，遂见誉于时。用荐者征，以至遭遇得五品服，而又提医学江浙，亦云幸矣。今百念已息，惟活人之心弗息也。故取平生所

---

① 《四部丛刊》影印明弘治翻元本。另参《四库全书》第1200册，第153页。
② 《四库全书》第1203册，第529页。
③ 《四库全书》第1226册，第521页。
④ 《续修四库全书》第928册，第522页。

用心于仲景《金匮玉函》《活人明理》等书，辑而成集，间附己见，非冀于传世，姑备卫生朝夕之用，不废后学翻阅之劳，且俟识者有以正之耳。"君之自言如此。……至元二年龙集丙子六月一日晋宁张翥著于广陵寓斋。①

张金吾《爱日精庐藏书续志》卷三子部《本草元命苞九卷》：

  御诊太医宣授成全郎上都惠民司提点尚从善编类。……时至顺改元之明年，书于上都惠民司寓居之正己斋。

  吾友尚君仲良，天赋机颖，自总角而志于医，初受业于信之张先生，尽得其脉诀方术。余尝下血，夜数十起，迨晓，骨立而无人色，投一剂而愈，因诒之曰："君术出众，年未艾，方今太医院并一时俊彦，举贤如不及，若壮游观光，必得攀附以展素志而行所学。"未几，仲良挈家维扬，踵门请谒者无虚日，有垂命群医不能诀者，相与之持论，命药即愈。尝曰某人将得气疾，某人病虽平复，至秋复作，不可疗矣。众哂之，至期果然。于是能名大振，达于朝，一辟为太医，再选为御诊，侍护帷幄，出入庙堂，下至百辟群牧士庶相往来，计其治功居多。中书以开平车驾春秋行幸，官设惠民司提点，久弛敷奏，授以宣命往治焉。居三载，谨公帑，择良药，官民赖之至重，以皮帛为谢。久之，得捐家财构药局与夫官廨，朝廷嘉之，再授宣，复其任。及代宣，授提举江浙医学，实仲良投业发轫之地，比同昼锦焉。予方守琴川，遣价以所编《本草元命苞》见示求叙。予喟然曰：仲良明于医，官既显矣，而能孳孳无倦，一抄书犹胜读三过，何况次第编修，于所学大有益矣。世贵世医，君学自童子；又贵老医，君年逼耳顺，长以积善累功为己任。……仲良有干能，倘使为政而兼行其术，将见其为全才矣。至元三年十二月十六日，奉议大夫平江路常熟州知州友人班惟志叙。②

石君宝

《录鬼簿》：

  石君宝，平阳人。

---

① 《续修四库全书》第 928 册，第 523 页。
② 《续修四库全书》第 925 册，第 640 页。

《紫云亭》《秋香怨》《曲江池》,《醢彭越》《哭周瑜》佳句美。《断岁寒三友》《红绡驿》,《雪香亭》《秋胡戏妻》。共吴昌龄,幺末相齐。柳眉儿《金钱记》,石君宝□黑迹,禾黍离离。

王恽《秋涧先生大全集》卷六十《共嵒老人石玞公墓碣铭并序》[1]：

公姓石玞氏,讳德玉,字君宝,辽东盖州人。疏髯炯目,气骨臞清,超超然如万里之鹤。贞祐初,以良家子从军[2],夺夏折桥功得官,积劳至武德将军。北渡后,历仕在相、卫间[3],母杜氏,唐相如晦后。公天性能孝,愉色怡声[4],斑衣垂白,朝夕孺慕,虽菽水无馀[5],有《南陔》《白华》之乐[6]。时杜氏寿登八秩,清修,绝荤茹素。一日,庭户间产白菌百馀本[7],掇去复茁者数月,人以为孝感所致。时名公赠诗[8],有"似怜甘旨阙,春风玉芝香"之句[9]。生□于□□尤笃[10],趋人之急,逾于己私。至遇不□□□□不□□□竹木花石,时酿名酒,客至辄饮,饮必醉,醉而即歌,歌而后已[11]。眼花耳熟,与之扶策,□□□顾□□□□乞之某处[12],手植而即蕃者也。此吾□□□□□□□□也[13],晒柯怡颜,喜津津溢眉睫间,曰："吾且富有,家不徒四壁矣[14]。"尝种竹当户,或谓太迫,曰："待其蘩茂,秋霁月明之时[15],俾清樾透帘,为此君写真耳。"故终日翛然对之,潇洒为乐[16],其清澹如此。晚年游心命书,人有问,必以修己安分为答[17]："能此,不待孤虚相旺,吾言固有征矣。"岁丙子,公年八十有五,尝绘《共山归隐图》以自歌其所乐,因号共嵒老人。是岁冬,洒然而逝,若委蜕焉。孺人刘氏,能遂公初心,主治中馈,不知其为贫家也。生女子二人：长适御史康天英,次适河东道提刑按察使姜彧。家府与公交款,曲笃世契三十年,一别终天,有恨何如！寻步入街西故里,晒睐竹树,慨然有闻。邈怀人之怆[18],老泪濡毫,而有斯作。铭曰：

贫而乐有类乎黔娄,心而隐似慕夫德翁。事亲极融融之乐,逢辰出蹇蹇之忠。布衣归来,默而自容。将徘徊而孰友？侣蘩筠而伍嵒松。生也顺事,殁宁吾躬。古之所谓乡先生死而祭于社者,其处士之堂封乎！①

[校][1]"共嵒",荟要本作"洪岩",弘治本、四库本作"洪嵒"。下同。[2]"从",元刊明补本阙,据抄本、荟要本、四库本补。[3]"历仕",元刊明补本阙,抄本作"□居",据荟要本、四库本补。[4]"怡声",元刊明补本阙,荟要本、四库本作"婉容",据抄本补。[5]"馀",元刊明补本阙,据抄本、荟要本、四库本补。[6]"乐",元刊明补本阙,

---

① 《四部丛刊》影印明弘治翻元本。另参《四库全书》第1200册,第783页。

荟要本、四库本作"志",据抄本补。[7]"户间产",元刊明补本仅存"间"字,荟要本、四库本作"除间生",据抄本补。[8]"时名公",元刊明补本阙,抄本作"故名乡",据荟要本、四库本补。[9]"玉芝香",荟要本、四库本作"茁玉芝"。[10]"生□于□□尤笃",元刊明补本仅有"笃"字,荟要本、四库本脱,据抄本补。[11]"饮,饮必醉,醉而即歌,歌",元刊明补本、荟要本、四库本脱此九字,据抄本补。[12]"顾""乞",它本脱此二字,据抄本补。[13]"吾""也",它本脱此二字,据抄本补。[14]"富有,家不徒四",它本仅存"有"字,据抄本补。[15]"明",它本阙,据四库本补。[16]"满",元刊明补本、弘治本阙,四库本作"挥",据抄本、荟要本补。[17]"修",元刊明补本、弘治本阙,据抄本、荟要本、四库本补。[18]"邃",原作"篴",误。

《秋涧先生大全集》卷五十九《(文通先生墓表)碑阴先友记》:

石盏德玉[1],字君宝,盖州人。性至孝,与人交恺悌笃信义,尝与友共事,恶其不直,遂绝而不较。①

[校] [1] "石盏",四库本作"持嘉"。

《秋涧先生大全集》卷六《墨竹歌》(自注:为共岩处士石盏公作[1]):

吾生爱竹兼嗜石,手不能书漫成癖。忆从林下七贤游,终日摩挲弄寒碧。山河一自隔黄垆,尘土填淤百忧集。得君此画忽洒然,元气淋漓障犹湿。满空月露下寒梢[2],人去山阴锁幽寂。又如湘妃庙前风雨晴,翠袖纷披山鬼泣。几竿迸出太古崖,老节雪欺初不惜。表将一片岁寒心,不与繁华竞朝夕。东栏牡丹鹤翎红,西沼芙蓉绀珠色。歌钟倾国乐芳年,以色事人能几日?何如鸭江居士诗骨清而臞,手种此君忘肉食。不须挂杖敲门北,万斛清风破窗北。月中看竹扫秋影,妙得于心发之笔。兴来落纸出意表[3],拟学湖州灭形迹。呜呼,湖州已矣萧郎远,今代名家澹游客。君不见李杜文章万丈光,一日齐名伟高适。②

[校] [1] "石盏",四库本作"持嘉"。[2] "梢",荟要本、四库本作"塘"。[3] "意",荟要本、四库本作"尘"。

夏文彦《图绘宝鉴》卷五:

持嘉君宝,女真人。居燕城。画竹学刘自然,颇有意趣。③

---

① 《四部丛刊》影印明弘治翻元本。另参《四库全书》第1200册,第771页。
② 《四部丛刊》影印明弘治翻元本。另参《四库全书》第1200册,第66页。
③ 《四库全书》第814册,第623页。

杨显之

编者按：《元曲家考略》在元人文献中未发现"杨显之"之名，遂阙如未考。杜仁杰《与杨春卿书》中提及将前往大都的妹夫梁进之，应即"与关汉卿世交"之梁进之，同在大都的杨显之亦"与关汉卿莫逆交"，由东平前来的梁进之与大都演艺圈大红人关汉卿结识，或由杨显之引介。故而疑杨显之即杨春卿。《录鬼簿》著录杨显之八种杂剧名目，更增强了杨春卿即杂剧作家的可能性。《蒲鲁忽刘屠大拜门》，"蒲鲁忽"为女真语，《金史·金国语解》："布囊曰蒲卢浑。""拜门"，《东京梦华录》卷五"娶妇"条载："婿复参妇家，谓之拜门。有力能趣办，次日即往，谓之复面拜门。不然，三日七日皆可，赏贺亦如女家之礼。"盖演宋金时汴梁故事。《黑旋风乔断案》与高文秀《黑旋风乔教学》同为敷演梁山泊好汉李逵"发乔"的滑稽剧。《借通县跳神师婆旦》，《元明北杂剧总目考略》"杨显之"名下考释："金院本'诸杂大小院本'类有《师婆儿》，明刘东生《金童玉女娇红记》杂剧最后曾串入《师婆旦》院本，但未有具体描写。"《金童玉女娇红记》串入之《师婆旦》，或即为杨显之所作的院本式短剧。凡此种种，与杨春卿金末避地河南，北渡居留东平数年的行迹相符。其作杂剧是在居留东平期间，故而与高文秀所作杂剧有类似处。

《录鬼簿》：

杨显之，大都人。与汉卿莫逆交，凡有文辞（一作珠玉），与公较之。号"杨补丁"是也。

显之前辈老先生，莫逆之交关汉卿。幺末中补缺加新令，皆号为"杨补丁"。有传奇乐府新声。王元鼎，师叔敬；顺时秀，伯父称。寰宇知名。

[笺] 王元鼎，《元曲家考略》以为即《吴文正公集》卷六《玉元鼎字说》中之玉元鼎，西域人。又据《元史·吴澄传》，澄至大元年（1308）为国子监丞，皇庆元年（1312）升司业，从而推定元鼎入国子学在至大、皇庆间，受业于吴澄。顺时秀乃得宠于元文宗之教坊歌妓，高启《听教坊旧妓郭芳卿弟子陈氏歌》诗中提及顺时秀："文皇在御升平日，上苑宸游驾频出。仗中乐部五千人，能唱新声谁第一。燕园佳人号顺时，姿容歌舞总能奇。"又《南村辍耕录》卷四《广寒秋》记顺时秀曾在散散学士家唱今乐府【折桂令】。

孙楷第考散散学士官翰林侍读学士在至治、泰定间，顺时秀与之同时，亦至治、天历间人，时方在华年。

魏初《青崖集》卷五《庸斋先生哀挽诗引》：

　　庸斋杨先生，蓟州玉田人。尝避地河南，北渡后居燕，以教授为业。乐于提诲，循循有法。性仁厚恺悌，耻言人之过失，有小善，必极口称道，不啻如其自己出。客有穷窘无所依，先生与之周旋百至，或馆于其家，至更易寒暑，无一毫倦怠意。用是，宾客日满门，有"布衣孟尝君"之号。一时名公巨卿，如陈学士秀玉、梁都运斗南、先祖靖肃君玉峰，皆折官位、辈行与之交，故海内识与不识，悉能道先生之姓字。先生尝奉命提举河间常平事，后改卫辉劝农，未几辞去，朝廷复授兴文署丞。先生有志量，有干局。课童子学三十年，后虽被擢用，又复闲冷，不得尽所施，为士论惜之，而先生澹如也。有诗千馀篇。一子遇，今在史馆，近以书贻初云："关东诸公于先人率有哀挽，陕西大夫士，非吾子，孰任其责？"初为之蠡然。初十有五从先生学，知先生莫初详也，先生今亡有年矣，其子以是请，可哀也已！元遗山作《孟内翰宗献传》，并记刘元党、孔嗣训、高特夫诸人哀挽数诗，以谓有以见先生于出处之际、死生之变，造物者皆使之前，知其以天下重名界之者为不偶然云。是知前辈一言一字，为人物之重轻如此。今陕西耆旧中，商左山参政、李先生谘议，皆素知先生之为人，诚得摛辞以发挥先生之幽光，则先生之德业有以诏后世而慰九泉者，盖无疑。是岂独孟内翰之名为不偶然云。先生讳时照（煦），字春卿，庸斋其自号也。至元十有五年正月九日，门生魏初引。①

《元史》卷一三四《月合乃传》：

　　月合乃字正卿，其先属雍古部，徙居临洮之狄道，金略地，尽室迁辽东。……宣宗迁汴，父昔里吉思辟尚书省译史，试开封判官，改凤翔府兵马判官，死国事，赠辅国上将军、恒州刺史，庙号褒忠。月合乃好学负气，父死时年方十七，奋然投冠于地曰："吾父死国难，吾独不能纾家难乎？"会国兵破汴，侍母北行，艰关锋镝中。……岁壬子，料民丁于中原，凡业儒者试通一经，即不同编户，著为令甲。儒人免丁者，实月合乃始之也。性好施予，尝建言立常平仓。举海内贤士杨春卿、张孝纯辈，分布诸郡，号称得人。……岁己未，世祖以亲王南征，从行至汴，命专馈饷，运济南盐百万斤，

---

① 《四库全书》第1198册，第779页。

以给公私之费。……［中统］四年，南边不靖，月合乃建言光、颍等处立榷场，岁可得铁一百三万七千馀斤。……诏以本职兼领已括户三千，兴煽铁冶，其蒙古、汉军并听节制。未行，以疾卒，年四十八。①

王恽《秋涧先生大全集》卷十七《挽杨春卿先生》（原注：曾为卫辉路劝农官）：

山泽臞仙老使君，十年谈笑接多闻。襟期自是羲皇上，肝胆初无楚越分。冀北群空逢伯乐，斗南名重见田文。一丘宿草情何极，凄断无终日暮云。（末注：先生燕玉田人，无终，玉田东北山。[1]）②

［校］［1］"先生燕玉田人，无终，玉田东北山"，弘治本"燕玉田"误作"燕王日"，荟要本、四库本无此十三字注。

王士点《秘书监志》卷七《兴文署·事故》：

官一员：杨时煦。身故。③

苏天爵《滋溪文稿》卷十七《元故奉训大夫冠州知州周府君墓碑铭》：

周氏为燕名族，金赠儒林郎企生子安贞，登皇统五年进士第[1]，累官中议大夫、咸平路转运使。其弟宣武将军、河间草场使安吉，生镇国上将军、杞县令璧，璧生蔡州节度判官天禧，国初燕京行省辟充详议官，生奉政大夫、右侍仪使铎，铎生二子，长曰翰林侍讲学士、中顺大夫、知制诰、同修国史之纲，次即君也，讳之翰，字子宣。我国家既定中夏，太保刘公奏起朝仪，侍仪公佐之，遂成一代之礼。夫人王氏，翰林学士承旨文康公鹗之女，读书贤明，教子有法。君与侍讲早岁皆以儒名。……到官五月而卒，至顺元年二月二十一日也，享年六十有五。……君尝问学于杨先生时煦，文康公时，宾客日集其门，故君于近代故事、一时伟人悉能知之。④

［校］［1］"五年"，底本作"五子"，从李盛铎藏钞本、《适园丛书》本、徐世昌退耕堂刻本改。

郝经《陵川集》卷二十五《庸斋记》：

玉田杨君春卿，"庸"名其斋，可谓知所务矣。其欲庸于心，庸于言，

---

① （明）宋濂等：《元史》，第3244页。
② 《四部丛刊》影印明弘治翻元本。另参《四库全书》第1200册，第210页。
③ 《四库全书》第596册，第819页。
④ （元）苏天爵：《滋溪文稿》，陈高华等点校，第286页。

庸于行。不然,岂庸于名而已乎?必不翘翘以嗜异,不嗫嗫以徇俗,不伥伥以惑众,不为太高,不为太卑,不务诞幻以遗实,不索隐行怪以惊世,不朝行而夕变,俯顺而仰违。……中庸之德,三代之末民已鲜久,矧今丧乱百折之馀,凋弊之俗狃于外,利欲之诱驱于内,喜怒变于须臾,而爱憎移于顾指。非卓然特立、独行不倚之士,其孰能与于此!君今如是,其有所望矣。戊申春三月十五日,陵川郝经记。①

魏初《青崖集》卷一《杨庸斋移竹二首》:

子云筑新居,潇洒过日月。一官笑郑虔,忍为尘埃没。归来谢俗声,山影动檐槭。看此渭川秋,万古幽兴发。

青青河畔柳,旋插旋成阴。夭夭溪上桃,蓓蕾开红金。谁能爱吾竹,过眼从萧森。凉风岁云莫,乃见高人心。②

刘因《静修先生文集》卷二十《玉田杨先生哀辞并序》:

予平生所与往还、通问询者,皆有日录,而以时考之,庶其有自警者焉。昔者有自京师至者,曰"玉田杨先生尝问子动静于我",又曰"尝问子言貌于我",或又曰"先生谓予过此,必识子"。是以来,若是者无虚岁。至有素疾予如仇雠而挤毁百至,一及先生之门,则必幡然亲爱。予亦不知何以得此于先生也。后得先生手疏,访故人遗文行实,而先人与焉,予始疑先生之所以拳拳于予者,或以先人故,思欲一见以其报知,而先生殁矣。后五年,至元丙子,其子遇始与予会,其雅相敬爱犹先生。又二年,遇谓予曰:"先人爱子者,子为辞以哀先人,莫子宜。"予固幸其得以遂予哀,故不辞。先生讳时煦,字春卿,仙翁雍伯之后。尝为兴文署丞。幼颖悟质厚,制行不为崖岸,性喜客[1],家虽贫,而延致接纳无虚日。隐居教授馀二十年,名公贵人往往出其门者。筑一室,环种以竹,名之曰庸斋,或为图其象,为野服萧然,先生顾而乐之,名以庸斋自适。先生之病革也,诀其门人李生曰:"予平生无愧于世。"言竟,怡然而逝。其所学与其所行,盖可见矣。而世特以好客称之[2],非知先生者。遇,今为史院编修官。孙肯堂,亦好学。③

[校] [1]"性",四库本作"惟"。[2]"特",四库本作"独"。

---

① 《四库全书》第1192册,第272页。
② 《四库全书》第1198册,第692页。
③ 《中华再造善本》影印元至顺元年宗文堂刻本;《四库全书》第1198册,第660页。

元好问《与杨春卿先生》：

　　某顿首：某别去又复久，如秋香亭夜饮之乐，宁复屡有？追诵诸弟佳什，以为叹息也。比来高况何如？某今在镇阳，程婿以事，惟一切倚之公等。想不烦多祝也。气节方隆，惟万万强学自爱。不悉。①

　　[笺]《遗山集》卷十《与冯吕饮秋香亭》（"三子皆吾友之纯席生"）："庞眉书客感秋蓬，更在京尘涊洞中。莫对青山谈世事，且将远目送归鸿。龙江文采今谁似（'谓之纯'），凤翼（'永宁地名'）年光梦已空。剩著新诗记今夕，尊前四客一衰翁。"施国祁《元遗山诗集笺注》："之纯，即张仲经。龙江，三十七卷《诗集序》：'仲经出龙山贵族。'凤翼，又序云：'客居永宁。'"

杜仁杰《与杨春卿》：

　　某顿首再拜：益友近岁有到燕城，而盼睐之意甚厚，何可忘也。之纯自北渡后，文笔大进，又且位不次。不肖以谓，苟贷以十年不死，其勋业行履，有不让古人者。渠翻然谢世，幸与不幸，天下自有公论，非不肖所敢望。燕京诸君，于义亦当一挽，已于魏丈书中祝之矣。因妹夫梁进之行，敢以此见托。进之，医之翘楚，到望为地。进之回，之纯挽诗盈轴以望。馀无嘱，比见吾三子者，宜自重。②

张之翰《西岩集》卷十七《钝轩逸皓赞》：

　　钝轩逸皓赵君，余闻之旧矣。至元壬申，承杨庸斋尝命为公作《芝蟾研滴诗》，每以不熟其面为恨。后七年己卯，其子穆克敬以君真赞见请，时诸君佳制已成巨轴，因例题其后。③

胡祗遹《紫山大全集》卷六《哀诗人杨春卿》：

　　违奉清谈两月强，岂期微疾作膏肓（肓）。百年不为谋生累，一语无遗便坐亡。阅世惊回黄卷梦，骑龙还返白云乡。从今洼下经行路，忍泪慵过旧草堂。④

王旭《兰轩集》卷二《挽杨庸斋先生诗》：

　　我于天地间，知有庸斋名。道德施一方，炉锤造群英。燕山几还往，登

---

① （元）吴弘道辑《中州启劄》卷一，《四库全书存目丛书补编》第79册，齐鲁书社，2001，第341页。
② （元）吴弘道辑《中州启劄》卷一，《四库全书存目丛书补编》第79册，第345页。
③ 《四库全书》第1204册，第497页。
④ 《四库全书》第1196册，第106页。

龙负平生。皇天不慭遗,此恨终难平。赖有嗣人贤,煌煌宏厥声。南来一倾盖,气宇何高明。读书百家尽,下笔四座惊。乃知元气在,未觉鱣堂轻。公乎可无憾,世业方峥嵘。①

《兰轩集》卷六《挽杨庸斋先生》:

平生讲道向鱣堂,春散燕山草木香。岁月伤心留不住,人琴回首叹俱亡。姓名已入翰林传,诗礼仍传世业光。惆怅百年通德里,瓣香何止负陈郎。②

滕安上《东庵集》卷四《题庸斋杨春卿挽章诗卷》:

玉田种玉玉无瑕,经有颜渊笔有花。共道西河似夫子,更怜东阁在贫家。蛇蟠宝镜人犹叹,鹏上承尘日已斜。一代广文官独冷,春风留与紫兰芽。③

刘敏中《中庵先生刘文简公文集》卷二十《书杨庸斋挽章四首》:

我生不识庸斋老,但识庸斋海内名。今日题诗见遗行,十年尘梦暗然惊。[1]

德业文章与道深[2],郢人斤斧伯牙琴。泰山北斗当时望,剩馥残膏此日心[3]。

都言好客似田文,未必田文得似君。狗盗鸡鸣非我用,久将富贵等浮云。[4]

正襟危坐谢尘缘,脱去遗骸传舍然。世上谁能了生死,看公如此岂非仙。(原注:先生坐解,故云。[5])④

[校] [1] 四库本无此首,将以下第二、三、四首分别作第一、二、三首,而第四首为:"当时滕上王文度,才望如今第一流。八表神游老居士,应骑白鹤过东州。"(自注:先生之子朝舜,名遇,字画诗文皆佳,名动一时。时为济南路判官。) [2] "道",四库本作"岁"。 [3] "馥",原作"腹",从四库本改。 [4] 四库本此后有小注:"先生雅好客,时人因为之号曰'秀才孟尝君'。" [5] 四库本"坐解"前多"没时"二字。

王恽《玉堂嘉话》卷七:

杨劝农春卿夜读书,有鼠出跃书几上,忽投膏罐中。杨子取一方木覆之,随突以出,环书册走不辍,作人语曰:"油着,油着!"杨笑起曰:"吾避汝。"燕城阁前晌午市合,更忙猝不能过,即擎虚器云:"油着,油着!"人

---

① 《四库全书》第1202册,第751页。
② 《四库全书》第1202册,第784页。
③ 《四库全书》第1199册,第525页。
④ 《北京图书馆古籍珍本丛刊》第92册,第461页。

即开避。故鼠亦云云。闻者为笑。①

《析津志辑佚·名宦》:

　　杨采亭,玉田人,号慵斋,字春卿。中统建元之初,辟卫辉劝农抚使,道不行,谢去。至元四年起兴文署丞校雠。得疾,卒于家,年六十四。先生仕我朝,官至奉训大夫、集贤待制,终于蓟州知州。子名述祖,字孝达,号泾溪。循理博学,能诗,今居蓟州。②

[笺] 魏初《庸斋先生哀挽诗引》:"一子遇,今在史馆。"刘因《玉田杨先生哀辞并序》:"至元丙子,其子遇始与予会。""遇,今为史院编修官。"刘敏中《书杨庸斋挽章后四首》其四注:"先生之子朝舜,名遇,字画诗文皆佳,名动一时,时为济南路判官。"诸诗文皆作于杨春卿逝世后,魏初更是其门生,所记当无误。知杨春卿有一子,名遇,字朝舜。《析津志》所记杨述祖字孝达,号泾溪者,非杨春卿之子。此其一。按《秘书监志》卷十"校书郎":"杨述祖,至元二十九年九月初二日上。"又同卷"著作佐郎":"杨述祖,元贞元年七月十四日,以从仕郎上。大德二年九月十八日,以承事郎上。"其二,据王旭《兰轩集》卷四《送张无咎赴济南教授兼简杨朝舜二首》小注称,"采亭"乃杨遇的号,而不是杨春卿的号。其三,魏初《庸斋先生哀挽诗引》记杨春卿所历任官职:"提举河间常平事,后改卫辉劝农,未几辞去,朝廷复授兴文署丞。"并无集贤待制、蓟州知州之任。或逝世后因子获赠官欤?其四,《析津志辑佚·名宦·杨朝舜》谓:"即采亭之父也。"又将杨春卿、杨朝舜父子关系颠倒了。

[附] 杨遇(字朝舜,号采亭)

王旭《兰轩集》卷四《送张无咎赴济南教授,兼简杨朝舜二首》:

　　济南山水最风流,恨我平生欠一游。君去莫嫌官况冷,诗成犹及物华秋。他时云路终高举,此日芹宫岂久留。况有采亭青眼在,笑谈真足慰离愁。(原注:采亭,杨之号也。)

　　簿书埋损抱官囚,文馆身闲职最优。已说湖山多胜概,更闻公府尽名流。瑶琴未许朱弦绝,宝月宜将玉斧修。若见子云烦寄语,来春我亦欲东游。③

《兰轩集》卷七《次韵杨朝舜留别三首》:

　　不恨生涯伴五穷,恨无才学动群公。谁知槁木寒灰外,忽堕光风霁月中。

---

① (元)王恽:《秋涧先生大全集》卷九十九,《四库全书》第1201册,第389页。
② 北京图书馆善本组辑《析津志辑佚》,第146页。
③ 《四库全书》第1202册,第776页。

道义难量胸次妙，文章何止笔头工。一杯从此论交后，肝胆平生了异同。

  诗似春云态度多，高谈滚滚更悬河。驽骀欲拟骅骝步，下里终惭白雪歌。弭节天门愁虎豹，停桡人海畏风波。相逢只有樽前好，奈此关山离别何。

  忧患年来不自禁，蓼莪那忍为君吟。行藏未了三生话，分义先论一寸心。白璧连城无近价，朱弦清庙有遗音。一枝劝我营巢了，谁羡扶桑与邓林。①

刘敏中《中庵先生刘文简公文集》卷二十二《题杨朝舜挽章后》[1]：

  玉树瀛州望，甘棠历下思。千金求绝笔，万口咏新诗。洒落何人似，诙谐亦我师。河阳不肯到，空作九泉悲。②

[校][1] 四库本诗题后有小注："朝舜先由济南府判入为集贤待制，除知孟州，未至而卒。"

吴澄《吴文正公集》卷二十八《题苏德常诚斋》：

  庐陵杨文节公，学行文章为一代儒宗，号诚斋先生。……南北相去不知其几千里也，后百馀年，元氏苏德常又复以诚名斋，而采亭杨君为书其扁。夫古今人同不同未可知，而号则同矣。德常能儒能吏，主县簿，判录事司，居官廉能，未六十而勇退，则亦有可称者焉。③

《析津志辑佚·名宦》：

  杨朝舜，世皇特旨书大明殿碑与翰林院碑。馀皆李雪庵所书。居城南，即采亭之父也。④

张时起

  编者按：耶律楚材《湛然居士集》卷十四有《继平陶张才美韵》："才美风流自一时，因风来寄湛然诗。新朝制度知将近，晚节功名未是迟。识子固为天下士，微君孰抚我民痍。援毫欲继清新句，笑我却无黄绢辞。"王国维《耶律文正公年谱》"蒙古太宗八年丙申"条云："文集中诗文讫于丙申，其诗作于和林者，皆癸巳、甲午、乙未、丙申四年（1233～1236）中作。"

---

① 《四库全书》第 1202 册，第 794 页。
② 《北京图书馆古籍珍本丛刊》第 92 册，第 490 页。
③ 《元人文集珍本丛刊》第 3 册，第 490 页；《四库全书》第 1197 册，第 559 页。
④ 北京图书馆善本组辑《析津志辑佚》，第 145 页。

（《王国维全集》卷十一）其中列有《继平陶张才美韵》。其时耶律楚材四十七岁，诗有"晚节功名未是迟"句，此张才美应与耶律楚材年辈相仿。平陶，平遥古称，元隶冀宁路汾州（今山西汾阳）。此平陶张才美与东平杂剧作家张时起才美（英）籍贯、年代不合，当非同一人。

《录鬼簿》：

张时起，字才美（一作才英）。东平府学生。长芦居。

霸王垓下别虞姬，出塞昭君胡马嘶。牡丹事，《花月秋千记》。与高文秀同闬里，同斋同笔。抄冠新杂剧，旧传奇，都一般风惨烟迷。

赵子祥

《录鬼簿》：

一时人物出元贞，击壤讴歌贺太平，传奇乐府时新令。锦排场，起玉京。《害夫人》《崔和担生》。白仁甫、关汉卿，《丽情集》天下流行。

杨翮《佩玉斋类稿》卷六《送赵子祥序》：

专门之业皆可以世守。出乎是而或善之，反乎是而或非之，不可也。宣赵子祥以刑名世其家。子祥幼时，乃能奋然秉志，从名师推明义理，为科举进士学。或涉涂数百里，去家弥年，其厪如一日，为士者善之。年馀二十，复幡然从事池阳郡府为掾曹，颇能信其素蕴而立声闻。以忧故，家居三年。时复理为旧学，纉为时文，与朋游谈，且日号于幼时同门者。曰：吏可为也，盍亦转而从我乎？吏之为职，既微而去就甚轻，时而出，则我之才可以小施，退而休，则犹足以从翰墨而训蒙，惟我为之而乐焉。诗书之效迟，固不若法律之功近也。余闻而疑之，然不敢非其说。子祥之先世既业刑名家，意其平日之所讲攻，而家庭之所论议者，无非刑名之说矣。岂子祥之所闻深者熟，而熟者固未易忘欤？子祥之尊府君及其诸父，进为时用而出为身荣者，皆以刑名振扬一时，子祥之所亲见也。将利其道以阶显达，忍而不能变欤？抑亦患夫仕进之涂不广，而科举又以有司之不明废才，今之不择禄仕者，殆所为图免后时之悔欤？在子祥则可已！夫吏识时务，而其失深刻少恩，儒以道谊自轨，而其失迂阔不切事情，今子祥混而一之，又无其失，盖彬彬乎通达文雅矣。即以他人而子祥之从，则余见其法律之不精而诗书之易忘，一举而两失兼矣。故在子祥则可，非子祥而从子祥之说，不能子祥若，则奚可？今子祥既释忧从吉，复往池阳，书以为序。①

[笺]《元曲家考略》谓，据杨翮《送赵子祥序》，知赵子祥宣城人，为池州路吏。翮尝寓宣城，居甚久（《佩玉斋类稿》卷二《清可轩记》）。此文盖作于宣城。其在宣城撰《送赵子祥序》，亦不知在何时。然《佩玉斋类稿》卷三《送韩廷玉入燕序》、卷四《送王照磨迁湖北序》，并是天历间在宣城作。广信吴复信、起季，是客宣城者（《佩玉斋类稿》卷八《卞宜之四咏倡和序》）。而复信跋翮集在元统乙亥，即重纪至元元年（1335）。由此知天历元统间，翮在宣城。今翮集中绝少天历以前文。其撰《送赵子祥序》，盖即在天历元统间。是时子祥年三十许。子祥生当在大德末，与翮为侪辈。子祥如老寿，亦入明矣。

宋濂《宋学士文集》卷四《銮坡前集》卷四《故陈夫人赵氏石表辞》：

江西行省左右司郎中陈君敏之妻曰赵夫人，以洪武二年二月二十三日卒于京师之官舍。越一月某日，权厝城南聚宝山，将以某月日返葬于宣城某山之原。会濂召入禁林，陈君乃自状夫人之行来谒墓上之文，其辞缠绵而悲怆，读者哀之。陈君之状曰："予妻赵氏某，字某，与予同为宣城人。其父讳熊，字子祥，明《诗》传训诂学，仕为某县典史。母孙氏。典史君无嗣，独生子女四人，而赵氏居其次，特钟爱之。以予簪缨家子，欲选为赘婿。予时颇嗜学，手不离方策，先君子怜予过厚，不使远去膝下。典史君亦不忍释之而他婚也，竟以赵氏归予。赵氏既归，奉尊章尽礼，凡羞服唯其时，犹惴惴恐有所不及。其姒郭氏亡，奉予伯兄如奉舅焉，人以为孝且恭。其事予也，视于无形，听于无声，予或牵于事，意有不悦，每甘言慰之。尝患痎疟，茌苒逾三千日，赵氏视药饵，调食饮，不知有昼夜。在他人，虽至勤恳者，久亦生厌，赵氏滋益谨。及予登仕版，出为湖广宪府幕官，迁江西，召还为大理评事，转刑部员外郎，官书有程，戴星而出，戴星而入，家事若不能相涉者。赵氏一力荷任之，而略不见艰难窘涩之意，人以为顺且贤。呜呼！奈何司化权者，忍夺之而去邪？初，京城多火灾，予适谳狱鄂中，赵氏数受惊，因致怔忡疾。暨还，奉诏备刑书，抱衾裯出宿省中者几半载。间一归，辄复出。赵氏惧贻予忧，不敢以疾告。……"②

---

① 《四库全书》第1220册，第98页。
② 罗月霞编《宋濂全集》第1册，第428页。

姚守中

编者按：《元曲家考略》揭出姚燧《牧庵集》卷十二《希真先生祠碑》记有"族侄埭自汴至长安"，求为汴梁丹阳观末代观主王道清道士撰碑文，且从"埭"字字义角度推断姚燧族侄埭"疑即守中"。进一步细读体味《希真先生祠碑》中显现的姚燧族侄姚埭的为人品性，与姚守中散曲杂剧中隐含的作者身影正可相互印证，二人可合而为一。《希真先生祠碑》叙汴梁丹阳观末代观主王道士生平，重在显扬其重道义之行状：师卒，为迁葬故里，"茔居三年"；不靳接纳贤士大夫，"虽其徒厌讥，不恤也"；重然诺，"与之期事，虽风雨寒暑，未尝爽言"；特置茔地，安葬师友及"名价重一时"之贤士，为之树碑立传；乐谈"前朝勋戚大家事，其言亹亹，能倾究其隆赫衰摧之由，听者忘倦，皆可笔之野史"，是位关怀世道、劝人尚义的"方外人"。结末姚燧称这位族侄"无他营求"，只是以故旧之交颂扬王道士"夙昔之贤"，恳求为作碑文，因此称赞说："子亦贤也。"这也显现出姚埭之为人。按《录鬼簿》于姚守中名下著录杂剧三种《汉太守郝廉留钱》《神武门逢萌挂冠》《褚遂良扯诏立东宫》，都是演述汉唐人物重义尚节的故事，劝世意旨与姚埭请姚燧作碑文传扬王道士贤良义事相一致。姚守中还作有【中吕·粉蝶儿】《牛诉冤》套数，采用耕牛口吻，诉其力田劳作反遭杀戮之冤苦，运用寓言，绘出农民的心理图像。这正是姚埭前辈姚枢、许衡不遗馀力地向忽必烈建议重农桑、宽赋役之政治主张的通俗化表述。

据姚燧《中书左丞姚文献公（枢）神道碑》，姚枢有同胞弟姚桢、姚格，枢生炜，桢生燉，格生燧。按刘致《牧庵年谱》，姚枢之子炜生于世祖至元元年（1264），至姚燧作《希真先生祠碑》的至元十九年，方才十九岁。此族侄姚埭不可能是姚炜之子，应是姚燧之弟姚燉之子。姚埭的生平未见记载，其父姚燉的事迹散见于元人文献，钩稽排比这些材料，可大致勾勒其行履轨迹，有助于进一步了解认识曲家姚守中。

《录鬼簿》：

姚守中，洛阳人，牧庵学士侄。平江路吏。

挂冠解印汉逢（逄）萌，扫笔成章姚守中。布关串目高吟咏。《牛诉冤》

巧用工，扯诏谏扶立中宗。麒麟阁，狐兔冢，怨雨愁风。

姚燧《牧庵集》卷十二《希真先生祠碑》：

　　王氏自其大父义，年四十生弃其父定，定四十一亦生弃君，与君凡再世为男官。始，李冲虚居丹阳庵，后以奉金主元辰京官朝，朔望祝釐，隘陋，县官易殿庑为雄丽，赐额丹阳观。君年十七从冲虚学者十九年，师卒，初即汴藁藏，后迁之乡德兴龙阳观，茔居三年，还汴，再居丹阳观。汴人敬之，如见其师，四方贤士大夫假馆其庐，无有虚月，虽其徒厌讥，不恤也。视其尤寒窭者，或质衣为具归之。其施如此，其人也殊有择。初，汴受兵，有富人将逃乱，藏金二穴去。后数年来访，防人观听[1]，即诈丧服，若发埋骨者。兆绪将见，谩谓役夫[2]："可市取祭物。"仅探得一穴，恐祸己，不暇及其馀也。约公取之，而归我其半，指藏所去。去而其主死。竟君死，未尝语人，无有知其处者。与之期事，虽风雨寒暑，未尝爽言。于孺子问以前朝勋戚大家事，其言亹亹，能倾究其隆赫衰摧之由，听者忘倦，皆可笔之野史。亦知为诗，精于赏识、装褫书画。盖与其师及从翰苑诸公游，故闻见独不囿于道流之狭也。年八十五，至元十三年十二月十三日，无疾而终。前终二年，为茔曹门外，表之以碑，凡夙与其师相友，与非其师之友尝名价重一时者，皆具棺衾，移葬其中。又各传其乡里、世次、年寿，为志以别墓。至是，其同门友王道祐及其弟子张某者，葬之新茔，从顾言也。后七年，族侄埭自汴至长安，无他营求，惟诵君夙昔之贤，曰："是埭所善也。且其为人亦公所详，宜铭其祠。"燧曰："王君贤也。王君方外人，无形势可藉以动人，子徒以故旧而不忘之，为计其久远，子亦贤也。"君讳道清，字正之，河中临晋人，赐号希真纯素大师。①

[校]　[1]"防"，原作"张"，据《文津阁四库全书》本改。[2]"谓"，四库本作"诸"。
[笺]　《元曲家考略》谓，姚燧与诸从兄弟名皆从"火"旁，其父兄弟三人名皆从"木"旁，其子三人名皆从"土"旁。《牧庵集》卷十二《希真先生祠碑》有"族侄埭"，疑即守中。"埭"，《年谱》作"埭"，当是别构。《广韵》"代"韵："埭，徒耐切。以土堨水。"《类篇》十三下"土"部："埭，壅水也。堨，其例切，堰也。又阿葛切，遮拥也。"今江南犹多埭堰。以土石壅水，视水之溢浅、天之旱潦而及时泄闭之，是谓守中。

---

①　《四库全书》第1201册，第514页。

《牧庵集》卷二十六《河南道劝农副使白公（栋）墓碣》：

先生（许衡）亦召北矣，寻由避宅左揆，以集贤馆大学士祭酒国学，教贵胄。乃奏召旧弟子散居四方者，以故王梓自汴，韩思永、苏郁自大名，耶律有尚自东平，孙安与［高］凝、［姚］燧、［姚］燉自河内，刘季伟、吕端善、刘安中自秦，独公自太原。十二人者，皆驿致馆下。三年，吾侪或病告官去，而先生亦浩乎其归。①

虞集《道园类稿》卷二十四《宗濂书院记》：

宋亡，精舍毁。豫章之内附也，李武愍公恒以淄莱之军守之。……世祖皇帝之顾念远人也，鹿泉贾公来宣慰为省官，高公凝为省郎中。宣布德意，兴文学，礼故老贤士，以施教于人。河东刘公宣来为按察使，副之者柳城姚公燉也。一时名卿贤大夫，蔼然邹鲁其人矣。贾公旧臣，刘、高、姚，皆覃怀之学者。于是郡人万公一鹗、前进士熊公朋来等，皆为诸公出。郡之闻风而兴者，始相与出钱，市民间废宅一区。中为礼殿，象夫子燕居。西室祠周子，东室祠文忠公。行省宪司，转闻于朝，更为书院。其讲堂名光霁堂，署山长以主之，以道学之宗，学者趋焉，遂与诸学鼎峙。②

《同治崇仁县志》卷八之二《人物志》：

黄丙炎，字纯宗，号思梅，邑东耆人。咸淳元年进士，授临桂簿，辟建康府凤台酒库。德祐初，干办江西制司，带行礼部架阁。……干办江西时，制使黄万石置司抚州，适元兵大至，洪都陷，万石弃城遁，纯宗不能挽，从行，由盱入闽。不两月，京城亦陷，遂归隐。刘伯宣、姚燉、高凝为宪使，皆具礼币迎主洪都学，并遣子受学，欲荐于朝，固拒之。③

吴澄《吴文正公集》卷九十一《题姚竹居画卷》：

竹居昔过此，荏苒三十春。此画今到眼，见竹不见人。④

赵介如《双溪书院记》：

大元混一车书，兴崇学校。部使者所至，非循旧规以增广，则出新意以

---

① （元）姚燧：《姚燧集》，查洪德点校，第406页。
② 《元人文集珍本丛刊》第5册，第606页。
③ 清同治十二年刻本。
④ 《四库全书》第1197册，第844页。

开设,于番,则双溪其始事也。至元十七年庚辰秋,按察副使竹庵粤(奥)屯公希鲁行部来浮,士子无所依归,请立书院养士储才。公从之,买宅于双溪之上,以名堂。以介如尝闻父师之教,爰命为长,与朋友讲习。……越十年庚寅秋,寇至邑焚,延及书院,惟孔颜二像犹存。明年辛卯冬,廉访佥事竹居姚公燧循行属邑,登临故址,慨然曰:"此竹庵公遗迹也。"遂命少府燕山王君存古董其事,俾介如同山长胡云龙、教谕程之瑞、讲宾朱以清副之,且捐金示倡。①

史简《鄱阳五家集》卷一《芳洲集》卷首载黎廷瑞行状:

公讳廷瑞,字祥仲。生而颖拔,日诵数千言。……咸淳庚午与计偕,辛未奏名礼闱,知举刑部侍郎。……绍陵亲策,赐同进士出身,授迪功郎、肇庆府司法参军,需次未上。……玉改鼎移,幽居十稔,以文墨自娱,种梅艺菊,雅意丘壑,而北方士大夫之来南者闻公名,莫不愿见,既见,欢如平生。竹庵奥屯公希鲁、疏斋卢公挚、竹居姚公燧廉问之日,以歌诗、乐府相唱答。②

危素《危学士全集》卷十二《吴仲退先生墓表》:

先生讳存,仲退其字也。……生于宝祐五年二月,少力学,有卓识。以童子试有司,乡先生吴公中行、李公谨思皆折行辈交,俊声四驰。国初,部使者姚公燧、卢公挚、奥屯公希鲁行郡至番〔阳〕,勉之出仕,而先生不答。③

苏天爵《滋溪文稿》卷十四《故静观处士刘君墓碣铭》:

刘氏世家上饶,唐季有讳迪者仕于鄱,徙居鄱之清溪。……君讳传,字芳伯。……大父元芝,宋迪功郎。父孔昭,母胡氏。君少学于家庭,迪功府君教诲甚严,君读书清苦,日记千言。前至元时,江东部使者柳城姚公燧按行至鄱,鄱之名士黎君廷瑞、吴君存偕迪功府君同往造谒,君操几杖以从。姚公爱其颖慧,命题赋诗,君援笔立成,姚公嘉叹,期以远大。④

---

① 《康熙浮梁县志》卷七,《全元文》第 20 册,第 104 页。
② 《四库全书》第 1476 册,第 268 页。
③ 《四库全书存目丛书》集部第 24 册,第 822 页。
④ (元)苏天爵:《滋溪文稿》,陈高华等点校,第 230 页。

刘辰翁《须溪集》卷一《双溪书院记》：

古心江公之门人，鄱阳赵倬界如以书介庐陵之为双溪长者曹质抵余曰："界如之事先生也后，而亦老矣，为双溪者再矣。溪梁故未有书院也，自察使鄂吞公希鲁来，余以贡庄请建双溪。经营十年，屋成而邑毁，惟孔、颜像在。明年，廉使姚公燉以分司至，改为之。余有别业于北湖，胥卜之合迁焉。明年二月中赋工，十月中舍菜。燕居睟容皆公手所是正，如孔林旧。左讲堂，右斋序，堂后为仰高祠，祠先贤。回翔高下，如鉴湖曲折。为沂上亭，春风中种柳为堤。衣冠浩然，于是聚而谋曰：'芝山之上，同门后死，我无他人，其属之庐陵乎！'吾子有意于鄱也，则愿以壬辰之记为请。"①

黎廷瑞《芳洲集》卷一《癸巳七月送姚廉访移司金陵二首》（自注：录其一）：

十载孤怀郁不开，二年谈麈得重陪。亦知久聚难为别，纵复相逢有此回。野老共遮骢马路，仙翁合管凤凰台。慈湖相见如相问（原注：谓年魁陈宜之），已约钟山探蚤梅。②

王圭《和姚竹居按察赋木犀古韵》：

秋林风露摧老物，独为天香破金粟。空庭弄影月参差，想见当年羽衣曲。霜台诗老清不贫，高斋宴坐花为宾。芳蕤互映金碧丽，正色不假铅丹匀。忘言对此心为写，笑摘繁英呼伯雅。不须重续小山词，自有公诗敌琼琶。③

张师愚《和姚竹居〈过赵忠定公故宅诗韵〉》：

翊戴功成赖屏翰，岂知蝼蚁困泥蟠。南荒地远劳行役，北阙云深欲见难。纳册未占风拔木，怀沙先见畹滋兰。惟公千古精忠在，奸党何殊一鼠肝。④

虞集《道园类稿》卷四十三《湖南宪副赵公神道碑》：

湖南副宪赵公，讳天纲，字之维。……赵氏之先世为安阳人，仕于金，多贵显。……公之生，能世其家学。[父]侍郎又以公见许文正公于京师，

---

① 《四库全书》第1186册，第406页。
② 《四库全书》第1476册，第279页。
③ （元）汪泽民、张师愚编《宛陵群英集》卷三，《四库全书》第1366册，第983页。
④ （元）汪泽民、张师愚编《宛陵群英集》卷八，《四库全书》第1366册，第1037页。

又见静修刘先生因于保定。许公使公授业于其门人耶律伯强氏。……延祐五年，康里公回回、某郡韩公云卿、柳城姚公燧，同在河南宪府，复起公为掾，犹不肯。母夫人曰："不仕无义，非先君志也。"强起行。①

李好古

编者按：《元曲家考略》自元人许有壬、梁寅、余阙等人的文集中检出任江南行台监察御史的李好古，尚有忽略。此李好古名敏中，至正十年（1350）任陕西行台监察御史，至正十二年任中书省左司都事，与曲家李好古年代甚不符，非同一人。考古发现及《光绪正定县志》卷十一《学校》引录之欧阳玄所撰《真定路乐户记》载真定路礼乐户"在平山县者"之李好古，更具备成为曲家的条件。(1) 时代相近。欧阳玄《真定路乐户记》作于后至元四年（1338），所载礼乐户名录则是早已在录事司注册者，可能就是《真定路乐户记》中言及的"延祐五年（1318）改作雅乐，增置四十有五人（乐生）"，或者"至顺二年（1331）援乐生例"，"置礼生二十有五人（礼生）"，年代不晚于钟嗣成。(2) 既为礼乐生，可能就是乐师，懂音韵、曲律，具备制作以套曲为主体的杂剧的才能。真定是元前半期杂剧创作的重镇，能文者颇多作杂剧者，礼乐户李好古作杂剧，更未偏离本行。(3) 钟嗣成初稿本未载李好古里籍，增订本补录，列于几位教坊中人之前一位，紧随其后的是"教坊色长"赵文殷（益）、"教坊管勾"张国宾、"教坊刘耍和婿"红字李二，该不是无意识的，可能就是因为此李好古是"乐户"。(4)《录鬼簿》著李好古为"保定人，或云西平人"，亦可得到解释。元代真定路与保定路紧邻，平山为真定下县，非通途大邑，钟嗣成因不详其所在，误为保定路属，不敢自信，又附以传闻："或云西平人"。

《录鬼簿》：

李好古，保定人，或云西平人[1]。

芳名纸上百年图，锦绣胸中万卷书，标题尘外三生簿。《镇凶宅》，赵太祖。《劈华山》，全用工夫。煮海张生故。撰文李好古，暮景桑榆。

---

① 《元人文集珍本丛刊》第 6 册，第 300 页。

[校][1]"保定人,或云西平人",天一阁本作"东平人"。误。

欧阳玄《真定路乐户记》:

  翰林侍讲学士、通奉大夫、知制诰、同修国史、兼国子祭酒欧阳玄撰
  赐进士及第、奉议大夫、监察御史李黼书
  正议大夫、御史台治书侍御史徐奭篆额
  镇阳郡学礼乐生通七十有八户,郡刺史之所陈请,肃政使者之所建明,省台部之所详定。既复其户,凡诸征繇无所与于有司矣。教授赵璧、学正孙诚、学录宋举俱岁久籍漫,谋寿诸石,乃砻坚珉,具梗概,请于郡人春官侍郎苏君天爵,访玄司成之馆,征辞以记之。玄与苏君俱以礼乐为职事者也,记可辞乎?按郡学始建,置乐生十有六人,春秋二仲上丁释奠犹用俗乐。延祐五年改作雅乐,增置四十有五人。至顺二年援乐生例,请设相礼及诸执事者,又置礼生二十有五人,寻增置八人,然后声容文物烨然,最圻内诸郡。夫三代以来,学校之制,学者入学无不学礼,亦无不学乐。当时,弟子员即礼乐生也。更秦废坏,汉叔孙通以鲁三十生及其弟子百馀人起朝仪于野外,益州刺史王襄命王褒作《中和》《乐职》《宣布》等诗,得郫县何武与成都杨覆众等习之,宣帝以为盛德之事,召武等赐帛。此礼乐生昉见史传者也。今镇阳为河朔上郡,户口繁夥,有司拔一二于千百,以备一郡制作之美,是岂小补哉!矧叔孙生之徒,皆起家拜爵为郎,何武它日仕至三公,人材自此涂出亦未可量也。余感苏君敬共桑梓之意,故以远者、大者进而勖之。户在录事司者二十有三:曰陈惟仁、李荣祖、程宣差、武秀实、耿顺和、黄兴、和仁、曹仙、康天益、郭荣祖、傅聚、刘进、赵亨、赵橰、梁聚、郭从、刘郁、李盛、阎恭、宋仲禄,若陈西户之杨德新、谢宝户之王弘毅,皆在是数焉。在真定县者十有五:曰董子政、李演、刘成、张斌、秦山、孙爵、郭秉忠、张德、李文成、靳用、李顺、张青、谷德、阎德、王祺。在栾城县者,曰陈用、王庆。在藁城县者,曰刘□、李信。在平山县者,曰李好古、李楫。是三县皆二户。在古城县者赵杰。在无极县者吴贯。是二县皆一户云。
  至元四年闰八月辛亥记。宁昌王节摹勒。鹿泉刘守信刊。①

---

① 转引自齐易《元代〈真定路乐户记〉碑研究》,《音乐研究》2012年第2期。《光绪正定县志》卷十一《学校》引。

[考辨]

许有壬《至正集》卷二十二《和原功钧台寄李好古韵》：

延祐求贤致太平，朝阳曾记凤凰鸣。百年世路伤离合，一代斯文系重轻。江海相望添白发，山林高蹈奈苍生。可人幸遇吾乡彦，袖得清风入帝城。①

《至正集》卷二十二《题李好古浴雪斋》：

厨传萧然阅岁华，守官何暇及生涯。浴儿肯用人间水，束缊旋融天上花。自是苍黄时便手，却成清白世传家。勉旃好应丰年瑞，更笃忠贞玉不瑕。②

梁寅《石门集》卷五《送李好古御史》：

秦淮垂柳翠毿毿，乌府先生发去骖。路入云山函谷里，梦怀雪屋大江南。（自注：君初生时，以雪水浴之，名斋曰浴雪。）汉官执法时流羡，唐代遗踪野老谈。应念西人久凋瘵，飞章先看斥奸贪。③

余阙《青阳先生文集》卷一《送李好古之南台御史》：

都门相送处，旭日动兰晖。绮树莺初下，金沟絮渐飞。分骖向远道，把袂恋音徽。去去江南陌，应看满路威。④

陶安《陶学士集》卷五《送李好古赴西台御史》：

天花剪玉澡英姿，绿萼梅招梦里诗。百二山河劳跋涉，九重耳目寄询咨。锦袍召对金銮殿，宝墨留题太液池。正值长安花满路，青骢腾踏辔如丝。⑤

《陶学士集》卷十三《送李仪伯赴西台序》：

李君仪伯，大梁人也。……用荐者拜南台监察御史，乃至正戊子。守省湖广，连劾大官，威震徼外。明年，谳狱州县，情无冤疑，于是宪纲尊肃，而政体清严矣。又明年，调西台御史。……君在南台，其同官李正卿、赫彦凯、李好古，皆时之所重。君又与之同官于西台，粲乎珪璋之交映也，锵乎

---

① 《元人文集珍本丛刊》第 7 册，第 126 页；《四库全书》第 1211 册，第 163 页。
② 《元人文集珍本丛刊》第 7 册，第 126 页；《四库全书》第 1211 册，第 163 页。
③ 《元人文集珍本丛刊》第 7 册，第 715 页；《四库全书》第 1222 册，第 639 页。
④ 《中华再造善本》影印明正统十年高诚刻本；《四库全书》第 1214 册，第 364 页。
⑤ 《四库全书》第 1225 册，第 641 页。

金石之相宜也。①

杨维祯《东维子文集》卷十九《竹近记》：
  物之近于人者亦众矣，而近之物有媺恶，则善败随之，故君子慎所近也。世之溺于近而败者，声色也，货财也，博弈饮酒也，禽兽草木妖及奇伎巧宦之物皆是也。近愈甚，败愈不可胜言。圣人于小人女子诫其近，馀类可推也。嘻，近哉！近哉！可不慎哉[1]！吾里姚生智，独以其近者在于竹，而名其读书斋。竹之为物，见于《礼》，咏于《诗》，而配德于君子者也。生近于君子之物，则与世之近而败者异矣。吾固未占生之善效何如也[2]，吾见生之执谦问道，似竹之虚心也[3]。孝义根于心而道生，似竹之不拨其本也。险夷不贰其行，似竹之历寒暑而不改柯易叶也。其为词赋，锵然有金石声，似竹之著凤鸟而叶于律者也。则生之取于竹而善其德也有矣，宜其于竹也，左之右之，以为近，而一日不可以谖也。虽然，竹特有似于君子之德者耳，生于似君子之德者近之如是，而况其人真有君子之德者乎[4]？生游四方，求君子之人而迩密之，其进德又可量也乎！书"竹近"之扁者，实南台御史李公好古，与生为忘年友之书也。李公盖吾所谓君子之德之人，生与之游，得其近已。李公由南端业羽仪于天朝，生阶而上之，吾且见生之获近清光于明天子已，竹得已久稽乎生也哉！书诸室以为记。至正八年十一月廿八日。②

[校]　[1]"可"，《四部丛刊》影印旧钞本阙，从四库本补。[2]"如"，《四部丛刊》本作"知"，从四库本改。[3]"竹"，《四部丛刊》本作"行"，从四库本改。[4]"况"，《四部丛刊》本作"向"，从四库本改。

《民国当涂县志·金石志》载录《太平路儒学归田记》署：
  承直郎、江南诸道行御史台监察御史普达世理撰
  朝列大夫、江南诸道行御史台监察御史刘贞书
  儒林郎、江南诸道行御史台监察御史李敏中篆额
  ……至正九年五月吉日③

田远曾《蔡孝子墓碑》：
  孝子蔡顺事迹，具载范氏《东汉史》，其死葬之详，则无纪焉。渭南为

---
① 《四库全书》第1225册，第732页。
② 《四库全书》第1221册，第573页。
③ 民国钞本，亦见《安徽通志稿·金石古物考五》。

奉元属县，在汉为京兆之密畤县。南二十里原，曰常稔里，曰孝子古坟二，世传为蔡孝子墓。盖一为顺，一为其母云。迨本朝，有民王文信家是里，岁时为之拜扫，盖有所慕者。既而坟为耕者所夷，文信诘诸农以埋，复遂为之封域，仍求其乡先生太常博士侯君伯正为五言诗若干韵，槩括史传，著本末以谕氓民，使知闻之熟。皇帝至正之十年，西御史台监察御史、奉训大夫禹苏福天锡，承直郎李敏中好古二公按部东道属县，咨谋度询，以尽厥职，因求访遗迹，持得古人名节之士、前湖北道金肃政廉访司事拜瑚文昭持侯君诗，以言其乡里之故实。御史乃命于在县之官属曰："旌异淑善，以树风声，励浇俗，莫先于忠孝之道。若蔡氏之孝行，遗冢岿然，不为之表识，将见湮没，使俗无以劝，可乎？"适庐陵邹任志游寓渭滨，县之官属既承御史命，偕来曰："若是者何如也？"任志曰："此御史之知所务也……"于是官属咸曰："令定其茔一亩，修为场，以侯君之诗勒于石，且请有以记之。"遂为之书。时同行察院御史李彬景文、苏斌宪章也。①

欧阳玄《中书省左司题名记》：

　　至正十二年壬辰夏四月，左司郎中汝中柏子真、崔敬伯恭，员外郎伯颜帖木儿复礼、张让谦甫，都事完者帖木儿秉中、王时本中、尚絅彦文、李敏中好古，咸极一时之选。……翰林学士承旨、荣禄大夫、知制诰兼修国史长沙欧阳玄记。②

陶宗仪《书史会要》卷七：

　　李敏中[1]，字好古。河南人。官至陕西行省郎中。工大字。③

[校] [1]"敏中"，四库本阙，据四库本《六艺之一录》卷三五八补。

黄玠《弁山小隐吟录》卷二《竹斋学士作（竹）柏图，得之李好古，野斋平章旧物也》：

　　蓟丘学士神仙人，词翰挥毫有馀力。清风披腹尽琅玕，日费尚方三斗墨。昔年乘传向蛮邦，修竹如云楚山夕。却回官舸遇湘中，江雨椎篷写寒碧。远势联翩数十枚，颠倒纵横凤鸾翼。天机到处物变尽，云影纷纷洒人黑。想见

---

① 《嘉靖渭南县志》卷十一《祠祀考下》，明钞本。
② 北京图书馆善本组辑《析津志辑佚》，第13页。
③ 《四库全书》第814册，第757页。

走笔如飞龙，山木水萝俱辟易。不辞遗迹购千金，此卷于今妙无敌。①

欧阳玄《圭斋文集》卷十四《西平李氏族谱》：

桓桓西平，为唐中兴，功著鼎彝，德被黎烝。当时贤良，风云依乘。如浑侍中，如马北平。曾几何世，系冷如冰，惟西平裔，趾美相仍。更唐历宋，我元是承，设科曰隽，试吏曰能。守令之选，台阁之登，表表愈伟，为时名称。子孙千亿，蛰蛰绳绳，天道之报，信哉可凭。予书其概，寓劝以惩，后之来者，于焉斯征。②

夏镇《西平李氏族谱序》：

氏族之盛，莫如故李，谪仙称"我李盘根大"，是以就李氏而论，功臣世禄，宜莫如西平家。临洮第七子江西观察使长子守袁，因家郡东，与观察使皆卜葬焉。其子孙居袁者，若萍邑之三河，若分宜之白芒，及散居庐陵者曰朋田，曰福塘，曰河源谷平，曰醪溪，皆迩吾乡也。吾尝铭芒溪李唐佐墓，阅其状，亦祖红花。仰今考之，李氏分派，信族谱世次特详于西平，则所以别亲疏，定昭穆。吾闻李氏惓惓叙九族之谊，有生子若孙者，谨书之，惟恐阙遗。椒聊蕃衍，又复数世矣。虽同邱里、同族祖者，犹不能尽识，况在他乡他郡者乎？然或者尚论其世，而得以知其亲亲之教，则有谱之力也。吾家唐元和间世果由大原来宜春，李氏有自宜春分庐陵，是吉、袁两郡皆相与有桑梓之好，故慷慨执笔而题卷后。至元丙子夏吉日，翰林学士夏镇果斋撰。③

赵文益

《录鬼簿》：

赵文毅（益），彰德人。教坊色长。

教坊色长有学规，文敬（益）超群众所推，乐星谪降来彰德。编《莱橹儿仙》传奇，撰《武王伐纣》精微。秀华治，风物美，乐章兴南北东西。

---

① 《四库全书》第 1205 册，第 29 页。
② 《四库全书》第 1210 册，第 156 页。
③ 《全元文》第 31 册，第 155 页。

胡祗遹《紫山大全集》卷七《赠伶人赵文益》：

富贵贤愚共一尘，万红千紫竞时新。到头谁饱黄粱饭，输与逢场作戏人。抹土涂灰满面尘，难猜公案这番新。世间万事谁真假，要学长安陌上人。①

《紫山大全集》卷八《优伶赵文益诗序》：

醯盐姜桂，巧者和之，味出于酸咸辛甘之外，日新而不袭故常，故食之者不厌。滑稽诙谐，亦犹是也。拙者踵陈习旧，不能变新，使观听者恶闻而厌见。后世民风机巧，虽郊野山林之人，亦知谈笑，亦解弄舞娱嬉，而况膏腴阀阅、市井丰富之子弟？人知优伶发新巧之笑，极下之欢，反有同于教坊之本色者。于斯时也，为优伶者亦难矣哉！然而世既好尚，超绝者自有人焉。赵氏一门，昆季数人，有字文益者，颇喜读，知古今，趋承士君子，故于所业耻踵尘烂，以新巧而易拙，出于众人之不意、世俗之所未尝见闻者，一时观听者多爱悦焉。遇名士，则必求诗文字画。似于所学有所自得，已精而求其益精，终不敢自足，骄其同辈。吁！如斯人者，伶人也，尚能进进而不已。窃有感五季唐庄宗之世，享大名无实学，居要职者无实材，声闻过情，不自以为耻，以至九流百工，莫不皆然。圣人所谓"觚不觚者"，又不可以枚数。然而无有责其废事而不胜任者，无有讥其有名而无实，习熟见闻，以为当然。优伶，贱艺也，谈谐一不中节，阖座皆为之抚掌而嗤笑之，屡不中，则不往观焉。是非之心，人皆有之，责备优伶而不责贤者，可笑也夫，可哀也夫！②

赵天锡

《录鬼簿》：

赵天锡，汴梁人。镇江府判。

曹公汤饼试何郎，天（大）德名公家汴梁，《金钗剪烛》音清亮。为府判，任镇江。出台阁，官样文章。显新句，贮锦囊，金玉铿锵。

俞希鲁《至顺镇江志》卷十六《镇江路总管府·判官》：

赵禹圭，字天锡，河南人，承直郎。至顺元年七月二十七日至，三年十

---

① 《四库全书》第1196册，第137页。
② 《四库全书》第1196册，第149页。

月致仕。①

《至顺镇江志》卷十七"元行大司农司管勾"栏列赵禹珪，下注："字天锡。"②

赵天锡【双调·雁儿落过清江引碧玉箫】《美河南王》：

　　厌市朝车马多。羡凌烟阁功劳大，盖村居绿野堂，赛兰省红莲幕。　浊酒一壶天地阔。世态都参阅，闷携藜杖行，醉向花阴卧。老官人闲快活。　北镇沙陀。千里暮云合。南接黄河，一线衮金波。赛渊明五柳庄，胜尧夫安乐窝。红粉歌，笙箫齐和。他，访谢安在东山卧。

　　秉乾坤秀气清，凛冰雪丹心正。奉朝中天子宣，领阃外将军令。　战马远嘶边月冷。卷地旌旗影。风生虎帐寒，笔扫狼烟静。咫尺间领三公判内省。　满腹才能。幕府夜谈兵。唾手功名。麟阁要图形。诸葛亮八阵图，周亚夫细柳营。羡此行，南蛮平定。听，和凯歌回敲金镫。③

[笺] 阿术之子不怜吉歹延祐元年（1314）封河南王。《元史·仁宗本纪二》载，延祐元年六月，"封河南省丞相卜怜吉带为河南王"。程钜夫《雪楼集》卷四《某官不怜吉歹封河南王制》："具官某，知明识远，心广体胖。勋名克笃于前人，藩翰久勤于外服。昔将平于内难，朕大投艰。方深计于中途，卿独决进。……是用命汝袭诸侯王，以长守于富贵。归丞相印，以自养于寿龄。既不远于京师，可以时而朝觐。允资重望，坐镇一方。"《元书》卷五十二《不怜吉歹传》："不扬（怜）吉歹，亦曰卜扬（怜）吉带。始失其所历。会至元二十年，平章江淮政事，与讨平建宁总管黄华之叛。二十六年，复将兵讨平婺州诸寇。忙兀台之为江淮丞相，辄易置戍兵。不怜吉歹上言忙兀台变更伯颜、阿术成法。帝以此责忙兀台。……数年，成宗立，迁同知枢密院事，以合鲁剌及乃颜之党七百馀人隶之，使习水战，以责其功。久之，复平章河南政事，仁宗自怀州入靖内难，不怜吉歹实赞翊焉。武宗时，拜河南左丞相。不怜吉歹早游许衡之门，通学术，居官有善政，尤亲贤敬士，号为名臣。仁宗嗣位，御史中丞郝天挺出平章河南政事，不怜吉歹与同列以其名儒，待以师礼。河南右丞王约入朝，言不怜吉歹勋阀旧臣，不宜久外。其为贤者所推重如此。延祐元年，遂召还，封为河南王。薨。"

张金吾《爱日精庐藏书志》卷十六《至顺镇江志二十一卷》：

　　不著撰人名氏。案：至顺时，镇江路总管府达鲁花赤曰明里答夫（下

---

① 《续修四库全书》第 698 册，第 712 页。
② 《续修四库全书》第 698 册，第 729 页。
③ 《全元散曲》，第 570 页。

注：至顺二年六月七日代），曰狗儿（下注：至顺二年六月七日至）；总管曰脱因（下注：至顺元年十一月一日至），曰兀都马沙（下注：至顺四年正月十日至）。脱因下备载祖父名位、爵谥及脱因历官始末，较他人特详。其时之参佐，则赵禹珪、王杰、孔世英，学官则韩琪、徐圆。或者脱因任总管时，命僚属所修欤？①

梁进之

《录鬼簿》：

梁进之，大都人。警巡院判，除县尹，又除大兴府判，次除知和州。与汉卿世交。

警巡院职转知州，关叟相亲为故友。行文高古尊韩、柳，诗宗李、杜流，填词师苏、柳、秦、周。翠群红里，挏羊糯酒，肥马轻裘。

[笺]《元史·地理志·大都路右警巡院、左警巡院》："初设警巡院三，至元四年，省其一，止设左右二院，分领坊市民事。"又《百官志六》："左、右警巡二院，秩正六品。达鲁花赤各一员，使各一员，副使、判官各三员，典史各三人，司吏各二十五人。至元六年置。领民事及供需，视大都路。大德五年，分置供需院，以副使、判官、典史各一员主之。""大都警巡院，品职分置如左、右院。……大德九年置，以治都城之南。"有学者认为，梁进之当为大都路警巡院判，至元初任。《元史·地理志·大都路》："元太祖十年，克燕，初为燕京路，总管大兴府。……世祖至元元年……遂改中都，其大兴府仍旧。四年，始于中都之东北置今城而迁都焉。九年，改大都，置留守司。二十一年，置大都路总管府。"又《百官志六·大都路总管府》："国初，为燕京路，总管大兴府。……[至元]二十一年，始专置大都路总管府。"有学者认为，梁进之除大兴府判当在至元二十一年（1284）前。《元史·地理志二》："和州……元至元十三年，置镇守万户府。明年，改立安抚司。又明年，升和州路。二十八年，降为州，隶庐州路。"则梁进之知和州在至元二十八年后。（门岿《录鬼簿笺校》手稿）

杜仁杰《与杨春卿》：

某顿首再拜：益友近岁有到燕城，而盼睐之意甚厚，何可忘也。之纯自北渡后，文笔大进，又且位以不次。不肖以谓，苟贷以十年不死，其勋业行

---

① 《续修四库全书》第 925 册，第 377 页。

履，有不让古人者。渠翻然谢世，幸与不幸，天下自有公论，非不肖所敢望。燕京诸君，于义亦当一挽，已于魏丈书中祝之矣。因妹夫梁进之行，敢以此见托。进之，医之翘楚，到望为地。进之回，之纯挽诗盈轴以望。馀无嘱，比见吾三子者，宜自重。①

[笺]《元曲家考略》据王逢《梧溪集》卷六《题金故翰林修撰魏公状表后》诗序，考杜文"魏丈"即魏璠，卒于蒙古海迷失后二年庚戌（1250）。又据杜文"已于魏丈书中祝之"语，知该书必作于庚戌前。庚戌距金亡仅十六年，则进之必由金入元者。

王伯成

《录鬼簿》：

　　王伯成，涿州人。有《天宝遗事》诸宫调行于世。

　　伯成涿鹿俊丰标，幺末文词善解嘲。《天宝遗事》诸宫调，世间无，天下少。《贬夜郎》，关目风骚。马致远忘年友，张仁卿莫逆交。超群类，一代英豪。

[笺] 王恽《秋涧先生大全集》卷十有《秋涧著书图歌赠画工张仁卿》诗，《元曲家考略》以为此画工张仁卿与贾仲明吊词之张仁卿或即一人。王诗末注："时集录古今相业为《调元事鉴》。"又本集卷四十一有《新修调元事鉴序》，末署"至元二十年岁次癸未夏六月十有七日序"。孙氏疑赠张仁卿诗亦作于是年。如此，张仁卿、王伯成俱至元间人。

《元典章·户部》卷八《典章二十二·匿税房院二十年收税》：

　　至元八年七月，尚书户部：

　　据大都路来申："王伯成首告石抹德匿税房院文契。拟到石抹德亡父捏斜廉访于壬子年间作财钱准到，经今二十馀年。检会得即系格前事理，若依匿税断没，多实年深。合无收税结课，乞明降事。"省部准申，仰照验施行。②

王伯成【般涉调·哨遍】《赠长春宫雪庵学士》：

　　过隙驹难留时暂，百年几度聪明暗。尘事饱经谙，叹狙公暮四朝三。抵自惭，远投苍海，平步风波，空擘骊龙颔。谩赢得此身良苦，家私分外，活计尴尬，寝食玉锁紧牵连，行坐金枷自披担。世累相萦，阴行难修，业缘未减。

---

① （元）吴弘道辑《中州启劄》卷一，《四库全书存目丛书补编》第79册，第345页。
② 《元典章》，陈高华等点校，中华书局、天津古籍出版社，2011，第907页。

【幺】因见无常，谩劳供养看经忏。虽有六亲人，谁能替入棺函。劝省咱，从今白甚，则管教人，吃粉羹餐酸馅。皮骨这回绝却，三年乳哺，十月怀耽。长春有景闷时游，大道无极静中参，出凡笼再不争拣。

【耍孩儿】牵衣妻子情伤感，一任红愁绿惨。顿然摘脱便奔腾，不居土洞石龛。四时风月双邻友，万里乾坤一草庵。髭松鬓，不分髻角，焉用冠簪。

【幺】浮云世态将人赚，识破也诚何以堪。布袍独驾九天风，玩无穷绿水青岚。东游瀛海思徐福，西度流沙慕老聃。抛持尽雀巢燕垒，虎窟龙潭。

【一煞】从释缚，自脱监，纸鸢无线舟无缆。风寒暑湿非吾患，味色声香莫我贪。休只待，船中满载，水低俱涸。

【二煞】莫苦求，休强揽，莫教邂逅遭坑陷。恐哉笞杖徒流绞，慎矣公侯伯子男。争夸衔，千钟美禄，一品高衔。

【三煞】衣锦裘，乘骏骖。与朋共敝虽无憾，箪瓢自乐颜回巷，版筑谁亲傅说岩。君不见，花飞树底，日转天南。

【四煞】手欲翻，眼未眨，镜中华发霜匀糁。生来忙似尘中蚁，老去空如茧内蚕。明图甚，形骸伛偻，涕唾脂膻。

【五煞】饭已熟，睡正酣，尽他世味无如淡。诗囊经卷随藜杖，苍木黄菁满药篮。回头笑，青钱拍板，乌帽蓝衫。

【六煞】耳若聋，口似缄，有人来问佯妆憨。胡芦提了全无闷，皮袋肥来最不惭。渔樵伴，山声野调，阔论高谈。

【七煞】不动心，已丧胆，丹田饱养难摇撼。身欺古柏衰中旺，味胜青瓜苦后甘。功成处，脸同莲萼，头类松杉。

【收尾】甲配了庚，离应了坎。是非不在天公鉴，那道轮回近得俺。①

[笺]《析津志辑佚·寺观》（北京古籍出版社，1983）引阎复《大头陀教胜因寺碑铭》："师（溥光）五岁出家，十九受大戒。励志精勤，克嗣先业。虽寓迹真空，雅尚儒素。游戏翰墨，所交皆当代名流。世祖皇帝尝问宗教之原，师援引经纶，应对称旨。至元辛巳，赐大禅师之号，为头陀教宗师。会诏假都城首蓿苑，以广民居。请于有司，得地八亩。萧爽靖深，规建精蓝，为岁时祝圣颂祷之所。圣上御极之初，玺书锡命加昭文馆大学士、中奉大夫，掌教如故，宠数优异，向上诸师所未尝有。士庶翕然，争相塔庙之役。……寺役起于至元丁亥，讫于大德癸卯。……予闻头陀氏之说，毗尼为之室宇，不假缔构而崇，杜口为之法门，不待文字而传。惟师平生戒行清修，能得人之愿力如是。晚节亦自刻苦，有合吾儒恶衣恶食而志于道者，宜其教风之日竞也。……师姓李氏，字玄晖，云中人，自号雪庵。"

---

① 《全元散曲》，第328页。

李仲璋

编者按：《元曲家考略》由程钜夫《雪楼集》卷十五《代白云山人送李耀州归白兆山建长庚书院序》揭出李仲章本贯冯翊（今陕西大荔），居家德安（今湖北安陆），曾官德安府判、耀州知州，皇庆二年（1313）调京师，旋辞归德安，建长庚书院。此李仲章虽曾至大都，却不见有作曲的迹象。

《山右石刻丛编》卷三十五、《同治西宁县新志》卷五有元李庭宝（一作廷宣）撰《故奉训大夫兴和路等处壹拾柒站都脱脱禾孙李公孝思之碑》，文中载弘州李仲璋家世生平，此李仲璋较之做过德安府判、耀州知州之李仲章，具有更显著的确为《录鬼簿》著录的作有《金章宗断遗留文书》杂剧的曲家的可能性。（1）此碑题名"都脱脱禾孙李公孝思之碑"，"脱脱禾孙"是蒙古语 Todqasun 之音译，意为"检验官"。汉人不识，误传为脱脱丞相之墓碑。俗传杂剧家李仲璋姓"孙"，殆亦由不识"脱脱禾孙"何意而误读。（2）此碑叙弘州李仲璋行状，本女真蒲察氏，生于金哀宗正大八年（1231），卒于元大德癸卯年（1303），享年七十三，为元前半期人。这与弘州邻郡德兴府的人称"蒲察李五"的杂剧作家李直夫颇多类似处。《录鬼簿》记作"大都人"的李仲章，作有《金章宗断遗留文书》杂剧，亦如李直夫之《武元皇帝虎头牌》《宦门子弟错立身》，演绎金代女真人故事。

《录鬼簿》：

李（一作孙）仲章，大都人。

只闻《鬼簿》姓名香，不识前贤李仲章。《白头吟》喧满鸣珂巷。咏诗文胜汉唐，词林老笔轩昂。江湖量，锦绣肠，也有无常。

胡聘之《山右石刻丛编》卷三十五载《故奉训大夫兴和路等处壹拾柒站都脱脱禾孙李公孝思之碑》：

嘉议大夫、中书礼部尚书李庭宝撰[1]

翰林侍讲学士、通奉大夫、知制诰、同修国史、知经筵事张起岩书

翰林侍讲学士、中奉大夫、知制诰、同修国史□□□□谢端篆

夫积善于前者，必庆流于后；德建于此者，则民著于彼。流之而愈盛，

著之而弥□，非善之至□□者，□□□享□。奉训大夫李公，世本女真人，姓蒲察氏。曾祖居平阳。祖父豫，寓居石州。金殁，迁弘襄，处归仁里，遂为弘襄人。复姓李氏。祖母张氏，大族之家，克慈克仁。四子：仲成，配宋氏，二子：长曰进，娶靳氏、张氏、孙氏；次曰□，娶徐氏。仲福，配格氏，一子，曰仪，娶张氏。仲禄，配杨氏，一子，曰琪，娶侯氏。长曰仲璋，知[州]奉训公也，配潘氏、杨氏、周氏，三子：荣，娶王氏；信，娶□氏；英，娶王氏、伯颜答氏。原其知州奉训公也仲璋，美□□，善伦理，孝友施仁，慈爱惠众。公至元初，为丁地税官。米价低，仓廪溢，期年后物斛涌贵，米多陈腐。上司责令每岁交代官照依时值培偿，众转惊惶，举家逃窜。公与弟仲成及侄进等同议，抚慰于众，以宁其家。公独赴都堂陈诉，屡告方许，判送依准元价还纳。众奉礼踵门，酬答其功，公却而不授，感□而归[2]。壬申岁，拨充中卫军户，郡中同役者百馀户，每岁递相更代。时军中繁剧，迁调不常，人惮其劳，咸以为苦。公又独赴京师，诣宣徽院陈诉，以弘襄之土沃饶，麦甲于他郡，可供尚膳。太傅帖相闻而嘉之，曰："实忠义笃厚人也。"本院详其公之诉，备陈于上，奏闻，准其事宜，改充宏（弘）州纳面人户[3]，悉除军籍，置司弘州，命公提举其事。公归至弘襄，验户数田力多寡肥瘠，岁均贡赋轻重之差，民咸服其平。自至元二十四年迄今，免其征戍，各安其业，乐□田里，诚公之力也。公因父病去职，事亲未几，父终，遂茔庄西原，以母张氏合葬焉。公与弟仲成、仲福、仲禄等居丧，庐于墓侧，哀毁过恸，三年不懈，时称孝义。一旦，公寝疾，召诸子侄曰："汝来前，吾知病笃。"命之曰："汝等勤学汝书，谨力农事，孝悌生，衣食足，李氏之族，后必有□□。"诸子侄泣□曰："惟命遵守。"翌日，公卒，年七十有三[4]，时大德癸卯正月二日也，祔葬先人之茔。三子：荣、信，皆不仕，详雅克家，以致丰饶；英，性秉刚直，仁慈好义，入仕从政以来，所属□民，咸服德化。历五任，初授上都兵马副都指挥，次调平地仓监支纳，又除尖冢仓监支纳，再扬州真河批验大使。泰定改元，遴选转受承事郎、山东盐运司丰国场司□[5]。追赠父仲璋，□受敕牒承事郎、大同路[白]登县尹。嫡母杨氏，宜人。妻王氏、伯颜答氏，皆宜人。前任满期，考以公干称著备由。至顺三年二月，升受承务郎、兴和路副脱脱禾孙。自元统二年六月到任，莅政三载之间，使治下一十七站赋役均平。民感其惠，录其政绩，申达朝廷。于至元四年正月二十四日奏准，就升钦奉宣命奉训大夫、兴和路都脱脱禾孙。至元五年三月内，赠父仲璋钦受宣命奉训大夫、大同路弘州知州、飞骑卫，追封大同县男。母宜人杨氏，追封大同县君。妻宜人王氏、伯颜答氏，赠封具钦受宣命大同县君。公与兄进等择吉日设祭先祖考妣之茔，欲树其碑。公孝思之志，念念在兹。兄进慕孝慕悌之诚，欲使子孙瞻览而感慕。为予同脱脱禾孙公平昔之游，是知其详，启请以文。①

[校][1]"李庭宝"，《同治西宁县新志》卷五《元李公孝思碑》作"李廷宣"。[2]"□"，该字漫漶，有"言"旁。[3]"宏"，原阙，据《同治西宁县新志》补。[4]"三"，原阙，据《同治西宁县新志》补。[5]"司丰"，原阙，据《同治西宁县新志》补。

《同治西宁县新志》卷五《职官志·元代》：

种田提举司，掌输纳麦面之事，以供内府。（下注：《本纪》："大德五年罢，以其事入有司。"）有李仲璋。县西南七十里大旺村，今属大同，有《元李公孝思碑》，尚书李廷宣撰，翰林学士张起岩书。碑略云：

李公本女真人，蒲察氏。曾祖居平阳，祖父豫，寓居石州。金没迁宏（弘）襄，处归仁里，遂为宏襄人。复姓李氏，生四子。长仲璋，美著伦理，孝友施仁，慈爱惠众。至元初为地丁税官，[至元九年]壬申岁拨充中卫军。郡中同役者百馀户，每岁更代，军事繁剧，迁调不常，人惮其劳。公赴京师，诣宣徽院陈诉。以宏襄之土沃饶，产麦甲于他郡，可供尚膳。太傅帖相览而嘉之，具陈于上，准充宏州纳麦人户，悉除军籍，置司宏州，命公提举其事。公归，验户数田力多寡肥瘠，均贡赋轻重之差，民服其平。自至元四年迄今，免征戍，各安其业，公之力也。因父病去职，父终，茔庄西原，庐于墓侧，哀毁三年不懈，时称孝子。大德癸卯正月二日卒，年七十三，祔葬先茔。三子：荣、信，皆不仕；英，秉性刚直，仁慈好义，从政历五任。初授上都兵马副都指挥，调平地仓监交（支）纳，又除尖冢仓监交（支）纳、扬州镇河批验大使。泰定改元，转山东盐运司丰国场司。至顺三年，授兴和路副脱脱禾孙，莅政三载，使治下十七站赋役均平，民感其惠。至元四年正月，就升宣令奉训大夫、大同路宏州知州，追赠父仲璋公奉训大夫、飞骑尉，追封大同县男，母宜人杨氏，追封大同县君。择吉设祭先茔，欲树碑使子孙瞻览而感慕焉。余平昔之游，久知其详，启请以文云云。

案：碑立于后至元中，以有脱脱禾孙字，故俗误传为脱脱丞相墓。《山西通志》《大同府县志》均载之，由未见碑文也。近从其后裔李太史殿林索得拓本，为录存之，足以备掌故而订旧讹矣。《元史·百官志》："各处脱脱

---

① 《续修四库全书》第908册，第76页。

禾孙,掌辨使臣奸伪。正一员,从五品;副一员,正七品。"①

[考辨一]

《万历湖广总志》卷十八《秩官》载元代"德安府通判"有李仲章。②

《光绪德安府志》卷九《职官志上》载元李仲章:

皇庆元年判官。③

《嘉靖陕西通志》卷二十《文献八·名宦》载元李仲章:

冯翊人,皇庆间自德安府判迁耀州。④

《嘉靖耀州志》卷五《官师志》载元耀州知州有李仲章:

冯翊人,自德安府判迁。⑤

程钜夫《雪楼集》卷十五《代白云山人送李耀州归白兆山建长庚书院序》:

国家树教育材之本,莫先于学校。而天下之学廪稍不足者,士既无所于养;廪稍之有馀者,只益郡县勾稽觊望之资。教官率以将迎为勤,会计为能,而怠于教事。非其人皆不贤,其势然也。惟书院若庶几焉,而居城邑隶有司者,其弊政与前等。近世士君子之贤者,往往因前修之迹,据江山之会,割田析壤,建为书院,既不隶有司,而教育之功乃得专焉。冯翊李君仲章为德安府判官时,予方家白云山中。君寻亦买田筑室于城西三十里白兆山之麓而居之,乃李太白题桃花岩处,相传太白尝读书于此。予既出山,君亦累迁耀州守。皇庆二年春,君赴调京师,南还,割田二顷,建河南书院,乃二程先生之父作尉之邑。予语君曰:"君居白兆山,非君家太白所游历乎?独不可建书院为教育之地哉?"君慨然曰:"此吾志也。愿归割应城田四百亩,建长庚书院,聘名师,教乡里子弟,以成公之命。"予既韪之,行有日,重为告曰:"今天子仁圣,夙夜孜孜以树教育材为务。君力是举,既无城邑之累,而有江山之胜,士又得所养,而不隶有司,教可专也。审矣,利莫大焉。德

---

① 清同治十二年刊本。亦见于《民国阳原县志》卷四《爵职》。
② 明万历十九年刻本。
③ 《中国地方志集成》,江苏古籍出版社,2001,第269页。
④ 黄秀文主编《华东师范大学图书馆藏稀见方志丛刊》第3册,北京图书馆出版社,2005,第206页。
⑤ 《中国地方志集成·陕西府县志辑》第27册,凤凰出版社,2007,第376页。

安文物之盛，必自君始。君之名与太白此山相无穷，不亦休哉！君勉成之。予归白云山，幸游息焉。"①

贯云石《桃花岩诗序》：

白兆山桃花岩，太白有诗，近人建长庚书院。来京师时，中书平章白云相其成，求诗于词林。臣李秋谷（孟）、程雪楼（钜夫）、陈北山（俨）、元复初（明善）、赵子昂（孟頫）、张希孟（养浩）与仆同赋。②

《大清一统志》卷三四三《德安府·山川·白兆山》：

在安陆县西三十里，上有仙人洞。《唐书·地理志》：吉阳有白兆山。《县志》：一名碧山。西去随州大洪山百里，高二百丈许，上有桃花岩、李白读书堂。其相属者为太白峰、钵盂山、长老山，弥望烟云，缥缈天半。元李仲章建长庚书院于白兆山下。③

［考辨二］

何中《知非堂稿》卷五《送李仲章远游》：

风笛无声笑指空，出门谁碍更求通。一帆千里客何远，王气雄图江自东。赤壁惊乌飞夜月，衡阳看雁落秋风。人间兴废不须问，诗在江潭柳影中。④

高凝《有元冯君（士安）圹记》：

盖祜先世而上，虽代居关中，皆葬其县之龙首乡□苑门，以谱牒散逸，莫克序系。谨按：公大父讳士安，信厚敦悫，质直尚气，周睦族姻，轻财喜施与，不妄为然诺。善殖产，不为润屋计，于族党孤嫠或昏姻丧葬有匮乏者，必极力营治，必诚必尽，恒自以为未足，乡人甚贤重之。卒中统建元之年，享年六十有八。前娶王氏，子男二人，长德，即嵩州公（祜）考也；次友。女嫁士人李仲章。⑤

《通制条格》卷二十七《买卖军器》：

至元二十八年三月，中书省刑部呈鹰房官阿沙不花，黄兀儿指挥送到卖

---

① 《四库全书》第1202册，第201页。
② （清）顾嗣立编《元诗选》二集，第266页。
③ 《续修四库全书》第620册，第203页。
④ 《四库全书》第1205册，第574页。
⑤ 《故宫博物院藏历代墓志汇编》第2册，紫禁城出版社，2010，第480页。

镮刀等物人魏得荣并买主李仲璋,除将已到官镮刀送库寄收听候外,本部参详,若将镮刀等物拘收,照例拟罪。①

《全元文》据民国二十一年《定襄金石考》卷四收李仲璋《增福相公庙记》,作于元统二年甲戌,自署"河东乡贡试院进士龙溪李仲璋撰"。元江浙行省漳州路有龙溪县(《元史·地理志五》)。

黄枢《后圃黄先生存集》卷四《颂李巡检筑陂》,此李仲章曾官海宁南乡巡检。

赵明道

《录鬼簿》:

赵明道[1],大都人。

钟公《鬼簿》应清朝,《范蠡归湖》手段高。元贞年里升平乐,□□章,歌汝曹。喜丰登,雨顺风调。茶坊中嗑,勾肆里嘲。明明德,道泰歌谣。

[校] [1]"明道",《说集》本、《太和正音谱》作"明远",孟本作"名远"。《朝野新声太平乐府》署"赵明道"。

赵明道【越调·斗鹌鹑】《名姬》散套【尾】:

郝大使、王玉带皆称赏,焦治中、天然秀小样。劝你个聪明姝丽俏吴姬,就取这蕴藉风流俊张敞。②

[笺] 郝大使即郝经,中统元年(1260)出使南宋,为贾似道所扣。《元史》卷一五七有传。王玉带、天然秀,元初大都名妓。《青楼集·周人爱》:"京师旦色,姿艺并佳。""王玉带、冯六六、王榭燕、王庭燕、周兽头,皆色艺两绝。"又记天然秀:"姓高氏,行第二,人以'小二姐'呼之。母刘,尝侍史开府。高丰神艳雅,殊有林下风致。才艺尤度越流辈,闺怨杂剧,为当时第一手。花旦、驾头,亦臻其妙。始嫁行院王元俏,王死,再嫁焦太素治中。焦后没,复落乐部,人咸以国香深惜。然尚高洁凝重,尤为白仁甫、李溉之所爱赏云。"白仁甫即白朴。李溉之名洞,滕州人,侨居济南。泰定初,除翰林待制。天历二年(1329),授奎章阁承制学士。参修《经世大典》。卒年五十九。(《元史》卷一

---

① 黄时鉴点校《通制条格》,浙江古籍出版社,1986,第276页。
② 《全元散曲》,第335页。

八三本传）与虞集（1272~1348）同侪，生卒年约在 1272~1330 年。绎赵明道辞意，实是将自己比拟郝大使、焦治中，而以所赋"名姬"喻王玉带、天然秀。其年辈盖与李泂相仿，为郝经（1223~1275）、白朴（1226~1306 年后）的后辈。

[考辨]

殷奎《强斋集》卷二《送昆山赵明远升郡府序》：

昆山最中吴诸支郡，赋重而事殷，其讼狱之纠缠、符檄之旁午，盖日不暇给，矧军兴征科十倍承平时。……前年，赵君明远来试吏此州，凡政刑翕张，簿书期会，他掾所不足，明远皆优为之，如工师之攻坚木，庖丁之中肯綮也。至于赋粟征输钩稽之任，尤必明远之属而后可。然则明远不独可任周官之史，并其所谓府者而为之，不有过人之才智，能如是乎？今年秋，以考满例升郡府掾，其同列诸人比比来校官，称道其善。予曰：明远之才如此，他日且登掾二府，出长一官，事愈练，智愈明，不独可任史与府也，施之庶官，举无不可者矣，明远勉之。至正甲辰八月初吉，州人殷奎序。①

张仲寿《畴斋文稿·哭高照庵哀辞》：

呜呼哀哉，前年哭赵明远，去年哭程芝庭，今年又哭高照庵，何天降罚于我肺腑之戚，若斯其甚耶！②

石子章

《录鬼簿》：

石子章，大都人。

子章横槊战词林，尊酒论文喜赏音。疏狂放浪无拘禁，展腹施锦心。《竹窗雨》《竹坞听琴》。高山远，流水深，戛玉锵金。

元好问《遗山先生文集》卷九《答石子章因送其行》：

石梁诗好先知名，尊酒相逢意自倾。宝剑沉埋惜元振，铁檠豪宕见胡钲。

---

① 《四库全书》第 1232 册，第 402 页。
② 《续修四库全书》第 1324 册，第 261 页。

蓝田月出多重晕，丰岭霜馀即大鸣。后日天山望征骑，燕鸿归处是云程。①

王旭《兰轩集》卷六《送石子章归省郑南》：
　　天上琼宫隔紫微，黄尘空染芰荷衣。三年客馆鱼歌断，千里乡关雁信稀。东野自怜诗作祟，丰城谁识剑腾辉。文章更比黄金重，未信还家不下机。②

李庭《寓庵集》卷二《送石子璋北上》：
　　沧海横流不见边，徒杠石倒赖藤缠。何人解补中原道，老马重过敕勒川。河朔赏音依旧好，赵州诗句斩新镌。东垣尽有磨崖在，更看绳桥第二篇。③

陈祐《落花寄石子章韵》：
　　兰麝香消委废宫，纷纷漠漠夕阳中。长门梦断金闱月，南国歌残玉树风。流水池塘春色去，绿阴庭院彩云空。西园半醉休回首，烟草萋萋雨正红。④

元好问《遗山乐府》卷五【朝中措】《与石子璋别，求作乐府，得麻字》：
　　惊弦裂石笔生华，清兴入悲笳。为爱南山夜猎，笑人杜曲桑麻。　高歌醉眼，千金骏马，八月仙槎。都把平生湖海，看君咫尺龙沙。⑤

北京大学藏石子章赵州诗刻残拓，诗前题名"柳城石建中"，诗有"石梁高构"字，诗后有河东张肃子敬跋，称"建中字子章，石晋之后，柳城人"，又称"真定史公"。⑥

[笺]《元曲家考略》谓，柳城即北京路兴中府。"真定史公"，盖指史天泽。北京乃史氏发迹之地。天泽四娶，初娶石氏（《国朝文类》卷五十八王磐《中书右丞相史公神道碑》），或与北京石氏有连。张肃，河中人。北渡后，依史天泽。癸巳岁，元遗山曾荐之于耶律楚材。至元五年（1268），张德辉荐之于世祖，谓其可任风宪（《国朝名臣事略》卷十）。历官北京行省郎中、东平路宣抚副使、提刑按察使，至元十五年（1278）卒（《秋涧集》卷十八、《元史·世祖纪》中统元年）。石子章为此诗时盖与肃一起客游真定，故肃为文记之。继于《元史》卷一四九《石天应传》中复发现与石子章有关史料，摘录于下：

---

①　《四部丛刊》影印明弘治戊午刊本。另参《四库全书》第1191册，第106页。
②　《四库全书》第1202册，第786页。
③　《续修四库全书》第1322册，第312页。
④　（元）蒋易辑《皇元风雅》卷二十六，《中华再造善本》影印元建阳张氏梅溪书院刻本。
⑤　赵永源校注《遗山乐府校注》，凤凰出版社，2006，第691页。
⑥　转引自孙楷第《元曲家考略》，第137页。

石天应字瑞之，兴中永德人。……太祖时，太师、国王木华黎南下，天应率众迎谒军门。木华黎即承制授兴中府尹、兵马都提控，俾从南征。天应造战攻之具，临机应变，捷出如神，以功拜龙虎卫上将军、元帅右监军，戍燕。……屡从木华黎，大小二百馀战，常以身先士卒，累功迁右副元帅。辛巳（太祖十六年）秋八月，从木华黎征陕右，假道西夏，自东胜济河，南攻葭州，拔之。天应因说太师曰……木华黎然之，表授金紫光禄大夫、陕西河东路行台兵马都元帅，以劲兵五千，留守葭芦。……秋九月，移军河中。既而金军果潜入中条，袭河中。……少顷，敌兵四合，天应饮血力战，至日午，死之。……子焕中，知兴中府事；执中，行军千户；受中，兴中府相副官。初天应死事时，弟天禹子佐中在军中。伺敌少懈，倒抽其斧，反斫之，突城而出，趋木华黎行营，求得蒙古军数千，回与敌战，败之。木华黎嘉其勇，奏授金虎符，行元帅。寻诏将官各就本城，授兴中府千户。

子章盖石天应子行，故与天应子侄连名"中"字。北京路兴中府石氏，何以为石晋之后？《旧五代史》卷八十五《晋书·少帝纪》载：

[开运三年春正月乙卯]，契丹入寇。……[十二月]癸酉，帝奉表于戎主。……明年正月辛卯，契丹制，降帝为光禄大夫、检校太尉，封负义侯，黄龙府（今辽宁省开原县治）安置，其地在渤海国界。……癸卯，帝与皇太后李氏、皇太妃安氏、皇后冯氏、皇弟重睿、皇子延煦延宝俱北行。……又行数十程，渡辽水，至黄龙府，此即戎主所命安置之地也。……[汉乾祐元年八月]，永康王（辽世宗）下陉（冷陉），太后驰至霸州（辽霸州，后升兴中府），诣永康，求于汉儿城寨侧近赐养种之地，永康许诺，令太后于建州住泊。汉乾祐二年二月，帝自辽阳城发赴建州。……其后割寨地五十馀顷，其地至建州数十里。

《辽史》卷三十九《地理志三》："建州，保静军，上，节度。……汉乾祐元年，故石晋太后诣世宗，求于汉[儿]城侧耕垦自赡。许于建州南四十里给地五十顷，营构房屋，创立宗庙。"又卷八十六《耶律合里只传》："重熙（辽兴宗年号）中，累迁西南面招讨都监。充宋国生辰使，馆于白沟驿。宋宴劳，优者嘲萧惠河西之败。合里只曰：'胜负兵家常事。我嗣圣皇帝（辽太宗）俘石重贵，至今兴中[府]有石家寨。'"

兴中府即今辽宁省朝阳县治。建州与永德，俱在今朝阳县境内。《大清一统志》卷四十三《承德府二》：

[古迹·安德故城]在朝阳县东南柏山上。辽置安德州，治安德县，属兴中府。金废州，以县属兴中府。大定间，改名永德。元废。

[建州故城]在朝阳县西。辽太祖置建州，治永霸县。州初在凌河之南，圣宗迁于河北。金因之。元以永霸县省入。明初废。今县境之黄河滩，有废城址，周七里有奇。蒙古名喀喇城。城西有浮图十七级，旁又有小浮图七级，即其地。

[汉儿城]在朝阳县境内。《五代史·晋家人传》：李太后驰至霸州见永康王，求于汉儿城侧赐地种牧以为生。今县属土默特境，有地名五十家子。有废城，周二里

许，四门久圮，城中有浮图一，在大凌河之南，即其地。

[山川·柏山] 在朝阳县属土默特右翼东七十里。亦名烽台山。山有十六峰，盘郁四十余里。山顶有辽安德州城废基，断井颓垣，犹可辨识。山半有辽灵岩寺旧址。乾统八年，耶律劭碑尚存。

晋少帝居建州十六年而殂，其后裔历辽至金有徙永德者，故石天应为永德人。然则，石子章为石晋之后可谓信而有征。

侯克中

《录鬼簿》：

侯正卿，真定人，号艮斋先生。作"授鞍和袖挽丝缰"，有"良夜迢迢露华冷"【黄钟】行于世。

史侯心友艮先生，诗酒相酬老正卿。挽丝缰和袖雕鞍凭，随王孙并马行。《燕子楼》，幺末全嬴（赢）。黄钟令，商调情，千载标名。

袁桷《清容居士集》卷二十一《大易通义序》：

郡侯郭文卿示《易通义》一帙，曰：此真定侯先生所述也。先生幼丧明，聆群儿诵书，不终日，能悉记其所授。稍长，习词章，自谓不学可造诣。既而悔曰："吾明于心，刊华食实，莫首于理。理以载道，原《易》以求，则为得之。"于是精意读《易》，旁通曲会，参以己说，而名之曰《通义》。读其书，浩乎其详也，简乎其著也。因理以测象，若遗焉而不敢废也。……君思深而识幽，据会提要，盖将为程子之忠臣。仿文公以入夫邵子之室，非潜心尊闻者不能也。今年逾九十，康色未艾。先生名克中，字正卿。郭侯俾叙其书，将入于梓，不让而为之序焉。①

[笺]《元曲家考略》谓，郭郁于泰定二年（1325）十一月三十日之庆元路总管任（《至正四明续志》卷一），四年冬升福建都转运使而去。袁桷则以泰定初致仕归庆元，四年八月卒，尚在郭离庆元任之前。由是知桷为《大易通义序》，必在泰定二年十二月后、四年八月前。是时正卿年九十余，其生当在金正大末、宋嘉熙初，当元太宗三年与九年之间（1231~1237），盖比白仁甫小数岁，而寿则过之。元代词人老寿未有如正卿者。正卿曾居汴梁，至元中由汴梁徙浙中。

---

① 《中华再造善本》影印元刻本；《四库全书》第1203册，第289页。

《清容居士集》卷二十七《有元故赠中宪大夫中书吏部侍郎骑都尉陈留郡伯郭公神道碑铭》：

大德十一年，桷再入翰苑，郭侯郁文卿时为江浙行省都事，获缔交焉。见其受《易》学于侯先生，得见尊公于庭下。延祐五年，文卿为中书检校，余时直集贤，来往益密。……是年八月，卒于京师，得年七十有六。公讳天祐，字祐之，世居汴梁封丘县吕村。……延祐六年八月某日，葬于先茔。郁为浮梁州，以大赍恩进封奉政大夫、知宜兴州、骁骑尉。延祐七年，郁授中顺大夫、知高邮府。至治三年，授中宪大夫、同知两浙都转运盐使司事。泰定元年，授亚中大夫、佥江西湖东道肃政廉访司事[1]。二年七月，赠公中宪大夫、中书吏部侍郎、骑都尉、陈留郡伯。未几，郁改授庆元路总管。①

[校][1]"湖东"，《四部丛刊》影印元刊本、四库本误作"河东"。

侯克中《艮斋诗集》卷九《答白仁甫》：

别后人空老，书来慰所思。溪塘连辔日，风雨对床时。我爱香山曲，君奇石鼎诗。何当湖上路，同赋鹧鸪词。②

《艮斋诗集》卷五《白敬甫经历有闽中之行》：

里巷亲情未易疏，岂期岁晚别中吴。天衢自昔抟鹏翼，家道于今有凤雏。尊俎只宜终日戒，诗书不可片时无。洪勋大业他年了，重绘香山九老图。③

[笺] 据袁桷《朝列大夫佥金太常礼议院事白公神道碑铭》，白恪至元二十九年（1292）除福建宣慰司经历，侯诗有"岁晚别中吴"语，知克中是年在苏州。

《编类运使复斋郭公敏行录》载侯克中送行弟子郭郁（字文卿）官浮梁诗：

案牍勤劳自幼年，慨然岁晚授韦编。姓名亦与廉能列，乡里仍闻孝友传。政固在宽须尽义，民虽常爱必亲贤。一言为汝终身戒，好恶无私可与权。④

郭郁在任，克中寄诗一首：

令下能如草偃风，民归复若水朝东。是非淆乱由多欲，邪正分明本至

---

① 《中华再造善本》影印元刻本；《四库全书》第1203册，第364页。
② 《四库全书》第1205册，第494页。
③ 《四库全书》第1205册，第472页。
④ 《宛委别藏》第42册，第7页。

公。时论已传今胜昔,汝心当以始要终。三年平地为山了,九仞无亏一篑功。①

艮斋先生寄赠复斋郡侯唐律一首,侯以示诸生,谨相率用韵,以纪一时师友之盛云。

吴仲迂:

复斋使君始至浮梁,示予以艮斋侯先生送行诗,可谓听其言也厉。今观此作,亦复如之,令人起敬不已。二诗当联为大轴,传之天下,使凡为师为弟子、为学为政者,皆有所矜式,岂小补云乎哉!皇庆甲寅正月既望,昌溪吴仲迂书于郡泮。

微雨丝丝扬好风,泠然来自浙云东。乾坤二卦分全易,艮复两斋皆讵公。去日当如来日葺,先天直至后天终。吾民涵咏恩波里,孰识师门讲贯功。

方玉甫:

善颂洋洋继国风,天球琬琰各西东。先生在昔侯师圣,弟子当今郭令公。讲学不离仁知勇,为邦必慎始中终。从知师友渊源正,大展真儒济世功。

赵镇远:

坐挹西湖杨柳风,题诗飞寄碧云东。善言千里同声应,惠政三年众誉公。复道有来还有往,艮山成始又成终。行藏师友曾商订,禹稷颜回各有功。

姚畴:

师门立雪坐春风,别后题诗寄楚东。凛凛法言推大匠,洋洋善颂属明公。知行本领诚为贵,择守工夫勇克终。更卜劳谦君子吉,美归于上不言功。

戚廷凤:

删后无诗返古风,先生笔力障川东。圣贤心法神明易,宇宙阳和天地公。师训以规非以颂,侯邦知至可知终。行云待得为霖了,润泽苍生不计功。

方希愿:

朝廷有道振儒风,太守声华晓日东。扶起六经尊孔氏,扫除异论本文公。圣人乾健元无息,君子谦亨自有终。待得明年归衮绣,筹帷密运策奇功。

徐云龙:

楚泮衣冠邹鲁风,使君佳誉蔼江东。疑章尽黜诸家异,议政惟持一至公。此日先生高屈宋,他年弟子压严终。师门相业香青史,千古河汾讲道功。

---

① 《宛委别藏》第 42 册,第 53 页。

宋尧辅：

猎猎双旌舞晓风，分符嘉与易俱东。画前欲问庖羲氏，圯上知逢黄石公。朋自复来占利往，物从艮上验成终。两斋同道相师友，会见真儒善治功。

吴韶发：

侯芭学易有家风，弟子声华蔼楚东。义理七分宗正叔，象占二字取文公。来诗展转无他意，苦语丁宁戒慎终。他日师门重相见，定应抚手赏新功。

章毂：

唐律能追古国风，缄题远寄楚江东。磨砻德义真先辈，游戏文章亦钜公。师道何妨相尔汝，躬行是必谨初终。他时相业齐房杜，始信河汾讲学功。①

曹伯启《汉泉曹文贞公诗集》卷四《次范平甫所题侯正卿壁上韵》：

鬓毛衰飒带红尘，勋业蹉跎愧此身。自古大材难适用，到头奸党属何人。凡花不耐风霜促，造物常施雨露均。毕竟是中当努力，圣门诗礼即天真。②

周密《癸辛杂识》别集卷上《方回》：

[回] 时年登古希之岁，适牟献之与之同庚，其子成文与乃翁为庆，且征友朋之诗，仇仁近有句云："姓名不入六臣传，容貌堪传九老碑。"且作方句云："老尚留樊素，贫休比范丹。"（原注：方尝有句云："今生穷似范丹。"）于是方大怒裦牟而贬已，遂撼六臣之语，以此比今上为朱温，必欲告官杀之。诸友皆为谢过，不从。仇遂谋之北客侯正卿，正卿访之，徐扣曰："闻仇仁近得罪于虚谷，何邪？"方曰："此子无礼，遂比今上为朱温，即当告官杀之。"侯曰："仇亦止言六臣，未尝云比上于朱温也。今比上为朱温者，执事也。告之官，则执事反得大罪矣。"方色变，侯遂索其诗之元本，手碎之乃已。③

王梓材、冯云濠《宋元学案补遗》卷九十五《萧同诸儒学案补遗》：

侯克中字正卿，真定人。幼丧明，聆群儿诵书，不终日能悉记其所授。长习词章，自谓不学可造诣，既而悔曰："吾明于心，刊华食实，莫首于理，理以载道。原《易》以求，则为得之。"于是精意读《易》，旁通曲会，参以己说，而名之曰《通义》。袁清容序之曰："思深而识幽，据会提要，盖将为程子之忠臣，仿文公以入夫邵子之室，非潜心尊闻者不能也。"又称其年逾

---

① 《宛委别藏》第 42 册，第 53~58 页。
② 《中华再造善本》影印元后至元四年曹复亨刻本。
③ （宋）周密：《癸辛杂识》，中华书局，1988，第 251 页。

九十,康色未艾云。①

史　樟

《录鬼簿》:

　　史九散仙,真定人。武昌万户。

　　武昌万户散仙公,开国元勋荫祖宗。双虎符三颗明珠重,受金吾元帅封。碧油幢和气春风,编《蝴蝶庄周梦》。上麒麟图画中,千古英雄。

《元史》卷一五五《史天泽传》:

　　子格,湖广行省平章政事;樟,真定、顺天新军万户;棣,卫辉路转运使;杠,湖广行省右丞;杞,淮东道廉访使;梓,同知澧州;楷,同知南阳府;彬,中书左丞。②

[笺]　天一阁本《录鬼簿》记史樟曾任武昌万户,贾补吊词亦云:"武昌万户散仙公"。而《元史·史天泽传》谓樟曾官真定、顺天新军万户。按《元史》卷六十三《地理志》:"大德五年,以鄂州首来归附,又世祖亲征之地,改武昌路。"也即说,直至大德五年(1301)方才有"武昌"之名。据下文考证,史樟约至元二十五年(1288)已卒。可知《录鬼簿》谓史樟官武昌万户实有误。又据李谦《孙拱神道碑铭》:"[至元]十三年,改顺天为保定路。"(牛贵琥、李润民《〈全元文〉补遗二篇》,《山西大学学报》2008年第1期。)史樟既除顺天万户,当在至元十三年前。又今存《张炼阳先生碑铭》署:"翰林直学士、朝请大夫、知制诰河东高鸣撰,真定万户史樟书并篆。"文末标识立石时间在至元十六年,则至元十六年时,史樟仍官真定万户。也就是说,史樟曾先后为顺天、真定新军万户,《录鬼簿》所载"武昌万户"显然有误。

河北井陉县出土《大元国重修通仙观记》碑署:

　　翰林学士承旨王鹗撰,真定万户史樟题额并书

　　岁疆圉单阏清明前一日翰林学士承旨、慎独老人王鹗百一记

　　至元九年岁次壬申夏四月十五日保真大师马道全立石③

---

① (清)王梓材、冯云濠辑《宋元学案补遗》,杨世文等校点,第3650页。
② (明)宋濂等:《元史》,第3663页。
③ 《井陉县志(1985—2004)》第四十六篇《文物古迹·古碑刻》,新华出版社,2006,第1089页。

[笺]"疆圉单阏",即丁卯年(至元四年,1267)。

王宗昱《金元全真教石刻新编》载《张炼阳先生碑铭》署:

  翰林直学士、朝请大夫、知制诰河东高鸣撰,真定万户史樟书并篆
至元十六年春三月中旬日门弟子王志中立石,黄山石匠贾荣刊①

王恽《秋涧先生大全集》卷九《赠九万户》:

  昂藏野鹤谁能驯,泽雉虽美终无神。一篇《秋水》江海阔,两袖醉墨云烟春。猿翁学剑事迹秘,兰舌解纷词调新。万事人间归一噱,双旌烛影见来频。(自注:用淮西将刘沔事。沔尝为捉生将,及拜大将,有人授烛二枝,后常见烛影在双旌上。出《酉阳杂俎》。)②

《秋涧先生大全集》卷六十六《九公子画像赞》:

  史开府子名樟,喜庄列学,屡为万夫长,有时麻衣草屦,以散仙自号。
  锐目丰颐,气貌魁奇,被褐怀宝,有俨其仪。出纨绮之间,无豪贵之习,抱夷惠之志,蔚熊豹之姿。齐物我于一致,感盛衰之无时。其或戴远游之冠,甘元气之委,骑将军之马,扫干将之霓。欻坐皋比[1],玄谈四驰,提笔挥洒,以遨以嬉。敛凌云之剑气,等尺鷃而蓬飞,耻以艺进,与时推移。希达人之大观,每先事于几微。与其身之外乐,何若心之内怡。是则散之为仙,见于丹青者如是,又何计腾寓说而横气机也?试捋须而为问,恐吾言之庶几。③

[校][1]"坐",元刊明补本、弘治本、荟要本作"生",据四库本改。

《秋涧先生大全集》卷八《春溪小猎行》诗序:

  经略史公子明春溪小猎,九公子有诗以纪其乐,索予同作。至元庚辰三月三日五夜,灯下走笔赋此。④

《秋涧先生大全集》卷十九《挽史九万户》:

  半生希古振长缨,隐隐胸中富甲兵。三篋补遗安世传[1],千金为寿鲁连轻。春风故里鸣珂远,暮雨山丘宿草生。一传散仙怀素叙,为君珍惜比书评。

---

① 王宗昱编《金元全真教石刻新编》,北京大学出版社,2005,第220页。
② 《四部丛刊》影印明弘治翻元本。另参《四库全书》第1200册,第104页。
③ 《四部丛刊》影印明弘治翻元本。另参《四库全书》第1201册,第16页。
④ 《四部丛刊》影印明弘治翻元本。另参《四库全书》第1200册,第93页。

[校][1]"传",弘治本作"博"。

[笺]姚燧《牧庵集》卷十六《平章政事史公神道碑》:"公(史格)亦薨,实至元二十八年秋七月十有五日,年止五十八。"则史格生卒年在1234~1291年。又1992年河北石家庄后太保村发现元代史氏家族墓,中有郭士文《大元故资德大夫湖广等处行中书省右丞史公墓志铭》:"公讳杠,字柔明,姓史氏,大兴永清人。……在荆南者凡十年,年七十有九遘疾。一日令具汤沐易衣巾曰:'吾将逝矣'。少顷,端坐而薨,实延祐二年九月十五日也。"(《石家庄市后太保元代史氏墓群发掘简报》,《文物》1996年第9期。)知史杠生卒年在1237~1315年。史格为史天泽长子,次子樟,四子杠,史樟生年在史格与史杠之间,即1234~1237年间。史格与史杠相差三岁,依常理,天泽前四子相继差一岁为宜,史樟于1235年生最为可能。

至于卒年,据上引王恽《春溪小猎行》诗序:"至元庚辰三月三日五夜,灯下走笔赋此",至元庚辰为至元十七年(1280),此时史樟尚在世。观《秋涧集》卷十九诗作,多为王恽晚年所作,其中确切知道的时间有至元二十三年丙戌(《丙戌岁中秋后二日梦过真定,与宣慰张鹏举相会,作诗为赠,既觉,颇记首尾意韵,因足成之》)、二十四年丁亥(《老境六适并序》)、二十五年戊子(《清明日花下独酌》)、二十八年辛卯(《贺士常侍御受吏部尚书》)、二十九年壬辰(《夹谷尚书哀挽》)。《挽史九万户》也应作于这段时间,冯沅君推定史樟卒年在1288年,可信从。如此,史樟终年五十四岁,与王恽挽诗"半生希古振长缨"句亦基本相符。

李潜夫

《录鬼簿》:

李行甫(一作行道),绛州人,名潜夫。

绛州高隐李公潜,养素读书门镇掩,青山绿水白云占。净红尘无半点纤,小书楼插架牙签。研珠露,《周易》点,恬淡齑盐。

贡士源《送李行甫任南雄教授》:

江上春风带雪寒,沙头双玉酒频干。广文官舍谁言冷,客子青山不厌看。烟浦泊船卢橘熟,晴林倚杖荔支丹。远乡珍味殷勤致,寿母佳儿两地安。①

---

① (元)汪泽民、张师愚编《宛陵群英集》卷八,《四库全书》第1366册,第1033页。

孔文卿

《录鬼簿》：

孔文卿，平阳人。

先生准拟圣门孙，析住平阳一叶分，好学不耻高人问。以子称，得谥文。论纲常，有道弘仁。捻《东窗事犯》，是西湖旧本。明善恶，劝化浊民。

黄溍《金华黄先生文集》卷三十九《溧阳孔君墓志铭》：

溧阳孔君既没之明年，其孤汝舟、汝楫将奉柩以葬。前期，汝舟俾其子惟中走钱唐，以铭来属。按状，君讳学诗，字文卿。六世祖按，自鲁徙吴。曾大父潜，又自吴徙溧阳，而占籍焉。大父应祥，始务治生产，以殖其家。父庭秀，以谨厚克承先业。有子二人，君其次也。至元乙亥，国朝取宋之师至金陵，寓公赵待制淮起兵溧阳，被执不屈而死。君年甫十有六，窃自念曰："彼大臣子，且有位序，死固其所。蚩蚩之氓，安知天命所归？徒取死无益也。"乃赞其父，率众诣军门，乡井赖之以完。主帅奇之，因挟以北上，欲荐于大府，俾效官使。君之父适遣人以物色访得君所在，君慨然曰："吾获为太平民，终养其父母，幸矣，奚以官为？"恳辞得南还。君持身以正，家法甚严，而济之以恩。伯兄蚤世，抚其遗孤如己子。中分田庐，择其美者授之。族姻里党之穷乏，必加周恤，而不以为德。他可便于乡邻者，无不致其力。大德丁未之饥，食其饿者，瘗其殍死者。天历己巳荐饥，亦如之，且倾廪粟，以助官府之弗给。法当得官，有司将上其名于铨曹，君谢曰："吾以有馀补不足尔，岂藉是荣吾身哉？况以入粟而赏官，何荣之有？"识者尤用敬服。君素刚介，人有过辄面斥责，即贵势无所避，故与世多忤。有诬陷以不法者，平昔所怨忌，又旁咻而力挤之。长吏觊君有所请托，抑弗为理。君曰："吾心无愧于天，人恶能胜天哉？"已而卒得直，挤之者乃自悔，而君无几微见于辞色，第戒其子曰："汝辈毋惩□所遭，而怠于为善，亦毋以家之丰而不由于礼。惟勤生可以继其先，惟知学可以淑其后。"至其子能自植立，遂悉付以家事，日与宾客从容于琴册笾豆壶矢间。二子列屋而居，号南北宅，君往来惟意所适而安焉，不以久近为计也。君尝大书性字于座右，谓人曰："能循性之自然，则无入而不自得矣。"人因称之曰性斋云。君卒以至正元年二月十四日，享年八十有二。葬以二年某月某日，墓在所居里陆上原先茔之次。娶教氏，前三十有一年卒。子男二人：汝舟、汝楫也。孙男五人：惟德、惟和、惟中、惟良、惟懋。女四人，婿曰蔡翼、张滨、宗应槐、汤某。曾孙男八人，女五人。玄孙男一人，女一人。盖君平生大概，内有所养而不挠于物，外无所慕而不累于名，近乎古所谓乡之善士者。①

彭伯成

《录鬼簿》：

彭伯成（一作伯威），保定人。

筵前酒海紫金坛，席上筹行白玉簪，碧螺七宝玲珑嵌。惜花心，做怪胆，丝柳阴，府地潭潭。

[笺] 曹本于彭氏剧目《京娘怨》下注："一云郭安道作"。按：郭安道，名贯，字安道，保定人，与彭同里，至顺二年（1331）卒，年八十二。《元史》卷一七四有传。

[考辨]

程文《折齿次韵彭伯诚》：

一齿何足惜，衰年寄两间。悬知添白发，宁复驻红颜。雨逐惊雷至，潮随返照还。故人怜舌在，吟啸未归山。②

杨翮《佩玉斋类稿》卷三《送番阳彭伯诚序》：

当涂李君仲羽，名师也。其门人高弟，得名师而事之，类皆煜然颖秀，文采英发。有过人者，惟彭生伯诚则可异焉。其貌也悄焉、愀焉，其心也澹焉、泊焉。悃愊而不华，退谋而不矜，殆非所谓深沉而静专者欤！夫自科目兴而圣贤之学不传，士之为业者皆莫不务外而略其内，卤莽以涉乎经术而精微之不思，矫假以诡乎行义而伦理之不讲。亦莫不徇华而不切于实，恢植以崇乎气概，而雄夸之为高，靡丽以袭乎辞藻，而轻率之为敏。要其终何如也！

---

① 《中华再造善本》影印元刻本；《续修四库全书》第 1323 册，第 495 页。
② 《全元诗》第 35 册，第 266 页。

然则士之致远，诚必先乎器识也哉！今夫由彭生之伦等而求之，其器识有若彭生者乎？生，番人也。其威仪容止，则非番人也。从李君游，求道尤切，李君亦复推称之。其得于师者多矣。君当涂不逾年，复侍其亲归番。与之同门及尝与之游者，咸为言以赠之。其获于友者至矣。其将归也，余尝见之于李君之塾，肃乎其有容，凝然其若思，其笃于己者诚厚矣。以生之习，将不可以为远且大之资乎！且番，饶先生之邦也。生归而读其书，思其为人，由其言约诸于己，圣贤之学，初不外是。则生之笃于己者，将不益加厚乎？余与彭生无素交，承李君之请也，故言。①

陶安《陶学士集》卷十六《方寸堂记》：

鄱阳儒家余氏以方寸名堂，托余同年友洪仲方来征文，而余同舍友彭伯诚亦俾为之言。②

《陶学士集》卷二十《书彭伯诚所著〈字说〉后》：

余来姚江，与赵养直居相近，见辄谈古今文章。一日袖示文一简，乃余友彭伯诚之作也。养直族人名学礼，字克诚，在池阳识彭君，彭作《字说》贻其归焉。初至顺间，伯诚从父至太平，年未冠，已精诣性理，摛辞美赡。与余同舍，余长一岁，伯诚兄视之，相好也。其归德兴，以远罕见，每秋闱相遇，握手论心，欢洽累日，盖二十四年之交矣。去年，寇掠德兴，锋镝惨毒，有怀良朋，寤寐不置。乃者秋闱，君弗与贡。吾方忧之，而养直乃示其文，展视则伯诚迩日手翰，真若亲其面颜，喜不能已。君之论礼也，仪文森焕，度数整严，博而知要者也。③

《陶学士集》卷十五《送吴生引》：

番易（阳）吴廷镇与余同试场屋，余既充贡京师，及归姑孰，则廷镇职金谷于郡庠。其弟字廷用，实从之来。……既而廷镇请以其弟受《易》于余，生遂踵门。……余友伯诚彭君，于生为乡先进。④

---

① 《四库全书》第 1220 册，第 72 页。
② 《四库全书》第 1225 册，第 765 页。
③ 《四库全书》第 1225 册，第 806 页。
④ 《四库全书》第 1225 册，第 760 页。

李时中

《录鬼簿》：

李时中，大都人。中书省掾，除工部主事。

元贞书会李时中、马致远、花李郎、红字公，四高贤合捻《黄粱梦》。东篱翁，头折冤，第二折商调相从，第三折大石调，第四折是正宫。都一般愁雾悲风。

苏天爵《滋溪文稿》卷五《曹南李时中文稿序》：

客有示予文一编者，读之，辨博宏衍，若无涯涘，盖本诸经以为辞，非空言以自诡者也。予亟问之，客曰："曹南李时中所作。"予曰："宜其然。"盖时中少学于藁城王祁京甫，京甫则临川吴先生之高第弟子也。初宣慰使珊竹公延导江张氏于仪真诲其子弟，张氏没，复延吴先生为之师，故真、扬间学者甚盛。京甫既传其师说，开门授徒，时中尤知名于时者也。呜呼，昔宋之季，文日以弊，而江淮俗尚武侠，儒学或未闻也。国家既一四海，儒先君子作而兴之，独以经术训诸其人，宜其讲授渊源之有自欤。时中为人，沉潜缜密，读书刻苦，不急一时之誉而誉日彰。久之，大臣有知其贤者，荐之于朝，得为校官。又辟掾行省，不乐俯仰，辄弃去，盖昂然特立之士也。延祐、至治间，吴先生两被召命入朝，道出真、扬，馆于时中之家，时中受教益多。惜乎蕴其材能，弗克表见于世。予官淮东，访求士之贤者，得数人焉，时中其一。每叹去世之亟，不及与之讲所学也。后之读其文者，尚及识时中之志矣夫。①

张以宁《翠屏集》卷三《送李逊学献书史馆序》：

曹南李时中教授，有志士。尝两辟省台掾，辄弃去。慕汉朱云，尚友古时豪杰人，著《江居集》自见。每酒酣，慷慨泣数行下，慕贾谊、唐衢。既沉郁不克施，则捐千金，聚经若史诸书数万卷，以遗诸子，慕丁度、刘式。曩予闻尝奇之，来淮南，读张仲举氏所为文，信然。今朝廷有诏修宋辽金三

---

① （元）苏天爵：《滋溪文稿》，陈高华等点校，第66页。

史，遣使购前代异书江淮间。其子敏出父所藏宋逸史，为卷若干，献之馆。有司韪其志，驿送以闻。昔太史公留滞周南，自伤不获从登封。其子迁紬金匮石室书，成父志，称后世良史。时中暨敏，虽自弗敢望太史公父子，然其志亦岂异哉？嗟夫！方时中在时，奋欲自树立，决不与草木同腐，不克施以殁。至身后乃能使其书不泯没，有补于世，其志白于天下，时中为有子不死矣。士之生，诚有补不泯没于世，岂必当其身际遇哉？设使时中身际遇贵富于一时，而声光遂昧昧，非君之志也已。予于敏之行有感也。嗟夫！士之有志，幸生昭代，困且穷，曾未得少见薄技，于时中何如也？世之君子，其亦有感于斯人乎，其亦有感于斯人乎！①

[笺]《翠屏集》卷二《送李逊学献书北上》（原注：所藏父书）："恭惟圣代开东观，诏选诸儒会石渠。金匮已抽司马史，牙签犹藉郈侯书。献芹耿耿心期在，汗竹依依手泽馀。从此墨庄淮左盛，汉庭卜式意何如？"

李撝《李钦嗣墓志》：

先考□□[1]，字钦嗣，□李氏，晋宁路临汾县天□乡李村人。……先考生于至元二十八年辛卯十一月初四日癸酉……与左丞朔庭多理质班公、教授曹南李时中、内掾郲郡杨从道同师于中山王京甫先生。……后至元三年丁丑九月壬寅，终于扬州寓居之正寝，享年四十七。②

[校][1]《全元文》据宣统元年《陶斋藏石记》卷四十三收此文，空格下注："似讳鼎二字。"

[笺]吴澄《吴文正公集》卷十五《送方元质学正序》："[元质]今为扬州路儒学正……中山王京甫客寓扬州，沉浸于周、张、程、朱之书有年矣。年将五十而不求闻达于时，元质往哉，试与之论学。延祐乙卯十有二月己亥序。"

成廷珪《居竹轩诗集》卷二《吴中五日追念故友李时中、李钦嗣，有感而作，为时中生忌》[1]：

梦绕南冈北岭云，一杯无计洒松筠。世间我岂长贫者，地下君为不死人。夜雨自荒张祐宅，秋风谁障庾公尘。于今友道俱凋丧，落日江湖泪满巾。③

---

① 《四库全书》第 1226 册，第 603 页。
② 《全元文》第 51 册，第 480 页。《故宫博物院藏历代墓志汇编》第 2 册题目作《故晋宁李公钦嗣之墓》，第 484 页。
③ 《四库全书》第 1216 册，第 300 页。

[校] [1] 诗题，四库本简作《感而作为时中生忌》，从四库本《元音》卷十一补改。

王沂《伊滨集》卷八《寄李时中》：

津亭官树叶黄时，把酒船头话别离。待诏依然穷索米，还家何事悔看棋。空怜鬓发惊秋早，岂有文章结主知。书到淮南又摇落，定将佳句慰相思。①

[考辨]

张铉《至正金陵新志》卷六下《官守志二·行御史台·监察御史》：

李时中，儒林[郎]。泰定元年上。②

苏天爵《滋溪文稿》卷四《燕南乡贡进士题名记》：

官署之有题名，重职守以谨迁次，推名氏以稽美恶，为后来者劝也。进士始贡于乡，未有设施，而亦载名于石，盖以观文运之升降，考人才之崇卑，则于朝廷得贤敷治之盛益有征焉。……我国家混一之初，取才宋、金之遗，不乏用也。治平既久，耆旧日亡，开设贡举，网罗贤能，登崇治功，其为后世虑不亦大欤！昔者皇庆之时，肇定乡试之所，由两都、十一行省、河山之东二宣慰司，及真定、东平，共十有七。其贡士之制，三年大比，度郡县之远近，验户版之多寡，凡国士、诸国士、汉士、南士各七十五，合三百人。拔其文学之尤者，取百人焉。其试于真定者，河间、保定、顺德、广平、大名、彰德、卫辉、怀庆九路，取合格者二十有一，国士、诸国士各五，汉士十一。其始也，或阖郡不荐一人，今则应书之士几六百人，是可尚已。……今燕南诸郡列居中土，皆古圣贤过化之地，礼乐政教所由出也。贤才所由以生，四方以为则效者也。当汉、唐、宋、金之世，文武将相之储，经术词章之粹，皆于斯而取焉。矧今国家治化涵濡之久，山川清明之蕴，庠序教养之隆，则贤能之兴，又岂近代所可及欤。故自延祐以来，燕南宾兴之士廷对赐及第者三人，省试擢置伦魁者三人，亦可谓之盛矣。虽然无所待而兴者，豪杰也，其馀则亦不能无所劝焉，兹题名记所由立也。真定郡教授郭鹏抟，学正、录赵应辰、李时中，考求累举乡贡姓名，载之于石，属予记之。③

---

① 《四库全书》第 1208 册，第 457 页。
② 《四库全书》第 492 册，第 329 页。
③ （元）苏天爵：《滋溪文稿》，陈高华等点校，第 45 页。

梁寅《石门集》卷三《李孺人墓志铭》有李樗，字时中，豫章人，至正甲午卒。

李致远

仇远《金渊集》卷二《和李致远秀才君深》：

  平生志气隘九州，直欲濯足万里流。讵期功名坐蹭蹬，不意岁月成缪悠。防闲拟铸铁门限，牵挽忽作金濑游。栖巢未稳乌鹊月，归梦已熟鲈鱼秋。连宵风雨正僵卧，何时临壑容奇搜。可人喜接一日雅，此地判作三年留。说诗解字屡握手，感时怀古频搔头。吴郡才子止邱沈，梁园旧赋馀枚邹。天上仙应无憝者，眼中客复有此不。家声久识南北阮，笔力眇视大小欧。我方得友颇庆快，子亦固穷忘怨尤。蹄涔乃使鲸鲵伏，拳石难与嵩岱侔。纷纷嗜好异齐瑟，磊磊肝胆呈吴钩。有才未遇政何损，知尔不荐终当羞。往事欲谈遽易了，浊酒既倾焉得愁。平乘楼上王夷甫，下泽车中马少游。须笑即今仕宦人，嚅呢言貌如伶优。若为田园足以活，与尔水火无相求。一瓢陋巷誓不出，孤云野鹤心自由。斯文将兴天未丧，游子累累徒隐忧。①

[笺]《元曲家考略》谓，仇远世祖至元中尝为溧阳教授，诗有"牵挽忽作金濑游"句，金濑正指溧阳。玩诗意似致远即溧阳人，至元中与仇远交甚契，同为不得意人也。

何梦华藏钞本《朝野新声太平乐府》卷七注李致远："江右人"。②

杨 梓

《元史》卷九十四《食货志二·市舶》：

  至元十四年，立市舶司一于泉州，令忙古䚟领之。立市舶司三于庆元、上海、澉浦，令福建安抚使杨发督之。每岁招集舶商，于蕃邦博易珠翠香货等物。③

---

① 《四库全书》第1198册，第22页。
② 转引自《全元散曲》李致远小传，第1248页。
③ （明）宋濂等：《元史》，第2401页。

张可久【越调·小桃红】《别澈川杨安抚》：

晚风吹上海云腥，山色秋偏净，了得相思去年病。不堪听，樽前一曲阳关令。斜阳恁明，寒波如镜，分照别离情。①

姚桐寿《乐郊私语·杨氏乐府》：

州少年多善歌乐府，其传皆出于澈川杨氏。当康惠公存时，节侠风流，善音律，与武林阿里海涯之子云石交善。云石翩翩公子，无论所制乐府散套，骏逸为当行之冠，即歌声高引可彻云汉，而康惠独得其传。今杂剧中有《豫让吞炭》《霍光鬼谏》《敬德不伏老》，皆康惠自制，以寓祖父之意，第去其著作姓名耳。其后长公国材、次公少中，复与鲜于去矜交好。去矜亦乐府擅场，以故杨氏家僮千指，无有不善南北歌调者。由是州人往往得其家法，以能歌名于浙右云。②

《乐郊私语·杨元坦行状》：

杨友直元坦，尝于后至元间判馀干，与余情昵，而福儿托契仲实同守友直，实为合二姓之好，然未尝悉其上世所从来。兹卜居丰阳，去友直所居仅一舍，因得拜其先茔及高曾已下诸像，乃知杨氏为宋文公亿之后，有以武功起家者，土著盐之澈浦。高祖春，宋武经大夫，国朝赠中宪大夫、松江知府、上骑都尉，追封弘农郡伯。曾祖发，宋右武大夫、利州刺史、殿前司选锋军统制官、枢密院副都统，国朝内附，改授明威将军、福建安抚使，领浙东西市舶总司事，赠怀远大将军、池州路总管、轻车都尉，追封弘农郡侯。祖梓，嘉议大夫、杭州路总管致仕，赠两浙都转运盐使、上轻车都尉，追封弘农郡侯，谥康惠。父楔，敦武校尉、赣州路同知、知宁都州事，卒于官，友直生方晬耳。母周夫人携孤扶榇而归，时康惠公及陆夫人与楔生母訾夫人相与保护。至泰定丁卯，康惠薨逝，友直已年二十馀矣。为人倜傥多才，好学不倦，能嗣其先德。江浙财赋总管韩仲山重其才，以女妻之。比官上饶，通守常州，所在著积。方将振其家声，而天不悔祸，复于至正丁酉溘然长逝，春秋仅五十有五。少寡遗孤，茕茕在疚。伤余结契仲实，不幸早逝，惟友直足为旅人相依，今复尔，则信乎其命之穷也。嗟乎！友直往矣，无以报称，惟应状君世德及所行事以请于当代大方，为

---

① 《全元散曲》，第 985 页。
② （元）姚桐寿：《乐郊私语》，第 134 页。

友直不朽计耳。①

陈旅《陈众仲文集》卷十一《杨国材墓志铭》：

　　弘农杨氏，自东汉太尉震以来，代有闻人。著于闽之浦城者，曰文公亿。文公之后有家于嘉兴之澉浦者，则以材武显于世矣。君讳焕[1]，字国材。曾祖考讳春，故宋武经大夫，国朝赠中宪大夫、松江知府、上骑都尉，追封弘农郡伯。祖考讳发，故宋右武大夫、利州刺史、殿前司选锋军统制官、枢密院副都统。至元内附，改授明威将军、福建安抚使，领浙东西市舶总司事，赠怀远大将军、池州路总管、轻车都尉，追封弘农郡侯。考讳梓，嘉议大夫、杭州路总管致仕，赠两浙都转盐运使、上轻车都尉，追封弘农郡侯，谥康惠。妣陆氏，封弘农郡夫人。初，陆氏有子而殇，次室訾氏生国材为长子。陆夫人既无子，抚之如己出。而国材天性孝友，又器识英敏，为儿童俨若成人，康惠公甚爱之。既长，颇涉猎经史，又习通国字语言，慨然有用世之志。遂如京师，以著见其蕴抱，公卿贵人多奇其才。大德中，大臣以康惠公劳于国，请官其子以劝忠也。上可其奏，授敦武校尉、赣州路同知宁都州事。能以谨饬自将，又明于烛物，上官咸信任，同列不敢以年少易之，声称日闻。俄得疾，卒于官，大德癸卯五月廿三日也，年二十一。妣周氏，生子元坦。周氏携孤儿扶柩归，元坦方晬，康惠公与陆夫人哀不自堪，属訾氏善护之，曰："吾子虽死，使是孙有成，吾子为不死也。"泰定丁卯冬，康惠公薨，元坦年二十五矣。乃服斩衰，从诸叔父治丧事。于是，陆夫人殁已七载，而訾氏亦先几年殁。康惠公与陆夫人既合葬于德政乡泊舻山之原。至顺壬申六月二十日，又葬訾氏与宁都君于康惠公之兆。元坦孤苦之馀，夙夜以思，兢兢焉惟恐坠先绪也。至元再元之四年，以祖荫授从仕郎、饶州路馀干州判官。乃以康惠公历官行事之概告于朝，得加美爵令谥。又谒当代名人著神道碑铭，以为是足以贲显幽，而庶几为人后者之道也。既又痛其父有志树立，而享年不永，将泯焉无闻于世，遂以状来，征其墓石之铭。呜呼！国材负英妙之器，乍试而遽折，君子盖深惜之。然有子如元坦，能以其父所不及为者而力为之，况仕途方开，其父之志又将无有不得信者。传曰："国人称愿曰：幸哉有子。"国材虽死，

---

① （元）姚桐寿：《乐郊私语》，第127页。

有子矣。元坦娶江浙财赋总管韩公奕之女,孙男文锡,女二人。①

[校] [1] "煐",四库本作"瑛",《乐郊私语·杨元坦行状》作"楧"。

黄溍《金华黄先生文集》卷三十五《松江嘉定等处海运千户杨君墓志铭》:

杨氏之先,世有显人。宋之盛时,有自闽而越、而吴居澉浦者,累世以材武取贵仕。入国朝,仕益显,最号巨族,今以占籍为嘉兴人。君讳枢,字伯机,赠中宪大夫、松江府知府、上骑都尉,追封弘农郡伯春之曾孙,福建道安抚使,赠怀远大将军、池州路总管、轻车都尉,追封弘农郡侯发之孙,嘉议大夫、杭州路总管致仕梓之第二子。母陆氏,所生母徐氏,陆以封、徐以赠,并为弘农郡夫人。徐夫人,温之宦家女,先(生)君甫数岁而殁,陆夫人抚君不啻如己出。君幼警敏,长而喜学,一不以他嗜好接于心目,刮摩豪习,谨厚自将,未尝有绮纨子弟态。其处家,虽米盐细务皆有法,仆隶辈无敢以其年少而易之,诸公贵人多称其能。大德五年,君年甫十九,致用院俾以官本船浮海至西洋,遇亲王合赞所遣使臣那怀等如京师,遂载之以来。那怀等朝贡事毕,请仍以君护送西还,丞相哈剌哈孙答剌罕如其请,奏授君忠显校尉、海运副千户,佩金符,与俱行。以八年发京师,十一年,乃至其登陆处曰忽鲁模思云。是役也,君往来长风巨浪中,历五星霜,凡舟楫、糗粮、物器之须,一出于君,不以烦有司。既又用私钱市其土物白马、黑犬、琥珀、蒲萄酒、蕃盐之属以进,平章政事察那等,引见宸庆殿而退。方议旌擢以酬其劳,而君以前在海上感瘴毒,疾作而归,至大二年也。阅七寒暑,疾乃间。寻丁陆夫人忧,家食者二十载,益练达于世故,绝圭角、破崖岸,因自号默默道人。泰定四年,始用荐者,起家为昭信校尉、常熟江阴等处海运副千户。居官以廉介称,被省檄给庆、绍、温、台漕挽之直,力划宿蠹掊剋之弊,绝无所容。天历二年,部运抵直沽仓,适疾复作,在告满百日,归就医于杭之私廨。疾愈剧不可为,俄升松江、嘉定等处海运千户,命下,君已卒。至顺二年八月十四日,其卒之日也,享年四十有九。娶刘氏,南渡名将大(太)师鄜王光世之裔,前四年卒,赠嘉兴县君。初,君有三子,俱未齿而夭,奉父命以弟之子元德为之子,后乃有子曰元诚。君卒时,元诚生二年矣。元德卜以元统二年正月某日,襄祔事于泊橹山先茔东百步,与嘉兴县君兆合。君从父兄朝列大夫、同知集庆路总管府事清孙,实志其圹。而墓道

① 《中华再造善本》影印元至正刻明修本;《四库全书》第1213册,第140页。

之石未有所刻，元德以状来谒铭。乃序而铭之，序所不能悉者，志文可互见也。君平生所赋诗，有遗稿藏于家。①

胡长孺《崇宁万寿禅寺杨氏施田记》：

皇帝龙飞之六年，岁行丙辰正月辛酉，玺书宣谕军民官使臣，略曰："杭州路浙江崇宁万寿禅寺住持无受正传长老，杨宣慰松江六十顷田地布施属寺，水土园林勿夺。"正传钦受，迎奉慕钩镂饰竟已。猗欤嘉哉！隆勤崇施之盛德也。谨按：中大夫、浙东道宣慰副使、金都元帅府事杨公梓，尝任海道漕运万户。至大三年冬十月二日，用海船俶钱如浙东，将渡钱塘至寺时，惟见行僧去来，包笠枡比，无受亲执土木役途，缁手足不厌。问焉，则拱而对曰……公闻而伟之，曰："国家厚恩，相仍簪笏，藉祖先遗德，薄有田园，长必有厚捐，思报莫逾及物。在崇宁万寿为得其地，逢无受长老为得其人。谨施松江府华亭县庄屋一区，田六千亩，岁收四千石，永为常住，供云水僧饭食、浴洗，并义渡船。是田在己在人，皆为外物，未施则厚止一家，已施则赖之者众，以此方彼，万倍差殊。"事闻于家，无不意满，宣政具以闻上。无受月与江渡舟人米，约不求僧与其徒，四众黄冠往来，钱岁费且四百石。明年六月丁酉未旦时，萧公桥民不戒于火，延及浙江亭，四旁闾门皆烬，而寺独存，若有物卫之者。无受既具良石，以公书请文于碑，长孺曰："谨铭"。②

袁桷《延祐四明志》卷二《职官考·浙东道宣慰司都元帅府·副使》：

杨梓，中大夫。③

《元史》卷二一〇《爪哇传》：

至元二十九年二月，诏福建行省除史弼、亦黑迷失、高兴平章政事，征爪哇；会福建、江西、湖广三行省兵凡二万。……九月，军会庆元。……十一月，福建、江西、湖广三省军会泉州。十二月，自后渚启行。……三十年正月，至构栏山议方略。二月，亦黑迷失、孙参政先领本省幕官并招谕爪哇等处宣慰司官曲出海牙、杨梓、全忠祖，万户张塔剌赤等五百馀人，船十艘，先往招谕之。大军继进于吉利门。弼、兴进至爪哇之杜并足，与亦黑迷失等

---

① 《中华再造善本》影印元刻本；（元）黄溍：《黄溍集》第3册，王颋点校，第858页。
② （明）朱存理编《珊瑚木难》卷四，《四库全书》第815册，第118页。
③ 《四库全书》第491册，第352页。

议，分军下岸，水陆并进。弼与孙参政帅都元帅那海、万户宁居仁等水军，自杜并足由戎牙路港口至八节涧。兴与亦黑迷失帅都元帅郑镇国、万户脱欢等马步军，自杜并足陆行。以万户申元为前锋。遣副元帅土虎登哥，万户褚怀远、李忠等乘钻锋船，由戎牙路，于麻喏巴歇浮梁前进，赴八节涧期会。招谕爪哇宣抚司官言：爪哇主壻土罕必阇耶举国纳降，土罕必阇耶不能离军，先令杨梓、甘州不花、全忠祖引其宰相昔剌难答吒耶等五十馀人来迎。三月一日，会军八节涧。……是夕，国主哈只葛当出降，抚谕令还。①

《元史》卷二十三《武宗本纪》：

[至大三年冬十月]，江浙省臣言："曩者朱清、张瑄海漕米岁四五十万至百十万。时船多粮少，顾直均平。比岁赋敛横出，漕户困乏，逃亡者有之。今岁运三百万，漕舟不足，遣人于浙东、福建等处和顾，百姓骚动。本省左丞沙不丁，言其弟合八失及马合谋但的、澉浦杨家等皆有舟，且深知漕事，乞以为海道运粮都漕万户府官，各以己力输运官粮，万户、千户并如军官例承袭，宽恤漕户，增给顾直，庶有成效。"②

袁桷《清容居士集》卷二十《海会庵记》：

四明海之东绝处，为补陁岩，大士显焉。鄞之东为育王山，释迦舍利塔焉。遵南为岳林，为天台，皆游历之所。而补陁、育王，自天子至于王公百司，乘驿奉香币，不绝于道，四方之民终岁膜拜。至于西门，始求其渡海之路，然而触风涛烟雾，率莫悉处所。又舟人伺其危殆，时有不利，目接其事，而来者益不止。岂非其教足以倾动，而为善者，有以复其良心也？有僧曰妙寿，以其建庵之始末告曰："兹庵之创，专以奉补陁、育王、岳林、天台之游者也。初卜地于城西，郡民任氏首，不过地千步、屋三楹。有同志僧妙然、日习、宗尚，善劝募，倾舍骈集。又有僧元安、清持，以行业振励，信者俱至。善士翁父坚翼辅之，首建佛宫，且割田为济。未几，宣慰杨侯梓，益买田以赞相。由是，拓地为亩十五，屋百楹。殿堂门庑，迎宾习静，各有其地。"③

[笺]《至正四明续志》卷十《寺院庵舍·鄞县·大海会寺》："县西五里。延祐六年创，名海会庵。翰林侍讲学士袁桷为记。"清徐兆昺《四明谈助》引录袁桷《海会庵记》所作

---

① （明）宋濂等：《元史》，第4665页。
② （明）宋濂等：《元史》，第528页。
③ 《中华再造善本》影印元刻本；《四库全书》第1203册，第275页。

时间为泰定二年乙丑（1325）四月癸未。

《天启海盐县图经》卷十二《人物篇》：

　　杨发先世居浦城，以军功土著盐之澉浦。父春，宋武经大夫。发初仕宋，官右武大夫、利州刺史、殿前司选锋军统制官、枢密院副都统。元初内附，改授明威将军、福建安抚使、领浙东西市舶总司事。卒赠怀远大将军、池州路总管、轻车都尉，追封弘农郡侯。子梓，嘉议大夫、杭州路总管致仕。节侠风流，尤善音律。卒赠两浙都转运盐使、上轻车都尉，追封弘农郡侯，谥康惠。梓子耐翁、榠。耐翁，少中大夫、浙西道宣慰同知，改任海道都漕运万户。榠，敦武校尉、赣州路同知、知宁都州事。榠子友直，字元坦，倜傥多才，好学不倦，官至常州通守。（下注：杨氏世以豪富称。）①

又卷三《方域篇·名胜谱》：

　　杨宣慰妆楼在澉浦城西。《澉水志》："西门内大街南有真武庙，元宣慰使杨梓居之，建楼十楹，以贮姬妾，谓之梳妆楼。"国初，杨氏远徙故居，废为延真观楼，尚有存，今毁。《乐郊私语》曰……张可久《别澉川杨安抚》【越调·小桃红】词："晚风吹上海云腥，山色秋偏净，了得相思去年病。不堪听，尊前一曲阳关令。斜阳恁明，寒波如镜，分照别离情。"陈金《妆楼》诗："彩鸳飞去曲池荒，朱箔依然绕绿杨。春色不知歌舞尽，野花犹学美人妆。"②

又卷三《方域篇·天宁永祚禅寺》载徐思敬《元宣慰杨公报亲斋粮记》：

　　前浙西道宣慰、少中杨公耐翁，世居盐之澉川，孝行纯笃，根于天性。考安抚总使公不幸弃养[1]，耐翁擗踊哭泣，毁欲灭性。至〔大〕辛亥，改任海道转运万户，督粮赴都。太夫人杜氏讣闻，弃官读礼，追慕劬劳之恩。遂捐舍宝钞于杭之灵隐、钱塘之万寿、姑苏之承天、馀姚之云顶、永嘉之江心，普结善缘，资荐二亲。而耐翁之心犹以为未已也，复捐钞米浼本州天宁住持永摹讷翁，补增《大藏经》文，重建观音宝殿于寺之东庑，朱甍画栋，涌壁菩萨诸天圣像奂然一新。……予嘉少中耐翁克尽孝道，又喜讷翁能成其事，于是乎书。皇庆三年癸丑结制日，敕授嘉兴路海盐州儒学教授徐思敬撰文。③

---

①《四库全书存目丛书》史部第 208 册，第 551 页。
②《四库全书存目丛书》史部第 208 册，第 366 页。
③《四库全书存目丛书》史部第 208 册，第 377 页。

[校][1] 据陈旅《杨国材墓志铭》及黄溍《杨枢墓志铭》，知"安抚总使公"只能是杨发，曾任福建安抚使。发为耐翁之"考"，则耐翁为杨梓。然据《天启海盐县图经》卷十二所引，耐翁实杨枢之号，且枢曾官浙西道宣慰同知，与此处"浙西道宣慰"语相合，而杨梓未尝任此职。此处"考安抚总使公"之"考"盖为"祖"之误。

又卷六《食货篇·课程》附录《市舶》：

《元史·食货志》：至元十四年，立澉浦市舶司，令福建安抚使杨发督之。……大德二年，始并澉浦入庆元提举司，直隶中书省。……总领舶务杨发者，土著澉川。其家复筑室招商，世揽利权，富至僮奴千指，尽善音乐。饭僧、写藏、建刹，遍两浙三吴间。小民争相慕效，以牙侩为业，习成奢僭攘夺之风。明兴，徙杨氏，籍其家，罢市舶司，不复设，豪商大贾尽散去，二镇城民居为之萧条，非复囊时之盛。①

[笺]《元史》卷九十四《食货志·市舶》："至元十四年，立市舶司一于泉州，令忙古解领之。立市舶司三于庆元、上海、澉浦，令福建安抚使杨发督之。……[大德]二年，并澉浦、上海入庆元市舶提举司，直隶中书省。"

董穀《续澉水志》卷七《人品纪·宦迹》：

杨梓，中大夫、浙东宣慰副使、金都元帅府事。尝铸禅悦寺铜钟，今二百馀年犹存，镇一城风水。

杨耐翁，梓之子，浙西道宣慰、大（太）中。性至孝，喜施舍，独建天宁寺观音殿。又以己财造阛阓，招民居之，由是人烟辐辏，番舶归焉。②

又卷六《祠宇纪·延真观》：

在西门内大街南，即旧志真武庙也。元土官宣慰杨梓居之，建楼十间以贮讴妾，谓之梳妆楼。入国朝，革土官，置城守，杨氏远徙，楼梯不存，遂无登者。③

又卷八《杂纪·古迹·禅悦寺钟》：

元中大夫杨梓以倭铜铸成，重五千四百八十斤，款识极佳。其声清和洪壮。④

---

① 《四库全书存目丛书》史部第 208 册，第 442 页。
② 《四库全书存目丛书》史部第 186 册，第 467 页。
③ 《四库全书存目丛书》史部第 186 册，第 466 页。
④ 《四库全书存目丛书》史部第 186 册，第 481 页。

沈季友《槜李诗系》卷四《杨宣慰梓》：

　　梓世居海盐澉川，以豪富称。元时为宣慰使，节侠风流，尤善音律，与武林阿尔哈雅之子酸斋交善。酸斋善歌，能制乐府、散套，梓得其传。杂剧中有《豫让吞炭》《霍光鬼谏》《敬德不伏老》，皆其所著也。尝建楼十楹，以贮姬妾，今称宣慰妆楼云。①

---

①《四库全书》第 1475 册，第 88 页。

第二期

宫天挺

《录鬼簿》：

宫大用，名天挺。大名开州人。历学官，除钓台书院山长。为权豪所中，事获辨明，亦不见用。卒于常州。先君与之莫逆交，故余常得侍坐，见其吟咏文章，笔力人莫能敌。乐章歌曲，特馀事耳。

豁然胸次扫尘埃，久矣声名播省台（一作钓台）。先生志在乾坤外，敢嫌天地窄。更词章，压倒元白。凭心地，据手策，数当今，无比英才。

[笺] 黄溍《金华黄先生文集》卷九《重修钓台书院记》："国朝仍其旧，设师弟子员。而邻僧怙势，悉夺其恒产以为己有。诉之于官，仅复其半，所食者瘠田五十亩而已。间尝入钱佃其旁官山三十顷，取鬻薪之奇赢，以佐营缮之费。豪民欲擅其利，构讼连数岁不决。至正元年秋，总管罗公下车，首务修明学政。偶阅其牍，亟命度其地之肥硗，均而为二，俾分佃之，咸以为平，而各安其业。"

方逢振《瑞粟图序》：

青溪之近郊，有粟一茎而两穗者，三四穗者，民若士合辞以庆于长官。学正宫大用率诸生以其图来谂，俾予叙其岁月。①

[笺] 方逢振字君玉，号可斋。淳安（今属浙江）人。宋理宗景定三年（1262）进士。宋亡后居家不仕，聚徒讲学于石峡书院。《录鬼簿》谓宫大用"历学官，除钓台书院山长"。石峡、钓台二书院均在浙江境内（前者在淳安，后者在桐庐），宫大用若壮年任石峡书院学正，暮年升钓台书院山长，亦有可能。

曾 瑞

《录鬼簿》：

曾瑞卿，名瑞。大兴人。自北来南，喜江浙人才之多，羡钱塘景物之盛，

---

① （宋）方逢辰：《蛟峰文集》卷八附《山房遗文》，《四库全书》第1187册，第582页。

因而家焉。神采卓异，衣冠整肃，优游于市井，洒然如神仙中人。志不屈物，故不愿仕。自号褐夫。江淮之达者，岁时馈送不绝，遂得以徜徉卒岁。临终之日，诣门吊者以千数。余尝接见音容，获承言话，勉励之语，润益良多。公善丹青，能隐语。小曲有《诗酒馀音》行于世。

江湖儒士慕高名，市井儿童诵瑞卿，衣冠济楚人钦敬。更心无宠辱惊。乐优闲，不解趋承。身如在，死若生，想音容，犹见丹青。

林景熙《霁山先生集》卷四《孤竹斋记》：

按平滦在长城南，东薄海，古孤竹国也。自有虞氏营州，秦析而郡之，为辽西北平。汉以后，离合废置不常。非有高山大川，与中州角雄胜，徒以孤竹君之化、夷齐二子之节，流被至今。其俗质直而好义，男女无贵贱，一事耕织。予束发读书，窃慕首阳高风，迥若天人，虽阅数百世，隔数千里，犹使人兴起，况生其国者乎！燕人曾君瑞卿，来昆阳，数造予门。挹其貌，冰悬雪峙，莹然而清也；聆其论，蛟腾虎跃，轩然而英也。而又持之以不矜，翼之以不倦。凡有作，必屑叩予，予益奇之。一日，悃款以请曰："吾家世平州，祖父皆学而仕，吾未离乳而徙于燕也。念孤竹吾自出，取而名斋，以示不忘。幸子广之。"予曰："过桑梓而恭，想枌榆而祭，夫人乡土之情也。仰高山，景先哲，则其秉彝好德之性也。辽海苍寒，为我问讯首阳之薇蕨，尚无恙乎？圣贤非务卓行以震斯世也，西土之养，当就则就，就不为随；西山之饿，当避则避，避不为孑，适于义耳。今君生长西北，遭世隆平，非孤竹二子比，其不可离世而立于独也。吾行吾道，凡可以廉顽立懦者，是亦孤竹而已矣。孟子曰：'禹、稷、颜回同道。'所同者道，而不同者时，恶执异以掩同哉！夫论人者，必考其风土之素，与其父兄师友之贤。赵多侠，鲁多儒，君抱耿介，虽资禀固然，亦孰非孤竹之染也欤！"①

《青楼集·喜温柔》：

曾九之妻也。姿色端丽，而举止温柔。淮、浙驰名，老而不衰。曾瑞卿以【梧叶儿】数首以赠之，其中皆寓其名，梓行于世。回回旦色末（米）里吟（哈）传授其妙。②

---

① 《丛书集成初编》，第 104 页；《四库全书》第 1188 册，第 741 页。
② "曾瑞卿"以后文字见《说集》本，孙崇涛、徐宏图笺注《青楼集笺注》，第 207 页。

夏文彦《图绘宝鉴》卷五：

曾瑞卿，号褐夫。居钱塘。工画山水，学范宽。①

刘诜《桂隐诗集》卷二《题曹裕之所藏曾瑞卿〈神龙卧沙图〉》：

老龙胸有天下雨，养道潜身卧洲渚。脊鳞十丈黄金横，鬐沙万斛玄珠举。意酣太古阴风寒，气接洞庭秋浪怒。黑如海宫仙人烛灭撤华宴[1]，水晶虾须之帘横堕云阶寒不卷。明如虬髯帝子战胜朝驰归朝暾，下照曳地锁甲三百片。山焦石沸赤炜万里焚[2]，帝下墨敕搜抉江海尔不闻，吾闻葛陂之竹投水奔。雷泽之梭夜逐风雨腾上天，彼非龙身托形似。一日乘化窃气高飞骞，嗟尔胡为失其所。胸有霖雨禁不吐，坐令时人寸墨写尔归囊楮。大呼老龙笺天公，前驱飞廉后曇霘，一为人间作年丰。②

[校] [1] "撤"，《元人文集珍本丛刊》影印钞本作"徹"，从四库本改。 [2] "沸"，《元人文集珍本丛刊》本作"流"，从四库本改。

凌云翰《柘轩集》卷二《曾瑞卿所作山水图》：

山关迢递野桥斜，策杖幽寻岂惮赊。路转峰回连佛寺，鸡鸣犬吠隔人家。白云作雨多如絮，红叶惊风少似花。不是褐夫能貌得，空令泉石老烟霞。③

陈以仁

《录鬼簿》：

陈存甫，名以仁。杭州人。以家务雍容，不求闻达。日与南北士大夫交游，僮仆辈以茶汤酒果为厌，公未尝有难色。然其名因是而愈重。能博古，善讴歌。其乐章间出一二，俱有骈丽之句。

钱塘风物尽飘零，赖有斯人尚老成。为朝元恐负虚皇命，凤箫寒、鹤梦惊，驾天风直上蓬瀛。芝堂静，蕙帐清，照虚梁落月空明。

---

① 《四库全书》第814册，第623页。
② 《元人文集珍本丛刊》第5册，第97页；《四库全书》第1195册，第248页。
③ 《四库全书》第1227册，第796页。

《录鬼簿》沈拱传：

杭州人。天资颖悟，文质彬彬。然惟不能俯仰，故不愿仕。所编乐府最多。以老无后，病无所归，存甫馆于家，不旬日而亡，存甫殡送之，重友谊也。

《录鬼簿》：

胡正臣，杭州人。与［金仁杰］志甫、［陈以仁］存甫及诸公交游。

孙存吾《皇元风雅》后集卷六选录"复斋陈以仁"诗三首，人名下注："三山人"。其二为《次熊勿轩书榻可字韵》：

一榻清幽无不可，有客过从但虚左。书读万卷胸次明，平日操存要在我。哦诗得句豁昭旷，饮酒濡唇戒懍懅。此时要学乖厓翁，一剑横陈断心火。①

［笺］熊禾（1253～1312），字位辛，一字去非，号勿轩，又号退斋。建阳人。宋咸淳十年（1274）进士，授宁武州司户参军。入元家居讲学，从游者甚众。皇庆元年（1312）卒，年六十。（傻处约《勿轩先生传》，《勿轩集》附录）

张翥《蜕庵诗集》卷三《送陈复斋归婺之武义清宁观》：

武川道馆白云间，萧散真宜羽客闲。丹侣有期开药灶，青童应在守萝关。冈头叱石成羊起，花下吹笙驭鹤还。岁晚相思拟相觅，只愁落叶满空山。②

王毅《木讷斋文集》卷一《送陈复斋道士归金华序》：

陈君仲元，本括苍儒家，学老氏去，居金华山中，出览名山，因游京师，京师名儒皆待以佳士，不敢以道家者流目之也。毅虽同郡，未始相识，来辇下，一见如旧交，数相往来。每语及古今节行之士，欣慕感慨，至为之于邑流涕，语及贪婪奸回者，则义形于色，疾之如雠仇，其为人可知矣。仲元又笃好义理之学，谈濂洛、考亭诸儒先生，吃吃不容口，叩其所自，则尝登白云先生之门者也。……陈君回金华，为我致谢景韩诸公并以此意告之，不可为他人道也。他时会于双溪之上，凡毅有一言一行之失，秉之平日疾恶之心，面责而痛斥之，此毅所深望于仲元也。③

---

① 《中华再造善本》影印元李氏建安书堂刻本。四库本仅存两首，缺《酬吕渭隐》，见《四库全书》第 1368 册，第 164 页。
② 《中华再造善本》影印明初刻本；《四库全书》第 1215 册，第 52 页。
③ （元）王毅：《木讷斋文集》，乾隆二十八年苏遇龙刻本。

[考辨]

　　清光绪修《福州马尾周氏族谱》："七世，仲房：性征，字汝京，庠生，行六，号潜润，娶本里陈氏以仁女，乃景玉之甥也。生男曰信，曰赞，邵武县尉。长女适十二都林叔受，二女出家为道姑。元乙未（元贞元年）九月十六日未时生，享年四十一岁，葬钱堆山墓。婆丙申（元贞二年）七月初七日巳时生，享年六十九，洪武癸丑终，葬巷顶山。"或谓此陈以仁即《录鬼簿》所载之陈存甫。（参官桂铨《元福建戏曲家陈以仁新考》，《福建论坛》1984年第3期。）按此记载有误，丙申为元成宗元贞二年（1296），"享年六十九"，则卒年在顺帝至正二十四年甲辰（1364）。这则材料本身的可靠性与准确性尚存疑。

杨端《扬州琼华集》卷一录有元道士陈以仁，号无为。

谢应芳《龟巢稿》卷十九《故处士存心先生陈公行状》：

　　先生讳师可，字伯大，自号存心老人。……宋亡，而元遂为武进人。……先生生至元十五年戊寅……享年八十有一。……初娶陶氏，生子曰以仁，先卒。①

王恭《白云樵唱集》卷三《挽梅江陈以仁先辈》：

　　龙峰耆旧几人存，独客心悲不忍论。华表鹤归尘梦远，少微星坠海云昏。留宾别馆空悬榻，点易寒窗静掩门。零落为君歌《薤露》，行人无泪也销魂。②

贡师泰《玩斋集》卷七《福州玄沙寺兴造记》：

　　闽山之南有真觉禅师存公始创寺于侯官县之象骨山下，曰雪峰，其徒宗一大师备公又别创寺于怀安县东飞来峰之下，曰玄沙，实梁开平二年也。……今藏石珍禅师来主兹山，慨然叹曰："此望刹，不当如是也。"乃出其所有以资经始。众僧乐助，志若合一，而里之大家葛梦鼎、义士陈以仁等，亦来劝施。……至正辛丑春，宣政院使廉君公亮、经略李君景仪、

---

　　① 《四部丛刊》三编影印江安傅氏双鉴楼藏钞本。
　　② 《四库全书》第1231册，第179页。

翰林经历答禄君道夫与予同饮寺之见山堂，始识藏石师于坐间，自是数来相见。①

范居中

《录鬼簿》：

范冰壶，名居中，字子正，冰壶其号也。杭州人。父玉壶，前辈名儒，假卜术为业，居杭之三元楼前。每岁元夕，必以时事题于灯纸之上，杭人聚观，远近皆知父子之名。公精神秀异，学问该博，尝出大言矜肆，以为笔不停思，文不阁笔。诸公知其有才，不敢难也。善操琴，能书法。其妹亦有文名，大德年间，被旨赴都，公亦北行，以才高不见遇，卒于家。有乐府及南北腔行于世。

向、歆传业振家声，羲、献临池播令名。操焦桐，只许知音听。售千金，价未轻。有谁如父子才能，冰如玉，玉似冰，映壶天，表里澄清。

刘敏中《中庵先生刘文简公文集》卷十九《赠范冰壶》[1]：

多学有馀力，妙龄无不能。贵联金马客，清出玉壶冰。射覆追方朔，耽诗慕少陵。长风九万里，刮眼看云鹏。②

[校] [1] 诗题，四库本作《范冰壶者，故玉壶先生之子，以方技进，好学能诗，来求言，故赠之》。

陶宗仪《书史会要》卷七：

范居中，字子正。武林人。亦工笔札。③

吴升《大观录》卷十八《元贤名画·范子正竹树图》录马治《冰壶道人戏墨》诗：

冰壶道人清若秋，爱竹前身王子猷。戏洒淋漓一池墨，君看翠雨舞苍虬。④

---

① 《四库全书》第1215册，第641页。
② 《北京图书馆古籍珍本丛刊》第92册，第443页。
③ 《四库全书》第814册，第761页。
④ 《续修四库全书》第1066册，第796页。

[笺] 吴氏小字注："此图诗款印极精，笔墨亦萧疏。冰壶道人者，范子正，名居中。冰壶，其别号也。工笔札，为元四才子之首。"

吴其贞《书画记》卷二《黄大痴赠别图小纸画一幅》载黄公望识语：

至元戊寅秋九月，武林友人范子正与余有十年阔别，旅寓偶逢，悲喜之极，无可为敬，写此图以赠之。大痴学人。①

杨瑀《山居新语》卷三：

范玉壶作《上都诗》云："上都五月雪飞花，顷刻银妆十万家。说与江南人不信，只穿皮袄不穿纱。"余屡为溧阳之行，每岁七月半，郡人倾城出南门外祭奠，妇人悉穿金纱，谓之赛金纱，以为节序之称也。②

赵良弼

《录鬼簿》：

赵君卿，名良弼。东平人。总角时与余同里闬，同发蒙，同师邓善之、曹克明、刘声之三先生，又于省府同笔砚。公经史问难、诗文酬唱，及乐章小曲，隐语传奇，无不究意。所编《梨花雨》，其辞甚丽。后补嘉兴路吏，迁调杭州。天历元年冬，卒于家。公之风流蕴藉，开怀待客，人所不及，然亦以此见废。能裁字，善丹青，但以末技，故不备录。

闲中袖手刻新词，醉后挥毫写旧诗，两般总是龙蛇字。不风流，难会此，更文才，宿世天资。感夜雨梨花梦，叹秋风两鬓丝，住人间能有多时？

《录鬼簿》：

陈彦实，名无妄，东平人。与余及君卿同舍。

《崇祯嘉兴县志》卷十一《官师志》：

赵良弼，字君卿，东平人。延祐中为嘉兴路吏，迁嘉兴县尉，屡著善政，调杭州。天历元年卒于家。初师邓善之、曹克明二先生，经史问难、诗文酬

---

① 《续修四库全书》第1066册，第43页。
② 《四库全书》第1040册，第367页。

唱，最为一时称赏。其风流蕴藉，开怀待客，人所不及。然亦以此见废。能楷书，善丹青，文章隽逸，乐府、小曲、隐语、传奇，无不究意。所编《梨花雨》，辞甚藻丽。①

[考辨]

吴澄《吴文正公集》卷四十二《金陵王居士墓志铭》（自注：至顺壬午）：

居士姓王氏，其先自汴来南，一徙再徙，而家金陵。讳进德，字仁甫，少孤，奉母涂氏至孝。……天历二年五月二十九日终，年八十有四。将以某年某月日合祔于氏宅兆，前期来乞铭。……子男二，子云、子霖也。女六，一先卒，其婿徐应隆、涂涣章、吕元知、赵良弼、于德渊、戚光。孙男九，女十三。曾孙男三，女六。②

毕沅《关中金石记》卷八《默庵记》：

泰定四年立，赵良弼撰文，并集唐颜真卿正书。在咸宁杨万坡。③

[笺] 毕氏注云："元有两赵良弼，皆非此人。韩国文正公字辅之，卒于世祖至元二十三年。又有一人字君卿，东平人。为嘉兴路吏，迁杭州。亦能书。出钟嗣成《录鬼簿》。"

乔 吉

《录鬼簿》：

乔梦符，名吉。太原人。号笙鹤翁，又号惺惺道人。美容仪，能词章，有《天风环佩》《抚掌》二集。以威严自饬，人敬畏之。居杭州太乙宫前。有《题西湖》【梧叶儿】百篇，名公为之序。江湖间四十年，欲刊所作，竟无成事者。至正五年二月，病卒于家。

平生湖海少知音，几曲宫商大用心。百年光景还争甚，空赢得雪鬓侵。跨仙禽，路绕云深。欲挂坟前剑，重听膝上琴，漫携琴，载酒相寻。

《天风环佩》玉敲金，《抚掌》文集花应锦，太平歌吹珠琤渗。《金钱记》《扬州梦》，振士林。《荆公遣妾》，文意特深。《认玉钗》，珊瑚沁。《黄

---

① 《日本藏中国罕见地方志丛刊》，书目文献出版社，1991，第457页。
② 《元人文集珍本丛刊》第4册，第18页；《四库全书》第1197册，第799页。
③ 《续修四库全书》第908册，第277页。

金台》，翡翠林。《两世姻缘》，赏音协音。

《南村辍耕录》卷八《作今乐府法》：

乔孟符吉博学多能，以乐府称。尝云："作乐府亦有法，曰凤头、猪肚、豹尾六字是也。大概起要美丽，中要浩荡，结要响亮，尤贵在首尾贯穿，意思清新。苟能若是，斯可以言乐府矣。"此所谓乐府，乃今乐府，如《折桂令》《水仙子》之类。①

《青楼集·李芝仪》：

维扬名妓也，工小唱，尤善慢词。王继学中丞甚爱之，赠以诗序。余记其一联云："善和坊里，骅骝构出绣鞍来；钱塘江边，燕子衔将春色去。"又有《塞鸿秋》四阕，至今歌馆尤传之。乔梦符亦赠以诗词甚富。②

厉鹗《樊榭山房文集》卷三《汪次颜遗诗序》：

次颜好为移宫刻羽之学，不爽分刌，有所作，必上薄风雅，而间涉嘲谐隐语。吾杭，元时若曾瑞卿之《诗酒遗音》、乔梦符之《西湖》【梧叶儿】、吴中立之《本道斋乐府》、张可久之《苏堤渔唱》，皆以不能俯仰，隐约玩世，自托于檀痕金缕间。使次颜与之并生，颉颃坛坫，诚可无愧。③

周文质

《录鬼簿》：

周仲彬，名文质。其先建德人，后居杭州，因而家焉。体貌清癯，学问该博，资性工巧，文笔新奇。家世儒业，俯就路吏。善丹青，能歌舞，明曲调，谐音律。性尚豪侠，好事敬客。余与之交二十年，未尝跬步离也。元统二年六月，余自吴江回，公已抱病。盛暑中止以为痛疖之毒，而不经意也。医足踵门，病及五月，而无瞑眩之药，十一月五日，卒于正寝。呜呼，痛哉！始余编此集，公及见之，题其姓名于未死鬼之列。尝与论及亡友，未尝不握

---

① （元）陶宗仪：《南村辍耕录》，第 103 页。
② 孙崇涛、徐宏图笺注《青楼集笺注》，第 196 页。
③ 《四部丛刊》影印振绮堂刊本。

手痛惋，而公亦中年而殁，则余辈衰老萎惫者，又可以久于人世也欤？噫，往者不可追，来者不可期，已而，已而！此余深有感于公也。

丹墀未叩玉楼宣，黄土应埋白骨冤。羊肠曲折云千变，料人生，亦惘然。叹孤坟，落日寒烟。竹下泉声细，梅边月影圆。因思君，歌舞十全。

《录鬼簿续编》孙行简传：

金陵人。洪武初以才行任上元县县丞，急流勇退，变衣冠卜商，游湖海名山，胜处探览殆遍。……交余甚厚，与余子言、周仲彬、达古今、张碧山、魏文质、缪唐臣辈为诗禅友。后不相闻。

[考辨]

《弘治徽州府志》卷四《职制》载元徽州路治中：

完者帖木儿，宣武将军，后至元。

周文质，朝列大夫。

准淮，奉政大夫，至正。①

徐一夔《始丰稿》卷三《元故敦武校尉益都翼管军上百户邹君墓志铭》：

君讳世闻，字文达。登州黄县人，世以武弁起家。……既而以病终，[至正]二十六年丙午九月十又四日也。君之生，以大德三年己亥七月十又七日，享年六十有八。……女二人，长适李继先，次适同知莱州事周仲彬。②

---

① 明弘治刻本。
② 《四库全书》第1229册，第178页。

第三期

吴弘道

《录鬼簿》：

　　吴仁卿，名弘道，号克斋先生。历仕府判致仕。有《金缕新声》行于世，亦有所编《曲海丛珠》。

　　克斋弘道老仁卿，衣紫腰金府判升。银鞍紫马敲金镫，锦乡中过一生，老来也致仕心宁。《手卷记》《子房货剑》，锦乐府，天下盛行。《曲海丛珠》《金缕新声》。

《录鬼簿》卷上末：

　　右前辈编撰传奇名公，仅止于此。……余僻处一隅，闻见浅陋，散在天下，何地无才。盖闻则必达，见则必知，姑叙其姓名于右。其所编撰，余友陆君仲良得之于克斋先生吴公，然亦未尽其详。

张可久【越调·凭阑人】《秋思和吴克斋》：

　　一寸冰蟾明翠廊，万里青天书雁行。碧梧敲晚凉，玉人烧夜香。①

许善胜《中州启劄序》：

　　江西省检校掾史吴君仁卿，裒中州诸老往复书尺，类为一编，凡四卷，辍己俸锓梓，征予言。余曩缀寮翰苑，于玉堂制学中获睹诸老所作，每起而曰："此谷粟布帛之文，岂后进所可窥其藩。"若今仁卿所编，则未之见。一旦尽得而读之，体制简古，文词浑成，其上下议论，率于政教彝伦有关，五云体何足言哉！当诸公作书时，不过极言情，适吾意，岂计其文之传后？而后之观者，如见谏议面于数十载之下，风流笃厚，典刑具存，矫世俗之浮华，追古风于迈远。然则仁卿此编，岂曰小补？仁卿名弘道，金台蒲阴人也。岁在大德辛丑四月朔，承事郎、江西等处儒学副提举许善胜序。②

---

　　①　《全元散曲》下册，第 904 页。
　　②　（元）吴弘道辑《中州启劄》卷首，《四库全书存目丛书补编》第 79 册，第 338 页。

翁世资《中州启劄跋》：

《中州启劄》，凡四卷，前江西省检校蒲阴吴弘道所集，计二百首。尝板行于世矣，奈何岁久板弗复存，而书肆无传，见者寡甚。幸而同寅右参议方公藏有善本，用是重绣诸梓，以附欧苏尺牍之后，则胜国时中州诸老先生学问之富实，言词之典丽，与夫朋友之音问，往来交孚，皆于是乎可考。不惟足以仰见当时诸公翰墨之盛，抑且足以垂世而示法于将来云。①

陆心源《仪顾堂续跋》卷十四《元版中州启劄跋》：

《中州启劄》四卷，元椠本，每叶二十六行，每行二十二字。钱氏《补元史艺文志》著于录。原本久佚，乾隆中馆臣从《大典》录出二卷，附存其目。前有大德辛丑江西儒学提举许善胜序。是书为元江西行省检校掾史蒲阴吴宏中（弘道）元卿编，见许序。所收为赵闲闲、许鲁斋、元遗山、姚雪斋、窦太师、杨西庵、王文炳、杜止轩、徐威卿、杨飞卿、商孟卿、郝陵川、王澹游、陈季渊、宰晋伯、勾龙英儒、胡德珪、胡紫山、徒单云甫、王器之、陈之纲、吕鹏翼、王显之、乌古伦正卿、高胜举、鲜于纯叔、王子勉、王子初、王仲谟、刘静修、姚牧庵、刘伯宣、徐子方、许蒙泉、卢疏斋、张梦符、宋齐彦、王肯堂、李澍、张子良、晋汝贤、师颜、安镇海、唐显之四十四人之作，皆布帛粟菽之辞。四库馆未见全本，此则犹元时原本也。②

[考辨一]

《全元散曲》收录周文质【越调·斗鹌鹑】《自悟》套数，其云："我如今近七十。"隋注：钞本《阳春白雪》目录以【越调·斗鹌鹑】《自悟》属吴仁卿。惟《朝野新声太平乐府》则以之属周仲彬。杨氏两种曲选，以《朝野新声太平乐府》后出，疑属周仲彬为确。按《录鬼簿》谓周氏"中年而卒"，钟嗣成与周氏"交二十年未尝跬步离"，所记当无误。【斗鹌鹑】套应属吴仁卿作，由此知仁卿年岁至少在七十。

---

① 明成化三年翁氏刻本《中州启劄》卷末，转引自《黄裳文集》卷四《翠墨集·云烟过眼新录》，上海书店出版社，1998，第682页。
② 《续修四库全书》第930册，第348页。

[考辨二]

张铉《至正金陵新志》卷六下《官守志二·建康路总管府·提控案牍兼照磨承发架阁》：

  吴弘道，泰定二年。
  李思明，天历二年。①

李晔《草阁诗集》卷五《贺吴弘道再令永康》：

  相逢曾记帝王州，又向华溪接宴游。陶令虽辞彭泽去，寇君终为颍川留。雨鸠鸣绿桑连野，晴雉翻青麦满丘。早晚治平推第一，玺书推上凤池头。②

汪叡《黄仲瑾妻吴氏贞节传》：

  洪武二十有一年，徽属县休宁令周德成，以邑之五城黄致远母吴氏年八十四贞节闻。……按黄与吴，皆同里名族，吴氏名德敬，吴仁卿之女也，生元之大德乙巳，年二十有二归于黄仲瑾。③

屈恭之

《录鬼簿》：

  屈子敬，名恭之，英甫之侄。与余同窗。有乐府，所编有《田单复齐》等套数。以学官除路教而卒。乐章华丽自然，不亚于小山。
  学官子敬屈恭之，本路新除教授资。乐章洒落通街市，便小山，何到此？宋上皇三恨师师。汉司马题桥柱，齐田单复旧时，名辨妍媸。

[考辨]

尹廷高《玉井樵唱》卷中《送曲子敬上海教官》：

  蜃楼五色依晴空，□接巍巍孔氏宫。□挟一毡从此去，养容三釜许谁同。

---

  ① 《四库全书》第492册，第335页。
  ② 《四库全书》第1232册，第43页。
  ③ （明）程敏政编《新安文献志》卷九十九，《四库全书》第1376册，第679页。

秃蛟吸砚生秋雾，健鹘辞韝奋北风。别后□□新作□，好裁玉版寄征鸿。①

《弘治温州府志》卷八《宦职·学正》载，元贞元年，升为州学，设学正一员。其中第十位为曲子敬。②

王　晔

《录鬼簿》：

王日华，名晔，杭州人。体丰肥而善滑稽，能词章乐府。临风对月之际，所制工巧。有与朱士凯题《双渐小卿问答》，人多称赏。

诗词华藻语言佳，独有西湖处士家，滑稽性格身肥大。金斗遗事厮问答，与朱士凯来往登达。珠玑梨绣，日精月华。免不得命掩黄沙。

《类聚名贤乐府群玉》卷二选王日华《双渐小卿问答》，注："钱塘南斋。"③

杨维桢《东维子文集》卷十一《优戏录序》：

侏儒奇伟之戏，出于古亡国之君[1]。春秋之世，陵轹大诸侯。后代离析文义，至侮圣人之言为大剧，盖在诛绝之法。而太史公为滑稽者作传，取其谨言微中，则感世道者深矣。钱唐王晔集历代之优辞有关于世道者，自楚国优孟而下，至金人玳瑁头，凡若干条，太史公之旨，其有概于中者乎！予闻仲尼论谏之义有五，始曰谲谏，终曰讽谏，且曰："吾从者，讽乎！"盖一讽之效，从容一言之中[2]，而龙逄、比干不获称良臣者之所不及也。观优之寓于讽者，如漆城、瓦衣、两税之类，皆一言之微，有回天倒日之力，而勿烦乎牵裾伏蒲之勃也。则优戏之伎虽在诛绝，而优谏之功岂可少乎！他如安金藏之剔肠，申渐高之饮酖，敬新磨之免戮疲令，杨花飞之易乱主于治。君子之论，且有谓"台官不如伶官"。至其锡教，及于弥侯解愁，其死也，足以愧北面二君者，则忧世君子不能不三喑于此矣[3]。故吾于晔之编为叙之如

---

① 《四库全书》第1202册，第719页。
② 明弘治十六年刻本。
③ （元）无名氏选辑《类聚名贤乐府群玉》，隋树森校订，上海古籍出版社，1982，第100页。

此，使览者不徒为轩渠一噱之助，则知晔之感太史氏之感也欤！至正六年秋七月序。①

[校] [1] "亡"，《四部丛刊》影印旧钞本作"忘"，从四库本改。[2] "容"，《四部丛刊》本作"客"，从四库本改。[3] "三"，《四部丛刊》本阙，从四库本补。

[笺] 严敦易《元剧斟疑·桃花女》据杨维祯在《优戏录序》中称呼王晔的语气，认为晔较维祯为后生晚辈。文末署至正六年（1346），时维祯五十一岁，假设晔小维祯十至十五岁，则晔生年在1306~1311年间。

郎瑛《七修类稿续稿》卷五《谜序文·千文虎序》：

　　夫谜者，隐语也，盖拟《诗》义而为之。……元至正间浙省掾朱士凯编集万类，分为十二门，何以为类，引《孟子》曰"麒麟之于走兽，凤凰之于飞鸟，泰山之于丘垤，河海之于行潦，类也"，摘选天文、地理、人物、花木等门，四般一同者，故为之类也，号曰揆叙万类。四明张小山、太原乔吉、古汴钟继先、钱塘王日华、徐景祥莘莘诸公，分类品题，作诗包类，凡若干卷，名曰《包罗天地》，惜乎兵燹之馀，板集皆已沦没，无一字可存。②

[考辨]

张之翰《西岩集》卷二十《祭蜃文》：

　　维元贞元年十月某日，朝列大夫、松江府知府兼劝农事张某，率华亭县尹柴琳、修竹乡四十二保王晔等，以羊一豕一投澱山湖之水，与蜃食而祭之。③

[附] 王绎（字思善）

《南村辍耕录》卷十一《写像诀》：

　　王思善绎，自号痴绝生，其先睦人，居杭之新门，笃志好学，雅有才思。至正乙酉间，携李叶居仲广居寓思善之东里教授，余从永嘉李五峰先生孝光往访之。时思善在诸生中，年方十二三，已能丹青，亦解写真。先生即俾作一圆光小像，面部仅大如钱，而宛然无毫发异。先生喜，作文以华之。尔后

---

① 《四库全书》第1221册，第486页。
② （明）郎瑛：《七修类稿续稿》，第585页。
③ 《四库全书》第1204册，第521页。

余复托交于其尊人曰华晔,遂与思善为忘年友。思善继得吴中顾周道逵绪言开发,益造精微,是故于小像特妙,非惟貌人之形似,抑且得人之神气。尝授余秘诀并采绘法,今著于此,与好事者共之。①

夏文彦《图绘宝鉴》卷五:

王绎字思善。杭人。善写貌,尤长于小像,不徒得其形似,兼得其神气。②

倪瓒《良常张先生像赞》:

钱唐王生思善画,德常时年四十二矣。德常高情虚夷,意度闲雅,顾非顾长康之丘壑置身,曹将军之凌烟润色,又那缘得其气韵耶?王生盖亦见其善者几耳。③

吴其贞《书画记》卷四《王绎〈杨竹西小像图〉绢画一卷》:

识十二字曰:"杨竹西高士小像。岩陵王绎写。"倪云林布景松石,题识八字曰:"勾吴倪瓒,癸卯二月。"卷后郑元祐、杨铁崖、苏大年、马文璧、高淳、钱鼐、静慧、王逢、茅毅等题。而竹西者,元季画士。④

[笺] 郑元祐《题王绎〈杨竹西小像〉》:"三泖之水东流,九峰之云高浮。笃生隐人,是为杨侯。杨侯之生,才质具美,能济之以方;来之讲学,兼本之以凤闻之诗礼,此所以行修而文辞邕而醇。乃自号竹西子,欲追踪乎葛天民。……既无惭于次公之颖脱,亦无忝于大年之秀发,此所以江海知名而畎亩躬耕。……吾闻其初度在迩,寿星腾辉乎泖水,吾题其像,既以文侯捼之,心宜以礼。……至正二十二年壬寅岁春二月,遂昌尚左老人郑元祐明德父题。"(徐永明校点《郑元祐集》,浙江大学出版社,2010。)

王仲元

《录鬼簿》:

王仲元,杭州人。与余交有年矣。所编有《于公高门》等。

于公为阴德起高门,袁盎因夫人却汉文。历像演史全忠信,将贤愚善恶

---

① (元)陶宗仪:《南村辍耕录》,第131页。
② 《四库全书》第814册,第622页。
③ 《全元文》第46册,第551页。
④ 《续修四库全书》第1066册,第116页。

分。戏台上考试人伦。大都来一时事，搬弄出千载因。辨是非，好歹清浑。

[考辨]

元好问《中州集》卷八锦峰王仲元：

仲元字清卿，平阴人。承安中进士。以能书名天下，历京兆转运司幕官。子公茂，今在云中。①

《中州集》卷三黄华王先生庭筠：

庭筠字子端，熊岳人。父遵古，字仲元，正隆五年进士，仕为翰林直学士，才行兼备，道陵所谓昔人君子者也。②

陶宗仪《书史会要》卷八：

王仲元，字清卿，号锦峰老人。东平人。卒于京兆幕。书法赵沨。③

虞集《道园学古录》卷七《王先生祠堂记》：

许人有祠其乡先生于学宫之傍，曰王先生，讳德元，字仲元，邢台人。金大安中，举经童第二人。既受官，又从常山周晦之先生学。岁壬辰，避兵来许，许人以为师。出其门者，前后数十百人。……至元甲戌，先生年八十而卒。④

夏文彦《图绘宝鉴》卷五：

王仲元，不知何许人。专门花鸟，尤善作小景，得用墨法，温润可喜。⑤

高启《凫藻集》卷二《赠何医师序》：

友人余君唐卿将以使事往海虞，抵余言别，且有请曰："吾友王仲元氏有痔形，下体甚苦，越医何朝宗益炽以药，使尽其毒而起，众始骇而卒服焉。仲元德之，欲吾文以报，适有区区之役，不克为之执笔，愿子惠一言焉。"余未识仲元，虽唐卿之友犹余友，而余文岂唐卿之文哉？然朝宗与余游，余亦尝德之者，其又何辞。⑥

---

① 《四库全书》第 1365 册，第 283 页。
② 《四库全书》第 1365 册，第 98 页。
③ 《四库全书》第 814 册，第 768 页。
④ 《四库全书》第 1207 册，第 115 页。
⑤ 《四库全书》第 814 册，第 618 页。
⑥ 《四库全书》第 1230 册，第 273 页。

孙子羽

《录鬼簿》：

孙子羽，仪真人。

陈方《送王季野省父，简孙子翼处士》：

吾庐历历楚江边，子渡江时暂泊船。须问垣墙仍好在，莫教风雨转凄然。梦成蝴蝶随春去，愁断麒麟并冢眠。若见孙登还一笑，馀声散入薜萝烟。①

陈方《送觉上人谒龙翔录寄子翼》：

偶闻吴下郑居士，手把新诗就我吟。纸上姓名无俗气，篇中律吕有遗音。鲛人泪落金盘冷，木客歌传石磴阴。誊写已堪惊老眼，龙翔一宿会知心。②

张 择

《录鬼簿》：

张鸣善，扬州人。宣慰司令史。

《录鬼簿续编》：

张鸣善，北方人，号顽老子。有《英华集》行于世。苏昌龄、杨廉夫拱手服其才。

孙存吾《皇元风雅》后集卷五有张鸣善，注云："平阳人"。③

张翥《蜕庵诗集》卷四《宗人鸣善将还武昌，诗以叙别》：

武昌城中官柳阴，广陵行客动归心。衣冠南渡悲豪杰，江汉东流变古今。

---

① （元）顾瑛辑《草堂雅集》卷三，《四库全书》第1369册，第251页。
② （元）顾瑛辑《草堂雅集》卷三，《四库全书》第1369册，第251页。
③ 《中华再造善本》影印元李氏建安书堂刻本；《四库全书》第1368册，第155页。

多病马卿游已倦，能诗杜老律尤深。洞庭明月如相忆，为写清愁入楚吟。①

成廷珪《居竹轩诗集》卷三《送张明善归武昌，随又移家眷入蜀》：

对酒悲歌泪满衣，楚天摇落又斜晖。风尘万里与君别，江海一舟何处归。老去且留吾舌在，愁来长惜壮心违。临岐不尽平生意，沙苑无云鹤自飞。②

袁凯《海叟集》卷三《赠张鸣善》：

白帝城中客，清秋碧海傍。乾坤方汹汹，身世独遑遑。万里空形影，全家堕虎狼（原注：一作渺茫）。悲歌三百首，一一断人肠。③

明抄《说集》本《青楼集》张鸣善序署：

至正丙午春，顽老子张择鸣善谨叙。④

王逢《梧溪集》卷五《俭德堂怀寄凡二十二首，各有小序》第十首：

张鸣善名择，湖南人。以晦迹擢江浙提学，今谢病隐居吴江[1]。

荐书三十载，垂白广文官。冀北心肝热，湖南骨肉寒。病辞新主聘，老托故人安。著就先天学，何时一细观。⑤

[校] [1] "居"，底本阙，从四库本补。

《南村辍耕录》卷二十八《水仙子》：

张明善作北乐府《水仙子》讥时云："铺眉苫眼早三公，裸袖揎拳享万钟，胡言乱语成时用。大纲来，都是烘（小字注：上声），说英雄谁是英雄。五眼鸡岐山鸣凤，两头蛇南阳卧龙，三脚猫渭水非熊。"⑥

蒋一葵《尧山堂外纪》卷七十六《张明善》：

能填词度曲，每以诙谐语讽人，听之令人绝倒。张明善尝作《水仙子》讥时云："铺眉苫眼早三公，裸袖揎拳享万钟，胡言乱语成时用。大纲来，都是烘，说英雄谁是英雄。五眼鸡岐山鸣凤，两头蛇南阳卧龙，三脚猫渭水飞熊。"

---

① 《中华再造善本》影印明初刻本；《四库全书》第 1215 册，第 62 页。
② 《四库全书》第 1216 册，第 327 页。
③ 《四库全书》第 1233 册，第 191 页。
④ 孙崇涛、徐宏图笺注《青楼集笺注》，第 35 页。
⑤ 《中华再造善本》影印元至正明洪武间刻景泰七年陈敏政重修本；《四库全书》第 1218 册，第 785 页。
⑥ （元）陶宗仪：《南村辍耕录》，第 354 页。

张士诚据苏时，其弟士德攘夺民地，以广园囿，侈肆宴乐，席间无张明善则弗乐。一日，雪大作，士德设盛宴，张女乐，邀明善咏雪。明善倚笔题曰："漫天坠，扑地飞，白占许多田地。冻杀无民都是你，难道是国家祥瑞。"书毕，士德大愧，卒亦莫敢谁何。①

《乾隆吴江县志》卷三十六《寓贤》：

张明善，博学多才，为乐府歌行，千言立就，得骚人比兴体。又善推步天象，言休咎有征。元至正间，从湖广客游东南，道阻，因侨居同里镇。巨室争延致之，宾筵酒酣，为新词，击唾壶而歌，闻者为之倾倒。清臞多疾，遂卒。②

《元诗选》癸集丁"张提学择"传：

择字鸣善，平阳人。一云湖南人。以晦迹擢江浙提学，谢病隐居吴江。③

[考辨]

唐元《筠轩集》卷十《兴道观张公舍田奉先记》：

明善张公应元系出于儒，早领玄教。追游京师，被旨授兴道观提点以归。④

《筠轩集》卷九《送张廷玉教谕太平序》：

昔明善张先生隐居城东上路，以行谊卓冠乡邦，文气尚深厚，削去崖异浮靡。一时门人高弟与其二子，咸以《礼经》领乡荐。郡守知名诣谒，礼与钧闻，欲廪于两学以助不给，则却而不受。平生希荣倖宠，一不挂念，箪瓢枢瓮，意泊如也。诗书之泽，再传而为仲文公。公自弱冠从郡博弗斋陈先生游，先生爱其通敏，颇授以剧务。时值革命多艰，吾道不绝如带，兵卒蹂践，柱础露立，先生夙夜经营兴复，赖公力居多。……比岁郡太守嘉议公，一日坐明伦堂上，谂于众曰："吾欲大新孔子庙，惟尔多士，其谁可属筹画者？"咸以太平邑教廷玉对。君念其世勋负勤，锐然有终宙之志，乃犯炎暑，历深峻，躬督斧斤绳曳，克底成绩。郡侯濡注尊礼愈至，俄而迁吏踏门矣。余窃

---

① 《四库全书存目丛书》子部第148册，第281页。
② 《中国地方志集成·江苏府县志辑》第20册，江苏古籍出版社，1991，第158页。
③ （清）顾嗣立、席世臣编《元诗选》癸集，吴申扬点校，第433页。
④ 《四库全书》第1213册，第555页。

谓明善先生潜深伏奥,无资用世,而天锡善类,每加畀于子孙。故其父子接迹儒林,于吾夫子独加之意,非信道笃而若见圣人于羹墙者,则伥伥外慕,邀觊福利,非俗则佞,而为士者羞。①

《筠轩集》卷五《三月望经张明善墓下作》:

寻春何恨晚,却值雨纷纷。鸟度云将暝,牛归径自分。愁生坟上草,醉扫壁间文。丁令犹来往,山前独鹤闻。

农务因时动,山容过雨鲜。涧清宜獭饮,桑绿未蚕眠。客醉依山阁,樵喧上濑船。行防泥匝磴,路转得平田。②

梁寅《石门集》卷四《时雨轩为宪郎张明善题》:

炎飔奋劲疾,绮陌扬浮埃。愆阳纵煊赫,绿畴枯众荄。气候有推迁,阴晴互旋回。密云结翠岫,飞雨洒丹崖。珠树秋琴瑟,石溪夕湝湝。百谷就华实,群木亘烟霾。志士感天泽,因之增远怀。处慕颜冉操,出希伊吕才。幽轩爱日永,古峡临风开。时雨情眷眷,令德期方来。③

《嘉靖淳安县志》卷十一《人物》:

张复,字明善。德性弘毅,旁究五经,而尤邃于《春秋》,一时学者翕然宗之,称为书隐先生。所著有《春秋中的》一卷。至今论淳安《春秋》者,必曰吴朝阳、宋梦鼎、鲁道源、张明善四先生云。④

《元诗选》癸集丙"吴经历暾"传:

暾字朝阳,淳安人。……以《春秋》登泰定元年进士,任鄱阳丞,升镇平尹,兼诸军事。转陕州路经历,未几即解印归,授徒讲学以终。累赠至翰林修撰。……至今论淳安《春秋》者,必曰吴朝阳、宋梦鼎、鲁道凉、张明善四先生云。⑤

杨维祯《东维子文集》卷三《送华亭主簿张侯明善序》:

天下钱粮计所百万,而吴为最,吴州辟计所百所,而松为甲,淞两邑华

---

① 《四库全书》第1213册,第547页。
② 《四库全书》第1213册,第486页。
③ 《元人文集珍本丛刊》第7册,第698页。
④ 明嘉靖刻本。
⑤ (清)顾嗣立、席世臣编《元诗选》癸集,吴申扬点校,第313页。

亭、上海，岁亦一百五十馀万。自张氏来，兵赋繁兴，民力瘅矣，重罹钱氏之祸，群萌凋丧，流走者十六七。今逢圣明统有南北，首立司农，经理土亩，慎选守令，申以农事，所重在乎国赋也。守令于淞者，往往如履陷阱，则以民贫赋剧，律之簿责者甚严，而恐恐乎咎之及也。郡守林公下车，未遑他事，首以国赋为第一义，攸属之官，与以期会，申以赏罚。而华亭主簿张侯明善所分堡社，督力有方，独奏先集之功，堡父老无怨言，且群谒铁史先生乞文以送之。予喜侯为曹濮公卿之胄，青年敏学，有治才，盍侈之言？而况重以群公之命，遂为叙其事而以诗四章。

　　淞租一百五十万，比似他邦十倍过。不是乘除赢缩妙，催科下下阱人多。
　　白粲红鲜百万艘，张侯三法独称优。黄堂赏罚明惩劝，彩帐旌功第一筹。
　　道不拾遗户不关，田莱尽辟驿桥完。金陵天使如相问，此是萍乡好宰官。
　　风云有路开骐骥，枳棘无巢宿凤凰。东阁相君为座主，便从玉笋立朝班[1]。①

［校］［1］"立朝班"，四库本作"赞当阳"。

① 《四库全书》第 1221 册，第 405 页。

元明之际

罗贯中

《录鬼簿续编》：

　　罗贯中，太原人。号湖海散人。与人寡合，乐府、隐语极为清新。与余为忘年交，遭时多故，各天一方。至正甲辰复会，别来又六十馀年，竟不知其所终。

郎瑛《七修类稿》卷二十三《辩证类·三国宋江演义》：

　　《三国》《宋江》二书，乃杭人罗本贯中所编。予意旧必有本，故曰编。《宋江》，又曰"钱塘施耐庵的本"。①

田汝成《西湖游览志馀》卷二十五：

　　钱塘罗贯中本者，南宋时人，编撰小说数十种，而《水浒传》叙宋江等事，奸盗脱骗机械甚详。然变诈百端，坏人心术。其子孙三代皆哑，天道好还之报如此。②

顾苓《塔影园集》卷四《跋水浒图》：

　　罗贯中客霸府张士诚，所作《水浒传》题曰《忠义水浒》。后之读其书者，艳草窃为义民，称盗贼为英杰。仲尼之徒，不道桓文，贯中何居焉！《孟子》曰："诵其诗，读其书，不知其人可乎？是以论其世也。"至正失驭，甚于赵宋，士诚跳梁，剧于宋江，《水浒》之作，以为士诚讽谏也。士诚不察，而三百年之后，高杰、李定国之徒，闻风兴起，始于盗贼，归于忠义，未必非贯中之教也。山阴陈洪绶画《水浒图》，实崇祯之末年，有贯中之心焉。③

赵偕《赵宝峰先生文集》卷首《门人祭宝峰先生文》：

　　至正二十六年岁次丙午十二月戊申朔，越十二日己未，门人乌本良、郑

---

① （明）郎瑛：《七修类稿》，第246页。
② 《四库全书》第585册，第626页。
③ 转引自朱一玄、刘毓忱编《三国演义资料汇编》，南开大学出版社，2012，第211页。

原殷、冯文荣、罗拱、方原、向寿、李善、乌斯道、王真、顾宁、罗本、翁旭、王桓、洪璋、徐君道、方观、裘善缉、李恒、翁昉、岑仁、王慎、童惠、王权、高克柔、顾勋、王直、叶心、裘重、周士枢、郑慎、茅甫生等，致祭于故宝峰先生赵公之柩。①

谷子敬

《录鬼簿续编》：

　　谷子敬，金陵人。枢密院掾史。洪武初戍源时。明《周易》，通医道，口才捷利，乐府、隐语盛行于世。尝下堂而伤一足，终身有忧色，乃作【耍孩儿】乐府十四煞，以寓其意，极为工巧。

李开先《李中麓闲居集》文之五《诗禅又序》：

　　事有难显言者，须巽言之，巽而更藏机隐意，沉思而后得之。言之者无罪，闻之者足以劝，此《诗禅》之所以作也。诗可以兴，禅则其妙也。……元之王日华、乔梦符、钟继先、徐景祥，我朝丁仲名、江朝元、谷子敬、杨廉夫、唐以初、王惟善，是皆诗禅之人也。②

　　按：谷子敬有《借尸还魂》杂剧。祝允明《野记》卷四载："河南府龙门南有妇人曰司牡丹，为夫蹴死。越三年，同乡有袁马头，死而复甦，自言：我司牡丹也。召其家人验之，语言良是。云：死后其魂径至薄姬庙中为婢侍，得袁死，乃借其尸还魂。所言甚详。时懿文太子自陕西还河南府，官因启兹事。太子回，言于上，上遣中人召至，面问确实，赐钞帛还，诏令两家同给养之。事洪武二十四年八月。"③ 又《明史》卷二十八《五行志》："洪武二十四年八月，河南龙门妇司牡丹死三年，借袁马头之尸复生。"

---

① 《四库全书存目丛书》集部第21册，第3页。
② 卜键笺校《李开先全集》（修订本）上册，上海古籍出版社，2014，第519页。
③ 《四库全书存目丛书》子部第240册，第59页。

丁野夫

《录鬼簿续编》：

丁野夫，西域人。故元西监生。羡钱塘山水之胜，因而家焉。动作有文，衣冠济楚。善丹青，小景皆取诗意。套数、小令极多，隐语亦佳，驰名寰海。[笺] 西监生，即回回国子监生，因元代其部族聚居西部的缘故。丁野夫为回回国子监生或在延祐、至治间。《元史·仁宗本纪二》载，延祐元年（1314）夏四月，"立回回国子监"。又《选举志·学校》载，世祖至元二十六年（1289）八月，"始置回回国子学。至仁宗延祐元年四月，复置回回国子监"。

夏文彦《图绘宝鉴》卷五：

丁野夫，回纥人。画山水、人物，学马远、夏珪，笔法颇类。①

平显《松雨轩诗集》卷六《题丁野夫画》：

胡丁已殁四十载，化鹤来归知是非。郭外梅村更地主，笔端松石见天机。一时好手不可遇，千古赏音如此稀。长忆西湖旧游处，画船清雨白鸥飞。②

《松雨轩诗集》卷七《题丁野夫梅村卷》：

霜风折尽旧庭柯，抚事其如感慨何。海上胎仙华表远，人间画史墨痕多。荒烟茅屋皆陈迹，明月梅花几醉歌。诗卷尚留天地里，白头清泪一摩挲。③

《松雨轩诗集》卷八《题丁野夫画》：

令威不返辽东鹤，梅已成薪屋已摧。昨过城南旧基址，棠梨子熟野禽来。④

《正德松江府志》卷三十《人物七·艺术》：

张观，字可观，华亭风泾人。世业稜作，观少游江湖，志尚古雅，工画山水，师夏圭、马远，及见盛懋、丁野夫，而与吴仲圭游。故其笔力古劲，

---

① 《四库全书》第 814 册，第 623 页。
② 《宛委别藏》第 107 册，第 134 页。
③ 《宛委别藏》第 107 册，第 180 页。
④ 《宛委别藏》第 107 册，第 216 页。

无俗弱之气。尤善鉴别古器物、书画。元末徙嘉兴，洪武中寓长洲之周庄，卒。（下注：《苏志》云嘉定人。）①

《光绪嘉兴府志》卷五十一《列传·艺术》：

张观，字可观（下注：一作可风），武［林］［钱］塘人。善画，师夏圭、马远，尤长模仿。后与同邑盛懋、丁野夫、吴镇游，笔力益古劲。善鉴古器、书画。②

顾复《平生壮观》卷四记李祁有《丁野夫传》，"隶书，甚佳"。又云：

梅村说："野夫名东，号梅村，西域人。后至正八年戊子秋七月望日，孔克钦、郭翼、卢昭、胡龙臣、莫孜，皆一时以诗赠丁者。"③

《嘉靖仁和县志》卷十《人物志》：

丁锡，字佑之，号西坞。其先西域人，或谓丁野夫之后。卜居仁和百福巷南。自幼性巧，喜为画，遇纸辄挥，似不经意，既成景像，人已夸羡。初学戴进，乃静庵得意门下。后无常师，尝闻诸名笔曰："戴静庵之画，所以擅美于世者，为其集诸家之长也。"锡故锐意宗之，年愈高，造愈妙。凡经涂抹点缀，自有奇趣，人尤爱之。翎毛、花草，无不尽善，而尤精于山水。其得意处，人皆称曰戴静庵复出，其临模古画，宛然逼真，卒莫辨其真伪。④

邾　经

《录鬼簿续编》：

邾仲谊，名经。陇右人。号观梦道士，又号西清居士。以儒业起为浙江省考试官，权衡允当，士林称之。侨居吴山之下，因而家焉。丰神潇洒，文质彬彬。为文章未尝停思，八分书极高，善琴操，能隐语。交余甚深，日相游览湖光山色于苏堤、林墓间，吟咏不辍于口。有《观梦》等集行于世，名重一时。所作乐府，特其馀事云。

---

① 明正德七年刊本。
② 清光绪五年刻本。
③ 《续修四库全书》第 1065 册，第 305 页。
④ 清光绪刻《武林掌故丛编》本。

《光绪苏州府志》卷五十四《职官三》载元苏州府儒学学录有郏经，至正初任。郏经之后侯如晦，至正十七年任。

陆心源《皕宋楼藏书志》卷二十四《史部·战国策十卷》：
　　皇帝圣旨里：江南浙西道肃政廉访司平江路守镇分司准司官金事伯颜帖木儿嘉议牒：尝谓著书立言，乃儒者之能事；阐幽显善，实风宪之良规。……《战国策》乃先秦故书，群经之亚，记事之首，辞极高古，字多舛讹。在汉则刘向校定，高诱为注，已病其错乱相糅。宋则曾巩、鲍彪再校重注，用意益勤，为说各异，读者病焉。故礼部郎中吴君师道悯是书之靡定，惧绝学之无闻，参考诸书，折衷众说，存其是而正其非，阙其疑而补其略。……然而简帙既繁，抄录莫便，匪锓诸梓，曷传于时？烦为移牒平江路，于本路儒学赡学钱粮内，命工刊行，以广其传。为此牒，请照验施行，准此。宪司今将《校注战国策》随此发去，合行故牒，可照验。委自本路儒学教授徐震、学正徐昭文、学录郏经，不妨学务，提调校勘，命工刊锓，合用工价，通行除破。……牒件今牒平江路总管府照验，故牒。至正十五年六月二十一日牒。①

魏俊民《增筑宫墙记》[1]：
　　吴郡之西南偏，孔子庙学在焉。庙居学之左，缭以宫墙九百馀尺，筑土为之，雨淋日炙，弗克坚久。教授徐震、学正徐昭文、学录郏经一日相与慨曰："自宋迄今三百馀年，而宫墙岁加墁饰，始免颓圮，计其费，几万贯矣。无宁易以砖石，为悠久计乎？"上言于监郡六十公、经历白公枢，二公曰："是吾志也。"爰命教授偕府史刘鼎计工度程，躬董其事。……始事于至正十五年之六月，告成于其年八月。②

[校][1]题目，据《道光苏州府志》卷一三五《学校志下》补。

郏经《为张藻仲题高文璧画〈抱琴图〉并序》：
　　至正乙巳岁二月未尽三日，藻仲张君宣奉青衣相君命，载酒访余华亭。以三月始禁酤，乃留纵饮。上巳日，抵余草堂，过高文璧。翼日，高君写《抱琴图》，以赠藻仲。余为赋诗。③

---

① 《续修四库全书》第928册，第256页。
② 《正德姑苏志》卷二十四《学校》，《四库全书》第493册，第431页。
③ （清）钱熙彦编《元诗选补遗》，中华书局，2002，第499页。

王逢《梧溪集》卷五《谢郏仲义进士寄题澄江旧稿》：

释褐平生友，郎官辟共辞。复形椽笔梦，过颂棹歌诗[1]。楼蜃云霞错，沙鸥雾雨悲。归舟阻习险，士雅莫吾期[2]。①

[校] [1]"颂"，四库本作"诵"。[2]"雅"，底本作"稚"，从四库本改。

[笺] 《元曲家考略》据王逢诗"释褐平生友，郎官辟共辞"句，又张士诚曾辟王逢为承德郎、行元帅府经历，辞不就（《梧溪集》卷四《赠王履道还江都》），推定仲谊盖与王逢同时辞张士诚辟，故诗有"郎官辟共辞"句。

贝琼《清江贝先生文集》卷五《炙背轩记》：

陇右郏君仲义主华亭之邵氏义塾，题所居之南荣曰炙背轩，以书抵琼曰……方海内兵争，智勇之士各欲自衒，以徼一时之贵富。朝暮奔走于形势之途，触风埃、履冰雪，而未暇炙背如田夫野老者也。仲义独超然高蹈，虽王公之尊不能诎而致之，且与田夫野老以炙背自适，则其不溺于物而有得于己可知矣。昔杜少陵在夔州西阁曝日，见之于诗者，可谓极其形容矣。今仲义之居，亦少陵之西阁，则炙背之快无适而不在焉，余亦将从之相与坐谈兹轩之下。……仲义通经术，善持论，有司尝荐之春官。赋诗清丽有法，世多传诵云。至正二十有四年，岁在甲辰春二月既望，槜李贝琼记。②

徐一夔《始丰稿》卷八《送朱仲谊就养序》：

吾友朱仲谊，旷达人也。自其少时学明经，举进士，尝有志于世用矣。然仅小试，出坐学官末座。而天下有事纷争，一时未遇之士，悉变其所学，不龥孙吴之书，则掉仪秦之舌，以干时取宠。仲谊薄此不为也，独务博览强记，以涵蓄其胸中。及天下已定，国家大收材畯而用之，而仲谊年日以老，自度无以尽其力，乃以尝所涵蓄者，发为歌诗。缘情指事，引物连类，多或千言，少或百字，云行水流，金鸣石应，有风人之体裁。当其秉笔运思，牢笼万汇，摩荡九霄，傲睨乎宇宙之内，千驷万钟不知其为富也，崇资厚级不知其为贵也。然亦坐是，蹈近世所谓诗穷者。人见其酷嗜吟事，或劝之曰："此致穷具也，何自苦如此？"则应之曰："吾道然也。"毋预公事，岁行在午之正月，忽告其尝所往来者曰："吾将别子而去，吾上世家吴陵，吾尝渡江访故乡，里族人昆弟故有在者，见吾至，甚喜，咸为我治田畴、辟居室，请

---

① 《中华再造善本》影印元至正明洪武间刻景泰七年陈敏政重修本；《四库全书》第1218册，第781页。
② 《中华再造善本》影印明洪武刻本。

吾归耕。吾游浙久，今老矣，计亦归耕为上。"未数日，又谓其尝所往来者曰："吾未暇耕也，吾儿以选得备任使，幸有禄食。昨日之夕，有文书至，迎吾就养，吾亦惟之，勉徇吾儿之志，而后归耕亦未晚也。"余曰："是也，以子之才而居田野，偃息不过茅屋树林之下，往来不过农夫田父之客。至于呻吟占毕，亦不过闾阎之态、畎亩之事。今而就养，享有旨甘，好天佳日，葛巾竹杖，从二三老友翱翔乎康庄之衢，仰而观乎天子宫阙之壮、宗庙之尊、百官有司之富。龙文虎气，五彩腾上，结为卿云，心开目朗，永言之发，皆足以鸣太平之盛，顾不伟欤！而况弃晨昏之奉，而退处于宽闲寂莫之滨，亦非人之情也。虽然，国家功成治定，制礼作乐，一划近代苟且之习，今十有馀年矣。比闻微更前制，合祭天地，以新一代之典，窃意登歌之章，亦必新之。有荐仲谊于上而任之以制作者，则勿以老为辞。"①

［笺］据贝琼《炙背轩记》"有司尝荐之春官"及徐一夔序"举进士"语，知仲谊乃乡贡进士。又据上引《光绪苏州府志》及《丽宋楼藏书志》，知邦经至正中曾任平江路儒学学录，即徐序所谓"学官末座"。《明史》卷四十八《礼志》："［洪武］十年秋，太祖感斋居阴雨，览京房灾异之说，谓分祭天地，情有未安，命作大祀殿于南郊。是岁冬至，以殿工未成，乃合祀于奉天殿，而亲制祝文，意谓人君事天地犹父母，不宜异处。遂定每岁合祀于孟春，为永制。"由《送朱仲谊就养序》"比闻微更前制，合祭天地，以新一代之典"句，知"岁行在午"之"午"为洪武十一年戊午（1378），即仲谊洪武十一年正月自杭之京师，就其子启文养。

凌云翰《柘轩集》卷三《赠朱仲谊之京师就其子启文养》：

　　河桥柳青不忍折，临岐顿觉中肠热。百年几见一代人，二月重为千里别。我居北郭遭乱离，韦编大义犹日披。有顾而长过我者，不通姓名知为谁。借我大义汗漫读，因注首肯疑心服。掷还上马竟南征，高举飘飘类鸿鹄。明年我中己亥科，思之不见将奈何。每从儒者谈仿佛，恐有仙客来经过。昨者相逢知姓字，云是崆峒邹道士。注得参同只自看，仍以葩经造馀子。棘闱校卷又相逢，风帘官烛摇秋红。诗成不许众吏写，八分作字何其工。从此文游成莫逆，学不能同颇能识。作文状我衰陋容，三诵真如见颜色。今春又作风台行，佳儿彩服遥相迎。西子湖头一杯酒，三叠阳关歌渭城。渭城自远台城近，碧草绿波空掩映。行行无限好江山，物色分留待吟咏。江东日暮多白云，见

---

① 《四库全书》第1229册，第263页。

云未必如见君。云间若有双飞鹤，为我衔来天上文。①

［笺］《元曲家考略》据凌云翰《赠朱仲谊之京师就其子启文养》诗"棘闱校卷又相逢，风帘官烛摇秋红。诗成不许众吏写，八分作字何其工"句，及凌氏《辛亥岁秋帘分韵得上字》诗，推定仲谊于洪武四年辛亥（1371）曾任浙江省考试官。

《柘轩集》卷一《画并序》：

高让士谦为予作枯木竹石，并题其上。余遍索交游，得十四人，终之以余诗凡十六首，二画共三十二首，披图则存没如见，庶几笃友道云。……朱谊（经）仲谊，则维扬人也。……洪武丁巳秋八月初吉题。②

《柘轩集》卷二《画菜次朱仲谊韵》：

菘韭堪为早晚谋，老夫正欲拔其尤。园葵自觉能防夏，野苋谁知亦有秋。偶为画图思鲁直，肯因薤臼说杨修。少陵莫道贫如庾，露薤盈筐不待求。③

夏节《柘轩集行述》：

先生讳云翰，字彦翀。生元至治癸亥岁。……早游黟南程公以文之门，力学，博通经史，潜心周孔之书。处一室，左图右书，讲习其间，研几极深，严寒盛暑不辍。维扬朱仲谊，世号博闻，于人慎许可，过而取其文读之，称奇士，遂定交。至正十九年己亥，浙省以便宜开科取士，登乡试榜，以道梗，不及赴都，授绍兴路兰亭书院山长，不赴，教授姑苏之常熟。④

邵亨贞《蚁术诗选》卷八《舟中联句》邾经序：

洪武庚戌腊月八日，余与严陵邵复孺先辈自云间之澄江。蚤发向吴门，挂席波上，甚适也，因相率联诗以摅客怀。日夕过苏台，穷其韵而成章，凡得句百有廿。兴之所至，罔计工拙。江空岁晚，孰知吾二人清苦若是哉！谅天地必有同其情者。陇右邾经仲谊识。⑤

邵亨贞《蚁术词选》卷二【渡江云】（朔风吹破帽）序：

庚戌腊月九日，与邾仲义同往江阴。是夕泊舟无锡之高桥，乱后荒寒，

---

① 《四库全书》第1227册，第820页。
② 《四库全书》第1227册，第754页。
③ 《四库全书》第1227册，第789页。
④ （元）凌云翰：《柘轩集》卷首，《四库全书》第1227册，第735页。
⑤ 《宛委别藏》第106册，第153页。

茅苇弥望，朔吹乍静，山气乍昏复明，起与仲义登桥纵目，霜月遍野，情怀恍然，口占纪行，求仲义印可。①

《蚁术词选》卷一【虞美人】（客窗深闭逢三五）序：

［洪武五年］壬子岁元夕，与郏仲义同客横泖，义约予偕作词纪节序。予应之曰："古人有观灯之乐，故形之咏歌，今何所见而为之乎？"义曰："姑写即景可也。"夜枕不寐，遂成韵语。时予有子夏之戚，每无欢声，诘朝相见，而义词竟不成云。②

《蚁术词选》卷四【齐天乐】（当年放浪苏台下）序：

张翔南寓金陵时，尝有寄金子尚、魏彦文洎诸词友之作。乃辱彦文见念，独以赏音见许，而不知予频年连婴逆景，久疏词笔，非复向时怀抱矣。戊申秋杪，郏仲义持示词卷，且辱彦文寄声，并索近作入卷，乃为倚歌二阕，其一以答彦文，其一以喜翔南还家。③

邵亨贞《蚁术诗选》卷二《郏仲谊博士久别重见，以诗叙闻，依韵答之二十韵》：

客舍穷无事，柴扉懒不扃。乡田荒稼穑，野馔杂参苓。丧乱身空老，浮沉梦未醒。功名嗟晓露，故旧恻晨星。世道纷丛棘，流光逐建瓴。忘形从槁木，托迹任浮萍。衮衮欣投笔，寥寥愿授经。堪舆更代谢，动植总凋零。幸免题鹦鹉，何堪赋鹡鸰。暖风仍瓮牖，凉月尚虚棂。适兴纹楸局，开怀瓦缶醽。风埃便短褐，畎亩绝侯鲭。缃帙繁新蠹，练囊冷旧萤。故人头尽白，重见眼终青。愧我淹颜巷，伤君忆孔庭。久怀投臭味，何啻挹芳馨。思绕盟鸥渚，羁栖唳鹤汀。云霄迷北海，壶峤隔南溟。蹇劣颜增甲，衰颓目眩丁。几时同辟地，万里快扬舲。④

郭亨《八月十五夜与仲义郏君对月》：

海宇尘空洗玉盘，清辉共挹此江干。一天风露秋无际，万国山河夜未阑。叹指玄霜分白兔，醉看明镜舞青鸾。桂花谨订嫦娥约，还许披香到广寒。⑤

---

① 《全元词》下册，第1288页。
② 《全元词》下册，第1272页。
③ 《全元词》下册，第1304页。
④ 《宛委别藏》第106册，第47页。
⑤ （明）朱存理编《珊瑚木难》卷八，《全元诗》第53册，第57页。

郭亨《十六夜与仲义对月》：

十二琼楼夜不扃，素娥飞舞见分明。鲛人献璧龙湫白，蚌腹怀珠海市晴。粲粲南山歌不夜，辉辉北斗转孤城。清光偏照征夫恨，不道闲居有太平。①

郭亨《次仲义同游西清道院》：

胜日寻诗来道院，解衣盘礴憩秋清。苍松白鹤庭阶见，绿水金鳞池畔行。四面轩窗皆客坐，一时怀抱为君倾。从容且觅幽贞趣，敢望勋垂竹帛名。②

虞堪《希澹园诗集》卷三《赠单子贞游云间并柬郏仲义》：

月过衡门竹树低，清樽聊得话羁栖。输君惯听云间鹤，笑我空闻夜半鸡。千古好怀浑谩（漫）忆，百年高兴属谁题。东南久别郏徵士，岁晚寻船逆上溪。③

曾朴《次仲谊韵呈居中长老》：

阛闠冢上见新城，无复游人载酒行。山雉听经依塔影，树鸦争食乱钟声。剑池龙去泉空冽，茶灶僧闲火独明。我欲投簪营小隐，佛香终日祝升平。④

吕敏《次郏经登虎丘诗韵》：

山上楼台山下城，朱旗夹道少人行。春风寂寞莺花梦，落日悲凉鼓角声。古冢金精来变幻，天池剑影堕空明。老僧趺坐忘尘虑，石溜何须恨不平。⑤

顾瑛《和郏经寄刘可与经历》：

紫髯疏拂绛纱袍，想见吹笙对碧桃。莫遣形容如我老，却怜案牍为人劳。西湖夜雨啼猵鬼，八月秋江卷怒涛。定有新诗写幽绝，城中纸价一时高。⑥

[笺] 郏经有《寄刘可与经历》诗，顾氏所和即郏经此诗。

谢应芳《龟巢稿》卷二《寄郏仲义二首》：

我思垂虹桥，沧波绿杨津[1]。萼萼棣花宅[2]，瞰此江之滨。荷衣佩秋兰，野饭羹紫莼。一从桥上别，花发三千春。相思复相思，为尔歌停云。

---

① 《全元诗》第 53 册，第 57 页。
② 《全元诗》第 53 册，第 57 页。
③ 《四库全书》第 1233 册，第 610 页。
④ （清）顾嗣立、席世臣编《元诗选》癸集，吴申扬点校，第 1171 页。
⑤ （清）顾诒禄：《虎丘山志》卷十四，《全元诗》第 53 册，第 75 页。
⑥ 清倪氏经锄堂钞本《玉山倡和》，《全元诗》第 49 册，第 106 页。

我思钓雪滩，烟波数千顷。幽人读书罢，乘风放孤艇。沙头弄明月，水底见天影。鲈鱼秋自肥，枫叶霜自冷。钓钩未连鳌，聊此驻清景。①
　　[校] [1] "沧"，四库本作"春"。[2] "荸荸"，四库本作"鄂鄂"。

《龟巢稿》卷二《陈伯大先辈偕郏仲义、陈容斋、张子毅见过，酒边以茶瓜留客，迟分韵得茶字》：
　　白鹤溪清水见沙，溪头茅屋野人家。柴门净扫迎来客，薄酒迟留当啜茶。林响西风桐陨叶，雨晴南亩稻吹花。北窗几个青青竹，题遍新诗日未斜。②

刘本原《次郏仲谊韵呈居中长老》：
　　一春不到阖闾城，花事阑珊却此行。万佛阁深留塔影，小吴轩静度莺声。松林月暗山精泣，石磴人稀磷火明。野衲那知兴废事，只将经卷了平生。③

周南《至正丁酉冬，督役城虎邱连月馀，赋诗八首录呈居中禅师》其二《虎邱次和郏进士仲谊韵》：
　　公馀联骑入山城，老衲追陪得散行。短簿祠前看竹色，小吴轩上听松声。来游故苑春将暮，归去南楼月已明。题遍新诗佳胜处，定应商略过天平。④
　　[笺] 居中禅师，即释宁，虎丘寺僧。郏经《春陪吕志学、曾彦鲁、刘仲原同登虎丘，赋呈居中长老》诗云："虎丘山前新筑城，虎丘寺里断人行。梵僧自识灰千劫，蜀魄时飘泪一声。渐少松杉围窣堵，无多桃李过清明。向来游事夸全盛，曾对春风咏太平。"（《元诗纪事》卷二十七）

徐贲《北郭集》卷五《与金文中、朱仲义、宋仲温过李士明炼师，雨阻留宿，探韵得孤字，师有酒瓢如鹤形，因扁居曰鹤瓢山房》：
　　斋房留坐久，寒雨洒庭隅。筵促兰香近，池空桂影孤。酒瓢怜似鹤，蜡屐恨非凫。虽阻还家兴，清言亦可娱。⑤

沈禧【风入松】《赠鹤巢炼师》：
　　茸茅编苇结行窝。四壁蔓烟萝。风棂月牖通幽爽，斗来宽、地促无多。

---

① 《四库全书》第1218册，第22页。
② 《四库全书》第1218册，第21页。
③ （清）顾诒禄：《虎丘山志》卷十四，《全元诗》第52册，第579页。
④ （清）顾嗣立、席世臣编《元诗选》癸集，吴申扬点校，第1165页。
⑤ 《四部丛刊》三编影印江安傅氏双鉴楼藏明成化本。

高接上清真境，雄吞万象森罗。　　道人星夜起玄科。飞佩振鸣珂。剑光灼烁冲牛斗，斩妖精、降伏邪魔。赤壁坡仙复起，华亭丁令重过。[1]

杨维祯《东维子文集》卷十五《借巢记》（自注：五十四，借谁借得）：

客有号鹤巢者，自杭而苏而松，率假馆以居。予一日过其馆，改命曰借巢。……客起谢曰："请书为记"。客为陇右郏经也。[2]

《南村辍耕录》卷二十八《戏题小像》：

唐伯刚题郏仲谊小像云："七尺躯威仪济济，三寸舌是非风起。一双眼看人做官，两只脚沿门报喜。仲谊云是谁是谁？伯刚云是你是你。"[3]

沐昂《沧海遗珠》卷一：

朱经，字仲谊。杭人。号玩斋。[4]

朱彝尊《静志居诗话》卷五：

郏经，字仲谊，仁和人。元进士。有《玩斋稿》。[5]

俞和《留宿金粟寺》：

余往年访伯刚太守、伯行都司于茶院金粟寺，留宿僧舍。获观伯刚所藏褚河南禊帖及晋唐名迹，甚慰平生临池之志。赏阅终日，同会友人朱君仲义以诗见赠，余即次韵以答之。

忆过山中惠远楼，晴窗展卷看双钩。千年妙墨留珍赏，一席清谈洗俗愁。诸彦盛时多雅集，老夫遗迹当追求。就床临得藏真帖，落日苍苍在树头。[6]

胡布《云松巢诗为朱仲毅赋》：

云巢话高松，逸兴迈天壤。浩有太古怀，放神青霄上。调仙负才气，雅操何倜傥。高视廓八纮，遥情寄遐想。三吴有伟士，沛国承闻望。文㨍蛰冷毡，幽贞契林莽。泠泠丘中琴，馀响流绛帐。湖江心魏阙，脱略缅夷旷。吏

---

[1] 唐圭璋编《全金元词》下册，中华书局，1979，第1040页。《全元词》"地促"作"地位"，疑误。
[2] 《四库全书》第1221册，第522页。
[3] （元）陶宗仪：《南村辍耕录》，第354页。
[4] 《四库全书》第1372册，第452页。
[5] （清）朱彝尊：《静志居诗话》，人民文学出版社，1990，第122页。
[6] 张珩：《木雁斋书画鉴赏笔记·书法二》，《全元诗》第46册，第36页。

隐斯可兼，永言迹高尚。①

《石渠宝笈续编》卷六十五《钱选画莲花一卷》引郑经题词：

　　填《齐天乐》谱，赋吴兴钱舜举所画红白荷华，录呈词社诸名胜指教。维扬朱谊上。（词略）洪武丙辰八月六日，钱塘东城写。

　　八分书。钤印三：巢民，郑仲义，龟溪渔者。②

《乾隆杭州府志》卷九十三《人物志·文苑》引徐一夔《玩斋稿叙》：

　　郑经字仲谊，杭州人。性旷达。元进士。务博览强记，以涵蓄其胸中。发为歌诗，缘情指事，引物连类，有风人之体裁。《沧海遗珠》以其诗压卷，盖明初尝徙滇也。③

赵琦美《赵氏铁网珊瑚》卷十《崔氏友竹卷》：

　　吴下风流斯立家，子孙百世更清华。庭轩自友平安竹，池馆宁栽富贵花。长日著书翻鹤露，有时把钓近鸥沙。此君相与崇高节，王谢芝兰未足夸。崔君君谊避地于吴江之上，属时扰攘，乃讲学于家，益励清节。名轩友竹，盖有慕于卫之君子者。古称王谢多佳子弟，今于崔氏见焉。至正丙午岁之仲冬陇右郑经书。④

[笺]《书友竹卷后》："国初，户部侍郎吴江莫士敬记其乡崔君谊之友竹轩，淮海秦文仲赋五言古诗一，天台詹叅则五言律，海南潘牧甫、里高季迪皆五言选，郑仲义，陇右人，叶广居，吾郡人，各七言律，潘毅，不详其某地，必崔之里曲，独七言绝句，谢彦铭，亦里人，赋后作乱，佳于前之铺叙。君谊自叙在众作后，佳甚。六世孙澄持来予桐村，乞题识。……盖君谊仕元，适土崩之秋，归隐西泽溪上，慕蒋兖州之遗辙，与此君为友，诸君子多蒙古氏遗老，义君谊之高蹈而为之言，固宜。……成化癸卯登高后三日，八十三翁嘉禾周鼎书。"（《赵氏铁网珊瑚》卷十）

凌云翰《柘轩集》卷四《送维扬顾伯琛序》：

　　维扬顾伯琛为临安训导也，将行，请赠以言为朝夕勖。盖其父昔以判府为友，予不敢靳也。……将以华其行者六人焉，因以齿各占一韵，并所题各以五言古诗赋之，因以"师道立善人多"六字为韵，限以六韵。会稽

---

① （元）胡布等：《元音遗响》卷二，《四库全书》第1369册，第629页。
② 《秘殿珠林·石渠宝笈合编》第6册，第3205页。
③ 清乾隆刻本。
④ 《四库全书》第815册，第600页。

王好问先生，则与予同年；维扬朱仲谊先生，则与伯琛同郡；钱唐何彦恭先生、俞文辅、杨复初、王士中先生，则皆予同里同经，复初则亦与元晦同经，皆有师道者也。士中又善书，得晋人法，俾牵连书之，为伯琛知勉焉。①

陆进之

《录鬼簿续编》：

　　陆进之，嘉禾人。福建省都事。与余在武林会于酒边花下。好作诗，善文。多有乐府、隐语于时。

汤式【双调·湘妃引】《和陆进之韵》：

　　得峥嵘我怎不峥嵘。佯懵懂咱非真懵懂。要知重人越不知重。嘻嘻冷笑中。叹纷纷眼底儿童。莫听伤时话，休谈盖世功。愁对东风。

　　守书窗何日离书窗，瞻玉堂何时步玉堂，避风浪何处无风浪。浮生空自忙。赋登楼醉墨淋浪，怨花柳春三月，误功名纸半张。愁对斜阳。

　　使聪明休使小聪明，学志诚休学假志诚，秉情性休乔真情性。江湖已半生。伤心一事无成。物换人非旧，时乖道不行。愁对书灯。

　　守清贫随分乐清贫。求荐人何方可荐人，说聪俊谁肯怜聪俊。儒冠多误身。谩夸谈子曰诗云。黑鬓三分雪。貂裘一寸尘。愁对芳樽。②

汤式【双调·沉醉东风】《和陆进之韵》：

　　画阁深不听啼鸟，绿窗幽只许春知。象牙床蜀锦裯，鲛绡帐吴绫被，串烟微帘幕低垂，受用煞春风玉一围，红日上三竿未起。③

李日华《味水轩日记》卷六"[万历四十二年甲寅岁三月] 二十日蚤赴府哭临"条：

　　胡雅竹携视赵子昂书《文赋》行体，类李北海《云麾将军》。会稽郝通

---

① 《四库全书》第 1227 册，第 832 页。
② 《全元散曲》，第 1554 页。
③ 《全元散曲》，第 1579 页。

跋云：" 余素好赵魏公书，宦游四方，得观真迹颇多，而为子中有者二。其一《笔阵图》，在鄱阳周仲玉家；其二《舞鹤赋》，有钱惟善、倪元镇诸贤题识，乃锡山张氏家藏物也。永乐甲子，奉旨浮海代祠天妃，岁晚至莆阳，郁闷中，友人陆进之又出此卷，不觉尘虑顿豁，忆前二卷虽佳，又当退舍矣。八月上浣日，会稽后学郝通书。"[1]

张昱《如此江山清集同王仲玉、陆进之、吕世臣作》：

吴越江山会此亭，暮春风景昼冥冥。长空孤鸟望中没，落日数峰烟外青。不用登临生感慨，且凭谈笑慰飘零。古今何限英雄恨，付与江湖醉客听。[2]

张昱《如此江山亭清集诗序》：

至正六年丙戌暮秋九日，可闲老人携儿子，挈大壶，操长瓢，纵游湖山，周览陈迹。东望则越王会稽之栖也，南瞻则宋内之寝园也，东北则伍员之祠，北则庆忌之墓。虽碧山白云犹在，而王基霸业俱蔓草荆榛，此昔人感慨兴怀而俯仰于今古也。其谁同行？钱唐愚一道人王仲玉，柳州居士陆进之，懒渔吕世臣。同过如此江山亭，访旧友碧筠郚先生，留坐斯亭。亭之前草芳数步，落花满席。玄中倾壶操瓢而进曰："今也东西南北之人得会于此，明日视之今日已为陈迹，趣在酒中，尝期于酩酊。"于是举瓢尽醉，而万虑皆空，不知天地之为毫末。醉中索此卷赋诗，并后来知众君子之集此亭也。

（第四首）天目西来一带青，白鸥东下水溟溟。只今岁月都非旧，如此江山尚有亭。闲脱锦袍留我饭，醉歌白苎共谁听。夜来借得王乔舄，万里天风振鹤翎。柳州居士陆进之。[3]

[笺] 清厉鹗《东城杂记》卷上《如此江山亭诗卷》："张左司《如此江山亭诗卷》，明时藏城东景隆观道士史志中处。案：亭在吴山天庆观，嘉禾周桐村鼎跋云：'如此江山者，有所感而言也，必宋遗民有为而作。越若千载，登高而啸咏者为一笑居士庐陵张光弼。于时元社既屋，居士之为此游，一俯仰间，何如其为感也。作亭者之感尚浅，游者为益深也。游后又无亭矣，惟诗卷存，独居士名章章然，他或仅附骥耳。'此卷郎仁宝（郎瑛）曾见之，名贤妙墨失传已久。今检《张光弼集》，有《如此江山清集同王仲玉陆进之吕世臣作》云……其三人之作，不可考矣。"（亦见《七修类稿》卷四《如此江山亭》）

---

[1]《续修四库全书》第558册，第442页。
[2]（清）朱彝尊编《明诗综》卷十二，《四库全书》第1459册，第394页。
[3] 转引自《徐邦达审定中国古代书画精品选集（壹）》，文物出版社，2010，第334页。

汤　式

《录鬼簿续编》：

　　汤舜民，象山人。号菊庄。补本县吏，非其志也。后落魄江湖间。好滑稽，与余交久而不衰。文皇帝在燕邸时，宠遇甚厚。永乐间，恩赉常及。所作乐府套数、小令极多，语皆工巧，江湖盛传之。

　　按：今存天一阁钞本《小山乐府》末，抄录汤式【南吕·一枝花】《贫乐斋》套曲，曲末小注："右永乐初间，书会汤舜民作。"注下又附小字："系象山人。此在兵部金尚书公席上索赋者。"①

[笺] 所谓"兵部金尚书公"，指永乐皇帝心腹旧臣金忠，永乐二年至十三年任兵部尚书。《明史》卷一五〇有传。

　　按：汤式有【南吕·一枝花】《赠会稽吕周臣》散套。按刘基《诚意伯文集》卷七《吕周臣诗集序》："吕君周臣，由吏员累月日至九品，家居以待选，则杜门而作诗，有《咏史》一百首，题咏《杂花》二百有馀首，皆意足而语到。予尝见今世之从事于公门者，进则慕权利以相夸，退则交结势要，谈官府是非，勾引俗事，以致人之慕己，以肥其家，未有能兀兀独处而留心文墨若周臣者也。周臣以通济之才，沉下僚而无怨，荜门陋巷，为诗歌以自适，且不刻琢以求衒，盖有得于寡欲养心之道者。予故喜而为之序焉。"② 又镏绩《霏雪录》："越守李某，以刑部侍郎召入京，士辈咸谒送。吕周臣善滑稽，时□□方息，吕曰：'某有五乐。明天子在上，一乐也；浙西田已种，二乐也；□□已□，三乐也；雨旸时若，四乐也；□某不饥死，五乐也。'闻者大笑。时西州□□，六月始种田，越中米贵，民多菜色故也。"③

---

① 转引自杨镰《关于天一阁旧藏〈小山乐府〉》，《文史》第 25 辑。
② 《四库全书》第 1225 册，第 189 页。
③ （明）镏绩：《霏雪录》，明弘治刻本。

杨 讷

《录鬼簿续编》：

　　杨景贤，名暹，后改名讷，号汝斋。故元蒙古氏。因从姐夫杨镇抚，人以杨姓称之。善琵琶，好戏谑，乐府出人头地。锦阵花营，悠悠乐志。与余交五十年。永乐初与舜民一般遇宠，后卒于金陵。

索元岱《南台宪纪序》：

　　《南台类纪》者，以纪南台之事而作也。……至正癸未稿成。董公守简，由中台侍御史，授湖广行省左丞，未任，来为中丞视事。未几，告诸同寅曰："窃观《通纪》，固为嘉书，然在我台，事多未悉，宜别为载籍，以备观览。"同寅曰善。乃命掾属刘孟琛，率其肄业生刘敏、杨暹、钱适、王仲恒，披牒历案，稽核故实，衷辑成编。自有行台以来，典章制度，与夫随时制宜者，罔不毕备。至若治所之变迁，官联之除擢，属道之废置，亦皆秩然胪列于斯所考矣。①

《永乐大典》卷二三六八引《苏州府志·贡举题名》：

　　至正二十五年乡试：流寓：陈宪、杜寅、杨暹、叶惠。②

　　[笺] 至正十六年（1356），张士诚据有三吴，改平江路为隆平府。"设学士员，开宏文馆，将吏子弟、民间俊秀游其中者，皆给廪饩，岁比其业。"（《隆平纪事》）叶惠，当作叶蕙。戴良《九灵山房集》卷十三《赠叶生诗序》："国朝设科目以网罗天下之士，可谓盛典矣。而十数年来，四方多故，时方尚武，中外选举之制遂格不行。……今相国开藩中吴，文武并用，虽当干戈俶扰之际，不废治朝崇儒之典。而咨议叶君，又能择良师傅益教其子以学，而其仲子蕙，遂精其业于举世不为之时。[至正二十五年]乙巳之秋，浙闱角艺，而蕙竟以妙年中选，居诸前列。……蕙也年未弱冠，即习而精之，一试于乡，辄登名第六，以与多士相颉颃。"

汤式【双调·夜行船】《送景贤回武林》：

　　花柳乡中自在仙，惹春风两袖翩翩，酒社诗坛，舞台歌榭，百年里几番相见。

---

　　① 《永乐大典》卷二六一〇引《南台备要》，第1301页。
　　② 《永乐大典》卷二三六八，第1069页。

【新水令】君家家近六桥边，占西湖洞天一片，柳阴蓝翠蔼，花气麝兰烟。锦缆银鞭，一步步画屏面。

【胡十八】醉舞筵，姗歌扇，偎柳坐，枕花眠，生来长费杖头钱。酒中遇仙，诗中悟禅。有情燕子楼，无意翰林院。

【离亭宴带歇指煞】珊瑚文采天机绚，珍珠咳唾冰花溅，霜毫锦笺，品藻杜司空，褒弹张殿元，出落双知县。一襟东鲁书，两肋西厢传。相看黯然，朝雨渭城愁，夕阳南浦恨，芳草阳关怨，休言鸡黍期，谩结莺花愿。咱两个明年后年，湖上吊苏林，花间觅刘阮。①

朱有燉《兰红叶从良烟花梦》杂剧引：

尝闻蒋兰英者，东京乐籍中伎女也。志行贞烈，捐躯于感激谈笑之顷。钱塘杨讷为作传奇而深许之。②

李开先《闲居集》文之六《诗禅后序》：

是《诗禅》也……取容于东方朔，而朔实滥觞。鲍照、张久可，及我朝杨景言、陈大声，皆千枝一本、千流一源者也。③

田汝成《西湖游览志馀》卷二十五：

古之所谓廋词，即今之隐语也，而俗谓之谜。……杭人元夕多以此为猜灯，任人商略。永乐初，钱唐杨景言以善谜名。成祖时重语禁，召景言入直，以备顾问。④

孔齐《至正直记》卷二《古之贤母》：

严儒珍，颖卒子也。幼孤，母训其读书，从杨景贤学[1]。至正辛卯中进士第，授分宜县丞，今辟江浙行省掾史。⑤

[校] [1] 按《四库全书存目丛书》所收《至正直记》，系影印中国科学院图书馆藏清钞本，"杨景贤"作"汤景贤"。伯颜《元蒙古两曲家》云："此据旧抄本，粤雄（雅）堂丛书续集本'杨'误'汤'，今改正。"未详言"旧抄本"为何，只得照录，以俟考。

---

① 《全元散曲》下册，第1479页。
② 赵晓红整理《朱有燉集》，齐鲁书社，2014，第405页。
③ 卜键笺校《李开先全集》（修订本）上册，第564页。
④ 《四库全书》第585册，第610页。
⑤ 转引自伯颜《元蒙古两曲家》，《社会科学辑刊》1983年第3期。

李唐宾

《录鬼簿续编》：

　　李唐宾，广陵人。号玉壶道人。淮南省宣使。与余交久而敬。衣冠济楚，人物风流。文章、乐府俊丽。

[笺] 唐宾任淮南省宣使当在至正十二年（1352）后。《元史·顺帝本纪五》载，至正十二年闰三月，"立淮南江北等处行中书省，治扬州，辖扬州、高邮、淮安、滁州、和州、庐州、安丰、安庆、蕲州、黄州"。贾仲明有《李素兰风月玉壶春》杂剧，或叙李唐斌（宾）逸事，汤式有【南吕·一枝花】《赠妓素兰》散套（《雍熙乐府》题作《赠李素兰》）。李唐宾盖与贾仲明、汤式为同时人。《元史·顺帝本纪十》："[至正二十六年十一月] 辛丑，大明兵取嘉兴路。"《明史·地理志五》："元嘉兴路，属江浙行省。太祖丙午年（1366）十一月为府，直隶京师。十四年十一月改隶浙江。"《玉壶春》杂剧叙李唐斌二十八岁时在嘉兴府，有学者据此推定李约生于1338年。（门岿《录鬼簿笺校》手稿）

[考辨]

王偶《虚舟集》卷二《自牧居士与玉壶道人古囊、善复二师共结三生之社，书来，与余论老释二师，遂用答之》：

　　观空泯群有，崇虚悟真玄。微言扫烦障，妙契排冥筌。况之憩远迹，邈在云萝巅。空香入人境，花雨来诸天。三缘等无生，众妙同自然。喻心了无取，濯濯如清莲。襄城除害马，只舍留真铨。愿君解明月，示我造劫前。①

陈　肃

《录鬼簿续编》：

　　陈伯将，无锡人。元进士。累官至河南参政，迁中书参知政事。至正辛卯，授行军司马参将。文章政事，一代典刑；和曲填词，乃其馀事；打球蹴鞠，举世服之。卒于军前，营中将士无不恸哭。

---

① 《四库全书》第1237册，第18页。

徐乃昌《安徽通志稿·金石古物考五·观澜亭记》（原注：在当涂县采石矶）：

> 至元四年戊寅正月上吉，奉议大夫、签江东廉访事王理记
> 将仕佐郎、太平路在城税务大使陈肃书并篆盖①

戴良《九灵山房集》卷八《寄陈伯将学士》：

> 构厦必众材，成裘必群腋。自非合才彦，何能定家国。若人蕴嘉猷，生世值明德。凤池因托身，龙渊寻矫迹。载建家王礼，复睹汉朝则。清芬播方来，惠心迈畴昔。夜直躔天阶，晨趋媚兰室。密谋已究万，妍论信非一。吾徒方倚赖，微躯荷苏息。无言腹背羽，永愧排空翼。②

张翥《蜕庵诗集》卷一《陈伯将作〈北山梓公岳居图〉，予题于上》：

> 高僧业何许，云梦泽南州[1]。楼阁诸天上，江湖万里流。禅心无住著，生世若浮休[2]。寂寞京尘里，披图时卧游。③
> [校]［1］"州"，四库本作"洲"。［2］"生世"，四库本作"世事"。

《元诗选》三集庚：

> ［陈］肃，字伯将，无锡州人。举博学宏才，为兰溪州判官，累官翰林学士、兵部尚书、河南行省左丞。至正末，没于兵。④

吴克恭《答陈伯将见赠兼柬陈汉卿明府》：

> 空山一榻坐谈禅，野性三生似有缘。结屋几时心可遂，垂萝百尺手须牵。神交禹穴空青外，情在匡庐太白前。寄语江边种桃者，白头相候看花年。⑤

谢应芳《龟巢稿》卷十七《王文甫尝卧疾，诸亲友探问医祷，礼意甚勤，疾愈，欲置酒叙谢，未遑也，至是设盛席招之，凡十有七人，各书以请》之《请陈伯将》：

> 老无能为，每有索居之叹，岁聿云暮[1]，可无良会之欢？先大寒一日之期，办小酌三杯之款，愿窃有请[2]。惠然肯来，注玉倾银，笑田家之老瓦；

---

① 《辽金元石刻文献全编》第2册，第234页。
② 《四部丛刊》初编影印明正统间戴统刊本；《四库全书》第1219册，第343页。
③ 《中华再造善本》影印明初刻本；《四库全书》第1215册，第24页。
④ （清）顾嗣立编《元诗选》三集，中华书局，1987，第333页。
⑤ （元）顾瑛辑《草堂雅集》卷三，《四库全书》第1369册，第239页。

摇金织翠,邀才子之高轩[3]。①

[校] [1]"暮",《四部丛刊》本作"莫",从四库本改。[2]"窃",四库本作"切"。[3]"邀",四库本作"过"。

[考辨一]

杨维祯《东维子文集》卷三十一《淮海秦约》（原注：宛丘陈肃赋）：

东南帝者之所都,山川龙凤相萦纡。离宫别馆三百区,紫金郁郁今有无。府中逶迤谢太守,少年玉节黄金符。民食在箪浆在壶,饥哺渴饮歌呷呜。华车细马左右趋,使君归来香满途。②

[考辨二]

《康熙常州府志》卷十六《选举·乡科·无锡》：

度宗咸淳六年庚午科：陈应麟,焰子。

至正元年辛巳科：陈显曾,焰之孙,儒学提举、翰林修撰。

永乐十八年庚子科：陈肃,龙江税课大使。③

《万历常州府志》卷十一上《选举志·乡举表·无锡州》"至正七年丁亥"栏：

陈汝霖,显曾从子。年十八中乙科,终婺州教授。端恪有守,士多造就。有《休休居士杂诗》。④

《弘治重修无锡县志》卷十七《人物》：

陈肃,字伯将,伯雨从弟。性聪慧,诗赋经传、诸子百家,靡不淹贯。尤善天文、地理、兵刑、历数。举博学宏才,为兰溪州判,累官翰林学士、兵部尚书、河南行省左丞。元季,殁于王事。⑤

毛宪《毗陵人品记》卷五：

陈汝霖,字伯雨,无锡人。端恪有守,以《诗经》中乙科,两任学职,

---

① 《四库全书》第 1218 册,第 184 页。
② 《四库全书》第 1221 册,第 710 页。
③ 清康熙三十四年刻本。
④ 明万历四十六年刻本。
⑤ 明弘治九年刻本。

造就有方。从弟肃，博学宏才，累官翰林学士、兵部尚书、河南行省左丞。死王事。孙尚简，笃学励行，称有家法。①

李继本《一山文集》卷四《送宛平县主簿陈汝霖序》：

天下郡县弟子员，凡三岁一贡于京师，至则吏部考其艺而升国学，加以岁月，始第其高下而官之。以故士之通经术、识治体者，由是以进，皆即得仕，不由此者，虽得仕，至其陟朝著、理民社，而以事功表见于外中者鲜。宜兴陈汝霖氏，由太学生分教定远，一仕为北平之宛平县。……汝霖通经术，识治体，惟其小试一邑，人皆难之。殊不知，以为难者，恒见其难；以为非难者，固未始见其难也。观其均户徭、审刑谳、董营造、归条法而不紊，至于坛庙也，学校也，邮传也，以缮以营，既详既周矣。予识汝霖久，兹当佐政之三稔，将上计于朝也，不忍一旦别去，则为之言曰……国朝仿唐虞，官人而以九载为秩满，久任之法也。汝霖行哉，其至也，必有膺柄用于常制外，而朝廷之上，孰不指而诵之。②

莫息、潘继芳《锡山遗响》卷二《陈左丞》：

名肃，字伯将。肖梅先生族孙。元季，仕兵部尚书、河南行省左丞，没于王事。③

[笺] 陈炤字光伯，号肖梅。宋末死王事。《宋史》卷四五○有传。

陆友仁《研北杂志》卷上《苏子美沧浪亭故迹》：

郡人陈伯雨有诗云：整履上飞虹，风高退酒容。叶黄翻乱蝶，树老卧苍龙。古径秋霜滑，空山暮霭浓。沧浪棋石在，题笔暗尘封。④

高茂卿

《录鬼簿续编》：

高茂卿，涿州人。

---

① 《四库全书存目丛书》史部第 110 册，第 73 页。
② 《四库全书》第 1217 册，第 740 页。
③ 《北京图书馆古籍珍本丛刊》第 118 册，第 640 页。
④ 《四库全书》第 866 册，第 583 页。

[考辨]

《弘治太仓州志》卷七《艺文》：

高宗本，字茂卿。由进士为北道监察御史，升河南副使。长于古诗文，虽翰林钜公亦称其为作者。罢官后，遨游两淮间，竟卒于扬州。所著诗文若干卷。

又卷十上录高宗本《太仓十景》诗，其中《西馆风帆》序云：

太仓城西门外三里许，旧有海宁驿。正统初年，驿移置马鞍山之阳。

又《学宫巢鹳》序：

太仓北门内，元昆山州学，废。……正统初年，置卫学。①

《雍正扬州府志》卷三十三引《嘉靖惟（维）扬志》：

高宗本，字茂卿，其先雄县人。洪武初，自凤阳占籍太仓之镇海卫。登景泰甲戌进士，授南京监察御史，巡视中都仓粮，廉。武弁强悍，侵渔官廪者，置之法。清理四川军伍，摘其匿漏者四千六百有奇。监军讨贼暨整饬三边军务，劾将军李果行师不律。以劳绩升河南按察副使，狱多平反。寻以老，家于江都，自号江淮逸叟。郡大夫延修《惟（维）扬新志》，自著有《复斋稿》《江淮杂稿》。卒葬扬州。②

刘君锡

《录鬼簿续编》：

刘君锡，燕山人。故元省掾。性差方介，人或有短，正色责之。隐语为燕南独步，人称为"白眉翁"。家虽甚贫，不屈节。时与邢允恭友让暨余辈交。风流怀抱，又自题一种。所作乐府，行于世者极多。

[笺] 吴皋《吾吾类稿》卷三《送邢允恭序》："阏逢执徐之岁，余方屏居城隅，离索既久，客有走语余，以邢允恭受左司辟，来权临府税，令署有日矣。未几，果之官。新

---

① 清宣统元年汇刻本。
② 清雍正十一年刻本。

政令以疏滞繁，振纲维以杜侵蠹，恪遵厥职，月计羡于前为倍者，率盈不缩，转输既上，上甚嘉之，遂录功以旌其能，遄易权为正，盖铨衡之不失士如是。夫明年春，允恭遽将代，联事者甚惜其去，始相语者，复以闻诸余。意谓允恭侨洪，于余实同里闬，谅有契爱，爰丐一言以荣其行。余忝泰交，亦概知其履历，曷已于言。夫允恭以中州之才，始从事蕆省，循资以进，计荣显可待，既更多故，莫竟厥抱，为可慨。今而小试，即获知遇如此，吾知代去之速，盖基是而升也必矣，去留奚足恤哉！庸以是复其请且以为赠。"

吴师道《吴正传先生文集》卷七《送刘君锡宰兴化》：

诵诗三百政云何？出应时需绩已多。要为朝廷陈雅颂，先令井邑化弦歌。淮乡岁晏鸿安宅，海岸云横水息波。喜报太平宽诏下，早宣德泽趁阳和。①

唐　复

《录鬼簿续编》：

唐以初，名复。京口人。号冰壶道人。以后住金陵。吟卜诗，晓音律。

史杰《袜线集》卷一《挽冰壶唐以初先生》（下注：善乐府，人称书会）：

投老归来鬓已斑，耻随流俗混尘寰。苏黄词调超千古，元白诗名播两间。风月清樽倾北海，烟霞高枕卧东山。于今乘化归何处，应在蓬莱第一班。②

詹时雨

《录鬼簿续编》：

詹时雨，随父宦游福建，因而家焉。为人沉静寡言，才思敏捷。乐府极多，有《补西厢弈棋》并"银杏花凋残鸭脚黄"诸【南吕】行于世。

---

① 《四库全书》第1212册，第64页。
② 《四库禁毁书丛刊》集部第174册，北京出版社，2000，第11页。

王恭《白云樵唱集》卷三《和詹时雨哭永宁许将军》：

剑锋销尽马蹄穿，夷虏凭陵尚寇边。谁念将军能死国，远持兵印独归泉。荒城听雨伤秋早，沧海招魂怆暮烟。忠愤向来同感激，温陵南望泪潸然。①

---

① 《四库全书》第 1231 册，第 177 页。

下编

南戏家

萧天瑞

编者按：《录鬼簿》初稿本未列萧德祥（名天瑞）之名，天一阁本虽列萧德祥，但未著录剧目，增订本著录《王脩然断杀狗劝夫》等五种剧目。对于此五种剧目的性质是杂剧还是南戏，学界的意见较为分歧。以俞为民为代表的南戏研究专家一般认为萧德祥是南戏《杀狗记》的作者。有证据显示《录鬼簿》著录的萧德祥五种剧目为南戏，其人应是南戏作家。（1）萧德祥名下之《四春园》《包待制三勘蝴蝶梦》《四大王歌舞丽春园》三剧，关汉卿、王实甫有同名剧作。依《录鬼簿》的惯例应注萧剧为"二本"或"次本"，而三种萧剧都无此小注。合理的解释应是萧氏三剧乃南戏，而非杂剧。既然不是杂剧，也就无须注"二本""次本"了。（2）钟嗣成对所载作家有闻必录，传主所作非杂剧作品于"小传"中介绍。独于萧德祥传中云："凡古文俱隐括为南曲"，"又有南曲戏文"，不载具体名目。原因应在于其名下所著录的五种剧目是南戏，为避重复，小传中仅概说。（3）朱权《太和正音谱》没有记载萧德祥，《太和正音谱》最重要的一部分内容是著录、品评元代及明初杂剧作家和作品，其中元代杂剧作家的文献，完全节录自《录鬼簿》。其不收录《录鬼簿》中有传的萧德祥，可能即因为萧氏所作的为南戏而非杂剧。（参拙文《〈录鬼簿〉增订本著录萧德祥剧目五种系南戏考》，《中华戏曲》第59辑。）基于以上认知，我们将萧德祥置于"下编南戏家"之列。

《录鬼簿》：

萧德祥，名天瑞。杭州人。以医为业。号复斋。凡古文俱隐括为南曲，街市盛行。又有南曲戏文等。

武林书会展雄才，医业传家号复斋。戏文南曲衡方脉，共传奇乐府谐。治安时，何地无才？人间著，《鬼簿》载，共弄玉，同上春台。

[考辨]

欧阳玄《圭斋文集》卷六《读书堂记》：

庐陵永和萧尚宾，为医十有一世。能根柢儒业，非但缘饰表襮而已也。六世祖子信，能属文，善胡忠简公（铨）。公予田赠金，辞。荐以官，又辞。

问所欲,则曰:"富贵非所愿,但得世世子孙读书立身,以广活人之功,则亦足矣。"忠简笑曰:"君所谓薄于利而厚于德者乎!"书"读书堂"三大字以遗之,使以勖其后人焉。至其大父震甫号竹轩,又绎其说曰:"医道由儒书而出,非精于义理者不能。舍儒而言医,世俗之医耳。"尚宾之父德祥乃拓室之东偏作读书堂,揭忠简公之扁以志其先训焉。尚宾游京师,具颠末,谒余为之记。①

王礼《麟原文集》后集卷六《存竹堂记》：

余至东昌,客有从余登萧氏之堂。予问:"堂以存竹名,竹恶在?"客曰:"非是之谓也。萧氏祖德祥能守厥考竹轩居士之业,犹竹轩未亡,嘉之者以存竹称也。""然则其详可闻乎?"曰:"当在宋也,德祥之五世祖子信职医,获交于忠简胡公,公馈之金,锡之田,荐之官,俱弗受。问所欲,曰:'但愿子孙世世读书足矣。'公嘉其志,大书'读书'二字颜其堂。至居士,能守此训,以不隳其世业。德祥又能继其志,潜心于学,明理于医,远近疾病者咸归之。证论可为与否,或当至剧乃愈,或可不疗自愈,后皆如其言。全活者众,而未尝责报于人。贫乏者与药不问直,侑以米炭姜枣济之。士大夫谓其能以竹轩之心存心,非徒存其遗训世业而已,谓之'存竹'也实宜。初仕广州惠民药局提领,迁韶州医学教授,以寿终于家。平居惟延师教子为先务,世虑澹然。虽出入权贵之门,未尝干以私。"又曰:"今其子孙信厚文雅,资计温裕,皆食旧德所致。而斯堂未有记,常往来于怀,先生辱与其子若孙游,能勿靳于一言乎?"②

苏伯衡《苏平仲文集》卷十二《故元中奉大夫江浙等处行中书省参知政事周公墓志铭》有萧天瑞,至正二十一一二年在平阳周嗣德幕,为都事,尝从诏使入贡。

解缙《文毅集》卷十二《萧君师文墓表》：

宋丞相信国文公兵败于吉之空坑也,有石大如数间屋,忽然自山顶震落,当路径,元兵望而大惊,稍却,丞相由是得脱去。邹凤辈以馀兵拒战,死伤涂地,父子兄弟相勖,冒白刃,不少却。时吉水倚富萧文琬父子督馈饷,亦

---

① 《四库全书》第1210册,第49页。
② 《四库全书》第1220册,第502页。

在是役,幸而不死,退而笔记是日事甚详,予获见之。可羡哉,吾乡之多忠义也。……文琬生献可,献可生季章,季章生德祥,字元佐,皆忠厚人也。元佐生天祐,字师文,元季,倾赀奋义,保障其乡。……其生元延祐丁巳八月,没洪武辛酉二月。①

高 明

《雍正浙江通志》卷一二九《选举志》记元举人,至正四年甲申有高明,注云:"瑞安人,进士"。②

[笺] 高明中举,或云有托馆主人情,暗中周旋之嫌。《南村辍耕录》卷二十八《非程文》:"各行省乡试,则有人取发解进士姓名,一如《登科记》,锓梓印行,以图少利。至正四年甲申,江浙揭晓后,乃有四六长篇,题曰《非程文语》,与抄白省榜同时版行。不知何人所造,而路府州县盛传之。语曰:'设科取士,深感圣世之恩。倚公挟私,无奈吏胥之弊。岂期江浙之大省,坏于禹畴之小刘。……瑞安高明,托馆主堂上之友。纷纷在眼,历历难言。'"

陈与时《送高则诚赴举兼简梅庄兄》:

人生当作月中仙,九万风高鹗在天。师友一门兄弟乐,文章独步子孙贤。我怀老退居江左,尔爱飞腾近日边。此去鳌头应早得,翁翁种德已多年。(原注:则诚名明,同里人南轩先生之孙,少垣府君之婿。登至正乙酉第,任浙东闽幕都事。尝自号菜根道人。所著有《柔克斋集》行世。)③

李遇孙《括苍金石志》卷十一引录《重建灵应庙记》:

郡人林似祖文

将仕郎、温州路永嘉县丞林彬祖书

将仕郎、处州录事高明篆额

至正丙戌九月庚子记,里人潘衡立石。④

---

① 《四库全书》第1236册,第777页。
② 《四库全书》第522册,第415页。
③ 《清颍一源集·高氏家编》,胡雪冈、张宪文辑校《高则诚集》,浙江古籍出版社,2013,第243页。
④ 《续修四库全书》第912册,第112页。

谢应芳《龟巢稿》卷二《送辛明善之缙云监税兼简高则诚录事》[1]：

  缙云山下水盘盘，一舸夷犹七十滩。如此壮游良不恶，何妨远别去之官。风生白苎征衫薄，雨过黄梅客路乾。传语郡中高录事，小编求序冠篇端[2]。①

［校］［1］"简"，《四部丛刊》影印江安傅氏双鉴楼藏钞本阙，从四库本补。［2］"编"，四库本作"篇"。

陈基《送范德辉赴缙云教谕兼简高则诚》：

  不逐扁舟泛五湖，一官迢递缙云墟。遗民世守轩辕鼎，博士家传魏国书。夜月定闻邻县鹤，秋风莫忆故乡鱼。到州为谢高书记，日日相思赋索居。②

宋濂《宋学士文集》卷四十三《芝园前集》卷三《丽水陈孝女传碑》：

  陈孝女妙珍，处之丽水人。……前进士永嘉高明来官郡录事，为上其事。部使者大名高履覆按得实，以闻次于朝，诏有司具乌头双表之制，旌表其门，仍月给粟一斛，养其终身，时［至正］八年春二月也。③

杨维祯《东维子文集》卷五《送沙可学序》：

  某年，某官来总行省事，求从事掾之贤能者，首得一人焉，曰沙可学氏；又得一人焉，曰高则诚氏；又得一人焉，曰葛元哲氏。三人者用，而浙称治。盖三人者，天府登其乡书，大廷崇其高等，而拜进士出身，赐任州理，佐理之职者也。④

苏天爵《滋溪文稿》卷六《两汉诏令序》：

  是编吾家所藏，西汉十二卷，吴郡林虙录；东汉十一卷，四明楼昉录。及官浙省，与宪使王公议刊行之。向闻於潜洪咨夔亦尝纂次成书，事著其《略帝系》之说，惜乎不传。独得其总论，刻置卷首。又命进士高明辑其目，文学掾江若泉正其讹。或谓两汉季年权奸柄用，擅政称制，文宜刊削。夫命令虽出于当时，而善恶悉著于史策，录之以示训，不亦可乎。至正己丑五月甲午，赵郡苏天爵书。⑤

---

① 《四库全书》第1218册，第24页。
② （元）顾瑛辑《草堂雅集》卷一，《四库全书》第1369册，第193页。
③ 罗月霞编《宋濂全集》第2册，第1204页。
④ 《四库全书》第1221册，第422页。
⑤ （元）苏天爵：《滋溪文稿》，陈高华等点校，第86页。

赵汸《东山存稿》卷二《滋溪文稿序》：

《滋溪文稿》三十卷，浙中书省参知政事赵郡苏公之文，前进士永嘉高明、临川葛元哲为属掾时所类次也。①

顾瑛《草堂雅集》卷八：

高明，字则诚，永嘉平阳人。至正五年张士坚榜中第，授处州录事。长才硕学，为时名流，往来予草堂，具鸡黍谈笑，贞素相与澹如也。②

高明《碧梧翠竹堂后记》：

今年八月，余至昆山，过仲瑛所居，仲瑛延客入堂。时日已暮，馀暑尚酷。及既坐，萧爽闃寂，清气可沐。须臾，有风出于梧竹间，摩戛柯叶，调调刁刁，泠然于禺，如耳琴筑。久焉，皎月自水际出，光景穿漏，泛漾栏槛。仲瑛出酒觞客，客数人皆能诗歌谈辩，饮甚乐。夜将半，露瀼瀼下梧竹中，清照拂席，凉吹袭人，毛骨欲寒。客相与笑曰："安得从浮丘公招青童吹灵霄之笙，击洞阴之磬，以终此乐邪？"饮酣，客将就寝，余以公事有程，不得留。……比至城郭，车马杂沓，尘坌瀹起，慨想昨昔所游，则已疑其为梦中所见矣。适袁君子英来自昆山，乃记其事以示子英，俾以遗仲瑛，且语之曰："为我语仲瑛：君碧梧翠竹之乐，不易得也，第安之，他日毋或汨于禄仕，若余之不能久留也。"至正九年九月既望，永嘉高明则诚记。③

谢应芳《龟巢稿》卷二《伏日奉怀江浙高掾史，次早友人黄仲德入杭，以诗代简》：

伏日常年苦炎热，今年伏日风雨凉。官曹早出丞相府，宾客高会湖山堂。垂杨系马绿阴静，画舸采莲红粉香。应有新诗纪行乐，武林风物增辉光。④

《龟巢稿》卷二《邀高则诚郊居小集》：

别多无奈苦相忆，赖有尺书时往来。逢人为说《乌宝传》，此客合贮黄金台。北风尘土岁云莫，南湖水多冰欲开。扁舟短棹出西郭，元日相期看野梅。⑤

---

① 《四库全书》第1221册，第205页。
② 《四库全书》第1369册，第339页。
③ 胡雪冈、张宪文辑校《高则诚集》，第7页。
④ 《四库全书》第1218册，第26页。
⑤ 《四库全书》第1218册，第19页。

张天英《钱塘怀古次高则诚韵》：

钱塘潮上海门深，千古灵胥恨未沉。北斗文星长黯黯，内园官树尚阴阴。承华殿冷西人语，太乙坛空上帝临。月黑鄂王祠下路，风吹青火出山林。①

顾硕《跋任氏交游文翰卷后》：

硕在至正戊子、己丑、庚寅之岁，师伯舅琼台陶先生，读书钱塘。时永嘉高则诚以处州录事辟掾江浙行省，括苍刘先生伯温副提举江浙儒学，皆与伯舅为至交，金华王先生子充自京师黄学士先生讲下卒业而还，与伯舅有莫逆之契。论文每至夜分，屡数日而别。庚寅之冬，伯舅赴广信永丰文学任，而高、刘二先生亦皆秩满散去。……永乐庚寅，硕以衰暮之年，偶来萧山，会任君元庸所藏刘先生《怡怡山堂记》，苏先生所撰先长者所墓志，王先生《萧然山堂记》，高、刘二先生寄伯大、原礼父子各二帖，王先生寄郎中君拱一帖，皆致意于伯大父子昆弟者也。……永乐八年春正月既望，乐安晚生顾硕谨识。②

赵汸《东山存稿》卷三《寄上苏公伯修》：

即日仲春，伏惟尊候动止多福。汸自姑苏舟中拜别，即转吴兴度腊。改岁回钱塘，会葛元哲，昉闻旌节所次，用释驰系。汸窃闻古之君子居廊庙则功显，在山林而言立，是以或出或处，初无容心，而高风伟绩，显白一时，焜煌千祀，尤可尚也。矧礼失乐流，文散史缺，非弘才卓识、夙有闻见，不能辑而存之。阁下素抱述作之志，倘及今视听精明，体履清暇，网罗遗逸，成一家言以幸后学，忱非小补。……汸穷山晚进，仰恃一日之知，辄敢僭效，其愚如此。惟家贫亲老，不得供洒扫于溪堂，备检阅于书府，旦夕瞻企，无时可忘耳。因高则诚入京，谨奉手状起居，干冒清崇，不胜悚息，伏惟幸察不备。③

《东山存稿》卷三《寄上苏伯修》：

即日未审尊候何如，伏惟纳福。汸向因高则诚如京，尝附短状，上问起居，计当得达左右。迩者伏闻暂持玉节出判漕台，日与士民同增鼓舞。④

---

① （元）顾瑛辑《草堂雅集》卷三，《四库全书》第 1369 册，第 217 页。
② 《萧山任氏家乘》卷十三，转引自蔡堂根《高则诚佚诗及其生平补证》，《温州大学学报》2011 年第 6 期。
③ 《四库全书》第 1221 册，第 244 页。
④ 《四库全书》第 1221 册，第 240 页。

[笺] 据《元史》卷一八三《苏天爵传》，至正九年（1349），"召为大都路都总管，以疾归。俄复起为两浙都转运使"。十一年，高明已改调浙东阃幕都事，参加讨伐方国珍的队伍，所以不可能在这年赴京。十二年，苏天爵任江浙行省参知政事，后卒于军中，不曾往京师。故高明入京当在至正十年仲春。（参刘祯《高明仕履考辨》，《戏曲研究》第 45 辑。）

阮元《两浙金石志》卷十七《元长兴州重修学宫碑》：

赐进士出身、承事郎、前台州路天台县尹兼劝农事会稽杨维祯撰

赐同进士出身、将仕郎、前处州路录事永嘉高明书

赐进士及第、承务郎、内台监察御史大名张士坚篆额

至正十一年二月吉日六斋长谕儒人等立石，同修学儒人周鼎、费光祖……四明胡珪刻。①

刘基《任氏世系图叙》：

元至正辛卯秋七月，西蜀赵天泽偕予过会稽，历览名山古迹。归经萧邑，为访眉山苏伯衡于隐君任子仁先生家，款留去虎山阳怡怡山堂，盖隐君别业也。在座有浦江宋公、永嘉高公、金华王公、丽水叶公、太平李公、乐平许公，皆当时硕彦。盘桓数日，赵公先别归四川，予遂居停交辉楼。……洪武甲寅元夕，御史中丞兼太子赞善诚意伯青田刘基顿首撰。②

苏伯衡《元处士任子仁公墓志铭》：

我先君左司之宰萧山也，时张士诚据吴，方国珍据台、庆，《诗》所谓"顾瞻四方，蹙蹙靡所骋"之日也。刘提学伯温、高主簿则诚、董录事朝宗诸公皆来依，而朝使若吏部尚书刘自牧、刑部侍郎聂子初并在。……洪武十七年岁次甲子，前国史院翰林编修眉山苏伯衡撰。③

王祎《王忠文集》卷二《偕游任氏萧然山堂，和高则诚壁间韵》：

暑雨凉风七月尽，萧然山上看飞云。海水江水咫尺合，吴山越山图画分。

---

① 《续修四库全书》第 911 册，第 241 页。
② 《萧山任氏家乘》卷一，转引自蔡堂根《高则诚佚诗及其生平补证》，《温州大学学报》2011 年第 6 期。
③ 《萧山任氏家乘》卷十三，转引自蔡堂根《高则诚佚诗及其生平补证》，《温州大学学报》2011 年第 6 期。

干戈满目正崇武,笔砚随身谁卖文。幸得风流二三子,清吟剧饮到斜曛。①

[笺] 高明原诗《陪青田诸公宴萧然山堂》:"北干山前叙船处,一篙新水涨溪云。雪晴原野无多日,春入园林已三分。战蚁争蜗休入梦,晓猿夜鹤免移文。清歌且乐芳年景,回首关河日未曛。"(《萧山任氏家乘》卷十六)

刘基《诚意伯文集》卷三《从军诗五首送高则诚南征》:

少小慕曾闵,穷阎兀幽栖。丘园贲嘉命,通籍厕金闺。握笔事空言,块焉愧梁鹝。不如属櫜鞬,结束习鼓鼙。庙算出帷幄,白日收虹蜺。剑光怗沧溟,旗尾悬鲸鲵。振旅还大藩,歌舞安旄倪。拂衣不受赏,长揖归蒿藜。

江乡积阴气,二月春风寒。壮士缦胡缨,伐鼓开洪澜。长风翼万轴,撇若横海翰。马衔伏辕门,翊卫森水官。仗钺指天狼,怒发冲危冠。

按节肃徒旅,神剑宵有声。挥挥大旗动,烈烈刁斗鸣。仰看太白高,俯视沧波平。王师古无战,蠛蠓安足烹。

人言从军恶,我言从军好。用兵非圣意,伐罪乃天讨。运筹中坚内,决胜千里道。雷霆诫蛟鼍,雨露泽枯槁。怀柔首悍独,延访及黎老。牧羊必除狼,种谷当去草。凯歌奏大廷,天子长寿考。

清晨绝长江,日夕次海滨。北风吹旆旌,军动速若神。令严戎马闲,九陌无惊尘。伐鼓震溟峤,扬帆役鲛人。鲸鳞京观筑,鳄醢华筵陈。喈喈布谷鸣,祁祁农鸠春。去子还故乡,悲喜集里邻。荷锸启瓦砾,再荷天地仁。抚绥属有望,世世为尧民。②

杨维祯《东维子文集》卷二《送高都事序》:

传称子产为政,其所能者亡他,能材彼其人焉而已耳。材彼其人,人各能其所能,而子产之能无不能矣。裨谌能谋,子太叔文而能行,冯简子能断大事,公孙挥能知四海之为,且一辩其人之族姓、班位、能否,又善于辞令。子产问四国之为于子羽,使裨谌谋而简子断,然后授太叔行之。是以郑无败事,子产善于材使之力也。江浙平章左答纳失公,徂征洰夷[1],总制于金陵,急以材使人才为首务,曰善谋,曰善断,曰善行而善辞令者,皆礼罗于幕府,使各竭其所能,此子产氏之善于能人之能也。高子令之秀而文者也,又善知四国之为与其人之族姓、班位、能否而善于辞令者也,是高子一人而

---

① 《四库全书》第1226册,第52页。
② 《四库全书》第1225册,第68页。

兼古者二人之为。此总之者之选于子,如子产之选于太叔、公孙挥也。宜其有补于总制,而总制者无有败事[2],都之以幕府元僚不为过已。抑余有诘于高子者,今日之兵有曰猫曰鸇者,罔测甚于虏[3],人知以猫鸇御虏[4],不知以虏待猫鸇,既有烈于虏者。吁!知四国之为而辨其人之族姓、班位、能否者,其有不察于此乎!不察不智,察不言不忠,言不力不勇,总制之称善于材使者,疑不若是,故于高子申以问之。①

[校] [1]"湼",四库本作"淮"。[2]"者",《四部丛刊》影印旧钞本作"右",从四库本改。[3]"虏",四库本作"寇"。[4]"人",四库本作"兵"。

赵汸《东山存稿》卷二《送高则诚归永嘉序》:

　　高君则诚学博而深,文高而赡。自为举子,已为学者所归。及登进士第,调官括苍郡录事,学道爱人,治教具修。郡守前宪副徐公深敬异之,比满,不忍听其去,即学宫设绛帐,身率子弟迎君而请业焉。行中书闻其名,辟丞相掾。儒生称其才华,法吏推其练达,而君亦雅以名节自励。公卿大夫咸器君行能,每他掾有故,辄以兼其事。君稽典册,定是非,酬应如流。意所不可,辄上政事堂,慷慨求去。时东南乂安,藩府无事,参政赵郡苏公方以文治作兴其人君,与临川葛元哲俱见称誉,日承言议,声闻益隆矣。俄台民弄兵城邑,驱丁壮,集其徒海浦,连巨舰数百以自固,帅阃吏弗能治。有旨行省臣总诸郡兵平之,省臣谓君温人,知海滨事,择以自从,君亦庶几因得自效。时浙东帅达公以除凶为己任,一见君欢然。既开幕府,乃以论事不合,避不治文书。于是师出逾三时,卒烦大臣自京师来,以上意抚之而后定。解严,分宪诸将校缓急利便,独君无一辞。以秩满,即日还省垣告归矣。于是交游之士咸造君,且谓儒者虽临事不见用,卒能究所守以自旌,别为君贺。君设俎豆觞客,酒行,笑谓座中曰:"前辈谓士子抱腹笥,起乡里,达朝廷,取爵位如拾地芥,其荣至矣,孰知为忧患之始乎。余昔卑其言,于今乃信。虽然,余方解吏事归,得与乡人子弟讲论诗书礼义,以时游赤城、雁荡诸山,俯涧泉而仰云木,犹不失吾故也。"时客多君里人,乐君之归,皆甚喜,有起自席末而言者曰:"朝廷以科目取士久矣,时方承平,自军国要务至百司庶事,举无不集。士亦得以浮沉簿书文墨间,稍有牵制,辄效俗吏便文自解,由是贤否混淆,有志者无以自见,宜乎君之悠然遐想于去就间欤!虽然,今

---

① 《四库全书》第1221册,第391页。

中原多故，圣天子、贤宰相一旦惩膏粱刀笔之敝，尽取才进士用之，则如吾高君者，虽欲决遁山林，亦将不可得者。然则入践廷宁，陪老成之谠议，出临郡邑，布恩德于罢氓，使殊功茂绩，炳然一时，以答清朝设科盛意，岂非君平昔之志，而亦吾党所望于君者哉！"众皆曰："然。"乃共举酒，属君赋《白驹》而别。①

[笺] 其时任浙东道宣慰司都元帅者为泰不华。据《嘉靖宁波府志》卷二十五《泰不花传》，泰不华字达兼善伯牙，故云"达公"，村妇亦称之"达元帅"。《元史》卷一四三《泰不华传》载，至正十一年（1351）二月，"诏孛罗帖木儿为江浙行省左丞，总兵至庆元。以泰不华谂知贼情状，迁浙东道宣慰使都元帅，分兵于温州，使夹攻之。未几，国珍寇温，泰不华纵火筏焚之，一夕遁去。既而孛罗帖木儿密与泰不华约以六月乙未合兵进讨"。

刘基《诚意伯文集》卷四《次韵高则诚〈雨中三首〉》：

短棹孤蓬访昔游，冷风凄雨不胜愁。江湖满地蛟螭浪，粳稻连天鼠雀秋。莫怪贾生偏善哭，从来杞国最多忧。绝怜窗外如珪月，只为离人照白头。

霖雨萧萧泥客途，岁华冉冉隙中徂。不知燕赵车千乘，何似嵩邛饭一盂。露冷芙蓉捐玉佩，天寒薏苡结明珠。东邻艇子如堪借，去钓松江巨口鱼。

吴苑西风禾黍黄，越乡倦客葛衣凉。楸梧夜冷鸟惊树，霜露秋清蜂闭房。天上出车无召虎，人间卖卜有王郎。干戈满目难回首，梦到空山月满堂。②

陈镒《午溪集》卷六《次韵高则诚参军题少微山巨樟》：

老气长身倚断崖，苍皮铁甲渍深苔。几年造化栽培力，他日明堂柱石材。风挟雨声龙起立，月笼云影凤飞来。长令炼药山中侣，想像郁蓝天上台。③

黄溍《金华黄先生文集》卷九《绍兴路新城记》：

至正十二年秋七月十日也。绍兴，故越地，杭越相距百里，而近讹言相惊，人不自保，扶携而去，闾井为空，御史檄浙东廉访司分临坐镇之，于是，金事秃满帖穆尔朝列公，乘传星驰而至。时邻境之遗孽犹未尽殄，公亟募义勇民丁，佐官军扼其要冲，以遏其奔突。招集流散复业者一万五千馀家，士气既充，民心亦宁，而未有以为藩篱之固，公首辍俸赀，倡众大治其罗城，

---

① 《四库全书》第1221册，第203页。
② 《四库全书》第1225册，第115页。
③ 《四库全书》第1215册，第391页。

闻者咸欢趋之。……始事于是年秋八月，而讫功于明年春三月。公既令州县专官庀其役，复命总管府判官李若愚、推官钱德诚、录事判官瞿荣智为总制官，以受役要；而判官高明、推官冯某、王某分督其工程；书吏伯岳觮、郭埙奏差，张与义则巡察其勤惰而劝劳之，今达鲁花赤伯笃鲁丁正议公初莅郡政，未遑它及，独于兹役尤尽心焉，谓不可无以序其成绩告于后人，爰命儒学教授杜易状其实，而属潜以记。①

周伯琦《浙江等处行中书省分省左丞丑的公去思碑》：

中统交钞既行，民用多涩，百货翔踊，而粒食尤难。公举进士之为官属者，若庆元路推官高明、奉化州判官盛景年、余姚州判官程国儒辈，分理其事。②

[笺]《元史》卷四十二《顺帝本纪》：" [至正]十二年春正月丙午朔，诏印造中统元宝交钞一百九十万锭、至元钞十万锭。"又卷四十三载，十三年正月，"诏印造中统元宝交钞一百九十万锭、至元钞一十万锭"。

袁士元《书林外集》卷四《赠高推官》：

风月襟怀世莫伦，政声清绝出名门。圜扉罗雀文书静，泮水旌鸾色笑温。州县按临分枉直，城池警驻谨晨昏。笔端一点春无限，剩种棠阴及子孙。③

刘谦《宋处士南隐任公墓志铭》：

至正乙未秋，余出使江南，道经萧山，适遇则诚高先生于任氏馆，先生胜谈故友任公德义，诚恺悌人也。……元至正十五年岁次乙未九月戊寅日，正议大夫兼集贤院事吏部尚书山东刘谦撰。④

苏伯衡《送任原礼东归序》：

任氏之子原礼，始余识之高君则诚馆下，朴茂而谦和，望而知为雅士也。……时受业高君之门，无虑数百人，原礼周旋其间，兄事其长者，弟畜其幼者，衣食其匮乏者，同门之士，或持其所珍爱服用以去，亦不以属意。

---

① 《中华再造善本》影印元刻本；《续修四库全书》第 1323 册，第 184 页。
② 《成化宁波郡志》卷十，《全元文》第 44 册，第 570 页。
③ 《续修四库全书》第 1324 册，第 568 页。
④ 《萧山任氏家乘》卷十三，转引自蔡堂根《高则诚佚诗及其生平补证》，《温州大学学报》2011 年第 6 期。

天台闻一民者，高君友也，一日暴死逆旅，故旧若罔闻知。高君以托原礼，原礼亟往殡，备道里费，资其仆以丧归。余每谒高君，退见原礼，未尝不相语移时，然窃意其待师友为然，不知其于大夫士皆然也。……洪武乙酉九月己亥眉山苏伯衡序。①

《弘治温州府志》卷十《人物》：

高明，字则诚，瑞安人。性聪明，自少以博学称，一日倡言曰："人不明一经取第，虽博奚为？"乃自奋读《春秋》，识圣人笔削大义，属文操笔立就，一时名公卿皆慕与交。登至正乙酉第，授处州录事，有能声。时监郡马僧家奴贪残，明委曲调护，民赖以安。既去，民思之，立碑，郡人刘基为文。辟江浙省掾史，从参政樊执敬覆（覈）实平江圩田，蠲租米无征者四十万石。改调浙东闽幕都事，四明狱囚事无验，悉多冤，明治之，操纵允当，囹圄一空，郡称神明。转江南行台掾，数忤权势，谢病去。除福建行省都事，道经庆元，方氏强留置幕下，力辞不从，又以礼延教子弟，亦不就。卧病而卒。有诗文行于世。②

[笺]《元史》卷一九五《樊执敬传》："至正七年，擢山南道廉访使，俄移湖北道。十年，授江浙行省参知政事。"又卷四十四《顺帝本纪》载，至正十六年九月，"诏以太尉纳麟复为江南行台御史大夫，迁行台治绍兴"。高明有《丁酉二月二日访仲仁、仲远、仲刚贤昆季，别后赋诗以谢》诗，丁酉为至正十七年（1357）。《光绪上虞县志》卷七载："魏寿延，字仲远，唐郑公二十四世孙，世居夏盖湖上，绕屋植万竹。兄仲仁，弟仲刚，并嗜奇好古。仲远尤工诗，一时贤士大夫过虞者，必造所居，集倡酬之什为《敦交集》。"上虞属绍兴府。至正十七年二月高明已在绍兴，并拜见隐居的朋友。江南行台至正十六年九月迁绍兴，则高明至绍兴任江南行台掾当在至正十六年秋。（参刘祯《高明仕履考辨》，《戏曲研究》第45辑。）

袁华《耕学斋诗集》卷十《寄张师允御史兼柬高则诚省郎》：

中台御史国元儒，清庙雍雍列六瑚。暂奉旃常司礼乐，又峨獬豸费谋谟。河归故道朝东海，日丽中天照八区。遥想此时高录事，定陪骢马步云衢。③

---

① 《萧山任氏家乘》卷十三，转引自蔡堂根《高则诚佚诗及其生平补证》，《温州大学学报》2011年第6期。
② 明弘治十六年刻本。
③ 《四库全书》第1232册，第334页。

《耕学斋诗集》卷八《高则诚录事》：

永嘉山水郡，燕服帝王州。献赋《长杨》内，从君沧海头。阿戎终放旷，小杜最风流。花满西泠路，烟波渺白鸥。①

高明《天香室铭》：

定水寺在慈溪之鸣鹤山，宋庐陵德璘禅师居此寺。……至正十七年，见心禅师来主斯寺，念前辈之流风雅韵宛然犹在，辟室而名之天香，取文节诗语也，翰林杨君彦常尝为记之，见心复征辞于余。……前翰林国史院典籍官永嘉高明撰。②

[笺]《澹游集》卷下高明《天香室铭》一文前，是杨彝撰《天香室记》，署款："至正十九年龙集己亥秋七月晦日，翰林国史院检阅官杨彝记。"杨彝字彦常。据高明《天香室铭》"翰林杨君彦常尝为记之，见心复征辞于余"云云，其《铭》所作时间在杨彝《记》之后，也即在至正十九年（1359）七月后。而此时高明自署官职为"前翰林国史院典籍官"，知其任国史院典籍官不得迟于至正二十年。（参徐永明《高则诚生平行实新证》，《文学遗产》2006年第2期。）

《光绪慈溪县志》卷五十《金石志》载王演《慈溪县罗府君嘉德庙碑》，前署："征事郎、翰林国史院典籍官高明书"。立石时间为至正二十一年九月初吉。③

释来复《澹游集》卷上：

高明，字则诚，自号菜根居士，永嘉人。至正乙酉张士坚榜登进士第。历仕至翰林国史院典籍官、福建行省都事。有文集行世。④

贡师泰《玩斋集》卷十《赠承直郎国子监丞郑君墓志铭》：

至正十九年冬，予以总漕闽广使过余姚，江浙行省郎中刘君仁本、张君启原、理问邱君楠皆乞铭其先墓。余既辞不获，及至四明，则员外郎郑君文宝复以福建行省都事高明状，来请其父赠国子监丞君铭。余方愧前所著文猝猝不暇择，今已治行，其暇为之乎？……君讳应先，字复古。其先为闽著姓，

---

① 《四库全书》第1232册，第328页。
② （明）释来复辑《澹游集》卷下，《续修四库全书》第1622册，第279页。
③ 清光绪二十五年刻本。
④ 《续修四库全书》第1622册，第232页。

五代时以朱文进之乱，始来天台。三世至承务郎维明，遂筑居黄岩之天长街。①

《光绪余姚县志》卷十六《金石志·余姚州筑城记》：

　　承事郎、福建等处行中书省左右司都事高明［撰］文，中顺大夫、中书户部尚书贡师泰书，中奉大夫、江浙等处行中书省参知政事周伯琦篆盖。至政（正）二十年春二月既望，役□宋天祥……等立石。四明徐叔逊、袁子成刻石。②

余尧臣《高明题陆游〈晨起〉诗跋》（拟题）：

　　放翁手书《晨起》诗一首，感时自惜，忠义蔼然。永嘉高公则诚题其卷端，以为爱君忧时如杜少陵，且表其平生所志不在事功，岂以《南园》一记为放翁病？"直欲挽回唐虞气象于三千载之上，又安肯自务权臣以求进。"斯言也，非特尽夫放翁心事，而高公之抱负从可见矣。是卷题于至正十三年夏，越六年，而高公亦以不屈权势，病卒四明。言行相顾而不背者，予于高公见之。永嘉余尧臣敬书。③

［笺］陆时化《书画录》同卷亦录高明题跋："陆务观诗，大概学杜少陵，间多爱君忧时之语。如《题侠客图》所谓'无奈和戎白面郎'，《示儿作》所谓'但悲不见九州同'，《壮士歌》所谓'胡不来归汉天子'，其雄心壮气可想见已。此诗意高语健，不以衰老自弃，而欲尚友古人，不以蒿莱廊庙异趣，而所贵者道，则其平生所志，又非徒屑于事功者。或者乃以韩平原《南园记》为放翁病，岂知《南园记》唯勉以忠献事业，初无谀辞，庸何伤！夫放翁不受世俗衰，而直欲挽回唐虞气象于三千载之上，又安肯自附权臣以求进耶？至正十三年夏五月壬辰，永嘉高明谨志于左方。"

陆德旸《哭高则诚》：

　　乱离遭世变，出处叹才难。坠地文将丧，忧天寝不安。名题前进士，爵署旧郎官。一代儒林传，真堪入史刊。④

陈挺《吊高则诚》：

　　柔翁道望重吾乡，遗构无存故址荒。滴雨疏花秋淅淅，宿鸥寒树月苍苍。

---

① 《四库全书》第 1215 册，第 703 页。
② 清光绪二十五年刻本。
③ （清）陆时化编《吴越所见书画录》卷一，《续修四库全书》第 1068 册，第 43 页。
④ 《嘉靖宁波府志》卷三十九《留寓传·高明》附注。

清明墓道人非昔,(原注:伤其窀穸之山,今鬻于人矣。)癸丑兰亭帖已亡。(原注:先生所著《柔克斋集》遗板亡失,予方塘叔祖尝于其家得二十馀片以归,甚喜。既而视之,册叶多不相续,始知无用,后因兵火并失之。)安得同盟二三子,为公立碣表书庄。①

陈挺《吊高则诚后篇》:

世事堪怜似转蓬,先生遗恨渺无穷。大成乐赋台金掷,至正功名吕枕空。独有荒墟还夜月,更无卧柳可春风。堂前燕子谁家去,日自西斜水自东。②

陈挺《过高宅腕》(原注:地属集善院东,以则诚先生家得名):

路名高宅腕,里并盛家庄。盛氏无从问,高公亦已亡。短墙非古迹,啼鸟自春光。又见邻为圃,清风小麦黄。

路名高宅腕,人比谢公墩。草木文章色,烟波涕泪痕。孩提知姓氏,大用屈胡元。一二云仍在,飘零何处村。③

---

① 《清颖一源集》卷二,胡雪冈、张宪文辑校《高则诚集》附录,第247页。
② 《清颖一源集》卷二,胡雪冈、张宪文辑校《高则诚集》附录,第248页。
③ 《清颖一源集》卷二,胡雪冈、张宪文辑校《高则诚集》附录,第248页。

参考文献

一 史部

[1]（元）王士点：《秘书监志》，《景印文渊阁四库全书》（以下简称《四库全书》）第 596 册，台湾商务印书馆，1986。

[2]（元）袁桷：《延祐四明志》，《四库全书》第 491 册。

[3]（元）俞希鲁：《至顺镇江志》，《续修四库全书》第 698 册，上海古籍出版社，2002。

[4]（元）张铉：《至正金陵新志》，《四库全书》第 492 册。

[5]（元）王元恭：《至正四明续志》，《续修四库全书》第 705 册。

[6]（元）熊梦祥撰，北京图书馆善本组辑《析津志辑佚》，北京古籍出版社，1983。

[7]（明）宋濂等：《元史》，中华书局，1976。

[8]（明）朱右：《元史补遗》，载姚之骃《元明事类钞》，《四库全书》第 884 册。

[9]（明）徐象梅：《两浙名贤录》，浙江古籍出版社，2012。

[10]（明）胡谧：《成化河南总志》，河南大学图书馆藏 1985 年影抄本复印本。

[11]（明）王鏊：《正德姑苏志》，明正德元年刻本。

[12]（明）陈威：《正德松江府志》，明正德七年刻本。

[13]（明）张琏：《嘉靖耀州志》，载《中国地方志集成》，凤凰出版社，2007。

[14]（明）胡植：《嘉靖维扬志》，《四库全书存目丛书》史部第 184 册，齐鲁书社，1996。

[15]（明）赵廷瑞：《嘉靖陕西通志》，载黄秀文主编《华东师范大学图

书馆藏稀见方志丛刊》，北京图书馆出版社，2005。

[16]（明）薛应旂：《嘉靖浙江通志》，载《中国方志丛书》，成文出版社，1983。

[17]（明）冯汝弼：《嘉靖常熟县志》，明嘉靖刻本。

[18]（明）董穀：《嘉靖续澉水志》，《四库全书存目丛书》史部第186册。

[19]（明）萧良幹、张元忭：《万历绍兴府志》，《四库全书存目丛书》史部第201册。

[20]（明）徐学谟：《万历湖广总志》，明万历十九年刻本。

[21]（明）陈善：《万历杭州府志》，明万历刻本。

[22]（明）沈应文：《万历顺天府志》，明万历刻本。

[23]（明）樊维城、胡震亨：《天启海盐县图经》，《四库全书存目丛书》史部第208册。

[24]（明）董斯张：《天启吴兴备志》，清刘修业嘉业堂刻吴兴丛书本。

[25]（明）罗炌、黄承昊：《崇祯嘉兴县志》，载《日本藏中国罕见地方志丛刊》，书目文献出版社，1991。

[26]（明）李贤：《大明一统志》，《中华再造善本》。

[27]（清）邵远平：《续弘简录元史类编》，《续修四库全书》第313册。

[28]（清）曾廉：《元书》，《四库未收书辑刊》第4辑第15册，北京出版社，2000。

[29]（清）柯劭忞：《新元史》，吴树平编辑《二十四史外编》第123册，天津古籍出版社，1998。

[30]（清）于成龙：《康熙江西通志》，清康熙二十二年刻本。

[31]（清）高登先、沈麟趾：《康熙山阴县志》，载《首都图书馆藏稀见方志丛刊》，国家图书馆出版社，2011。

[32]（清）怀荫布：《乾隆泉州府志》，清光绪八年补刻本。

[33]（清）何璘：《乾隆直隶澧州志林》，清乾隆十五年刻本。

[34]（清）丁元正：《乾隆吴江县志》，载《中国地方志集成》。

[35]（清）舒其绅：《乾隆西安府志》，载《中国地方志集成》。

[36]（清）张万铨：《乾隆祁州志》，载《中国方志丛书》。

[37]（清）穆彰阿：《嘉庆一统志》，《续修四库全书》第613册。

[38]（清）李景峄：《嘉庆溧阳县志》，清嘉庆十八年修、光绪二十二年重刻本。

［39］（清）乔溎：《道光浮梁县志》，清道光三年刻、道光十二年补刻本。

［40］（清）定祥：《光绪吉安府志》，载《中国方志丛书》。

［41］（清）赓音布：《光绪德安府志》，载《中国地方志集成》。

［42］（清）吴中彦：《光绪广平府志》，清光绪二十年刻本。

［43］（清）王梓材、冯云濠辑《宋元学案补遗》，杨世文等点校，人民出版社，2012。

［44］（清）赵绍祖：《安徽金石略》，《续修四库全书》第 912 册。

［45］（清）张金吾：《爱日精庐藏书志》，《续修四库全书》第 925 册。

［46］陈垣编《道家金石略》，陈智超、曾庆瑛校补，文物出版社，1988。

［47］胡世厚：《白朴与〈白氏宗谱〉》，《文学遗产》2002 年第 5 期。

二 子部

［1］（元）王恽：《玉堂嘉话》，《四库全书》第 866 册。

［2］（元）王恽：《中堂事记》，顾宏义等标校《金元日记丛编》，上海书店出版社，2013。

［3］（元）鲜于枢：《困学斋杂录》，《四库全书》第 866 册。

［4］（元）夏庭芝撰，孙崇涛、徐宏图笺注《青楼集笺注》，中国戏剧出版社，1990。

［5］（元）郭畀：《云山日记》，顾宏义等标校《金元日记丛编》。

［6］（元）刘佶：《北巡私记》，《续修四库全书》第 424 册。

［7］（元）陶宗仪：《南村辍耕录》，中华书局，1959。

［8］（元）姚桐寿：《乐郊私语》，上海古籍出版社，2012。

［9］（元）杨瑀：《山居新语》，上海古籍出版社，2012。

［10］（元）蒋正子：《山房随笔》，《四库全书》第 1040 册。

［11］（元）李翀：《日闻录》，《四库全书》第 866 册。

［12］（元）盛如梓：《庶斋老学丛谈》，《四库全书》第 866 册。

［13］（元）孔齐：《至正直记》，《四库全书存目丛书》子部第 239 册。

［14］（元）陆友仁：《研北杂志》，《四库全书》第 866 册。

［15］（元）夏文彦：《图绘宝鉴》，《四库全书》第 814 册。

［16］（元）陶宗仪：《书史会要》，《四库全书》第 814 册。

［17］（明）田汝成：《西湖游览志馀》，《四库全书》第 585 册。

［18］（明）郎瑛：《七修类稿续稿》，上海书店出版社，2001。

[19]（明）蒋一葵：《尧山堂外纪》，《四库全书存目丛书》子部第 148 册。

[20]（明）镏绩：《霏雪录》，《四库全书》第 866 册。

[21]（明）胡侍：《真珠船》，《四库全书存目丛书》子部第 102 册。

[22]（明）张丑：《清河书画舫》，《四库全书》第 817 册。

[23]（明）郁逢庆：《书画题跋记》，《四库全书》第 816 册。

[24]（明）陈霆：《渚山堂词话》，唐圭璋编《词话丛编》，中华书局，1986。

[25]（清）高士奇：《江村销夏录》，《四库全书》第 826 册。

[26]（清）张照等编《石渠宝笈》，《四库全书》第 825 册。

[27]（清）朱彝尊：《静志居诗话》，人民文学出版社，1990。

三　集部

（一）　别集

[1]（宋）刘辰翁：《须溪集》，《四库全书》第 1186 册。

[2]（宋）林景熙：《霁山文集》，《四库全书》第 1188 册。

[3]（宋）陈深：《宁极斋稿》，《四库全书》第 1189 册。

[4]（宋）俞德邻：《佩韦斋集》，《四库全书》第 1189 册。

[5]（宋）方夔：《富山遗稿》，《四库全书》第 1189 册。

[6]（金）李俊民：《庄靖集》，《四库全书》第 1190 册。

[7]（金）元好问：《遗山集》，《四库全书》第 1191 册。

[8]（元）方回：《桐江续集》，《四库全书》第 1193 册。

[9]（元）戴表元：《剡源文集》，《四库全书》第 1194 册。

[10]（元）张伯淳：《养蒙文集》，《四库全书》第 1194 册。

[11]（元）邓文原：《巴西集》，《四库全书》第 1195 册。

[12]（元）刘诜：《桂隐文集》，《四库全书》第 1195 册。

[13]（元）王奕：《玉斗山人集》，《四库全书》第 1195 册。

[14]（元）刘诜：《桂隐诗集》，《四库全书》第 1195 册。

[15]（元）释善住：《谷响集》，《四库全书》第 1195 册。

[16]（元）任士林：《松乡集》，《四库全书》第 1196 册。

[17]（元）胡祗遹：《紫山大全集》，《四库全书》第 1196 册。

[18]（元）吴澄：《吴文正公集》，《四库全书》第 1197 册。

[19]（元）魏初：《青崖集》，《四库全书》第 1198 册。
[20]（元）安熙：《默庵集》，《四库全书》第 1199 册。
[21]（元）龚璛：《存悔斋稿》，《四库全书》第 1199 册。
[22]（元）刘将孙：《养吾斋集》，《四库全书》第 1199 册。
[23]（元）刘因：《静修先生文集》，载《丛书集成初编》，中华书局，1985。
[24]（元）王恽：《秋涧集》，《四库全书》第 1200 册。
[25]（元）姚燧：《牧庵集》，《四库全书》第 1201 册。
[26]（元）李庭：《寓庵集》，《续修四库全书》第 1322 册。
[27]（元）元明善：《清河集》，《续修四库全书》第 1323 册。
[28]（元）元淮：《金囦集》，载《涵芬楼秘笈》，上海商务印书馆，1921。
[29]（元）王旭：《兰轩集》，《四库全书》第 1202 册。
[30]（元）尹廷高：《玉井樵唱》，《四库全书》第 1202 册。
[31]（元）程钜夫：《雪楼集》，《四库全书》第 1202 册。
[32]（元）陈义高：《秋岩诗集》，《四库全书》第 1202 册。
[33]（元）袁桷：《清容居士集》，《四库全书》第 1203 册。
[34]（元）释大䜣：《蒲室集》，《四库全书》第 1204 册。
[35]（元）马臻：《霞外诗集》，《四库全书》第 1204 册。
[36]（元）张之翰：《西岩集》，《四库全书》第 1204 册。
[37]（元）周权：《此山诗集》，《四库全书》第 1204 册。
[38]（元）侯克中：《艮斋诗集》，《四库全书》第 1205 册。
[39]（元）黄玠：《弁山小隐吟录》，《四库全书》第 1205 册。
[40]（元）贡奎：《云林集》，《四库全书》第 1205 册。
[41]（元）同恕：《榘庵集》，《四库全书》第 1206 册。
[42]（元）刘敏中：《中庵集》，《四库全书》第 1206 册。
[43]（元）马祖常：《石田文集》，《四库全书》第 1206 册。
[44]（元）袁易：《静春堂诗集》，《四库全书》第 1206 册。
[45]（元）虞集：《道园学古录》，《四库全书》第 1207 册。
[46]（元）虞集：《道园遗稿》，《四库全书》第 1207 册。
[47]（元）揭傒斯：《文安集》，《四库全书》第 1208 册。
[48]（元）范梈：《范德机诗集》，《四库全书》第 1208 册。
[49]（元）杨载：《杨仲弘集》，《四库全书》第 1208 册。

[50]（元）王沂：《伊滨集》，《四库全书》第 1208 册。
[51]（元）丁复：《桧亭集》，《四库全书》第 1208 册。
[52]（元）吴莱：《渊颖集》，《四库全书》第 1209 册。
[53]（元）蒲道源：《闲居丛稿》，《四库全书》第 1210 册。
[54]（元）柳贯：《待制集》，《四库全书》第 1210 册。
[55]（元）欧阳玄：《圭斋文集》，《四库全书》第 1210 册。
[56]（元）许有壬：《至正集》，《四库全书》第 1211 册。
[57]（元）程端学：《积斋集》，《四库全书》第 1212 册。
[58]（元）宋褧：《燕石集》，《四库全书》第 1212 册。
[59]（元）萨都剌：《雁门集》，《四库全书》第 1212 册。
[60]（元）朱晞颜：《瓢泉吟稿》，《四库全书》第 1213 册。
[61]（元）陈旅：《安雅堂集》，《四库全书》第 1213 册。
[62]（元）唐元：《筠轩集》，《四库全书》第 1213 册。
[63]（元）傅若金：《傅与砺诗集》，《四库全书》第 1213 册。
[64]（元）余阙：《青阳集》，《四库全书》第 1214 册。
[65]（元）苏天爵：《滋溪文稿》，《四库全书》第 1214 册。
[66]（元）张翥：《蜕庵集》，《四库全书》第 1215 册。
[67]（元）邵亨贞：《野处集》，《四库全书》第 1215 册。
[68]（元）李孝光：《五峰集》，《四库全书》第 1215 册。
[69]（元）贡师泰：《玩斋集》，《四库全书》第 1215 册。
[70]（元）郑元祐：《侨吴集》，《四库全书》第 1216 册。
[71]（元）陈樵：《鹿皮子集》，《四库全书》第 1216 册。
[72]（元）成廷珪：《居竹轩诗集》，《四库全书》第 1216 册。
[73]（元）刘仁本：《羽庭集》，《四库全书》第 1216 册。
[74]（元）张雨：《句曲外史集》，《四库全书》第 1216 册。
[75]（元）张宪：《玉笥集》，《四库全书》第 1217 册。
[76]（元）丁鹤年：《鹤年诗集》，《四库全书》第 1217 册。
[77]（元）钱惟善：《江月松风集》，《四库全书》第 1217 册。
[78]（元）王逢：《梧溪集》，《四库全书》第 1218 册。
[79]（元）谢应芳：《龟巢稿》，《四库全书》第 1218 册。
[80]（元）李祁：《云阳集》，《四库全书》第 1219 册。
[81]（元）叶颙：《樵云独唱集》，《四库全书》第 1219 册。

[82]（元）杨翮：《佩玉斋类稿》，《四库全书》第 1220 册。

[83]（元）王礼：《麟原文集》，《四库全书》第 1220 册。

[84]（元）倪瓒：《清閟阁全集》，《四库全书》第 1220 册。

[85]（元）杨维祯：《东维子文集》，《四库全书》第 1221 册。

[86]（元）沈梦麟：《花溪集》，《四库全书》第 1221 册。

[87]（元）邓雅：《玉笥集》，《四库全书》第 1222 册。

[88]（元）梁寅：《石门集》，《四库全书》第 1222 册。

[89]（元）黄溍：《金华黄先生文集》，《续修四库全书》第 1323 册。

[90]（元）朱德润：《存复斋文集》，《四库全书存目丛书》集部第 22 册。

[91]（元）胡助：《纯白斋类稿》，载《丛书集成初编》，中华书局，1985。

[92]（元）邵亨贞：《蚁术诗选》，《宛委别藏》第 106 册，江苏古籍出版社，1988。

[93]（元）陶宗仪：《南邨诗集》，《四库全书》第 1231 册。

[94]（元）白朴：《天籁集》，《四库全书》第 1488 册。

[95]（元）邵亨贞：《蚁术词选》，《续修四库全书》第 1723 册。

[96]（元）张雨：《贞居词》，《续修四库全书》第 1723 册。

[97]（金）元好问撰，施国祁注、麦朝枢校《元遗山诗集笺注》，人民文学出版社，1989。

[98]（元）郝经：《郝文忠公陵川文集》，秦雪清点校，山西人民出版社，2006。

[99]（元）王恽：《王恽全集汇校》，杨亮点校，中华书局，2013。

[100]（元）刘敏中：《刘敏中集》，邓瑞全校点，吉林文史出版社，2008。

[101]（元）胡祗遹：《胡祗遹集》，魏崇武校点，吉林文史出版社，2008。

[102]（元）姚燧：《姚燧集》，查洪德点校，人民文学出版社，2011。

[103]（元）程钜夫：《程钜夫集》，张文澍校点，吉林文史出版社，2009。

[104]（元）邓文原：《邓文原集》，罗琴整理，浙江人民美术出版社，2016。

[105]（元）张之翰：《张之翰集》，邓瑞全校点，吉林文史出版社，2009。

[106]（元）张养浩：《张养浩集》，李鸣校点，吉林文史出版社，2008。

[107]（元）虞集：《虞集全集》，王颋点校，天津古籍出版社，2007。

[108]（元）袁桷撰，杨亮校注《袁桷集校注》，中华书局，2012。

[109]（元）苏天爵：《滋溪文稿》，陈高华等点校，中华书局，1997。

[110]（元）黄溍：《黄溍集》，王颋点校，浙江古籍出版社，2013。

[111]（元）戴表元：《戴表元集》，李军校点，吉林文史出版社，2008。

[112]（元）吴师道：《吴师道集》，邱居里校点，吉林文史出版社，2008。

[113]（元）郑元祐：《郑元祐集》，徐永明校点，浙江大学出版社，2010。

[114]（元）马祖常：《石田先生文集》，李叔毅点校，中州古籍出版社，1991。

[115]（元）张雨：《张雨集》，彭万隆点校，浙江古籍出版社，2015。

[116]（元）仇远：《仇远集》，张慧禾校点，浙江大学出版社，2012。

[117]（元）张宪、郭钰：《玉笥集·静思先生诗集》，施贤明、张欣点校，北京师范大学出版社，2016。

[118]（元）周霆震、张昱：《石初集·张光弼诗集》，施贤明、辛梦霞点校，北京师范大学出版社，2016。

[119]（元）王逢：《梧溪集》，李军校点，北京师范大学出版社，2016。

[120]（元）杨维桢撰，孙小力校笺《杨维桢全集校笺》，上海古籍出版社，2019。

[121]（元）张可久撰，吕薇芬、杨镰校注《张可久集校注》，浙江古籍出版社，2012。

[122]（元）白朴撰，王文才校注《白朴戏曲集校注》，人民文学出版社，1984。

[123]（明）宋濂：《文宪集》，《四库全书》第1224册。

[124]（明）张以宁：《翠屏集》，《四库全书》第1226册。

[125]（明）王祎：《王忠文集》，《四库全书》第1226册。

[126]（明）凌云翰：《柘轩集》，《四库全书》第1227册。

[127]（明）朱同：《覆瓿集》，《四库全书》第1227册。

[128]（明）刘嵩：《槎翁诗集》，《四库全书》第1227册。

[129]（明）苏伯衡：《苏平仲文集》，《四库全书》第1228册。

[130]（明）贝琼：《清江文集》，《四库全书》第1228册。

[131]（明）谢肃：《密庵集》，《四库全书》第1228册。

[132]（明）胡翰：《胡仲子集》，《四库全书》第1229册。

[133]（明）徐一夔：《始丰稿》，《四库全书》第1229册。

[134]（明）高启：《高太史大全集》，《四库全书》第1230册。

[135]（明）高启：《凫藻集》，《四库全书》第1230册。

[136]（明）王行：《半轩集》，《四库全书》第 1231 册。

[137]（明）袁凯：《海叟集》，《四库全书》第 1233 册。

[138]（明）唐文凤：《梧冈集》，《四库全书》第 1242 册。

[139]（明）张宁：《方洲集》，《四库全书》第 1247 册。

[140]（明）周瑛：《翠渠摘稿》，《四库全书》第 1254 册。

[141]（明）钱仲益：《锦树集》，《四库全书》第 1372 册。

[142]（明）宋濂：《宋濂全集》，罗月霞编，浙江古籍出版社，1999。

[143]（明）徐一夔撰，徐永恩校注《始丰稿校注》，浙江古籍出版社，2008。

[144]（明）李开先：《李开先全集》（修订本），卜键笺校，上海古籍出版社，2014。

[145]（清）朱彝尊：《曝书亭集》，《四库全书》第 1318 册。

（二）总集

[146]（元）汪泽民、张师愚编《宛陵群英集》，《四库全书》第 1366 册。

[147]（元）蒋易辑《国朝风雅》，《中华再造善本》。

[148]（元）杨维祯编《西湖竹枝集》，孙小力校笺《杨维祯全集校笺》。

[149]（元）孙存吾辑《皇元风雅后集》，《四库全书》第 1368 册。

[150]（元）周南瑞编《天下同文集》，《四库全书》第 1366 册。

[151]（元）顾瑛辑《草堂雅集》，《四库全书》第 1369 册。

[152]（元）杨朝英辑《新校九卷本阳春白雪》，隋树森校订，中华书局，1957。

[153]（元）杨朝英辑《朝野新声太平乐府》，卢前校订，文学古籍刊行社，1955。

[154]（元）无名氏辑《类聚名贤乐府群玉》，隋树森校订，上海古籍出版社，1982。

[155]（元）吴弘道辑《中州启劄》，《四库全书存目丛书补编》第 79 册，齐鲁书社，2001。

[156]（明）沐昂编《沧海遗珠》，《四库全书》第 1372 册。

[157]（明）朱存理编《珊瑚木难》，《四库全书》第 815 册。

[158]（明）偶桓编《乾坤清气》，《四库全书》第 1370 册。

[159]（明）程敏政编《明文衡》，《四库全书》第 1374 册。

［160］（明）孙原理编《元音》,《四库全书》第 1370 册。

［161］（明）程敏政编《新安文献志》,《四库全书》第 1376 册。

［162］（清）史简编《鄱阳五家集》,《四库全书》第 1476 册。

［163］（清）沈季友编《槜李诗系》,《四库全书》第 1475 册。

［164］（清）顾嗣立编《元诗选》,中华书局,1987。

［165］（清）顾嗣立、席世臣编《元诗选癸集》,吴申扬点校,中华书局,2001。

［166］（清）陈衍:《元诗纪事》,李梦生校点,上海古籍出版社,1987。

［167］隋树森编《全元散曲》,中华书局,1964。

［168］唐圭璋编《全金元词》,中华书局,1979。

［169］李修生主编《全元文》,凤凰出版社（江苏古籍出版社）,1998~2004。

［170］杨镰主编《全元诗》,中华书局,2013。

［171］杨镰主编《全元词》,中华书局,2019。

后　记

　　这部书稿的编撰缘起要追溯到2015年，当时我刚入山东大学跟随袁世硕先生攻读博士学位，袁先生正申报获批了一个关于整理校注元人钟嗣成《录鬼簿》的项目。高我三届的同门师姐张倩倩正在做有关"元杂剧版本研究"的博士学位论文，于是我们就大致有了分工：她负责《录鬼簿》著录的杂剧名目之版本、本事、关目、评论等材料的搜集，我则分担元曲家传记文献的搜罗工作。袁师让我依托台湾地区出版的《元人传记资料索引》编集《元曲家传记资料汇编》。我除借鉴《元人传记资料索引》外，还利用书目工具书翻检了大量元代文献，又利用现代数据检索的便捷条件，检出不少新的材料。其间也发表过一些关于元曲家生平新考的论文，最后以《元曲十九家行状考辨》为题完成学位论文，并协助袁师撰写《录鬼簿及续编校订笺释》（齐鲁书社2021年出版）的部分条目。

　　2018年7月博士毕业后我仍留在山大半年许，袁先生平均每星期来校两次，众同门问道求学，颇多兴致。次年春季，我离开济南来到河北大学文学院任职。工作之馀，对书稿不断进行补充完善，有新获的材料即补录进去，同时对主要文献的不同版本做了校勘工作，对重要文献做了笺注，揭出其中隐含的一些历史信息，以便更好地使用这些材料。2020年，我以《元曲家传记资料汇纂整理与研究》为题申报了河北大学燕赵文化高等研究院项目，成功获批，一年多以来又逐渐修订完善。承蒙任红敏教授的热心引介，社会科学文献出版社同意出版。

　　此书稿的选题、结撰、完成都离不开袁先生的谆谆教导。我读博时先生已八十六岁高龄，仍指导八名博士生，每周来学校给我们上课和讲解论文，时刻关注和思考文学史上的疑难问题和当下的研究热点，并操刀撰写文章，其间还主持完成了"马工程"《中国文学史》的编写出版工作。正是袁先生这种身体力行的"示范"作用，让作为学生的我们领会到学术的崇高和价值以及为之付出的极大乐趣。

我来到河大后，又有机会时常拜见硕士业师杨栋教授研讨学问，本书稿的最终完成同样离不开杨师的鼓励鞭策。还有河北大学田玉琪教授、台州学院任红敏教授、社会科学文献出版社编辑赵晶华女史，都对本书稿的顺利出版有襄助之功，在此一并致以诚挚的谢意。

图书在版编目(CIP)数据

元曲家传记资料汇辑校笺 / 都刘平辑注. -- 北京：社会科学文献出版社，2022.5
 ISBN 978-7-5228-0093-6

Ⅰ.①元… Ⅱ.①都… Ⅲ.①元曲-作家-列传-中国 Ⅳ.①K825.6

中国版本图书馆 CIP 数据核字(2022)第 076618 号

元曲家传记资料汇辑校笺

辑　　注 / 都刘平

出 版 人 / 王利民
责任编辑 / 赵晶华
责任印制 / 王京美

出　　版 / 社会科学文献出版社·联合出版中心（010）59367180
　　　　　　地址：北京市北三环中路甲29号院华龙大厦　邮编：100029
　　　　　　网址：www.ssap.com.cn

发　　行 / 社会科学文献出版社（010）59367028
印　　装 / 三河市尚艺印装有限公司

规　　格 / 开　本：787mm × 1092mm　1/16
　　　　　　印　张：34.25　字　数：594千字
版　　次 / 2022年5月第1版　2022年5月第1次印刷
书　　号 / ISBN 978-7-5228-0093-6
定　　价 / 168.00元

读者服务电话：4008918866

版权所有 翻印必究